Grundzüge einer Verfassungslehre der
Bundesrepublik Deutschland

D1923186

Uwe Volkmann

Grundzüge einer Verfassungslehre der Bundesrepublik Deutschland

Mohr Siebeck

Uwe Volkmann, geboren 1960; Studium der Rechtswissenschaft in Marburg; 1992 Promotion; 1997 Habilitation; Inhaber des Lehrstuhls für Rechtsphilosophie und öffentliches Recht an der Universität Mainz.

ISBN 978-3-16-152783-8

Die Deutsche Nationalbibliothek verzeichnet diese Publikation in der Deutschen Nationalbibliographie; detaillierte bibliographische Daten sind im Internet über *http://dnb.dnb.de* abrufbar.

© 2013 Mohr Siebeck Tübingen. www.mohr.de

Das Werk einschließlich aller seiner Teile ist urheberrechtlich geschützt. Jede Verwertung außerhalb der engen Grenzen des Urheberrechtsgesetzes ist ohne Zustimmung des Verlags unzulässig und strafbar. Das gilt insbesondere für Vervielfältigungen, Übersetzungen, Mikroverfilmungen und die Einspeicherung und Verarbeitung in elektronischen Systemen.

Das Buch wurde von Gulde-Druck in Tübingen gesetzt, auf alterungsbeständiges Werkdruckpapier gedruckt und gebunden.

Vorwort

Die Geschichte des Grundgesetzes wird meist als Erfolgsgeschichte erzählt, in die sich heute aber zunehmend düstere Töne mischen: als könne nicht mehr lange so bleiben, was noch vor einigen Jahren wie für die Ewigkeit gemacht schien. Man klagt über Orientierungs- und Rationalitätsverluste bei seiner Anwendung; zunehmend werden die Schattenseiten des Aufstiegs wahrgenommen; überhaupt ist, wo vom Aufstieg erzählt wird, meist der Hinweis auf den drohenden, vielleicht sogar unmittelbar bevorstehenden Abstieg nicht fern. Europäisierung und Globalisierung instrumentieren diesen Chor. Vor diesem Hintergrund versteht sich das Buch wesentlich als eine Selbstvergewisserung über Verfassung: wie sie sich zu dem entwickelt hat, was sie heute ist, was sie für die Gesellschaft und das Rechtssystem der Bundesrepublik bedeutet, welche Rolle ihr künftig noch zukommen kann. Anknüpfen konnte ich dafür an verschiedene Vorarbeiten, über die ich mich dem Thema von einzelnen Aspekten aus genähert habe; zu nennen sind insbesondere mein Referat auf der Freiburger Staatsrechtslehrertagung 2007 über *Verfassungsrecht zwischen normativem Anspruch und politischer Wirklichkeit* sowie die Studie über *Leitbildorientierte Verfassungsanwendung* im Archiv des öffentlichen Rechts 2009. Ausschnitte des ersten Kapitels habe ich darüber hinaus auf einer von Stefan Korioth und Thomas Vesting veranstalteten Tagung über den *Eigenwert des Verfassungsrechts* zur Diskussion gestellt. Die jeweiligen Überlegungen haben teils Zustimmung gefunden, teils sind sie auf Kritik gestoßen; sie werden hier nun in einen größeren Zusammenhang gestellt und zu einer Gesamtdarstellung der Verfassung erweitert.

Entstanden ist das Buch zum überwiegenden Teil während zweier Forschungssemester, von denen eines dankenswerterweise von der Deutschen Forschungsgemeinschaft unterstützt wurde. Die Mühen der Abschlussredaktion und der Erstellung des Literaturverzeichnisses haben meine wissenschaftlichen Mitarbeiter, die Herren Tobias Schweitzer und Thorsten Wörner, auf sich genommen; das Sachregister hat – damals noch als wissenschaftliche Hilfskraft – Herr Pascal Klein erstellt. Ihnen allen sei an dieser Stelle herzlich gedankt. Besonderer Dank gebührt daneben meiner Sekretärin, Frau Stephanie Averbeck-Rauch, die das gesamte Manuskript erneut mit großer Sorgfalt betreut und auch in den Mühen vielfältiger Textumstellungen, Korrekturen und Verschiebungen nie den Überblick verloren hat. Zu danken habe ich ferner dem Verlag Mohr Siebeck und hier insbesondere Herrn Dr. Franz-Peter Gillig für die jederzeit angenehme Zusammenarbeit sowie die Geduld, die sie mit mir bis zur endgültigen Fertigstellung des Projekts aufgebracht haben.

Uwe Volkmann

Lepsius, JZ 14, 192, Wolff, DÖV 14, 800, E. Hofmann, DVBl 15, 28

Inhaltsverzeichnis

§ 1

Die Lehre der Verfassung

So wenig Einigkeit bis heute über den Begriff der Verfassung herrscht[1], so wenig klar ist auch, was eine „Lehre“ der Verfassung oder eben „Verfassungslehre“ heute ist, sein soll oder überhaupt sein kann[2]. Man findet unter diesem Etikett vergleichende Darstellungen verschiedener Verfassungs- und Regierungssysteme[3], man findet Entwürfe der idealen Verfassung oder des idealen Staates[4], man findet ein verstehendes Einfühlen in die eigene und je gegebene Verfassungsordnung[5], man findet schließlich Überlegungen zu Verfassungsstrukturen in Räumen, in denen es der Bezeichnung nach noch gar keine Verfassung gibt[6]. Am ehesten weiß man noch zu sagen, was eine Verfassungslehre alles *nicht* ist: Sie ist üblicherweise keine Darstellung des positiven Verfassungsrechts in dem Sinne, dass dabei diese oder jene einzelne Bestimmung näher erläutert oder kommentiert wird; sie ist keine jener Gebrauchs- oder Alltagslehren, die bei der Lösung konkreter verfassungsrechtlicher Fälle helfen (wie die Dreistufenlehre zu Art. 12 GG, die Lehre von der Einschätzungsprärogative des Gesetzgebers etc.); und sie ist, wenngleich auch das schon wieder weniger sicher ist, auch nicht ohne weiteres gleichzusetzen mit einer bestimmten Dogmatik des Stoffes. Aber was die Verfassungslehre selber als eigenständige Disziplin ausmacht, ob sie überhaupt eine solche ist, ob sie dann eher durch ihren Gegenstand gekennzeichnet ist oder durch ihre Methode, ob es tatsächlich noch um Rechtswissenschaft geht oder nicht doch eher um Rechtsphilosophie, Rechtstheorie, vielleicht sogar Politik-, Sozial- oder Kulturwissenschaft, das weiß man nicht und wird eben in der

---

[1] *Stern*, Staatsrecht I, S. 69f.

[2] In Anlehnung an *Pernthaler*, Allgemeine Staatslehre und Verfassungslehre, S. 27f.; daran orientiert auch die nachfolgende Übersicht.

[3] *Loewenstein*, Verfassungslehre, vgl. S. 18ff., 67ff.; tendenziell auch *Brinkmann*, Verfassungslehre, S. 175ff.

[4] *Mastronardi*, Verfassungslehre, S. 1, vgl. auch den Untertitel: „Allgemeines Staatsrecht als Lehre vom guten und gerechten Staat“.

[5] Prinzipiell in diesem Sinne angelegt – mit stark voneinander abweichenden Ergebnissen – die Verfassungslehren von *Schmitt*, *Smend* oder *Haverkate*; der Begriff der „Verfassungslehre“ bei Smend etwa in *ders.*, Staatsrechtliche Abhandlungen, S. 196.

[6] S. *Häberle*, Europäische Verfassungslehre.

Beurteilung zusätzlich dadurch erschwert, dass sich nicht nur Juristen, sondern auch Philosophen oder Politologen mit ihr beschäftigen[7]. Allenfalls wird sich Einigkeit noch darüber erzielen lassen, dass es um grundsätzlichere Überlegungen geht, um Grundlagenbezug und Grundlagenforschung, dass man sich auf eine höhere Ebene der Abstraktion begibt, aber wie grundsätzlich und wie abstrakt es dann genau sein soll, ist wieder völlig offen[8]. Dieselben Unklarheiten bestehen für eine „Theorie" der Verfassung oder eben „Verfassungstheorie", bei der schon niemand sagen kann, ob damit dasselbe gemeint ist wie mit einer „Verfassungslehre" oder was beide überhaupt voneinander unterscheidet[9].

Angesichts dessen könnte man versucht sein, im einleitenden Abschnitt einer Verfassungslehre ihren disziplinären Status, ihren Standort im Verhältnis zu etwaigen Nachbarwissenschaften oder auch nur die Abgrenzung zur Dogmatik in immer feineren Ziselierungen zu entfalten. Einfacher scheint es mir, zu erklären, worin das Anliegen dieses Buches besteht. Sein Ausgangspunkt liegt in der Einsicht, dass jeder, der mit Verfassung arbeitet oder sich sonst auf sie bezieht, damit bestimmte theoretische Vorannahmen verbindet, die alle in irgendeiner Weise darum kreisen, was das überhaupt ist: eine Verfassung, was man also wirklich und in einem tieferen Sinne *meint*, wenn man von „der Verfassung", „dem Grundgesetz" oder sogar „unserem Grundgesetz" spricht. Diese Vorannahmen können mehr oder weniger gehaltvoll, sie können mehr oder weniger bewusst sein; oft legt man sich darüber gar keine Rechenschaft ab, weil man in eine bestimmte Praxis der Verfassungsanwendung hineingewachsen ist, in der das Wissen darum als etwas ganz Selbstverständliches vorausgesetzt wird. In jedem Falle prägen solche Vorannahmen den Umgang mit der Verfassung, entscheiden über die Art und Weise ihrer Interpretation und bestimmen so auch ihre konkreten Wirkungen mit; nicht zuletzt legen sie die Rollen im Vorgang ihrer Anwendung fest und regeln die Einfluss- und Gewichtsverteilung zwischen den je beteiligten Akteuren. Auch der Inhalt der Verfassung selber ist davon abhängig, der durch

---

[7] Politikwissenschaftler ist etwa *Loewenstein*; eine philosophische Beschäftigung bei *Habermas*, Faktizität und Geltung, S. 109 ff., 166 ff., durchaus auch eine mögliche Form von „Verfassungslehre". Die Einordnung in die Kulturwissenschaften bei *Häberle*, Verfassungslehre als Kulturwissenschaft.

[8] Vgl. *Morlok*, Was ist und zu welchem Ende studiert man Verfassungstheorie, S. 22 f.

[9] Nichts, meinen zu Recht *Morlok*, Was ist und zu welchem Ende studiert man Verfassungstheorie?, S. 22 f. m. w. N., und implizit auch *Jestaedt*, Verfassungstheorie als Disziplin, in: Depenheuer/Grabenwarter, § 1 Rn. 9; beide jeweils auch mit konkreteren Einordnungen von „Verfassungstheorie", s. *Morlok* a.a.O., S. 13 ff.; *Jestaedt* a.a.O., Rn. 1 ff. sowie *ders.*, Die Verfassung hinter der Verfassung, S. 11 ff.

das fragmentarische Regelwerk nur in einigen Grundzügen – einem „Rahmen“, wie man meist sagt – festgelegt ist, wesentlich aber davon abhängt, was im Wege der Interpretation daraus gemacht wird. Zusammen ergeben all diese Vorannahmen das, was man das Verständnis der Verfassung, ein theoretisches Grund- oder Vorverständnis oder eben auch eine „Theorie“ der Verfassung nennen kann und das jeder voraussetzen muss, der mit Verfassung professionell zu tun hat. Die Frage ist dementsprechend nicht, ob man ein solches Verständnis hat oder nicht hat, sondern die Frage ist letztlich nur welches und ob man es offenlegt oder ob man es nicht offenlegt[10].

Gerade hier setzt dieses Buch an. Es soll eine Lehre der Verfassung in dem Sinne sein, dass es das bei uns vorherrschende Grundverständnis vorstellt und in seinen verschiedenen Konsequenzen entfaltet, also explizit macht, was ohnehin implizit ständig geschieht. Unter Verwendung der Begriffe von Lehre und Theorie kann man auch sagen, diese Lehre rekonstruiert die derzeit zur Anwendung gebrachte Verfassungstheorie oder versucht sich wenigstens daran[11]. Ziel ist dementsprechend nicht, das Bild einer Verfassung zu zeichnen, wie sie sinnvoller- und richtigerweise sein sollte, als eine weitere Lehre vom guten und gerechten Staat, auch wenn die im Folgenden verwandte Charakterisierung als Gerechtigkeitsordnung darauf hindeuten könnte. Sondern Ziel ist zu erfassen, was das Konzept Verfassung für die Gesellschaft der Bundesrepublik bedeutet und wie es hierzulande „funktioniert“: in seinen Zusammenhängen zu vorhandenen gesellschaftlichen Strukturen und Einstellungen, in seinem Ordnungsanspruch gegenüber der politischen und sozialen Wirklichkeit, in seinen Auswirkungen auf das Rechtssystem wie auf das Zusammenleben insgesamt, vor allem aber in sich selbst und als eine bestimmte sprachliche und soziale Praxis. Diese ist freilich nach meiner Einschätzung eben gerade dadurch gekennzeichnet, dass die Verfassung in ihrer derzeitigen Gestalt selber als Inbegriff einer guten und gerechten Ordnung des Gemeinwesens angesehen wird, dass sie auf diese Weise mehr und mehr zur Projektionsfläche gesellschaftlicher Ordnungs- und Gerechtigkeitsvorstellungen geworden ist und dass dann diese in ihrer konkreten Anwen-

---

[10] *C. Möllers*, Rezension zu M. Mahlmann, Elemente einer ethischen Grundrechtstheorie, RW 2010, 188.

[11] Mit der „Theorie“ der Verfassung kann man eben Unterschiedliches meinen, einmal das vorherrschende Verständnis der Verfassung (im Sinne einer Suche nach der „richtigen“, der „besten“ Verfassungstheorie, vgl. etwa *Brugger*, Liberalismus, Pluralismus, Kommunitarismus, S. 269), zum anderen aber eben die Disziplin, die dies alles auf einer höheren Ebene beobachtet, so die Verwendung bei *Jestaedt* , Die Verfassung hinter der Verfassung, S. 19 f., 45 ff. – Vielleicht ist dies der einzige Grund, der sich für die Bezeichnung dieses Buches als „Verfassungslehre“ sinnvollerweise anführen lässt.

dung notwendig mitverhandelt werden: mit all den Öffnungen zu Moral, Ethik und politischer Theorie, die das einschließt, mit den Möglichkeiten der Fort- und Weiterbildung um solche Elemente, die diesen Vorstellungen entsprechen. Gerade dies wird dann durch die zusammenfassende Kennzeichnung der Verfassung als politische Gerechtigkeitsordnung ausgedrückt.

Im Ausgangspunkt ist der hier gewählte Zugriff auf die Verfassung damit ein deskriptiver oder analytischer; im Vordergrund steht zunächst einmal die zusammenfassende, ordnende und systematisierende Rekonstruktion einer Praxis. Andererseits vermittelt sie darin notwendig auch prinzipielle Orientierung für diese Praxis selbst, also für die weitere Arbeit mit der Verfassung, und zwar gerade in dem Maße, in dem diese ihrerseits von bestimmten theoretischen Vorannahmen geprägt wird. Unter solchen Voraussetzungen wirkt jede Beschreibung, Ordnung und Systematisierung der einschlägigen Vorannahmen auf diese Arbeit hinüber: Sie rationalisiert sie, indem sie die Zusammenhänge mit diesen Vorannahmen aufzeigt; sie kann sie instruieren, indem sie die einzelnen Vorannahmen zu den unmittelbar falllösungsbezogenen Elementen hinuntervermittelt; nicht zuletzt vermag sie auch begrenzend zu wirken, indem sie Stoppregeln formuliert, die anzeigen, wann der ungehinderte Rückgriff auf solche Vorannahmen gegebenenfalls abzubrechen ist. So oder so erfüllt eine Lehre der Verfassung zugleich eine Funktion für deren Anwendung. In der Folge kann sie auch von der Dogmatik entgegen einer geläufigen Sicht nicht mehr durch das Kriterium des Anwendungsbezugs unterschieden werden. Nach jener Sicht soll allein die Dogmatik dazu da sein, konkrete Rechtsprobleme zu lösen, während die Verfassungslehre oder Verfassungstheorie darauf beschränkt wird, dies alles auf einer höheren Ebene – eben als reine Theorie, die für die Praxis irrelevant ist – zu beobachten[12]. Hängt von der Theorie der Verfassung immer auch der praktische Umgang mit ihr ab, kann das nicht richtig sein. Allenfalls kann man dann zwischen Vorannahmen größerer oder geringerer Problemnähe, höheren oder niedrigeren Abstraktionsgrades differenzieren und der Bezug zur Anwendung kann mehr oder weniger direkt sein. Aber es verläuft dazwischen kein Graben. Im Gegenteil steht eine Lehre der Verfassung mit der Dogmatik, diese mit den Buchstaben und Wörtern des Textes in einem inneren Zusammenhang; sie alle greifen ineinander über, bestimmen den Inhalt dessen, was wir als *Verfassungsrecht* zu bezeichnen uns angewöhnt

---

[12] In diesem Sinne *Jestaedt*, Die Verfassung hinter der Verfassung, S. 45 ff.; ebenso *G. Roellecke*, Beobachtung der Verfassungstheorie, in: Depenheuer/Grabenwarter, Verfassungstheorie, § 2 Rn. 7: Verfassungstheorie nur als eine „Weise des Beobachtens“.

haben, heute entscheidend mit, und dies weit mehr als etwa die Vorstellungen derer, die die Verfassung ursprünglich gemacht haben.

Mit diesem Bezug auf das positive Recht wirkt eine Verfassungslehre notwendig auch normativ[13]. Normativ ist sie zuletzt aber auch insofern, als sie nicht ohne irgendeine Art von Parteinahme auskommt. Es ist ja nicht so, dass das, was hier als das maßgebliche Verständnis der Verfassung beschrieben wird, ganz unangefochten oder ganz unproblematisch wäre. Dieses Verständnis hat sich unter bestimmten entgegenkommenden Voraussetzungen entwickelt, es gibt Kräfte, die seine Durchsetzung vorangetrieben, und solche, die sich ihm entgegengestemmt haben, es stand und steht in der Kritik; in Zeiten von Europäisierung und Internationalisierung ist unklar, was von ihm bleibt und ob überhaupt etwas von ihm bleibt. Darüber hinaus hat es eine Reihe von Auswirkungen, die man nicht alle vorbehaltlos begrüßen wird: Es löst traditionelle juristische Denk- und Argumentationsstrukturen auf, es führt in vielen Bereichen des politischen Lebens zu einem Denken von der Verfassung her, es gibt, wie jedermann auf den ersten Blick sehen kann, dem Bundesverfassungsgericht erheblichen Einfluss auf den politisch-gesellschaftlichen Prozess, überhaupt entstehen Folgekosten, die benannt werden müssen: für das Rechtssystem, aber auch für die Gesellschaft insgesamt. Unter diesen Umständen bleiben für jede Verfassungslehre letztlich nur zwei Möglichkeiten: Entweder man beschränkt sich wirklich so weit wie möglich auf die bloße Beschreibung dessen, was gerade der Fall ist, vielleicht eben noch ergänzt um Hinweise für den weiteren Umgang damit; dann verhält man sich letztlich affirmativ zu der vorherrschenden Praxis. Oder man hinterfragt diese Praxis auf die sie legitimierenden Gründe, setzt sich mit den verschiedenen Einwänden auseinander und versucht, ihre Vor- und Nachteile gegeneinander abzuwägen. Dies ist der Weg, der hier begangen werden soll.

In einem Satz ausgedrückt liegt der Sinn dieses Buch also darin, eine Lesart der Verfassung vorzustellen, über die dann gestritten werden kann: sei es, indem man die zugrunde liegende Beschreibung als falsch, verzerrt oder irreführend zurückweist, also darlegt, sie treffe die Realität gar nicht und diese sei letztlich ganz anders; sei es, indem man die Richtigkeit der Beschreibung im Großen und Ganzen akzeptiert, aber einwendet, die daraus resultierende Praxis sei aus diesen oder jenen Gründen schädlich, bedeute die Abdankung der Rechtswissenschaft oder sei sonst ein großes Unglück. Aber gerade dazu muss man immer erst wissen, worüber man überhaupt spricht.

---

[13] Zu dieser notwendigen Normativität *Morlok*, Was ist und zu welchem Ende studiert man Verfassungstheorie?, S. 54 ff.

§ 2

Der Begriff der Verfassung

Von der Verfassung macht sich jede Gesellschaft, jede politische Ordnung ihren eigenen Begriff. Dieser ist damit von seiner Natur her nicht absolut, schon gar nicht in dem Sinne, dass er ein reales oder gedachtes Ganzes angibt[1], sondern er ist wie zuletzt alle Begriffe notwendig relativ und das Resultat einer sprachlichen und sozialen Praxis[2]. Das bedeutet nicht, dass er heute etwa in den Vereinigten Staaten oder in Frankreich ganz anders verwendet würde als er hierzulande verwendet wird. Erst recht bedeutet es nicht, dass eine Verständigung über ihn von vornherein nicht möglich ist und deshalb auch gar nicht erst gesucht werden sollte[3]. Im Gegenteil kann in den Zusammenhängen, die hier interessieren, eine intuitive Semantik von Verfassung ohne weiteres vorausgesetzt werden. Wer in der Bundesrepublik von der Verfassung spricht, meint damit das Grundgesetz von 1949; in Amerika fällt der Blick automatisch auf die 1787 in Kraft gesetzte „Constitution of the United States of America" und ihre verschiedenen „Amendments", in Frankreich derzeit auf die „Constitution de la République française" des Jahres 1958 und die darin in Bezug genommene „Déclaration des droits de l'homme et du citoyen" von 1789. Selbst in England, wo es an einer geschriebenen Verfassung fehlt, hat man, wenn das Wort fällt, ein Ensemble von rechtlichen Garantien, Regeln und Verfahren vor Augen, denen möglicherweise Verfassungsqualität zugesprochen werden kann. Allenfalls in Bezug auf die Europäische Union streitet man, ob diese eine Verfassung haben kann oder möglicherweise in ihren Gründungs- oder Nachfolgeverträgen bereits besitzt, ohne dass sie als solche bezeichnet wäre. Aber der Streit geht gerade auf eine Verständigung über die notwendigen Eigenschaften einer Verfassung, und geführt werden kann er überhaupt nur deshalb, weil in ihm Grundlagen eines Einver-

---

[1] So *Schmitt*, Verfassungslehre, S. 3.

[2] Die Gebrauchstheorie der Bedeutung nach *L. Wittgenstein*, Philosophische Untersuchungen, Neuausg. 2003, Nr. 1 ff., 6, 79; zu Sprache als sozialer Praxis heute etwa die normative Pragmatik von *Brandom*, Expressive Vernunft, insbes. S. 35 ff., 219 ff.

[3] Einen eigenen „Verfassungsbegriff des Grundgesetzes" stellt aber *Peter Unruh* vor, vgl. *ders.*, S. 321 ff., der indessen seinerseits in eine übergreifende Verfassungstradition hineingestellt wird, S. 39 ff.

ständnisses über diese Eigenschaften, an die man anknüpfen kann, bereits vorhanden sind.

Insofern wird der Begriff der Verfassung heute durchweg in einer spezifischen Bedeutung und nicht mehr in der unspezifischen verwendet, in der alles und jedes eine Verfassung hat oder in einer Verfassung ist[4]. Jedoch ist diese Bedeutung insofern kontingent, als sie ihrerseits das Produkt einer bestimmten historischen Entwicklung und der im Laufe dieser Entwicklung vorgenommenen Zuschreibungen ist. Zudem sind damit nur einzelne Elemente und Eckpunkte bezeichnet, die zusammen gerade das Notwendigste ergeben, damit von Verfassung gesprochen werden kann. Dagegen verlieren sich die Gemeinsamkeiten in dem Maße, in dem dieses Notwendigste seinerseits näher erläutert, inhaltlich ausgefüllt oder um weitere Elemente ergänzt werden soll. Vollends enden sie, wo man sich um ein gründlicheres Verständnis der Verfassung bemüht, um eine Vorstellung also, wozu die Verfassung da sein soll, welche Wirkungen sie erzeugt, überhaupt was sie für eine politische Ordnung bedeutet und in welcher Art und Weise sie deren Leben prägt. Diese Vorstellung mag man die „Idee" der Verfassung, ihre „Theorie" oder „Teleologie", ihr „Wesen", ihren „Geist" oder sonstwie nennen. In jedem Falle bestimmt sie den Begriff der Verfassung heute mit und bleibt dieser ohne sie etwas Halbes, Unvollkommenes[5]. Man kann sich ihn damit als aus verschiedenen Schichten zusammengesetzt denken, einer oder mehreren äußeren, die eine Art Rahmen oder Gehäuse bilden, und einer oder mehreren inneren, die dieses Gehäuse von innen her ausformen, wobei die Bestimmung um so schwieriger und kontroverser wird, je weiter man von außen nach innen dringt. Sie kann dann zuletzt nur von jeder Gesellschaft für sich vorgenommen werden und bleibt oft auch innerhalb einer Gesellschaft im Streit, verdichtet sich allenfalls zu einem mehr oder weniger vorherrschenden, oft auch gar nicht thematisierten Verfassungsverständnis. In diesem Sinne lässt sich der für die Bundesrepublik maßgebliche Begriff der Verfassung aus verschiedenen Gegensatzpaaren entfalten, die für sich zugleich eine mögliche Typologie von Verfassungen im Sinne gegensätzlicher Verfassungsbegriffe oder Verfassungsmodelle ergeben.

---

[4] Nach *Schmitt*, Verfassungslehre, S. 3.

[5] Vgl. *P. Badura*, Verfassung und Verfassungsgesetz, in: Festschrift U. Scheuner, 1973, S. 19 (32), dort die Verbindung von „Begriff" und „Teleologie"; zum Gleichklang von „Verfassungstheorie" und „Verfassungsbegriff" etwa *Böckenförde*, Staat, Verfassung, Demokratie, S. 82. Die „Idee" etwa bei *Vorländer*, Die Verfassung, S. 7 ff. („Idee"), das „Wesen" bei *H. Hofmann*, Vom Wesen der Verfassung, JöR 51 (2003), 1 (4 ff.); zsfd. *Schuppert/Bumke*, Die Konstitutionalisierung der Rechtsordnung, S. 29 f.

I. Unterscheidung nach der Art der Wirksamkeit

Das erste und zugleich älteste Gegensatzpaar knüpft an die Art der Wirksamkeit oder überhaupt die Normeigenschaft der Verfassung an. Unterschieden werden kann danach zwischen der Verfassung im tatsächlichen und der Verfassung im rechtlichen Sinne, denen auf der Ebene der Begriffe der Gegensatz zwischen einem tatsächlichen (empirischen, deskriptiven, soziologischen etc.) und einem rechtlichen (normativen, präskriptiven, juristischen etc.) Verfassungsbegriff entspricht[6].

Tatsächliche Verfassung

Die Verfassung im tatsächlichen Sinne bezeichnet den politischen Gesamtzustand eines Staates oder eines Gemeinwesens, so wie er sich faktisch, als realer und je beobachtbarer Zustand, darstellt. In diesem Sinne definiert etwa Aristoteles die Verfassung in seiner „Politik" als die konkrete Ordnung der Ämter in einem Staat und vor allem des wichtigsten unter ihnen, des Regierungsamtes[7]. Von hier aus erscheint Verfassung auch als Synonym für die jeweilige Staats- oder Regierungsform überhaupt, in der bekannten Einteilung also für Königtum/Tyrannis, Aristokratie/Oligarchie und Politie/Demokratie, die je für sich nach dem in ihnen jeweils wirksamen Bauprinzip vorgestellt und beschrieben werden[8]. Das ist insofern nicht frei von einer normativen Komponente, als die einzelnen Staatsformen durchaus nach ihrem jeweiligen Beitrag für die Verwirklichung des Gemeinwohls gewichtet werden und die Einteilung als solche alsbald in eine Diskussion um die beste mögliche Staatsform mündet. Sie enthält von daher auch die implizite Aufforderung an die jeweils Herrschenden, den Staat nach den sich daraus ergebenden Maximen einzurichten[9]. Allerdings verbleibt die Aufforderung auf der politisch-moralischen Ebene und hat nicht die spezifische Verpflichtungskraft, wie sie der Verfassung im rechtlichen Sinne eigen ist.

Rechtliche Verfassung

In diesem rechtlichen Sinne erscheint die Verfassung als Rechtsnorm oder besser als ein Ensemble von Rechtsnormen, das die politischen Verhältnisse

---

[6] *D. Grimm*, Ursprung und Wandel der Verfassung, in: Isensee/Kirchhof, HStR I, § 1 Rn. 1; *Schmitt*, Verfassungslehre, S. 4 und 7.

[7] *Aristoteles*, Politik – Schriften zur Staatstheorie, 1989, 1278b, 9–12.

[8] Ebda., 1279a, 25 ff.

[9] Vgl. *Vorländer*, Die Verfassung, S. 21 f.; *E. W. Böckenförde*, Geschichte der Rechts- und Staatsphilosophie, 2. Aufl. 2002, S. 122.

zu ordnen bestimmt ist. Dieser Verfassungsbegriff setzt sich vom Ende des 18. Jahrhunderts an mit dem Aufkommen der ersten geschriebenen Verfassungen – der amerikanischen Verfassung von 1787, der ersten französischen Revolutionsverfassung von 1791 – mehr und mehr durch und wird schließlich für die weitere Entwicklung bestimmend, während der tatsächliche Verfassungsbegriff auf den Status eines polemischen Gegenbegriffs herabsinkt[10].

In dieser Funktion wird ein tatsächlicher Verfassungsbegriff im 19. Jahrhundert etwa noch von Hegel oder Lassalle vertreten. In kritischer Distanz zur Forderung nach einer geschriebenen Verfassung, wie sie von der bürgerlichen Verfassungsbewegung an auch in Deutschland erhoben wurde, wendet sich Hegel in seiner Rechtsphilosophie ganz generell gegen die Vorstellung von der Verfassung als ein „bloß Gemachtes"; sie sei vielmehr „die Arbeit von Jahrhunderten, die Idee und das Bewusstsein des Vernünftigen, inwieweit es in einem Volke entwickelt ist"[11]. Verfassung ist hier gleichbedeutend mit der geistigen Befindlichkeit und Lebenswirklichkeit einer Gesellschaft, die als solche der ohne Verankerung in dieser Lebenswirklichkeit abstrakt bleibenden Norm entgegengesetzt wird. Demgegenüber zieht Lassalle aus seiner Beobachtung des preußischen Verfassungskonflikts den resignierenden Schluss, dass die Verfassung nichts anderes sei als die „in einem Lande bestehenden tatsächlichen Machtverhältnisse", so wie sie sich in der Herrschaft über das Militär und den realen Eigentums- und Besitzverhältnissen spiegelten[12]. Die rechtliche Verfassung wird hier herabgesetzt zu einem „Blatt Papier", das jene Verhältnisse nur noch ideologisch bemäntelt. Beide stehen damit allerdings quer zum Sprachgebrauch ihrer Zeit, der den Begriff der Verfassung nach und nach aller faktisch-empirischen Elemente entkleidet hat; nur in der Soziologie findet der tatsächliche Verfassungsbegriff vorübergehend noch eine Heimstatt[13] oder wird eben als „Verfassung als Sein" von der „normativen Rechtsverfassung" terminologisch unterschieden[14].

Maßgeblicher Typus

Ganz überwiegend wird der Begriff der Verfassung aber für die rechtliche Verfassung reserviert, während sich für die tatsächliche Verfassung im Unterschied dazu alsbald die Bezeichnung Verfassungswirklichkeit einbürgert. Auch das lässt noch unterschiedliche Varianten zu, die vor allem um das Verhältnis von rechtlicher Verfassung und Verfassungswirklichkeit

---

[10] Die Entwicklung des Verfassungsbegriffs ist vorzüglich nachgezeichnet bei *Grimm*, Zukunft der Verfassung, S. 101 ff.

[11] *Hegel*, Grundlinien der Philosophie des Rechts, § 274 Zusatz.

[12] *F. Lassalle*, Über Verfassungswesen, in: *ders.*, Reden und Schriften, hrsgg. von E. Bernstein, Bd. 1, 1892, S. 463 (476).

[13] So – unter ausdrücklicher Berufung auf Lassalle – bei *Weber*, Wirtschaft und Gesellschaft, S. 27: Verfassung als „tatsächliche Chance der Fügsamkeit gegenüber der Oktroyierungsmacht der bestehenden Regierungsgewalten".

[14] So *H. Heller*, Staatslehre, 6. Aufl. 1983, S. 259, insgesamt S. 249 ff.

kreisen und von Modellen einer reinen Rechtsverfassung bis hin zu Versuchen einer stärkeren Zuordnung beider Seiten reichen. Das Modell einer reinen Rechtsverfassung ist vom juristischen Positivismus und hier in seiner markantesten Form in der Rechtslehre Hans Kelsens vorgestellt worden. Kelsen trennt darin strikt zwischen Sein und Sollen und ordnet die Verfassung wie alles Recht ausschließlich dem Bereich des Sollens zu, das der Wirklichkeit, dem Sein, einseitig ordnend und befehlend entgegentritt[15]. Das ist in dieser Form nicht mehr die Grundlage der Lösung des Problems, sondern differenzierten Vorstellungen einer durchaus wechselseitigen Einwirkung gewichen (→ S. 26ff.). Ferner kann die Verbindlichkeit sich unterschiedlich verteilen und sind nach wie vor Verfassungen denkbar, die nur einzelne beschreibende Aussagen enthalten[16]. In diesem Sinne wurde zahlreichen Bestimmungen der Weimarer Reichsverfassung von der Staatsrechtslehre wie auch den Gerichten die rechtliche Verbindlichkeit abgesprochen, während das Grundgesetz schon durch Art. 1 Abs. 3 und Art. 20 Abs. 3 eine Tendenz erkennen lässt, prinzipiell alle seine Bestimmungen mit umfassender Bindung auszustatten. Schließlich können Verfassungen in unterschiedlichem Grade zur Disposition der normalen Gesetzgebung stehen, was in einer mittlerweile klassischen Studie zur Unterscheidung von „rigiden" und „flexiblen" Verfassungen geführt hat[17]. Dass aber heute mit Verfassung regelmäßig die Verfassung im rechtlichen Sinne gemeint ist, bleibt als Ausgangspunkt unverlierbar. Natürlich ist niemand gehindert, auch weiter den tatsächlichen Zustand eines Gemeinwesens, eines Verbandes oder eines Menschen als seine Verfassung zu bezeichnen. Der Begriff verliert damit aber seinen spezifischen Inhalt und wird wieder in dem unspezifischen Sinne verwendet, in dem alles und jedes eine Verfassung hat oder in einer Verfassung ist.

II. Unterscheidung nach der Besonderheit gegenüber anderen Rechtsnormen

Wird unter Verfassung danach im Wesentlichen die rechtliche Verfassung verstanden, muss allerdings das Kriterium benannt werden, das die Verfassung als Rechtsnorm oder als System von Rechtsnormen von anderen Rechtsnormen unterscheidet. Dieses Kriterium kann sowohl gesehen

[15] *Kelsen*, Reine Rechtslehre, S. 228ff.; Allgemeine Staatslehre, S. 248ff., dort noch unter Einbeziehung der „Grundnorm", die als „Verfassung in einem rechtslogischen Sinne" bezeichnet wird.

[16] Vgl. *Bryde*, Verfassungsentwicklung, S. 27ff.

[17] *J. Bryce*, Studies in History and Jurisprudence, Bd. 1, 1901, S. 124ff.

werden in bestimmten Eigenschaften der Form als auch in bestimmten Eigenschaften des Inhalts, woran sich die noch heute vielfach anzutreffende Unterscheidung zwischen einem formellen und einem inhaltlichen oder, wie man stattdessen meist sagt, materiellen Verfassungsbegriff knüpft. Von beiden sind überdies je verschiedene Varianten im Umlauf, je nachdem worin das maßgebliche Kriterium konkret gesehen wird.

Formelle Verfassung

Der formelle Verfassungsbegriff resultiert erneut aus dem Übergang zur geschriebenen Verfassung und stellt entweder auf die Verfassungsurkunde oder die Besonderheiten ihrer Geltung ab. Wird mit der ersten Möglichkeit auf die Verfassungsurkunde abgestellt, ist die Verfassung definiert als die Summe der Rechtssätze, die in dieser Urkunde, also einem als Verfassung oder ähnlich gekennzeichneten Text, zusammengefasst sind[18]. Für das englische Beispiel würde dies bedeuten, dass es dort in diesem Sinne bis heute überhaupt keine Verfassung gäbe. Wird demgegenüber mit der zweiten Möglichkeit statt auf die Verkörperung in einer Urkunde oder möglicherweise auch zusammen mit dieser Verkörperung auf eine bestimmte Qualität der Geltung abgestellt, muss diejenige Eigenschaft bestimmt werden, durch die sich die Verfassung aus den übrigen Rechtsnormen heraushebt. Das entscheidende Merkmal liegt dann „in ihrer erhöhten formellen Gesetzeskraft", wie es durchaus mit dem Anspruch auf Ausschließlichkeit in dem klassischen Satz Georg Jellineks heißt[19]. Diese zeigt sich ihrerseits in der erschwerten Abänderbarkeit der Verfassung einerseits und dem Vorrang (→ S. 315 ff.) gegenüber sonstigem Recht andererseits, wie er erstmals vom Supreme Court in der wegweisenden Entscheidung Marbury vs. Madison formuliert worden ist und seitdem insgesamt als notwendiges Begriffsmerkmal von Verfassung angesehen wird[20]. Als „fundamental and paramount law of the nation" geht die Verfassung danach allem anderen Recht innerhalb eines Staates vor, das in Abgrenzung zu ihm künftig nur noch als „einfaches Recht" firmiert und seinerseits am Maßstab der Verfassung gemessen wird[21].

---

[18] Siehe etwa *Kelsen*, Reine Rechtslehre, S. 228 f.; aus heutiger Zeit etwa *Stern*, Staatsrecht I, S. 78.

[19] *Jellinek*, Allgemeine Staatslehre, S. 534.

[20] Vgl. *Wahl*, Der Vorrang der Verfassung, jetzt in: *ders.*, Verfassungsstaat, Europäisierung, Internationalisierung, S. 121 ff.; Grimm, Zukunft der Verfassung, S. 14.

[21] U.S. Supreme Court, Marbury v. Madison, 5 U.S. (1 Cranch) 137 (1803).

Materielle Verfassung

Die Bezeichnung als „fundamental" leitet darin allerdings bereits zum materiellen Verfassungsbegriff über, nach dem das Wesentliche von Verfassungen in der besonderen Beschaffenheit ihres Inhalts liegt. Auch dabei können wiederum zwei Varianten oder Unterformen unterschieden werden.

(1) Der notwendige Inhalt kann einmal *rein additiv* oder katalogartig durch die Angabe derjenigen Sachfragen und Materien bestimmt werden, die nach ihrer historischen Herkunft und Zielbestimmung typischerweise in einer Verfassung geregelt sind. Zentrales Thema der Verfassung ist danach die Verrechtlichung politischer Herrschaft, die im Ausgangspunkt zunächst einmal staatliche Herrschaft war. In ihre einzelnen Bestandteile aufgefächert, lässt sich die Verfassung im materiellen Sinn dann definieren als die Summe der Rechtssätze, „welche die obersten Organe des Staates bezeichnen", „die Art ihrer Schöpfung, ihr gegenseitiges Verhältnis und ihren Wirkungskreis festsetzen" und daneben noch „die grundsätzliche Stellung des Einzelnen zur Staatsgewalt" regeln, wie es erneut in Georg Jellineks klassischer und im Großen und Ganzen noch heute maßgeblicher Aufzählung heißt[22].

(2) Der notwendige Inhalt kann aber auch *qualitativ* und über die bloße Aufzählung hinaus in der Weise bestimmt werden, dass nicht jede beliebige Regelung dieser Verhältnisse ausreichen soll. Als Verfassung in diesem anspruchsvolleren materiellen Sinne gilt danach nur eine solche Ordnung, die die Ausübung der Staatsgewalt nicht nur verrechtlicht, sondern auch zurückdrängt sowie bestimmten rechtsstaatlichen und/oder demokratischen Mindestanforderungen genügt. Prominentes Beispiel für einen solchen Verfassungsbegriff, der ebenfalls gut mit den geschichtlichen Zielen der bürgerlichen Verfassungsbewegung begründet werden kann, ist Art. 16 der französischen Menschenrechtserklärung von 1789, nach dem eine Gesellschaft überhaupt keine Verfassung hat, wenn in ihr die individuellen Rechte nicht gesichert sind und keine Gewaltenteilung herrscht[23]. Auch dieser Verfassungsbegriff lässt sich danach geschichtlich aufweisen

---

[22] *Jellinek*, Allgemeine Staatslehre, S. 505. Aus heutiger Zeit etwa *J. Isensee*, Staat und Verfassung, in: Isensee/Kirchhof, HStR II, § 15 Rn. 187; *Grimm*, Zukunft der Verfassung, S. 11.; *Hesse*, Verfassung und Verfassungsrecht, in: Benda/Maihofer/Vogel, § 1 Rn. 2 f. Ein engerer materieller Verfassungsbegriff findet sich demgegenüber bei *Kelsen*, Reine Rechtslehre, S. 228: Verfassung als „die positive Norm oder die positiven Normen ..., durch die die Erzeugung der generellen Rechtsnormen geregelt wird".

[23] Déclaration des Droits de l'Homme et du Citoyen, Art. 16 „Toute société dans laquelle la garantie des droits n'est pas assurée, ni la séparation des pouvoirs déterminée, n'a point de Constitution".

und wird, möglicherweise noch angereichert um weitere Elemente, auch unter dem Grundgesetz vertreten[24].

Maßgeblicher Typus

Für sämtliche der vorgestellten Begriffe gilt damit, dass sie auf prominente Vorbilder zurückgeführt werden können und etwas Richtiges zum Ausdruck bringen. Für sich gesehen greifen sie aber jeweils zu kurz und ergeben erst in ihrem Zusammenhang eine sinnvolle Annäherung an das, was Verfassung heute bedeutet. Wird die Verfassung mit der ersten Variante des formellen Begriffs auf die Verfassungsurkunde reduziert, bleibt etwa das ungeschriebene Verfassungsrecht außen vor, obwohl es für das Verständnis der Verfassung oft folgenreicher ist als das geschriebene Verfassungsrecht. So ist der Grundsatz der Verhältnismäßigkeit in seinen Wirkungen ungleich bedeutsamer als, sagen wir, die Notariatsänderung nach Art. 138 GG, taucht aber anders als diese im Text nicht auf. Die Verfassung besteht deshalb heute nicht mehr nur aus den über 146 mehr oder weniger blankettartigen Artikeln des Grundgesetzes, sondern auch aus den weiteren Normen und Normgehalten, mit denen man sie angereichert hat (→ S. 83 ff.)[25]. Ein Konzept der Verfassung als höchste Norm mit Vorrang vor allem anderen Recht, wie es der zweiten Variante des formellen Begriffs entspricht, vermag demgegenüber den Grund für diesen Vorrang nicht zu erklären. Dieser kann sich nur ergeben aus der Wichtigkeit des Inhalts, wie er durch die materiellen Verfassungsbegriffe hervorgehoben wird[26]. Diese stehen jedoch ihrerseits vor dem Problem, dass sie den Umfang der Verfassung nicht zuverlässig bestimmen können. Wird die Verfassung danach in dieser oder jener Weise durch die für die Organisation von Staat und Gesellschaft grundlegenden, fundamentalen, zentralen Regelungen etc. bestimmt, wird sich regelmäßig herausstellen, dass dieser Definition auch Rechtssätze außerhalb der Urkunde unterfallen, einige in der Urkunde aber nicht[27]; nur letztere haben aber an dem für die Verfassung heute konstitutiven Vorrang teil. Ein angemessener Begriff der Verfassung kann sich danach nicht aus einzelnen Elementen der Form oder des Inhalts ergeben, sondern erst aus ihrem Zusammenhang. Es ist dann gerade die formelle Idee eines einheitlichen Verfassungsgesetzes mit Vor-

---

[24] Ein auf „Autonomie als verfassungstheoretischer Basiswert“ bezogener Verfassungsbegriff in diesem Sinne bei *Unruh*, Der Verfassungsbegriff des Grundgesetzes, S. 340 ff., 380 ff., 450 ff.; für einen anspruchsvollen Verfassungsbegriff etwa auch *Grimm* (Fn. 6) in: Isensee/Kirchhof, HStR I, § 1 Rn. 57 f.

[25] Vgl. *Voßkuhle*, in: von Mangoldt/Klein/Starck, Bd. III, Art. 93 Rn. 33.

[26] Richtig *Hofmann*, Recht – Politik – Verfassung, S. 261 (264).

[27] *Bryde*, Verfassungsentwicklung , S. 59.

rang vor dem übrigen Recht, mit der sich auch die zentrale materielle Bedeutung der Verfassung als anspruchsvolle Verrechtlichung politischer Herrschaft verbindet, und in der Verkörperung der darauf bezogenen Aussagen in einer Urkunde kommt sie symbolisch zum Ausdruck[28]. Die Verfassung kann demnach angemessen nur als eine bestimmte Einheit von Form und Inhalt begriffen werden.

III. Unterscheidung nach dem Geltungsgrund politischer Herrschaft

Der Inhalt wiederum wird wesentlich durch das Verhältnis bestimmt, das die Verfassung von ihrer geschichtlichen Herkunft und Zielsetzung her gegenüber politischer Herrschaft einnimmt. Dafür lassen sich die möglichen Antworten erneut zu zwei gegensätzlichen Grundvorstellungen zusammenziehen, die an die unterschiedliche Tradition von Verfassungen in den Vereinigten Staaten und Frankreich einerseits und in Deutschland andererseits anknüpfen[29]. Nach der einen erscheint die Verfassung als prinzipielle Neubegründung politischer Herrschaft, nach der anderen als Begrenzung einer überkommenen und bereits als solche bestehenden Herrschaft.

Herrschaftsbegründende Verfassung

Die Vorstellung der Verfassung als Begründung von Herrschaft geht auf die spezifischen Entstehungsbedingungen von Verfassung in den Vereinigten Staaten und Frankreich zurück; sie gibt bis heute gleichsam das Idealbild der Verfassung ab. In beiden Ländern ging die Verfassung jeweils aus einem revolutionären Umbruch hervor, in dessen Folge das gesamte vorherige Herrschaftssystem vollständig beseitigt wurde, und zwar einschließlich seiner Legitimitätsgrundlagen. Der Verfassung kam in dieser Situation die Aufgabe zu, politische Herrschaft nicht lediglich einzuhegen und ordnend zu erfassen, sondern sie und womöglich überhaupt den Staat erst zu begründen, neue Legitimität zu stiften, wo die alte unwiderruflich dahin war[30]. Die Verfassung ist dann „Konstitution" im eigentlichen Sinne

---

[28] *Osterkamp*, Juristische Gerechtigkeit, S. 171.

[29] Klar herausgearbeitet bei *C. Möllers*, Verfassunggebende Gewalt – Verfassung – Konstitutionalisierung, in: von Bogdandy/Bast, Europäisches Verfassungsrecht, S. 227 (229ff.).

[30] Vgl. *Böckenförde*, Staat, Verfassung, Demokratie, S. 43f.; *Preuss*, Revolution, Fortschritt und Verfassung, S. 19f.; übergreifend *H. Arendt*, Über die Revolution, 4. Aufl. 1994, S. 183ff.

des Wortes; sie löst auf, was vorher war, und setzt – „konstituiert“ – an dessen Stelle ein Ursprüngliches, Neues. Speziell in Frankreich verbindet sich dies mit dem radikaldemokratischen Konzept der verfassunggebenden Gewalt des Volkes (→ S. 288 ff.), das sich in der revolutionären Situation von allen bestehenden rechtlichen und politischen Bindungen freimacht und – als pouvoir constituant – alle von ihm eingerichtete Macht – als pouvoir constitué – an die von ihm getroffene Entscheidung bindet[31]. In der Verfassung selbst blieb davon die Idee der Volkssouveränität zurück, mit der alles Recht außerhalb und unterhalb der Verfassung demokratisch verfügbar gemacht wurde. Auch dies war der Vorstellung vom Anfang aus dem Nichts geschuldet, in dem sich das Volk selbst zum Schöpfer und Urgrund allen Rechts erhoben hatte.

Herrschaftsbegrenzende Verfassung

Im Unterschied dazu bricht die Vorstellung der Verfassung als bloße Herrschaftsbegrenzung nicht mit einer bestehenden Herrschaft, sondern steht grundsätzlich in Kontinuität zu ihr. Diese Vorstellung kennzeichnet vor allem die Entwicklung im Deutschland des 19. Jahrhunderts und erklärt sich aus einigen charakteristischen Bedingungen der politischen Situation. Unter der Fortgeltung des monarchischen Prinzips, wie es durch Art. 57 der Wiener Schlussakte von 1820 formell noch einmal bekräftigt wurde, gingen die Verfassungen hier nicht aus einer revolutionären Ursprungssituation hervor, sondern waren entweder – als oktroyierte Verfassung – von dem bisherigen Herrscher selbst gesetzt oder – als paktierte Verfassung – diesem abgerungen. Die Herrschaft selbst konnte dann grundsätzlich nur als bestehend vorausgesetzt und sollte durch die neuen Verfassungen im Ergebnis lediglich begrenzt werden, so wie es der älteren Tradition der Freiheitsbriefe, Privilegien und Staatsgrundgesetze einer ständischen Gesellschaft entsprach[32]. Anders als jene erhoben sie aber ebenfalls den Anspruch, die Ausübung von Herrschaft fortan umfassend zu normieren. Auf diese Weise sollten sie der bürgerlichen Gesellschaft und dem Bürgertum als Träger der Verfassungsbewegung einen Freiraum zu privater und ökonomischer Entfaltung sichern, dessen Aufkündigung

---

[31] *E.-J. Sieyès*, Was ist der dritte Stand?, in: Schmitt/Reichardt (Hrsg.), Politische Schriften 1788–1790, 1981, S. 117 (124 f.).

[32] Art. 57 der Wiener Schlussakte bestimmte in diesem Sinne: „Da der deutsche Bund, mit Ausnahme der freien Städte, aus souverainen Fürsten besteht, so muß dem hierdurch gegebenen Grundbegriffe zufolge die gesammte Staats-Gewalt in dem Oberhaupte des Staats vereinigt bleiben, und der Souverain kann durch die landständische Verfassung nur in der Ausübung bestimmter Rechte an die Mitwirkung der Stände gebunden werden.“

durch einen einseitigen Akt des Herrschers nicht mehr möglich war. Herrschaft neben und außerhalb der Verfassung konnte es dann im Prinzip ebenso wenig geben wie im herrschaftsbegründenden Modell der amerikanischen und französischen Tradition[33]. Die Unterschiede zwischen den beiden Modellen relativieren sich damit, wie man auch daran erkennen kann, dass etwa der Vorrang der Verfassung nicht überall sogleich durchgesetzt wird und über ihn in beiden Modellen mit durchaus ähnlichen Argumenten gestritten wurde[34]. Vor allem bleibt auch in Deutschland der überschießende utopische Gehalt der amerikanischen und französischen Verfassungen, der aus Untertanen Bürger macht, als eine Seitenlinie der literarischen und politischen Debatte beständig präsent.

In diesem Sinne konnte etwa Carl Theodor Welcker im Rotteck/Welckerschen Staatslexikon zusammenfassend feststellen, die Verfassung sei „nicht irgendein Nebenpunkt, sondern die Hauptsache der politischen Freiheit oder ihrer Verwirklichung, ja diese selbst“[35]. Von konservativer Seite wurde die Forderung nach einer über die gegebene ständische Ordnung hinausweisenden Verfassung hingegen gerade deshalb zurückgewiesen, weil sie „stets in letzter Instanz auf dem verkehrten Begriff von einer obersten Souveränität des Volkes gegründet“ waren, wie es Friedrich von Gentz in seiner bekannten Denkschrift formulierte[36]. So oder so verband sich in den Debatten der Zeit die Idee der Verfassung mit der Forderung nach individueller Freiheit und demokratischer Mitsprache an staatlichen Entscheidungen, so dass schließlich die real bestehenden Verfassungen des monarchischen Konstitutionalismus nur als ein unvollkommenes Abbild der wahren und vollständigen Verfassungen erschienen.

Maßgeblicher Typus

Die verschiedenen Traditionen fließen auf diese Weise zusammen. Mit gelinder Überspitzung kann man sagen, dass die Verfassung von der herrschaftsbegrenzenden Tradition die Idee einer umfassenden Verrechtlichung der Politik mit dem Ziel der Sicherung bürgerlicher Freiheit, von der herrschaftsbegründenden Tradition die Idee einer demokratischen Verflüssigung des Rechts als Ausdruck der Vorstellung, dass das Volk

---

[33] *Grimm*, Zukunft der Verfassung, S. 60 f.

[34] Auch in den Vereinigten Staaten war die Begründung des Vorrangs ein erheblicher Schritt, vgl. *Wahl*, Verfassungsstaat, Europäisierung, Internationalisierung, S. 125 ff.; in Frankreich setzte sich demgegenüber der Vorrang ähnlich spät durch wie in Deutschland, vgl. *C. Möllers* (Fn. 29) in: von Bogdandy/Bast, Europäisches Verfassungsrecht, S. 227 (233).

[35] *C. Welcker*, Art. Grundgesetz, Grundvertrag, in: von Rotteck/Welcker, Staats-Lexikon, Bd. 6, 1847, S. 166.

[36] *F. von Gentz*, Über den Unterschied zwischen den landständischen und repräsentativ-Verfassungen, in: Brandt (Hrsg.), Restauration und Frühliberalismus, 1979, S. 218 f.

souverän ist, übernimmt[37]. Das Ergebnis ist für die heutige Zeit ein anspruchsvoller, substanzhaltiger Begriff von Verfassung, nach dem Verfassungen, die diesen Namen verdienen, mindestens die folgenden drei Eigenschaften aufweisen müssen:

(1) Sie müssen erstens politische Herrschaft umfassend in dem Sinne verrechtlichen, dass es keine Herrschaft neben und außerhalb der Verfassung gibt. Das bedeutet nicht, dass die Ausübung der Herrschaft in jeder denkbaren Hinsicht rechtlich gebunden wird. Es bedeutet lediglich, dass der Ursprung der Legitimität von Herrschaft ausschließlich in der Verfassung selbst liegt; kein Einzelner, kein politisches Organ kann sich für die Ausübung von Herrschaftsbefugnissen auf eine vor- oder außerverfassungsmäßige Souveränität zurückziehen: im Sinne eines „government of laws and not of men“[38].

(2) In dieser Ausrichtung beugt die Verfassung zweitens dem Missbrauch staatlicher Macht vor und enthält einen Mindestbestand an Garantien für die individuelle Freiheit der Bürger.

(3) Drittens schließlich muss die Ausübung von Herrschaft unterhalb der Verfassung auf die Herrschaftsunterworfenen selbst rückführbar und von ihnen legitimiert sein. Einem anspruchsvollen Verfassungsbegriff genügen daher nur solche Verfassungen, die in dieser oder jener Form von den Bürgern getragen werden und zugleich ein Mindestmaß an demokratischer Selbstbestimmung vorsehen.

Die Verfassung erscheint dadurch zusammengenommen als „Inbegriff einer durch Recht konstituierten und durch Recht organisierten guten politischen Ordnung, in der die Träger dieser Ordnung einander als freie und gleiche Subjekte anerkennen – durch die Verfassung werden aus Untertanen Bürger“[39]. Natürlich schließt das nicht aus, dass auch Regelungswerke, die diesen Anspruch nicht erfüllen, als Verfassungen bezeichnet werden; wie ein Blick in die heutige Staatenwelt zeigt, geschieht dies auch. Diese erscheinen aber nunmehr nur noch als unechte oder „semantische“ Verfassungen, die gegenüber den echten Verfassungen allenfalls eine Min-

---

[37] *C. Möllers* (Fn. 29), in: von Bogdandy/Bast, Europäisches Verfassungsrecht, S. 227 (230 ff.), verwendet dafür das Gegensatzpaar von „Verfassung als Verrechtlichung der Politik“ und „Verfassung als Politisierung des Rechts“; die Grundbegriffe angelehnt an *Grimm*, Die Verfassung und die Politik, S. 16 ff.

[38] U.S. Supreme Court, Marbury v. Madison, 5 U.S. (1 Cranch) 137 (163).

[39] *U.K. Preuß*, Auf der Suche nach Europas Verfassung, Transit – Europäische Revue Nr. 17 (1999), 154 (154); s. auch *ders.*, Einleitung, in: ders. (Hrsg.), Der Begriff der Verfassung, S. 28 f.: Verbindung mit dem grundlegenden Konzept von „citizenship“; breiter ausholend *ders.*, Revolution, Fortschritt und Verfassung, S. 73 ff.

derform darstellen und mit der Bezeichnung als Verfassung eine Qualität beanspruchen, die ihnen an sich nicht zukommt[40].

IV. Unterscheidung nach der wesentlichen Regelungswirkung

Zielt die Verfassung unter den dargelegten Zusatzbedingungen auf die Verrechtlichung politischer Herrschaft, bleibt allerdings noch klärungsbedürftig, in welcher Art und Weise sie auf diese zugreift. Sie betrifft nun endgültig nicht mehr die äußeren und verallgemeinerbaren Elemente eines Verfassungsbegriffs, sondern die innere Ausrichtung einer konkreten Verfassung und kann nur von ihr aus beantwortet werden. Die Optionen, die dafür zur Verfügung stehen, lassen sich von der theoretischen Ausgangslage her erneut zu zwei Grundmodellen zusammenziehen, die als limitierende und programmatische Verfassung bezeichnet werden können und für je unterschiedliche Arten von Regelungswirkungen stehen[41].

Limitierende Verfassung

Als limitierende Verfassung hat die Verfassung vor allem die Aufgabe, die Staatsorgane einzurichten, ihre Funktionen und Befugnisse festzulegen, Verfahren für die Wahrnehmung dieser Befugnisse zu regeln und zugleich die Grenzen der verschiedenen Wirkungsbereiche abzustecken; im Verhältnis zur Gesellschaft werden häufig die Grenzen möglicher Einwirkungen des Staates überhaupt bestimmt. Gleichbedeutend kann man in diesem Sinne auch von einem „Ermächtigungs- und Grenzziehungsmodell" sprechen, dessen zentrales Kennzeichen die Abwesenheit irgendwelcher inhaltlicher Bindungen des Staatshandelns ist[42]; wo es solche gibt, bestimmen sie allenfalls negativ jene Bereiche, die dem staatlichen Zugriff entzogen sind. Verfassungen dieses Typus beschränken sich dementsprechend üblicherweise auf die Regelung und Erfassung des staatlich-institutionellen Bereichs; sie sind Teilordnung für den Staat in engerem Sinne, nicht Grundordnung für den Staat unter Einschluss der Gesellschaft oder für Staat und Gesellschaft insgesamt. Den Prototyp dieses Verfassungsverständnisses stellt die Verfassung des Kaiserreichs von 1871 dar, die sich fast ganz auf ein Organisationsstatut beschränkte; nur die Präambel

---

[40] Vgl. *Loewenstein*, Verfassungslehre, S. 131, zum „unreduzierbaren Minimum einer echten Verfassung", dort auch der Begriff der „semantischen Verfassung", S. 153ff.

[41] Vgl. *Schuppert/Bumke*, Konstitutionalisierung der Rechtsordnung, S. 25f.

[42] Die Bezeichnung – in Abgrenzung zum „Grundwerte-Modell" – bei *Häberle*, Verfassungslehre als Kulturwissenschaft, S. 369f.; s. dazu noch unten → S. 23f.

enthielt in der Formulierung vom „ewige(m) Bund zum Schutze des Bundesgebietes“ und „zur Pflege der Wohlfahrt des Deutschen Volkes“ eine ungefähre Bestimmung über Ziel und Richtung des Ganzen. Allerdings schließt auch das Vorhandensein eines Grundrechtskatalogs eine Zuordnung zu diesem Verfassungsmodell nicht prinzipiell aus. Die Grundrechte müssen dann aber ausschließlich als Abwehrrechte konzipiert sein, also die Funktion haben, der Ausübung der Staatsgewalt Schranken zu setzen, ohne sie zugleich in einem weitergehenden inhaltlichen Sinne anzuleiten.

Programmatische Verfassung

Gerade solche inhaltlichen, möglicherweise auch über das Staatshandeln im engeren Sinne hinausweisenden Bestimmungen sind demgegenüber das Kennzeichen der programmatischen Verfassung. Sie legt bestimmte Aufgaben und Ziele positiv fest und gibt oft zugleich Hinweise für die Art und Weise ihrer Erfüllung, die sich zu mehr oder weniger zwingenden Vorgaben verdichten können. Verfassungen dieser Art greifen daher oft weit in den gesellschaftlichen Bereich aus, normieren als eine das gesamte Gemeinwesen überspannende Grundordnung auch die Grundlagen für das nicht im engeren Sinne staatlich-politische Leben. Mit programmatischen Elementen in diesem Sinne stark durchsetzt war hierzulande vor allem die Verfassung von Weimar, bei der allerdings der Programmcharakter insgesamt zu Lasten der rechtlichen Bindung ging. Programmatisch wird seitdem – wie in der Wendung vom „bloßen Programmsatz“ – häufig mit juristisch folgenlos gleichgesetzt, während die limitierenden Gehalte im Vergleich dazu regelmäßig als strikt verpflichtend angesehen werden. Von den limitierenden Verfassungen kann man dann sagen, sie binden, aber sie lenken nicht, während die programmatischen Verfassungen lenken, aber nicht binden. Mittlerweile ist allerdings bekannt, dass die Entgegensetzung in dieser Form in die Irre führt. Einerseits ist auch die Prägekraft limitierender Verfassungen gegenüber der politischen Realität häufig begrenzt, wie man zum Ende des Kaiserreichs hin gerade im Lager des staatsrechtlichen Positivismus nicht ohne einen Anflug von Resignation erkennen musste[43]. Andererseits bedeutet Programmatik nicht notwendigerweise einen Verzicht auf rechtliche Bindung; sie äußert sich nur in an-

---

[43] Vgl. *Jellinek*, Verfassungsänderung und Verfassungswandlung, S. 1 f., 72: „Die Entwicklung der Verfassungen bietet uns die große, noch immer nicht genug in ihrer gewaltigen Bedeutung gewürdigte Lehre, dass Rechtssätze unvermögend sind, staatliche Machtverteilung tatsächlich zu beherrschen. Die realen politischen Kräfte bewegen sich nach ihren eigenen Gesetzen, die von allen juristischen Formen unabhängig wirken.“

deren Formen und wird, wenngleich schwächer, auf eine andere Weise durchgesetzt[44].

Maßgeblicher Typus

Die meisten Verfassungen mit der charakteristischen Ausnahme der amerikanischen kombinieren heute dementsprechend limitierende und programmierende Elemente, wobei die Tendenz insgesamt stärker in Richtung der programmierenden Elemente geht[45]. Allerdings ist die konkrete Zuordnung keine Frage des Textes, sondern hängt nicht weniger davon ab, was die Praxis seiner Anwendung durch Politik, Gerichte und Wissenschaft daraus macht. Gerade für das Grundgesetz lässt sich insoweit beobachten, wie sich im Laufe der Zeit die programmatisch-dirigierenden Gehalte gegenüber den nur negativ-limitierenden in den Vordergrund geschoben haben. Stellvertretend dafür stehen die im Laufe der Zeit erfolgte Anreicherung des Grundgesetzes um neue Staatsziele – gesamtwirtschaftliches Gleichgewicht, europäische Integration, Umwelt- und Tierschutz – einerseits und die Entfaltung des Sozial- und Rechtsstaatsprinzip zu einem umfassenden, in je verschiedene Richtungen hin wirkenden Gerechtigkeitsauftrag andererseits (→ S. 256 ff.). Zum Motor der Entwicklung sind aber vor allem die Grundrechte geworden, die heute ganz überwiegend eben nicht mehr nur als Ausgrenzungen der Staatsgewalt begriffen werden, sondern – als Wertordnung, Grundsatznormen, Schutzpflichten etc. – Gesetzgeber, Justiz und Verwaltung auch zur aktiven Grundrechtsförderung verpflichten (→ S. 231 ff.). Mit alledem formulieren Verfassungen wie das Grundgesetz heute wesentlich auch Politikprogramme, die auf Realisierung angelegt sind und als „Richtlinien und Impulse" in alle Bereiche der Rechtsordnung hinein ausstrahlen[46]. In diesem Sinne dokumentiert die Verfassung nun nicht mehr nur die zur Zeit ihrer Gründung herrschenden Vorstellungen über die Verteilung der Macht im Staat, sondern legt die unter ihr Lebenden zugleich auf eine gemeinsame Zukunftsperspektive fest.

---

[44] Im Einzelnen am Beispiel der Grundrechte *B.-O. Bryde*, Programmatik und Normativität der Grundrechte, in: Merten/Papier, HGR I, § 17 Rn. 1 ff., 12 ff., 24 ff.

[45] Vgl. mit rechtsvergleichendem Material *P. Häberle*, Artenreichtum und Vielschichtigkeit von Verfassungstexten, in: FS U. Häfelin, 1989, S. 225 (232 ff.).

[46] So die bekannte Formulierung des Lüth-Urteils, BVerfGE 7, 198 (205); auch dazu näher → S. 312 ff.

V. *Unterscheidung nach dem Verhältnis zu Moral und Ethik*

Gerade für ein derart anspruchsvolles Konzept von Verfassung stellt sich, noch einmal tiefer zu seinem inneren Kern vorstoßend, folgerichtig die weitere Frage, wie sie sich zu den anderen in der Gesellschaft wirksamen Normensystemen verhält, also zu Moral und Ethik, zu tradierten kulturellen Wertvorstellungen, aber auch zu Überlegungen der politischen Philosophie, in denen die entsprechenden Intuitionen oft nur stärker reflektiert und explizit gemacht werden. Die dafür von der theoretischen Ausgangslage her zur Verfügung stehenden Grundmodelle sind das Modell der reinen Rechtsverfassung einerseits und der politischen Gerechtigkeitsordnung andererseits; bezogen auf den Begriff mag man auch von dem Gegensatz von juristisch-technischer und rechtsethischer Verfassung sprechen.

Juristisch-technische Verfassung

Als juristisch-technische Verfassung ist die Verfassung ausschließlich Rechtstext oder Rechtsdokument im Sinne einer reinen Form, deren Funktion sich in der Streitentscheidung erschöpft und deren Inhalt mit den Mitteln einer spezifischen Fachdogmatik erschlossen werden muss. In seiner klassischen Form entstammt dieses Modell der Gedankenwelt des staatsrechtlichen Positivismus, der das Staatsrecht in der bekannten Formulierung Gerbers „von allen nichtjuristischen, bloß der ethischen und politischen Betrachtung angehörenden Stoffen" reinigen wollte und es auf diese Weise von seinen außerrechtlichen Wurzeln abtrennte[47]. Dass in die Formulierung der Verfassung eine bestimmte historisch-politische Tradition und eine je vorhandene Rechtsüberzeugung eingegangen sind, muss darum nicht geleugnet werden; die Übereinstimmung mit einer solchen Rechtsüberzeugung kann sogar dazu beitragen, der Verfassung historische Legitimität zu verleihen[48]. Für den Inhalt der Verfassung sind solche Erwägungen aber nicht bestimmend; durch ihre Setzung als positives Recht hat sich die Verfassung von ihnen abgenabelt und steht nun für sich, so wie auch ihre wissenschaftliche Aufbereitung als „eine rein logische Denktätigkeit" erscheint[49]. Vollständig adäquat war ein solches Verfassungsverständnis allerdings erneut nur für die sich im Wesentlichen auf

---

[47] *C. F. von Gerber*, Grundzüge des deutschen Staatsrechts, 3. Aufl. 1880, Neudruck 1969, S. 237 f.

[48] Vgl. erneut *C. F. von* Gerber, S. 10 Fn. 2; dort wird „der organische Staat der konstitutionellen Monarchie" gerade gerechtfertigt als „Inhalt der gegenwärtig bestehenden allgemeinen Rechtsüberzeugung des Deutschen Volkes".

[49] *Laband*, Staatsrecht des Deutschen Reiches, Bd. 1, S. IX.

die äußere Zuordnung der Staatsorgane beschränkende Reichsverfassung von 1871, unter der es nicht zufällig formuliert worden ist. Dagegen wird es als Arbeitsanweisung in dem Maße undurchführbar, in dem eine Verfassung mit programmatischen, von ihrer Natur her notwendigerweise offeneren und unbestimmteren Aussagen aufgeladen wird; hier lässt es sich am Ende überhaupt nur dadurch aufrecht erhalten, dass solchen Aussagen die Bindungswirkung und damit die Qualität als Recht schlechthin abgesprochen wird.

Dies war in der Tat der Standpunkt von Hans Kelsen: Die Berücksichtigung von Prinzipien wie Freiheit, Gleichheit oder Gerechtigkeit, meinte er, könne gar „nicht den Charakter einer Rechtsanwendung im technischen Sinne des Wortes haben"; verzichte man auf sie, so ändere „sich an der tatsächlichen Rechtslage nichts"[50].

Rechtsethische Verfassung

Das Modell der rechtsethischen Verfassung ist demgegenüber dadurch gekennzeichnet, dass die Verfassung bewusst zu anderen gesellschaftlichen Normensystemen wie Moral und Ethik geöffnet wird, die dann auch in einem noch zu bestimmenden Maße in ihre Anwendung hineinwirken. Die Gründe für diese Öffnung liegen in dem spezifischen Inhalt, den praktisch alle modernen Verfassungen aufweisen, sobald sie über das bloße „instrument of government" hinausgehen. In diesem Falle nehmen sie mit der Menschenwürde, den Grundrechten sowie der Gewährleistung von Demokratie, Rechtsstaat und Sozialstaat typischerweise die zentralen Leitbegriffe und Problemformeln des neuzeitlichen Natur- und Vernunftrechts in sich auf, die bis heute die Moralphilosophie beeinflussen und in verschiedenen Gerechtigkeitstheorien oder Ethiken laufend fortgeschrieben werden[51]. Die Fragen, die sie zu beantworten versuchen, lassen sich deshalb allesamt als „Fragen der Gerechtigkeit", „Fragen des Gemeinwohls" und „Fragen politischer Klugheit" lesen, zu denen dann akzidentiell einige formale Regeln der Rechtsgeltung hinzutreten[52]. Von hier aus ist es nur folgerichtig, der Verfassung nicht nur eine spezifisch juristische, sondern selber auch ideale, moralische oder ethische Qualität zuzusprechen. Das Modell der juristisch-technischen Verfassung ist daher, obwohl es nach wie vor Fürsprecher hat, mittlerweile weithin verdrängt worden durch das ihm entgegengesetzte Modell einer rechtsethischen Verfassung, das man vereinfacht auch ein Gerechtigkeitsmodell (→ S. 41 ff.) nennen

---

[50] So in der Tat *H. Kelsen*, Wesen und Entwicklung der Staatsgerichtsbarkeit, VVDStRL 5 (1929), 30 (69).

[51] S. hier vorerst nur *Dreier*, Recht – Moral – Ideologie, S. 124.

[52] *Frankenberg*, Die Verfassung der Republik, S. 19 ff.

kann[53]. Dieses begreift, in je unterschiedlicher Akzentuierung und Intensität, die Verfassung nicht als Agglomerat formaler Regeln und Prinzipien, die mit erhöhter Geltungskraft ausgestattet sind, weil es nun einmal so festgelegt wurde, sondern als Ausdruck bestimmter Gerechtigkeits- und Angemessenheitsüberzeugungen, die sich normativ verfestigt haben und das Selbstverständnis der politischen Gemeinschaft spiegeln, die unter der Verfassung lebt. Diese sind dann in der Verfassung symbolisch verkörpert und werden in ihrer Anwendung mit den gesellschaftlichen und politischen Diskursen vermittelt, für die sie nun ihrerseits verbindliche Orientierung bereitstellen. Statt als kontingente Sicherung kontingenter Gehalte erscheint die Verfassung dadurch im Ergebnis als „gute und gerechte Ordnung des Gemeinwesens"[54], darin zugleich als „materiales Grundgerüst des sozialen Zusammenlebens überhaupt"[55].

Maßgeblicher Typus

Es fällt nicht schwer, dies in seinem sachlichen Kern auch als die für das Grundgesetz bis heute maßgebliche Konzeption zu identifizieren. Den Schlüssel dafür lieferte ursprünglich die Deutung der Verfassung im Allgemeinen und der Grundrechte im Besonderen als „Wertordnung" oder „Wertsystem", wie sie das Bundesverfassungsgericht im Anschluss an die Verfassungslehre Rudolf Smends und entsprechende Überlegungen Günter Dürigs schon früh vorgenommen hat[56]. Auf diese Weise wurde das Grundgesetz von der tatsächlichen oder vermeintlichen „Wertneutralität" früherer deutscher Verfassungen abgesetzt[57]. Mittlerweile hat sich die Entwicklung aber von dem Wertbegriff jedenfalls insoweit gelöst, als diesem oft eine problematische Nähe zur materialen Wertethik eines Nikolai Hartmann oder Max Scheler vorgeworfen wurde[58]; es geht ganz allgemein nur darum, dass die Verfassung in ihren zentralen Aussagen auch einen geistigen, moralischen und ethischen Gehalt in sich aufnimmt, von dem aus sie dann auch zu verstehen ist, und der Wertbegriff bringt, wo er heu-

---

[53] Von einem „Grundwerte-Modell" spricht *Häberle*, Verfassungslehre als Kulturwissenschaft, S. 370ff., dabei zusätzlich noch die programmatische Dimension einbeziehend.

[54] *K. Hesse*, Verfassungsrechtsprechung im geschichtlichen Wandel, JZ 1995, 265 (266); ganz ähnliche Formulierung etwa bei *Denninger*, Menschenrechte, S. 10.

[55] *Böckenförde*, Staat, Verfassung, Demokratie, S. 48f.

[56] Grundlegend BVerfGE 2, 1 (12); 5, 85 (138f.) einerseits und BVerfGE 7, 198 (205ff.) für die Grundrechte andererseits, dort auch die Begriffe der „Wertordnung" und des „Wertsystems". Die Vorarbeiten bei *Smend*, Staatsrechtliche Abhandlungen, S. 260ff.; ferner *Dürig*, in: Maunz/Dürig, Erstbearbeitung, Art. 1 Abs. 1.

[57] Vgl. erneut BVerfGE 7, 198 (205).

[58] Vgl. *Böckenförde*, Recht, Staat, Freiheit, S. 67 (71ff.).

te noch verwendet wird, dies nur als eine von mehreren möglichen zusammenfassenden Chiffren zum Ausdruck (→ S. 96 ff.). Das entsprechende Konzept lässt sich folgerichtig auch in zahlreichen anderen europäischen Verfassungen nachweisen, insbesondere solchen, die aus einer historischen Umbruchsituation wie der Überwindung einer Diktatur hervorgegangen sind[59]. Für das amerikanische Verfassungsrecht findet es eine – dort allerdings umstrittene – Parallele in Ronald Dworkins moralischer Lesart („moral reading") der Verfassung (→ S. 132 f.). Mit alldem erhebt die Verfassung den Anspruch, „richtige" Ordnung zu sein und nicht bloß eine solche, die mit gleicher Berechtigung durch jede beliebige andere ersetzt werden könnte. Man kann sie in diesem Sinne als normative Entfaltung einer politischen Gerechtigkeitskonzeption bezeichnen[60]. In dieser Rolle kann sie zugleich zum Inbegriff dessen werden, was Bürger über ihre unterschiedlichen Welthaltungen, Lebensstile und Anschauungen zu einzelnen Sachfragen hinweg verbindet. Als ethische Verfassung formuliert und enthält sie dann in sich zugleich den ethischen Grundkonsens von Staat und Gesellschaft, nämlich die in Rechtsform gegossenen moralischen Prinzipien, in denen diese Gesellschaft noch einig sein will[61].

Man wird an dieser Stelle berechtigterweise fragen können, warum hier gleichberechtigt sowohl von „Moral" als auch von „Ethik" gesprochen wird, ob es nicht einen Unterschied zwischen beiden gibt und wenn ja, worin dieser besteht[62]. Darauf sind unterschiedliche Antworten möglich, weil die Begriffe insoweit nicht festliegen. Eine geläufige Unterscheidung begreift die Ethik im Wesentlichen als Reflexionsdisziplin der Moral, also als diejenige wissenschaftliche Disziplin, die die Gebote der Moral beobachtet, analysiert und auf ihre Begründbarkeit befragt. In dieser Verwendung besteht zwischen Ethik und Moral kein inhaltlicher Unterschied, sondern nur ein solcher des Standpunkts oder der Perspektive, von der aus man auf sie blickt; alle Sätze der Moral sind zugleich auch immer Gegenstand der Ethik, und welchen Begriff man nimmt, ist im jetzigen Zusammenhang letztlich egal. Anders liegt es, wenn man die Unterscheidung mit einem neueren Vorschlag auch als eine solche gerade des Inhaltes und des Anwendungskontextes sieht; hier kann sie mithelfen, gerade den Bedeutungswandel zu erfassen, der sich mit der Verfassung vollzogen hat. Leitbegriff der Moral ist danach der Begriff der „Gerechtigkeit", des „Gerechten" oder des „Rechten"; die Moral fragt in diesem Sinne danach, was von einem Standpunkt der Unparteilichkeit aus gleichermaßen gut

---

[59] Vgl. *M. Herdegen*, Verfassungsinterpretation als methodische Disziplin, JZ 2004, 873 (877); ausführlich *Rensmann*, Wertordnung und Verfassung, S. 25 ff., 43 ff., 81 ff., 147 ff.

[60] Politische Gerechtigkeit meint dabei eine Gerechtigkeit „von einem moralischen Standpunkt gegenüber Politik und Staat", vgl. *Höffe*, Politische Gerechtigkeit, S. 59; *A. Tschentscher*, Prozedurale Theorien der Gerechtigkeit, 2000, S. 78 ff.

[61] Zu dieser Funktion bereits *J. Isensee*, Verfassungsgarantie ethischer Grundwerte und gesellschaftlicher Konsens, NJW 1977, 545 ff.

[62] Vgl. *J. Lege*, Diskussionsbeitrag, VVDStRL 67 (2008), 93 (115).

für alle ist. Leitbegriff der Ethik ist demgegenüber der Begriff des „Guten" oder des „guten Lebens"; bei ihr geht es darum, was jeweils gut „für mich" oder „für uns" im Sinne einer partikularen Gemeinschaft ist[63]. Die meisten Regelungen der Verfassung – Menschenwürde, Freiheit und Gleichheit, demokratische Verfahren etc. – gehören von hier aus an sich in den Bereich der Moral, weil sie universale Prinzipien enthalten, denen jedermann unabhängig von seinen persönlichen Lebenszielen, seinen Glaubensüberzeugungen oder einer bestimmten Gruppenzugehörigkeit zustimmen könnte. Gerade in ihrer gemeinsamen Anerkennung und der Aneignung durch die Mitglieder einer politischen Gemeinschaft, die sich auf diese Prinzipien verpflichtet, begründen sie nun aber auch das spezifische Ethos dieser Gemeinschaft, nämlich dasjenige, was sie über ihre unterschiedlichen Einstellungen und Welthaltungen hinweg miteinander verbindet und als Gemeinschaft erst konstituiert[64]. In seinem neueren kulturwissenschaftlichen Ansatz (→ S. 309 f.) hat Peter Häberle die Verfassung deshalb insgesamt als „ein Stück Kultur" definiert und dies ausdrücklich auch auf ihre „Verwurzelung im Bürgerethos und Gruppenleben, ihr Verwachsensein mit dem politischen Gemeinwesen" bezogen[65]. Das Problem dieses Ansatzes ist allerdings die Weite des Kulturbegriffs im Vergleich mit Moral oder Ethik: Kultur ist letztlich immer *alles*, aber nicht alles ist auch Verfassung oder schlägt sich darin nieder.

VI. Unterscheidung nach dem Verhältnis zur politisch-gesellschaftlichen Wirklichkeit

Ist man bis hierher vorgedrungen, stellt sich zuletzt für jede Verfassung die Frage, wie sie auf mögliche Wandlungen ihres Gegenstandes reagiert. Sie zielt auf die spezifische Normativität der Verfassung im Sinne ihres Verhältnisses zu der sie umgebenden Wirklichkeit. Als solche ist sie nicht bereits dadurch entschieden, dass unter Verfassung heute allgemein die rechtliche oder normative und nicht die tatsächliche oder wirkliche Verfassung verstanden wird (→ S. 9 ff.). Vielmehr muss gerade auf dieser Grundlage weitergefragt werden, in welcher Art und Weise die Verfassung diese Wirklichkeit formt oder mitformt und in welchem Maße sie umgekehrt von dieser Wirklichkeit geformt oder mitgeformt wird. Für eine Rechtsnorm wie die Verfassung, die auf die Ordnung politischer Herrschaft zielt, wird diese Wirklichkeit bestimmt durch die jeweilige politische Machtverteilung, für eine Verfassung, die darüber hinaus ordnend

---

[63] Vgl. zu dieser Verwendung etwa *E. Tugendhat*, Probleme der Ethik, 1984, S. 94 f.; *J. Habermas*, Erläuterungen zur Diskursethik, 1992, S. 100 ff.; *ders.*, Faktizität und Geltung, S. 139; aufgegriffen etwa bei *Huster*, Die ethische Neutralität des Staates, S. 6.

[64] Zutr. *Osterkamp*, Juristische Gerechtigkeit, S. 216 f.

[65] *Häberle*, Verfassungslehre als Kulturwissenschaft, S. 83 f., dort auch ausführlicher zum Gesamtkonzept, insbes. S. 28 ff.; zsfd. auch *ders.*, Europäische Verfassungslehre, S. 9.

und programmierend auf Sach- und Lebensbereiche der Gesellschaft zugreift, auch durch die jeweiligen gesellschaftlichen Verhältnisse, und für eine, die in alledem die grundlegenden Ordnungs- und Gerechtigkeitsvorstellungen der Bürger in sich aufnimmt, zuletzt durch diese Überzeugungen, und zwar einschließlich ihrer möglichen Veränderungen. In einem ganz allgemeinen Sinne kann man sagen, es geht um das Verhältnis der Verfassung zu den Kommunikationen über sie. Nach der Art und Weise, wie sie dieses Verhältnis erfassen, lassen sich die verschiedenen Verfassungslehren einteilen in die Ordnungstheorien einerseits und die Prozesstheorien andererseits, die wiederum zu einem je entgegengesetzten Grundverständnis oder eben Begriff von Verfassung führen[66].

Geschlossene Verfassung

Nach den verschiedenen Ordnungstheorien stellt sich die Verfassung als eine in sich geschlossene Ordnung dar, die, einmal in der Welt, den Kommunikationen über Verfassung als fester Rahmen vorausliegt und diese selbst determiniert. Gegenüber der politisch-sozialen Wirklichkeit, auf die sie trifft, erhebt sie damit einen unbedingten Ordnungs- und Geltungsanspruch; sie tritt dieser Wirklichkeit grundsätzlich als etwas Vorgegebenes, in der Sache bereits gültig Entschiedenes gegenüber, das sich auch gegenüber ihren möglichen Veränderungen normativ immunisiert und abschottet, sich als das statisch-beharrende Moment des politisch-sozialen Lebens behauptet. Der Inhalt der Verfassung gilt dann als ein Apriori, dessen Anpassung an veränderte Problemlagen nur auf dem Weg förmlicher Verfassungsänderung, in einem grundsätzlichen Kern möglicherweise nicht einmal auf diesem Weg erfolgen kann.

Unterschiede innerhalb der Ordnungstheorien bestehen allerdings danach, worin dieses Apriori jeweils gesehen wird. Nach der Verfassungslehre Carl Schmitts liegt es in der „Gesamtentscheidung über Art und Form der politischen Einheit", die durch einen souveränen Akt der verfassunggebenden Gewalt getroffen ist und für die Weimarer Verfassung die grundlegenden politischen Entscheidungen für Demokratie, Republik, Bundesstaat und Rechtsstaat umfassen sollte[67]. In dieser Grundentscheidung besteht für Schmitt überhaupt erst die Verfassung, die im Verfassungsgesetz ihren möglichen Ausdruck findet, von ihm in der Sache aber unterschieden werden muss. Das Verfassungsgesetz, im Wesentlichen also die geschriebene Verfassung, kann prinzipiell durch eine entsprechende parlamentarische Mehrheit oder im Wege der Interpretation beliebig geändert werden, die Verfassung dagegen nicht. In dieser Variante der Ordnungstheorien ist das unverfügbare Apriori der Verfassung damit einerseits auf einen schmalen Kern elementarer

---

[66] Die Begriffe bei *A. Schmitt Glaeser*, Vorverständnis als Methode, S. 33ff.
[67] *Schmitt*, Verfassungslehre, S. 20ff.

Grundentscheidungen reduziert und andererseits vom Verfassungstext selbst weitgehend abgelöst; es kann mit einzelnen Formulierungen oder Aussagen des Textes zusammenfallen, muss es aber nicht. Neuere Varianten der Ordnungstheorien zeichnen sich, wenngleich vielfach in der Tradition Carl Schmitts, demgegenüber gerade dadurch aus, dass sie eine stärkere Verzahnung mit dem Verfassungstext suchen. Betont wird dann etwa das bloß Rahmenhafte, Fragmentarische der Verfassung, die das politische Leben – meist auch nur dieses – lediglich punktuell und sparsam normiert, dort aber, wo sie Festsetzungen enthält, einen strikten und unbedingten Geltungsanspruch erhebt[68]. Zu einem ähnlichen Ergebnis kommen diejenigen Varianten, die eine Auslegung der Verfassung streng nach dem Willen des historischen Gesetzgebers und/oder die Rückbesinnung, wenn nicht überhaupt Begrenzung auf den Wortlaut des Textes fordern (→ S. 143 ff.).

Charakteristisch für die verschiedenen Ordnungstheorien ist damit eine Verstärkung des normativen bei gleichzeitiger Rücknahme oder Begrenzung des sachlichen Geltungsanspruchs: Die Verfassung bindet dort, wo sie bindet, ihre Adressaten strikt und unbedingt, aber sie entfaltet diese Wirkung eben nur wie bei Carl Schmitt in einem schmalen Kern unabänderlicher Grundentscheidungen oder wie bei seinen Nachfolgern in den pointillistischen Andeutungen einer bloßen Rahmenordnung, die kurz hinter ihrem Text, möglicherweise auch bereits mit ihm endet. Dem Modell einer geschlossenen, von den Kommunikationen ihrer Umwelt abgeriegelten Verfassung, wie es im Zentrum der Ordnungstheorien liegt, entspricht damit von der Art und Weise des Zugriffs her am ehesten eine limitierende Verfassung, die sich im Wesentlichen auf die Regelung und Erfassung des staatsorganschaftlichen Bereichs beschränkt. Vom Verhältnis zu anderen Normensystemen her tendiert es zum Modell der juristisch-technischen Verfassung, weil darin die Verbindung zu Moral, Ethik oder Kultur weitgehend gekappt ist. Die Vorstellung einer geschlossenen Verfassung verliert damit in dem Maße an Plausibilität, in dem die Verfassung mit Programmatischem aufgeladen wird oder als Ausdruck bestimmter ethischer, moralischer oder kultureller Grundüberzeugungen erscheint, weil sie sich dann jeweils stärker auf die sie umgebende Wirklichkeit einlassen muss[69]. In diesem Fall muss die Verfassung stärker als etwas Dynamischeres und Beweglicheres konzipiert werden, so wie es von den verschiedenen Prozesstheorien unternommen wird.

---

[68] So etwa *Böckenförde*, Staat, Verfassung, Demokratie, S. 85 ff.; ähnlich zuvor *E. Forsthoff*, Die Umbildung des Verfassungsgesetzes, in: FS C. Schmitt, 1959, S. 35 ff.

[69] Richtig *Grimm*, Die Zukunft der Verfassung, S. 342.

Offene Verfassung

Nach den Prozesstheorien liegt die Verfassung den Kommunikationen über Verfassung für sich nicht voraus, sondern ist zu ihnen in vielfacher Hinsicht durchlässig, bildet sich womöglich überhaupt erst in diesen Kommunikationen. Sie erscheint danach als eine zur Wirklichkeit und ihren Wandlungen hin offene Ordnung, die selbst in je wechselndem Umfang von dem mitgeprägt wird, was sie zu ordnen bestimmt ist. In diesem Sinne wird sie in der Verfassungslehre Rudolf Smends ganz hingeordnet auf den Prozess geistig-politischer Einheitsbildung, für den Smend die Bezeichnung „Integration" vorschlägt und die für ihn das Wesen des Staates überhaupt bildet[70]. Die Verfassung ist dann zwar „Rechtsordnung des Staats" und „seines Integrationsprozesses", empfängt aber ihren Sinn ganz wesentlich aus diesem Prozess und den Eigengesetzlichkeiten seiner Entwicklung[71]. Als „integrierende Wirklichkeit" wird die Verfassung auf diese Weise mit der Wirklichkeit verschränkt[72]; ebenso wie die Verfassung selbst treten dann auch „die normierten Institutionen ... mit oder ohne Bewusstsein und Absicht ihrer Gesetzgeber in den ihnen aufgegebenen Sinnzusammenhang ein, wirken ihm entsprechend, ergänzen, modifizieren sich nach dieser Aufgabe", so dass es „einfach der immanente und selbstverständliche Sinn der formulierten Verfassung" ist, „dass sie diese Elastizität hat und dass ihr System sich gegebenenfalls von selbst ergänzt und wandelt"[73]. Von hier aus ist es nicht mehr weit, die Verfassung selbst als „Prozess" oder „öffentlichen Prozess" zu verstehen, wie es in Fortführung der Smendschen Verfassungslehre von Konrad Hesse vorgedacht und von Peter Häberle zu seiner letzten Konsequenz vorangetrieben worden ist[74]. Für das amerikanische Verfassungsrecht findet sich eine Parallele in dem – allerdings dort wiederum stärker umstrittenen – pragmatistischen Konzept der „living constitution", die sich an ihre Umwelt adaptiert und sich mit ihren wechselnden Anforderungen fortentwickelt[75]. Auf der

---

[70] Das Credo bei *Smend*, Staatsrechtliche Abhandlungen, S. 136.

[71] *Smend*, Staatsrechtliche Abhandlungen, S. 189f.

[72] *Smend*, Staatsrechtliche Abhandlungen, S. 192.

[73] *Smend*, Staatsrechtliche Abhandlungen, S. 190f.

[74] *Hesse*, Grundzüge des Verfassungsrechts, Rn. 9, 41ff.; *Häberle*, Verfassung als öffentlicher Prozess, insbes. S. 121ff. Mittlerweile hat Häberle diese Deutung zwar nicht aufgegeben, aber doch in seinem neueren „kulturwissenschaftlichen" Ansatz aufgehen lassen; s. bereits die Nachweise in Fn. 65.

[75] Die Grundlagen bei *H. McBain*, The Living Constitution, 1948; die Gegenposition etwa bei *W.H. Rehnquist*, The Notion of a Living Constitution, Texas Law Review 54 (1976), 693ff. Das Programm nunmehr auch bei *B. Obama*, The Audacity of Hope, 2008, S. 108: „(The constituion is) not a static but rather a living document, and must be read in the context of an ever-changing world. How could it be otherwise?".

Ebene des Völkerrechts schließlich hat es seine Entsprechung in der beständigen Handhabung der EMRK durch den EGMR als „living instrument“, mit der diese heute ihrerseits über die Gewährleistung eines völkerrechtlichen Mindeststandards weit hinausgewachsen ist[76].

Maßgeblicher Typus

Auch das Grundgesetz wird heute weithin als entwicklungsoffene und lernfähige Ordnung verstanden, so wie es von den Prozesstheorien im Ansatz zutreffend zum Ausdruck gebracht wird; gestritten wird heute im Wesentlichen nur noch über Umfang und Grenzen dieser Offenheit. Wie sehr sich aber das entsprechende Verfassungsverständnis als solches durchgesetzt hat, mag man in dem Rahmen, in dem es hier vorerst nur von Interesse ist, erneut daran ablesen, dass das Grundgesetz heutzutage viel mehr Regelungen und Prinzipien umfasst als zur Zeit seines Erlasses, ohne dass es dafür jeweils förmlich geändert werden musste; tatsächlich machen die förmlichen Änderungen nur einen Bruchteil des wirklichen Wandels aus. In der Sache ist die zu den politischen und sozialen Kommunikationen geöffnete Verfassung notwendige Folge des Übergangs zur materialen, programmatischen und rechtsethischen Verfassung, mit der die dahinter stehenden Ordnungsideen und die damit verbundenen Gerechtigkeitsüberzeugungen automatisch in den Prozess der Rechtsanwendung einfließen[77]. Zugleich spiegelt sich darin für die Verfassungstheorie die unhintergehbare Erkenntnis der Hermeneutik wie der neueren Sprachwissenschaft, dass es nicht Texte sind, die ihre Adressaten durch ihren Inhalt binden, sondern die inhärenten Anerkennungs- und Bindestrukturen einer sozialen und sprachlichen Praxis, in die der Umgang mit der Verfassung eingelassen ist (→ S. 285 ff.). Jede Interpretation der Verfassung knüpft, wenn sie ernstgenommen werden will, deshalb an vergangene Interpretationen an, baut auf ihnen auf, schreibt sie fort, versucht sie in eine andere Richtung zu verschieben, und aus alledem ergibt sich erst, was die Verfassung heute ist. Sie stellt sich damit selbst als ein kommunikatives Gewebe der Gesamtheit der Zeitgenossen dar, das nur in dem vorhanden ist, was in Bezug auf sie getan, gedacht und in Worte gefasst ist[78].

---

[76] Die Formulierung etwa in EGMR, U. vom 25. 4. 1978 – Tyrer, Serie A 26, Z. 31; U. vom 13. 6. 1979 – Marckx, Serie A 32, Z. 26; zsfd. *Grabenwarter*, Europäische Menschenrechtskonvention, § 5 Rn. 12 ff.

[77] So zuletzt auch *Böckenförde*, Staat, Verfassung, Demokratie, S. 25 f.: Die grundlegenden Begriffe der Verfassung als „Schleusenbegriffe“, durch die „politisch-rechtliche oder ethisch-rechtliche Ordnungsideen, die keine statischen, sondern in sich bewegte Ideen sind, rechtliche Bedeutung erlangen“.

[78] In Anlehnung an *M. Stolleis*, Staatsbild und Staatswirklichkeit in Westdeutschland (1945–1960), ZRG GA 124 (2007) 223 (245).

VII. Unterscheidung nach dem Anwendungskontext

Ein letztes Gegensatzpaar betrifft den Bezugsrahmen, in den die Verfassung hineingestellt ist und innerhalb dessen sie die ihr zugeschriebenen Wirkungen entfaltet. Dieser Bezugsrahmen ist – oder war – traditionell der Staat, in dem die Verfassung als grundlegendes Ordnungskonzept erstmals erprobt wurde. Seit einigen Jahren wird allerdings sowohl in der Politik als auch in der Wissenschaft verstärkt der Versuch unternommen, die Verfassung von der staatlichen Ebene, für die sie bisher reserviert schien, auf eine überstaatliche Ebene zu „transponieren“[79], und dies gerade in Reaktion darauf, dass die staatliche Ebene selbst gegenüber der überstaatlichen zunehmend an Bedeutung verliert. Das ist zunächst und im hier interessierenden Zusammenhang erneut ein Problem des Begriffs der Verfassung, also der Frage, ob es zu den notwendigen Merkmalen einer Verfassung gehört, Verfassung eines Staates zu sein. Davon hängt ab, ob sie auch als überstaatliche Verfassung möglich ist oder ob das, was dort entsteht, etwas anderes ist und mit der Bezeichnung als Verfassung eine Qualität beansprucht, die ihm nicht oder noch nicht zukommt.

Staatliche Verfassung

Nach ihrem überkommenen Begriff ist die Verfassung staatliche Verfassung, und auch dort, wo es nicht eigens ausgesprochen wurde, war es in diesem Begriff lange Zeit mitgedacht. Das entspricht der historischen Entwicklung der Verfassung, die, wo immer sie entstand, als Verfassung eines Staates entstand. Dieser Staat musste nicht zwingend der Nationalstaat sein; im Gegenteil zeigt gerade die Geschichte des deutschen Konstitutionalismus vor der Reichsgründung von 1871, dass es durchaus auch einen Konstitutionalismus ohne Nationalstaat und sogar lange vor der Existenz eines Nationalstaats geben konnte. Auch dies war aber selbstverständlich ein Konstitutionalismus innerhalb bestehender Staaten, nämlich der zahlreichen Einzel- und Kleinstaaten oder auch eines Großstaates wie Preußen auf dem Gebiet des damaligen Deutschen Bundes[80]. Tatsächlich traten die Bedingungen, die die Verfassung in einem spezifischen Sinne ermöglichten, erstmals im Staat ein, so wie er sich im Übergang von der mittelalterlichen zur neuzeitlichen Ordnung herausbildete: Dieser erschloss

---

[79] *A. Peters*, Rechtsordnungen und Konstitutionalisierung , ZÖR 65 (2010), 3 (11).

[80] Dies verkennt m. E. *Möllers* (Fn. 29), in: von Bogdandy/Bast, Europäisches Verfassungsrecht, S. 227 (241), der den Begriff des „Staates“ einseitig auf den „Nationalstaat“ verengt; von hier aus lässt sich dann natürlich ein historischer Zusammenhang ohne weiteres bestreiten.

sich durch Emanzipation aus kirchlich-religiöser Bindung einen autonomen Bereich politischer Gestaltung, versammelte die zuvor auf verschiedene lokale und regionale Gewalthaber verstreuten Herrschaftsbefugnisse in einer Hand und unterwarf alle Bewohner seines Territoriums einer einheitlichen, zunächst absolut gedachten und durch keine rechtlichen Bindungen beschränkten Leitungsgewalt. Die damit etablierte politische Herrschaft bildete den Gegenstand, auf den die Verfassung in einem ganz praktischen Sinne überhaupt erst einmal bezogen sein konnte. Zugleich ergab sich aus der Allzuständigkeit und Missbrauchsanfälligkeit dieser Herrschaft überhaupt erst das Bedürfnis nach rechtlicher Ordnung, Einhegung und Begrenzung, wie es dann schließlich durch die Verfassung befriedigt wurde[81]. Im Staat erlangte die Verfassung dementsprechend erstmals Geltung und Wirksamkeit, auf ihn war sie von ihrer Zielrichtung her zugeschnitten, und in ihm konnte sie sich zu ihrer heutigen Bedeutung entwickeln[82]. Es ist dann nur folgerichtig, dass sich diese historische Verbindung auch im Begriff der Verfassung niederschlägt, so wie es eben mit Begriffen geht, die sich geschichtlich entwickelt haben. Man hat die Verfassung deshalb lange Zeit einfach als die „rechtliche Grundordnung *des Staates*" definiert, ohne dass auf dem Zusatz freilich eine besondere Betonung lag; er galt als zu selbstverständlich, als dass man darauf besondere Aufmerksamkeit hätte verwenden müssen[83].

Überstaatliche Verfassung

Mit der Entstehung politischer Einheiten oder Ordnungen oberhalb des Staates, die die Staaten nun selber in ihrem Handeln binden und beschränken, ist allerdings die Frage aufgeworfen, ob auch dort Verfassung prinzipiell möglich, vielleicht sogar schon vorhanden ist. Sie stellt sich an erster Stelle für die Europäische Union, die von ihren Mitgliedstaaten mit eigener Hoheitsgewalt ausgestattet ist und kraft dieser Hoheitsgewalt nun selber Recht setzen kann, das von diesen zwingend zu beachten und zu einem erheblichen Teil in ihnen sogar unmittelbar verbindlich ist. Die Verträge, die die Grundlage der Union bilden, derzeit also der EUV und der AEUV, werden deshalb von vielen bereits als ihre „Verfassung" bezeich-

---

[81] *Grimm*, Die Zukunft der Verfassung II, S. 69 ff.

[82] *Isensee* (Fn. 22), in: Isensee/Kirchhof, HStR II, § 15 Rn. 1.

[83] Die Definition – ohne die Hervorhebung – bei *Kägi*, Die Verfassung als rechtliche Grundordnung des Staates, S. 41 ff. Später ist darin der Begriff des „Staates" durch den des „Gemeinwesens" ersetzt worden, s. *Hesse*, Grundzüge des Verfassungsrechts, Rn. 17 f.; zum Ausdruck gebracht werden sollte damit aber nur die Bedeutung der Verfassung für die ganze Gesellschaft, nicht ein Abschied vom prinzipiellen Ordnungs- und Bezugsrahmen.

net und sollten durch den „Vertrag über eine Verfassung für Europa" von 2004 auch formell in eine solche überführt werden[84]. Dieses Projekt ist allerdings nach der Ablehnung in verschiedenen Referenden der Mitgliedstaaten endgültig gescheitert, was möglicherweise nicht ohne Folgen für den künftigen Sprachgebrauch bleiben kann[85]. Neben den Unionsverträgen wird sodann auch der unter dem Dach des Europarates abgeschlossenen Europäischen Menschenrechtskonvention (EMRK) mit ihrem praktisch in ganz Europa verbindlichen Rechtekatalog, auf den sich die Bürger mit einer Individualbeschwerde an den EGMR berufen können, sachlich der Charakter einer gemeineuropäischen Teil- oder Komplementärverfassung bescheinigt, die ihrerseits die Verfassungen der Mitgliedstaaten unterfängt[86]. Schließlich wird auch im allgemeinen Völkerrecht eine Verdichtung der Rechtsbeziehungen beobachtet, die als Konstitutionalisierung bezeichnet wird und bereits jetzt zur Herausbildung von globalem Verfassungsrecht geführt haben soll; in einem utopischen Szenario zeichnet sich am Ende der Entwicklung sogar eine einheitliche Weltverfassung ab.

Allerdings ist zwischen den Vertretern der Konstitutionalisierungsthese umstritten, auf welche Phänomene dabei abgestellt werden und woran die Annahme einer spezifischen Verfassungsqualität konkret anknüpfen kann[87]. Die Sichtung wird zudem dadurch erschwert, dass die einzelnen Ansätze oft nicht klar voneinander geschieden sind und vielfach ineinander übergehen. In seiner einfachsten Fassung zielt das Konzept auf internationale Organisationen wie die Vereinten Nationen oder die Welthandelsorganisation (WTO), deren jeweilige Rechtsgrundlagen und Regelwerke dann zugleich ihre Verfassung oder weitergehend die Verfassung für das von ihnen jeweils geordnete soziale Teilsystem – die internationale Gemeinschaft insgesamt, die globale Wirtschaft – darstellen sollen[88]. Die neuartige Qua-

---

[84] Eine Verfassung attestieren der EU unabhängig von der formellen Bezeichnung u. a. *Weiler*, The Constitution of Europe, 1999; *I. Pernice*, Europäisches und nationales Verfassungsrecht, VVDStRL 60 (2011), 148 (155 ff.); *Peters*, Elemente einer Theorie der Verfassung Europas, S. 93 ff., 167 ff.; *Häberle*, Europäische Verfassungslehre, S. 187 ff.; aus philosophischer Sicht etwa *H. Brunkhorst*, Solidarität: Von der Bürgerfreundschaft zur globalen Rechtsgenossenschaft, 2002, S. 220 ff.; auch der EuGH bezeichnet die Verträge vielfach als europäische Verfassung, vgl. EuGH Slg. 1986, 1339 (1365) – Les Verts. Der Vertrag über eine Verfassung für Europa abgedruckt etwa in BT-Drucks. 15/4900, S. 7 ff.

[85] *H. M. Heinig*, Europäisches Verfassungsrecht ohne Verfassung(svertrag)?, JZ 2007, 905 (909).

[86] In diesem Sinne etwa *J. Frowein*, Die Herausbildung europäischer Verfassungsprinzipien, in: FS W. Maihofer, 1988, S. 149 ff.; *E. Pache*, Die Europäische Menschenrechtskonvention und die deutsche Rechtsordnung, EuR 2004, 393 (395).

[87] Eine Typologie bei *O. Diggelmann/T. Altwicker*, Is There Something Like a Constitution of International Law? ZaöRV 68 (2008), 623 ff.

[88] Vgl. für die Vereinten Nationen etwa *B. Fassbender*, The United Nations Charter as Constitution of the International Community, Columbia Journal of Transnational

lität der Rechtsbeziehungen wird hierbei vor allem damit begründet, dass die von diesen Organisationen geschaffenen Regelungen mittlerweile auch unabhängig von staatlichem Willen gelten und über verschiedene Entscheidungs- oder Streitbeilegungsmechanismen notfalls auch gegen diesen durchgesetzt werden können. Die Verdichtung mag dann zwar noch weit von dem Grad entfernt sein, wie er in der Europäischen Union schon seit längerem erreicht ist, aber diese erscheint in solchen Szenarien oft schon als eine Art Prototyp, auf den sich die Entwicklung auch in anderen Bereichen langfristig hinbewegen könnte. Ein zweiter Ansatz sieht das entscheidende Element der völkerrechtlichen Konstitutionalisierung demgegenüber in der Herausbildung einer globalen Werte- und Prinzipienordnung, die die verschiedenen Einzelregime des Völkerrechts gleichsam von oben übergreift und deren Verletzung ebenfalls – wenngleich derzeit erst noch in Ansätzen und in den einzelnen Regelungsfeldern stark unterschiedlich – geahndet werden kann[89]. Eine zentrale Rolle nehmen dabei vor allem die Menschenrechte ein, die der Idee nach als das ethische Grundgerüst einer ihrerseits noch in der Entwicklung begriffenen „internationalen Gemeinschaft" fungieren; hier ordnet sich auch die Deutung der EMRK als Konstitutionalisierungsfaktor ein. Beide Ansätze können darüber hinaus auch kombiniert und mit weiteren Elementen aus dem Haushalt des Verfassungsbegriffs erweitert werden[90]. Während beide aber den Grundzug der Konstitutionalisierung tendenziell in einem Vorgang der Einheitsbildung und Hierarchisierung sehen, behauptet ein ihnen diametral entgegengesetzter dritter Ansatz umgekehrt eine immer weiter voranschreitende Fragmentierung des Völkerrechts infolge der Ausdifferenzierung weitgehend voneinander isolierter, ihrerseits aber voll globalisierter Funktionssysteme. Diese erzeugen dann in Vorgängen marktförmiger Selbstorganisation und ohne identifizierbares Steuerungszentrum ihre je eigenen „globalen Zivilverfassungen"; Musterbeispiel sind die mittlerweile unter dem Begriff der „lex mercatoria" zusammengefassten und von frei vereinbarten Schiedsgerichten durchgesetzten Handelsbräuche international operierender Konzerne[91].

Law 36 (1998), 529 ff.; für die WTO etwa *A. v. Bogdandy*, Verfassungsrechtliche Dimensionen der Welthandelsorganisation 1. Teil: Entkoppelung von Recht und Politik, KJ 34 (2001), 264 ff.

[89] In diesem Sinne etwa *S. Kadelbach/T. Kleinlein*, International Law – A Constitution for Mankind?, GYIL 50 (2007), 303 ff.; *A. Paulus*, Zur Zukunft der Völkerrechtswissenschaft in Deutschland: Zwischen Konstitutionalisierung und Fragmentierung des Völkerrechts, ZaöRV 67 (2007), 695 (700); *N. Petersen*, Der Wandel des ungeschriebenen Völkerrechts im Zuge der Konstitutionalisierung, AVR 46 (2008), 502 (522 f.) umfassend nunmehr *T. Kleinlein*, Konstitutionalisierung im Völkerrecht, 2012, dort insbes. S. 617 ff.

[90] In diesem Sinne namentlich *Peters* (Fn. 79), ZÖR 65 (2010), 3 (10 ff., 30 ff.).

[91] So vor allem *G. Teubner*, Globale Zivilverfassungen, ZaöRV 63 (2003), 1 ff.; ders., Verfassungsfragmente, S. 72 ff., 120 ff., dort auch zu gesellschaftlichen Teilverfassungen innerhalb des Staates, S. 33 ff.; *Fischer-Lescano/Teubner*, Regime-Kollisionen, 2006, S. 55 ff.

Maßgeblicher Typus

Grundsätzlich ist der Verfassungsbegriff als relativer Begriff für solche Weiterentwicklungen offen und spricht nichts dagegen, ihn auch dort zu verwenden, wo das Phänomen als solches allenfalls von Experten wahrgenommen werden kann. Man könnte darin sogar die Fortsetzung des historischen Aufstiegs der Verfassung lesen: So wie der Verfassung im Laufe ihrer Entwicklung immer neue Bedeutungen zugewachsen sind, eroberte sie sich nun auch immer weitere Räume und Anwendungsbereiche. Allerdings bleiben dabei notwendigerweise einige der bisherigen Bedeutungsgehalte des Begriffs auf der Strecke, und zwar umso mehr, je höher die Ebene ist, auf die man ihn heben will[92].

(1) Ganz offensichtlich ist dies auf der *Ebene des allgemeinen Völkerrechts*; hier muss schon der formelle Begriff der Verfassung, also die Vorstellung von ihr als einer Kodifikation, die alle grundlegenden Normen einer Rechtsordnung in einer Urkunde zusammenfasst, geopfert werden, um hier überhaupt weiter von Verfassung reden zu können. Auch wo im Einzelfall ein Text oder wenigstens mehrere Texte vorhanden sind, auf den sich eine konkrete Verfassungspraxis beziehen könnte, erfüllen sie bestenfalls einige Verfassungsfunktionen, während andere notorisch ausgeblendet bleiben. Im Bereich der Menschenrechtsgewährleistungen etwa trägt ein Vertragsdokument wie die EMRK, um nur das weltweit am meisten fortgeschrittene Beispiel zu nehmen, sicherlich das Ihre dazu bei, staatliche Herrschaft zumindest im Ansatz in ähnlicher Weise zu begrenzen, wie es die Grundrechte innerhalb einer staatlichen Verfassung tun. Aber daneben fehlt der EMRK fast alles, was eine Verfassung bisher ausmachte: Sie begründet politische Herrschaft nicht, sie richtet kein System von Organen und Kompetenzen ein, sie ermöglicht keine demokratische Teilhabe etc.

(2) Am ehesten scheint die Übertragung daher dort möglich, wo eine solche Herrschaft vorhanden ist, die dann im eigentlichen Sinne auch „verfasst“ werden kann. Dies trifft derzeit nur für die *Europäische Union* zu, die sich allerdings auch am weitesten an das herkömmliche Bild eines Staates anlehnt. In der Tat weisen die Unionsverträge im Vergleich noch die meisten Elemente auf, die einer Verfassung im anspruchsvollen Sinne des Begriffs zugewiesen werden: Richtung, Formung und Begrenzung

---

92 Richtig deshalb *Peters* (Fn. 79), ZÖR 65 (2010), 3 (10f.): Es könne vorerst immer nur um die „Transposition“ einzelner Elemente des Verfassungskonzepts gehen; die Verfassung, um die es in solchen Konzepten gehe, müsse als eine „Verfassung im Werden“ begriffen werden. Ähnlich die Vorstellung eines „creeping constitutionalism“ bei *Teubner* (Fn. 91), ZaöRV 63 (2003), 1 (13ff.).

politischer Herrschaft, die Zusammenfassung der grundlegenden Ordnungsbestimmungen in einer oder zumindest zwei Urkunden, die Aufstellung und Formulierung grundlegender Politikziele; selbst die moralische Aufladung im Sinne der Beschwörung einer „Wertordnung“ ist im Text selbst an verschiedener Stelle nun emphatisch vollzogen (vgl. Art. 2, 3, 6, 7 EUV). Andererseits bleiben auch hier Defizite und Leerstellen: Als die Verträge zwischen Staaten, die sie immer noch sind, lassen die Unionsverträge sich nicht einmal äußerlich auf irgendeinen vereinigten Willen des Volkes oder auch der Völker zurückführen[93], ihre derzeitige Gestalt bleibt weit hinter dem demokratischen Überschuss der Verfassungsidee zurück[94], und sie erfüllen bislang nicht annähernd den Bedarf an symbolischer Sinn- und Gemeinschaftsstiftung (→ S. 75 ff., 324 f.) [95].

(3) Man muss nicht alle diese Merkmale für konstitutiv und kann die Kritik in diesem oder jenem Punkt für überzogen oder kleingeistig halten. Auch wenn man das zugesteht, fällt es aber schwer, die europäischen Verträge in ihrer derzeitigen Form als Ausdruck der Selbstbestimmung einer politischen Gemeinschaft über Zweck und Form ihres Zusammenlebens anzusehen, der dazu von den Bürgern als den Mitgliedern dieser Gemeinschaft auch als solcher angenommen sein müsste[96]. Dies ist der Grundeinwand, auf den sich alle Kritik an einzelnen Punkten des europäischen Verfassungsprojekts zusammenziehen lässt. Man kann dann zwar weiter für Europa das Vorhandensein einer Verfassung oder – da eine solche mit den Verträgen von Lissabon ausdrücklich nicht gewollt war – zumindest die Möglichkeit einer neuen Verfassunggebung postulieren. Der bisherige anspruchsvolle Begriff der Verfassung muss dafür aber aufgegeben werden; die Verfassung wird von dem spezifischen Begriff, zu dem sie sich historisch entwickelt hat, wieder zu dem Allerweltsbegriff, der sie vorher schon einmal war[97]. Die äußere Ausdehnung wird so erkauft mit einer Auszehrung von innen.

---

[93] So namentlich *Grimm*, Die Zukunft der Verfassung II, S. 62 ff.; zuvor schon *ders.*, Braucht Europa eine Verfassung?, S. 31 ff.

[94] *Möllers* (Fn. 29), in: von Bogdandy/Bast, Europäisches Verfassungsrecht, S. 227 (245 f.); *Heinig* (Fn. 85), JZ 2007, 905 (907).

[95] Vgl. dazu *U. Haltern*, Internationales Verfassungsrecht?, AöR 128 (2003), 532 ff., der allerdings diesen Sinn selber mythisch überhöht; s. auch *ders.*, Finalität, in: von Bogdandy/Bast, Europäisches Verfassungsrecht, S. 279 (305 ff.).

[96] *Grimm*, Die Zukunft der Verfassung II, S. 235.

[97] In diesem Sinne übereinstimmend *Grimm*, Die Zukunft der Verfassung II, S. 210 f., 231 ff.; *Möllers* (Fn. 29), in: von Bogdandy/Bast, Europäisches Verfassungsrecht, S. 227(244 ff.); *Heinig* (Fn. 85), JZ 2007, 905 (906 ff.); zur Entwertung zum Allerweltsbegriff *R. Wahl*, Konstitutionalisierung – Leitbegriff oder Allerweltsbegriff?, in: FS W. Brohm, 2002, S. 191 ff.

VIII. Zusammenfassung

Bis auf weiteres bleibt die Verfassung also auf ihre bisherige Bedeutung als staatliche Verfassung beschränkt. Von ihren äußeren Merkmalen her kann sie insoweit nach wie vor beschrieben werden als die rechtliche Grundordnung des Staates; das ist zwar schon eine ältere Begriffsbestimmung, die aber in diesen äußeren Merkmalen bis heute alles Wesentliche vollkommen getroffen hat[98]. In diesem Sinne enthält sie mindestens Aussagen zur Regierungsform, zum staatlichen Institutionengefüge, zur Ausübung der Staatsgewalt und zu den grundlegenden Rechten des Bürgers; dazu kommen heute von einem gehaltvollen Begriff der Verfassung aus auch rechtsstaatliche Mindestanforderungen, die Ermöglichung demokratischer Selbstbestimmung und die Festlegung bestimmter inhaltlicher Staatsziele. Von ihrem inneren oder ideellen Gehalt erscheint die Verfassung dagegen als die spezifische Gerechtigkeitsordnung einer politischen Gemeinschaft, in der deren grundlegende Ordnungs- und Gerechtigkeitsvorstellungen aufbewahrt sind, die dann ihrerseits in deren Anwendung beständig prozessiert werden. Beide Seiten, die innere und die äußere, können dabei nicht isoliert voneinander gesehen werden, sondern bauen aufeinander auf: Als Gerechtigkeitsordnung entfaltet sich die Verfassung gerade in dem so und nicht anders bestehenden Strukturplan für die Rechtsgestalt des Gemeinwesens, und gerade weil er diese Rechtsgestalt bestimmt, wird ihm in dem Vorgang einer gesamtgesellschaftlichen Selbstverständigung die Bedeutung einer Gerechtigkeitsordnung zugeschrieben. Insofern liegt diesem Begriff auch kein „gemischtes Verfassungsverständnis" zugrunde, das sämtliche Eigenschaften, die mit der Verfassung irgendwann einmal assoziiert worden sind, im Sinne eines Sowohl-als-auch miteinander kombiniert[99]. Vielmehr ist er ein einheitlicher Begriff insofern, als er sämtliche dieser Bestandteile und Eigenschaften einer bestimmten Grundkonzeption, nämlich der Vorstellung der Verfassung als Gerechtigkeitsordnung, zu- und unterordnet. Über die Sinnhaftigkeit dieses Verständnisses lässt sich dann naturgemäß streiten: Es löst die herkömmliche Bedeutung der Verfassung als Rechts- oder Gesetzestext auf, es erhebt sie in andere Dimensionen des Geltens und Wirkens, es verändert die Art und Weise des

---

[98] S. bereits oben Fn. 83; hinzufügen müsste man heute eben nur, dass der Staat hier nicht als Gegenbegriff zur Gesellschaft gedacht ist, sondern diese – im Sinne des gesamten „Gemeinwesens", einer politischen „Gemeinschaft" etc. – einschließt, vgl. *Hesse*, Grundzüge des Verfassungsrechts, Rn. 17f.

[99] So *Peters*, Elemente einer Theorie der Verfassung Europas , S. 761; ihr folgend etwa *M. Möstl*, Regelungsfelder der Verfassung, in: Depenheuer/Grabenwarter, Verfassungstheorie, § 17 Rn. 2.

Umgangs mit der Verfassung, es führt zu einer neuartigen Rolle der Verfassungsgerichtsbarkeit, und alle diese Folgewirkungen haben ihren spezifischen Preis, über den in den folgenden Kapiteln noch zu reden sein wird. Man kann aber gegen solche Verfassungsverständnisse nicht einfach anargumentieren. Entscheidend ist zunächst, dass sie sich durchgesetzt haben, und das geschieht nicht auf einmal, unter sorgfältiger Abwägung der Vor- und Nachteile, sondern in einem langen und kontinuierlichen Prozess, oft auch nur subkutan, in vielen kleineren Schüben und Weichenstellungen, die manchmal erst aus der Rückschau als solche erkannt werden. Haben sie sich aber durchgesetzt, sind sie einfach da und von den berufsmäßigen Anwendern der Verfassung erst einmal hinzunehmen; sie können nicht von heute auf morgen vom Standpunkt einer überlegenen Weisheit aus durch ein beliebiges anderes ersetzt werden[100]. Die entscheidende Frage ist letztlich immer die, ob es für eine politische Gemeinschaft wirklich eine gute Idee ist, ihre Verfassung gerade so und nicht anders zu behandeln. Diese Frage ist mit wissenschaftlichen Mitteln nicht verlässlich zu beantworten.

---

[100] In diesem Sinne auch *Osterkamp*, Juristische Gerechtigkeit, S. 200f.; allgemein zur prägenden Bedeutung solcher Entwicklungspfade *R. Wahl*, Entwicklungspfade im Rcht, JZ 2013, 369ff.

§ 3

Der Anspruch der Verfassung

Von diesem Begriff der Verfassung aus ist auch der Anspruch zu bestimmen, den die Verfassung innerhalb und gegenüber der politischen Ordnung erhebt. In der Verfassungstheorie wird statt von einem solchen Anspruch üblicherweise von den Funktionen der Verfassung gesprochen, die dann in mehr oder weniger umfangreichen Funktionskatalogen entfaltet werden[1]. Dabei bleibt allerdings regelmäßig Verschiedenes unklar. Meist werden im Versuch ihrer Bestimmung die einzelnen Funktionen nur additiv aneinandergereiht, wobei dann am Ende bis zu zehn oder noch mehr verschiedene herauskommen[2]. Indessen ergibt die bloße Aufzählung einzelner Funktionen noch keine halbwegs brauchbare Vorstellung von der Sache, solange man sie nicht in irgendeine Ordnung oder Hierarchie bringt[3]. Unklar ist aber auch der Funktionsbegriff selbst, der sowohl in einem empirischen als auch in einem normativen Sinne verwendet werden kann. Wird er in einem empirischen Sinn verwendet, sind mit den Funktionen der Verfassung die beobachtbaren Leistungen gemeint, die die Verfassung für das Rechtssystem, für das politische System oder für die Gesellschaft insgesamt erbringt. In einem normativen Sinn hingegen geht es um das, was die Verfassung in Bezug auf all dies *leisten soll*. Funktion ist dann im Ergebnis *die Summe der Erwartungen*, die sich auf sie richten. Nur um die Funktion in diesem Sinne ist es hier zu tun. Gleichbedeutend kann man auch von den Aufgaben sprechen, die der Verfassung zur Erfül-

---

[1] S. etwa *Stern*, Staatsrecht I, S. 78ff.; *Hesse*, Grundzüge des Verfassungsrechts, Rn. 19ff.; *A. Voßkuhle*, Verfassungsstil und Verfassungsfunktion, AöR 119 (1994), 37 (46ff.).

[2] Vier Funktionen etwa bei *H.-P. Schneider*, Die Funktion der Verfassung, in: D. Grimm (Hrsg.), Einführung in das öffentliche Recht, 1985, S. 1ff.; sechs bei *Voßkuhle* (Fn. 1), AöR 119 (1994), 35 (46ff.); acht oder möglicherweise auch zehn bei *Stern*, Staatsrecht I, S. 78ff.; tabellarische Gegenüberstellung bei *Schuppert*, Staatswissenschaft, S. 743ff.

[3] Vgl. die entsprechende Kritik bei *C. Möllers*, Verfassunggebende Gewalt – Verfassung – Konstitutionalisierung, in: von Bogdandy/Bast, Europäisches Verfassungsrecht, S. 227 (244).

lung zugewiesen werden[4]. Diese ergeben dann umgekehrt den Anspruch, den sie ihrerseits gegenüber ihrer Umwelt erhebt[5].

Beide Seiten, die empirische und die normative, können sich decken, müssen es aber nicht. Die Verfassung kann andere Leistungen erbringen, als von ihr erwartet werden, und auf sie können sich Erwartungen richten, die sie letztlich nicht einlösen kann. Typischerweise wird zwischen ihnen ein gewisser Zusammenhang in dem Sinne bestehen, dass die Erwartungen in Bezug auf die tatsächlichen Leistungen nicht ganz unrealistisch sind und völlig unrealistische Erwartungen irgendwann aufgegeben werden, doch zwingend ist das nicht. In jedem Fall sind die Erwartungen ebenso wie der Begriff der Verfassung, den sie mitkonstituieren, das Resultat einer gesellschaftlichen Verständigung über den Sinn von Verfassung, allgemeiner gesprochen also wiederum von Kommunikationen über Verfassung, in denen sich das, was unter Verfassung verstanden wird, und letztlich die Verfassung selbst überhaupt erst bilden. Sie ergeben sich deshalb nicht oder allenfalls sehr bedingt aus dem Text, sondern sind vielmehr das, was eine Gesellschaft in ihm sieht und sehen will. Der Text des Grundgesetzes sagt, um nur einiges wenige zu nennen, nichts dazu, ob die Grundrechte als Abwehrrechte zu verstehen sind oder als Gewährleistungsaufträge, ob das Beiwort „sozial“ in Art. 20 Abs. 1 eine Belanglosigkeit enthält oder ein verbindliches Ziel aller Politik, ob der Rechtsstaat im Sinne des Grundgesetzes nur der formale Gesetzesstaat sein soll oder ein materialer Gerechtigkeitsstaat. Ganz offenkundig bedeutet es aber etwas für die Wahrnehmung der Verfassung, ob es so oder so verstanden wird. Man kann die Erwartungen an die Verfassung deshalb auch als das Bild beschreiben, das sich die Gesellschaft von ihrer Verfassung als Folge eines bestimmten Umgangs mit ihr gemacht hat. Sie haben damit zugleich etwas von einer Imagination von Verfassung, die aber das, was die Verfassung heute ist, wesentlich mitbestimmt[6].

Man verdeckt dies gern unter Hypostasierungen wie „die Verfassung will“ oder „die Verfassung verlangt“, die sich mittlerweile so eingebürgert haben, dass man sie bereits für bare Münze zu nehmen gesonnen ist. Aber die Verfassung will oder verlangt gar nichts; wer etwas will oder verlangt, sind diejenigen, die unter der Verfassung leben, mit ihr arbeiten und sie zur politischen Wirklichkeit in Beziehung setzen, und sie haben der Verfassung den Anspruch verschafft, den sie heute hat.

---

[4] Diese Redeweise etwa bei *Hesse*, Grundzüge des Verfassungsrechts, Rn. 5.

[5] Die Deckungsgleichheit von normativem „Anspruch“ und „Funktion“ ist erkannt etwa bei *J. Lege*, Verfassungsrecht zwischen normativem Anspruch und politischer Wirklichkeit, DVBl. 2007, 1053 (1054 ff.).

[6] Vgl. *H. Vorländer*, Integration durch Verfassung?, in: ders., Integration durch Verfassung, S. 28 f.

I. Politische Gerechtigkeitsordnung

Wird in der Verfassung, wie es dem heute vorherrschenden Begriff entspricht, eine gute und gerechte Ordnung des Staates oder des Gemeinwesens gesehen, ist der erste und allgemeinste Anspruch, den sie erhebt, ein prinzipieller Gerechtigkeitsanspruch. Dieser ergibt sich seinerseits aus ihrem in mehrere Richtungen hin ausgreifenden Gerechtigkeitsbezug und bildet heute den gedanklichen Mittelpunkt, auf den alle weiteren Ansprüche, Aufgaben oder Funktionen der Verfassung bezogen sind: Von ihm sind sie ihrerseits abgeleitet, und für sich macht er den Kern und die Substanz des heutigen Verfassungsverständnisses aus[7]. Die zentrale Aufgabe der Verfassung liegt dann darin, die Übereinstimmung der gesellschaftlichen Ordnung mit den Grundsätzen politischer Gerechtigkeit und Angemessenheit zu gewährleisten.

Inhalt

Seinen Ausgang wie seine Rechtfertigung nimmt dieser Gerechtigkeitsanspruch davon, dass die Verfassung als solche und in sich selbst die grundlegenden Ordnungs- und Gerechtigkeitsüberzeugungen ihrer Zeit in sich aufnimmt und sinn- und ordnungsbildend zum Ausdruck bringt. Dieser Zusammenhang ergibt sich zum einen aus der allgemeinen Rechtsidee, nach der alles Recht auf die Zielwerte der Gerechtigkeit, der Gemeinwohlorientierung und der Zweckmäßigkeit hingeordnet ist; diese werden dann zwangsläufig in der Verfassung als der obersten Rechtsebene eines Staates auf eine hervorgehobene Weise verkörpert[8]. Zum anderen folgt er aus dem besonderen Inhalt der Verfassung, die mit ihren zentralen Prinzipien – Menschenwürde, Grundrechten, Demokratie, Rechts- und Sozialstaatlichkeit – zugleich die Grundelemente jeder neuzeitlichen philosophischen Gerechtigkeitskonzeption enthält[9]. Von der Verfassung kann deshalb heute in bündiger Zusammenfassung gesagt werden, sie sei von ihrer inneren Anlage her der „Idee des Richtigen" verpflichtet, wie es in einer

---

[7] Der „Gerechtigkeitsbezug" bei *Morlok*, Verfassungstheorie, S. 91 ff.; der „Gerechtigkeitsanspruch" bei *Osterkamp*, Juristische Gerechtigkeit, S. 169 ff.

[8] Zur Rechtsidee und ihren einzelnen Bestandteilen klassisch *G. Radbruch*, Rechtsphilosophie, 2. Aufl. 2003, S. 34 ff., 73 ff.; ferner etwa *F. Bydlinski*, Juristische Methodenlehre und Rechtsbegriff, 2. Aufl. 1991, S. 290 ff., 317 ff.

[9] Vgl. als Beispiel für eine neuere, zum Kern des Verfassungsprogramms weitgehend parallele Gerechtigkeitstheorie etwa *Rawls*, Eine Theorie der Gerechtigkeit, S. 74 ff.; ferner die diskurstheoretische Variante bei *Habermas*, Faktizität und Geltung, S. 109 ff., 166 ff.; *von der Pfordten*, Rechtsethik, S. 461 ff., mit einer „Drei-Zonen-Theorie" sozialer Gerechtigkeit; *Höffe*, Politische Gerechtigkeit, S. 456 ff.

heute schon klassisch gewordenen Formulierung heißt[10]. In der Sache tritt die Verfassung damit an die Stelle des frühneuzeitlichen Natur- und Vernunftrechts, das geschichtlich in Ermangelung einer geschriebenen Verfassung lange Zeit als Grundlage des Staatsrechts wie der Rechtsordnung insgesamt fungierte und darin nun auch in Bezug auf seinen konkreten Inhalt von der Verfassung abgelöst ist[11]. Das Grundgesetz selbst stellt sich an verschiedener Stelle – im Bekenntnis des Art. 1 Abs. 2 zu den unverletzlichen und unveräußerlichen Menschenrechten als Grundlage von Frieden und Gerechtigkeit, in der Formulierung von Pflege und Erziehung der Kinder als „natürlichem" Recht der Eltern und, besonders markant, in der Entgegensetzung von „Gesetz" und „Recht" in Art. 20 Abs. 3[12] – sogar ausdrücklich in diese heute vielfach kritisch gesehene oder als naiv belächelte Tradition hinein. Was die Verfassung insoweit leistet, ist vor allem, dass sie die verschiedenen naturrechtlichen Grundsätze von ihrer oft kontroversen Begründung und konkreten Ausbuchstabierung abschneidet und diese nur noch – aber in diesem Umfang eben doch – insoweit gelten lässt, als sie in die Verfassung inkorporiert sind. Ebenso erübrigt sie auf diese Weise den Rückgriff auf die oft umständliche Herleitung jener Grundsätze in der neueren politischen Philosophie. Stattdessen genügt es, dass ihre Geltung nun in der Verfassung angeordnet ist[13].

Es ist dann im Gegenteil der in der Verfassung heute vorhandene Bestand rechtsstaatlicher und demokratischer Prinzipien, der seinerseits zum Ausgangspunkt einer moralphilosophischen Rekonstruktion und einer Ableitung aus vorausgesetzten moralischen Axiomen genommen werden kann – mit dem wenig überraschenden Ergebnis, dass er jenen Axiomen auf eine fast vollendete Weise entspricht[14]. Umgekehrt kann die auf die Herausarbeitung dieser Prinzipien fokussierte Verfassungstheorie nun selber als Grundlage einer eigenständigen juristischen Theorie der Gerechtigkeit genommen werden[15].

---

[10] *Bäumlin*, Recht, Staat und Geschichte, S. 17, 24; aufgegriffen etwa bei *Hesse*, Grundzüge des Verfassungsrechts, Rn. 4, 14. Die Grundlagen bei *R. Stammler*, Die Lehre vom richtigen Recht, 1926.

[11] Zu dieser Funktion als Naturrechtsäquivalent etwa *Morlok*, Verfassungstheorie, S. 370f.; ferner – nicht ohne kritischen Unterton – *H. Hofmann*, Vom Wesen der Verfassung, JöR 51 (2003), 1 (7f.); umfassend *Häberle*, Verfassungstheorie ohne Naturrecht, jetzt in *ders.*, Öffentlicher Prozess, S. 93ff.

[12] Die heute freilich gelegentlich anders gedeutet wird, vgl. *Sommermann*, in: von Mangoldt/Klein/Starck, Art. 20 Rn. 266f.

[13] *Häberle*, Öffentlicher Prozess, S. 93.

[14] So die diskurstheoretische Rekonstruktion der Grundrechte und der Prinzipien des Rechtsstaats bei *Habermas*, Faktizität und Geltung, S. 109ff., 166ff.

[15] So der alles in allem eindrucksvolle und m. E. viel zu wenig beachtete Versuch von *Osterkamp*, Juristische Gerechtigkeit, das Programm dort formuliert auf S. 169. Zusammenziehung der verschiedenen Einzelelemente zu einem umfassenderen, um die demokratisch-prozedurale Konkretisierung von Gerechtigkeit im politischen Prozess

Entfaltung

Getragen wird der Gerechtigkeitsanspruch der Verfassung allerdings nicht allein von theoretischer Reflexion oder historischer Tradition. Er muss vielmehr, um wirksam zu werden, seinen Rückhalt in den Gerechtigkeitsüberzeugungen der Bürger finden, die die Verfassung als ihre Verfassung annehmen müssen. Für das Grundgesetz belegen dies die hohen Zustimmungsraten, die es quer durch alle Bevölkerungsgruppen heute findet und die nur übertroffen werden von den hohen Zustimmungsraten für Freiheit und Rechtsstaatlichkeit insgesamt[16]. In der Sache bedeutet es, dass sich die in die Verfassung aufgenommen Gerechtigkeitsgrundsätze mit den gesellschaftlichen Ordnungs- und Gerechtigkeitsüberzeugungen verschränken und diese nun in der Verfassung symbolisch verkörpert erscheinen. Die Folgen treten in zweifacher Hinsicht ein.

(1) Zum einen *bewirkt die Verfassung auf diese Weise die Legitimität der von ihr eingerichteten Ordnung.* In der Verfassungstheorie wird dies oft zu einer eigenständigen Legitimationsfunktion zusammengezogen, die dann sogar zu den ersten und vorrangigen Aufgaben einer Verfassung gerechnet wird[17]. Dabei bleibt allerdings meist offen, was die Legitimität ausmacht und woraus sie sich speist. Nach einer klassischen Definition meint Legitimität die Überzeugung von der Verbindlichkeit und Rechtfertigung des geltenden Rechts[18]. Eine Verfassung kann sie dann nach gängiger Lesart entweder aus dem Verweis auf einen ursprünglichen Gründungsakt und eine damit in Anspruch genommene Autorität beziehen („… hat sich das Deutsche Volk kraft seiner verfassunggebenden Gewalt dieses Grundgesetz gegeben") oder aus ihrer Eigenschaft als höchste Norm, von der alle anderen abgeleitet sind. In beiden Fällen bleibt die Legitimität aber auf die äußere Rechtsförmigkeit, den Glauben an die Legalität gesatzter Ordnungen, beschränkt und damit inhaltlich leer. Über ihren Gerechtigkeitsbezug wird die Verfassung dagegen legitim auch in einem moralisch-inhaltlichen Sinne: als eine Ordnung, die Anerkennung unter ihren Bürgern nicht nur tatsächlich findet, sondern sie wegen dieses

---

ergänztes Konzept von „Verfassungsgerechtigkeit" bei *Brugger*, Liberalismus, Pluralismus, Kommunitarismus, S. 319, S. 333 ff.

[16] Vgl. zuletzt die repräsentative Umfrage bei *H. Vorländer*, Die Deutschen und ihre Verfassung, APuZ 18–19/2009, 8 (14 f.), dort auch zu nach wie vor vorhandenen Unterschieden zwischen Ost und West.

[17] Zu dieser Legitimationsfunktion *Vorländer*, Die Verfassung, S. 17 f.; selbständig genannt etwa auch bei *C. Möllers* (Fn. 3), in: von Bogdandy/Bast, Europäisches Verfassungsrecht, S. 227 (244 f.); *Hofmann*, Recht – Politik – Verfassung, S. 265: „Legitimation staatlicher Legalität".

[18] *Weber*, Wirtschaft und Gesellschaft, S. 19 f., dort auch zu den folgenden Grundlagen der Legitimität.

Bezugs auch *verdient.* Dies hat das Bundesverfassungsgericht früh und möglicherweise schon zu einem Zeitpunkt ausgesprochen, bevor man sich der Sache wirklich sicher sein konnte[19].

(2) Zum zweiten und gleichsam auf der gegenüberliegenden Seite richten sich aber nun auch die *Vorstellungen der Bürger davon, was vernünftiger- und gerechterweise sein sollte, zunehmend auf die Verfassung* und werden in diese hineinprojiziert. Als tatsächlichen Ausdruck dieser Gerechtigkeitserwartungen mag man die nach wie vor steigende Zahl von Verfassungsbeschwerden sowie das hohe Institutionenvertrauen werten, das das Bundesverfassungsgericht weit vor den meisten anderen Staatsorganen genießt[20]. Die Verfassung wird auf diese Weise zur Projektionsfläche für die Vorstellungen der Bürger von einem guten und gerechten Gemeinwesen, und dies möglicherweise umso mehr, je mehr man real eine Zunahme von Ungerechtigkeit zu verspüren meint.

Reichweite

Historisch reiht sich das Grundgesetz mit diesem Gerechtigkeitsanspruch in eine klassische Tradition neuzeitlicher Verfassungen ein. Es weitet ihn aber zugleich in einer charakteristischen Weise aus. „We the People of the United States, in Order to form a more perfect Union, establish Justice … and secure the Blessings of Liberty to ourselves and our Posterity, do ordain and establish this Constitution for the United States of America", hatte ihn bereits in zeitloser Klarheit formuliert. Für die Verhältnisse in Deutschland ist ein solcher Anspruch dagegen durchaus eigenartig und neu. In den Verfassungen des deutschen Konstitutionalismus konnte er sich nicht entfalten, solange diese der bestehenden Herrschaft bloß abgehandelt und ihre einzelnen Regelungen nach außen hin nur der Großmut des jeweiligen Machthabers zu verdanken waren. Ein reines Organisationsstatut, wie es die Reichsverfassung von 1871 war, erhob einen irgendwie inhaltlichen Gerechtigkeitsanspruch von vornherein nicht. Eine Verfassung wie die Weimarer Reichsverfassung, die von ihrer gesamten Anla-

---

[19] BVerfGE 5, 85 (379): „Die sich [aus der Verfassung] ergebenden Wertsetzungen werden von der übergroßen Mehrheit des deutschen Volkes aus voller Überzeugung bejaht. Hieraus erwächst dieser Ordnung die innere Verbindlichkeit, die das Wesen der Legitimität ausmacht."

[20] Vgl. etwa *H. Vorländer/A. Brodocz*, Das Vertrauen in das Bundesverfassungsgericht, in: Vorländer, Deutungsmacht, S. 259 (261 ff., 272 ff.); *O. Niedermayer*, Bürger und Politik, 2. Aufl. 2005, S. 63 ff., jeweils mit Zustimmungsquoten von ca. 80 Prozent gegenüber etwa 14 Prozent bei den politischen Parteien. Die Zahl der Verfassungsbeschwerden belief sich auf 6036 im Jahr 2011; mittlerweile wird die Verfassungsbeschwerde – wie etwa im Falle der Vorratsdatenspeicherung oder des Euro-Rettungsschirms – sogar als eine Art Massenpetition eingesetzt, vgl. BVerfGE 125, 260 (262).

ge her der „Vision der freien und solidarischen Bürgergesellschaft“[21] verpflichtet war und schon in ihrer Präambel den Vorgang der Verfassunggebung unter die Erneuerung des Reiches „in Freiheit und Gerechtigkeit“ stellte, mochte ihn zwar aus sich heraus erheben, konnte ihn aber in der Realität nicht einlösen. Eingelöst wird er vielmehr erst unter dem Grundgesetz, mit dem insoweit der Anschluss an die amerikanische und französische Verfassungstradition gewonnen wird. Allerdings ist der Gerechtigkeitsanspruch im Laufe der Zeit sowohl innerlich vertieft als auch nach außen verbreitert worden.

(1) Die *innere Vertiefung zeigt sich in einer starken materialen Aufladung* der Verfassung aus dem Geist der Gerechtigkeit, mit der der ohnehin schon vorhandene Gerechtigkeitsbezug noch einmal ausgebaut und intensiviert worden ist: etwa in der Deutung der Menschenwürde nach dem kategorischen Imperativ der Kantischen Moralphilosophie[22], in der schrittweisen Entfaltung des Gleichheitssatzes als Gerechtigkeitsgebot[23], im Ausbau des Rechtsstaatsprinzips vom Gesetzesstaat zum materialen Gerechtigkeitsstaat[24], in der Verkoppelung des Sozialstaatsprinzips mit dem Projekt einer gerechten Sozialordnung[25] sowie in der Hinordnung des Prozesses demokratischer Rechtssetzung auf eine ganz allgemeine Gerechtigkeitsidee[26], um hier vorerst nur die wichtigsten Anwendungsfälle zu nennen. Rein statistisch lässt sich diese Vertiefung an der Häufigkeit ablesen, mit der das Bundesverfassungsgericht in seinen Entscheidungen auf Gerechtigkeit rekurriert und allgemeine Gerechtigkeitserwägungen zur Absicherung seiner Entscheidungen anführt[27].

---

[21] Eine Formulierung von *D. Willoweit*, Deutsche Verfassungsgeschichte, 6. Auflage 2009, S. 293.

[22] Vgl. *Dreier*, in: ders., GG, Art. 1 I Rn. 11 ff.

[23] Seit BVerfGE 3, 58 (134); aus neuerer Zeit etwa BVerfGE 103, 310 (313); zum Zusammenhang *Huster*, in: Friauf/Höfling, Art. 3, Rn. 32; *L. Osterloh*, Der verfassungsrechtliche Gleichheitssatz – Entwicklungslinien der Rechtsprechung des Bundesverfassungsgerichts, EuGRZ 2002, 309 f.

[24] Der Begriff schon bei *O. Bachof*, Begriff und Wesen des sozialen Rechtsstaates, VVDStRL 12 (1954), 37 (38 f.).

[25] Klassisch BVerfGE 22, 180 (204).

[26] BVerfGE 44, 125 (142): „Der Staat des Grundgesetzes ist der Entscheidungs- und Verantwortungszusammenhang ..., vermittels dessen sich das Volk nach der Idee der Selbstbestimmung aller in Freiheit und *unter der Anforderung der Gerechtigkeit* seine Ordnung, insbesondere seine positive Rechtsordnung, als verbindliche Sollensordnung setzt“ (Hervorhebung nur hier).

[27] *G. Robbers*, Gerechtigkeit als Rechtsprinzip, 1980, hat für die ersten rund 50 Bände der amtlichen Entscheidungssammlung insgesamt 244 einschlägige Entscheidungen ausgemacht. Instruktives Beispiel aus jüngerer Zeit ist die Entscheidung des BVerfG zur Pendlerpauschale mit der Ankoppelung des Gleichheitssatzes an die Prinzipien einer horizontalen und vertikalen Steuergerechtigkeit, BVerfGE 122, 210; dazu *K. Tip-*

(2) Die *Verbreiterung wirkt demgegenüber in die Fläche* und dehnt den Gerechtigkeitsanspruch der Verfassung im Sinne einer „Ausstrahlung“ auf die Rechtsordnung insgesamt einschließlich der privaten Rechtsbeziehungen aus (→ S. 57 ff.). Die Verfassung gewährleistet dadurch in einer Art Reservefunktion die Gerechtigkeit dieser Gesamtrechtsordnung, indem sie sie jenseits eines von inhaltlichen Anforderungen weitgehend entlasteten Teils von Fachroutinen und Fragen, die allesamt so oder so geregelt werden können, von den Rändern her an einen Rahmen verfassungsrechtlicher Grundentscheidungen zurückbindet[28]. Beides, die Vertiefung wie die Verbreiterung, gibt der Verfassung heute etwas von einer gesamtgesellschaftlichen Gerechtigkeitskonzeption, die für das gesamte Rechtsleben verbindlich sein soll.

Begrenzungen

Insofern Gerechtigkeit eine moralische Kategorie ist, ist dieser Anspruch in seinem sachlichen Kern ein moralischer Anspruch. Er fundiert aber keine beliebige Moral, sondern ist inhaltlich durch die zentralen Richtpunkte des Grundgesetzes bedingt und begrenzt. Das bedeutet im Sinne einer Negativabgrenzung, dass dem Grundgesetz nicht jede individuelle oder historisch irgendwie begründbare Gerechtigkeitskonzeption untergeschoben werden kann. Aus einer freiheitsorientiert-liberalen Grundhaltung heraus mag man etwa bezweifeln, ob eine Verfassung die mit dem Marktprinzip unverträgliche Sozialisierung von Produktionsmitteln ermöglichen, aus einer sozialstaatlich-egalitären, ob sie das unter dem Gesichtspunkt gleicher Lebenschancen fragwürdige Erbrecht gewährleisten soll. Unter dem Grundgesetz stellen sich diese Fragen nicht mehr, weil sie durch Art. 14 und 15 GG positiv entschieden sind. Der Gerechtigkeitsanspruch der Verfassung entfaltet sich insoweit nicht losgelöst vom Text, sondern nur in dem durch ihn vorgegebenen Rahmen und durch ihn hindurch[29]. Andererseits ist dieser Rahmen an vielen Stellen selbst noch der Ausfüllung und Konkretisierung bedürftig, so wie es der Weite und Offenheit der verfassungsrechtlichen Normstrukturen entspricht (→ S. 106 ff.). Bezogen auf

---

ke, Mehr oder weniger Entscheidungsspielraum für den Steuergesetzgeber?, JZ 2009, 533 ff. mit einer philosophischen Explikation des Themas.

[28] Zu dieser Reservefunktion instruktiv *Morlok*, Verfassungstheorie, S. 93 f.; als Beispiel werden die Zwangsversteigerungsfälle angeführt, BVerfGE 42, 64 (72 ff.); 46, 325 (333 ff.); 49, 220 (225), Fälle also, in denen das BVerfG die Anwendung eines weitgehend gerechtigkeitsneutralen, technischen Verfahrensrechts in Grenzbereichen korrigiert hat.

[29] *Osterkamp*, Juristische Gerechtigkeit, S. 200 f., dort auch das Beispiel des Erbrechts.

die Gerechtigkeit entspricht es dem Suchbildcharakter von Gerechtigkeit selbst, die nach dem Zerfall religiöser und weltanschaulicher Gewissheiten ebenfalls keine fertigen Lösungen mehr anbieten kann, sondern nur eine Grundlage, auf der diese erst zu erarbeiten sind[30]. Gerade diese wird dann durch die Verfassung bereitgestellt. Insbesondere für die Grund- und Leitentscheidungen der Verfassung bedeutet das, dass sie die verschiedenen Gerechtigkeitsdiskurse in Justiz, Politik und Gesellschaft in ihren konkreten Ergebnissen nicht oder allenfalls bedingt präjudizieren, sondern in der Regel nur die – als solche freilich unhintergehbaren – Bezugspunkte der Argumentation bilden.

So mag etwa durch das Sozialstaatsprinzip bindend entschieden sein, dass das Privatrecht heute nicht nach dem Modell eines Manchester-Liberalismus ausgeformt sein darf, in dem der wirtschaftlich Stärkere alle Macht hat und dem Schwächeren die Vertragsbedingungen nach Belieben diktieren kann. Welche Folgen daraus für den Kündigungsschutz von Arbeitnehmern oder Mietern zu ziehen sind, ist damit aber noch nicht gesagt. In die Erörterung verfassungsrechtlicher Fragen zieht damit zwangsläufig eine gesteigerte Variabilität ein. Diese hat ihren guten Sinn, wenn der regelhafte Ausgleich verschiedener Interessen nur im Rahmen einer demokratischen Selbstverständigung der Staatsbürger erfolgen kann, also vor allem auf der Ebene der Normsetzung. Sie kann zum Problem werden, wenn die Frage, ob das daraufhin beschlossene Gesetz verfassungsmäßig ist, am Ende vom Bundesverfassungsgericht zu entscheiden ist und dann so oder so beantwortet werden kann.

Abstufungen

Von der sachlichen Reichweite her ist der Anspruch dadurch relativiert, dass er zwar im gedanklichen Ausgangspunkt die Verfassung als Ganzes erfasst, sich aber nicht allen Verfassungsbestimmungen in demselben Grade und in derselben Intensität mitteilt. In seiner ganzen Wirkungskraft entfaltet sich der Gerechtigkeitsanspruch vor allem in den Fundamentalbestimmungen der Verfassung, also in den einzelnen Freiheitsgarantien, dem Gleichheitssatz, der Volkssouveränität, der Rechts- und Sozialstaatlichkeit etc., die sich allesamt nahtlos als Explikationen von Gerechtigkeit formulieren lassen. Von ihnen aus vermittelt er sich dann zu den Bestimmungen hinunter, die als Ausführungsbestimmungen dazu gelesen werden können, wie es im Zusammenhang mit dem demokratischen Prinzip etwa für die darauf bezogenen Organisations- und Verfahrensregeln gilt[31].

---

[30] Vgl. als Überblick nur *Rüthers/Fischer/Birk*, Rechtstheorie, § 9, insbesondere Rn. 343 ff.; im Zusammenhang mit Verfassung *Morlok*, Verfassungstheorie, S. 96: „Gerechtigkeit hat Werkcharakter".

[31] Vgl. zutreffend *Morlok*, Verfassungstheorie, S. 95 f.

Dagegen hat es mit Gerechtigkeit erst einmal wenig zu tun, dass die deutschen Kauffahrteischiffe eine einheitliche Handelsflotte bilden (Art. 27), der Bundespräsident mindestens vierzig Jahre alt sein muss (Art. 54 Abs. 1 GG) oder der Bund zum Eigentümer der bisherigen Reichswasserstraßen erklärt wird (Art. 89 Abs. 1 GG). Auch solche Regelungen müssen aber nicht von vornherein vom allgemeinen Gerechtigkeitsanspruch der Verfassung ausgenommen sein. Sie haben an ihm jedoch ganz offenbar nur noch in der Minderform einer bloßen Sachgerechtigkeit teil. Gerechtigkeit bedeutet in Bezug auf sie dann bloß noch, dass sie ihrem jeweiligen Gegenstand angemessen sind und durch Vernunftgründe gerechtfertigt werden können. Die Verfassung spaltet sich auf diese Weise in Regelungen mit einem stärkeren und solche mit einem schwächeren Gerechtigkeitsbezug auf. Fälle, die Regelungen mit einem schwächeren Gerechtigkeitsbezug betreffen, können meist ohne weitergehende Gerechtigkeits- oder Angemessenheitserwägungen und bloß mit Blick auf den Wortlaut oder sonstige geläufige Auslegungsmethoden gelöst werden. Nominiert eine Partei einen Zwanzigjährigen für das Amt des Bundespräsidenten, muss man sich über Gerechtigkeit keine Gedanken machen, um zu wissen, dass er dafür nicht in Frage kommt. Indessen wird ein Fall dieser Art auch nie eintreten, weil die Sache so eindeutig ist. In jedem ernsthaften Verfassungskonflikt ist es damit nicht getan, zumal hier typischerweise Regelungen mit einem stärkeren Gerechtigkeitsbezug auf dem Spiel stehen oder zumindest mitbetroffen sind. Für ihre Lösung bedeutet dies, dass sie grundsätzlich unter Berücksichtigung dessen zu erfolgen hat, was vernünftiger- und gerechterweise sein sollte; ohne diese Berücksichtigung kann schon die Frage gar nicht verstanden werden, auf die man die Antwort sucht[32].

Hypertrophien

Die Gefahr einer Verfassung, die einen starken Gerechtigkeitsanspruch erhebt, liegt in einem ganz allgemeinen Sinne darin, dass sie es mit der moralischen Aufladung übertreibt. Diese Gefahr kann sich in unterschiedlicher Gestalt oder in unterschiedlichen Richtungen realisieren, je nachdem worin sich die Aufladung konkret äußert.

(1) Zum einen können ganz allgemein *der Grad oder die Intensität dieser Aufladung zu stark* werden mit der Folge, dass die Verfassung zu einer Art Religions- oder Heilsersatz wird, der nur noch bedingungs- und kri-

[32] So sehr klar bereits *Kriele*, Theorie der Rechtsgewinnung, S. 176, mit dem Fazit: „Die Sätze des Grundgesetzes gewinnen Sinn überhaupt erst, wenn man sie … als ancilla der Gerechtigkeit versteht."

tiklose Unterwerfung heischt. Gegen diese Übermoralisierung lassen sich dann wieder dieselben Einwände erheben, wie sie unter der plakativen Losung einer „Tyrannei der Werte“[33] ganz ähnlich schon gegen die erstmalige Deutung der Verfassung als Wertordnung zu vernehmen waren und bis heute in verschiedenen Zusammenhängen artikuliert werden (→ S. 96ff.).

(2) Eine zweite Gefahr resultiert aus der *Schwierigkeit, den Einzug moralischer Vorstellungen in das Verfassungsrecht methodisch zu kontrollieren* und damit auch zu begrenzen. Es könne deshalb, so die Befürchtung, jeder gesellschaftliche Diskurs über moralische Fragen zu einem Verfassungsdiskurs hochgezont werden, über den am Ende unter Ausschaltung des demokratischen Gesetzgebers – letztlich also der zur Entscheidung solcher Fragen in Vorgängen demokratischer Selbstverständigung berufenen Staatsbürger – autoritär das Bundesverfassungsgericht entscheide[34].

Beide Gefahren sind in der Tat real. Wie sie zusammenlaufen können, zeigt anschaulich die Diskussion um die Menschenwürdequalität des menschlichen Embryos, die in verschiedenen hochemotionalen Debatten – vom Schwangerschaftsabbruch bis hin zur Stammzellforschung – eine Rolle spielt. Die Frage als solche lässt sich indessen mit keinem Mittel herkömmlicher Auslegung, sondern nur von einer vorausgesetzten Auffassung über Wesen und Werthaftigkeit des Menschen aus, also moralphilosophisch – und damit eben nicht eindeutig – beantworten. Wenn in dieser Situation von einer bestimmten Richtung dem Embryo der volle Schutz der Menschenwürde zugesprochen wird, geht es immer auch darum, dem eigenen Standpunkt die verfassungsrechtliche Dignität zu erkaufen, sich gegen mögliche Veränderungen zu immunisieren und etwaige Gegenpositionen als verfassungsfeindlich zu diskreditieren.

(3) Der Ausweg kann letztlich nur darin liegen, *innerhalb der Debatte selbst auf die beschränkte Orientierungsleistung zu verweisen*, die hochabstrakte Prinzipien wie gerade die Menschenwürde nun einmal haben[35]. Dagegen entkommt man im genannten Beispiel der moralphilosophischen Qualität der Frage noch nicht dadurch, dass man diese verneint und dem

---

[33] Nach dem Titel des Aufsatzes von *C. Schmitt*, Tyrannei der Werte, in: E. Forsthoff (Hrsg.), Säkularisation und Utopie, 1967, S. 37ff.; neuere Kritik der Moralisierung etwa bei *Dreier*, Gilt das Grundgesetz ewig?, S. 98: „Verfassungssakralisierung“.

[34] Siehe aus neuerer Zeit etwa *Morlok*, Reflexionsdefizite in der deutschen Staatsrechtslehre, in: Schulze-Fielitz, Staatsrechtslehre als Wissenschaft, S. 49 (58ff.); *Dreier*, Gilt das Grundgesetz ewig?, S. 104ff.; aus der älteren Diskussion wiederum *Böckenförde*, Staat, Verfassung, Demokratie, S. 47ff., 159ff.

[35] Dazu zutreffend *Osterkamp*, Juristische Gerechtigkeit, S. 194: „Es gehört daher nicht zuletzt zu den Aufgaben einer reflektierten (d.i. moralphilosophischen, U.V.) Verfassungstheorie, auch die beschränkte Orientierungsleistung von Verfassungsnormen klarzustellen und gegen alle Versuche einer gesellschaftlichen Überstrapazierung des Verfassungsarguments zu verteidigen.“

Embryo in der Folge den rechtlichen Schutz des Art. 1 Abs. 1 GG vorenthält. Man hat dann auch eine moralische Entscheidung getroffen, nur eben anders. Moralische Neutralität ist deshalb auch in der juristischen Debatte nicht erreichbar. Von daher lässt sich das Problem auch nicht einfach dadurch lösen, dass man die vorhandenen Moral- und Gerechtigkeitsüberzeugungen aus dem Vorgang der Rechts- und Verfassungsanwendung ausklammern will. Das mag man versuchen, aber es wird nicht gelingen, solange und soweit die Verfassung in ihren Grundentscheidungen zentrale Moral- und Gerechtigkeitspostulate zum Ausdruck bringt.

Das Problem kehrt in den nachgeordneten Auffächerungen des allgemeinen Gerechtigkeitsanspruchs in je spezifischer Gestalt zurück und ist dort noch näher zu behandeln (→ S. 54 ff., 60 ff.). Auch als ein allgemeineres entschärft es sich aber, wenn man einige notwendige Differenzierungen einzieht. So nimmt es der gesellschaftlichen wie politischen Diskussion moralischer Fragen an sich nichts, wenn sie an bestimmte verfassungsrechtliche Grundentscheidungen – die Menschenwürdegarantie, das Recht auf Leben, die Glaubensfreiheit, das Sozialstaatsprinzip – angedockt wird und diese dafür als Aufhänger nimmt; im Gegenteil stärkt es die Präsenz dieser Grundentscheidungen im öffentlichen Bewusstsein und trägt zu ihrer gesellschaftlichen Verwurzelung und Anerkennung bei. Das eigentliche Problem entsteht vielmehr erst auf der institutionellen Ebene, wenn ein Verfassungsgericht dazwischenfährt und die Diskussion vorzeitig abbricht. Hierfür wären Strategien der Offenhaltung zu entwickeln, die der begrenzten Direktivkraft jener Grundentscheidungen Rechnung tragen und klassisch unter Formeln wie „judicial self-restraint", „Entscheidungsprärogative des Gesetzgebers" etc. diskutiert wurden (→ S. 193 ff.). Das erscheint allemal realistischer und auch sinnvoller als die Rückkehr zum Modell einer juristisch-technischen Verfassung, die den Gerechtigkeitsanspruch der Verfassung prinzipiell negiert und aus der Lösung verfassungsrechtlicher Fälle herauszuhalten versucht. Abgesehen davon, dass dies nicht gelingen kann, brächte es die Verfassung auch um jene Akzeptanz, auf die sie für ihren weiteren Bestand angewiesen ist: Diese beruht eben darauf, dass die Bürger ihre zentralen Ordnungs- und Gerechtigkeitsvorstellungen in die Verfassung hineinprojizieren und sich dort mit ihnen aufgehoben fühlen[36].

II. Grundlage politischer Gemeinschaft

Indem die Verfassung so die gemeinsamen Gerechtigkeitsüberzeugungen der Bürger auf sich vereinigt, fundiert sie zugleich eine spezifische Form von Gemeinschaftlichkeit unter ihnen. Man kann darin seinerseits eine weitere Entfaltung des Gerechtigkeitsanspruchs der Verfassung – also ihrer Deutung als gute und gerechte Ordnung des Gemeinwesens – sehen, die

---

[36] Vgl. *H. Vorländer*, Gründung und Geltung, in: Melville/Vorländer, Geltungsgeschichten, S. 258 f.

in der Literatur meist als ihre *Integrations-*, *Einheits- oder Konsensfunktion* bezeichnet wird[37]. Im Zeitalter von Individualisierung, Pluralisierung und Fragmentierung avanciert die Verfassung so gleichsam zum letzten Fluchtpunkt verbliebener Gemeinsamkeiten unter Bürgern, die diese dann auch mit einer schwachen Zumutung der Identifikation konfrontiert.

Inhalt

Ihre theoretische Grundlage findet diese Funktion in der Integrationslehre Rudolfs Smends, der damit zugleich das heutige Verfassungsverständnis wesentlich vorbereitet hat (→ S. 29f.). Ausgangspunkt ist für Smend eine bestimmte Sicht des Staates, der ähnlich wie bei Hegel nicht nur als bloßer Apparat, als äußeres Gefüge von Ämtern und Institutionen begriffen wird, sondern als ein geistiger Gesamtzusammenhang, der sich seinerseits als eine Folge verbindender Sinnerlebnisse darstellt:

Der Staat ist, so heißt es in einer berühmten Formulierung, „kein ruhendes Ganzes, das Gesetze, Urteile, Verwaltungshandlungen etc. von sich ausgehen lässt, sondern er ist überhaupt nur vorhanden in den einzelnen Lebensäußerungen seiner Organe und Bürger, sofern sie Betätigungen jenes geistigen Zusammenhangs sind: Der Staat ist nur, weil und sofern er sich dauernd integriert, in und aus den Einzelnen aufbaut – dieser dauernde Vorgang ist sein Wesen als geistig-soziale Wirklichkeit“[38]. Im Einzelnen unterschied Smend dabei drei Typen oder Weisen der Integration: die persönliche Integration durch die in ihrer Spitze die Einheit des Staatsganzen symbolisierenden staatlichen Organwalter, die funktionelle durch „kollektivierende Lebensformen“ einschließlich der Verfahren politischer Willensbildung und die sachliche durch diejenigen Werte, in denen ein Volk einig sein will und seine Homogenität findet[39]. Die Verfassung ist dann die Rechtsordnung dieses Integrationsprozesses, im Sinne einer „Anregung und Schranke“, wie es in einer anderen bekannten Formulierung heißt[40].

Dabei bleibt freilich der spezifische Beitrag der Verfassung in diesem Zusammenhang diffus[41]. Letztlich sind es, will man insoweit stärker differenzieren, zwei Faktoren oder Eigenschaften, auf denen die integrative Kraft der Verfassung heute im Wesentlichen beruht:

---

[37] Vgl. etwa *K. Hesse*, Verfassung und Verfassungsrecht, in: Benda/Maihofer/Vogel, Handbuch des Verfassungsrechts, § 1 Rn. 5f. („Integrationsfunktion“); *Stern*, Staatsrecht I, S. 90ff. (die „Verfassung soll einheitsstiftend wirken“); *Voßkuhle* (Fn. 1), AöR 119 (1994), 37 (46ff.) („Bildung und Erhaltung staatlicher Einheit“); *H. Vorländer*, Die Verfassung, S. 18 („integrative und identitätsstiftende Funktion“); *Grimm*, Die Zukunft der Verfassung, S. 300f. (Konsensfunktion).

[38] *Smend*, Staatsrechtliche Abhandlungen, S. 136 und 138.

[39] Ebda., S. 142ff., 148ff., 160ff.

[40] Ebda., S. 195.

[41] Vgl. die – gelegentlich etwas überspitzte – Kritik bei *Obermeyer*, Integrationsfunktion, S. 74ff.

(1) Zum einen richtet die Verfassung – in den politischen Mitwirkungsrechten, in den demokratischen Verfahrensregeln, aber durchaus auch in den Rechten zur persönlichen und wirtschaftlichen Entfaltung – *Rollenmodelle, Verfahren und Arrangements* ein, in denen Bürger interagieren und sich diskursiv aufeinander beziehen können; auf der höchsten und letzten Stufe der Willensbildung innerhalb der institutionalisierten Staatlichkeit schafft sie zugleich die Voraussetzungen für einen Ausgleich der vorhanden Interessen, Meinungen und Bestrebungen und ihre Überführung in einen „verbindlichen Gesamtwillen"[42]. Insoweit fungiert die Verfassung als Chance von Einheitsbildung.

(2) Zum anderen wird die Verfassung, indem sie die zentralen politischen Gerechtigkeitsüberzeugungen der Bürger in sich aufnimmt, zur *Grundlage eines übergreifenden Konsenses*, der die Bürger über ihre unterschiedlichen Auffassungen zu einzelnen Sachfragen hinweg verbindet, und dies umso stärker, je mehr andere Kandidaten in diese Richtung – der Nationalgedanke, die Religion, eine eingelebte Kultur – brüchig werden oder ganz ausfallen[43]. Es sind dann gerade die schlichten, allgemein anerkannten und in sich vielfältigen Deutungen zugänglichen Aussagen über die Würde des Menschen, Freiheit und Gleichheit, mit denen die Verfassung „letzte Orientierungspunkte in einer ansonsten ... unsicher gewordenen Welt" liefert[44]. Insoweit wirkt die Verfassung intentional als Grundlage gesellschaftlichen Zusammenhalts und geistige Klammer der Bürger: vielleicht das letzte zentripetale Element inmitten der vielen zentrifugalen Kräfte, von denen moderne und hochindividualisierte Gesellschaften gekennzeichnet sind.

Entfaltung

Das Projekt, das dadurch mit der Verfassung formuliert ist, zielt auf eine liberale Rechts- und Wertegemeinschaft, die die Individualität und Verschiedenheit ihrer Mitglieder zu ihrer unhintergehbaren Voraussetzung hat. Es knüpft dafür zunächst an ältere Schichten der Gemeinschaftlichkeit an, wie es das Bundesverfassungsgericht schon 1956 in der Aussage

---

[42] Klassisch formuliert bei *K. Hesse* (Fn. 37), in: Benda/Maihofer/Vogel, Handbuch des Verfassungsrechts, § 1 Rn. 5.

[43] Der Begriff des übergreifenden Konsens bei *Rawls*, Politischer Liberalismus, S. 219 ff.; klassisch auch schon die Unterscheidung eines konsensualen und eines kontroversen Sektors in pluralistischen Gesellschaften bei *E. Fraenkel*, Deutschland und die westlichen Demokratien, 2. Aufl. 1991, S. 246 ff.; ferner *S. Eisel*, Minimalkonsens und freiheitliche Demokratie, 1986, S. 50 ff., 70 ff.; zur Konsensfunktion der Verfassung ausführlich *Vorländer*, Verfassung und Konsens, S. 238 ff., 262 ff.; *Morlok*, Verfassungstheorie, S. 96 ff.

[44] *Voßkuhle* (Fn. 1), AöR 119 (1994), 37 (52).

zusammengefasst hat, das Grundgesetz sei „– nicht notwendig in allen Einzelheiten, aber dem Grundsatze nach – Ausdruck der sozialen und politischen Gedankenwelt ..., die dem gegenwärtig erreichten kulturellen Zustand des deutschen Volkes entspricht“[45]. Als Verfassung koppelt das Grundgesetz diese Gemeinschaftlichkeit aber zugleich von ihren Ursprüngen ab, gibt ihr eine neue und eigenständige Grundlage und modifiziert sie damit auch. In diesem Sinne kann heute von der Verfassung gesagt werden, sie konstituiere „eine kollektive Einheit politischer Willensbildung und Entscheidung“, stelle das zentrale „Selbstzeugnis kollektiver Existenz und Identität“ dar oder begründe einen „Basiskonsens, der das Volk in einem Prozess der Selbstvergegenwärtigung auf eine gemeinsame Zukunftsperspektive verpflichtet“, um einige der gelungensten Wendungen hier aufzugreifen[46]. Zusammenfassend geht es darum, dass das Grundgesetz den von ihm konstituierten Staat nicht als Ansammlung atomisierter Einzelner oder bloße Rechtsversicherungsanstalt, sondern eben auch als eine politische „Gemeinschaft“ verstanden wissen will, so wie es beiläufig in Art. 6 Abs. 2 S. 2 GG angesprochen ist. Von dem soziologischen Typus von Gemeinschaft, der auf tieferen Banden der Zuneigung beruht und damit geradezu zum polemischen, antimodernistischen Gegenbegriff der „Gesellschaft“ geworden ist[47], hebt sich diese Gemeinschaft allerdings durch einige Besonderheiten ab.

(1) Anders als nach diesem Gegenbegriff *vereinnahmt sie den Einzelnen nicht mit seiner ganzen Person*, sondern beruht zentral auf der Freiheit und Gleichheit ihrer Mitglieder und erkennt alle zwischen ihnen bestehenden Trennungen als notwendig an. Entsprechend ist der Konsens, der ihr zugrunde liegt, kein Totalkonsens, sondern ein bloßer Grund- oder Rahmenkonsens[48]. Als solcher ist er gegenüber individuellen Konzeptionen des guten Lebens neutral; er bezieht sich mit der Gewährleistung gleicher Freiheit und demokratischer Selbstbestimmung überhaupt nur auf die Bedingungen, unter denen diese sich ihrerseits erst entfalten können. Der Verfassungskonsens ist damit notwendig abstrakter und inhaltlich offener als der Totalkonsens.

---

[45] BVerfGE 5, 85 (379).

[46] In der Reihenfolge der Zitate: *Hofmann* (Fn. 11), JöR 51 (2003), 1 (14); *Denninger*, Menschenrechte und Grundgesetz, S. 10; *H. Schulze-Fielitz*, Wirkung und Befolgung verfassungsgerichtlicher Entscheidungen, in: FS 50 Jahre BVerfG, Bd. 1, 385 (410), dort beschrieben als Merkmal aller demokratischer Verfassungsstaaten westlichen Typs.

[47] Das Gegensatzpaar ist klassisch entfaltet bei *F. Tönnies*, Gemeinschaft und Gesellschaft, 8. Aufl. 1935, Neudruck 3. Aufl. 1991, die Charakterisierung dort auf S. 3ff., 7ff., 73ff. Die fulminante Kritik bei *H. Plessner*, Grenzen der Gemeinschaft, 1924, Neuaufl. 2002.

[48] *Grimm*, Die Zukunft der Verfassung, S. 302f.

(2) Er begründet jedoch auf der anderen Seite auch *mehr als einen bloßen Modus vivendi*, auf den sich zur Not auch Kants berühmtes „Volk von Teufeln“ verständigen könnte[49]. Vielmehr verkörpert sich in ihm durchaus ein grundlegendes Einverständnis über die Bedingungen des Zusammenlebens, in dem man selber die Idee eines gemeinschaftlich Guten erkennen kann, so wie es aus der bekannten Wendung abzulesen ist, dass die Verfassung nicht nur eine „gerechte“, sondern auch eine „gute“ Ordnung des Gemeinwesens sein will[50].

Reichweite

Insofern die Verfassung auf dieses Einverständnis für ihre Geltung und ihren Fortbestand angewiesen ist, muss sie es, wenn sie sich selbst ernst nimmt, grundsätzlich auch einfordern, und zwar auch im Sinne innerer Zustimmung und Identifikation mit den sie tragenden Prinzipien. Integration und Einheitsbildung, um diese Begriffe zu verwenden, sind also nicht bloß die faktische und letztlich zufällige Folge ihres Daseins, sondern ebenfalls ein Anspruch, den sie erhebt. Mit ihm kann sie scheitern wie die Weimarer Reichsverfassung oder Erfolg haben wie die amerikanische Verfassung oder das Grundgesetz, die sich die Zustimmung der Bürger in einem langwierigen Prozess erworben haben[51]. In jedem Fall muss eine Verfassung ihre Adressaten mit dieser Zumutung konfrontieren, auch wenn diese in einer liberalen Ordnung nicht zwangsweise durchgesetzt wird und aus tatsächlichen Gründen – Einstellungen lassen sich nicht erzwingen – auch gar nicht durchgesetzt werden kann.

(1) Für die *Inhaber der staatlichen Ämter* versteht sich ein solcher Anspruch weitgehend von selbst und aktualisiert sich für die politischen Führungsorgane in ihrem Amtseid, für die allgemeine Beamtenschaft in der hergebrachten Treuepflicht und den einschlägigen Regeln der Beamtengesetze. Jenseits dessen herrscht aber über seine Reichweite und Leistungsfähigkeit wenig Klarheit. Umstritten ist insbesondere, ob sich daraus auch Identifikationszumutungen für *die Bürger* ergeben, diesen also eben-

---

[49] *Kant*, Zum Ewigen Frieden, in: Schriften zur Anthropologie, Geschichtsphilosophie, Politik und Pädagogik I, Theorie-Werkausgabe 1968, Bd. 11, S. 195 (224).

[50] Etwa bei *Denninger*, Menschenrechte und Grundgesetz, S. 10; *K. Hesse*, Verfassungsrechtsprechung im geschichtlichen Wandel, JZ 1995, 265 (266); *U. Preuß*, Auf der Suche nach Europas Verfassung, Transit – Europäische Revue Nr. 17 (1999), 154 (154). Der Begriff des „Guten“ knüpft dabei an die in der politischen Philosophie gebräuchliche Unterscheidung zwischen dem „Guten“ und dem „Rechten“ oder eben „Gerechten“ an, vgl. etwa *Rawls*, Eine Theorie der Gerechtigkeit, S. 433 ff., 486 ff.; *ders.*, Politischer Liberalismus, S. 266 ff.; s. dazu und der damit verbundenen Unterscheidung von Ethik und Moral bereits oben (→ S. 25 f.).

[51] Vgl. *Vorländer*, Die Verfassung, S. 19.

falls angesonnen wird, zumindest einen tragenden Kernbestand elementarer Verfassungsprinzipien anzuerkennen. An den Punkten, an denen es wirklich darauf ankommt, geht die Praxis davon unproblematisch aus. Die meisten Landesverfassungen sehen deshalb vor, dass zu diesen Prinzipien in den Schulen auch erzogen werden darf (und muss) und formulieren entsprechende Erziehungsziele[52]. Auch die Einbürgerung in den Staatsverband setzt nach derzeitiger Rechtslage ein Bekenntnis zur verfassungsmäßigen Ordnung voraus[53].

(2) Demgegenüber hat sich nunmehr das Bundesverfassungsgericht in einigen neueren Entscheidungen zum Versammlungsrecht *auf den Standpunkt gestellt, die Bürger seien rechtlich nicht gehalten, die Wertsetzungen der Verfassung persönlich zu teilen*; im Gegenteil seien sie frei, auch grundlegende Wertungen der Verfassung in Frage zu stellen, solange sie nur die Rechtsgüter anderer nicht gefährdeten[54]. Das trifft sich mit einer Richtung der Kritik, die jede Art verfassungsrechtlicher Identifikationszumutungen für ein zu starkes Mittel hält, um eine Gemeinschaft zu integrieren; stattdessen sollen sich die staatsbürgerlichen Pflichten ganz auf den äußeren Rechtsgehorsam beschränken[55]. Konsequent zu Ende gedacht, wäre danach auch die gegenwärtige Einbürgerungspraxis zu revidieren und müsste zuletzt jeder eingebürgert werden können, der die Verfassung als normative Basis des Zusammenlebens im Staat ablehnt; ebenso wäre unklar, ob die Schulen überhaupt noch zu liberaler Grundhaltung und demokratischer Gesinnung erziehen dürften – und warum eigentlich[56].

In der Sache ist dies einer der Punkte, an denen sich die schon in anderem Zusammenhang angesprochene Sorge vor einer „Tyrannei der Werte“ artikuliert (→ S. 48f.). Aus Furcht vor dieser Tyrannei schüttet man dann das Kind mit dem

---

[52] Vgl. Art. 7 VerfNRW, Art. 33 RhPfVerf, Art. 30 SaarlVerf, Art. 28 BrandVerf (dort ausdrücklich etwa „Achtung vor der Würde, den Glauben und den Überzeugungen anderer, Anerkennung der Demokratie und Freiheit“).

[53] Vgl. §§ 10 Abs. 1 Nr. 1, 11 StAG.

[54] BVerfG, NJW 2001, 2069 (2070); ebenso nunmehr – allerdings ohne den zweiten Teil des Satzes – BVerfGE 124, 300 (320) – Wunsiedel.

[55] Vgl. etwa *S. Korioth* und *A. von Bogdandy*, Europäische und nationale Identität, VVDStRL 62 (2003), 117 (146f.) und 156 (174ff.).

[56] Der einzige weitere Anwendungsfall daneben dürfte die Bestimmung des Schutzbereichs von Grundrechten sein. Hier muss geklärt werden, ob diese – etwa die Meinungs- oder Versammlungsfreiheit – auch das Recht einschließen, die Verfassung einschließlich der Grundrechte abzulehnen oder sogar zu bekämpfen. Das BVerfG hat diese Frage in den zitierten Entscheidungen bejaht, bezeichnenderweise aber für den Sonderfall der Propagierung nationalsozialistischen Gedankenguts sehr weitgehende Einschränkungen zugelassen, vgl. BVerfGE 124, 300 (328) – Wunsiedel. Andere Menschen- oder Grundrechtskataloge wie Art. 17 EMRK oder Art. 30 AEMR sind hier von vornherein zurückhaltender und nehmen den Angriff auf sich selbst gleich von den von ihnen gewährleisteten Freiheiten aus.

Bade aus, verzichtet auf jede Form der Wertevermittlung und nimmt am Ende in den Staat womöglich auch jeden auf, der ihn abschaffen will. Das Problem ist jedoch auch hier in erster Linie eines der sachgerechten Begrenzung einer aus sich heraus unproblematischen Praxis: Eine Gefahr für die prinzipielle Freiheit und Offenheit der politischen Ordnung entsteht nur dann, wenn der Kreis der Wertungen, deren Anerkennung den Bürgern zugemutet wird, zu weit gezogen und auch auf solche Inhalte ausgedehnt wird, über die weiter vernünftige Meinungsverschiedenheiten möglich sind. Das betrifft aber nicht die Prämissen, die diese Freiheit und Offenheit selber zum Gegenstand haben; sie bilden gleichsam die Geschäftsgrundlage, die das Zusammenleben in einer liberalen Gesellschaft erst möglich macht und deshalb gleichsam von allen zu unterschreiben ist. Es wäre am Ende nicht viel, was dazu zu rechnen wäre; der Respekt vor der gleichen Freiheit und Würde aller gehörte dazu, ergänzt vielleicht um einige grundlegenden Spielregeln des demokratischen Prozesses und der Rechtsstaatlichkeit. Reduziert man es darauf, ist schwer zu sehen, wen die Anerkennung dieser Prinzipien eigentlich überfordern sollte.

„Verfassungspatriotismus“

Von einer anderen Seite der Kritik wird demgegenüber gerade geltend gemacht, die entsprechenden Identifikationszumutungen seien zu schwach und reichten als Grundlage gesellschaftlichen und politischen Zusammenhalts bei weitem nicht aus. Dies wendet sich vor allem gegen das Konzept des „Verfassungspatriotismus“, das auf dem Integrationsanspruch der Verfassung beruht und diese zur zentralen Grundlage staatsbürgerlicher Identifikation ausbauen will[57]. Ihm wird von dieser Seite aus vorgehalten, allgemeine Prinzipien wie Demokratie und Rechtsstaatlichkeit oder die Idee gleicher Rechte für alle seien aus sich heraus viel zu blutarm, als dass sie den Ausfall der früheren nationalen und religiösen Bindekräfte kompensieren könnten; ihnen fehle das motivierende Pathos, wie es jene in ihrer Geschichte allemal hervorbrachten[58]. Dies mag durchaus so sein. Andererseits zeichnet sich der Konsens, der auf die Verfassung gegründet ist, diesen gegenüber durch eine höhere Offenheit und die Ermöglichung von Pluralität und Heterogenität aus, so dass er einen erheblich größeren Teil der Gesellschaft einschließen kann[59]. Nach außen bildet er damit die Voraussetzung für die Erweiterung des Projekts über den nationalen Rahmen hinaus, wie sie sich im Prozess der europäischen Integration mit Not-

[57] Das Konzept bei *D. Sternberger*, Verfassungspatriotismus, 1982; aufgegriffen und fortentwickelt etwa bei *Habermas*, Faktizität und Geltung, S. 632 ff.

[58] So in der Sache etwa *Böckenförde*, Recht, Staat, Freiheit, S. 112, 167 f.; *J. Isensee*, Verfassung als Vaterland, in: A. Mohler (Hrsg.), Wirklichkeit als Tabu, 1986, S. 23 ff.; *O. Depenheuer*, Integration durch Verfassung, DÖV 1995, 854 ff.

[59] Vgl. gerade zur Bedeutung von Deutungsoffenheit *A. Brodocz*, Chancen konstitutioneller Identitätsstiftung, in: Vorländer, Integration durch Verfassung, S. 101 ff.

wendigkeit und innerer Folgerichtigkeit vollzieht. Die Verfassung ist insoweit nicht mehr, wie es Rudolf Smend seinerzeit noch den Grundrechten bescheinigt hat, ein „System gerade der Deutschen", durch das sie „sachlich ein Volk, untereinander und im Gegensatz gegen andere, sein sollen"[60]. Stattdessen wird sie prospektiv zur Grundlage dessen, was verschiedene Gesellschaften auch über nationale Grenzen hinweg verbindet. Nach innen kann eine politische Kultur, die auf sie gestützt ist, prinzipiell von allen Staatsbürgern unabhängig von ihrer ethnischen Herkunft, ihrer religiösen Orientierung und ihrem individuellen Lebensstil bejaht werden. Wem das zu wenig ist, der muss sagen, was er unter den Bedingungen heutiger Pluralität und einer unübersehbaren Vielfalt konkurrierender Lebensformen an deren Stelle treten lassen will. Es gibt Grund zu der Annahme, dass sich hier wenig finden lassen wird.

III. Normative Basisschicht des Zusammenlebens

Eine Verfassung, die die Summe oder besser das Kondensat der von allen geteilten Gerechtigkeitsüberzeugungen in sich enthält, kann ihren Regelungsanspruch darüber hinaus nicht nur auf den staatlichen Binnenbereich, also auf die Einrichtung der staatlichen Organe und die Ordnung ihres Verhältnisses zueinander, beschränken. Von ihr wird vielmehr erwartet, dass sie auch Bedeutung für das Rechts- und Zusammenleben insgesamt entfaltet, soweit dieses seinerseits unter Gerechtigkeitsanforderungen steht. Insbesondere in das einfache Recht unterhalb der Verfassungsebene muss sie deshalb „ausstrahlen" (→ S. 312 ff.) und ihm „Richtlinien und Impulse" vermitteln, wie es das Bundesverfassungsgericht im Lüth- Urteil am Fall des Verhältnisses von Grundrechten und Privatrecht exemplarisch formuliert hat[61]. Insoweit wirkt sie in der Rechtswirklichkeit und möglicherweise noch stärker in der öffentlichen Wahrnehmung nicht nur durch ihre förmlichen Elemente, sondern wesentlich auch durch den Inhalt, der mit ihnen transportiert wird.

Inhalt

Der Verfassung kommt danach als weitere Entfaltung des Gerechtigkeitsanspruchs die Aufgabe zu, grundsätzliche Orientierung für das Zusammenleben im Allgemeinen und das Rechtsleben im Besonderen bereitzustellen, und zwar gerade durch die materialen Aussagen und Prinzipien, in

---

[60] *Smend*, Staatsrechtliche Abhandlungen, S. 264.
[61] Vgl. BVerfGE 7, 198 (205, 208).

denen die verfassungsrechtliche Gerechtigkeitskonzeption ihre konkrete Gestalt angenommen hat. In der Literatur wird diese Anforderung an die Verfassung üblicherweise als rechtliche *Leit- oder Leitbildfunktion* bezeichnet, mit der diese ihrerseits zur normativen Basisschicht politisch-gesellschaftlichen Lebens aufgestiegen ist[62].

Dieser Aufstieg vollzog sich allerdings gerade in Deutschland nicht von heute auf morgen, sondern gegen viele Widerstände als Folge eines langen Prozesses und in mehreren Schritten. Die liberal-rechtsstaatlichen Verfassungen des 19. Jahrhunderts, wie sie unter anderem auch für das System des deutschen Konstitutionalismus prägend waren, boten inhaltliche Orientierung nur in dem negativen Sinne, dass sie auf die Aufnahme materialer Leitprinzipien verzichteten[63]. Die Herstellung einer gerechten Sozialordnung blieb damit dem freien Spiel der Kräfte überlassen und eine Sache gesellschaftlicher Selbstregulierung, die dafür von der Verfassung nicht einmal durch ungefähre Richtungsangaben dirigiert wurde. Eine zweite Stufe ist mit dem Übergang zum Sozialstaat erreicht, der den gerechten Interessenausgleich wieder durch aktives Handeln bewirken soll. Wird er dabei durch die Verfassung in Gestalt bestimmter Staatsziele – etwa dem Ziel, die Ordnung des Wirtschaftslebens an den Grundsätzen der Gerechtigkeit auszurichten und dem Einzelnen ein menschenwürdiges Dasein zu sichern (vgl. Art. 151 WRV) – angeleitet, nimmt diese ihrerseits die Züge eines neuen Typus der sozialstaatlich-programmatischen Verfassung an, die als solche bereits in den gesellschaftlichen Bereich hin ausgreift (→ S. 19ff.). Allerdings beschränken sich die Wirkungen vorerst auf einzelne Sektoren wie die Sozialpolitik und bleibt in alldem zunächst der Staat primärer Bindungsadressat. Dies ändert sich erst auf einer dritten Stufe, auf der vor allem die Grundrechte aus ihrer bisherigen Funktion der Staatsabwehr gelöst wurden und in alle Bereiche der Rechtsordnung hinein ausstrahlen sollten (→ S. 231 ff.). Dadurch werden im Ergebnis alle Lebensbereiche, soweit sie rechtlicher Regelung zugänglich und bedürftig sind, an den grundsätzlichen Vorgaben der Verfassung ausgerichtet und nach ihnen geformt, dies aber eben nicht im Sinne obrigkeitlich-paternalistischer Bevormundung, sondern zur Realisierung der zentralen Gerechtigkeitskonzeption einer gleichen Freiheit für alle. Wie tief dies selbst in die privatesten Verhältnisse hineinreichen kann, zeigt stellvertretend die schrittweise Entrümpelung des Familienrechts von patriarchalischen Restbeständen, mit der nach und nach die von Art. 3 Abs. 2 GG intendierte Gleichberechtigung der Geschlechter in der Ehe zunächst im Recht und von hier aus auch gesellschaftlich durchgesetzt wurde; heute würde man hier die unter tatkräftiger Mitwirkung des Bundesverfassungsgerichts betriebene Politik gegen die Diskriminierung gleichgeschlechtlicher Lebensgemeinschaften nennen[64].

---

[62] Vgl. *Hesse* (Fn. 37), in: Benda/Maihofer/Vogel, Handbuch des Verfassungsrechts, § 1 Rn. 9; *Voßkuhle* (Fn. 1), AöR 119 (1994), 53 f.; tendenziell auch *Stern*, Staatsrecht I, S. 96 f. („Leitgrundsätze“, die die Verfassung „zugleich zur Grundlage der staatlichen Rechtsordnung“ machen).

[63] Als inhaltliche Ausrichtung der Verfassung in diesem Sinne gedeutet von *P. Saladin*, Verfassungsreform und Verfassungsverständnis, AöR 104 (1979), 345 (370 f.).

[64] Zum Familienrecht *Schuppert/Bumke*, Konstitutionalisierung der Rechtsord-

Die Verfassung ist auf diese Weise „allbezüglich“ oder „allmaßstäblich“ geworden und entfaltet orientierende Kraft für das gesellschaftliche Zusammenleben insgesamt[65]. Der einfache Grund dafür ist, dass von einem inhaltlich-erfüllten Verfassungsverständnis aus die Frage nach der politisch richtigen Entscheidung eines bestimmten Problems oder der Bewältigung eines gesellschaftlichen Konflikts immer auch die Frage nach der besten Verwirklichung bestimmter Verfassungswerte – Menschenwürde, Entfaltung und Zuordnung individueller Freiheiten, soziale Gerechtigkeit, Umweltschutz etc. – einschließt oder als solche formuliert werden kann, so dass es nur folgerichtig ist, wenn bei der Suche nach den Antworten der Blick immer wieder auch zur Verfassung wandert[66].

Entfaltung und Reichweite

Speziell für das Rechtssystem fungiert die Verfassung damit als der Sinnmittelpunkt, auf den alle seine Normen in einer wenn auch noch so vermittelten Weise rückbezogen sind. In einer schönen Formulierung hat man die Verfassung deshalb zusammenfassend beschrieben als „Ensemble von normativen Sinnprinzipien, denen die Aufgabe zukommt, begründend, weisend und begrenzend die rechtliche Grund-Ordnung des politischen Gemeinwesens zu konstituieren“[67].

(1) Die *Auswirkungen treten vor allem in der unterverfassungsrechtlichen Rechtsordnung* ein, also im heute meist nur noch so genannten „einfachen“ Recht, womit dessen Unterlegenheit und möglicherweise auch eine gewisse Abschätzigkeit schon zum Ausdruck gebracht sind. Dieses wird jedenfalls vom Verfassungsrecht zunehmend überformt und in seinen verschiedenen Teilbereichen von den für sie jeweils maßgeblichen verfassungsrechtlichen Sinnprinzipien durchzogen. Das hat Folgen etwa für das Verständnis des Vorrangs der Verfassung, der sich von der bloßen Kollisionsregel hin zu einer Vorstellung inhaltlicher Programmierung und Durchdringung wandelt (→ S. 315ff.).

(2) In der Verfassung selber laufen demgegenüber die Fäden zusammen, die es ermöglichen, die *gesamte Rechtsordnung als „Einheit“* zu fassen[68].

---

nung, S. 10f. m. w. N.; zu den gleichgeschlechtlichen Lebensgemeinschaften s. die Kette der Entscheidungen vom BVerfGE 105, 313ff. bis BVerfG, JZ 2013, 460ff.

[65] Die Begriffe bei *Hollerbach*, in: Maihofer, Ideologie und Recht, S. 51 (gewisse „Allbezüglichkeit“); *Schuppert/Bumke*, Konstitutionalisierung der Rechtsordnung, S. 58 („allmaßstäbliche Grundordnung“).

[66] *Bryde*, Verfassungsentwicklung, S. 301.

[67] So die schöne Formulierung von *A. Hollerbach*, Ideologie und Verfassung, in: Maihofer, Ideologie und Recht, S. 46.

[68] Klassischer Text: *K. Engisch*, Die Einheit der Rechtsordnung, 1935, Nachdr. 1987;

Diese Einheit besteht dann nicht nur in dem formal-rechtslogischen Sinne, dass die einzelnen Normen der Rechtsordnung einander nicht widersprechen dürfen, sondern in dem weitergehenden inhaltlichen Sinne eines „wertungsstimmigen Gesamtsystems", das seinen letzten Bezugspunkt wiederum in den tragenden Sinnprinzipien und damit der spezifischen Gerechtigkeitskonzeption der Verfassung findet[69]. Das bedeutet nicht, dass alle Sätze der Rechtsordnung auch immer auf diese Sinnprinzipien zurückgeführt werden können oder müssen. Es bedeutet nur, dass kein Rechtsakt gültiger Bestandteil der Rechtsordnung ist, der ihnen widerspricht[70]. Die Einheit selber wird aber oft nur symbolischer Natur sein, im Sinne einer theoretischen Möglichkeit der Rückbeziehung auf die Verfassung, die angesichts der Fragmentierung und Komplexität heutigen Rechts in vielen Fällen gar nicht praktisch werden wird. Als theoretische aber besteht sie immer.

Überhaupt gibt die Verfassung auch insoweit gleichsam nur die Leitplanken vor, belässt aber dazwischen weite Räume autonomer politischer Gestaltung, so wie es dem Rahmen- und Auffangcharakter der in ihr aufbewahrten Gerechtigkeitskonzeption entspricht. Auch die grundsätzliche Orientierungsleistung der Verfassung ist in diesem Sinne begrenzt. Richtig angewandt, formieren sich die einzelnen Bestimmungen der Verfassung deshalb nicht zu einem Kodex, nach dem ein System dogmatischer Wahrheiten über die Welt verwaltet und in diese hinein vermittelt wird[71], sondern nur zu einem „Entwurf", durch den Grenzen gesteckt, Richtungen gewiesen und mögliche Lösungen ansonsten allenfalls angedeutet sind[72].

Hypertrophien

Die Schwierigkeit besteht allerdings auch hier in der Bestimmung des Punktes, an dem die Orientierung durch die Verfassung aufhört und der Freiraum zu eigenständiger Problemlösung beginnt. Wegen der Weite und Offenheit der einschlägigen verfassungsrechtlichen Vorgaben liegt dieser nicht a priori fest, sondern ist selber Gegenstand der Interpretation, also einer Verständigung über den Inhalt von Verfassung. Er kann daher prin-

---

analytisch-kritisch *D. Felix*, Einheit der Rechtsordnung, 1998; historisch *M. Baldus*, Die Einheit der Rechtsordnung, 1995.

[69] Die Formulierung bei *M. Paschke*, Einheit der Wirtschaftsrechtsordnung, in: K. Schmidt (Hrsg.), Vielfalt des Rechts – Einheit der Rechtsordnung?, 1994, S. 147 (150); zu den möglichen Verwendungsweisen des Topos von der Einheit der Rechtsordnung bzw. des damit verwandten „Systemgedankens" *C. Bumke*, Relative Rechtswidrigkeit, 2004, S. 23 ff., 37 ff. Die formale Widerspruchsfreiheit der Rechtsordnung wird darüber hinaus rechtsintern durch das Rechtsstaatsprinzip hergestellt, vgl. BVerfGE 98, 106 (118 f.).

[70] Vgl. *Schuppert/Bumke*, Konstitutionalisierung der Rechtsordnung, S. 72 f.

[71] *Hollerbach* (Fn. 67), in: Maihofer, Ideologie und Recht, S. 51.

[72] Verfassung als „Entwurf": *Grimm*, Zukunft der Verfassung, S. 328.

zipiell auch zu Lasten jener Freiräume verschoben werden, so wie es auch an dieser Stelle von einer klassischen Linie der Kritik seit jeher geltend gemacht wird (→ S. 48 ff.)[73]. Tatsächlich bilden gerade Gesellschaften, die ohne gesicherte Wahrheit auskommen müssen, leicht an anderer Stelle ein gesteigertes Bedürfnis nach Orientierung aus, das dann aus der Verfassung befriedigt werden soll. Wird dieses zusätzlich durch eine expansive Verfassungsgerichtsbarkeit bedient, könnte die Verfassung am Ende doch zum „juristischen Weltenei" mutieren, in dem die verbindliche und nur erst noch zu dechiffrierende Antwort auf alle Fragen des Zusammenlebens gesucht wird[74]. Darunter litte vor allem der demokratische Prozess, der durch die Verfassung gleichsam kolonisiert würde und heute ohnehin von der anderen Seite her zusätzlich durch den europäischen Gesetzgeber in die Zange genommen ist[75]. Wie die bisherige Rechtsprechung zeigt, ist das Bundesverfassungsgericht dieser Gefahr nicht immer entgangen und entgeht ihr gerade in letzter Zeit zunehmend weniger[76]. Allerdings spricht dies nicht gegen die Orientierungsaufgabe der Verfassung an sich, sondern wiederum nur gegen eine bestimmte Art und Weise ihrer Handhabung und ihre Usurpation durch eine zu starke Verfassungsgerichtsbarkeit (→ S. 169 ff., 189 ff.). Gegen die Kolonisierung des demokratischen Prozesses durch die Verfassung wäre dann vor allem der Ausgestaltungsspielraum des Gesetzgebers, gegen die Gefahr einer Überkonstitutionalisierung der Rechtsordnung der Problemlösungsauftrag des einfachen Rechts in Stellung zu bringen, wofür gegebenenfalls weitere Strategien der Offenhaltung zu entwickeln wären.

Auch dafür finden sich in der jüngeren Rechtsprechung durchaus Ansätze, so wie man ohnehin den Realbefund nicht dramatisieren sollte[77]. Im Übrigen gilt auch

---

[73] Einschlägige Kritik auch bei *Hennis*, Verfassung und Verfassungswirklichkeit, S. 19 ff.

[74] *Forsthoff*, Der Staat der Industriegesellschaft, S. 144: „vom Strafgesetzbuch bis hin zu einem Gesetz über die Herstellung von Fieberthermometern"

[75] Vgl. zu diesem Zangengriff am Beispiel der Vorratsdatenspeicherung *H. A. Wolff*, Vorratsdatenspeicherung – Der Gesetzgeber gefangen zwischen Europarecht und Verfassung?, NVwZ 2010, 751 ff.

[76] Vgl. die Kritik bei *H. Schulze-Fielitz*, Schattenseiten des Grundgesetzes, in: Dreier, Macht und Ohnmacht des Grundgesetzes, S. 9 (20 ff.).

[77] Ein Beispiel bildet etwa die Entscheidung des BVerfG zu den Hartz-IV-Regelsätzen bei Kindern, BVerfGE 125, 175 ff. Dort hat das BVerfG zwar einerseits die Verpflichtung des Staates für die Sorge um ein menschenwürdiges Dasein betont, aber die konkrete Berechnung an den politischen Prozess zurückverwiesen. Überhaupt stellt sich gerade der derzeit stattfindende Umbau des Sozialstaats in weiten Bereichen keineswegs nur als Vollzug verfassungsrechtlicher Vorgaben dar, sondern durchaus als politisch weitgehend freie Gestaltung, bei der nur eben einzelne Eckpunkte zu beachten sind, vgl. bereits *Schuppert/Bumke*, Konstitutionalisierung der Rechtsordnung, S. 80 f.

hier, dass die Entfaltung des Orientierungsanspruchs der Verfassung oder eben ihrer Leitbildfunktion viel zu weit vorangeschritten ist, als dass sie als Ganzes noch rückgängig gemacht werden könnte. Dass etwa das Ehe- und Familienrecht aus seiner Festlegung auf das Prinzip der Geschlechtergleichheit, das Vertragsrecht aus seiner Anbindung an die verfassungsrechtliche Idee eines gerechten Interessenausgleichs oder das Sozialrecht aus der Verpflichtung zur Sicherung eines menschenwürdigen Daseins entlassen wird, ist schlechterdings nicht vorstellbar; es ist im Übrigen auch als Alternative nicht einmal sonderlich attraktiv.

IV. Verlässliche Ordnung des Politischen

Jede Verfassung erhebt zudem den selbstverständlichen Anspruch, die staatliche Ordnung überhaupt einzurichten und die staatlichen Entscheidungsverfahren zu normieren. Man kann dies in einem ganz allgemeinen Sinne zunächst als die Ordnungsaufgabe der Verfassung bezeichnen, die aber auf den Staat und sein Recht oder überhaupt die Ausübung der obersten Gewalt bezogen ist[78]. Mit ihr ist und bleibt die Verfassung das „instrument of government", als das sie ursprünglich entstanden ist[79]. Im Laufe der Zeit ist diese Funktion aber in mehrere Richtungen hin erweitert und inhaltlich aufgeladen worden, und zwar in einer Weise, mit der sie sich ihrerseits in eine umfassendere Gerechtigkeitskonzeption einreiht. Auch dies ist zusammenfassend in dem Satz ausgedrückt, dass das Grundgesetz nicht eine Ordnung um der Ordnung willen einrichtet, sondern eine richtige und gerechte Ordnung sein will[80]. Der Ordnungsanspruch stellt sich damit seinerseits nur noch als besondere Ausformung des allgemeinen Gerechtigkeitsanspruchs der Verfassung dar, mit der dieser nun auch auf ihr klassisches Regelungsthema übergreift. In diesem Sinne wird er auch in den verschiedenen Auffächerungen wirksam, in die der zunächst ganz allgemeine Grundgedanke der Ordnung durch Verfassung heute überwiegend zerlegt wird.

---

[78] Der Begriff der Ordnungsfunktion etwa bei *Stern*, Staatsrecht I, S. 82; *Voßkuhle* (Fn. 1), AöR 119 (1994), 37 (50), dort bereits in Verbindung mit der Organisationsfunktion.

[79] Der Begriff geht zurück auf das Staatsgrundgesetz des Commonwealth of England, Scotland and Ireland von 1653, das Oliver Cromwell zum Lordprotektor machte; aus neuerer Zeit für ein solches Verständnis von Verfassung noch *Hennis*, Verfassung und Verfassungswirklichkeit, S. 37.

[80] *Hesse* (Fn. 37), in: Benda/Maihofer/Vogel, § 1 Rn. 9.

Inhalt

In einem ganz abstrakten Sinne bedeutet Ordnung durch Verfassung danach zunächst, dass die Verfassung staatliche Herrschaft überhaupt fundiert und den Staat als Rechtsordnung einrichtet. Diese Aufgabe wird überwiegend als *Konstituierungsfunktion* der Verfassung bezeichnet, mit der die Idee der Herrschaftsbegründung durch Verfassung aufgegriffen wird[81]. Mit ihr bildet die Verfassung wie alles Recht ein Gegengewicht zu Chaos und Anarchie und das zentrale Instrument zur Befriedung der Gesellschaft[82].

(1) Auf einer ersten Stufe der Konkretisierung ordnet die Verfassung sodann die von ihr eingerichtete Herrschaft in der Weise, dass sie die zur Entscheidung befugten Organe bestimmt, deren Kompetenzen voneinander abgrenzt und zugleich die Verfahren regelt, in denen die Entscheidungen getroffen und die Kompetenzen ausgeübt werden sollen. Diese Aufgabe wird in der Literatur oft zu einer eigenständigen *Organisationsfunktion* zusammengezogen, mit der die Verfassung zur Grundlage für die Verrechtlichung von Politik wird[83]. Der Gerechtigkeitsbezug wird hier zum einen darin sichtbar, dass die Politik überhaupt an Regeln gebunden wird und ihr dadurch Form und Verlässlichkeit zukommen. Die Verfassung wird so zum „ruhenden Pol des Ganzen"[84] und bewahrt vor dem „Rückfall ins Ungeformte und Undifferenzierte"[85], was ihr häufig zusätzlich als *Stabilisierungsfunktion* zugeschrieben wird[86]. Zum anderen steckt ein Gerechtigkeitsmoment darin, dass die Zuordnung von Organen und Kompetenzen vernünftig, also sachgerecht sein und in diesem Sinne eine sinnvolle oder vielleicht sogar bestmögliche Aufgabenerledigung gewährleisten soll (→ S. 264 ff.).

(2) Allerdings beschränkt sich diese Sachgerechtigkeit noch auf eine rein formal verstandene Effektivität. Sie ermöglicht daher auch eine beliebige Organisation des Staates, solange nur die sich daraus ergebenden Anforderungen gewahrt sind. In einem inhaltlich anspruchsvollen Sinne, wie er der neuzeitlichen Verfassungsidee zugrunde liegt, kann eine Verfassung dagegen nur dann als gerecht gelten, wenn und soweit sie die Freiheit des

---

[81] Vgl. etwa *Vorländer*, Die Verfassung, S. 17; zur Tradition der Herrschaftsbegründung oben A III.

[82] Vgl. *Stern*, Staatsrecht I, S. 82.

[83] Der Begriff etwa bei *Hesse* (Fn. 37), in: Benda/Maihofer/Vogel, Handbuch des Verfassungsrechts, § 1 Rn. 7; *C. Möllers* (Fn. 3), in: von Bogdandy/Bast, Europäisches Verfassungsrecht, S. 227 (244).

[84] *Stern*, Staatsrecht I, S. VIII.

[85] *Hesse*, Grundzüge des Verfassungsrechts, Rn. 31.

[86] *Voßkuhle* (Fn. 1), AöR 119 (1994), 37 (52 f.).

Einzelnen zu ihrem Ausgangspunkt und letztem Legitimationsgrund staatlichen Handelns nimmt. Jede Verfassung hat daher als Teil ihrer umfassenderen Ordnungsaufgabe im Sinne der häufig so genannten *Machtbegrenzungs-* oder *Schutzfunktion* auch die Aufgabe, dem Einzelnen Freiräume zur persönlichen Entfaltung zu garantieren und politischer Herrschaft Schranken zu ziehen[87]. Zudem muss die Verfassung als Folge dieser Grundentscheidung sicherstellen, dass der Einzelne nur solchen Beschränkungen seiner Freiheit unterworfen wird, denen er selbst zugestimmt hat. Insofern gehört zur Ordnung auch die Einrichtung demokratischer Verfahren, was man in Fortführung der hier aufgenommenen Terminologie als *Demokratisierungsfunktion* bezeichnen kann[88]. Damit ist die letzte Stufe der Konkretisierung des Ordnungsanspruchs der Verfassung erreicht, mit der dieser sich als Ausprägung des umfassenderen Gerechtigkeitsanspruchs entfaltet. Aus dieser inneren Verbindung bezieht der Ordnungsanspruch der Verfassung sowohl seine Legitimität als auch seine Autorität.

Reichweite

Aus der inneren Verbindung mit dem Gerechtigkeitsanspruch folgt zugleich, dass der Ordnungsanspruch der Verfassung prinzipiell umfassend und kein Bereich staatlicher Tätigkeit davon ausgenommen ist. Als in einem ganz elementaren Sinne gerecht kann politische Herrschaft heute überhaupt nur als rechtlich gebundene und in den Grenzen des Rechts ausgeübte Herrschaft gelten. Da diese Ausübung ebenfalls im Wege und mit Hilfe des Rechts – durch Gesetze, Verordnungen, Satzungen, Verwaltungsakte – erfolgt, bedarf es dafür einer Rechtsnorm oder einer Gruppe von Rechtsnormen, die über dem sonstigen Recht steht und auch die Art und Weise seiner Erzeugung regelt. Dies ist die Verfassung, der gerade deshalb ihr Vorrang vor dem sonstigen Recht zukommt.

(1) Auch ihr *Regelungsanspruch muss dann aber zwangsläufig umfassend* in dem Sinne sein, dass es keine Herrschaft geben darf, die nicht in irgendeiner Weise auf die Verfassung zurückgeführt werden kann und durch sie legitimiert wird (→ S. 17ff.). Auch Akte einer supranationalen öffentlichen Gewalt wie der Europäischen Union bedürfen deshalb, wenn sie in der Bundesrepublik wirksam sein sollen, einer verfassungsrechtlichen Ermächtigung und müssen durch eine entsprechende Öffnung des

---

[87] Vgl. statt vieler *Stern*, Staatsrecht I, S. 94f.; *Voßkuhle* (Fn. 1), AöR 119 (1994), 37 (56ff.) („Schutzfunktion"); *Vorländer*, Die Verfassung, S. 19 („limitative Funktion").

[88] Der Begriff wird soweit ersichtlich so nicht verwendet; er gehört allerdings heute zur Verfassungsidee dazu (→ S. 17ff.).

Grundgesetzes gedeckt sein (→ S. 76 ff.). In ihrer letzten Konsequenz behauptet sich die Verfassung so auch gegenüber dem Staat selbst, weil es unter der Geltung der Verfassung nur noch so viel Staat oder so viel Bundesrepublik Deutschland gibt, wie sie konstituiert[89]. In diesem Sinne ist der Ordnungsanspruch der Verfassung gegenüber politischer Herrschaft in der Tat total.

(2) Total ist er freilich nur insoweit, als es um *die Legitimation der Herrschaftsausübung und die grundsätzliche Art und Weise dieser Ausübung* geht. Dagegen ist keine Totalität, die auf die Politikinhalte, also auf die Ergebnisse der Herrschaftsausübung zugreift; insoweit beschränkt sich die Verfassung auf allgemeine Zielvorgaben und – vor allem in Gestalt der Grundrechte – die Festlegung von Grenzen, die ihr gezogen sind. Auch in Bezug auf die Art und Weise der Herrschaftsausübung, also etwa die Organisation und die Verfahren der politischen Willensbildung, begnügt sich die Verfassung aber oft mit der Regelung der Grundlagen und überlässt die nähere Ausgestaltung dem einfachen Recht oder der Staatspraxis, ohne dass immer erkennbar ist, warum die eine Frage in der Verfassung geregelt ist, die andere dagegen nicht. So bleibt etwa die Bestimmung des maßgeblichen Wahlsystems – Mehrheits- oder Verhältniswahlrecht – im Grundgesetz offen, obwohl sie für die demokratische Kultur ungleich bedeutsamer ist als das ausdrücklich geregelte Hausrecht des Bundestagspräsidenten im Bundestag (Art. 40 Abs. 2 S. 1 GG) oder das Recht der Abgeordneten auf freie Benutzung aller staatlichen Verkehrsmittel (Art. 48 Abs. 3 S. 2 GG)[90].

Das Beispiel zeigt, dass die Totalität des Ordnungsanspruchs nur als Idee und in der Idee besteht, in ihrer praktischen Durchführung aber notwendig dahinter zurückbleibt. Es ist deshalb entgegen einer vor allem von Dieter Grimm vertretenen These auch kein grundlegendes Problem der Verfassung, wenn sie etwa das Wirken der politischen Parteien nur unvollkommen und dasjenige der Verbände überhaupt nicht erfasst oder wenn im Zuge einer neuartigen „Verantwortungsteilung" zwischen Staat und Gesellschaft zunehmend auch Private in die Erfüllung öffentlicher Aufgaben einbezogen werden und so mittelbar Einfluss auf die Ausübung von Staatsgewalt erhalten[91]. Zum einen mag man im letztgenannten Fall bereits

[89] *H. Hofmann*, Vom Wesen der Verfassung, JöR 51 (2003), 1 (7).

[90] Kritisch zur fehlenden Regelung des Wahlsystems etwa *Stern*, Staatsrecht I, S. 84.

[91] *Grimm*, Die Zukunft der Verfassung, S. 241 ff., 296 ff., 361 ff., 420 ff.; der Begriff der Verantwortungsteilung S. 266, (284 f.) m. w. N.; als weitere Schlüsselbegriffe werden daneben genannt: „kooperierender" bzw. „paktierender Staat" (begriffsprägend *E. H. Ritter*, Der kooperative Staat, AöR 104 (1979), 389 ff.), „regulierte Selbstregulierung" (wesentlich auf *W. Hoffmann-Riem* zurückgehend), „Gewährleistungsstaat", neuerdings auch „Governance"; speziell dazu *G. F. Schuppert*, Governance und Rechtsetzung, 2011, mit Hinweis auf die vermehrte Entstehung von „soft law" in nichtstaatlichen Arenen.

darüber streiten, ob diese dadurch bereits selber Träger öffentlicher oder gar staatlicher Gewalt werden[92]. Zum anderen kann keine Verfassung sich die Ausübung öffentlicher Gewalt in allen Einzelheiten und all ihren vielfältigen Erscheinungsformen unterwerfen; es werden immer Lücken oder Bereiche bleiben, die nur unzulänglich, oberflächlich oder möglicherweise auch überhaupt nicht erfasst sind. Entscheidend ist dann für die Aufrechterhaltung ihres Regelungsanspruchs, dass die grundlegenden Ordnungs- und Sinnprinzipien der Verfassung mit diesen Entwicklungen in Kontakt gebracht und zu ihnen vermittelt werden; gerade dies aber geschieht, wenn die betreffenden Akteure in ein Gesamtmodell demokratischer Legitimation eingebunden werden, über Möglichkeiten der Sicherung der Grundrechtsbindung im Außenverhältnis nachgedacht wird, man aus der Figur der grundrechtlichen Schutzpflichten heraus am Erfordernis staatlicher Letztverantwortung festhält etc.[93]

Mögliche Beschädigungen

Soweit der Ordnungsanspruch der Verfassung reicht, soll die Verfassung grundsätzlich eine dauerhafte und verlässliche Ordnung sein. Ihn kennzeichnen damit die Momente der Beständigkeit und der Kontinuität[94]. Insbesondere dem politischen Prozess verbürgt die Verfassung auf diese Weise einen festen Rahmen im Sinne von Grund- und Spielregeln, über deren Inhalt bei allen Beteiligten Klarheit besteht. In ihrer regelhaften Befolgung findet das Gemeinwesen dann seinerseits Form, Halt und Stabilität, also in der Gliederung des politischen Lebens in Legislaturperioden, in den wiederkehrenden Ritualen des Wahlkampfs oder einer Kanzlerwahl, in den immergleichen Routinen des parlamentarischen Betriebs. Die Verfassung verkörpert insoweit „ein Stück zeitlose Kontinuität“[95]. Das schließt ein, dass sie ihrerseits nicht dauernd geändert wird. Verfassungen versuchen sich daher regelmäßig gegen ihre Abänderung zu wappnen und sie gegenüber dem einfachen Recht an erschwerte Voraussetzungen zu knüpfen. Das Grundgesetz geht sogar noch einen Schritt weiter und unternimmt mit Art. 79 Abs. 3 GG den Versuch, bestimmte tragende Verfassungsgrundsätze jeder legalen Veränderung zu entziehen. Im Übrigen lässt es die Änderung nur als förmliche Textänderung zu und macht sie

---

[92] Vielfältige Differenzierungen etwa bei *M. Burgi*, Privat vorbereitete Verwaltungsentscheidungen und staatliche Strukturschaffungspflicht, Die Verwaltung 33 (2000), 183 ff.; *G. Britz*, Die Mitwirkung Privater an der Wahrnehmung öffentlicher Aufgaben, VerwArch 91 (2000), 418 (425 ff.).

[93] Vgl. statt vieler *A. Voßkuhle*, Die Beteiligung Privater an der Erfüllung öffentlicher Aufgaben und staatlicher Verantwortung, VVDStRL 62 (2003), 266 (291 ff.).

[94] Vgl. bereits *F. Fleiner*, Institutionen des Deutschen Verwaltungsrechts, 8. Aufl. 1928, S. 3; *Kägi*, Die Verfassung als rechtliche Grundordnung des Staates, S. 52 ff.

[95] *A. Voßkuhle*, Stabilität, Zukunftsoffenheit und Vielfaltssicherung – Die Pflege des verfassungsrechtlichen „Quellcodes“ durch das BVerfG, JZ 2009, 917 (918).

von einer 2/3-Mehrheit in Bundestag und Bundesrat abhängig (Art. 79 Abs. 1, 2 GG). Auch hier dürfen aber Änderungen nicht beliebig vorgenommen werden, wenn der Ordnungsanspruch der Verfassung und ihre Stabilisierungsfunktion nicht beschädigt werden sollen. Für das Grundgesetz, das seit 1949 bereits rund 60mal geändert worden ist – mit über 200 Einzelanpassungen, Aufhebungen und Einfügungen – und damit im internationalen Vergleich in der Änderungshäufigkeit ganz vorn liegt, wird eine solche Beschädigung bereits jetzt gelegentlich angenommen[96], so wie überhaupt die erschwerte Änderbarkeit bereits als „Mythos" gilt[97]. Daran ist richtig gesehen, dass Verfassungen auch jenseits eines im eigentlichen Sinne änderungsfesten Kerns als fester Rahmen intakt bleiben müssen, um das Gemeinwesen verlässlich zu stabilisieren (→ S. 300f.). Gerade der Versuch, tagespolitische Kompromisse in die Form einer Verfassungsänderung zu gießen und sie so der alsbaldigen Aufkündigung zu entziehen, zehrt insoweit am Ansehen einer Verfassung und unterminiert auf lange Sicht gerade jenen erhöhten Ordnungs- und Geltungsanspruch, an dem er selber zu partizipieren hofft.

Andererseits muss man sehen, dass die für das Ansehen der Verfassung in erster Linie relevanten Grundlagen der politischen Ordnung – wie die Grundrechte oder die demokratischen Verfahrensregeln – über die Jahrzehnte hinweg weitgehend intakt geblieben sind. Wirkliche Unglücksfälle wie die Neufassung des Asylgrundrechts in Art. 16a GG sind hier eher selten. Im Übrigen betrafen die Änderungen weitgehend die Art. 70ff. GG und hier in erster Linie Fragen der bundesstaatlichen Kompetenzverteilung, die als organisatorische Regelungen der Effektivierung und Optimierung auch durch Verfassungsänderung grundsätzlich zugänglich sind[98]. Hier ist dann auch der Ordnungsanspruch der Verfassung relativiert und in seiner Reichweite wie in seiner Wirkungsintensität selbst wiederum Gegenstand einer Verständigung über den immanenten Sinn einer Verfassung.

V. Medium der Prozessierung sozialen Wandels

Vor dem Hintergrund des immer rascheren gesellschaftlichen, ökonomischen und technologischen Wandels können sich Verfassungen allerdings ohnehin weniger denn je damit begnügen, bloß „konservierende Gewähr-

---

[96] Vgl. *Schulze-Fielitz* (Fn. 76), in: Dreier, Macht und Ohnmacht des Grundgesetzes, S. 25ff., dort auch die Zahlen; ferner *Grimm*, Die Verfassung und die Politik, S. 134ff.; *C. Möllers*, Vom Altern einer Verfassung: 60 Jahre Grundgesetz, APuZ 18–19/2009, 5 (7).

[97] *A. Busch*, Das oft geänderte Grundgesetz, in: FS für K. von Beyme, 1999, S. 549 (560ff.).

[98] So grundsätzlich auch *Voßkuhle* (Fn. 95), JZ 2009, 917 (918).

leistung der für richtig erkannten Bedingungen gerechter Ordnung und sinnvoller Freiheit“ zu sein[99]. Sie müssen sich vielmehr für diesen Wandel öffnen und eine Form des Umgangs mit ihm entwickeln, die ihn gleichzeitig ermöglicht und mit ihrer allgemeinen Ordnungs- und Gerechtigkeitskonzeption verträglich macht. Die Verfassung fungiert auf diese Weise zuletzt als ein Medium der Prozessierung sozialen Wandels, die von ihr heute ebenfalls als eine eigenständige Leistung erwartet wird. Diese Aufgabe tritt zu ihrer Ordnungsaufgabe komplementär hinzu. In ihrer fortlaufenden Erfüllung erweist sich die Verfassung dann als „in die Zeit hinein offen“, wie es in einer klassischen Formulierung bündig zusammengefasst ist[100].

Inhalt

In einem ganz allgemeinen Sinne bedeutet diese Offenheit zunächst, dass die Verfassung Raum gibt für die Entfaltung gesellschaftlicher Vielfalt und gesellschaftlicher Dynamik. Zusammengefasst wird diese Form von Offenheit meist in der geläufigen Redeweise von der Verfassung als „Rahmen“ oder „Rahmenordnung“, wobei allerdings meist offen bleibt, wo der Rahmen aufhört und die davon nicht mehr erfasste Ausfüllung beginnt. Die Grenzlinie lässt sich jedenfalls nicht mehr einfach nach dem Grad der Allgemeinheit der Normen und dann in der Weise bestimmen, dass in eine Verfassung nur die Grundsätze gehören, Detailregelungen hingegen nicht. Im Gegenteil wartet gerade das Grundgesetz – nicht zuletzt als eine Folge der häufigen Änderungen – in vielen Bereichen mit zahlreichen sehr kleinteiligen Regelungen auf, und auch die allgemeineren Grundsätze sind im Laufe der Zeit interpretatorisch immer weiter nachverdichtet worden. Die Direktivkraft der Formel von der Rahmenordnung hat sich aber auch im Übrigen als sehr begrenzt erwiesen[101]. Am ehesten geht es eben um eine Öffnung für gesellschaftliche Dynamik, und zwar sowohl durch das, was die Verfassung positiv entscheidet, als auch durch das, was sie nicht entscheidet.

---

99 So richtig *P. Badura*, Verfassung und Verfassungsgesetz, in: FS U. Scheuner, 1973, S. 19 (32).

100 *Bäumlin*, Recht, Staat und Geschichte, S. 15. In der Literatur wird diese Offenheit meist nur als eine Eigenschaft, aber nicht als eigenständige Aufgabe, Funktion etc. der Verfassung gesehen, vgl. etwa *Stern*, Staatsrecht I, S. 82ff., *Voßkuhle* (Fn. 1), AöR 119 (1994), 37 (46ff.), wo sie im Gegensatz zur Ordnungs- und Stabilisierungsfunktion gar nicht auftaucht. Auch hier geht es aber um das, was von der Verfassung normativ erwartet wird und welchen Anspruch sie dann ihrerseits gegenüber der politischen und sozialen Wirklichkeit erhebt.

101 Vgl. stellvertretend den Versuch von *Böckenförde*, Staat, Verfassung, Demokratie, S. 86ff.

(1) Die *Öffnung durch Entscheidung* zeigt sich vor allem in der Grundentscheidung für das Prinzip der gleichen Freiheit aller, die ihrerseits das zentrale Gerechtigkeitspostulat der Verfassung darstellt. Mit ihr gibt die Verfassung Raum für die Selbstentfaltung im privaten Bereich sowie für freie Kooperation oder Konkurrenz zwischen den Bürgern, letztlich also für einen Prozess gesellschaftlicher Selbstregulierung, deren Ergebnisse oft spontan, unkoordiniert und unvorhersehbar sind. Die digitale Revolution der letzten Jahre und Jahrzehnte etwa vollzieht sich insoweit nicht nach einem in der Verfassung irgendwie angelegten Plan, sondern ist das Ergebnis einer ungebremsten, in der Verfassung so nicht vorhergesehenen, aber von ihr eben auch ermöglichten Entwicklung. Die zweite bewusste Entscheidung, mit der sich die Verfassung für gesellschaftliche Dynamik öffnet, liegt in der Einrichtung demokratischer Verfahren, in denen die kollektiven Angelegenheiten verhandelt und geregelt werden können. Die Verfassung erfüllt insofern wesentlich – aber auch lediglich – eine *Bereitstellungsfunktion*, die mit der grundrechtlichen Absicherung eines Prozesses freier gesellschaftlicher Meinungs- und Willensbildung beginnt und in zunehmender Detailliertheit bei einem Gerüst von Verfahrensbestimmungen für die Willens- und Entscheidungsbildung in den verfassten Organen endet[102].

Moralphilosophisch spiegelt sich darin die für die Moderne typische Hinwendung zu prozeduralen Gerechtigkeitstheorien, die sich wesentlich darauf beschränken, Bedingungen und Regeln des Argumentierens vorzugeben[103]. Über das, was für sie richtig ist, müssen sich die Einzelnen dann selbst verständigen. Dieser Selbstverständigung sind durch die Verfassung in bestimmter Hinsicht Grenzen – etwa durch den grundrechtlich abgesicherten Schutz der Minderheit vor dem Diktat der Mehrheit – und in anderer Hinsicht Zielwerte und Orientierungsvorgaben gesetzt, aber dazwischen bleibt ein eigenständiger Raum politischer Gestaltung, der in seinen Inhalten durch die Verfassung nicht determiniert ist.

(2) Dieser nicht determinierte Raum kennzeichnet zugleich die *Öffnung durch Nichtentscheidung* als weitere Möglichkeit des Umgangs mit gesellschaftlicher Dynamik. Sie bezieht sich im weitesten Sinne auf alles das, was von den Normen der Verfassung nicht erfasst und folglich in jeder denkbaren Hinsicht zur Ausfüllung freigelassen ist. Freiräume dieser Art können einmal resultieren aus einer Offenheit des Textes, also aus der

---

[102] Die „Bereitstellungsfunktion" bei *G. F. Schuppert*, Rigidität und Flexibilität von Verfassungsrecht, AöR 120 (1995), 32 (63 ff.), dort gerade am Beispiel des Demokratieprinzips. *G.-P. Calliess*, Prozedurales Recht, 1998, versammelt alle diesbezüglichen Normen in einer eigenen Kategorie eben des „prozeduralen Rechts", S. 175 ff.

[103] Zusammenfassend *Tschentscher*, Prozedurale Theorien der Gerechtigkeit, insbesondere S. 76 ff., 118 ff.

Weite und Unbestimmtheit wichtiger Verfassungsnormen (→ S. 106 ff.). Zweitens können sie resultieren aus einer Offenheit der Struktur, die sich daraus ergibt, dass in die Verfassung oft polare Elemente und „Gegenstrukturen“ eingebaut sind, die dann in ihrer Anwendung erst justiert werden müssen: Eigentumsfreiheit und Sozialpflichtigkeit, Parteien und freies Mandat, Rechtsstaat und Sozialstaat etc.[104] Es kann sich drittens aber bloß um eine Offenheit durch Abwesenheit handeln, die einfach aus dem Fehlen irgendwelcher inhaltlicher Regelungen resultiert. Dies gilt etwa für die Frage der Wirtschaftsverfassung, die zwar mittlerweile durch die reale Entwicklung entschieden, bei Inkrafttreten des Grundgesetzes aber bewusst offengelassen werden sollte[105]. Der tiefere Grund für diese Offenheit liegt in dem kompromisshaften Charakter vieler Verfassungsnormen, die im Prozess der Verfassunggebung oft zwischen den beteiligten Akteuren umstritten waren[106]. Eine Einigung konnte dann entweder als sachliche Übereinkunft auf der Grundlage gegenseitiger Zugeständnisse oder dadurch erfolgen, dass man die Entscheidung vertagte und die verschiedenen Möglichkeiten und Deutungen für die Zukunft offen hielt[107]. Soweit dies geschieht, öffnet sich die Verfassung auch dadurch für gesellschaftliche Dynamik.

Lernendes Recht

Die Offenheit in die Zeit hinein ergreift notwendig auch die Verfassung selbst, die sich gerade darin als Resultat einer sozialen Praxis und der über sie geführten Kommunikationen darstellt. Sie wird dann in diesen Kommunikationen mit den gesellschaftlichen Ordnungs- und Gerechtigkeitsvorstellungen vermittelt und kann sich deren Veränderungen, den Veränderungen der sozialen Wirklichkeit insgesamt und veränderten Regelungsbedürfnissen auch anverwandeln, und zwar ohne dass dafür jedes Mal der Text geändert werden müsste. Zum Ausdruck gebracht wird das meist in der geläufigen Formulierung, die Verfassung sei nicht nur „vorge-

---

[104] *H.-P. Schneider*, Direkte Anwendung und indirekte Wirkung von Verfassungsnormen, in: R. Bernhardt/U. Beyerlin, Deutsche Landesreferate zum Öffentlichen Recht und Völkerrecht, 1982, S. 23 (24 f.), dort auch eine – teils abweichende – Unterscheidung verschiedener Formen von „Offenheit“.

[105] BVerfGE 50, 290 (336 ff.).

[106] Zu diesem Kompromisscharakter klassisch *K. Loewenstein*, Über Wesen, Technik und Grenzen der Verfassungsänderung, 1961, S. 13 ff.

[107] *Schmitt*, Verfassungslehre, S. 31 ff., spricht insofern abschätzig von „dilatorischen Formelkompromissen“ im Unterschied zu „echten Kompromissen“; auch solche können aber durchaus ihren guten Sinn haben, vgl. *Voßkuhle* (Fn. 1), AöR 119 (1994), 37 (39 ff.).

geben", sondern auch „aufgegeben"[108]. Darin spiegelt sich zunächst nur die letztlich für alles Recht geltende Erkenntnis, dass es die äußeren Bedingungen seiner Wirksamkeit einkalkulieren und in ihrer Anwendung auf diese bezogen werden muss, wenn es nicht leerlaufen soll. Aufgrund der Besonderheit ihres Gegenstandes, der Paradoxie ihrer Geltung und der Verschränkung ihrer Zeitebenen ist das für Verfassungen aber ein größeres Problem als für sonstiges Recht: Von ihrem Gegenstand her nehmen sie den politisch-gesellschaftlichen Prozess als Ganzes in den Blick, der durch starke Eigengesetzlichkeiten geprägt ist; ihre Geltung hängt in Ermangelung eines speziell auf sie bezogenen Durchsetzungsstabes wesentlich von der Anerkennung derjenigen ab, die durch sie gebunden sind; und von den Zeitebenen her sind Verfassungen typischerweise zwar in einer oft schon fernen Vergangenheit erlassen, aber auf längerfristigen Bestand gegen eine noch ungewisse Zukunft angelegt. Dem daraus resultierenden erhöhten Anpassungsbedarf stehen aber nur eingeschränkte Möglichkeiten der Textänderung gegenüber. Es gibt daher gute Gründe für die Annahme, dass Verfassungen nicht nur, wie gemeinhin angenommen, ein erhöhtes Maß an Stabilität und Kontinuität, sondern gerade in ihrer praktischen Anwendung auch ein erhöhtes Maß an Variabilität und Flexibilität aufweisen müssen als das im Vergleich dazu leichter abänderbare einfache Recht[109]. Die Verfassung muss dadurch in erheblichem Umfang zu lernendem Recht werden, und in der Tat ist das die Situation, in der wir uns heute befinden[110].

Ein weithin sichtbares Zeichen dieser Lernfähigkeit ist die Erfindung und Ausbuchstabierung neuer Grundrechte unter der Flagge des selbst erst nachträglich in die Verfassung hineingelesenen Allgemeinen Persönlichkeitsrechts, dem als Reaktion auf die Entwicklung der Informationstechnologie im Volkszählungsurteil das Recht auf informationelle Selbstbestimmung und kürzlich noch ein Grundrecht auf Schutz der Vertraulichkeit und Integrität informationstechnischer Systeme hinzugefügt worden ist[111]. Unterhalb dieser Ebene erhöhter Sichtbarkeit dienen diesem Zweck vor allem flexible Argumentationsfiguren mit hohem Entwicklungspotential, wie sie die Praxis der Anwendung der Verfassung kennzeichnen (→ S. 147 ff.)[112]. Institutionell abgesichert wird die Lernfähigkeit sodann durch die Möglichkeiten von Sondervoten im Verfassungsprozess, mit denen abweichende

---

[108] Vgl. *W. Hoffmann-Riem*, Modernisierung von Recht und Justiz, 2001, S. 171.

[109] Dazu umfassend *Schuppert* (Fn. 102), AöR 120 (1995), 32 ff.

[110] Umfassend zu dieser Kategorie *K.-H. Ladeur*, Lernfähigkeit des Rechts und Lernfähigkeit durch Recht, in: A. Görlitz (Hrsg.), Postinterventionistisches Recht, 1990, S. 141 ff.; ferner *Calliess* (Fn. 102) S. 134 f.

[111] BVerfGE 65, 1 (41 ff.) – Volkszählung; BVerfGE 120, 274 (303 ff) – Onlinedurchsuchung.

[112] Vgl. *Voßkuhle* (Fn. 95), JZ 2009, 917 (921 ff.).

Meinungen im Spiel gehalten werden und später für künftige Umorientierungen zur Verfügung stehen[113].

Zuordnungsprobleme

Das Hauptproblem einer in dieser Art und Weise offenen und veränderlichen Verfassung ergibt sich aus der unklaren Abgrenzung gegen den von ihr gleichzeitig erhobenen Anspruch, verbindliche und dauerhafte Ordnung der Verhältnisse zu sein. Es kehrt als solches erneut auf allen nachgeordneten Ebenen einer Verfassungslehre zurück: bei der Analyse der Normen und ihrer Struktur als Problem der Abschichtung starrer von beweglichen Normgehalten (→ S. 106ff.), im Bereich der praktischen Anwendung in der Frage, wie die prinzipielle Offenheit vor dem Abgleiten in die Beliebigkeit geschützt werden kann (→ S. 143ff.), bei der Bestimmung von Normativität in der ganz grundlegenden Frage, ob und inwieweit eine zur Wirklichkeit hin offene Verfassung Normativität überhaupt beanspruchen kann (→ S. 285ff.). In seinem allgemeineren Kern erweist es sich aber stets als ein Problem der Konkurrenz der verschiedenen Ansprüche, die einer Verfassung heute zur Erfüllung zugewiesen werden.

(1) Es lässt sich daher auch nicht durch eine einfache Vorrangentscheidung auflösen, sondern *nur im Wege sachgerechter Zuordnung*[114]. Insofern gibt es Gehalte der Verfassung, die mehr oder weniger feststehen, und solche, die mehr oder weniger entwicklungsoffen sind. Zu den mehr oder weniger feststehenden gehören in erster Linie die Grundbausteine der Gerechtigkeitskonzeption des Grundgesetzes, die ihrerseits den Konsens der Bürger über die Gestalt ihrer politischen und gesellschaftlichen Ordnung fundieren[115]. Ebenso kann man dazu die demokratischen Verfahren – die Art und Weise der Regierungsbildung, das Gesetzgebungsverfahren von der Initiative bis zur Verkündung, die Regeln über die Ausführung der Gesetze – rechnen, die ebenfalls für Kontinuität stehen und sie ihrerseits verbürgen. Generell wird man deshalb sagen können, dass Kontinuität auf der Ebene der Grundprinzipien und Verfahren institutionalisiert wird, Flexibilität dagegen auf der Ebene der Ausführung und Konkretisierung; die eigentliche Stabilisierungsleistung betrifft also gerade das prinzipielle Verhältnis von Kontinuität und Wandel[116].

(2) Allerdings bleibt es dabei, *dass sich die jeweilige Grenze nicht exakt bestimmen lässt* und auch innerhalb dieses Verhältnisses Verschiebungen

---

113 Auch dazu *Voßkuhle*, a.a.O.
114 Richtig bereits *Hesse*, Grundzüge des Verfassungsrechts, Rn. 36.
115 Ähnlich *Schuppert* (Fn. 102), AöR 120 (1995), 58.
116 In Anlehnung an *Grimm*, Die Zukunft der Verfassung, S. 430.

möglich sind. Insoweit trifft die Kritik an dieser Praxis einen richtigen Punkt. Sie irrt allerdings, wenn sie meint, man könne dem Problem entkommen. Es hat seinen tieferen Grund vielmehr in der Durchsetzung des prozesshaften Verfassungsverständnisses an sich und der Art und Weise dieser Durchsetzung. Diese ist als solche selber Resultat eines Prozesses, nämlich der Kommunikationen, die über und im Zusammenhang mit Verfassung geführt wurden. Es kann dann auch wieder verändert oder verschoben werden, diesmal dann in Richtung auf eine Vorstellung von Verfassung als fester, unverbrüchlicher Ordnung, die den Kommunikationen über sie gerade nicht mehr zur Disposition steht, sich vielleicht wieder allein aus den Festlegungen der Gründergeneration definiert, die nicht nur im Grundsatz, sondern in all ihren Einzelheiten als zeitüberdauernd und ewiggültig hingenommen werden. Diese Revision wäre aber ihrerseits nichts anderes als die Folge neuerlicher Kommunikationen über die Verfassung. Wer wollte garantieren, dass es die letzte bleibt?

VI. Relativierung durch Europäisierung?

Der so beschriebene Anspruch erfüllt sich seiner geschichtlichen Entwicklung nach am ehesten in einer staatlichen Ordnung, auf die er lange Zeit auch zugeschnitten war. Die Verfassung formierte dann den Staat, so wie es in dessen Zusammenziehung zum „Verfassungsstaat“ ausgedrückt war. Dessen Kompetenzen zu politischer Steuerung wandern aber in den Vorgängen der Europäisierung und Globalisierung zunehmend auf andere Ebenen ab, gehen auf andere Akteure über oder ganz verloren. Auch innerhalb seines eigenen Territoriums beschränken diese Akteure mittlerweile seinen Handlungsspielraum oder können weitergehend sogar selbst Herrschaftsgewalt darin ausüben. Ihren bislang höchsten Punkt hat die Entwicklung in der Europäischen Union erreicht, die, obzwar von den Mitgliedsstaaten selbst geschaffen und eingerichtet, diesen nun von sich aus mit dem Anspruch auf prinzipiellen Vorrang aller ihrer Regelungen und Anordnungen gegenübertritt, ohne dass auf dieser Ebene schon ein der Verfassung voll entsprechendes Äquivalent vorhanden wäre (→ S. 31 ff.). Daneben müssen heute weit stärker als früher die Anforderungen der Europäischen Menschenrechtskonvention integriert werden, die der EGMR in einer expansiven Rechtsprechung im Laufe der Jahre immer weiter verdichtet hat. All dies lässt auch den Anspruch der Verfassung nicht unberührt, über den man sich unter den veränderten Bedingungen neu verständigen muss. Gerade diese Verständigung ist derzeit in vollem Gange.

Verlusterfahrungen

In ihrem sachlichen Kern bestehen die Veränderungen darin, dass der normative Anspruch der Verfassung in eine neuartige Konkurrenzsituation gerät: am stärksten zum normativen Anspruch der Unionsverträge, schwächer zum normativen Anspruch der Europäischen Menschenrechtskonvention, noch einmal abgeschwächt zum normativen Anspruch des allgemeinen Völkerrechts[117]. Umgekehrt erfasst die Konkurrenz auch nicht sämtliche Auffächerungen des eigenen Anspruchs der Verfassung und nicht alle von ihnen in gleicher Weise.

(1) Als vergleichsweise stark betroffen gilt üblicherweise ihr *Ordnungsanspruch*, also ihre Aufgabe, die Ausübung politischer Herrschaft in einem umfassenden Sinne zu normieren und zu kanalisieren[118]. Das Handeln der Organe der Europäischen Union richtet sich aber in erster Linie nach dem Unionsrecht, und dies, obwohl es erhebliche Folgen für die Bürger der Bundesrepublik hat; mittlerweile geht ein erheblicher Teil des innerstaatlich geltenden Rechts auf europäisches Recht zurück oder ist sogar selbst europäisches Recht[119].

(2) Damit zusammenhängend konkurriert die Verfassung auch in ihrem traditionellen *Anspruch, staatliche Macht zum Schutz der individuellen Freiheit* zu begrenzen, heute zunehmend mit den anderen europäischen Rechtsebenen und Rechtsordnungen: Das Handeln der Unionsorgane unterliegt vornehmlich den Bindungen der Unionsverträge einschließlich der durch den Vertrag von Lissabon von der bloßen Proklamation zu rechtlicher Verbindlichkeit erhobenen Grundrechtecharta (vgl. Art. 6 Abs. 2 EUV); und dies alles unterfangend wird der Schutz dieser Freiheit zunehmend auch durch die Europäische Menschenrechtskonvention im Sinne eines gemeineuropäischen Grundrechtsstandards gewährleistet.

(3) Vor allem aber muss sich die Verfassung ihre *Rolle als normative Basisschicht und exklusives Einheitssymbol der Gesamtrechtsordnung*, in klassischer Terminologie also die Leitbild- und Orientierungsfunktion,

---

[117] Vgl. den Titel des Aufsatzes von *A. von Bogdandy*, Der Staat 39 (2000), 163 ff.: „Zweierlei Verfassungsrecht".

[118] S. – auch zu den nachfolgenden Funktionsbeeinträchtigungen – *C. Walter*, Die Folgen der Globalisierung für die europäische Verfassungsdiskussion, DVBl. 2000, 1 (4 ff., 8 ff.); *A. von Bogdandy*, Zweierlei Verfassungsrecht, Der Staat 39 (2000), 163 ff.; *Grimm*, Die Zukunft der Verfassung II, S. 92 ff.; *M. Nettesheim*, Wo „endet" das Grundgesetz?, Der Staat 51 (2012), 313 (317 ff.).

[119] Nach BVerfGE 89, 155 (172 f.) sollten nahezu 50% aller deutschen Gesetze durch das Gemeinschafts- bzw. Unionsrecht veranlasst gewesen sein, im Bereich des Wirtschaftsrechts sogar 80%. Neuere Schätzungen sind hier weit zurückhaltender, vgl. etwa *T. König/L. Mäder*, Das Regieren jenseits des Nationalstaates und der Mythos der 80-Prozent-Europäisierung in Deutschland, PVS 49 (2008), 438 ff.

mit den Unionsverträgen und zusätzlich dem gesamten unionalen Sekundärrecht teilen; es reicht eben heute nicht mehr aus, wenn eine Norm des einfachen Rechts lediglich in Einklang mit der Verfassung steht, sondern sie muss, um weiter angewandt werden zu können, zusätzlich auch in Einklang mit den unionalen Rechtsschichten stehen.

In alledem wird von Teilen der wissenschaftlichen Welt bereits eine umfassende Relativierung des Anspruchs der Verfassung gesehen, die dadurch ihrerseits von der bisherigen Gesamt- zur bloßen Teilverfassung eines gesamteuropäischen „Verfassungsverbunds“ herabgesunken sein soll[120], während die Entwicklung in anderen Teilen dieser Welt offenbar noch gar nicht recht angekommen zu sein scheint[121].

Keine Verfallsgeschichte

An der Behauptung umfassender Relativierung wären freilich selbst einige Relativierungen anzubringen. Zum einen liegt allen solchen Diagnosen unterschwellig eine doch recht eindimensionale Fortschrittsgeschichte der Verfassung zugrunde, die Vorstellung von einem irgendwann in den achtziger oder neunziger Jahren des letzten Jahrhunderts erreichten Höchststand der Verfassungskultur, an dem die Entwicklung zu ihrem bestimmungsgemäßen Ende gekommen sei, so dass es von nun an nur noch abwärts gehen könne. Es gehört aber gerade zum Anspruch der Verfassung, der das Resultat einer gesellschaftlichen Verständigung über ihren Sinn ist, dass sie sich wandeln und veränderten Verhältnissen anpassen kann, ohne dass dies immer gleich eine Relativierung darstellen muss. Zum zweiten sind wichtige Funktionen der Verfassung von der neuen Konkurrenzsituation bislang überhaupt nicht oder allenfalls in einem sehr begrenzten Umfang betroffen. Vor allem die Rolle der Verfassung als Grundlage politischer Gemeinschaftsbildung ist allen vorzeitigen Abgesängen zum Trotz von der Europäisierung bislang praktisch unberührt geblieben; im Gegenteil lässt sich, ob einem das immer behagen mag oder nicht, gerade im Augenblick einer immer weiteren Verdichtung und Vertiefung des europäischen Einigungswerks beobachten, wie sich die Bürger um „ihre“ Verfassung scharen.

---

[120] Die Rede von der Teilverfassung etwa bei *Grimm*, Die Zukunft der Verfassung II, S. 126f.; *Nettesheim* (Fn. 118), Der Staat 51 (2012), 313 (327); der Verfassungsverbund bei *I. Pernice*, Europäisches und nationales Verfassungsrecht, VVDStRL 60 (2001), 148 (163ff.), s. dazu noch → S. 121ff.

[121] Von den insgesamt 27 Beiträgen bei *Depenheuer/Grabenwarter*, Verfassungstheorie, hat nur ein einziger – der von M. Herdegen – die Internationalisierung der Verfassungsordnung überhaupt zum Gegenstand; dort liest sich der Befund weit weniger dramatisch, vgl. etwa *M. Herdegen*, § 7 Rn. 6ff.

Die 37.000 Beschwerdeführer, die gegen den Euro-Rettungsschirm vor das Bundesverfassungsgericht gezogen sind, und die in allen entsprechenden Umfragen zuverlässig ermittelte Hoffnung, dass „Karlsruhe“ dem Prozess Grenzen setzen möge, sprechen hier doch eine deutliche Sprache. Die Unionsverträge sind demgegenüber in ihrer bisherigen Gestalt weit davon entfernt, eine vergleichbare Rolle für die Europäische Union zu übernehmen (→ S. 323 ff.), so wie auch die Rechtsprechung des EuGH – wiederum im Gegensatz zu der des Bundesverfassungsgerichts – nur in ganz geringem Maße darauf abzielt, einen gemeinschaftlichen Wertekanon oder Grundkonsens zu entwickeln oder auch nur zu verwalten[122]. Das Projekt einer europäischen Verfassunggebung mochte von hier aus als ein Versuch erscheinen, allein über die Attraktivität des Begriffs und viel entsprechende Symbolik – Hymne, Fahne, Verfassungsfeiertag – die erwünschte Gemeinschaftlichkeit erst zu stiften oder die dafür erforderlichen Prozesse zumindest anzustoßen, ohne dafür auf bereits vorhandene Einheits- und Gemeinschaftsressourcen zurückgreifen zu können[123], aber das Scheitern dieses Projekts zeigt eben auch sehr klar die Grenzen eines solchen Unterfangens auf[124].

Drittens und entscheidend schließlich könnte selbst aus einer möglichen Relativierung einzelner Verfassungsfunktionen nicht zwingend auf eine Relativierung der Gesamtverfassung geschlossen werden. Für diese käme es vielmehr darauf an, ob und inwieweit von der neuen Konkurrenzsituation auch der grundlegende Gerechtigkeits- und Sinnstiftungsanspruch der Verfassung betroffen ist, von dem alle einzelnen Aufgaben oder Funktionen abgeleitet sind; allein von ihm aus kann die Frage letztlich entschieden werden[125].

Bleibende Bedeutung

Gerade der für die Verfassung grundlegende Anspruch, die Gerechtigkeit der gesamten politischen und rechtlichen Ordnung in der Bundesrepublik letztverbindlich zu gewährleisten, wird indessen auch gegenüber dem europäischen Recht nicht aufgegeben, und zwar weder im gedanklichen Ausgangspunkt noch hinsichtlich der rechtspraktischen Folgen.

(1) Im *gedanklichen Ausgangspunkt* halten das Bundesverfassungsgericht und die Mehrheit der Verfassungsrechtswissenschaft bis heute daran fest, dass das Unionsrecht in der Bundesrepublik nur kraft des Rechtsanwendungsbefehls des deutschen Gesetzgebers gilt, den dieser nur kraft einer entsprechenden grundgesetzlichen Ermächtigung (damals Art. 24

---

122 Richtig beobachtet bei *A. von Bogdandy* (Fn. 118), Der Staat 39 (2000), 163 (164).

123 Sehr klar analysiert bei *Grimm*, Die Zukunft der Verfassung II, S. 241 ff.; die Vorstellung immer noch erkennbar bei *Habermas*, Zur Verfassung Europas, S. 39 ff.

124 *M. Heinig*, Europäisches Verfassungsrecht ohne Verfassung(svertrag)?, JZ 2007, 905 (907 f.).

125 Im Ansatz richtig gesehen bei *Nettesheim* (Fn. 118), Der Staat 51 (2012), 313 (324): Maßgeblich ist letztlich die „Auszehrung des Sinnstiftungsanspruchs“.

Abs. 1 GG, nunmehr Art. 23 Abs. 1 GG) und in deren Grenzen habe erteilen dürfen[126]. Auch der Vorrang des Unionsrechts findet seinen Geltungsgrund danach entgegen dem EuGH im nationalen Recht; er ist ein abgeleiteter, sekundärer und damit in seinem innersten Grund kein wirklicher Vorrang, der selber nur nach Maßgabe der Verfassung und wiederum innerhalb des durch sie gesteckten Rahmens besteht[127]. Die Bedeutung, die in einer solchen Zuweisung liegt, wird grundlegend verkannt, wenn man darin lediglich eine Art letzter, im Grunde aber schon hilfloser Verteidigungslinie sieht, eine „irgendwo im Hintergrund" schlummernde „Stellschraube besonderer Reichweite", die letztlich nur der Beruhigung aufgeregter Gemüter dienen soll[128]. Sicher ist richtig, dass die Masse des Unionsrechts unionsrechtlichen Maßstäben und Funktionserfordernissen entspricht, dass die Einflussmöglichkeiten der unmittelbar verfassungsgebundenen nationalen Regierungen und Parlamente auf die europäische Rechtssetzung in dem mittlerweile zur Regel erklärten Verfahren der Mehrheitsentscheidung begrenzt sind, dass das nationale Recht mittlerweile in weitem Umfang unionsrechtlich überformt ist etc. Das alles beeinträchtigt aber nicht die hohe symbolische Bedeutung des Vorgangs. Insofern dokumentiert sich in der theoretischen Rangzuweisung der grundsätzliche Wille einer Gesellschaft, an ihrer Verfassung und dem ihr zugeschriebenen Gerechtigkeitsprogramm als letztem und gültigem Maßstab festzuhalten.

(2) Die *rechtspraktischen Folgen* zeigen sich in einer eigenständigen *Filterfunktion* der Verfassung, über die die Erzeugung europäischen Primärrechts – in der Sache heute also ausschließlich weitere Änderungen der Unionsverträge – und in eingeschränktem Umfang auch das Eindringen europäischen Sekundärrechts kontrollierbar gehalten werden soll[129]. Änderungen der Unionsverträge sind deshalb an der Struktursicherungsklausel des Art. 23 Abs. 1 S. 1 GG oder der Verfassungsbestandsgarantie des Art. 23 Abs. 1 S. 3 GG zu messen, Richtlinien, Verordnungen und sonstige Rechtsakte der Union jedenfalls nach der Rechtsprechung des Bundesverfassungsgerichts auf die Einhaltung der ihr durch die Verträge

---

[126] BVerfGE 89, 155 (190); 123, 267 (348 ff.); aus der Literatur statt vieler *P. Kirchhof*, Die Identität der Verfassung, in: Isensee/Kirchhof, HStR II, § 21 Rn. 52.

[127] Die Gegenauffassung in EuGH, Slg. 1978, 629 – Simmenthal-II Rn. 17 f.; hierzulande etwa *Pernice*, in: Dreier, GG, Art. 23 Rn. 29.

[128] Das Zitat bei *Nettesheim* (Fn. 118), Der Staat 51 (2012), 313 (327); in der Richtung ähnlich *Grimm*, Die Zukunft der Verfassung II, S. 122.

[129] Der Begriff des „Filters" bzw. der „Filterwirkung" etwa bei *Grimm*, Die Zukunft der Verfassung II, S. 99 ff.

gezogenen inhaltlichen und kompetenziellen Grenzen[130]. Zwar ist namentlich dieser letzte Kontrollvorbehalt, der die Massen des europäischen Rechts betrifft, in der Sache mittlerweile so weit zurückgenommen, dass er im Wesentlichen wiederum nur noch symbolische Bedeutung hat[131]. Gerade darin zeigt sich aber, worum es in diesem Vorgang geht und worum es nicht geht. Es geht nicht um die Errichtung eines Dammes oder, wie man oft sagt, einer „Brücke“, über die das Einströmen des Europarechts immer auch begrenzt werden soll[132]. Stattdessen fungiert die Verfassung, wenn man in der Sprache solcher Bilder bleiben will, als eine Art Prisma oder Brille, durch die eine politische Gemeinschaft auf das europäische Recht blickt[133]. Die Verfassung und das ihr zugeschriebene Gerechtigkeitsprogramm bleiben damit *die* Projektionsfläche, von der aus der Gesamtvorgang der europäischen Integration beurteilt wird, in der sich auch die diesbezüglichen Erwartungen der Bürger – sei es im Sinne einer Abwehr von zu viel Europa, sei es im Sinne einer fördernden Begleitung weiterer Integrationsschritte – bündeln, und die vielen Kontrollvorbehalte, Verteidigungslinien und Drohkulissen haben von hier aus den einzigen Zweck sicherzustellen, dass dies auch in Zukunft so bleibt.

Für den Erfolg dieser Strategie wird niemand eine Gewähr übernehmen können, ebenso wenig wie sie für den Fortbestand der Verfassung insgesamt übernommen werden kann. Insoweit ist nicht auszuschließen, dass mit dem weiteren Voranschreiten der Europäisierung und vor allem der fortwährenden Gewöhnung an sie die nationale Verfassung als ihr theoretischer Geltungsgrund und Reflexionsrahmen stärker aus dem Blick gerät, als es derzeit der Fall ist; damit ließe sich dann automatisch auch ihr bisheriger Anspruch nicht mehr aufrechterhalten. Ob sie dann als gesellschaftlicher Sinnspeicher ersatzlos wegfällt oder ihr irgendwann auf der überstaatlichen Ebene ein funktionales Äquivalent erwächst, ist bis auf weiteres offen (→ S. 324 ff.). Immerhin lässt sich beobachten, dass sich die Gerechtigkeitserwartungen der Bürger in begrenztem Umfang bereits jetzt auf diese richten. Wer mit einer Verfassungsbeschwerde vor dem Bundesverfassungsgericht in Karlsruhe erfolglos geblieben ist, weiß, dass ihm mit dem EGMR in Straßburg eine zusätzliche Instanz zur Verfügung steht, die ihn zu seinem vermeintlichen Recht verhelfen kann, und innerhalb des Unionsrechts könnte eine verstärkte Aktivierung der nunmehr rechtsverbindlichen Grundrechtecharta durch den EuGH langfristig in eine ähnliche Richtung weisen. Einstweilen sind davon aber nur Ansätze erkennbar.

---

[130] Grundlegend insoweit BVerfGE 89, 155 (188); daran anschließend dann etwa BVerfGE 123, 267 (353 f.).

[131] S. die nunmehrige Einschränkung durch BVerfGE 126, 286 (302 ff.) – Honeywell.

[132] Das Bild der Brücke *Kirchhof* (Fn. 125), in: Isensee/Kirchhof, HStR II, § 21 Rn. 52.

[133] Das Bild – aber auch nur dieses – entlehnt bei *U. Haltern*, Internationales Verfassungsrecht?, AöR 128 (2003), 511 (526); s. auch *ders.*, Finalität, in: von Bogdandy/Bast, Europäisches Verfassungsrecht, S. 279 (293 f.).

Wechselbeziehungen

Die Verfassung wird auf diese Weise in einen gesamteuropäischen, möglicherweise irgendwann auch einmal globalen Rechtssetzungszusammenhang eingebunden mit der Folge, dass auch ihr Anspruch über die bisherigen nationalen Grenzen hinausgreift. Andererseits wird sie dadurch auch selbst für Einflüsse aus diesen Rechtsordnungen geöffnet, europäisiert und internationalisiert (→ S. 122ff.).

(1) Das Ausgreifen des Anspruchs nach außen resultiert dabei gerade aus dem Umstand, dass Importe aus anderen Rechtsordnungen jeweils den Filter des Grundgesetzes passieren müssen oder jedenfalls mit ihm als Projektionsfläche abgeglichen werden. Dort muss man daher die möglichen Abwehrreaktionen, Einwände und Gegenvorstellungen antizipieren und sich darauf einstellen. So wie das Grundgesetz eine Filterfunktion nach innen entfaltet, lässt sich deshalb auch von einer *Anstoßfunktion nach außen* sprechen. Diese kann zwar auch jenseits formeller und informeller Bindungen bestehen, wie etwa die Übernahme der Wertejudikatur des Bundesverfassungsgerichts durch zahlreiche andere Verfassungsgerichte bezeugt[134]. Im Unterschied dazu ist sie aber in den europäischen Rechtssetzungs- und Rechtsprechungsverbünden normativ gewollt und oft das Resultat gezielt platzierter Botschaften an die je andere Seite (→ S. 211ff., 276ff.).

Das bekannteste Beispiel für einen entsprechenden Anstoß liefert die Aufstellung eines gemeinschaftsrechtlichen bzw. unionalen Grundrechtskatalogs durch den EuGH als – vielleicht nicht nur, aber auch – Reaktion auf die Solange-Rechtsprechung des Bundesverfassungsgerichts[135]; als weitere regelrechte Exportschlager haben sich der Grundsatz der Verhältnismäßigkeit oder aus neuerer Zeit die Figur der grundrechtlichen Schutzpflichten erwiesen[136]. Und wenn heute die im Jahre 2000 proklamierte und durch den Vertrag von Lissabon mit Rechtsverbindlichkeit versehene Charta der Grundrechte der Europäischen Union in ihrem Art. 1 mit demselben feierlichen Bekenntnis zur unantastbaren Würde des Menschen beginnt, mit dem das Grundgesetz 1949 noch verfassungsgeschichtliches Neuland betreten hatte, wird man nicht lange rätseln müssen, um zu erkennen, wer hier wofür Vorbild war.

---

[134] S. im jetzigen Zusammenhang vorerst nur *Rensmann*, Grundgesetz und Wertordnung, S. 9ff., 68ff., 147ff.

[135] So jedenfalls eine geläufige Erzählung, vgl. *J. Kühling*, Grundrechte, in: von Bogdandy/Bast, Europäisches Verfassungsrecht, S. 657 (662f.); genauere Nachweise bei *Schuppert*, Staatswissenschaft, S. 863ff.

[136] Vgl. dazu *W. Kahl*, Grundrechte, in: Depenheuer/Grabenwarter, Verfassungstheorie, § 24 Rn. 31; *Schuppert*, Staatswissenschaft, S. 865, dort auch noch zum Grundsatz des Vertrauensschutzes.

(2) Dass sich das Grundgesetz umgekehrt selber für Einflüsse von außen öffnet und diese integriert, liegt demgegenüber in seiner Struktur als lernfähiges, der Fort- und Weiterbildung zugängliches Programm begründet. Beides zusammen bewirkt im Ergebnis eine wechselseitige Verschränkung und Amalgamierung der Rechtsebenen. Die dahinter stehende Idee ist, dass in diesem Vorgang auch die europäischen Rechtsmassen oder überhaupt die Manifestationen europäischer Politik nicht fortwährend als „das Andere, von außen Kommende, das potentiell Störende“ begriffen werden, als das man sie gelegentlich hinstellt[137], sondern als *Resultat gemeinsamer Mitkonstruktion rechtlicher Räume.* Darin ist dann immer auch ein „Eigenes“ enthalten, so wie es der prinzipiellen und durch die Verfassung selbst sichergestellten Übereinstimmung im grundsätzlichen Wertefundament entspricht.

VII. Zusammenfassung

Als vorläufiges Ergebnis lässt sich daher festhalten, dass der grundlegende Anspruch der Verfassung als politische Gerechtigkeitsordnung einer Gesellschaft durch die voranschreitende europäische Integration zwar in verschiedener Hinsicht und an verschiedenen Stellen modifiziert, aber nicht umfänglich relativiert wird. Die gegenteilige Sicht, die tendenziell immer schon das Ende der Verfassung heraufziehen sieht, mag auch damit zusammenhängen, dass der Blick zu einseitig auf die Ordnungsaufgabe der Verfassung gerichtet wird, die dann meist noch dahin zugespitzt wird, dass die Verfassung politische Herrschaft nicht nur einrichten und legitimieren, sondern auch ihre tatsächliche Ausübung in möglichst all ihren Einzelheiten regulieren soll. In der Tat war dies der erste und ursprüngliche Sinn der Verfassung, wie er ihr hierzulande im politischen System des Konstitutionalismus zugewiesen wurde und durchaus auch die Vorstellungen der Väter und Mütter des Grundgesetzes beherrschte. Mittlerweile ist aber das Konzept der Verfassung mit weiteren Funktionen angereichert worden und hat sich vor allem das relative Gewicht zwischen ihnen insoweit verschoben, als sie heute ihrerseits nur Ausprägungen eines umfassenderen Gerechtigkeitsanspruchs sind. Auch die Ordnungsaufgabe der Verfassung verliert damit ihre frühere Exklusivität und ist entsprechenden Funktionalisierungen zugänglich; im Vorgang der europäischen Integration kann sie dann eben auch dadurch als erfüllt gelten, dass sie diesen mit dem allgemeinen Rahmen der grundgesetzlichen Gerechtigkeitskonzepti-

---

[137] *Nettesheim* (Fn. 118), Der Staat 51 (2012), 313 (328).

on verkoppelt und dauerhaft an ihn zurückbindet. Als gute und gerechte Ordnung des Gemeinwesens steht die Verfassung danach heute vor allem für die Aufbewahrung, Sicherung und Fortentwicklung der Gerechtigkeitsvorstellungen der von ihr eingerichteten Gemeinschaft, und alle anderen Zweckzuweisungen, Aufgaben und Funktionen empfangen von diesem einen beherrschenden Anspruch ihre sachliche Rechtfertigung wie ihren konkreten Zuschnitt. Darin liegt eine bemerkenswerte Verkehrung des ursprünglichen Sinnes der Verfassung, die auch Auswirkungen auf deren allgemeinen Charakter als Rechtsnorm hat. Sieht man in der Verfassung vor allem die Rechtsnorm, liegt dieser Sinn einzig darin, dass man sich auf sie zur Entscheidung von Konflikten in justizförmigen Verfahren berufen kann. Gewisse Besonderheiten und Spielräume mögen sich dann daraus ergeben, dass sie die oberste Gewalt selbst zu ihrem Gegenstand hat, so wie es in ihrer gängigen Charakterisierung als „politisches Recht" zum Ausdruck kommt[138]. Wie bei jeder Rechtsnorm läge aber ihre spezifische Aufgabe in der Streitentscheidung, die die Verfassung prinzipiell nicht anders zu erfüllen hätte als andere Rechtsnormen. Diesen Anspruch erhebt die Verfassung heute *auch* und immer noch. Unter einer Verfassung, die als politische Gerechtigkeitsordnung begriffen wird, läuft er aber heute gleichsam nur noch mit und wird weithin überlagert durch eine Reihe anderer und übergeordneter Aufgaben, von denen die Streitentscheidung ihrerseits nur noch ein Reflex ist. Sie greift dann regelmäßig über den je betroffenen Einzelfall hinaus und hat im Wesentlichen die Funktion, die grundlegenden Ordnungs- und Gerechtigkeitsvorstellungen der Gesellschaft symbolisch zu bestätigen, in ihrer Verschränkung mit den gesellschaftlichen Ordnungs- und Gerechtigkeitsvorstellungen sichtbar zu machen und sie zugleich für ihre Weiterverarbeitung zu öffnen. Insgesamt ist das ein weit ausgreifender und stark idealisierter Anspruch, bei dem sich jedes Mal aufs Neue die Frage stellt, wie lange auf ihn noch zu bauen ist.

[138] Vgl. *J. Isensee*, Verfassungsrecht als politisches Recht, in: Isensee/Kirchhof, HStR VII (2. Aufl.), § 162 Rn. 58 ff.

§ 4

Die Normen der Verfassung

Der so vorgestellte Anspruch der Verfassung entfaltet sich auf einer ersten Ebene in ihren geschriebenen Sätzen, die ihn mit unterschiedlicher Nähe zu ihm und auf unterschiedlichen Sprachebenen in die Wirklichkeit hinein vermitteln. Zu diesen geschriebenen Sätzen kommen sodann die zahlreichen ungeschriebenen wie das Recht auf informationelle Selbstbestimmung, der Grundsatz der Verhältnismäßigkeit, die Bundestreue etc. hinzu, die allesamt längst zum kanonischen Bestand der Verfassung gerechnet werden[1]. Auf beiden zusammen bauen die „Normen" der Verfassung oder eben die „Verfassungsnormen" auf, die angeben, was von der Verfassung aus rechtlich gesollt ist. Die Zusammenhänge sind auch hier allerdings weniger eindeutig, als sie sich anhören.

(1) Eine erste Unklarheit betrifft bereits den Begriff der Norm, unter der intuitiv meist etwas Vorausgesetztes, ihrem Anwender fertig Vorgegebenes verstanden wird. Bereits die Existenz ungeschriebener Sätze deutet jedoch darauf hin, dass die Normen der Verfassung nicht von Anfang an da sind, sondern sich offenbar in deren Anwendung auch erst bilden können[2]. Auch im Übrigen ist die Norm nicht mit dem äußeren Normtext identisch. Sie ist vielmehr, wie sich mit Blick auf die neuere Linguistik allmählich herumspricht, das, was in einer sprachlichen und sozialen Praxis aus diesem Text bei seiner Anwendung auf reale Sachverhalte gemacht wird[3]. Insofern besteht die Norm aus dem Normtext und den Anreicherungen, die er durch diese Praxis erhalten hat und fortlaufend erhält.

(2) Unklarheiten bestehen sodann in der Frage, ob es einen besonderen Typus der „Verfassungsnorm" gibt, durch den diese sich von anderen Normen unterscheidet. Wo eine solche Eigenart behauptet wird, wird sie meist

---

[1] Erste Übersicht bei *Wolff*, Ungeschriebenes Verfassungsrecht, S. 2 ff.

[2] Natürlich mag man behaupten, auch die ungeschriebenen Sätze seien bereits ursprünglich in der Verfassung enthalten, nur eben nicht „geschrieben", sondern „ungeschrieben" oder bei ihrem Erlass gleichsam „mitgeschrieben". Es muss dann trotzdem jemand kommen, der sie dort herausliest; erst dadurch gelangen sie in die Welt und gelten. Wichtiger als eine Existenz, an die man glauben kann oder auch nicht, ist ganz offenbar der Vorgang dieses Herauslesens. Zum Ganzen erneut *Wolff*, Ungeschriebenes Verfassungsrecht, S. 196 ff.

[3] Grundlegend *Müller/Christensen*, Juristische Methodik, Rn. 248 ff.

mit der Offenheit und Weite einzelner Verfassungsbestimmungen sowie dem fragmentarischen Charakter der Verfassung insgesamt begründet; Verfassungen seien deshalb, so heißt es, nicht mit einem gewöhnlichen Gesetz gleichzusetzen und stärker als dieses auf inhaltliche Auffüllung angewiesen[4]. Für sich allein greift das aber offensichtlich ebenfalls zu kurz; es gibt zahlreiche offene und blankettartige Bestimmungen auf der Ebene des einfachen Rechts, so wie es umgekehrt im Verfassungsrecht auch relativ präzise und leicht zu handhabende gibt.

(3) Schließlich und damit zusammenhängend existiert bis heute auch keine allgemein konsentierte Typologie der Einzelnormen, die diese nach ihren verschiedenen Arten auffächert.

An Versuchen in diese Richtung fehlt es nicht. Sie gruppieren die Normen nach ihrem Inhalt, ihrer Funktion, ihrem Verpflichtungsgrad, ihrer Abstraktionshöhe, ihren Adressaten oder anderen Kriterien, unter denen sie sich anschließend zu bestimmten Normtypen zusammenziehen lassen. Die einfachste Einteilung kommt dafür mit zwei Kategorien aus, komplexere können es ohne Mühe auf bis zu dreißig und möglicherweise noch mehr bringen[5]. Nach der wohl gängigsten besteht die Verfassung im Wesentlichen aus Staatsstrukturbestimmungen und sonstigen allgemeinen Prinzipien, Grundrechten, Organisations-, Verfahrens- und Kompetenzregeln sowie Staatszielen und Gesetzgebungsaufträgen[6]; hinzu kommen einige schwer zuzuordnende Teile wie Kollisionsvorschriften, Übergangsregelungen etc., die nur irgendwie mitlaufen[7].

Allerdings genügt schon der Hinweis auf die Mehrdimensionalität der Grundrechte, um zu zeigen, dass damit heute offenbar keine trennscharfen Kategorien mehr bezeichnet sind. Auch die früher geläufige Zweiteilung nach dem Grundrechts- und Organisationsteil ist deshalb für das Grundgesetz nicht mehr durchführbar, zumal sich im Grundrechtsteil auch organisatorische Regelungen wie Art. 7 GG und im Organisationsteil zahlreiche grundrechtliche oder grundrechtsähnliche Regelungen wie Art. 33, 38 Abs. 1, 93 Abs. 1 Nr. 4a, 101, 103 und 104 GG finden. Im Gegenteil tendieren die einzelnen Teile in einem erweiterten Verfassungsverständnis zur Konvergenz[8]. Für ihre weitere Erfassung müssen dann ande-

---

[4] *Böckenförde*, Staat, Verfassung, Demokratie, S. 56 ff.

[5] Die Zweiteilung etwa in der Unterscheidung von Prinzipien/Regeln bei *Robert Alexy*, Grundsatz/Norm bei *Josef Esser* (→ S. 110 ff.). Auf 27 unterschiedliche „Institute" kommt *Reimer*, Verfassungsprinzipien, S. 263 ff. Umfassende und in ihrer Vollständigkeit bis heute maßgebliche Differenzierung nach verschiedenen Kriterien bei *M. Sachs*, Normtypen im deutschen Verfassungsrecht, ZG 1991, 1 ff.

[6] *H.-P. Schneider*, Direkte Anwendung und indirekte Wirkungen von Verfassungsnormen, in: R. Bernhardt/ U. Beyerlin (Hrsg.), Deutsche Landesreferate zum Öffentlichen Recht und Völkerrecht, 1982, S. 23 (25).

[7] Überblick bei *Stern*, Staatsrecht I, S. 122 f.

[8] *P. Häberle*, Artenreichtum und Vielschichtigkeit von Verfassungstexten, in: FS

re Unterscheidungen und Skalierungen vorgenommen werden, die diesem Verständnis adäquater sind.

I. Innere und äußere Normelemente

Eine erste dieser Skalierungen betrifft die Differenz zwischen den Normtexten und den hinter ihnen stehenden Sinngehalten. Lassen sich die Normen nicht auf ihren Text reduzieren, gibt es zwangsläufig neben solchen Sinngehalten, die nach außen – eben als Text – sichtbar sind, auch solche, die es nicht oder jedenfalls nicht ohne weiteres sind. Man kann insoweit von inneren oder ideellen Normelementen der Verfassung sprechen, die zu ihren äußeren und förmlichen hinzutreten und sie ergänzen. Die meisten von ihnen haben sich zwischenzeitlich in der Praxis ihrer Anwendung und durch eine Fülle aufeinander aufbauender Einzelentscheidungen zu neuen sinnhaften Strukturen verfestigt, an die jede weitere Anwendung, wenn sie ernstgenommen werden will, irgendwie anknüpfen muss. Dementsprechend wird ihre Existenz heute vielfach gesehen, wenngleich sich ein einheitlicher Begriff für sie noch nicht hat finden lassen und auch über ihren genauen Standort keine hinreichende Klarheit herrscht; die Bezeichnungen, die in Umlauf sind – „Leitbilder", „auslegungssteuernde Zwischenvorstellungen", „Maßstäbe", „Rechtsprechungsrecht", „Verfassungstheorie", früher auch „Vorverständnis" – geben schon aus sich heraus die Schwierigkeiten der Verortung zu erkennen[9]. In jedem Falle formen sie nun eine eigene Verfassungsschicht, die auch für die praktische Anwendung der Verfassung oft wichtiger ist als ihre äußeren und förmlichen Elemente.

---

für Häfelin, 1989, S. 225 (233): „Die Teile wachsen zusammen." Man kann deshalb statt zwischen verschiedenen „Teilen" der Verfassung allenfalls zwischen organisatorischen oder materiellrechtlichen „Gehalten", „Regelungen" etc. zu unterscheiden versuchen, so *Sachs* (Fn. 5), ZG 1991, 3ff., ist aber auch dann mit den beschriebenen Problemen ihrer Mehrdimensionalität konfrontiert.

[9] Zu den „Leitbildern"→ S. 90ff.; „Zwischenvorstellungen": *P. Lerche*, Stil und Methode der verfassungsrechtlichen Entscheidungspraxis, in: FS 50 Jahre BVerfG, Bd. I, 335 (343f.) („breite auslegungsleitende Schicht", „Zwischenschicht" etc.); „Maßstäbe": *O. Lepsius*, Die maßstabsetzende Gewalt, in: Jestaedt/Lepsius/Möllers/Schönberger, Das entgrenzte Gericht, S. 159ff.; „Rechtsprechungsrecht": *M. Albers*, Höchstrichterliche Rechtsfindung und Auslegung gerichtlicher Entscheidungen, VVDStRL 71 (2012), 257 (286f.); „Verfassungstheorie": *Jestaedt*, Die Verfassung hinter der Verfassung, S. 11ff., 45ff.; das klassische „Vorverständnis" demgegenüber bei *H. Ehmke*, Prinzipien der Verfassungsinterpretation, in: *ders.*, Beiträge zur Verfassungstheorie und Verfassungspolitik, S. 329 (331f.); dazu noch → S. 90.

Inneres Grundgerüst

Zu diesen ideellen Sinngehalten rechnet zunächst das innere Grundgerüst der Verfassung, also das System der obersten und selber nicht mehr weiter ableitbaren Grundentscheidungen, das ihren einzelnen Normen als ein verbindender Gedanke zugrunde liegt. Es wird seinerseits bestimmt durch die grundlegende Ordnungs- und Gerechtigkeitskonzeption, die in der Verfassung ihren positiv-rechtlichen Ausdruck gefunden hat, und umfasst dann alles, was für diese Gerechtigkeitskonzeption zentral ist, also die Entscheidung für Menschenwürde, Freiheit und Gleichheit, Demokratie, Rechtsstaatlichkeit, bundesstaatliche Vielfalt und sozialstaatliche Solidarität. Dass es ein solches Grundgerüst in jeder Verfassung gibt und geben muss, ist bereits in einigen älteren Verfassungslehren gesehen oder geahnt worden, ohne dass dort allerdings das Programm schon bis zu seiner heutigen Bedeutung durchgeführt worden wäre.

Das bekannteste Beispiel ist die bereits früher vorgestellte Unterscheidung von „Verfassung" und „Verfassungsgesetz" bei Carl Schmitt, die für dessen gesamte Verfassungslehre grundlegend ist (→ S. 27f.). Die „Verfassung" ist danach die „Gesamtentscheidung über Art und Form der politischen Einheit", die von der verfassunggebenden Gewalt in einem souveränen und ursprünglichen Akt getroffen worden ist. Als solche ist sie im „Verfassungsgesetz" vorausgesetzt und überhaupt erst der Grund seiner Geltung, aber nicht mit ihm identisch[10]. Dieses umfasst die äußerlich in der Verfassungsurkunde zusammengefassten Regelungen, die sich von anderen gesetzlichen Regelungen nur durch einige Besonderheiten wie die erschwerte Abänderbarkeit abheben[11]. Zwar finden einzelne Elemente der „Verfassung" als Gesamtentscheidung ihren nach außen sichtbaren Ausdruck auch im „Verfassungsgesetz", unter der Weimarer Reichsverfassung die Entscheidung für die Demokratie etwa in dem Satz „Die Staatsgewalt geht vom Volke aus" (Art. 1 Abs. 2) oder die Entscheidung gegen die Monarchie in dem Satz „Das Deutsche Reich ist eine Republik" (Art. 1 Abs. 1). Solche Sätze sind aber nach Schmitt „überhaupt keine Gesetze und infolgedessen auch keine Verfassungsgesetze"; sie sollen vielmehr mehr sein als diese, „nämlich die konkreten politischen Entscheidungen, welche die politische Daseinsform des deutschen Volkes angeben und die grundlegende Voraussetzung für alle weiteren Normierungen, auch diejenigen der Verfassungsgesetze, bilden"[12]. Daran ist richtig gesehen, dass jede Verfassung eine innere Substanz hat, die sie überhaupt erst zu einer Verfassung macht und nicht bloß zu einer „Summe zusammenhangloser ... Einzelbestimmungen"[13]. Der Irrtum dieser Auffassung liegt indes darin, dass sie diese Substanz von dem Verfas-

---

[10] *Schmitt*, Verfassungslehre, S. 20ff.

[11] *Schmitt*, Verfassungslehre, S. 11ff., dort auch als „relativer Verfassungsbegriff" – Verfassung „als eine Vielheit einzelner Gesetze" – bezeichnet, ferner S. 20ff.

[12] *Schmitt*, Verfassungslehre, S. 23f.

[13] *Schmitt*, Verfassungslehre, S. 24.

sungsgesetz ablöst, in dem sie ihren textlichen Ausdruck gefunden hat[14]. Sie ist aber nicht etwas vor oder über diesem Verfassungsgesetz Stehendes, sondern wird gerade in diesem und durch dieses hindurch in die Wirklichkeit vermittelt. Zudem lässt sie sich nicht auf die einmalige Dezision einer souveränen Gewalt reduzieren, sondern muss in der Praxis ihrer Anwendung immer neu bestätigt und kann darin gegebenenfalls auch um-, weiter- und fortgebildet werden. Ein anschauliches Beispiel dafür ist unter dem Grundgesetz das Sozialstaatsprinzip, das in seiner heutigen Bedeutung als umfassendes, die Politik zu vielfältiger sozialer Aktivität verpflichtendes Staatsziel längst zum inneren Kernbestand der Verfassung gerechnet werden kann, diese Bedeutung aber erst in und nach einer zähen Kontroverse erhalten hat, in der es nicht an Versuchen gefehlt hat, das Wörtchen „sozial“ in Art. 20 Abs. 1 GG zu einem „substanzlosen Blankettbegriff“ kleinzureden[15]. Im Grundsatz derselbe Irrtum wie Schmitt unterläuft auch Hans Nawiasky in seiner – freilich nur in Ansätzen ausgearbeiteten – Verfassungslehre. Die innere Substanz ist dort unter der Kategorie der „Leit-“ oder „Grundgedanken“ der Verfassung beschrieben worden, und zwar als eine ideelle Basis der Verfassung, die ihr vorausliegt, ohne selbst zu ihr zu gehören und an ihrer Normqualität teilzuhaben[16]. Das vermeidet zwar die dezisionistische Vereinseitigung des Schmittschen Verfassungsbegriffs, löst jene Basis aber ebenfalls ohne Not von ihrem positiv-rechtlichen Ausdruck und bleibt zudem blind für die Möglichkeit ihrer Aneignung und Anreicherung durch die je aktuelle Verfassungsgemeinschaft.

Grundgerüst und Text

Die ideelle Grundschicht und ihr positiv-rechtlicher Ausdruck hängen vielmehr miteinander zusammen, und nur deshalb gehört sie zur Verfassung, weil sie an der vorhandenen Textsubstanz entlang und auf sie bezogen entwickelt ist. In diesem Sinne hat das Bundesverfassungsgericht das Vorhandensein einer solchen Grundschicht schon früh anerkannt, und zwar nicht als etwas außerhalb oder jenseits der Verfassung Stehendes, sondern als ihren integralen Bestandteil, über das sie überhaupt erst als ein Sinnganzes gelten kann. Zusammengefasst ist dies bereits in einer frühen Entscheidung in dem Satz, das Grundgesetz selber – und nicht bloß irgendeine vorgängige Entscheidung einer souveränen Gewalt oder ein abstrakter Entwurf der Verfassungstheorie – bestehe „nicht nur aus den einzelnen Sätzen der geschriebenen Verfassung, sondern auch aus gewissen

---

14 *Grimm*, Zukunft der Verfassung, S. 148f. („dezisionistische Auflösung des Verfassungsgesetzes“); *Stern*, Staatsrecht I, S. 71.

15 *W. Grewe*, Das bundesstaatliche System des Grundgesetzes, DRZ 1949, 349 (351); die zentralen Beiträge der Kontroverse in: *E. Forsthoff* (Hrsg.), Rechtsstaatlichkeit und Sozialstaatlichkeit, 1968.

16 *H. Nawiasky*, Die Grundgedanken des Grundgesetzes für die Bundesrepublik Deutschland, 1950; für die Weimarer Republik schon *ders.*, Die Grundgedanken der Reichsverfassung, 1920; daran anknüpfend etwa *G. Anschütz*, Drei Leitgedanken der Weimarer Reichsverfassung, 1923.

sie verbindenden, innerlich zusammenhaltenden allgemeinen Grundsätzen und Leitideen", von denen aus es dann eben auch zu lesen ist[17]. Es liefert in diesem Sinne auch ein Reservoir von Argumentationsfiguren und zur Begründung von Entscheidungen.

In ähnlicher Weise hat etwa das kanadische Oberste Gericht auf eine solche „übergreifend-sinnhafte Konzeption"[18] verwiesen, die der Verfassung als ein ideeller Sinngehalt und Subtext zugrunde liegt und mit ihr gleichzeitig untrennbar verbunden ist: „The constitution is more than a written text. It embraces the entire global system of rules and principles which govern the exercise of constitutional authority. A superficial reading of selected provisions of the written constitutional enactment, without more, may be misleading. It is necessary to make a more profound investigation of the underlying principles animating the whole of the constitution ... Those principles must inform our overall appreciation of the constitutional rights and obligations ..."[19].

Auch das verweist sehr klar auf die Notwendigkeit eines inneren Grundgerüsts, das es erst ermöglicht, die Verfassung als ein zusammenhängendes Ganzes und nicht bloß als die „Summe zusammenhangloser Einzelentscheidungen" zu begreifen, als die sie sonst leicht erscheinen könnte. Es lässt sich damit auch nicht in eine außerhalb des Rechts stehende „Verfassungstheorie" abdrängen, von der aus jenes Recht nur beobachtet wird (→ S. 4 f.)[20]. Vielmehr gehört es selber als Bestandteil der Rechtsanwendung dazu, von der diese ihrerseits oft die entscheidenden Impulse erhält.

Gesellschaftliche Ordnungsvorstellungen

Dieses innere Grundgerüst ist zugleich der Ort, an dem die Verschränkung der verfassungsrechtlichen Gerechtigkeitskonzeption mit den Ordnungs- und Gerechtigkeitsüberzeugungen der Gesellschaft besonders augenfällig wird. Seine zentralen Begriffe – Freiheit, Gleichheit, Demokratie, Rechtsstaat, Sozialstaat, repräsentatives System, parlamentarische Verantwortlichkeit – wirken insoweit als „‚Schleusenbegriffe' ..., durch die politisch-rechtliche oder ethisch-rechtliche Ordnungsideen, die keine stati-

---

[17] BVerfGE 2, 380 (Ls. 4); Hervorhebung nur hier. Bezogen war dies seinerseits auf das in Art. 20 GG nicht ausdrücklich genannte Rechtsstaatsprinzip, das auf diese Weise um die Grundsätze der Rechtssicherheit und des Vertrauensschutzes angereichert wurde.

[18] *Schuppert/Bumke*, Konstitutionalisierung der Rechtsordnung, S. 39.

[19] Reference re Secession of Quebec (1998), 2 S.C.R. 217 (Can.), zu Frage 1. Den Hinweis verdanke ich *A. von Bogdandy*, Grundprinzipien, in: ders./Bast, Europäisches Verfassungsrecht, S. 13 (18).

[20] So *Jestaedt*, Die Verfassung hinter der Verfassung, S. 11 ff., 45 ff.; *ders.*, Verfassungstheorie als Disziplin, in: Depenheuer/Grabenwarter, Verfassungstheorie, § 1 Rn. 1 ff., 28 ff.

schen, sondern in sich bewegte Ideen sind, rechtliche Bedeutung erlangen". Insoweit sind sie auch in den „Wandel dieser Ideen und Leitvorstellungen eingebunden" und „gegenüber einer Fort- und Umbildung nicht abgeschottet"[21]. Unter dem Grundgesetz hat diese Fort- und Umbildung in einer nun über sechzigjährigen Interpretations- und Geltungsgeschichte dazu geführt, dass die Grundbegriffe mit weiteren ideellen Gehalten angereichert worden sind, die nun als eine „dirigierende Verfassungsschicht" zwischen den Text und seine Anwendung treten und diese heute wesentlich mitbestimmen[22].

Das Sozialstaatsprinzip ist, wie soeben schon beobachtet, dadurch überhaupt erst inhaltlich entfaltet und in einer Kette aufeinander verweisender Entscheidungen, literarischer Begleitung und gesetzgeberisch-administrativer Reaktion kontinuierlich auf die Zielwerte der sozialen Sicherheit und der sozialen Gerechtigkeit verpflichtet worden[23]. Von der Demokratie des Grundgesetzes kann gesagt werden, sie erschöpfe sich nicht in der Wahrung formaler und als solcher eben ausdrücklich normierter Organisationsprinzipien; stattdessen wird sie mit einer weitergehenden Vorstellung guten demokratischen Lebens verbunden[24]. Selbst für das lange Zeit nur als Monarchieverbot gedeutete Republikprinzip lässt sich beobachten, wie es allmählich vitalisiert und mit der Idee einer auf das Gemeinwohl gerichteten, gemeinschaftlich ausgeübten Herrschaft vermittelt wird[25]. Und die Grundrechte werden in einer kontinuierlichen Rechtsprechungslinie überspannt von einem allgemeinen „Menschenbild des Grundgesetzes", das zwischen der Freiheit und Selbstherrlichkeit des Individuums und seiner notwendigen Gemeinschaftsbezogenheit und -verwiesenheit vermittelt[26] (→ S. 219 ff., 241 ff., 256 ff.).

All dies prägt heute als ein ideeller Sinngehalt die Verfassung mit, bildet sich zu einer eigenen Schicht des Verfassungsrechts aus, steuert die weitere Anwendung der einzelnen Grund- und Schleusenbegriffe, die oft erst von hier aus juristisch überhaupt gehandhabt werden können.

---

[21] *Böckenförde*, Staat, Verfassung, Demokratie, S. 25 f., dort auch mit der Warnung vor der Gefahr entsprechender Unterwanderung und Manipulation.

[22] *P. Lerche* (Fn. 9), in: FS 50 Jahre BVerfG, Bd. I, S. 335 (343 f.) („breite auslegungsleitende Schicht", „Zwischenschicht" etc.).

[23] BVerfGE 22, 180 (204), insoweit zugleich zusammenfassend und Ausgangspunkt für die weitere Entwicklung.

[24] BVerfGE 123, 267 (358) – Lissabon.

[25] Vgl. BVerfGE 123, 39 (69); zur Gemeinwohlorientierung als Element des Republikprinzips etwa *Sommermann*, in: von Mangoldt/Klein/Starck, Art. 20 Rn. 14; noch weitergehend etwa *R. Gröschner*, Die Republik, in: Isensee/Kirchhof, HStR II, § 23; umfassend *M. Anderheiden*, Gemeinwohl in Republik und Union, 2006.

[26] So die bekannte, seit BVerfGE 4, 7 (15 f.), ständig wiederholte und vielfach variierte Menschenbildformel, vgl. dazu *P. Häberle*, Das Menschenbild im Verfassungsstaat, 3. Aufl. 2005, S. 47 ff.

Verfestigung zu Leitbildern

Zur besseren Kenntlichmachung dieser Sinngehalte sowie zur Unterscheidung von verwandten Normkategorien kann man von Leitbildern sprechen, die sich den Grund- und Schleusenbegriffen der Verfassung angeheftet haben und nun angeben, was diese überhaupt und im eigentlichen Wortsinn bedeuten[27]. Sie ergeben so oft erst den Begriff von der Sache, eine Vorstellung vom Sinn einer Institution, von dem, was von ihr erwartet wird, sie überhaupt von innen her trägt und zusammenhält. Dementsprechend verschränken sich bei ihrer Gewinnung drei verschiedene Momente, durch die sie zugleich in ihrem Wesen bestimmt werden.

(1) Am Anfang steht meist ein – wenn auch noch so vager – *Anhalts- und Anknüpfungspunkt im Text*, in der Regel also der jeweilige Grund- und Schlüsselbegriff selbst, von dem die Ermittlung des Leitbildes ihren Ausgang nimmt und über den sichergestellt ist, dass es selbst normative Kraft entfaltet, zum Bestandteil des positiven Verfassungsrechts geworden ist. Dadurch unterscheiden sich die Leitbilder von einem bloßen Vorverständnis, mit dem nach einer Grunderkenntnis der Hermeneutik das Verstehen von Texten – auch von juristischen Texten – überhaupt erst beginnt[28]. Das Vorverständnis bleibt von seinem Ausgang her ganz auf den einzelnen Rechtsanwender bezogen, als etwas Subjektives und Individuelles, während den Leitbildern objektive Geltung zukommt. Mit ihr gehen sie etwa in eine gerichtliche Entscheidung ein, werden darin verarbeitet und erlangen so ihrerseits Bedeutung für nachfolgende Entscheidungen, für deren Begründung dann nur noch auf die vorhergehende Entscheidung verwiesen werden muss.

(2) Verbindungen zum herkömmlichen Vorverständnis der klassischen Hermeneutik bestehen demgegenüber insofern, als über die Leitbilder und gerade über sie – als zweites Bestimmungsmoment – auch die je vorhandenen Ordnungs- und Gerechtigkeitsüberzeugungen der Gesellschaft in die Rechtsanwendung einfließen, und zwar im Sinne einer Vorstellung, wie eine bestimmte Einrichtung der Verfassung vernünftiger- und richtigerweise beschaffen sein soll. Man kann dieses zweite Moment das *mora-*

---

[27] Der Begriff des Leitbildes etwa bei *P. Häberle*, Die Wesensgehaltsgarantie des Art. 19 Abs. 2 GG, 3. Aufl. 1983, S. 104 ff.; *E. Denninger*, Staatsrecht I, 1973, S. 25; ferner etwa *Bryde*, Verfassungsentwicklung, S. 175 („Judizieren aus ‚Bildern'"). Eine ähnliche Funktion erfüllen die „idées directrices" im institutionellen Rechtsdenken von *M. Hauriou*, s. *ders.*, Die Theorie der Institution und zwei andere Aufsätze, 1965, S. 34 ff.

[28] *H.-G. Gadamer*, Wahrheit und Methode, 5. Aufl. 1986, S. 270 ff.; für die Rechtswissenschaft *J. Esser*, Vorverständnis und Methodenwahl in der Rechtsfindung, 1970, S. 136 ff.; *Larenz*, Methodenlehre der Rechtswissenschaft, S. 206 ff.

lisch-ethische Moment nennen, insofern es eben eine Brücke zu den außerrechtlichen Sinnsystemen von Moral und Ethik schlägt. Es kann in diesem Sinne gewonnen sein aus eher unausgesprochenen Intuitionen von Angemessenheit und Richtigkeit, es kann gewonnen sein aus mehr oder weniger gesicherten Beständen moralischer Argumentation, es kann aber auch gewonnen sein aus den großen Gedankengebäuden der politischen Philosophie oder Theorie. Beim Sozialstaatsprinzip, um bei diesem Beispiel zu bleiben, wäre dies die aus der sozialen Kritik des Liberalismus gewonnene Einsicht, dass sich ein gerechter Interessenausgleich nicht automatisch als Folge gesellschaftlicher Selbstregulierung einstellt, sondern dieser auch durch den Staat aktiv zu bewirken ist; bei den Grundrechten oder dem Demokratieprinzip sind es andere Ordnungsvorstellungen, aber immer sind es solche, mit denen sich ein moralischer Richtigkeitsanspruch verbindet (→ s. jeweils S. 219 ff., 241 ff., 256 ff.).

(3) Als drittes Moment kommt schließlich ein *empirisch-soziologisches Moment* hinzu, das an die realen Gegebenheiten und die in der Wirklichkeit vorfindlichen Sachstrukturen anknüpft. Auch dies zeigt wiederum die Auslegung des Sozialstaatsprinzips, die das Aufgabenspektrum des Staates exakt so konturiert, wie es sich seit den Bismarckschen Sozialreformen ohnehin darstellte und sich etwa in den vorhandenen Institutionen der Sozialversicherung spiegelte. Charakteristischerweise wird es allerdings um eine idealisierende, durch die beiden vorherigen Momente mitkonstruierte Realitätswahrnehmung gehen; nicht die ganze Wirklichkeit bestimmt das Leitbild mit, sondern immer nur die – mit Hegel zu sprechen – vernünftige Wirklichkeit.

In diesem Sinne lassen sich die Leitbilder zusammenfassend bestimmen als normativ verfestigte Hintergrundvorstellungen zu Grundbegriffen und Prinzipien der Verfassung, die an intuitive oder stärker reflektierte Gerechtigkeits- und Angemessenheitsüberzeugungen anknüpfen und je nach ihrem Inhalt spezifische Steuerungsleistungen für die Rechtsanwendung erbringen (→ S. 148 f.).

Ausbreitung

Die Formulierung entsprechender Leitbilder beschränkt sich indessen nicht auf solche Großkategorien wie Freiheit, Demokratie oder Sozialstaat als identitätsbestimmendes Grundgerüst der Verfassung, sondern lässt sich auch auf den unteren und nachgeordneten Ebenen der Verfassung nachweisen, mögen diese nun mit jenen in innerem Zusammenhang stehen oder nicht. Im Gegenteil gibt es keine Norm der Verfassung, die von vornherein davor gefeit ist, dass sich ihr ein Leitbild anheftet, von dem aus sie dann gelesen wird. In diesem Sinne begegnet man in der Rechtsprechung des Bundesverfassungsgerichts vom „Leitbild eines fairen Verfahrens“ bis zum „Leitbild eines ausgeglichenen Haushalts“ einer ganzen Reihe von Leitbildern[29]; sogar der „Vollzeitbeamte“ hat es mittlerweile – zur Auslegung von Art. 33 Abs. 5 GG – zum verfassungsrechtlichen Leitbild gebracht[30]. In diesem Sinne gibt es Leitbilder zu jedem einzelnen Grundrecht, zu den politischen Parteien oder zur kommunalen Selbstverwaltung[31], und auch für jedes Staatsorgan lässt sich ein Leitbild finden: für den Bundestag etwa als das in seinen Deliberationen die staatsbürgerliche Willensbildung wiederholende Gremium, das dann folgerichtig die „wesentlichen“ Entscheidungen des Gemeinwesens zu treffen hat[32]; für die Regierung als eine dem Gemeinwohl verpflichtete Instanz, die dem Parteienwettbewerb entrückt ist und deshalb etwa vor der Wahl keine Öffentlichkeitsarbeit mehr betreiben darf[33].

Besonders eindrücklich hat die Rolle von Leitbildern als ideelle und dirigierende Verfassungsschicht das Urteil zu den Nebentätigkeiten von Bundestagsabgeordneten vor Augen geführt, in dem sich sowohl die die Entscheidung tragenden als auch die dissentierenden Richter für ihre jeweilige Auffassung wesentlich auf ein angenommenes „Leitbild“ des Abgeordneten beriefen und auch gar nicht anders konnten, weil der Text des Grundgesetzes für die zu entscheidenden Fragen nichts hergab[34]. Die Antwort konnte dann nur hinter ihm gesucht werden und ergab sich hier aus einer bestimmten Vorstellung über Rolle und Funktion des Abgeordneten, die nun ihrerseits den Subtext des nach wie vor als Aufhänger der Entscheidung firmierenden Art. 38 Abs. 1 S. 2 GG bildet. Insoweit wirkt das Leitbild nicht losgelöst vom Text, sondern mit ihm zusammen und durch ihn hindurch.

---

[29] Das „Leitbild des fairen Verfahrens“ in BVerfG v. 05. 05. 2008, 2 BvR 1615/07; das – hier verkürzt wiedergegebene – Haushaltsleitbild in BVerfGE 119, 155 (158), dort vorerst noch als Minderheitsposition.

[30] In BVerfG, DVBl. 2008, 1051 ff.

[31] Zu den Leitbildern einzelner Grundrechte → S. 225 ff. Das Leitbild der Parteien wird geprägt von der Vorstellung des „Mittlers“ zwischen Volk und Staat, vgl. die zusammenfassende Beschreibung in BVerfGE 85, 264 (284 f.), s. auch → S. 148 f. Leitbild der kommunalen Selbstverwaltung ist die „Keimzelle der Demokratie“ in einem Staatsaufbau von unten nach oben, BVerfGE 79, 127 (149).

[32] Vgl. BVerfGE 86, 90 (106); die Grundlagen bei *D. Jesch*, Gesetz und Verwaltung, 1961, S. 26 ff., 204 ff.

[33] BVerfGE 44, 125 (140 ff.).

[34] BVerfGE 118, 277 (327 ff., 338 ff.); bereits die Antragsteller hatten mit dem „Leitbild“ des Abgeordneten, dem „Abgeordnetenbild“ etc. argumentiert, a.a.O., S. 300 ff.; auch die Entscheidungsbesprechungen führen es dementsprechend schon im Titel, vgl. *J. Linck*, Verfestigung des Leitbilds von Berufsabgeordneten durch das Bundesverfassungsgericht, NJW 2008, 24 ff.; *M. Cornils*, Leitbilder des Abgeordneten – Das Mandat als Lebensberuf oder Zeitengagement?, Jura 2009, 289 ff.

Zusammenhänge

Die äußeren und inneren Sinngehalte der Verfassung und ihrer Normen sind auf diese Weise aufeinander bezogen: Die äußeren Sinngehalte sind die aus dem Text und gegebenenfalls unter Zuhilfenahme von Entstehungsgeschichte und Systematik zu entnehmenden Vorfestlegungen, Wegmarkierungen und Richtpunkte, die der Verfassunggeber gesetzt hat, und die inneren Sinngehalte sind das, was die Interpretationsgemeinschaft der je und je unter der Verfassung Lebenden daraus gemacht hat. Vereinfacht wird das heute meist so ausgedrückt, dass die Verfassung nicht mehr nur aus den 146 Artikeln des Grundgesetzes besteht, sondern aus den mittlerweile über 130 Bänden der Entscheidungen des Bundesverfassungsgerichts, die nun ihrerseits als Präjudizien die weitere Rechtsgewinnung prägen[35]. Aber es sind in der Tiefe die von den einzelnen Entscheidungen ablösbaren Leitvorstellungen, die sich zu neuen sinnhaften Strukturen verfestigt haben und nun als solche dem Interpreten ordnungsbildend und interpretationsleitend gegenübertreten.

II. Grundlegende und untergeordnete Normen

Mit dieser Skalierung der Sinngehalte der Verfassungsnormen ist zugleich der Boden bereitet für die Skalierung der Normen selbst. Eine erste und für das Verständnis jeder Verfassung zentrale knüpft an deren unterschiedliche Wertigkeit an, die ihrerseits nicht mit dem formellen Rang innerhalb der innerstaatlichen oder auch überstaatlichen Normenhierarchie verwechselt werden darf. Formell haben hier zunächst alle Sätze der Verfassung den gleichen Rang, nämlich Verfassungsrang, da sie alle in der Verfassung stehen. Dass sie dort stehen, bedeutet andererseits nicht, dass sie alle gleich wichtig sind. Die Aussage, dass die Bundesrepublik ein demokratischer und sozialer Bundesstaat ist (Art. 20 Abs. 1 GG), hat offensichtlich eine andere Wertigkeit und Dignität als die Vorschrift über das Interpellationsrecht des Bundestages (Art. 41 Abs. 1 GG), so wie diese ihrerseits eine andere Wertigkeit und Dignität hat als eine Übergangsregelung für den Wegfall der Gemeinschaftsaufgabe Hochschulbau (Art. 143c GG). Für das Grundgesetz nimmt schon Art. 79 Abs. 3 eine entsprechende Abstufung vor, indem er einen bestimmten Kreis von Verfassungssätzen von jeder legalen Form ihrer Beseitigung ausnimmt. Bekanntlich ist umstritten, ob dies dazu führt, dass sich auch schon der formelle Rang

---

[35] *Voßkuhle*, in: von Mangoldt/Klein/Starck, GG, Art. 93 Rn. 33.

dieser Sätze innerhalb der Verfassung erhöht[36]. Auch darum geht es hier nicht. Es geht hier allein darum, dass das Grundgesetz wie jede Verfassung Normen enthält, die für den von ihm erhobenen Anspruch und sein Ansehen als Verfassung wichtig, und solche, die dafür weniger wichtig sind.

Kern- und Bürgerverfassung

Zu den grundlegenden Bestimmungen der Verfassung rechnen vor allem jene, die in unmittelbarer Nähe zum prinzipiellen Gerechtigkeits- und Vernünftigkeitsanspruch der verfassungsmäßigen Ordnung stehen und darin zugleich den gesellschaftlichen Basiskonsens fundieren, also wiederum die Menschenwürdegarantie, die Grundrechte – wenn auch nicht notwendig in allen Einzelheiten – sowie die großen Linien des Demokratieprinzips, der Rechts- und Sozialstaatlichkeit. Sie bilden in diesem Sinne „Staatsfundamentalnormen"[37], „Grundentscheidungen", die für alle Bereiche des Rechtslebens Bedeutung erlangen[38], verfassungsrechtliche „Höchstwerte"[39], oberste oder „tragende Konstitutionsprinzipien"[40] oder wie die Bezeichnungen alle lauten. Art. 79 Abs. 3 GG spricht für die von ihm als unantastbar erklärten Bestandteile der Verfassung ganz allgemein von „Grundsätzen", was auf eine angemessen schlichte Weise zum Ausdruck bringt, dass es um das „Grundsätzliche" als das „die Verfassungsordnung in ihrer Identität prägende Wesentliche" geht[41].

---

[36] Zu den verschiedenen Auffassungen siehe *Evers*, in: Dolzer/Graßhoff/Kahl, BK-GG, Art. 79 Abs. 3 Rn. 90; Hain, in: von Mangoldt/Klein/Starck, GG, Art. 79 Rn. 41.

[37] Der Begriff geht zurück auf *H. Nawiasky*, Die Grundgedanken des Grundgesetzes für die Bundesrepublik Deutschland, S. 122, dort bezogen auf Art. 79 Abs. 3 GG; für Art. 20 Abs. 1 GG etwa *Herzog*, in: Maunz/Dürig, Art. 20 Abs. 1 GG Rn. 7 ff.; für Art. 1 Abs. 1 GG in zugleich charakteristischer Veränderung zur „Staatsfundamentierungsnorm" gegenseitiger Anerkennung" *H. Hofmann*, Die versprochene Menschenwürde, AöR 118 (1993), 353 (369).

[38] So bekanntlich BVerfGE 7, 198 (205) – Lüth, in Bezug auf den Grundrechtsabschnitt. Der Begriff der „Grundentscheidung" ist aber mittlerweile ubiquitär geworden, vgl. die Nachweise bei *Reimer*, Verfassungsprinzipien, S. 276 f., und lässt sich offenbar beliebig auf sämtliche Aussagen der Verfassung anwenden, vgl. etwa BVerfGE 69, 1 (21): „verfassungsrechtliche Grundentscheidung für eine wirksame militärische Landesverteidigung". Siehe ferner die „verfassungsgestaltende Grundentscheidung" bei *H. J. Wolff*, Rechtsgrundsätze und verfassungsrechtliche Grundentscheidungen als Rechtsquellen, in: GS für Jellinek, 1955, S. 33 ff.

[39] So das BVerfG in ständiger Rechtsprechung für das Recht auf Leben, vgl. BVerfGE 115, 118 (139 m. w. N.).

[40] So BVerfGE 6, 32 (36); 96, 375 (398); 115, 118 (152) in Bezug auf die Menschenwürde; st. Rspr.

[41] *Hain*, Die Grundsätze des Grundgesetzes, S. 87 ff.

(1) Allerdings *ist es nicht Art. 79 Abs. 3 GG*, der dieses Grundsätzliche und Wesentliche in sich vollständig und abschließend zum Ausdruck bringt. Dafür ist er einerseits zu eng, andererseits zu weit. Zu eng ist Art. 79 Abs. 3 GG vor allem in Bezug auf die Grundrechte, die nicht nur in ihrer verallgemeinerten Gestalt als in Art. 1 GG keimhaft angesprochene Verfassungsgrundsätze die politische Gerechtigkeitskonzeption der Gesellschaft verkörpern, sondern auch in ihrer konkreten Erscheinung als Recht der Persönlichkeitsentfaltung, Gleichheit vor und gegenüber dem Gesetz, Glaubens- und Gewissensfreiheit, Meinungs- und Pressefreiheit, Berufs- und Eigentumsfreiheit etc. Zu weit ist er insofern, als es um den Schutz der bundesstaatlichen Ordnung geht, die im Gegensatz etwa zu dem bloß mittelbar angesprochenen Demokratieprinzip oder eben auch den Grundrechten gleich doppelt und dreifach unter Schutz gestellt ist[42]. Dass die grundsätzliche Mitwirkung der Länder an der Gesetzgebung des Bundes zum identitäts- und legitimitätsbestimmenden Kern der Verfassung gehören, wird niemand ernsthaft behaupten wollen[43]. Im Gegenteil ist es gerade diese Mitwirkung, die in der öffentlichen Diskussion als eine der Hauptursachen vielfältiger Politikblockaden ausgemacht und folgerichtig in den verschiedenen Föderalismusreformen Gegenstand von Reparaturversuchen wurde, denen aber gerade deshalb kein durchschlagender Erfolg beschieden war, weil sie ihrerseits nur im Wege einer solchen Mitwirkung zustande kommen konnten. Insofern ist der Schutz vor Veränderungen, den Art. 79 Abs. 3 GG gewährt, heute nur mehr formeller Natur und wirft auch in der praktischen Anwendung mehr Fragen auf als er beantwortet[44].

(2) Der *juristische und gesellschaftliche Diskurs* über die als Grundlage der staatlichen Ordnung von allen anzuerkennende Verfassungssubstanz hat sich denn auch mittlerweile von ihm wegbewegt und längst andere Bestandteile als fundamental, grundsätzlich, identitätsbestimmend etc. ausgemacht. Insoweit geht es eher um das, was kürzlich in der amerikanischen Verfassungsdiskussion als „thin constitution" im Gegensatz zur „thick constitution" bezeichnet worden ist: Die „thin constitution" steht darin für die Juristen und Bürgern gemeinsame Kernverfassung im Sinne des gesellschaftlichen Basiskonsenses, während die „thick constitution" für das ganz verzweigte Geflecht der Verfassungsnormen einschließlich ihrer dogmatischen Kleinarbeitung steht, so wie es von den Gerichten gehandhabt wird[45]. Anschaulich kann man insoweit auch von der „Bürger-

---

[42] Vgl. insoweit die Kritik bei *Dreier*, Gilt das Grundgesetz ewig, S. 67ff.
[43] *Forsthoff*, Der Staat der Industriegesellschaft, S. 66.
[44] Vgl. dazu erneut die Kritik bei *Dreier*, Gilt das Grundgesetz ewig?, S. 67ff.
[45] *M. Tushnet*, Taking the Constitution away from the Courts, 1999, S. 9ff.

verfassung“ im Gegensatz zur „Juristenverfassung“ sprechen[46]. Was von dieser „Bürgerverfassung“ umzäunt ist, kann eben auch jenseits von Art. 79 Abs. 3 GG nicht so einfach geändert werden.

Zwar ist die Änderung dann nicht schon aus rechtlichen Gründen und auch nicht kategorisch ausgeschlossen. Die Widerstände sind aber hier regelmäßig viel größer als etwa bei der kürzlichen Einfügung der Art. 91c, d und e GG, für die regelmäßig nur die notwendigen Zweidrittelmehrheiten in den gesetzgebenden Körperschaften organisiert werden müssen, meist aber auch organisiert werden können. Gerade im Grundrechtsteil hat es deshalb im Vergleich zu den Dauerkorrekturen der bundesstaatlichen Kompetenzverteilung in sechzig Jahren Grundgesetz nur vergleichsweise wenige Eingriffe gegeben (→ S. 67). Von den formellen Voraussetzungen her ebenso leicht abänderbar wie die Regeln des organisationsrechtlichen Teils, bedarf dessen tatsächliche Änderung eines erheblichen Kraftaufwands und ist oft nur nach quälenden gesellschaftlichen und politischen Diskussionen möglich, wie sie der Verkürzung des nunmehr in Art. 16a GG beheimateten Grundrechts auf politisches Asyl in der Tat vorausgingen.

Werte I

Das Grundlegende dieser Gruppe von Verfassungsnormen ist auch getroffen, wenn sie als „Werte“, „Wertentscheidungen“, „Grundwerte“, „wertentscheidende Grundsatznormen“ oder – in ihrem Zusammenhang – als „Wertordnung“ bezeichnet werden, wie es das Bundesverfassungsgericht bis heute tut[47]. In der Sache sind damit ganz überwiegend die Grundrechte und die in der Formel von der „freiheitlichen demokratischen Grundordnung“ (Art. 18, 21 Abs. 2 GG) zusammengefassten Basiselemente von Rechtsstaatlichkeit und Demokratie gemeint: also der Ausschluss von Despotie und Tyrannei, die Herrschaft auf der Grundlage der Selbstbestimmung des Volkes, die Achtung vor den im Grundgesetz konkretisierten Menschenrechten, Gewaltenteilung und Verantwortlichkeit der Regierung, das Prinzip chancengleicher Mitwirkung an der politischen Wil-

---

[46] So *B.-O. Bryde*, Programmatik und Normativität der Grundrechte, in: Merten/Papier, HGR I, § 17 Rn. 63 ff.

[47] Die Formulierungen etwa in BVerfGE 2, 1 (12) – SRP; 5, 85 (138 f.) – KPD; 7, 198 (205); seitdem in vielfachen Wendungen variiert; die Formulierung von der wertentscheidenden Grundsatznorm speziell im Zusammenhang mit der Garantie von Ehe und Familie in Art. 6 Abs. 1 GG, vgl. BVerfGE 6, 55 (76) – Steuersplitting. Eine zwischenzeitliche Abkehr vom Wertbegriff konstatierten *K.-E. Hain*, Ockham's Razor – ein Instrument zur Rationalisierung der Grundrechtsdogmatik?, JZ 2002, 1036 (1039 f.); *Dreier*, in: ders., Grundgesetz, Bd. I, Vorbemerkung vor Art. 1 Rn. 82; neuere Entscheidungen des BVerfG sind aber hier wieder unbefangener, vgl. etwa BVerfGE 115, 118 (152); 124, 119 (224); 124, 300 (320).

lensbildung oder das Recht auf Bildung und Ausübung von Opposition[48]. Für sie alle drückt sich darin der moralische Gehalt aus, der sie als Grundbestandteile einer rechtfertigungsfähigen Gerechtigkeitskonzeption ausweist, und der ethische Gehalt, der es ermöglicht, dass sich Bürger positiv auf sie beziehen und sich mit der Verfassung identifizieren können (→ S. 24 ff.). Es ist dadurch etwas Nicht-Beliebiges an ihnen, der Anspruch einer höheren, nicht auf Zweckmäßigkeit reduzierbaren Richtigkeit. Folgerichtig wird deshalb das Bundesstaatsprinzip stillschweigend ausgenommen, das sich vielleicht pragmatisch, aber aus sich selbst heraus nicht ethisch begründen lässt: Ethisch begründen lässt sich der Bundesstaat allenfalls durch die Leistungen, die er etwa für die Demokratie – als Element vertikaler Gewaltenteilung, Vervielfältigung demokratischer Beteiligungsmöglichkeiten etc. – erbringt, aber er ist dann eben kein Wert an sich, sondern ein Wert nur durch das, was er für andere Werte bedeutet (→ S. 271 ff.). Insoweit geht es bei der Deutung tragender Verfassungsbestandteile als „Wertentscheidung" oder „Wertordnung" um mehr und anderes als das Bewertungsmoment, das einem Rechtssatz insoweit innewohnt, als er angibt, was in einem konkreten Fall billiger- und richtigerweise zu geschehen hat[49]. Dieses kommt allen Rechtssätzen bis hinunter zur Straßenverkehrsordnung zu und ist so gesehen eine Trivialität. Stattdessen geht es um einen *Vorgang der Heraushebung*, durch den eine bestimmte Gruppe von Normen als besonders gut oder vorzugswürdig ausgezeichnet werden soll[50].

Wert II

Möglicherweise gerade wegen dieser Heraushebung löst die Verwendung des Wertbegriffs allerdings seit jeher eine reflexhafte Abwehrreaktion aus. Dabei können mehrere Einwände unterschieden werden, die teils an sei-

---

[48] Siehe die klassische Definition der Formel in BVerfGE 2, 1 (12 f.).

[49] S. dazu nur *Larenz*, Methodenlehre der Rechtswissenschaft, S. 119 ff.; *Rüthers/Fischer/Birk*, Rechtstheorie, § 4 Rn. 136.

[50] In Anlehnung an *Alexy*, Theorie der Grundrechte, S. 126 f., 133 ff., lässt sich insoweit von der „axiologischen" im Unterschied zur „deontologischen" Seite des Rechts sprechen. Axiologische Sätze sind danach solche, deren Grundbegriff der des Guten ist, während deontologische Sätze angeben, was – rechtlich oder moralisch – gesollt ist; Grundbegriff ist also nicht das Gute, sondern das Sollen. Alexy selbst will diese Seite dadurch aus der Betrachtung heraushalten, dass er statt von „Werten" lieber von „Prinzipien" spricht und damit nur die deontologische Seite meint (dazu noch → S. 110 f.). Im Recht und insbesondere in den tragenden Bestandteilen des Verfassungsrechts kommt aber beides zusammen, und eine vollständige Erfassung muss dann eben auch beides in den Blick nehmen.

nen unklaren Ursprüngen, teils an den praktischen Folgen des Wertedenkens insgesamt ansetzen.

(1) Ein erster Einwand, den man das *Beliebigkeitsargument* nennen kann, macht geltend, dass solche Vorrangentscheidungen als „Werte" einer rationalen Begründung nicht fähig seien[51]. Er hat eine gewisse Berechtigung aus der Vorbelastung, die der Wertbegriff hierzulande aus der materialen Wertethik eines Max Scheler oder Nicolai Hartmann erhalten hat[52]. Den Werten sollte danach als „Tatsachen" eine objektive Existenz zukommen, die vom Einzelnen nur erfühlt oder erschaut werden kann. Mit dieser Spielart des moralischen Intuitionismus wäre in der Tat jeder Möglichkeit rationaler Begründung eine Absage erteilt. Allerdings vertritt das heute so auch niemand mehr[53]. Im Gegenteil kann als gesicherte Erkenntnis gelten, dass Werte oder eben moralisch-ethische Prinzipien, wenn ihnen Verbindlichkeit zukommen soll, das Resultat einer subjektiven Setzung sind[54]. Ob sie dann rational – und intersubjektiv – begründbar sind, hängt von ihrem Inhalt ab. Für die grundgesetzliche Wertordnung ergibt sich die Begründung schon daraus, dass ihre zentralen Elemente – Grundrechte, Demokratie, Rechtsstaatlichkeit etc. – im gleichmäßigen Interesse aller liegen, weil sie es jedem Einzelnen ermöglichen, seine individuellen Lebenspläne so zu verwirklichen, wie es unter den Bedingungen der gleichen Freiheit aller möglich ist. Warum sollte eine solche Ordnung nicht gegenüber einer anderen Ordnung wie einer autoritären oder gar totalitären vorzugswürdig sein? In der Rede von der Wertordnung spiegelt sich eben auch und gerade die allgemeine Anerkennung, die die Verfassungsordnung gegenüber anderen Ordnungen findet und die zu ihrer Aneignung durch die Bürger im Sinne einer „Bürgerverfassung" geführt haben.

(2) Das Beliebigkeitsargument wird allerdings auch noch in einer *zweiten, schwächeren Variante* vertreten, die nicht auf die Begründung der Werte als solche, sondern auf das interne Rang- und Zuordnungsverhältnis zwischen ihnen zielt. Wegen der Vielzahl kollidierender und sich überschneidender Werte, so wird dann vorgetragen, lasse sich mit Werten im Recht nur arbeiten, wenn sie in eine Stufenfolge höherer und niederer Werte eingeordnet werden könnten; eine solche lasse sich aber erneut

---

[51] *Böckenförde*, Staat, Verfassung, Demokratie, S. 51; *ders.*, Recht, Staat, Freiheit, S. 67 ff. *H. Goerlich*, Wertordnung und Grundgesetz, 1973, S. 133 ff., 189: „Arcanum der Verfassungsinterpretation".

[52] *M. Scheler*, Der Formalismus in der Ethik und materiale Wertethik, 7. Aufl. 2000; *N. Hartmann*, Ethik, 4. Aufl. 1962, dort insbesondere S. 148 ff., 170 ff.

[53] Vgl. *Alexy*, Theorie der Grundrechte, S. 136 f.

[54] *Reimer*, Verfassungsprinzipien, S. 262 f.

nicht rational und objektiv begründen[55]. Auch das verweist zunächst auf einen richtigen Punkt. In der Tat ist es nicht möglich, zwischen allen in der Verfassung enthaltenen Werten – etwa zwischen sämtlichen einzelnen Grundrechten – abstrakt, d.h. schon vor ihrer Anwendung im konkreten Fall, einen Vor- oder Nachrang festzulegen. Andererseits besteht dazu auch überhaupt keine Notwendigkeit[56]. Werte- oder Prinzipienkollisionen müssen nicht vorab abstrakt und für alle Fälle, sondern können auch situativ und je nach dem Grad der möglichen Betroffenheit aufgelöst werden[57]. Im Übrigen lässt sich über einige basale Gewichtungen durchaus Einverständnis erzielen.

So werden wahrscheinlich die meisten der Einschätzung zustimmen, dass das Recht auf Leben ganz grundsätzlich einen höheren Wert oder Rang hat als etwa die Freiheit der Kunst, das Briefgeheimnis oder die Möglichkeit der freien Vereinsgründung. Darüber hinaus besteht zwischen den einzelnen Elementen des grundgesetzlichen Wertesystems durchaus ein innerer Zusammenhang in der Weise, dass sie alle auf einige wenige verbindende Basiswerte zurückgeführt werden können, von dem sie dann ihrerseits abgeleitet erscheinen. Der Basiswert schlechthin ist das fundamentale Recht eines jeden auf gleiche Beachtung und Respekt, wie es in der Menschenwürdegarantie zusammengezogen ist und heute allen tragenden Elementen der Verfassung in einem sehr allgemeinen Sinne zugrunde liegt: den Grundrechten wie dem Demokratieprinzip, dem Rechtsstaats- wie dem Sozialstaatsprinzip; selbst der Kompetenzteil der Verfassung lässt sich – wenn auch in vermittelter Form – darauf zurückführen (→ S. 223ff., 243ff., 264ff.). Die Menschenwürde ist dadurch zur symbolischen Mitte der verfassungsrechtlichen Gesamtordnung aufgestiegen, die mit den Gerechtigkeitserwartungen der Bürger auf eine intuitiv erfassbare Weise verklammert ist, und gerade darin kommt dann eine Besonderheit oder auch Außerordentlichkeit zum Ausdruck, die mit dem Begriff des „Wertes" erfasst werden soll.

(3) Ein dritter Einwand, den man mit Blick auf die Formulierung, in der er am bekanntesten geworden ist, das *Tyranneiargument* nennen kann, verweist demgegenüber auf die Folgen, die aus der Heraushebung einer Gruppe von Normen als gut, vorzugswürdig, moralisch richtig etc. entstehen können. Gerade den „Werten" wird von hier aus ein fordernder, antreibender Charakter zugeschrieben; es gehöre, sagt man dann etwa,

---

[55] Siehe erneut *Böckenförde*, Recht, Staat, Freiheit, S. 76ff.; *Müller/Christensen*, Juristische Methodik, Rn. 71f.

[56] Grundlegend *Alexy*, Theorie der Grundrechte, S. 138ff.; anfängliche Versuche in diese Richtung hat vor allem *Günter Dürig* unternommen, vgl. *ders.*, Der Grundrechtssatz von der Menschenwürde, AöR 81 (1956), 117 (119ff.); später etwa *H. Hubmann*, Wertung und Abwägung im Recht, 1977, S. 103ff.

[57] In diesem Sinne entspricht es einer häufigen Wendung in verfassungsgerichtlichen Entscheidungen, von den betroffenen Werten (Rechtsgütern, Interessen, Prinzipien etc.) könne keiner abstrakt den Vorrang beanspruchen, vgl. klassisch BVerfGE 35, 202 (225).

geradezu zu ihrem Wesen, dass sie auf Realisierung dessen drängten, was in ihnen wohne: Der höhere Wert wende sich jeweils aggressiv gegen den niedrigen, der Wert an sich gegen den Unwert[58]. Als konkrete Erscheinungsformen ihrer „Tyrannei" werden sodann genannt: ein allgemeiner Zwang, sich mit den Werten identifizieren zu müssen, die Überformung der politischen Debatte durch die Zwänge der Wertrealisierung, denen alles untergeordnet werden muss, zuletzt möglicherweise auch die Diskreditierung politisch Andersdenkender als Feinde einzelner Werte oder des Wertsystems insgesamt; speziell für die Grundrechte wird befürchtet, dass in ihrer Deutung als Wertordnung die Freiheit nicht mehr als prinzipiell offen gedacht, sondern auf die Erfüllung des jeweiligen Wertes hin in die Pflicht genommen wird[59]. In dieser Ausweitung wendet sich das Argument allerdings weniger gegen die „Werte" im Sinne einer speziellen Normenkategorie, sondern gegen die allgemeine Verklammerung der Verfassung mit einer moralischen Konzeption, die darin nur wieder auf eine besondere – möglicherweise behelfsmäßige und unvollkommene, aber immerhin nach außen sichtbare – Weise zum Ausdruck kommt. Was dies anbelangt, so dürfte sich heute Einigkeit darüber erzielen lassen, dass das Tyranneiargument jedenfalls in seiner klassischen Fassung die Risiken und Nebenwirkungen der Verwendung des Wertbegriffs grotesk überzeichnet; steht im Zentrum der moralischen Konzeption, um die es geht, das fundamentale Recht eines jeden auf gleiche Achtung und Respekt, ist das in der Sache der größtmögliche Gegensatz zu jeder Form von Tyrannei, der sich denken lässt. Die Probleme bestehen eher in der gelegentlichen Übersteigerung im Sinne einer Übermoralisierung, der je nach den Ebenen, auf denen sie auftritt, durch das nachdrückliche Beharren auf Freiheit, Offenheit und Pluralität als weiteren zentralen Elementen dieser Konzeption entgegengewirkt werden muss (→ S. 48 ff.). Das alles sagt aber nichts gegen die Verklammerung der Verfassung mit einer moralischen Konzeption an sich, die als solche einfach da ist und sich in einem langfristigen historischen Prozess durchgesetzt hat. Man muss diese Verklammerung nicht in den Begriffen des „Wertes" oder des „Wertsystems" zum Ausdruck bringen, sondern kann es auch anders nennen. Die Sache selbst schafft man durch andere Bezeichnungen nicht aus der Welt.

---

[58] Das Grundmuster insoweit bei *C. Schmitt*, Tyrannei der Werte, in: E. Forsthoff (Hrsg.), Säkularisation und Utopie, 1967, S. 37 ff. Jüngere Kritik des Wertedenkens bei *Goerlich* (Fn. 51); *E. Denninger*, Freiheitsordnung – Wertordnung – Pflichtenordnung, JZ 1975, 545 ff.; *Böckenförde*, Recht, Staat, Freiheit, S. 67 ff.; für das Verfassungsverständnis insgesamt auch *ders.*, Staat, Verfassung, Demokratie, S. 50 ff.

[59] *Denninger* (Fn. 58), JZ 1975, 545 ff.; *Böckenförde*, Staat, Verfassung, Demokratie, S. 50 ff., 129 ff.

Es ist deshalb durchaus eine Ironie für sich, dass auf der europäischen Ebene mit dem Wertbegriff viel unbefangener umgegangen wird als hierzulande: In Art. 3 EUV bekennt sich die Europäische Union seit dem Vertrag von Lissabon ausdrücklich zu den „Werten", auf die sie gegründet ist; sie werden geradezu beschworen und deshalb alle noch einmal eigens aufgezählt: Achtung der Menschenwürde, Freiheit, Demokratie, Rechtsstaatlichkeit, Solidarität, Pluralismus, Gerechtigkeit etc. Offenbar weiß man in Europa um die Attraktivität, die aus der ethisch-moralischen Auszeichnung bestimmter Grundprinzipien resultieren kann, und möchte sie sich für das Projekt der Integration zunutze machen[60]. Die allgemeine Wahrnehmung der Unionsverträge hat davon indessen kaum zu profitieren vermocht, während in der Bundesrepublik, wo der Rede von einer verfassungsrechtlichen „Wertordnung" durchaus ein Realitätsgehalt entspricht, nämlich die ethisch-moralische Identität stiftende Anerkennung der tragenden Prinzipien des Grundgesetzes durch die Bürger selbst, nun gerade dies als Problem beklagt wird.

Grundrechte, Staatsstrukturbestimmungen, Staatsziele

In einem rein beschreibenden Sinne, also unter Verzicht auf die im Wertbegriff enthaltene ethisch-moralische Auszeichnung, lassen sich die grundlegenden Bestandteile der Verfassung auch verschiedenen gängigen Normtypen zuordnen, und zwar vor allem den Grundrechten, Staatsstrukturbestimmungen und Staatszielen.

(1) Die besondere Bedeutung der *Grundrechte* innerhalb des Grundgesetzes ist äußerlich schon daran ablesbar, dass sie – entgegen der Tradition früherer deutscher Verfassungen und als Reaktion auf die Vergewaltigung des Individuums durch den Nationalsozialismus – in einer wiederum stark symbolischen Geste unmittelbar an den Anfang der Verfassung gestellt worden sind[61]. Ihre inhaltliche Bedeutung erhalten sie demgegenüber aus ihrem Zusammenhang mit der Idee vorstaatlicher Menschenrechte als Grundelement jeder neuzeitlichen Konzeption politischer Gerechtigkeit (→ S. 221 ff.). Die Grundrechte transformieren diese Menschenrechte in positives Verfassungsrecht, konkretisieren sie auf ihre Anwendbarkeit im Rechtssystem hin und weiten sie zugleich in verschiedene Richtungen hin aus. Man kann sie deshalb in einem ersten Zugriff bestimmen als die verfassungskräftig positivierten Menschenrechte, was zwar insofern vergröbernd ist, als gerade infolge der Konkretisierung und Ausweitung längst nicht alle in der Verfassung enthaltenen Grundrechte zugleich auch die Qualität eines vorstaatlichen Menschenrechts haben. Schon für das Eigen-

---

[60] Vgl. *C. Calliess*, Europa als Wertegemeinschaft, JZ 2004, 1033 ff.; kritisch auch insoweit *Franzius*, Europäisches Verfassungsrechtsdenken, S. 68 ff.

[61] Vgl. zur Entstehung detailliert *Stern*, Staatsrecht III/1, S. 127 ff.

tum ist die Frage letztlich umstritten[62]. Zudem behält das Grundgesetz selbst eine Reihe von Rechten wie die Versammlungs-, Vereinigungs- oder Berufsfreiheit als sog. Deutschengrundrechte den eigenen Staatsangehörigen vor. Allerdings wird auf diese Weise zumindest der grundsätzliche Legitimations- und Ableitungszusammenhang zwischen den Grund- und Menschenrechten zum Ausdruck gebracht, aus dem die Grundrechte ursprünglich hervorgingen[63]. Überhaupt ist man jenseits dessen um eine präzisere und eingängigere Definition der Grundrechte heute verlegen, so dass man sie auch in den meisten Kommentierungen vergeblich sucht[64]. Das Grundgesetz selbst reserviert den Begriff in einem formalen Sinne für die in seinem ersten Abschnitt niedergelegten Rechte mit der Folge, dass Rechte außerhalb dieses Abschnitts meist nur als „grundrechtsgleiche" oder „grundrechtsähnliche Rechte" bezeichnet werden[65]. In einem materialen Sinne sind die Grundrecht demgegenüber ebenso wie die vorstaatlichen Menschenrechte durch dasselbe Schutzgut gekennzeichnet, nämlich die individuelle Freiheit und den Anspruch jeden Bürgers auf gleiche Beachtung und Respekt, die gerade wegen ihrer Bedeutung in der Verfassung gesichert und in den verschiedenen Einzelgrundrechten nur für verschiedene Sachbereiche ausgeformt sind. Insoweit schützen die Grundrechte grundsätzlich fundamentale, nämlich besonders bedeutsame oder besonders wichtige Interessen.

(2) In dieser Fundamentalität berühren sie sich wiederum mit den *Staatsstrukturbestimmungen*, die die Grundaussagen über die Bauform des Staates enthalten[66], und den *Staatszielen*, unter denen nach ihrer gebräuchlichen Definition Verfassungsnormen mit rechtlich bindender Wirkung verstanden werden, die der Staatstätigkeit die fortdauernde Beachtung oder Erfüllung bestimmter sachlich umschriebener Aufgaben vorschreiben, dabei aber das Wie der Aufgabenerfüllung weitgehend offen

---

[62] In klassischen liberalen Staatsbegründungen wie von John Locke wird die Frage oft umstandslos bejaht und das Eigentum geradezu als Urrecht des Menschen begriffen, vgl. ders., Two Treatises of Government, 1690, dt. Zwei Abhandlungen über die Regierung, 1967, II § 124. Das Problem liegt allerdings darin, dass Eigentum als vorstaatliche, „natürliche" Kategorie im Grunde nicht denkbar ist, sondern nur als eine vom Recht vorgenommene Zuteilung und Zuweisung, vgl. dazu *U. Hösch*, Eigentum und Freiheit, 2000, S. 146 ff. m. w. N. zum Streitstand.

[63] Klare Analyse bei *Grimm*, Die Zukunft der Verfassung, S. 67 ff.

[64] Vgl. etwa *Dreier*, in: ders., Vorbemerkung vor Art. 1, Rn. 63 ff.; *Starck*, in: von Mangoldt/Klein/Starck, Art. 1, Rn. 141 ff.

[65] Vgl. BVerfGE 61, 82 (104); 82, 159 (194); zum – auch im Grundgesetz nicht einheitlichen – Sprachgebrauch *Stern*, Staatsrecht III/1, S. 350 ff.

[66] Begriffsprägend wohl *I. Contiades*, Verfassungsgesetzliche Staatsstrukturbestimmungen, 1967.

lassen[67]. Das Demokratieprinzip wird in diesem Sinne meist den Staatstrukturbestimmungen zugeordnet, das Sozialstaatsprinzip dagegen als Muster eines Staatsziels angesehen. Allerdings lässt sich auch dem Demokratieprinzip ein finales, auf fortwährende Verwirklichung angelegtes Moment nicht absprechen, was es durchaus in die Nähe eines Staatsziels rückt[68]; unterhalb des Staatsziels verschwindet die Abgrenzung zu den meist auf konkretere Vorgaben bezogenen Gesetzgebungsaufträgen, Verfassungsdirektiven etc.[69]

(3) Überhaupt bezeichnen diese und andere Begriffe heute *weniger eine Unterscheidung zwischen einzelnen Normen der Verfassung als vielmehr zwischen unterschiedlichen Wirkungsweisen der Normen*, die durchaus auch in ein und derselben Norm zusammentreffen können. So enthalten die Grundrechte bereits in ihrer klassischen Deutung als Abwehrrechte des Einzelnen gegen den Staat auch eine programmatische Aussage über Legitimation und Aufbau des Staates, nämlich den Aufbau vom Einzelnen und seiner Freiheit her. Darüber hinaus sind ihnen über ihre Deutung als Wertentscheidungen, institutionelle Garantien, Teilhaberechte, Schutzpflichten oder Verfahrensgarantien mittlerweile zahlreiche weitere Geltungsdimensionen erschlossen worden, durch die sie auch die Gestalt von Staatszielen, Verfassungsaufträgen, organisatorischen Regelungen oder eben auch Gewährleistungen einer vorhandenen Struktur annehmen (→ S. 231 ff.).

Umgekehrt sind etwa über Art. 38 Abs. 1 GG und möglicherweise demnächst auch über seine Verankerung in der Menschenwürde zahlreiche Sachgehalte des an sich bloß die Staatsstruktur betreffenden Demokratieprinzips mittlerweile individuell einklagbar, nähern sich also einem allgemeinen Grundrecht auf Demokratie an[70], so wie auch das Sozialstaatsprinzip mittlerweile über die Verbindung zur Menschenwürdegarantie grundrechtlich aktiviert werden kann[71].

Die Verfassungsnormen sind dadurch vielschichtig geworden, viele Kategorien ragen in die anderen hinein, so wie heute eben auch die einzelnen Teile der Verfassung zusammenwachsen (→ S. 84 f.). Darin liegt letztlich die Folge des Umstands, dass die Normen der Verfassung wie alle Normen nicht auf ihren Text reduziert werden können und im Vorgang ihrer

---

[67] Bericht der Sachverständigenkommission „Staatszielbestimmungen/Gesetzgebungsaufträge", 1983, S. 20 f.

[68] *Denninger*, Menschenrechte und Grundgesetz, S. 13, 20; dagegen etwa *Sommermann*, Staatsziele und Staatszielbestimmungen, S. 372 ff.

[69] Vgl. zur Unbestimmtheit des Begriffs der Staatsziele *Reimer*, Verfassungsprinzipien, S. 193 ff. mit eindrucksvoller Aufzählung dessen, was alles – je nach Verfasser – dazu gehören soll oder nicht.

[70] Vgl. BVerfGE 123, 267 (329 ff.) – Lissabon.

[71] Vgl. zuletzt BVerfGE 125, 175 (222 ff.) – Hartz IV.

Anwendung kontinuierlich mit weiteren Gehalten oder Wirkungsdimensionen angereichert werden. Die Bezeichnung einer Norm als Grundrecht, Staatsstrukturbestimmung, Staatsziel etc. wird dadurch nicht gegenstandslos. Man muss sich nur von dem Gedanken frei machen, dass damit heute noch ein prinzipieller Gegensatz zum Ausdruck gebracht ist.

Elementare Verfassungsbezirke

Statt zu solchen mehr oder weniger starren Typen- oder Gruppenbezeichnungen lassen sich die Normen der Verfassung sinnvoller verschiedenen „Verfassungsbezirken" zuordnen, die dem unterschiedlichen Grad ihrer Bedeutung entsprechen und darin auch die hier bestehenden internen Hierarchien und Abhängigkeiten hervortreten lassen[72]. Der erste Bezirk wird danach bestimmt durch die elementaren Verfassungsrichtpunkte wie Freiheit, Gleichheit, Demokratie, Rechtsstaatlichkeit etc., die heute durch einen dirigierenden, die Politik an bestimmte Grundsätze, Zielfestlegungen etc. bindenden Komplex von Verfassungsnormen als zweiten Bezirk umgeben sind. Darunter befindet sich als dritter Bezirk eine institutionelle Verfassungsschicht, die die konkrete inhaltliche Ausformung, bereichsweise Entfaltung und verfahrensrechtliche Absicherung der in den ersten beiden Bezirken enthaltenen Grundentscheidungen betrifft[73]. Man kann insofern von Ausführungsbestimmungen sprechen, die zu jenen hinzutreten und mit ihnen in einem inneren Zusammenhang stehen, aus dem sie auch ihre Bedeutung empfangen.

Besonders anschaulich wird dies beim Bundesstaats- und Demokratieprinzip, bei denen gleich mehrere Stufen solcher Bestimmungen unterschieden werden können: beim Demokratieprinzip etwa als oberste, dem ersten Verfassungsbezirk zuzurechnende Stufe dessen grundsätzliche Gewährleistung in Art. 20 Abs. 1; sodann als erste Konkretisierung die Bestimmung des Art. 20 Abs. 2, dass alle Staatsgewalt vom Volke ausgeht und von ihm durch besondere Organe der Gesetzgebung, der vollziehenden Gewalt und Rechtsprechung ausgeübt wird; schließlich, auf den nachgeordneten Stufen, die Bestimmung von Mitwirkungs- und Entscheidungsbefugnissen für alle Beteiligten (Art. 21, 38 Abs. 1 S. 1, 65, 77 Abs. 1 GG etc.), die Einrichtung von Verfahren und organisationsbezogenen Abläufen (Art. 38 ff., 76 ff. GG) sowie die Benennung der möglichen Gegenstände von Demokratie auf den verschiedenen staatlichen Ebenen (Art. 70 ff.). Hier vor allem

[72] Eine solche Gliederung der Verfassungsnormen in verschiedene „Bezirke" hat *P. Lerche*, Übermaß und Verfassungsrecht, 1961, S. 61 ff., schon im Jahre 1961 vorgelegt und damit einen Maßstab gesetzt, an den heute noch vielfach angeknüpft wird, vgl. *G. F. Schuppert*, Rigidität und Flexibilität von Verfassungsrecht, AöR 120 (1995), 32 (58 ff.). Die nachfolgend im Text vorgenommene Unterteilung lehnt sich daran an, nimmt aber auch einige Anpassungen und Modifikationen vor.

[73] Insoweit abweichende Terminologie bei *Lerche* a.a.O.

wird der Ordnungsanspruch der Verfassung wirksam und erfüllt sie ihre Aufgabe, dauerhafte und beständige Grundlage staatlichen und gesellschaftlichen Lebens zu sein (→ S. 62 ff.). Andere Verfassungsbestimmungen des ersten Bezirks wie das Sozialstaatsprinzip kommen demgegenüber weitgehend ohne einen Unterbau in der geschriebenen Verfassung aus; was hier an stabilisierenden, absichernden und ergänzenden Gehalten vorhanden ist, ist der Verfassung nach und nach im Verlauf ihrer Anwendung hinzugefügt und eingezogen worden: in der inhaltlichen Konkretisierung des Sozialstaatsprinzips selbst, in der von ihm mit inspirierten Deutung der Grundrechte als Teilhaberechte etc.[74]

Generell gilt insoweit, dass, je weiter man hier von oben nach unten absteigt, sich die Diskurse über Verfassung stärker aus der allgemeinen politischen Öffentlichkeit heraus und in eine spezifisch juristische Fachöffentlichkeit hinein verlagern. Die „thin constitution" geht dadurch gleitend in die „thick constitution" über, die bürgerliche Kernverfassung in die ausdifferenzierte Juristenverfassung, ohne dass sich die Übergänge immer trennscharf und für alle Zeiten gleichbleibend bestimmen ließen. Bürger bestehen auf Rechtsstaatlichkeit und Demokratie, aber ob Gesetzesvorlagen der Bundesregierung zunächst dem Bundesrat zuzuleiten sind und dieser dazu Stellung nehmen kann (Art. 76 Abs. 2 GG), interessiert sie in der Regel nicht, so wenig sie sich für die komplizierten Legitimationsanforderungen interessieren, die das Bundesverfassungsgericht aus dem Demokratieprinzip abgeleitet hat[75].

Randbezirke

Noch klarer treten Bürger- und Juristenverfassung in einer letzten Verfassungsschicht auseinander, die den situativ-technischen Verfassungsbezirk kennzeichnet[76]. Dabei handelt es sich ganz überwiegend um unmittelbar problem- und einzelfallbezogene Regelungen, die man aufgrund ihres Inhalts und ihrer Detailfreudigkeit eher in einem einfachen Gesetz vermuten würde als in der Verfassung. Sie können, wie es etwa im Bereich der bundesstaatlichen Finanzverfassung zu beobachten ist, an die Ausführungsbestimmungen des zweiten und dritten Bezirks anknüpfen oder mit ihnen zusammenhängen, müssen es aber nicht. Oft handelt es sich um die Folgen eines tagespolitischen Kompromisses, den man in die Verfassung hochgezont hat, um ihn auf diese Weise seiner alsbaldigen Aufkündigung oder Korrektur zu entziehen[77]. An dem weitergehenden Gerechtigkeits- und Ordnungsanspruch der Verfassung haben sie nur in ganz vermittelter

---

[74] Vgl. BVerfGE 33, 303 (329 ff., insbesondere 332).
[75] In Anlehnung an *Bryde* (Fn. 46), in: Merten/Papier, HGR I, § 17 Rn. 66 f.
[76] Insoweit wie bei *Lerche* (Fn. 72), S. 61 f.
[77] Vgl. *Grimm*, Die Verfassung und die Politik, S. 116 ff.

Form teil. Von der erhöhten Geltungskraft profitieren sie, ohne dass das aus der Sache gerechtfertigt wäre. Sie stehen damit nun in der Verfassung, aber man weiß eigentlich nicht recht warum.

Ein markantes Beispiel bildet im Grundrechtsabschnitt der im Rahmen des Asylkompromisses eingefügte Art. 16a Abs. 4 GG, der die Voraussetzungen für die Vollziehung aufenthaltsbeendender Maßnahmen in Fällen offensichtlicher Unbegründetheit des Hauptantrags regelt und damit an sich in eine Prozessordnung gehört. Weitere Beispiele dieser Art sind: die detaillierten Regelungen zur Begrenzung der Kreditaufnahme im Rahmen der 2009 in die Verfassung aufgenommenen Schuldenbremse (Art. 115 Abs. 2 GG), die Möglichkeit der Beleihung von „Telekom“ und „Postdienst“ mit Rechten des Bundes (Art. 143b Abs. 2 GG); die komplizierten Übergangsregelungen für den Wegfall oder die Modifikation der Gemeinschaftsaufgaben (Art. 143c GG), wobei sich die Liste ebenso lang wie beliebig fortsetzen ließe.

Die Verfassung wird hier endgültig zu einer reinen Expertenangelegenheit: von Experten erdacht und nur für Experten noch zugänglich. Regelungen dieser Art sind nicht ohne Risiko; je mehr es von ihnen gibt, desto eher können sie die Verfassung insgesamt beschädigen[78]. An sich von ihren Urhebern dazu bestimmt, auf eine Stufe mit den tragenden Grundaussagen einer Verfassung gestellt zu werden, führen sie am Ende möglicherweise nur dazu, dass die Grundaussagen auf das Niveau der bedeutungslosen Einzelbestimmungen heruntergezogen werden[79].

III. Bewegliche und starre Normen

Eine dritte Skalierung betrifft nicht die Sinngehalte und die Gewichtigkeit der Verfassungsnormen, sondern ihre logische Struktur, genauer gesagt das Ausmaß ihrer Konkretisierungsbedürftigkeit und die Art und Intensität der von ihnen ausgehenden Bindung. Welche Unterschiede sich hier auftun, wird in der Gegenüberstellung des ersten und des letzten Satzes der Verfassung augenfällig. Der erste („Im Bewusstsein seiner Verantwortung vor Gott und den Menschen, von dem Willen beseelt, ... hat sich das Deutsche Volk ...“) eröffnet ein breites Spektrum an Deutungsmöglichkeiten, von denen die Frage nach dem gemeinten Gott offenbar die geringste ist; es ist nicht einmal klar, ob es sich überhaupt um eine Norm handelt und was gegebenenfalls die Rechtsfolge sein soll. Demgegenüber ist dem letzten Satz („Diese Verfassung gilt bis zu dem Tage ...“) immerhin

---

[78] In diesem Sinne auch die Warnung von *Grimm*, Die Verfassung und die Politik, S. 126 ff.

[79] *Schmitt*, Verfassungslehre, S. 12.

eine solche Rechtsfolge zugeordnet, so wie er überhaupt die rhetorischen Höhen zugunsten einer klareren Sprache verlässt[80]. Zwischen beiden erstreckt sich von den generalklauselartig formulierten Grundrechten bis hin zu den technischen Regeln der Finanzverfassung eine breite Palette unterschiedlich dichter Normen, die folgerichtig auch die Rechtsanwendung unterschiedlich stark determinieren und in unterschiedlichem Maße der Anreicherung mit weiteren Sinngehalten im Vorgang ihrer Anwendung zugänglich sind. Entsprechend öffnen sie sich in unterschiedlichem Maße für die Kommunikationen über Verfassung, für Einflüsse aus der gesellschaftlich-politischen Wirklichkeit und die Wandlungen dieser Wirklichkeit; es gibt Normen und Normbestandteile, die überhaupt erst in diesen Kommunikationen Gestalt annehmen und dann auch in sich stärker beweglich sind, wie es auf der anderen Seite auch Normen und Normbestandteile gibt, die ihnen als etwas bereits Entschiedenes vorausliegen, Grundlinien eines Festen und Bestehenbleibenden bezeichnen.

Offener Normierungsstil

Zu den in hohem Maße deutungs- und anreicherungsoffenen gehören wiederum zunächst die grundlegenden und fundamentalen Bestimmungen der Verfassung, also all jene, die sich in besonderer Weise mit ihrem Gerechtigkeits- und Vernünftigkeitsanspruch verbinden. Dies sind vor allem die Grundrechte, die Staatsstruktur- und Staatszielbestimmungen, in kleinerer Münze aber etwa auch der Parteienartikel oder die Wahlgrundsätze; nicht zuletzt gehören dazu die Präambel und das Bekenntnis zu den Grundlagen des menschlichen Zusammenlebens in Art. 1 Abs. 2 GG, in denen sich das Gemeinwesen rituell seiner eigenen Grundlagen vergewissert[81]. Was sie alle zu offenen und anreicherungsfähigen Bestimmungen macht, ist neben ihrer geschichtlichen Tradition, ihrer Vorprägung durch die politische Theorie oder ihren lebensweltlichen Bezügen vor allem der Stil, in dem sie formuliert sind. Die Sprache ist oft schlicht und an der Grenze zur Lakonik, die Sätze sind kurz und einprägsam, die verwendeten Begriffe hochgradig verdichtet: „Eigentum verpflichtet" – kürzer lässt sich die Sache nicht zum Ausdruck bringen. Als Sprachebene herrscht dementsprechend die Alltags- statt der Fachsprache vor, und hier und da schimmert – wie in der Präambel, aber auch in der Menschenwürdegaran-

---

[80] Gleichwohl gehört gerade dieser Satz zu den umstrittensten der ganzen Verfassung, s. → S. 339ff.

[81] Anschaulich spricht insoweit *P. Häberle* (Fn. 8), in: FS für Häfelin, S. 234ff., von „Bekenntnis-Normen", denen er als weiteren Normtypus noch „Symbol- und Grundwerte-Klauseln", „Im Geiste-Artikel" etc. beigesellt.

tie – sogar etwas Pathos durch[82]. Die Verfassung ist an diesen Stellen vor allem so formuliert, dass sie von den Bürgern verstanden werden kann, und dem verdankt sie ihre Attraktivität[83]. Darin liegt allerdings auch der Grund für ihre Elastizität und Beweglichkeit[84]: Die extreme Verdichtung der verwendeten Begriffe lässt oft ganz gegensätzliche Deutungen zu, die Verwendung der Alltagssprache hält die Verfassung zur Lebenswelt und ihren Wandlungen hin offen, das gelegentliche Pathos lädt – wie bei der Menschenwürdegarantie zu beobachten – förmlich zu moralischer Aufladung ein, die Kürze der Formulierung geht zu Lasten der juristischen Präzision[85]. Selbst Begriffe, die – wie etwa das Eigentum im Zivilrecht – in der Rechtssprache an sich eine festumrissene Bedeutung haben, sind nicht davor gefeit, durch Interpretation geöffnet und aufgebrochen zu werden, wie es gerade bei der Abkoppelung des verfassungsrechtlichen vom zivilrechtlichen Eigentumsbegriff zu beobachten ist; dadurch sind der Eigentumsgarantie vom Besitzrecht des Mieters bis hin zu sozialversicherungsrechtlichen Ansprüchen eine Fülle neuer Anwendungsfelder erschlossen worden. Von seiner Grundstruktur hat man das Grundgesetz deshalb zutreffend als eine besonders konkretisierungsbedürftige Verfassung beschrieben, deren Eigenart namentlich im Vergleich mit stärker kasuistisch gefassten Regelwerken hervortritt[86].

So kann man ein Grundrecht wie die Freiheit der Person in der Weise normieren, dass jeder denkbare Grund, aus dem sie eingeschränkt werden kann, in der Verfassung abschließend aufgeführt wird[87]. Man kann sich aber auch wie das Grundgesetz in Art. 2 Abs. 2 mit ganzen zwei Sätzen begnügen, denen die Möglichkeiten der Einschränkung dann eben durch Interpretation hinzugefügt, durch Interpre-

---

[82] Zu diesem Normierungsstil *W. Graf Vitzthum*, Form, Sprache und Stil der Verfassung, in: Depenheuer/Grabenwarter, Verfassungstheorie, § 10 Rn. 17 ff.; *J. Isensee*, Vom Stil der Verfassung, 1999, S. 12 ff., 23 ff.

[83] *A. Voßkuhle*, Verfassungsstil und Verfassungsfunktion, AöR 119 (1994), 37 (48).

[84] Dieser Zusammenhang ist in vielen klassischen Formulierungen zum Ausdruck gebracht, etwa in dem Satz Talleyrands, eine Verfassung müsse „kurz und dunkel" (courte et obscure) sein, ferner in dem Bonmot Rudolf von Jhering, eine Verfassung solle denken wie ein Philosoph und reden wie ein Bauer, vgl. *Graf Vitzthum* (Fn. 82), in: Depenheuer/Grabenwarter, Verfassungstheorie § 10 Rn. 13.

[85] Zu diesem letzten Zusammenhang markant BVerfGE 32, 54 (72), dort zur mangelnden Bedeutung des Wortlauts für die Auslegung von Art. 13 GG: „Die sprachliche Einkleidung dieses Grundrechts hat seit jeher die juristische Präzision zugunsten des feierlichen Pathos einer einprägsamen Kurzformel zurücktreten lassen."

[86] *Bryde*, Verfassungsentwicklung, S. 80 ff.

[87] Vgl. dazu das bei *Bryde*, Verfassungsentwicklung, S. 86 f., aufgeführte Beispiel der Verfassung von Papua-Neuguinea von 1975, in der die möglichen Einschränkungsgründe in insgesamt 10 Untergruppen des Absatzes 1 aufgeführt werden; die gesamte Vorschrift enthält insgesamt 9 Absätze. Als uns näher liegendes Beispiel s. Art. 5 Abs. 1 EMRK.

tation fortgeschrieben und gegebenenfalls durch Interpretation wieder geändert werden können. Verschiedene Verfassungsänderungen der letzten Jahre haben zwar auch im Grundrechtsbereich – wie vor allem im neuen Art. 16a – für eine „neuartige Technizität" gesorgt, an der Sache selbst aber nichts Wesentliches geändert[88].

Aufnahme- und Anreicherungsfähigkeit

Die Verfassung erhält dadurch eine „Schwammstruktur", die sie bei gleichbleibendem Text zur Aufnahme geistiger Gehalte befähigt, wie sie heute die Identität der Verfassung wesentlich bestimmen[89]. In den Teilen, auf die dies zutrifft, erscheint sie insoweit als ein Ensemble aus zeitübergreifenden, aber vergleichsweise wenig konkreten und dynamischen, aber inhaltsreicheren und spezifischeren Elementen. Aus den zeitübergreifenden Elementen bezieht sie ihre integrierende Kraft, insofern sich in ihren allgemein gehaltenen und allgemein verständlichen Aussagen alle wiederfinden können, während ihre Anwendung im Einzel- und Streitfall die Beteiligten regelmäßig in Gewinner und Verlierer trennt. Über die stärker dynamischen und inhaltsreicheren Elemente wird die Verfassung hingegen als Rechtsnorm überhaupt erst handhabbar.

Zu ihnen gehören etwa neue dogmatische Figuren wie die objektiven Grundrechtsdimensionen, die Entdeckung der Grundrechte als Schutzpflichten oder der Grundsatz der Verhältnismäßigkeit, die die Verfassungsbindungen in verschiedene Richtungen erweitert haben, ihrerseits aber ein hohes Flexibilisierungs- und Entwicklungspotential aufweisen[90]. Sie lagern sich um die vorhandenen Textbestände herum an und können – wie namentlich der Grundsatz der Verhältnismäßigkeit – selbst Normqualität erreichen. Die Verfassung insgesamt gewinnt dadurch ein hohes Maß an Beweglichkeit und kann permanent auf neue Lagen eingestellt werden.

Andererseits hat auch die Beweglichkeit Grenzen und löst die Verfassung nicht in Beliebigkeit auf. Im Gegenteil bleibt auch bei den unbestimmtesten und selbst bei den ungeschriebenen Sätzen der Verfassung ein Bereich des Unverfügbaren, ein verschiebungsresistenter Kern oder unbestreitbarer Mindeststandard, über den nicht ernsthaft diskutiert werden kann. Ein Staat, der seine Bürger verhungern lässt, ist kein Sozialstaat, und die Wiedereinführung der Sklaverei ist mit der gleichen Würde aller nicht zu

---

[88] Der Begriff bei *M. Brenner*, Die neuartige Technizität des Verfassungsrechts und die Aufgabe der Verfassungsrechtsprechung, AöR 120 (1995), 248 ff.; ferner Isensee (Fn. 82), S. 26 f.

[89] *Reimer*, Verfassungsprinzipien, S. 109; der Begriff bei *R. Marcic*, JurBl. 83 (1961), 385 (395).

[90] *A. Voßkuhle*, Stabilität, Zukunftsoffenheit und Vielfaltssicherung, JZ 2009, 917 (921 f.).

machen[91]. Für die einzelnen Grundrechte haben sich sogar noch weit spezifischere Festgehalte herausgebildet. Zur Begründung lässt sich hinsichtlich der einzelnen verwendeten Begriffe auf die in der Rechtswissenschaft entwickelte Unterscheidung zwischen einem festen Begriffskern und einem variablen Begriffshof zurückgreifen[92], während die neuere Linguistik mit dem Konzept des *Prototyps*, der *Vagheit* und der *Porosität* arbeitet[93]. Überträgt man dies auf die rechtlichen Normen insgesamt, so lässt sich danach für alle von ihnen – jedenfalls in den Grenzen des Konsenses einer je vorhandenen Sprachgemeinschaft – eine Liste positiver Kandidaten angeben, die eindeutig darunter fallen, und eine Liste negativer Kandidaten, die eindeutig nicht darunter fallen; aus ihrer Zusammenschau ergibt sich der Prototyp der Norm im Sinne eines zumindest relativ festen und unverschiebbaren Bedeutungskerns. Vagheit bezieht sich demgegenüber auf die neutralen Kandidaten, deren Zugehörigkeit zum Begriff oder wie hier eben zur Norm zweifelhaft ist, Porosität auf das allmähliche Einsickern oder auch Abfließen der Bedeutungsgehalte in der Zeit. Man gelangt auf diese Weise auch für die Verfassung zu einem Grundbestand bewegungs- und änderungsresistenter Kerne, mit dem man sich vor der Gefahr restloser Verflüssigung beruhigen kann. Allerdings wird darüber in der alltäglichen Arbeit mit der Verfassung auch kaum je gestritten. Die Probleme bestehen hier vielmehr weitgehend jenseits dieser Kerne und nicht zuletzt bei der Bestimmung ihrer Grenzen: Hier entfaltet sich die Verfassung eben nur in allgemeinen Orientierungs- und Richtpunkten, hier bleibt sie der Ausbuchstabierung im Vorgang ihrer Anwendung zugänglich, und hier wird sie in die Zeit hinein wandelbar.

Prinzipien I

Man kann diese Orientierungs- und Richtpunkte, überhaupt sämtliche für die Konkretisierung und Ausfüllung geöffneten Bestandteile der Verfassung, normtheoretisch als Prinzipien bezeichnen: zunächst im Sinne eines Sammelbegriffs, der alles Unbestimmte, Vage und Poröse der Verfas-

---

[91] Vgl. *Bryde*, Verfassungsentwicklung, S. 268. Bei der dort weiter als Beispiel genannten Folter ist, jedenfalls soweit es um die sog. Rettungsfolter geht, die Lage mittlerweile schon weniger eindeutig; es gibt – für die Zeit nach 1945 an sich undenkbar – mittlerweile durchaus Stimmen, die sie für zulässig halten, vgl. *W. Brugger*, Darf der Staat ausnahmweise foltern?, Der Staat 35 (1996), 67 ff.; *R. D. Herzberg*, Folter und Menschenwürde, JZ 2005, 321 ff.; *V. Erb*, Notwehr als Menschenrecht, NStZ 2005, 593 ff.

[92] Vgl. bereits *Ph. Heck*, Das Problem der Rechtsgewinnung, 1912; für die Aktualität und Brauchbarkeit in unserer Zeit *Röhl/Röhl*, Allgemeine Rechtslehre, S. 34 f.

[93] Vgl. *T. Williamson*, Vagueness, 1994; *M. Mangasser-Wahl*, Prototypentheorie in der Linguistik, 2000.

sung in sich vereinigt. Als solcher ist er allerdings in sich selbst unbestimmt mit der Folge, dass darunter heute ganz Unterschiedliches verstanden wird[94].

(1) In der allgemeinsten Verwendung bezeichnet Prinzip einfach eine *Gemeinsamkeit*, die einzelnen verstreuten Rechtssätzen und Rechtsinstituten zugrunde liegt oder aus ihnen im Wege der Abstraktion gewonnen werden kann[95], wobei diese dann für die Verfassung typischerweise nicht nur deskriptive, sondern normative Qualität hat[96]. In diesem Sinne bildet etwa die „Demokratie" aus Art. 20 Abs. 1 GG das Prinzip, das verschiedenen Einzelgewährleistungen der Verfassung (dem Parteienartikel, den Wahlgrundsätzen, den Regelungen über das Gesetzgebungsverfahren) als eine verbindende Klammer zugrunde liegt. Das so verstandene Prinzip berührt sich stark mit den bereits oben angesprochenen Leit- oder Grundgedanken, insofern es wie diese auf die „Tiefenstrukturen" der Verfassung verweist[97]. In dieser Bedeutung sind Prinzipien dem bestehenden Recht inhärent und weisen nicht darüber hinaus.

(2) Der Prinzipienbegriff kann aber daneben oder auch gleichzeitig noch in einer zweiten Bedeutung verwendet werden, die auf die *außerrechtlichen Normensysteme von Moral und Ethik* verweist. Prinzipien sind dann solche Sinngehalte der Rechtsordnung, die zugleich eine besondere moralische und ethische Qualität enthalten und insofern die Brücke zu diesen Normensystemen schlagen. In dieser Verwendung deckt sich der Begriff des Prinzips weitgehend mit der Kategorie des Wertes oder der Wertentscheidung, insofern er wie diese auf eine den Normen vorausliegende Vorstellung des Gerechten, Guten und Angemessenen verweist, von der sie ihrerseits ihren Rang und ihre Bedeutung erhalten (→ S. 96 ff.).

In Deutschland ist ein solches Verständnis des Prinzips unter Rückgriff auf die grundlegenden Vorarbeiten von Josef Esser vor allem für das Zivilrecht entwickelt worden[98]. Esser zeigte darin, dass die richterliche Entscheidung problematischer Fälle regelmäßig nicht nur durch Subsumtion eines Sachverhalts unter einen aus sich heraus subsumtionsfähigen Rechtssatz („Norm") erfolgt, sondern oft unter Rückgriff auf bestimmte „allgemeine Rechtsgedanken", „Grundsätze" oder eben „Prinzipien", die unabhängig vom Gesetz wirksam seien und in die „vorpositiven Bereiche rechtsethischer Grundsätze und allgemeiner Überzeugung" hineinrag-

---

94 Vgl. hierzu mit viel Material *Reimer*, Verfassungsprinzipien, S. 146 ff., 171 ff.

95 Vgl. *H. Bergmann Avila*, Theorie der Rechtsprinzipien, 2006, S. 80, dort freilich als „Wirkungsfunktion" bezeichnet; *Rüthers/Fischer/Birk*, Rechtstheorie, § 22 Rn. 756a.

96 Vgl. zu diesem Doppelcharakter *Röhl/Röhl*, Allgemeine Rechtslehre, § 33 S. 283 f.

97 Der Begriff bei *Röhl/Röhl*, Allgemeine Rechtslehre, § 33 S. 283.

98 *J. Esser*, Grundsatz und Norm in der richterlichen Fortbildung des Privatrechts, 1956.

ten[99]. Kennzeichnend für sie ist danach vor allem ihr „Sinnbezug auf die Rechtsidee“ im Sinne von „Leitgedanken richtigen Rechts“[100].

(3) Auf dieselbe Verbindung von Recht und Moral *zielt im Ausgang auch die Unterscheidung von „Regeln“ und „Prinzipien“*, wie sie Ronald Dworkin zunächst für den angelsächsischen Bezugskreis und unter maßgeblicher Bezugnahme auf das Common-Law-System vorgestellt hat. Jede Rechtsordnung besteht danach aus einer endlichen Menge definitiv verbindlicher „Regeln“ und einer unendlichen Menge abwägungsbedürftiger „Prinzipien“, die zugleich einen moralischen Gehalt aufweisen[101]. Als solche bezeichnen sie einen „Maßstab, der nicht deswegen zu befolgen ist, weil er eine für wünschenswert gehaltene ökonomische, politische oder soziale Situation voranbringen oder sichern wird, sondern deswegen, weil seine Befolgung ein Gebot der Gerechtigkeit oder Fairness oder einer anderen moralischen Dimension ist“[102]. Zu ihnen gehören deshalb vor allem die individuellen Rechte, die als Trümpfe gegen kollektive Ziele und gegen den Zugriff des Staates ausgespielt werden können[103]. Die Pointe des Arguments ergibt sich dabei aus der Überlegung, dass diese Prinzipien, obwohl von ihrem sachlichen Gehalt her moralischer Art, zugleich Bestandteil der Rechtsordnung sind. Der Richter, der sie anwendet, beteiligt sich damit zugleich an der Realisierung eines moralischen Ideals (der Gerechtigkeit, Angemessenheit, Vernünftigkeit etc.), und zwar aufgrund eines im positiven Recht selbst enthaltenen Anwendungsbefehls. In dieser Stoßrichtung formuliert die Dworkinsche Prinzipientheorie einen Haupteinwand gegen den Rechtspositivismus, der gerade von einer grundsätzlichen Trennung von Recht und Moral ausgeht oder zumindest einen notwendi-

---

[99] Ebda., S. 5ff., 52ff.; ähnliche Richtung bei *F. Bydlinski*, Fundamentale Rechtsgrundsätze, 1988: die Grundsätze als Gerüst der „rechtsethischen Verfassung der Sozietät“.

[100] *Larenz*, Methodenlehre der Rechtswissenschaft, S. 474 und 184.

[101] *Dworkin*, Bürgerrechte ernstgenommen, S. 42ff., 91ff., 144ff.

[102] Ebda., S. 55.

[103] Ebda., S. 14. Dworkin geht sogar so weit, dass er überhaupt *nur* individuelle Rechte als Prinzipien bezeichnet, denen eine moralische Qualität zugesprochen werden kann. Einem Gemeinwohlziel (policy) kommt diese Qualität dagegen nicht zu; es gehört bei Dworkin deshalb nur zu den weiteren Prinzipien oder den Prinzipien in einem unspezifischen Sinne, vgl. im Einzelnen S. 54ff. Darin liegt eine gewisse Komplikation seiner Theorie, weil auf diese Weise nun zwischen einem weiten und einem engeren Prinzipienbegriff unterschieden werden muss. Zugleich handelt es sich um eine Vereinseitigung, weil auch Gemeinwohlziele durchaus moralische Qualität haben können, wie schon *MacCormick* gegen Dworkin eingewandt hat, vgl. *ders.*, in: D.N. MacCormick/O. Weinberger (Hrsg.), Grundlagen des Institutionalistischen Rechtspositivismus, 1985, S. 202 (211f.). Die Grundidee des Dworkinschen Ansatzes wird dadurch aber nicht berührt, s. dazu sogleich oben im Text.

gen Zusammenhang zwischen ihnen bestreitet[104]. Für das Grundgesetz geht dieser Stoß ins Leere, weil dieses – und gerade in seinem umfassenden Katalog individueller Rechte – „praktisch alle relevanten moralisch-politischen Basisprinzipien als Verfassungsprinzipien dem positiven Recht inkorporiert hat"[105]. Was insoweit durch die Prinzipientheorie abgebildet wird, ist nichts anderes als der Gerechtigkeitsanspruch, den die Verfassung ohnehin erhebt und der heute zugleich ihr zentrales Begriffsmerkmal bildet.

Prinzipien II

Statt auf die Geltungsbegründung und die moralisch-ethischen Bedeutungsgehalte einer Norm kann der Prinzipienbegriff allerdings auch auf die Normstruktur und die Wirkungsweise bezogen werden. Nur in diesem Zusammenhang ist er hier von Interesse. Auch dann wird er allerdings heutzutage meist aus seiner Entgegensetzung zu den „Regeln" definiert, so wie sie in der Prinzipientheorie Ronald Dworkins angelegt und hierzulande durch Robert Alexy und seine Schüler praktisch zum Gemeingut jeder Beschäftigung mit Verfassung geworden ist[106].

(1) Als *Regeln* gelten in dieser strukturtheoretischen Beschreibung Normen mit „Alles-oder-Nichts"-Geltung, die nur entweder erfüllt oder nicht erfüllt sein können: Liegen ihre tatbestandlichen Voraussetzungen vor, tritt die in ihnen vorgesehene Rechtsfolge ein, wenn nicht, dann nicht. *Prinzipien* haben demgegenüber eine weichere Struktur und bringen sich in die Falllösung mit der „Dimension des Gewichts oder der Bedeutung" ein; unter sie wird dementsprechend nicht subsumiert, sondern sie müssen im Zweifel gegen andere abgewogen werden[107]. Auf dieser Grundlage hat Robert Alexy Prinzipien als „Optimierungsgebote" definiert, die vorschreiben, etwas in einem relativ auf die rechtlichen und tatsächlichen Möglichkeiten möglichst hohen Maße zu realisieren[108]. Begrenzt werden sie dabei vor allem von anderen Prinzipien, gegen die sie abzuwägen sind und die ihrerseits optimale Realisierung gebieten. Das ist in vieler Hinsicht von einer schlagenden Plausibilität: Die Wirkungsweise und die

---

[104] Dazu instruktiv *R. Dreier*, Der Begriff des Rechts, NJW 1986, 890ff.; dort auch eine sorgfältige Rekonstruktion des Dworkinschen Arguments (892f.).

[105] *R. Dreier* (Fn. 104), NJW 1986, 890 (893).

[106] Die Grundlagen bei *Alexy*, Theorie der Grundrechte; ferner *J.-R. Sieckmann*, Regelmodelle und Prinzipienmodelle des Rechtssystems, 1990; *M. Borowski*, Grundrechte als Prinzipien, 2. Aufl. 2007; zur bemerkenswerten Karriere *J. H. Klement*, Vom Nutzen einer Theorie, die alles erklärt, JZ 2008, 756ff.

[107] *Dworkin*, Bürgerrechte ernstgenommen, S. 54ff., das Zitat auf S. 61.

[108] *Alexy*, Theorie der Grundrechte, S. 75f.

Normstruktur etwa des Sozialstaatsprinzips können im Grunde nur so und nicht anders beschrieben werden. Auch die Rolle der Grundrechte in Abwägungsvorgängen wird damit auf einer angemessenen Theoriehöhe erfasst und auf den Begriff gebracht, ebenso wie auch der Verhältnismäßigkeitsgrundsatz die Existenz von Prinzipien oder eben von als Prinzipien gedachten Normen offenbar voraussetzt[109]. So gesehen ist es kein Zufall, dass die Prinzipientheorie gerade mit Blick auf die Grundrechte entwickelt und ausformuliert worden ist.

(2) Allerdings ist der *Erklärungswert der Prinzipientheorie in verschiedene Richtungen begrenzt*, wie es teils von ihren Vertretern selbst eingestanden wird, teils in der Auseinandersetzung mit ihr deutlich geworden ist.

(a) Zum einen ist die Prinzipientheorie als eine bloße Strukturtheorie keine materielle Verfassungstheorie, mit der eine Aussage über das Wesen der Verfassung getroffen wäre. Sie setzt vielmehr eine solche voraus und kann sich erst auf ihrer Grundlage entfalten: Ob die Normen einer Verfassung als Prinzipien begriffen oder gedeutet werden, hängt eben nicht zuletzt davon ab, ob diese eher im Sinne der Prozesstheorien als bewegliche und offene Verfassung oder eher im Sinne der Ordnungstheorien als ein dem Rechtsanwender vorgegebenes, mehr oder weniger statisches Entscheidungsprogramm begriffen wird (→ S. 26 ff.).

(b) Damit hängt zweitens zusammen, dass die Prinzipientheorie keine normative, sondern nur eine deskriptive bzw. analytische Theorie ist und auch gar nicht mehr sein will[110]. Sie kann deshalb die Existenz von Prinzipien oder die Abwägung zwischen ihnen zwar rekonstruieren und ihre Funktionsweise beschreiben. Sie vermag aber weder die Notwendigkeit von Abwägungen zu begründen noch kann sie angeben, wann eine solche stattzufinden hat; erst recht ergibt sich aus ihr keine Kritik der gegenwärtigen Praxis. Gelegentlich wird daraus ein Vorwurf an die Prinzipientheorie gemacht[111]. Dieser geht allerdings ins Leere, weil ihre Vertreter einen solchen Anspruch nie erhoben haben; sie behaupten lediglich, die praktische Arbeit mit Prinzipien und insbesondere den Vorgang der Abwägung besser zu strukturieren und zu rationalisieren, als es die bisherigen oder alternative Theorieangebote können. Gegen die von diesen Vertretern vor allem in den letzten Jahren zunehmend betriebene Kanonisierung und Dogmatisierung der Theorie ist allerdings darauf zu beharren, dass sie

---

[109] Das konzedieren auch die Kritiker der Prinzipientheorie, vgl. etwa *Poscher*, Grundrechte als Abwehrrechte, S. 74; *Klement* (Fn. 106), JZ 2008, 756 (756).

[110] Vgl. *Alexy*, Theorie der Grundrechte, S. 32 ff.

[111] Vgl. *Poscher*, Grundrechte als Abwehrrechte, S. 74; *Klement* (Fn. 106), JZ 2008, 761.

drittens auch keine universale Theorie ist, die die Funktionsweise der Verfassungsnormen nach Art einer methodischen Weltformel insgesamt und abschließend erfasst. Dies wendet sich insbesondere gegen die strikte Zweiteilung der juristischen Welt in Prinzipien einerseits und Regeln andererseits, die sich an der Ausgangsthese entzündet, dass beide kategorial voneinander zu unterscheiden seien. Eine Norm sei daher immer entweder eine Regel oder ein Prinzip[112].

Das Festhalten an diesem Ausgangspunkt führt zu zahlreichen theorieinternen Nachjustierungen und Reparaturarbeiten, die das Komplexitäts- und Reflexionsniveau auf eine Höhe schrauben, die nur noch von den in ihre innersten Geheimnisse Eingeweihten erklommen werden kann. Damit wird der praktische Nutzen der Theorie ein Stück weit verspielt. Man muss dann etwa einräumen, dass Regel und Prinzip in ein und derselben Norm zusammenkommen können, verliert sich in unfruchtbaren Zuordnungen zu einer der beiden Seiten oder streitet darüber, ob etwa das Optimierungsgebot selbst ein Prinzip ist oder nicht vielmehr eine Regel[113]. Es ist allerdings der Ausgangspunkt selbst, der problematisch ist: So sehr man Normen einschließlich derjenigen der Verfassung nach dem Grad ihrer Allgemeinheit, Rechtsfolgenoffenheit oder Abwägungsfähigkeit gruppieren kann, so wenig ist damit eine trennscharfe Unterscheidung im Sinne eines Entweder-Oder bezeichnet. Auch Prinzipien verfügen regelmäßig über Bestandteile, die nicht abgewogen werden können und damit nicht zur Disposition stehen, so wie es auch um ihre Direktivkraft ganz unterschiedlich bestellt sein kann: Die Präambel bindet den Rechtsanwender offenbar anders als das Sozialstaatsprinzip, dieses wiederum anders als die Wahlgrundsätze, und eine Bestimmung wie die Anordnung der Grundrechtsbindung für alle Staatsgewalten in Art. 1 Abs. 3 GG lässt sich von vornherein hier nur schwer unterbringen. Umgekehrt können vermeintlich klare Regeln wie „Die Bundesflagge ist schwarz-rot-gold“ durchaus Ausfüllungs- und Anwendungsspielräume eröffnen, über die man sich meist nur deshalb keine Gedanken macht, weil jeder eine ungefähre Vorstellung davon zu haben meint, wie die Sache am Ende aussehen soll[114].

(c) Prinzipien und Regeln bilden danach eher die äußersten Enden einer gleitenden Skala, zwischen denen es aber eine unendliche Palette von Zwischenformen und Argumentationsfiguren gibt[115]. Prinzipien sind dann

---

[112] *Alexy*, Theorie der Grundrechte, S. 77; *ders*., Recht, Vernunft, Diskurs, S. 182 ff.; ebenso schon *Dworkin*, Bürgerrechte ernstgenommen, S. 58 ff.

[113] Vgl. *Sieckmann*, Regelmodelle und Prinzipienmodelle des Rechtssystems, S. 65 f.; *Borowski*, Grundrechte als Prinzipien, S. 92 f.; neuerdings auch *R. Alexy*, in: B. Schicher/P. Koller/B.-C. Funk (Hrsg.), Regeln, Prinzipien und Elemente im System des Rechts, 2000, S. 38 f. Eingetragen hat dies der Prinzipientheorie im Ergebnis den weiteren Vorwurf, sie habe damit ihren Gegenstand verloren, *R. Poscher*, Theorie eines Phantoms – Die erfolglose Suche der Prinzipientheorie nach ihrem Gegenstand, RW 2010, 349 ff.

[114] Siehe aber *J. Braun*, Einführung in die Rechtsphilosophie, 2. Aufl. 2011, S. 388.

[115] So im Kern zutreffend *Poscher*, Grundrechte als Abwehrrechte, S. 75 ff.; *Oster-*

Normen oder auch einzelne Normgehalte von höherer Allgemeinheit und ohne eindeutige Rechtsfolge, die ihrerseits eine normative, in sich freilich ebenfalls nicht eindeutige Tendenz auf Optimierung haben[116]. In diesem Sinne vereinigen sie in sich exemplarisch Unbestimmtheit, Beweglichkeit und Dynamik der Verfassung[117].

Prinzipien III

Normkategorien wie die Prinzipien erhöhen einerseits die Verbindlichkeit der Verfassung, andererseits auch ihre Beweglichkeit und Offenheit. Die Verbindlichkeit erhöhen sie, insofern es mit ihrer Hilfe gelungen ist, auch solche Verfassungsgehalte in den Bereich des normativ Relevanten hinüberzuziehen, die früher dem außerrechtlichen Bereich zugeschlagen worden wären[118]. Die Beweglichkeit und Offenheit wird demgegenüber erhöht, weil dieser Zugewinn regelmäßig erkauft ist durch eine nachlassende Determinationskraft der Normen selbst.

(1) Daraus ergibt sich ein *weiterer Vorwurf oder Verdacht gegen die Prinzipientheorie*, der sich vor allem gegen die Deutung der Grundrechte als Prinzipien richtet, aus der sie hervorgegangen ist. Im Begriff des Prinzips, so wird dann etwa geltend gemacht, werde jede Rechtsnorm auf ein Argument reduziert, das durch bessere Argumente überspielt werden könne[119]. Dem ließe sich jedoch nur entkommen, wenn die als Prinzipien apostrophierten Normen nicht relativ, sondern absolut gälten, was offensichtlich so niemand ernsthaft behaupten kann. Der Freiheitsanspruch des einen ist eben stets begrenzt durch den gleichen Freiheitsanspruch der anderen, die Ausübung einer Freiheit muss gegebenenfalls hinter den berechtigten Belangen der Allgemeinheit zurücktreten können, die Leistungen des Sozialstaats stehen immer unter den Vorbehalten der Finanzierbarkeit und der Kassenlage, und gerade die daraus resultierende Notwendigkeit des Ausgleichs wird in der Prinzipientheorie zum Ausdruck gebracht.

---

kamp, Juristische Gerechtigkeit, S. 157f.; in der Sache auch bereits *Bydlinski*, Fundamentale Rechtsgrundsätze, S. 123.

[116] In Bezug auf die Generalität und Rechtsfolgenoffenheit wie hier *Reimer*, Verfassungsprinzipien, S. 179ff., 249ff., der aber weitergehend nur die „Zentralnormen" der Verfassung als Prinzipien ansehen will, Normen auf niedrigerer Bedeutungsstufe dagegen nur als „Subprinzipien"; ferner will Reimer auf die Abwägungsfähigkeit als Kriterium von Prinzipien verzichten.

[117] *Böckenförde*, Staat, Verfassung, Demokratie, S. 185.

[118] So zutreffend *M. Sachs*, Normtypen im deutschen Verfassungsrecht, 1991, 1 (12).

[119] *M. Peters*, Grundrechte als Regeln und als Prinzipien, ZÖR 51 (1996), 159 (167f.).; *Klement* (Fn. 106), JZ 2008, 756 (759).

(2) Plausibler wird der *Einwand erst in einer abgeschwächten Variante*, die sich auf die Möglichkeit der Verschiebung zwischen beweglichen und festen Bestandteilen der Verfassung als Folge einer ausgreifenden Prinzipieninterpretation bezieht. Der Wortlaut einer Norm und die Bindung an den Normtext, wird in dieser Variante etwa geltend gemacht, könnten dann unter Berufung auf materiale Verfassungsprinzipien aufgeweicht werden; bereits als Regel-Substanz der Verfassung Anerkanntes könne durch Aufweichung zu prinzipiellem Soft Law wieder verloren gehen[120]. Das kann nun in der Tat passieren und passiert auch immer wieder.

So lässt sich etwa bei der lange Zeit als absolut und abwägungsfest geltenden Garantie der Menschenwürde eine Tendenz erkennen, ihr ebenfalls nur noch prinzipielle Geltung zuzusprechen und sie so in begrenztem Umfang auch für Abwägungen zu öffnen, von denen dann behauptet wird, sie fänden ohnehin längst statt, seien nur nicht als solche ausgewiesen[121]. Dagegen lassen sich dann neue Grenz- oder Verteidigungslinien aufbauen, die etwa erneut auf einige unverrückbare Kerngehalte der Menschenwürdegarantie verweisen oder ihr zumindest einen grundsätzlichen Vorrang in den nun eröffneten Abwägungssituationen einräumen sollen; von diesen muss man dann hoffen, dass sie nicht erneut eingerissen werden.

Ein durchgreifendes Argument gegen die Anerkennung von Verfassungsprinzipien, Grundsatzbestimmungen etc. als eigenständiger Normtypus im Verfassungsrecht ergibt sich daraus allerdings ebenfalls nicht. Es verweist nur auf die Notwendigkeit, der dadurch eröffneten Unbestimmtheit, Beweglichkeit und Dynamik von der anderen Seite her auch wieder Grenzen zu setzen. Die Gründe für diese Unbestimmtheit, Beweglichkeit und Dynamik liegen aber nicht in der Prinzipientheorie oder einem anderen auf diesen Normtypus zielenden Analyseraster, sondern in dem grundsätzlichen Verfassungsverständnis, das ihnen vorausliegt und dessen Ausdruck sie sind. Begreift eine Gesellschaft ihre Verfassung als Speicher ihrer eigenen Gerechtigkeits- und Richtigkeitsüberzeugungen, die in deren Anwendung zugleich beständig erneuert und weiterverarbeitet werden, setzt das die Anerkennung offener Normstrukturen als „Regeln in Bewegung“[122] voraus, von denen dann eben nur die Frage bleibt, wie sie mit dem gleichzeitig erhobenen Anspruch auf Kontinuität und Dauer vermittelt werden können (→ S. 72 f.).

---

[120] *M. Sachs* (Fn. 118), ZG 1991,1 (13).

[121] Siehe etwa *K.-E. Hain*, Konkretisierung der Menschenwürde durch Abwägung?, Der Staat 45 (2006), 189 ff.; ders., in: H. J. Sandkühler (Hrsg.), Menschenwürde, 2007, S. 87 ff.; ausführlich nunmehr *N. Teifke*, Das Prinzip Menschenwürde, 2011, S. 101 ff., 153 ff.

[122] *A. Somek*, Rechtssystem und Republik, 1992, S. 211.

Relationen

Insgesamt dürfte zumindest für das Grundgesetz die Feststellung zutreffen, dass der Anteil der beweglichen Bestandteile über die Jahre hinweg zugenommen hat und der Anteil der starren und unbeweglichen Bestandteile zurückgegangen ist[123]. Der neue Umgang mit der Menschenwürdegarantie ist dafür ebensowohl Beleg wie – für die Kritiker der Entwicklung – mahnendes Beispiel, ein Menetekel auf das, was noch kommen mag[124]. Die Feststellung ist allerdings nicht in einem quantitativen Sinne zu verstehen. Im Gegenteil wartet das Grundgesetz durchaus mit zahlreichen präzisen und in sich abgeschlossenen Rechtssätzen auf, die ihren Gegenstand so eindeutig ergreifen „wie ein Fahrplan" und der Ausbuchstabierung, Fort- und Umbildung nur begrenzt oder unter erschwerten Voraussetzungen zugänglich sind, und bei einem reinen Textmengenvergleich dürften sie sogar klar überwiegen[125]. Nicht zuletzt die zahlreichen Verfassungsänderungen der letzten Jahre und Jahrzehnte dürften dazu ihren Teil beigetragen haben. Solche „Fahrplan-Bestimmungen" finden sich aber typischerweise nicht in den Innen- und Kernbereichen der Verfassung, die ihren Gerechtigkeitsanspruch in besonderer Weise verkörpern; ihm unmittelbar zuzurechnende oder zumindest nahestehende Sätze wie das unmissverständliche „Die Todesstrafe ist abgeschafft" des Art. 102 GG sind eine Ausnahme, nicht die Regel. Stattdessen tauchen sie eher in den nachgeordneten Verfassungsbezirken auf, in denen die Grundentscheidungen und elementaren Verfassungsrichtpunkte näher ausgeformt werden. Dies gilt etwa für den Organisationsteil oder die Kompetenznormen der Verfassung, in denen die Normierungsdichte generell zunimmt[126] und in denen es stärker auf Kontinuität und Verlässlichkeit ankommt[127]. Oder sie sind von vornherein in die Randzonen des Verfassungsrechts wie den technisch-situativen Bezirk (→ S. 105 f.) verwiesen, die mit dem Wesen einer Verfassung nur bedingt in Zusammenhang stehen und deren Zugehörigkeit zu ihr eher formeller Art ist. Je tiefer man in diese Bezirke vordringt, desto stärker registriert man Veränderungen in Sprache und Stil der Verfassung: Die Formulierungen werden präziser, die Alltagsspra-

---

[123] *G. F. Schuppert*, (Fn. 72), AöR 120 (1995), 32 (56).

[124] Programmatisch *E.-W. Böckenförde*: „Die Würde des Menschen war unantastbar", FAZ v. 03. 09. 2003, Nr. 204, S. 33.

[125] Die Formulierung bei *M. Hochhuth*, Diskussionsbeitrag, VVDStRL 67 (2008), S. 118.

[126] S. etwa *Wolff*, Ungeschriebenes Verfassungsrecht: „Grob holzschnittartig" überwiegen in den Art. 1–29 GG die unbestimmten und in den Art. 30–146 GG die bestimmten Verfassungsnormen.

[127] Vgl. *Bryde*, Verfassungsentwicklung, S. 276 f.

che weicht der Fachsprache; oft wird es unmittelbar anwendungsbezogen und technisch.

Statt von der Würde des Menschen, der freien Entfaltung der Persönlichkeit oder der Freiheit der Kunst ist nunmehr von Kreditprozentsätzen „im Verhältnis zum nominalen Bruttoinlandsprodukt“, von „Kontrollkonto“, „Konjunkturbereinigungsverfahren“ und „Tilgungsplänen“ die Rede (vgl. Art. 115 Abs. 2 GG); statt „Eigentum verpflichtet“ herrschen Absatzketten wie im Steuerrecht vor. Die Verfassung wird auf diesen untersten Ebenen zum Fachgesetz: irgendwie rückgebunden an die übergeordneten Ordnungsvorstellungen, Grund- und Leitgedanken der Verfassung, aber ihnen gegenüber zugleich auch verselbständigt; eine Verfassungsschicht aus eigenem Recht und mit eigener Normierungsstruktur, die auch eine eigene Art von Beachtung verlangt. Auch hier ist freilich Beweglichkeit vorhanden; sie äußert sich nur weniger auf der Ebene der Anwendung der Normen, bei denen die Interpretationsspielräume stark eingeschränkt sein können, als vielmehr in der Existenz der Normen selbst, die ebenso schnell, wie sie eingeführt wurden, im Bedarfsfall auch wieder geändert oder gestrichen werden können.

IV. Zur Europäisierung des Normengefüges

Zur insgesamt erhöhten Beweglichkeit der Verfassung trägt heute zusätzlich die Notwendigkeit bei, Anstöße von außen, also aus anderen Rechtsordnungen oder den überstaatlichen Rechtsebenen, in ihr Normprogramm zu integrieren. Der allgemeine Prozess der Überformung und Überschichtung nationalen Rechts durch die Massen eines inter- und supranationalen Rechts, wie er vor allem in Europa zu beobachten ist, macht insoweit auch vor der Verfassung selber nicht halt. Darin zeigt sich, dass und wie sehr sie heute eine Schwammstruktur aufweist, die im Laufe der Zeit mit immer neuer inhaltlicher Substanz aufgefüllt wird (→ S. 109f.). Zugleich tritt in dem Gesamtvorgang noch einmal klarer und schärfer hervor, dass ihre Normen wesentlich das Resultat einer konstruktiven Arbeit mit dem Text sind, dass sich diesem in seiner Anwendung typischerweise bestimmte Sinngehalte anheften, die ihrerseits der Veränderung und Fortentwicklung zugänglich sind. Das Neue liegt insoweit nur darin, dass diese heute vermehrt auch von anderen und hier eben den europäischen Rechtsebenen kommen. Was dadurch auf der anderen Seite fraglich zu werden droht, sind traditionelle Zuordnungen und Zugehörigkeiten; man kann jetzt möglicherweise nicht mehr wie bisher unbefangen davon sprechen, es handele sich bei der Norm, die solche Sinngehalte integriert, weiter „nur“ um eine Norm des Grundgesetzes oder irgendeiner anderen nationalen Verfassung. Stattdessen wird sie in der Tendenz zum Gegenstand eines überstaatlichen, die einzelnen Rechtsebenen übergreifenden Kommunikationszusammenhangs, in dessen Folge sie noch stärker als bereits jetzt von ihrem ideellen Grund oder einem verschiedenen Verfassungsordnungen gemeinsamen Kern aus verstanden wird.

Gemeineuropäisches Verfassungsrecht?

Besonders deutlich wird dieser Grundzug im Konzept eines gemeineuropäischen Verfassungsrechts, das für die einzelnen nationalen Verfassungen auf die Sichtbarmachung, Weiterverarbeitung und Angleichung der sie innerlich tragenden Ordnungsideen zielt[128]. Mit ihm ist deshalb im eigentlichen Sinne auch gar kein „Recht" bezeichnet, auch wenn der Begriff ganz bewusst in Anlehnung an das ab dem Mittelalter als ein allgemeiner Rahmen im deutschsprachigen Raum geltende gemeine Recht gewählt ist. Stattdessen geht es primär um das, was „‚hinter' und subsidiär neben dem positiven Recht" steht, „den Durchgriff zum Rechtsethischen" ermöglicht: eine ideelle Tiefenstruktur, die den einzelnen europäischen Verfassungen, den Unionsverträgen und der Europäischen Menschenrechtskonvention als ein sie verbindender Gehalt zugrunde liegt. Dementsprechend bleiben die formellen Zugehörigkeiten der jeweiligen Normen völlig unberührt; jede Norm bleibt als solche eine Norm ihrer jeweiligen Rechtsebene, die eben nur inhaltliche Impulse von den Normen der anderen Rechtsebenen empfängt. Entsprechend der Konzentration auf das diese Ebenen wirklich Verbindende bleibt die sachliche Reichweite des Konzepts jedoch zwangsläufig begrenzt; seinen Anwendungsbereich hat es praktisch ausschließlich bei den Fundamentalbestimmungen der jeweiligen Verfassungen, also ihrem inneren Grundgerüst und dem Kern ihrer politischen Gerechtigkeitskonzeption. Als Bezugs- und Erkenntnisquellen jener Tiefenschicht werden dementsprechend genannt: die gemeinsamen Verfassungsüberlieferungen der Mitgliedstaaten der Europäischen Union, von denen in Art. 6 Abs. 3 EUV die Rede ist, ein allgemeines „Prinzipiendenken" als Destillat gemeinsamer Rechtsgrundsätze, der Rekurs auf „Klassikertexte" der politischen Philosophie oder auch der Literatur, die wissenschaftliche Beschreibung, möglicherweise auch Vorwegnahme von Rechtsentwicklungen, dies alles aber immer bezogen auf das „wirklich Grundlegende, das zugleich Offene und Flexible" von Verfassung[129]. Das inhaltliche Zentrum wird folgerichtig durch Begriffe wie Menschenwürde, Freiheit, Demokratie, Gleichheit, Rechtsstaatlichkeit und Menschenrechte bestimmt, so wie sie in Art. 2 EUV ausdrücklich als

---

[128] Prägend: *Häberle*, Europäische Verfassungslehre, S. 111 ff.; zuvor bereits *ders.*, Gemeineuropäisches Verfassungsrecht, EuGRZ 1991, 261 ff.

[129] *Häberle*, Europäische Verfassungslehre a.a.O., die wesentlichen Zitate auf S. 115.

die grundlegenden „Werte“ ausgewiesen sind, auf die sich die Europäische Union gründet. Für das Grundgesetz verweist das Konzept damit im Wesentlichen auf die überstaatliche Fundierung und europäische Einbindung seiner eigenen tragenden Ordnungsideen, die zugleich für den Abgleich der weiter mit ihnen verbundenen Sinngehalte geöffnet werden. Das schließt nicht aus, dass es auch auf den nachgeordneten Ebenen zu einem Abgleich interpretatorischer Leitbilder kommt, wie es sich hier und da auch bereits beobachten lässt (→ S. 163 f.). Aber der Schwerpunkt liegt hier nicht, wenngleich das Konzept durchaus auf Expansion angelegt ist.

Europäischer Verfassungsverbund?

Demgegenüber zielt das Konzept eines europäischen Verfassungsverbunds von vornherein auf die gesamte Breite des Verfassungsrechts und eine weitergehende Verzahnung der Rechtsordnungen, die perspektivisch auch die traditionellen Normzugehörigkeiten auflöst[130]. Allerdings ist der Verbundbegriff selbst durchaus mehrdeutig und kann auf ganz verschiedene Phänomene bezogen werden.

(1) In einem ganz allgemeinen Sinne kann man unter dem behaupteten Verfassungsverbund lediglich eine *zusammenfassende Beschreibung für die vielfältigen inhaltlichen Wechselwirkungen* zwischen den nationalen Verfassungen, den Unionsverträgen oder auch der Europäischen Menschenrechtskonvention verstehen. In dieser Verwendung besagt der Begriff nicht mehr und nicht weniger, als dass die europäischen Rechtsebenen als Sinn- und Rezeptionsreservoir für die nationalen Verfassungen, umgekehrt aber auch die nationalen Verfassungen als Sinn- und Rezeptionsreservoir für die europäischen Rechtsebenen wirken. Von einer Auflösung der traditionellen Zugehörigkeiten kann hier noch keine Rede sein; ebenso wie im Konzept des gemeineuropäischen Verfassungsrechts wird vielmehr auch hier jede Norm ausschließlich als eine solche ihrer bisherigen Rechtsordnung angesehen, und der angenommene Mehrwert gegenüber der Vorstellung eines gemeineuropäischen Verfassungsrechts liegt eben nur darin, dass die Verzahnung nicht auf das „wirklich Grundlegende“ und den inne-

---

[130] Die Grundlagen bei *I. Pernice*, Europäisches und nationales Verfassungsrecht, VVDStRL 60 (2001), 148 (163 ff.); erstmals *ders.*, Bestandssicherung der Verfassungen, in: R. Dieber/P. Widmer (Hrsg.), Der europäische Verfassungsraum, 1995, S. 225 (261 ff.); ferner *ders.*, in: Dreier, GG, Art. 23 Rn. 20 ff., dort auch die weitere Bezeichnung als „multilevel constitutionalism“; ferner etwa *von Bogdandy* (Fn. 19), in: von Bogdandy/Bast, Europäisches Verfassungsrecht, S. 13 (50 ff.); *Grabenwarter*, ebda., S. 173 ff.; *F. Mayer*, ebda., S. 593 ff. Eingehende Rekonstruktion bei *C. Calliess*, Zum Denken im europäischen Staaten- und Verfassungsverbund, in: ders., Verfassungswandel im europäischen Staaten- und Verfassungsverbund, S. 187 ff.

ren Kern einer politischen Gerechtigkeitskonzeption beschränkt ist, sondern tendenziell alle Bereiche des Verfassungslebens ergreift.

(2) Das Konzept kann aber auch noch in einer weitergehenden Bedeutung verwendet werden, die die nationale und die europäische Ebene zu einer „materiellen Einheit“ verschmilzt und die bisher autonomen Rechtsschichten in einer *neuen, freilich polyzentrischen Superstruktur* aufgehen lässt, deren unselbständige Teile jene fortan nur noch sind[131]. Damit würden in der Tat die einzelnen Normen der Verfassung aus ihren bisherigen Bezugsrahmen herausgelöst und in einen neuen und andersartigen überführt. Gerade insoweit ist das Konzept aber auch erheblichen Einwänden ausgesetzt, weil der normative Grund und Bezugspunkt der angenommenen Einheit weitgehend unklar bleiben; von der juristischen Geltung her lassen sich die einzelnen Ebenen ja nach wie vor voneinander unterscheiden[132]. In der Sache dürfte die Rede vom „Verbund“ damit eher sinnbildlich-metaphorischen Charakter haben; worum es letztendlich wieder geht, ist ein Vorgang des Zusammendenkens und der Zusammenschau der verschiedenen Rechtsebenen, die auf diese Weise in ihrer prinzipiellen Offenheit füreinander sichtbar gemacht werden sollen.

In alledem ist der „Verfassungsverbund“ nicht nur und möglicherweise nicht einmal in erster Linie ein juristisch-dogmatischer, sondern mindestens ebenso sehr ein strategischer Begriff; als bewusst formulierter Kontrapunkt zum „Staatenverbund“, von dem das Bundesverfassungsgericht spricht, wird er eben auch eingesetzt, um die Verzahnung der Rechtsebenen weiter voranzutreiben, die europäische Rechtsebene selber zur Verfassung aufzuwerten, überhaupt das Denken vom Staat her allmählich durch ein stärker europäisches Denken zu ersetzen, im praktischen Ergebnis also das mit herbeizuführen, was er lediglich zu beschreiben vorgibt[133].

Europäisierung der Verfassung?

Von beiden Konzepten hebt sich das Konzept der Europäisierung der Verfassung dadurch ab, dass es den Vorgang ganz aus der Binnenperspektive der nationalen Verfassung betrachtet. In einem ganz allgemeinen Sinne beschreibt Europäisierung dann die Einwirkungen des europäischen Rechts auf diese, also den Umstand, dass in die Bildung ihrer Normen in zunehmendem Maße auch Impulse von den europäischen Rechtsebenen

---

131 *Pernice* a.a.O., VVDStRL 60 (2001), 148 (172ff.).

132 Präzise dekonstruiert bei *M. Jestaedt*, Der Europäische Verfassungsverbund – Verfassungstheoretischer Charme und rechtstheoretische Insuffizienz einer Unschärferelation, in: GS für W. Blomeyer, 2004, S. 637ff.

133 Zu dieser Funktion *Jestaedt* (Fn. 132), S. 644f.; *Calliess* (Fn. 130), in: ders., Verfassungswandel im europäischen Staaten- und Verfassungsverbund, S. 209ff.

eingehen[134]. In diesem Vorgang lassen sich verschiedene Ebenen und auf diesen wiederum verschiedene Modi unterscheiden, durch die das Grundgesetz auf die Anforderungen des europäischen Rechts eingestellt wird oder die von dort ausgehenden Impulse verarbeitet[135]. Auf einer ersten Ebene liegt die Aufnahme einer allgemeinen Öffnungs- und Rezeptionsklausel in die nationale Verfassung, durch die diese überhaupt erst für Einflüsse von außen aufgebrochen wird. Sie liegt allen weiteren Formen der Einwirkung voraus, weil sie überhaupt erst die Voraussetzungen für sie schafft und sie zugleich an bestimmte einschränkende Bedingungen knüpft, also in den allgemeinen verfassungsrechtlichen Ordnungsrahmen einbindet[136]. Für das Grundgesetz enthielt ursprünglich Art. 24 GG eine entsprechende Öffnungsklausel, die aus Anlass des Vertrages von Maastricht 1992 in Art. 23 GG überführt und dort näher ausgeformt worden ist. Auf der zweiten Ebene liegen dann die konkreten Modi oder Mechanismen der Einwirkung selbst, die ihrerseits zu fünf größeren Gruppen zusammengezogen werden können:

(1) Eine erste und rechtstheoretisch ganz unproblematische Gruppe bilden die *förmlichen Verfassungsänderungen*, die europarechtlich veranlasst sind; bekannte Beispiele sind die Einführung des Kommunalwahlrechts für Unionsbürger in Art. 28 Abs. 1 S. 3 GG oder die Ermöglichung des Waffendienstes von Frauen durch Neufassung des Art. 12a Abs. 4 S. 2 GG im Anschluss an eine entsprechende Entscheidung des EuGH[137].

(2) Eine zweite Gruppe umfasst die *Neukonstruktion selbständiger Normen* ohne förmliche Anpassung des Verfassungstextes, in herkömmlicher Terminologie also die Ausbildung weiteren ungeschriebenen Verfassungsrechts. Als Beispiele werden hier meist das Recht auf ein faires Verfahren oder die Unschuldsvermutung genannt, die das Bundesverfas-

---

[134] Eine allgemeine, vielzitierte Begriffsbestimmung bei *E. Schmidt-Aßmann*, Zur Europäisierung des allgemeinen Verwaltungsrechts, in: FS Lerche, 1993, S. 513: Europäisierung als der „Prozess fortschreitender Beeinflussung, Wandlung und Überformung eines Rechtsgebiets durch die Rechtsmassen europäischen Rechts und das in ihnen wirksame Rechtsdenken“, charakteristischerweise zuerst und ab etwa 1990 beobachtet für das Verwaltungsrecht; erst ab etwa 2000 wird zunehmend auch die Europäisierung der Verfassung in den Blick genommen, vgl. etwa *H. Bauer*, Europäisierung des Verfassungsrechts, JBl. 122 (2000), 750 ff.; *J. Frowein*, Die Europäisierung des Verfassungsrechts, in: FS 50 Jahre BVerfG, Bd. 1, S. 209 ff.; *K.-E. Hain*, Zur Frage der Europäisierung des Grundgesetzes, DVBl. 2002, 148 ff.

[135] Instruktive Aufgliederung bei *K.-E. Hain*, Zur Frage der Europäisierung des Grundgesetzes, DVBl. 2002, 148 (149 ff.); Zusammenstellung praktisch aller wichtigen Beispiele bei Schuppert, Staatswissenschaft, S. 855 f.

[136] Treffend spricht *K.-E. Hain* (Fn. 135), DVBl. 2002, 148 (149 f.), insofern von einer „primären Europäisierung“.

[137] EuGH, Rs. C-285/98, Slg. 2000, 1-0069 – Kreil/Deutschland.

sungsgericht – nicht nur und letztlich nicht einmal in erster Linie, aber doch auch – in Aufnahme entsprechender Impulse des europäischen Rechts wie hier der Europäischen Menschenrechtskonvention in das grundgesetzliche Rechtsstaatsprinzip hineingelesen hat[138].

(3) Ein dritter Mechanismus ist die *Nichtanwendung einzelner verfassungsrechtlicher Vorschriften* aufgrund entgegenstehender Vorschriften des Unionsrechts, um dem diesen prinzipiell zukommenden Anwendungsvorrang Rechnung zu tragen. Die Fälle hierfür sind allerdings rar, weil bei allen offensichtlichen und insbesondere rechtskräftig festgestellten Normkollisionen schnell entsprechende Textänderungen vorgenommen werden; am ehesten mag man hier deshalb die faktische Nichtanwendung des Art. 12a Abs. 4 S. 2 GG a. F. in der Zeit zwischen der Feststellung seiner möglichen Unionsrechtswidrigkeit durch den EuGH und dem Inkrafttreten der Neuregelung nennen.

(4) In jedem Fall sind die Übergänge zu dem vierten Mechanismus fließend, der *veränderte Interpretationen* ohne gleichzeitige Textänderungen umfasst. Die bekanntesten und mit Abstand wichtigsten Fälle sind die sachliche Erstreckung der Deutschengrundrechte auf EU-Ausländer oder die vom Bundesverfassungsgericht so bezeichnete „Anwendungserweiterung" des Art. 19 Abs. 3 GG auf juristische Personen aus einem Mitgliedsstaat der EU, bei der es sich allerdings auch um eine partielle Nichtanwendung der Vorschrift – nämlich um die Nichtanwendung des Tatbestandsmerkmals „inländisch" – handeln könnte[139]. In einem weiteren Sinne und außerhalb des Anwendungsbereichs des Unionsrechts können auch die punktuellen Anpassungen der Grundrechtsinterpretation an eine Rechtsprechung des EGMR genannt werden[140].

(5) Überhaupt muss man sehen, dass unter dem hier vertretenen offenen Normbegriff, also einem Verständnis der Norm als etwas, das in einer sprachlichen und sozialen Praxis immer erst hergestellt werden muss, mit den verschiedenen Gruppen bis hierher keine prinzipielle, sondern nur eine graduelle Unterscheidung bezeichnet ist, die sich an einigen Äußerlichkeiten festmacht; das Wesen des Vorgangs ist letztlich immer dasselbe. Anders und durchaus besonders liegt es demgegenüber bei der fünften und letzten Gruppe, die mit dem *schillernden Begriff der „materiellen Verfassungsänderungen"* belegt ist. Ihn hat das Bundesverfassungsgericht zunächst allgemein im Zusammenhang mit der Übertragung von Ho-

---

[138] Zur Unschuldsvermutung BVerfGE 74, 358 (369 f.).

[139] BVerfGE 129, 78 (96 f.); zu den weiteren konstruktiven Möglichkeiten *Dreier*, in: ders., GG, Art. 19 III Rn. 83 f.; *Huber*, in: von Mangoldt/Klein/Starck, GG, Art. 19 Rn. 305 ff.

[140] S. zuletzt BVerfGE 128, 326 ff. – Sicherungsverwahrung.

heitsrechten auf die Europäische Union kreiert: Jede solche Übertragung, so formulierte es, bewirke einen Eingriff in die verfassungsrechtlich festgelegte Zuständigkeitsordnung und damit materiell eine Verfassungsänderung[141]. Daran anknüpfend und zugleich darüber hinausgehend wird heute bereits in jeder Änderung der Unionsverträge eine entsprechende Änderung der nationalen Verfassung gesehen[142]. Darin läge insofern eine neue Qualität, als auf diese Weise die Norm einer anderen, nämlich einer europäischen Rechtsordnung, zugleich – wenn auch nur „materiell" – als eine Norm des Grundgesetzes anzusehen wäre.

Allerdings wird man sich schwertun, die konkrete Norm zu benennen, die durch eine ihr korrespondierende Norm der Unionsverträge abgeändert sein soll, oder gar anzugeben, welchen Inhalt die neue Norm nun hätte. Die Kompetenzverteilung etwa zwischen Bund und Ländern, um die es in den Art. 70ff. GG einzig geht, wird als solche von der Übertragung von Kompetenzen auf die EU zunächst ja gar nicht berührt, ebenso wie sie nicht dadurch berührt wäre, dass der Bund von den ihm übertragenen Kompetenzen überhaupt keinen Gebrauch machte. Was sich insofern ändert, ist allein der Rahmen, in den die Verfassung hineingestellt ist, also eine allgemeine „Verfassungslage", aber nicht ihrem Begriff nach die Verfassung selbst[143]. Richtigerweise sollte man deshalb von einer Überlagerung der Verfassung oder einer Beschränkung ihres Anwendungsbereichs sprechen, so wie sie etwa auch der Beschränkung der Grundrechtsbindung nach Art. 1 Abs. 3 GG bei Umsetzung und Vollzug von Unionsrecht zugrunde liegt; für diese bleibt freilich zu beachten, dass sie nur unter der Bedingung einer hinreichenden Kompensation auf europäischer Ebene – und zwar als Forderung des Grundgesetzes – überhaupt zulässig ist[144]. Die interne Bedeutung der jeweiligen Normen im System des Grundgesetzes bleibt davon weitgehend unberührt.

Neue Sinnquellen

Im Ergebnis lösen damit alle Konzepte die formelle Zugehörigkeit der Verfassungsnormen zur staatlichen Rechtsordnung nicht auf, sondern erschließen lediglich weitere Sinnschichten für die Konturierung ihres Inhalts. Dabei tendieren sie freilich dazu, das Ausmaß der wechselseitigen Abhängigkeiten und Verflechtungen zu überzeichnen und diese insgesamt bedeutsamer aussehen zu lassen, als sie bei einigermaßen realistischer Be-

---

141 BVerfGE 58, 1 (36).

142 So etwa *I. Pernice*, Die Dritte Gewalt im Europäischen Verfassungsverbund, EuR 1996, 27 (30).

143 So *Jestaedt* (Fn. 132), in: GS W. Blomeyer, 2004, 637 (651 f.); *K.-E. Hain* (Fn. 135), DVBl. 2002, 148 (151 f.), beide jeweils skeptisch gegenüber der Figur der materiellen Verfassungsänderung. Auch Art. 23 Abs. 1 S. 3 GG behandelt die entsprechenden Kompetenzübertragungen bei näherem Hinsehen nicht *als*, sondern lediglich *wie* Verfassungsänderungen und unterstellt sie den dafür geltenden Regeln, *Jestaedt* a.a.O.

144 BVerfGE 37, 271 (285) – Solange I; 73,339 (387) – Solange II.

trachtung sind. Das gilt vor allem für das Konzept eines europäischen Verfassungsverbunds, das suggeriert, dass es zu einem flächendeckenden inhaltlichen Zusammenwachsen der Rechtsebenen, und in eingeschränktem Maße auch für das Konzept der Europäisierung der Verfassung, das suggeriert, dass es zu einer flächendeckenden inhaltlichen Unterwanderung der Normen der Verfassung gekommen ist[145]. Weder von dem einen noch von dem anderen kann indessen die Rede sein.

Blickt man etwa auf den für die grundgesetzliche Gerechtigkeitskonzeption zentralen Bereich der Grundrechte, so wird man zwar durchaus einzelne Angleichungen finden, Reaktionen etwa auf Veränderungen des Unionsrechts oder Interventionen des EGMR, mit denen dann auch diese oder jene Einzelheit der Interpretation oder eine entsprechende Rechtsprechung des Bundesverfassungsgerichts geändert wurde. Aber es sind dann immer ganz punktuelle Korrekturen, die die breite Masse der Normgehalte unberührt lassen. Auch bei den Grund- und Strukturentscheidungen der Verfassung, also ihrem inneren Gerüst aus Demokratie, Rechts- und Sozialstaatlichkeit, Gewaltenteilung und bundesstaatlicher Ordnung, ist von europäischer Überformung noch wenig zu sehen: Auf das Rechtsstaatsprinzip finden nennenswerte Einwirkungen kaum statt; ein europäisches Sozialstaatsmodell, das sich irgendwann einmal über dasjenige des Grundgesetzes schieben könnte, ist angesichts der gerade in diesem Bereich oft ganz unterschiedlichen Vorstellungen und Rechtskulturen der Mitgliedsstaaten nicht ansatzweise in Sicht; und gerade für das Demokratieprinzip lässt sich die Rechtsprechung des Bundesverfassungsgerichts zu dessen Bedeutung im Prozess der europäischen Integration als Versuch interpretieren, möglichst viel von dem, was hierzulande als inhaltlich anspruchsvoller Maßstab entwickelt worden ist, auf die europäische Ebene hinüberzutransportieren (→ S. 254 f.). Praktisch überhaupt nicht erfasst sind demgegenüber die Normen des organisatorischen Teils; geht man sie Artikel für Artikel durch und vergegenwärtigt sich die zu ihrer Konkretisierung entwickelten Sinngehalte und Auslegungsstandards, wird man abgesehen von den bereits angesprochenen Regelungen wie der Integrationsöffnungsklausel des Art. 23 GG wenig finden, was wirklich einer durchgreifenden Veränderung ausgesetzt ist, erst recht nicht im Verhältnis zu den konstant gebliebenen und weiterhin doch recht einseitig national gefärbten Sinngehalten. Insofern bleibt es aufs Ganze gesehen vorerst noch bei einzelnen „Inseln, in denen sich Ansätze einer gewissen Homogenität entwickeln"; diese befinden sich aber „weiterhin in weiträumigen Sphären eigenständiger Problemstellungen und Lösungsansätze"[146].

Was in alledem zur Debatte steht, ist der grundlegende Anspruch der Verfassung selbst, der nun auf die konkurrierenden Ansprüche der anderen Rechtsebenen und übergeordneten Einheiten trifft; von ihm aus ist zu entscheiden, was von der Verfassung als Ganzes in Zeiten von Europäisie-

---

[145] Richtig beobachtet für den europäischen Verfassungsverbund *von Nettesheim*, Europäischer Verfassungsverbund?, in: FS Isensee, 2007, S. 733 (737).

[146] *Nettesheim* (Fn. 145), in: FS Isensee, 2007, S. 733 (740).

rung und Internationalisierung bleibt (→ S. 73 ff.). Für die Normen selbst, ihre Struktur und ihren inneren Zusammenhang halten sich die Auswirkungen demgegenüber in Grenzen; die wesentliche Konsequenz dürfte hier vor allem darin liegen, dass sie in dem Umfang, in dem sie von der Entwicklung tatsächlich betroffen sind, noch stärker als bereits jetzt von ihrem äußeren und förmlichen Ausdruck im jeweiligen Text abgelöst und als Verkörperung eines inneren Sinngehalts begriffen werden, wie er dann auch verschiedenen Rechts- und Verfassungsordnungen gemeinsam sein kann.

V. Zusammenfassung

Die Normen der Verfassung lassen sich danach in ihrem sachlichen Kern beschreiben als ein Ensemble aus ideellen und äußeren, grundlegenden und untergeordneten sowie beweglichen und festen Elementen. Versucht man die Normen von hier aus zu ordnen, gruppieren sie sich gleichsam automatisch zu mehreren Schichten, die man mit einer gewissen Vereinfachung zu einem Modell innerer und äußerer Kreise zusammenziehen kann. Den inneren Kreis bilden die zentralen, im Laufe der Zeit immer wieder angereicherten Grundgedanken, Leitbilder und Ordnungsideen, in denen sich die Vorstellungen einer Gesellschaft über die Bedingungen ihres Zusammenlebens normativ verfestigt haben. Ihm gehören in diesem Sinne die identitäts- und legitimitätsbestimmenden Zentral- und Kerngehalte der Verfassung an, die sie als Verkörperung einer übergeordneten politischen Gerechtigkeitskonzeption ausweisen und in denen sie zugleich als Bürgerverfassung greifbar wird. Vor allem aber gehört dazu das, was die Gesellschaft im Zuge ihrer Anwendung daraus gemacht hat, sich mit diesen Gehalten nun als eine ideelle Bedeutungsschicht verbindet und sich über die beweglichen Elemente der Verfassung in die Zeit hinein entfalten kann. Seinem Wesen nach ist der innere Kreis damit ideeller Art; er ist nicht mit dem Text oder einzelnen Sätzen des Textes identisch, sondern besteht in den Bedeutungen, die ihm zugeschrieben, und den Folgerungen, die daraus gezogen werden; es schwingt darin immer die Vorstellung mit, wie Einrichtungen der Verfassung und die von ihr geordneten Lebensbereiche idealer- und richtigerweise beschaffen sein sollten. Darum herum, in einem äußeren Kreis, lagern sich die Textbestände an, in denen jene Ordnungsvorstellungen ihren förmlichen Ausdruck finden; ferner gehören dazu die vielen technischen, mehr oder weniger klaren Bestimmungen und Sätze, die im konkreten Streitfall zur Anwendung gebracht werden. Sie alle sind für die Bedeutung und die Wirkungsweise der Verfassung nicht gegenstandslos; im Gegenteil entfaltet sich der grundlegende Anspruch der Verfassung wesentlich auch in ihnen und durch sie hindurch. Aber es wäre doch vom Wesen einer Verfassung wenig begriffen, wenn sich der Blick auf sie beschränkte.

§ 5

Die Anwendung der Verfassung

Um Wirksamkeit zu erlangen, müssen die so beschriebenen Normen und Sätze der Verfassung angewandt und in die Wirklichkeit hinein vermittelt werden. Die Notwendigkeit ergibt sich immer dann, wenn ein Sachverhalt auftaucht, der zu ihnen in irgendeiner Weise in Beziehung steht: also ein Gesetzentwurf von den Ministerialverwaltungen auf seine Verfassungsmäßigkeit geprüft wird, ein Bürger sich in einem behördlichen oder gerichtlichen Verfahren auf seine Grundrechte beruft, ein politischer Konflikt vor das Bundesverfassungsgericht getragen wird oder ganz allgemein ein gesellschaftliches Problem – der Umgang mit dem islamischen Kopftuch, die Ladenöffnung an Sonn- und Feiertagen, die Benachteiligung gleichgeschlechtlicher Lebensgemeinschaften – mit Blick auf Aussagen der Verfassung diskutiert wird. In all diesen Fällen muss zunächst in einem ersten Schritt durch Interpretation oder Auslegung ermittelt werden, was die für den jeweiligen Sachverhalt relevanten Textbestände und Sätze der Verfassung inhaltlich bedeuten; daraus wird sodann in einem zweiten Schritt die für diesen Sachverhalt maßgebliche Entscheidungsnorm (→ S. 83 ff.) gebildet, die dann ihrerseits in einem dritten auf ihn übertragen wird[1]. Alles drei zusammen, die Interpretation, die Bildung der Entscheidungsnorm und ihre anschließende Übertragung auf den Fall, bildet das, was als Anwendung, Aktualisierung oder Verwirklichung der Verfassung bezeichnet werden kann.

Über Wesen und Ziel dieser Anwendung sind bekanntlich bis heute unterschiedliche Auffassungen in Umlauf: Teils soll sie so weit wie möglich an diejenige normaler Gesetze angenähert werden, teils wird eine selbständige, an den Besonderheiten einer Verfassung orientierte Herangehensweise vorgeschlagen; die dazu angebotenen Verfahren reichen nach der bis heute richtungsweisenden Unterscheidung von Ernst-Wolfgang

---

[1] Die klassische Methodenlehre rechnet noch weitere Schritte hinzu: Identifikation und Einkreisung des Problems, das zur Lösung ansteht, die Fassung dieses Problems in (juristische) Sprache, die Auswahl und Zuordnung der konkret relevanten Textstellen oder Normgehalte etc., vgl. *K. Engisch*, Logische Studien zur Gesetzesanwendung, 3. Aufl. 1963, S. 19 ff.; *Rüthers/Fischer/Birk*, Rechtstheorie, § 20 Rn. 661 ff.; auf diese kommt es hier nicht an.

Böckenförde von der „klassisch-hermeneutischen“ hin zu einer „topisch-problemorientierten“, einer „wirklichkeitswissenschaftlichen“ und einer „hermeneutisch-konkretisierenden“ Methode, für die auf je unterschiedliche Gewährsleute verwiesen werden kann[2]. Der Grunddissens wird nach wie vor durch die Frage markiert, ob und in welchem Grade das Ergebnis der Normanwendung bereits im Normtext enthalten ist oder es ihm umgekehrt durch die Anwendung erst gegeben wird, ob und in welchem Grade die Anwendung in diesem Sinne nur nachvollziehend-reproduzierend oder stattdessen rechtsschöpferisch-konkretisierend ist, ob ihr Ziel also mit der bekannten Formulierung dem Anwender „vorgegeben“ oder ihm lediglich „aufgegeben“ ist[3]. Welche Antwort darauf zu geben ist, hängt zunächst und ganz allgemein von verschiedenen Faktoren ab: von der inhärenten Bindungswirkung von Texten, auf die man sich nach den Erkenntnissen der Sprachphilosophie und der neueren Linguistik vielleicht nicht allzu sehr verlassen sollte, von der Zugehörigkeit der anzuwendenden Bestimmung zu den verschiedenen Verfassungsbezirken, von denen im letzten Kapitel die Rede war, damit zusammenhängend schließlich auch von der unterschiedlichen sprachlichen Dichte dieser Bestimmungen; es ist ganz offensichtlich, dass ein Halbsatz wie „wer das 18. Lebensjahr vollendet hat“ anders und unmittelbarer zur Anwendung gebracht werden kann als ein Satz wie „Die Würde des Menschen ist unantastbar“ oder „Die Parteien wirken bei der politischen Willensbildung des Volkes mit“.

In letzter Instanz aber richtet sich die Entscheidung für eine der beiden Seiten wiederum nach dem zugrundeliegenden Verständnis der Verfassung, also danach, was eine Gesellschaft in ihrer Verfassung sieht und was sie für diese Gesellschaft bedeutet. Eine Verfassung, die vom Glauben an die Weitsicht der Gründergeneration lebt, wird anders angewandt als eine Verfassung, von der man sich die Lösung aller gegenwärtigen Probleme erwartet, eine Verfassung, die bloß der Staatsgewalt Grenzen setzen soll, anders als eine Verfassung, die materiale Grundordnung für Staat und Gesellschaft ist, und eine Verfassung, die bloß als formales Organisationsstatut oder Rechtsdokument verstanden wird, anders als eine Verfassung, die als Inbegriff gemeinsamer moralischer Grundüberzeugungen einen starken Gerechtigkeitsanspruch erhebt. Es ist in diesem Sinne nicht die Wahl einer Interpretationsmethode, die nach und nach zu einer bestimmten Sicht der Verfassung führt, sondern es ist umgekehrt die zugrunde gelegte Sicht der Verfassung, die die Wahl der Interpretationsmethode präjudi-

---

[2] *Böckenförde*, Staat, Verfassung, Demokratie, S. 55 ff.

[3] Vgl. *W. Hoffmann-Riem*, Modernisierung von Recht und Justiz, 2001, S. 171.

ziert. Es ist deshalb richtig, wenn gesagt wird, dass alle Interpretation ihren Ausgang von einer bestimmten Verfassungstheorie nimmt, also von dem, was hier vereinfachend der Begriff der Verfassung genannt worden ist, und es ist dann wesentlich dieser Begriff im Sinne einer umfassenden Theorie der Verfassung, der „verbindliche Leitgesichtspunkte und darauf gegründete dogmatische Strukturen für die Interpretation abzugeben vermag“[4]. Der Streit um die richtige Anwendung der Verfassung ist dann ein Streit um den richtigen Begriff von Verfassung überhaupt. Es gibt dann nur die Möglichkeit, dass die Entscheidung für einen solchen Begriff in der Anwendung offengelegt wird oder dass sie nicht offengelegt wird und dann mittelbar aus dieser abgelesen werden kann.

I. Das Verfahren der Anwendung

Was das für die Art und Weise dieser Anwendung bedeutet, liegt auf der Hand. Unter dem hierzulande vorherrschenden Verständnis der Verfassung als politischer Gerechtigkeitsordnung und Ausdruck gemeinsamer moralischer Grundüberzeugungen kann auch sie nicht mehr nur die „rein logische Denktätigkeit“ unter Ausklammerung aller politischen, moralischen und geistigen Bezüge sein, wie der staatsrechtliche Positivismus angenommen hatte[5]. Stattdessen öffnet sich die Verfassung für jene Bezüge, die in ihre Anwendung notwendig miteinfließen. Wird die Verfassung darüber hinaus tendenziell als Prozess, lernendes Recht, offene und entwicklungsfähige Struktur etc. begriffen, ist sodann auch ihr Inhalt jenseits der allgemeinen Richt- und Orientierungspunkte des Textes nichts Statisches oder immer schon Vorhandenes. Stattdessen setzt er sich in einem noch zu bestimmenden Grade aus und in den Kommunikationen über Verfassung zusammen, die so zugleich den Kern ihrer Anwendung bilden, und die Anwendung ist dann überhaupt der Ort, an dem sich die Sache entscheidet. Das Resultat ist ein in mehrfacher Hinsicht offenes, flexibles Verfahren, das sich von der Rechtsanwendung in stärker dogmatisierten Gebieten oder überhaupt der Rechtsanwendung im üblichen Sinne entfernt. In der Tat arbeitet sich fast die gesamte Methodendiskussion im Verfassungsrecht an dieser Offenheit ab; man kann sie dann einmal als Verfallserscheinung gegenüber einem Modell reiner Rechtsanwendung deuten (und dann je nachdem zur Umkehr aufrufen, dagegen anrennen oder

[4] *Böckenförde*, Staat, Verfassung, Demokratie, S. 82; s. ferner statt vieler *T. Würtenberger*, Auslegung von Verfassungsrecht, in: FS A. Hollerbach, 2001, S. 223 f.

[5] *Laband*, Staatsrecht des Deutschen Reiches, Bd. 1 [ab 2. Aufl.], S. IX.

sie resignierend zur Kenntnis nehmen)[6], oder man kann nach Wegen suchen, mit ihr konstruktiv umzugehen, indem man sie methodisch diszipliniert[7]. So oder so bilden Begriff und Anspruch der Verfassung den unhintergehbaren Bezugsrahmen, aus dem keine Methodendiskussion herauskommt.

Grundgedanke

Ziel jeder Verfassungsanwendung ist die Entfaltung des normativen Anspruchs, den die Verfassung erhebt, also die Vermittlung der sie von innen her tragenden Ordnungsideen, Leitgedanken und Sinnprinzipien mit der politisch-sozialen Wirklichkeit und in diese hinein. Für eine Verfassung, die die grundlegenden Gerechtigkeitsüberzeugungen der Bürger auf sich vereinigt, liegt das zentrale Ziel dann in der Entfaltung ihres Gerechtigkeitsanspruchs, der von den allgemeinen und abstrakten Aussagen des Textes oder auch der ungeschriebenen Sätze des Verfassungsrechts auf den Einzelfall heruntergebrochen werden soll. Die Anwendung erfolgt dann einerseits nicht losgelöst vom Text, sondern notwendig unter Bindung an ihn und gleichsam durch ihn hindurch. Andererseits kann sie sich nicht auf das beständige Starren auf den Text beschränken, sondern geschieht immer auch unter Rückgriff auf die Gerechtigkeits- und Ordnungsvorstellungen, die hinter ihm stehen. In jeder Anwendung der Verfassung werden damit auch diese Gerechtigkeits- und Ordnungsvorstellungen ausbuchstabiert und ausverhandelt. Soweit diese eine moralische Qualität aufweisen, stellt sich Verfassungsinterpretation mit innerer Gesetzmäßigkeit zugleich als Ausbuchstabieren und Ausverhandeln moralischer Prinzipien dar.

Für den Grundrechtsteil der amerikanischen Verfassung hat Ronald Dworkin dieser Intuition mit dem Vorschlag eines „moral reading“ Ausdruck verliehen und sie am Beispiel des First Amendment, des ersten Zusatzes zur Verfassung, illustriert: Dieser nehme mit dem Verbot von Beschränkungen der Rede- und Meinungsfreiheit zugleich ein moralisches Prinzip in sich auf – dass es falsch für eine Regierung sei, die Äußerung einzelner Bürger zu zensieren oder zu kontrollieren – und inkorporiere es in das amerikanische Recht. Wenn darüber ein Verfassungskonflikt entstehe – etwa über die Frage, ob der erste Zusatz Gesetzen gegen Pornographie entgegen stehe –, müssten die dazu jeweils berufenen Personen insofern zugleich entscheiden, wie ein moralisches Prinzip am besten zu verstehen sei. Da-

---

[6] Die verschiedenen Richtungen etwa bei *E. Forsthoff*, Die Umbildung des Verfassungsgesetzes, in: FS C. Schmitt, 1989, S. 35 ff.; *Böckenförde*, Staat, Verfassung, Demokratie, S. 80 ff.; *B. Schlink*, Abschied von der Dogmatik, JZ 2007, 157 ff.

[7] In diese Richtung etwa die Bemühungen von *K. Hesse*, *M. Kriele*, *F. Müller* oder auch *R. Alexy*; siehe dazu im Verlauf des Textes.

rin liegt zugleich die Quintessenz dieses Vorschlags: „The moral reading proposes that we all – judges, lawyers, citizens – interpret and apply these abstract clauses on the understanding that they invoke moral principles about political decency and justice."[8] Für die Bundesrepublik findet sich eine frühe, aber auch heute noch eindrucksvolle Variante dieser Erkenntnis in der „Theorie der Rechtsgewinnung" Martin Krieles, die, da sie sich weitgehend auf die Verfassung beschränkt, in der Sache eine Theorie der Verfassungsanwendung ist. Krieles zentrales Anliegen ist die Herausarbeitung der ethischen Dimension dieser Anwendung, und zwar weniger als Anleitung für die Behandlung künftiger Fälle denn als Rekonstruktion einer tatsächlichen Praxis[9]. Bei der Lösung praktischer Fälle orientiere sich, wie Kriele Schritt für Schritt darlegt, der Richter zunächst am Normtext und, wo dieser den Fall nicht eindeutig regele, an einschlägigen Präjudizen, denen eine präsumtive Verbindlichkeit zukommen soll[10]. Diese Orientierung erfolge aber überhaupt nur deshalb, weil dem Text wie seiner bisherigen Interpretation stillschweigend die Intention der Vernünftigkeit und Unparteilichkeit unterstellt werde[11]. In allen danach noch offenen Fällen – im Verfassungsrecht die große Masse – greife der Richter demgegenüber von vornherein auf „vernunftrechtliche Erwägungen", eine allgemeine „Rechtsvernunft" sowie rechtspolitische Folgenüberlegungen zurück; er bilde gleichsam eigene „vernunftrechtliche Normhypothesen" und suche so nach der vernünftigen = gerechten Lösung. Gerecht sei dann die Lösung, die „dem Allgemeininteresse oder bei Gruppeninteressen dem relativ fundamentalsten dient"[12]. Gegen diesen Ansatz ist eingewandt worden, er spare die Einzelheiten praktischer Hermeneutik weitgehend aus; er präsentiere eine Theorie der Rechtsgewinnung, ohne die dazugehörige Methode zu liefern[13]. Ob das zutrifft, mag hier dahinstehen[14]. Selbst wenn es zutrifft, ändert es an der Richtigkeit der Beobachtung nichts.

Argumentationstruktur I

Indem die Verfassungsanwendung so auf die Verwirklichung eines Gerechtigkeitsanspruchs hingeordnet wird, lädt sie sich selbst auch mit Gerechtigkeitsvorstellungen auf, die ihren einzelnen Sätzen und Instituten oft

---

[8] *Dworkin*, Freedom's Law, S. 2. Ähnlicher, m. E. aber auch übersteigerter Ansatz: *M. J. Perry*, Morality, Politics and Law, 1988, S. 121 ff.: Verfassungsinterpretation mit Rücksicht auf die „moral aspirations" der Bevölkerung. Deskriptiv-analytisch und stärker auf die politische Philosophie bezogen *Robertson*, The Judge as Political Theorist: Verfassungsanwendung als angewandte politische Theorie.

[9] Vgl. *Kriele*, Theorie der Rechtsgewinnung, S. 342.

[10] *Kriele*, Theorie der Rechtsgewinnung, S. 162 ff., dort mit dem Zwischenschritt der Bildung von Normhypothesen; zur Verbindlichkeit der Präjudizien S. 243 ff.

[11] Ebda., S. 169.

[12] Ebda., S. 198; zur vernunftrechtlichen Argumentationsstruktur S. 157 ff., 177 ff.

[13] *F. Müller*, Fragen einer Theorie der Praxis, AöR 95 (1970), 154 (161); *B. Schlink*, Bemerkungen zum Stand der Methodendiskussion in der Verfassungsrechtswissenschaft, Der Staat 19 (1980), 73 (77); ähnlich bis heute *Müller/Christensen*, Juristische Methodik, Rn. 135 f.

[14] Siehe dazu die Antikritik von *Kriele*, ebda., S. 314 ff.

erst Inhalt und Kontur geben. Entsprechend wird auch das Vokabular ihrer Anwendung zunehmend mit Gerechtigkeits-, Vernünftigkeits- und Angemessenheitsformeln durchsetzt (→ S. 44 ff.). Die Folgen zeigen sich aber wesentlich auch in einer charakteristischen Veränderung der Argumentationsstruktur selbst, die sich stärker an die einer moralische Argumentation angleicht. Die klassischen juristischen Denkformen und Argumente – die Subsumtion nach dem Muster des Justizsyllogismus, Erforschung der Gesetzesmaterialien, Wortlautargumente etc. – treten in ihrer Bedeutung zurück; stattdessen rücken andere Argument- und Denkformen in den Vordergrund, wie sie typischerweise aus moralischen Diskursen bekannt sind[15]. Bei der Lösung von Grundrechtsproblemen macht etwa die in der juristischen Ausbildung schwerpunktmäßig vermittelte Subsumtion (eines Verhaltens unter den ohnehin im Text nur angedeuteten Schutzbereich, eines Eingriffs unter den auch erst zu konstruierenden Eingriffsbegriff) nur den Bruchteil der eigentlichen Arbeit aus. Die Hauptsache bildet in der Regel eine Güterabwägung, wie sie zum üblichen Haushalt einer moralischen Argumentation gehört[16]. Sie kann dann letztlich auch nur nach allgemeinen moralischen Erwägungen entschieden werden, weil die Verfassung selbst für ihre Lösung nichts hergibt. Ob etwa in einem ernsthaften Konflikt die Freiheit der Person oder die Sicherheitsinteressen der Allgemeinheit, die Presse- und Meinungsfreiheit oder das allgemeine Persönlichkeitsrecht, die Versammlungsfreiheit oder das Recht der Straßenverkehrsteilnehmer auf ungehinderte Fortbewegung den Vorrang haben sollen, lässt sich keinem einzigen Satz der Verfassung entnehmen, und auf die Zufälligkeit, mit der diese in eine bestimmte Reihenfolge gebracht sind, sollte man nicht allzu viel geben. Man kann zur Lösung zwar bei bestimmten den Konflikt moderierenden Entschei-

---

[15] Das ist nicht im Sinne der sog. Sonderfallthese Robert Alexys zu verstehen, nach der der juristische Diskurs einen Sonderfall des allgemeinen praktischen Diskurses darstellt, vgl. *ders.*, Theorie der juristischen Argumentation, S. 259 ff. Diese These bezieht sich im Wesentlichen auf die Diskursivität selbst, also auf das äußere Verfahren und die Regeln des Argumentierens; demgegenüber geht es hier um die eben auch feststellbare Angleichung der Inhalte der Argumentation.

[16] Gerade die fast vollständige Verlagerung der Grundrechtsanwendung auf die Abwägungsentscheidung hat jüngst zu einer bemerkenswerten Kontroverse um den Zustand der Grundrechtsdogmatik geführt, vgl. *E.-W. Böckenförde*, Schutzbereich, Eingriff, verfassungsimmanente Schranken, Der Staat 42 (2003), 165 ff.; *W. Hoffmann-Riem*, Enge oder weite Gewährleistungsgehalte der Grundrechte? in: M. Bäuerle u. a. (Hrsg.), Haben wir wirklich Recht?, 2003, S. 53 (59 ff., 71 ff.) einerseits und *W. Kahl*, Vom weiten Schutzbereich zum engen Gewährleistungsgehalt, Der Staat 43 (2004), 167 ff.; *ders.*, Neuere Entwicklungslinien der Grundrechtsdogmatik, AöR 131 (2006), 579 (580 f.); abwägend *D. Murswiek*, Grundrechtsdogmatik am Wendepunkt?, Der Staat 45 (2005), 474 ff.

dungs- und Arbeitsregeln – dem Grundsatz der Verhältnismäßigkeit, dem Prinzip praktischer Konkordanz – Zuflucht nehmen, steht dann aber vor dem Dilemma, dass sich auch dahinter letztlich nur moralische Prinzipien verbergen; gerade solche Gebote wie das der verhältnismäßigen Reaktion oder des verhältnismäßigen Ausgleichs gehören zu den ehernen Beständen der Moralphilosophie[17]. Es ist deshalb schon früh bemerkt worden, dass alles, was in dieser Moralphilosophie zu Fragen des Zusammenlebens verhandelt werden kann, mittlerweile ohne Mühe auch in das Gewand einer verfassungsrechtlichen Erörterung gekleidet werden kann und umgekehrt[18].

Als eines von letztlich beliebig vermehrbaren Beispielen mag man die Auseinandersetzung mit dem islamischen Kopftuch in der Rechtsprechung des Bundesverfassungsgerichts nehmen, die im Wesentlichen mit denselben Argumenten ausgetragen wird, wie sie sich auch in einer moralphilosophischen Behandlung des Themas unter dem Leitbegriff der Toleranz aufweisen lassen[19]. Dieser implizit moralische Charakter der Argumentation dürfte allerdings zugleich einer der Hauptgründe für die Kritik sein, die namentlich der Abwägung als demjenigen Bestandteil, in dem er am deutlichsten zutage tritt, bis heute entgegenschlägt. Der klassische Einwand lautet nach wie vor, dass es an festen Maßstäben für diese Abwägung fehle und das Ergebnis daher zwangsläufig beliebig sei[20]. Von einer neueren Richtung wird demgegenüber geltend gemacht, das Abwägungsmodell sei überhaupt zu sehr staatszentriert; es führe gleichsam zur staatlichen Verwaltung eines Werte- oder Prinzipienarrangements, das sich autoritär über gesellschaftliche Autonomiespielräume schiebe und sich ein Wissen anmaße, über das irgendeine staatliche Instanz gar nicht verfüge[21]. Aber dem Grundproblem entkommt man nur, wenn man den Regelungsanspruch der Verfassung an dieser Stelle zurücknimmt und die Verfassung wieder auf eine reine Rahmenordnung beschränkt, die sich zu den entsprechenden Fragen gar nicht verhält. Es ist deshalb durchaus bezeichnend, dass sich gerade die neuere Kritik an der Abwägung oft verbindet mit einem Generalangriff auf das vorherrschende Verfassungsverständnis, wenn nicht auf den modernen Sozial- und Interventionsstaat überhaupt, in dem man die Folge des Ganzen sieht; dem wird dann ein Plädoyer für ein liberal-minimalistisches

---

[17] Insoweit wird häufig gesagt, das Verfassungsrecht habe diese Grundsätze dem Verwaltungsrecht entnommen, und dies dann als Beleg dafür genannt, dass und wie das Verfassungsrecht von diesem lernen könne, vgl. *J. Kersten*, Was kann das Verfassungsrecht vom Verwaltungsrecht lernen?, DVBl. 2011, 585 (588f.). Die Frage müsste indes eher lauten, woher denn das Verwaltungsrecht diese Grundsätze hat; erst das führt auf den eigentlichen Ursprung zurück.

[18] *B. Schlink*, Die Entthronung der Staatsrechtswissenschaft durch die Verfassungsgerichtsbarkeit, Der Staat 28 (1989), 161 (169).

[19] BVerfGE 108, 282 (298ff., 314ff.) einerseits und *R. Forst*, Toleranz im Konflikt, 2003, S. 720ff. andererseits.

[20] *B. Schlink*, Kritik der Abwägung, 1976; s. ferner die Nachweise in Fn. 16.

[21] In diesem Sinne namentlich *K.-H. Ladeur*, Kritik der Abwägung in der Grundrechtsdogmatik, 2004, S. 15f., 28ff.

Staats- und Verfassungsverständnis entgegengesetzt[22]. Das alles kann man natürlich so wollen. Will man es nicht, kann es letztlich nur darum gehen, nach Wegen zu suchen, die die Risiken des Verfahrens begrenzen (→ S. 157 ff.).

Argumentationsstruktur II

Neben einem moralischen und oft mit ihm zusammenhängend kann die Anwendung der Verfassung auch einen genuin politischen Charakter annehmen, so wie es in der gängigen Rede von Verfassung als „politischem Recht" zum Ausdruck kommt[23]. Damit ist einerseits die Selbstverständlichkeit gemeint, dass die Verfassung auf das Politische bezogen und dieses zu ihrem Gegenstand hat. Es bedeutet aber andererseits auch, dass in ihre Anwendung in einem wiederum von Fall zu Fall unterschiedlichem Maße auch politische Erwägungen ihren Platz haben, so wie es ihrer allgemeinen Öffnung zu den gesellschaftlichen Gerechtigkeits- und Ordnungsvorstellungen entspricht.

(1) Dies können auf einer ersten und generellen Ebene bestimmte Konzeptionen der politischen Theorie sein, die ihrerseits oft in engem Zusammenhang zu moralischen Konzeptionen stehen[24].

Ein markantes Beispiel dafür ist die Demokratiekonzeption des Bundesverfassungsgerichts, die einen bestimmten Strang der politischen Theorie aufnimmt und in einer für die Zwecke der Rechtsanwendung vereinfachten Form weiterverarbeitet (→ S. 247 ff.).

(2) Es kann sich zweitens um die gebotene Berücksichtigung der politischen Realitäten handeln, also um die Einbeziehung der je von der Norm zu ordnenden Wirklichkeit, die dann über verschiedene dogmatische Figuren – Gesichtspunkte der Funktionsgerechtigkeit, der Verstärkung der Geltungskraft – gegebenenfalls zu entsprechenden Anpassungen des Normprogramms führen kann[25].

---

[22] Für die Grundrechtstheorie *B. Schlink*, Freiheit durch Eingriffsabwehr, EuGRZ 1985, 457 ff.; für das Rechts- und Staatsverständnis insgesamt *Ladeur* (Fn. 21), S. 31 ff.; s. auch *ders.*, Risiko Sozialstaat, Der Staat 47 (2007), 61 ff.

[23] Umfassend *J. Isensee*, Verfassung als „politisches Recht", in: Isensee/Kirchhof, HStR VII, 2. Aufl., § 162.

[24] Rechtsvergleichend *Robertson*, The Judge as Political Theorist, S. 1 ff., 347 ff.; zu Deutschland S. 40 ff.

[25] S. bereits *Hesse*, Grundzüge des Verfassungsrechts, Rn. 45 f.; allgemein *W. Hoffmann-Riem*, Sozialwissenschaftlich belebte Rechtsanwendung, in: FS für T. Raiser, 2005, S. 517 (528 ff.) mit instruktiver Differenzierung zwischen verschiedenen „Bereichen" der Normanwendung (Folgenbewirkungsbereich, Vollzugsbereich, Lernbereich etc.); speziell für die Grundrechte *G. Kirchhof*, Grundrechte und Wirklichkeit, 2007.

(3) Drittens können es aber auch einfach Erwägungen einer bloß politischen Angemessenheit und Zweckmäßigkeit sein, die nicht selten sogar den Ausschlag geben, wie ein konkreter Fall entschieden wird.

Wenn etwa das Bundesverfassungsgericht ausgesprochen hat, dass Parteien ab einem Stimmenanteil von 0,5% bei den Wahlen in die staatliche Parteienfinanzierung einbezogen werden müssen, es später den Anteil der Staatsfinanzierung an den Einnahmen einer politischen Partei auf maximal 50% der Gesamteinnahmen begrenzt (sog. relative Obergrenze) oder zuletzt gar einen summenmäßigen Höchstbetrag festgelegt hat, der sich aus dem jährlichen Mittel der zwischen 1989 und 1992 erhaltenen Zuwendungen bestimmt (sog. absolute Obergrenze), dann hat dies ja mit einer noch so entfernten Art von Subsumtion nichts zu tun[26]. In einem streng juristischen Sinne gibt es, wie man zutreffend gesehen hat, keine Möglichkeit, mit deren Hilfe ein bestimmter Prozentsatz als der allein richtige ausgewiesen werden kann: „Seine Festsetzung ist Sache der Erfahrung oder der politischen Überlegung“[27], und genau diese wird hier auf den Sachverhalt angewandt.

Was sich in der Folge beobachten lässt, ist eine wechselseitige Verschränkung der Diskursebenen: Einerseits wird der politische Diskurs zunehmend verfassungslastig und immer auch mit verfassungsrechtlichen Argumenten geführt, wie sich an Dutzenden von Beispielen belegen lässt[28]. Andererseits wird auch der Verfassungsdiskurs selber politisiert und mit genuin politischen Argumenten bestritten, gelegentlich sogar entschieden. Institutionell zeigt sich die Nähe zu politischen Diskursen in der Existenz von Sondervoten, durch die eine verfassungsgerichtliche Entscheidung ihre eigenen Alternativen gleich mitliefert[29].

Eingeschränkte Textbindung

In dem dadurch vorgegebenen Anwendungsmodell wirken die Aussagen des Textes als verbindliche Weg- und Orientierungsmarken, insofern die Entfaltung des normativen Anspruchs der Verfassung wesentlich über sie und durch sie hindurch erfolgt. Sie können aber die Lösung nicht abschließend determinieren. Die Bedeutung des Textes ist dadurch aus verschiedenen Gründen stark eingeschränkt.

(1) In einem ganz allgemeinen Sinne folgt die eingeschränkte Bedeutung aus der außerhalb der Rechtswissenschaft kaum noch bestrittenen Erkenntnis der Sprachphilosophie, dass *kein Text letztverbindlich über*

---

[26] Die Festsetzung des Mindestbetrags in BVerfGE 24, 300 (350ff.); die relative und absolute Obergrenze in BVerfGE 85, 264 (288ff.).

[27] *Forsthoff*, Der Staat der Industriegesellschaft, S. 136f.

[28] *M. Jestaedt*, Phänomen Bundesverfassungsgericht, in: Jestaedt/Lepsius/Möllers/Schönberger, Das entgrenzte Gericht, S. 77 (86f.).

[29] *C. Möllers*, Legalität, Legitimität und Legitimation des Bundesverfassungsgerichts, in: Jestaedt/Lepsius/Möllers/Schönberger, Das entgrenzte Gericht, S. 281 (387).

seine eigene Anwendung entscheiden kann[30]. Einmal in die Welt entlassen, steht der Text für sich und öffnet sich den unterschiedlichen Verständnissen und Bedeutungszuschreibungen seiner Leser[31]. Zwar ist entgegen manchen Übersteigerungen der neueren Sprachkritik darauf zu beharren, dass nicht jedem Text zu jeder Zeit jede beliebige Bedeutung zugeschrieben werden kann. Im Gegenteil heften sich den sprachlichen Zeichen durch ihre regelmäßige Verwendung bestimmte Gebrauchsweisen an, die sich zwar über längere Zeiträume hinweg auch wieder ändern können, an denen aber im Hier und Jetzt und innerhalb der Grenzen einer bestimmten Sprachgemeinschaft niemand vorbeikommt; ebenso lassen sich dafür Prototypen von relativen festen Bedeutungskernen bilden (→ S. 109f.). Aber auch dann ist es nicht der Text selbst, der normativ wirkt, sondern die Praxis seiner Anwendung, also das, was in dieser Anwendung aus ihm gemacht worden ist; erst dieser ergibt dann die eigentliche Norm (→ S. 83). Der Glaube an die Möglichkeit, man könne mit logisch-deduktiven oder sonstigen Mitteln den Sinn eines Textes aus diesem authentisch herausziehen, hat sich verflüchtigt und es gibt wenig Hoffnung, dass er noch einmal wiederbelebt werden könne.

(2) Im Besonderen ist es die *fragmentarische, offene und oft nur prinzipienhafte Regelungsstruktur der Verfassung*, wie sie gerade in ihren Kernbeständen anzutreffen ist, die die Bedeutung des Textes stark einschränkt. Sie gibt damit in vielen Fällen allenfalls Richtungen an, in denen mögliche Lösungen gesucht werden können, sagt aber nicht, wie diese selbst auszusehen hat. Es gibt auch kein irgendwie brauchbares Verfahren, mit dessen Hilfe etwa aus dem Satz „Jeder hat das Recht auf Leben und körperliche Unversehrtheit" und dem weiteren Satz „In diese Rechte darf nur aufgrund eines Gesetzes eingegriffen werden" die Frage verbindlich beantwortet werden kann, ob der Staat die Polizei zur gezielten Erschießung eines das Leben seines Opfers bedrohenden Geiselnehmers ermächtigen darf, und das gilt erst recht, wenn man noch den weiteren Satz hinzuzieht,

---

[30] Grundlegend *L. Wittgenstein*, Philosophische Untersuchungen, 2011, §§ 43 ff.; radikalisierend *S. A. Kripke*, Wittgenstein über Regeln und Privatsprache, 1987; *D. Davidson*, Wahrheit und Interpretation, 2. Aufl. 1994, um jeweils nur einige zu nennen. Rezeption in der Rechtswissenschaft etwa bei *B. Jeand'Heur*, Sprachliches Referenzverhalten in der juristischen Entscheidungstätigkeit, 1989; *Müller/Christensen/Sokolowski*, Rechtstext und Textarbeit, S. 22 ff.; *M. Klatt*, Theorie der Wortlautgrenze, 2004, S. 115 ff.; genannt werden könnte ferner der Dekonstruktivismus von Derrida, Lacan et cetera, ohne dass mit all diesen Positionen an dieser Stelle eine abschließende Auseinandersetzung erfolgen kann.

[31] Aus der Literaturwissenschaft klassisch: *R. Barthes*, Der Tod des Autors; *M. Foucault*, Was ist ein Autor?, jetzt zusammengefasst in F. Jannidis u. a. (Hrsg.), Texte zur Theorie der Autorschaft, 2000, S. 185 ff., 198 ff.

dass kein Grundrecht in seinem Wesensgehalt angetastet werden darf. Ebenso unhaltbar ist ersichtlich die Vorstellung, es könne auf diese und andere Fragen immer nur eine einzige richtige Antwort geben. Stattdessen gibt es, wie jeder Student im ersten Semester lernt, immer nur vertretbare Antworten, deren Richtigkeit sich danach entscheidet, ob sie rational und in sich konsistent begründet sind[32]. Bezogen auf die Verfassung liegt auch darin die Folge der Durchdringung mit den normativen Ordnungsvorstellungen der Gesellschaft, die in ihrer Anwendung stattfindet[33]: Diese gewährleistet Eindeutigkeit und Konsens nur auf der Ebene der textlich fixierten allgemeinen Prinzipien und Orientierungspunkte, während über die Frage, was diese für den Einzelfall konkret bedeuten, berechtigte Meinungsverschiedenheiten entstehen können.

Für den angelsächsischen Rechtskreis mit seiner Fallrechtstradition vertritt eine andere Auffassung Ronald Dworkin, und zwar gerade auf der Grundlage der von ihm angenommenen Verschränkung rechtlicher und moralischer Argumentation in der Rechtsanwendung. Für jeden Rechtsfall soll es danach eine einzige richtige Lösung geben, die ein „Richter Hercules" durch Zusammenstellung sämtlicher in der Rechtsordnung vorhandenen Regeln und Prinzipien und geschicktes Jonglieren mit ihnen auch finden kann (sog. single-answer-thesis)[34]. Damit ist indessen bestenfalls eine regulative Idee bezeichnet, die immerhin verdeutlichen mag, dass der Jurist in der Anwendung der Verfassung nicht seine persönlichen Gerechtigkeitsvorstellungen durchsetzen soll, sondern die in der Rechts- und Verfassungsordnung selbst angelegten. Ein realistisches, das heißt tatsächlich auch einmal erreichbares Ziel liegt darin nicht. Hierzulande findet sich neuerdings eine abgeschwächte Variante dieser These in Gestalt einer strikten Trennung von Verfassungsinterpretation und Verfassungsanwendung: Die Interpretation (als Erschließung des Sinnes der Verfassungsnormen) soll danach ein Akt der Erkenntnis sein, der das Gegebene nur entweder zutreffend erfassen oder verfehlen kann, während bei der Anwendung (als eine Individualisierung und Konkretisierung der einschlägigen abstrakt-generellen Normen) Gestaltungsspielraum besteht, eigene rechtspolitische Wertungen des Anwenders miteinfließen und mehrere gleichermaßen verfassungskonforme Lösungen möglich sind[35]. Hier bleibt nicht nur völlig unklar, wo die Grenze zwischen beiden verläuft – man versuche nur einmal, sie am Beispiel einer normalen Grundrechtsprüfung nach dem Schema Schutzbereich-Eingriff-Rechtfertigung zu exemplifizieren –, sondern auch, welchen Sinn die Differenzierung machen soll, wenn die auf der Interpretationsebene erhoffte,

---

[32] *Müller/Christensen*, Juristische Methodik, Rn. 89ff.

[33] S. dazu vorerst nur *H. Vorländer*, Integration durch Verfassung?, in: ders., Integration durch Verfassung, S. 9 (22).

[34] *Dworkin*, Bürgerrechte ernstgenommen, S. 181ff., 467ff., zur Verschränkung mit der zugrunde zu legenden Gerechtigkeitskonzeption ebda., S. 182–184; *ders.*, Law's Empire, 1998, S. 239ff.

[35] So *Hillgruber*, Verfassungsinterpretation, in: Depenheuer/Grabenwarter, Verfassungstheorie, § 15, insbes. Rn. 27ff., dort unter Anknüpfung an Jestaedt und die Interpretationstheorie *Kelsens*, vgl. Fn. 38.

letztlich aber auch schon dort nicht zu erreichende Objektivität auf der Anwendungsebene sogleich wieder preisgegeben werden muss.

Bewegliche Rechtserzeugung

Die Verwirklichung des normativen Anspruchs der Verfassung, wie sie bis hierher beschrieben ist, bedingt danach ein diskursives, flexibles und lernfähiges Verfahren, das die Verfassung in ihrer Anwendung mit inhaltlicher Substanz erst anreichert, sie dadurch auf immer neue Lagen einstellen kann und zur Rechtsschöpfung oder Rechtsfortbildung hin durchlässig wird. Das ist die zutreffende Intuition, die hinter der Hinwendung zum Modell der „Konkretisierung" steht.

(1) *Konkretisierung* meint in diesem Zusammenhang nicht nur den Vorgang der Übertragung einer allgemein formulierten Norm auf den einzelnen Sachverhalt, wie sie zum Wesen jeder Rechtsanwendung gehört[36]. Stattdessen ist damit der Umstand bezeichnet, dass die einzelnen Aussagen und Sätze der Verfassung in ihrer Anwendung mit einem Sinn gefüllt werden, den sie aus sich heraus nicht haben, und zwar unter Einbeziehung der je vorhandenen Ordnungs- und Gerechtigkeitsüberzeugungen einerseits und der zu ordnenden Wirklichkeit andererseits[37].

Man kann sich dann mit Hans Kelsen auf den Standpunkt stellen, das Geschäft der Rechtsanwendung sei hier in Wahrheit beendet; im Gegenteil vollziehe sich hier der Umschlag zur Erzeugung neuen Rechts, die sich qualitativ nicht von der Rechtssetzung etwa durch einen Gesetz- oder Verordnungsgeber unterscheide: Auch diese füllten damit letztlich nur eine durch eine Norm höherer Stufe erteilte Ermächtigung inhaltlich aus[38]. Damit ist aber das Problem im Ergebnis nur verschoben; es geht dann eben darum, auch diesen Bereich juristisch zu erfassen, handlungsanleitend zu strukturieren und Arbeitsregeln für den Umgang mit den hier bestehenden Unsicherheiten zu entwickeln, alles Fragen, für deren Beantwortung sich Kelsen letzten Endes für unzuständig erklärt. Gerade hier liegt indessen die eigentliche Aufgabe einer Methodenlehre. Was damit von Kelsens Interpretationstheorie für die heutige Verfassungsanwendung letztlich nur bleibt, ist das Verdienst, bereits zu einem frühen Zeitpunkt in aller Klarheit das rechtsschöpferische, normanreichende Element aufgezeigt zu haben, das jeder Rechtsanwen-

---

[36] Übersicht über die verwendeten Konkretisierungsbegriffe bei *Wolff*, Ungeschriebenes Verfassungsrecht, S. 162f. m. w. N.

[37] Grundlegend *Hesse*, Grundzüge des Verfassungsrechts, Rn. 60ff.

[38] *Kelsen*, Reine Rechtslehre, S. 346ff.; daran für das Grundgesetz anknüpfend *Hillgruber* (35), in: Depenheuer/Grabenwarter, Verfassungstheorie, § 15 Rn. 29; besonders prononciert *M. Jestaedt*, Finanzverfassung – Ausdruck separierter „Finanzfunktion" Rahmenordnung der zentralen staatlichen Steuerungsressource oder Sammlung politischer Kompromisse?, in: Korioth/Vesting, Der Eigenwert des Verfassungsrechts, S. 317ff., mit dem Vorschlag, diesen Teil etwa auch in verfassungsgerichtlichen Entscheidungen als solchen kenntlich zu machen.

dung innewohnt und speziell die Verfassung heute als Resultat der über sie geführten Kommunikationen erscheinen lässt.

(2) In der Folge *verschwimmen auch die Grenzen zum Verfassungswandel*, von dem immer unklarer wird, ob er als eigenständige dogmatische Figur noch gebraucht wird. Unter dem Begriff selbst wird heute überwiegend eine Veränderung des Inhalts oder des Sinnes der Verfassung verstanden, ohne dass zugleich ihr Text verändert wird[39]. Wird freilich dieser Inhalt in der Anwendung erst hergestellt, handelt es sich dabei im Wesentlichen um ein „Interpretationsproblem“[40], wie es auch richtig gesehen wird, wenn dem gesamten Ansatz von einem kritischen Standpunkt aus vorgeworfen wird, er betreibe „permanente(n) rechtsschöpferische(n) Verfassungswandel unter dem Etikett der Interpretation“[41]. Als eigenständige Erscheinung beschreibt der Begriff dann im Wesentlichen nur noch die Fälle, in denen eine einmal erfolgte Inhalts- und Sinnzuweisung durch eine andere ersetzt wird. Praktisch werden dies meist Rechtsprechungsänderungen sein[42]. Die entscheidende Frage ist dann nur die nach der prinzipiellen Zulässigkeit und den Grenzen solcher Änderungen. Sie ist freilich ihrerseits nur ein Ausschnitt aus der größeren und umfassenden Frage nach den Grenzen zulässiger Normkonkretisierung überhaupt, hinter der in der Praxis kaum verklausuliert die Frage nach den Grenzen der Konkretisierungs- und Deutungsmacht des Bundesverfassungsgerichts – im Verhältnis zum Gesetzgeber, aber auch im Verhältnis zur Gesellschaft – steht. Sie beantwortet sich dementsprechend nach den Kriterien, die dafür maßgeblich sind: also etwa nach der Reichweite des Gebots der Textbindung, nach den funktionell-rechtlichen Grenzen der Verfassungsgerichtsbarkeit im Verhältnis zum Gesetzgeber etc. (→ S. 196 ff.). Der Begriff des Verfassungswandels gibt dafür nichts her und erfüllt allenfalls eine heuristische Funktion. In dieser bildet er eine zusammenfasssende „Chiffre für die vielfältigen Fortentwicklungsmöglichkeiten einer zeitgeprägten offenen Verfassung“, die gleichsam von den äußersten Enden her noch einmal auf die Grundstruktur der Verfassung als Gewebe der über sie geführten Kommunikationen verweist[43].

---

[39] Vgl. *Bryde*, Verfassungsentwicklung, S. 254; *Stern*, Staatsrecht I, S. 161; *C. Walter*, Hüter oder Wandler der Verfassung?, AöR 125 (2000), 517 Fn. 2; zu älteren Verwendungsweisen *A. Voßkuhle*, Gibt es und wozu nutzt eine Lehre vom Verfassungswandel?, Der Staat 43 (2004), 450 (451 f.); *Böckenförde*, Staat, Nation, Europa, S. 141 f.

[40] *Häberle*, Verfassung als öffentlicher Prozess, S. 82 f.

[41] *Böckenförde*, Staat, Verfassung, Demokratie, S. 67 f., unter Verweis auf *I. Richter*, Bildungsverfassungsrecht, 1973, S. 19 f.

[42] Vgl. *Voßkuhle* (Fn. 39), Der Staat 43 (2004), 450 (457).

[43] Wie hier *Voßkuhle* (Fn. 39), Der Staat 43 (2004), 450 (453 ff.), dort auch das angeführte Zitat (459).

Abstufungen

Der Grad der Anreicherungs- und Konkretisierungsbedürftigkeit kann dabei variieren und hängt von der unterschiedlichen Determinationskraft der anzuwendenden Verfassungsbestimmungen ab. So wie sich die Verfassung in Schichten unterschiedlicher Bedeutung, Beweglichkeit und Dichte ausdifferenziert (→ S. 93 ff., 106 ff.), differenziert sich auch ihre Anwendung entsprechend aus. Es gibt durchaus Bestimmungen, über deren Inhalt vernünftigerweise nicht gestritten werden kann oder bei denen man für die Ermittlung dieses Inhalts mit dem herkömmlichen Methodenkanon aus grammatischer, historischer, systematischer und teleologischer Auslegung voll und ganz auskommt.

Durchforstet man etwa die ersten Kommentierungen neuerer Grundgesetzbestimmungen wie der Art. 91c, d oder e GG, wird man feststellen, dass die Autoren verbleibende Unklarheiten mangels anderer Anhaltspunkte meist durch Rückgriff auf die Entstehungsgeschichte aufzuhellen versuchen; jedenfalls dominieren in den Fußnoten ganz eindeutig Verweise auf die Gesetzesbegründung[44]. Allerdings läuft auch in solchen Fällen das grundlegende Ordnungsprogramm der Verfassung als Kontrollfolie stets mit und kann gegebenenfalls aktiviert werden; ist das einmal geschehen, kommen daran auch künftige Kommentierungen oder Neuauflagen der ersten Kommentierungen nicht vorbei und müssen sich damit auseinandersetzen. Auf diese Weise kann etwa in Art. 91e GG aus den Worten „kann zulassen" ein „muss zulassen" und aus „eine begrenzte Anzahl" am Ende eine „unbegrenzte Anzahl" werden[45].

Als ebenso ungefähre wie triviale Leitlinie lässt sich formulieren, dass der Grad der Konkretisierungsbedürftigkeit umso größer ist, je höher der Abstraktionsgrad der anzuwendenden Bestimmungen ist. Der eigentlich tragende Grund dürfte aber die unterschiedliche Nähe der einzelnen Verfassungsbestimmungen zu dem prinzipiellen Gerechtigkeitsanspruch der Verfassung sein, also zu dem Bereich, der in der öffentlichen Wahrnehmung entscheidet, was eine Verfassung ausmacht. Innerhalb dieses Bereichs können dann einerseits selbst vermeintlich strikt formulierte Bestimmungen und Sätze aufgebrochen werden, wenn sie mit dem grundlegenden Anspruch der Verfassung kollidieren.

So ist etwa das Verbot rückwirkender Strafgesetze in Art. 103 Abs. 2 GG für den unbefangenen Leser als ausnahmsloses und unbedingtes Verbot formuliert. Es kann aber in bestimmten historischen Sondersituationen aufgeweicht werden, wenn es mit der „Forderung nach materieller Gerechtigkeit" als einer der „Leit-

---

[44] Vgl. etwa *meine* eigene Kommentierung der Art. 91c-e in von Mangoldt/Klein/Starck; *Mager*, in: von Münch/Kunig, Art. 91c-e GG etc.

[45] So im Zusammenhang von Art. 91e GG *Hermes*, in: Dreier, GG, Art. 91e Rn. 42.

ideen des Grundgesetzes" kollidiert, wie das Bundesverfassungsgericht im Mauerschützenprozess geurteilt hat[46].

Andererseits ist dies zugleich der Bereich, in dem sich die Verfassung stärker für ihre Anreicherung öffnet. Wo solche Anreicherungen stattfinden, lagern sie sich in Gestalt von Leitbildern, dirigierenden Zwischenschichten und inhaltlichen Konturierungen als eine eigene Verfassungsschicht um die vorhandenen Textbestände an, von wo aus sie dann die künftige Anwendung dieser Textbestände mitbestimmen (→ S. 85 ff.). Vereinfacht wird dies meist als eine zumindest faktische Bindung des Interpreten an die verfassungsgerichtlichen Präjudizien bezeichnet[47]. Oder man stellt lapidar fest, Verfassungsinterpretation sei heute wesentlich Extrapolation aus bereits geleisteter Interpretation[48]. Aber es geht letztlich um die ideellen Sinngehalte, die in Präjudizien und bereits geleisteten Interpretationen Gestalt angenommen haben und in ihrer inhaltsauffüllenden, normkonkretisierenden und sinnspeichernden Funktion nun selber Bestandteil des positiven Verfassungsrechts geworden sind.

Zur Kritik des Verfahrens

Der Haupteinwand gegen ein in dieser Weise offenes und bewegliches Verfahren ergibt sich aus seiner Beweglichkeit und Offenheit selbst, die in einer beständigen Spannung zu dem gleichzeitig erhobenen Anspruch der Verfassung steht, feste, beständige und verlässliche Ordnung zu sein (→ S. 62 ff., 67 ff.). Die Disziplinierung, Einhegung und Begrenzung dieser Offenheit wird dann zum Dauerproblem, das die gesamte Methodendiskussion unter dem Grundgesetz in der Tat bis heute beschäftigt, so dass diese selbst sich im Rückblick als nichts anderes darstellt als der Versuch seiner Bewältigung. Der zentrale Vorwurf lautet damals wie heute, man liefere so den Text der Willkür seiner Interpreten aus, in der Sache also der Willkür des Bundesverfassungsgerichts, das die ihm zugewiesenen Kompetenzen folgerichtig auch längst überschritten habe. Er wird seinerseits in verschiedenen Varianten vertreten, je nachdem wo das entscheidende Defizit gesehen oder die mögliche Abhilfe gesucht wird.

(1) In einer *textorientierten Variante* klagt der Vorwurf den Primat des Textes gegenüber seinen Interpreten ein. Kritisiert wird dann, dass die vorherrschende Art der Verfassungsanwendung sich zu wenig um die

---

[46] BVerfGE 95, 96 (130 ff.); kritisch dazu etwa *B. Schlink*, Rechtsstaat und revolutionäre Gerechtigkeit, KJ 1994, 433 ff.

[47] So eben insbesondere *Kriele*, Theorie der Rechtsgewinnung, S. 243 ff.

[48] *M. Herdegen*, Verfassungsinterpretation als methodische Disziplin, JZ 2004, 873 (874).

konkreten Formulierungen des Grundgesetzes kümmere oder diese in der Anwendung ganz unsichtbar werden lasse, und die Lösung wird folgerichtig in einer stärkeren Rückbesinnung auf den Wortlaut gesucht, der die Auslegung insgesamt wieder dominieren soll, die äußerste Grenze der Auslegung darstellt etc.[49] Daran ist richtig gesehen, dass alle Interpretation eines Gegenstandes bedarf, von dem sie ausgeht und zu dem sie wieder zurückkehrt. Sie bleibt deshalb auf den Text und damit auch den Wortlaut als Vorstellung eines Festen und Bestehenbleibenden bezogen, weshalb diesem einverständlich Verbindlichkeit zugesprochen wird (→ S. 300 ff.). Andererseits handelt es sich insoweit eben nur um eine prima-facie-Verbindlichkeit, die auf Einigung beruht, aber im Einzelfall durch bessere Gründe durchbrochen werden kann.

Deshalb regt sich heute niemand mehr darüber auf, dass man in Art. 3 GG aus der Gleichheit „vor" dem Gesetz eine Bindung auch des Gesetzgebers gemacht hat oder in Art. 12 den an sich nur für die „Berufsausübung" angeordneten Gesetzesvorbehalt mit wenigen Federstrichen auch auf die Berufswahl erstreckt hat, obwohl weder das eine noch das andere mit dem Wortlaut vereinbar ist[50]. Überhaupt ist das Wortlautargument wohl nirgends so folgenlos geblieben wie in den ersten zwanzig Verfassungsartikeln: Aus der freien „Entfaltung der Persönlichkeit" ist längst ein Recht geworden, zu tun und zu lassen, was man will oder einem die Laune des Augenblicks eingibt[51]; die verschiedenen und sprachlich klar voneinander abgegrenzten Teilgarantien des Art. 4 Abs. 1, 2 GG sind zu einem einheitlichen Grundrecht der Glaubens- und Gewissensfreiheit mit denkbar weitem Schutzbereich zusammengezogen[52]; für die Eigenschaft als „allgemeines" Gesetz im Sinne von Art. 5 Abs. 2 schadet es nicht, wenn es sich speziell gegen den Nationalsozialismus richtet[53]; dass nach Art. 6 Ehe und Familie unter dem „besonderen" Schutz des Staates stehen, schließt nicht aus, dass alle anderen Lebensformen genauso geschützt werden[54]; Versammlungen „unter freiem Himmel" können auch solche in einem Flughafengebäude sein[55]; unter die „Wohnung" im Sinne von Art. 13 fallen auch Geschäftsräume, obwohl man dort nicht wohnt, sondern arbeitet etc., etc.[56]

---

[49] Vgl. aus neuerer Zeit *Schmitt Glaeser*, Vorverständnis und Methode, S. 215 ff.: „Invisibilisierung des Verfassungstextes"; *J. Lege*, Das Verfassungsrecht zwischen normativem Anspruch und politischer Wirklichkeit, DVBl. 2007, 1053 (1063).

[50] Zur Erstreckung des Gleichheitssatzes BVerfGE 1, 14 (52); s. dagegen noch *R. Thoma*, Ungleichheit und Gleichheit im Bonner Grundgesetz, DVBl. 1951, 457 ff.; zur Ausdehnung des Gesetzesvorbehalts in Art. 12 BVerfGE 7, 377 (400 ff.).

[51] BVerfGE 6, 32; zur Einbeziehung banaler Tätigkeiten wie dem Taubenfüttern oder dem Reiten im Walde BVerfGE 80, 137 (152 ff.) mit Minderheitsvotum Grimm (164 ff.).

[52] Vgl. zur Diskussion *Morlok*, in: Dreier, GG, Art. 4 Rn. 51 ff.

[53] BVerfGE 124, 300 (321 ff.).

[54] Vgl. zuletzt BVerfGE 124, 199 (224 ff.).

[55] BVerfGE 128, 226 (255 f.).

[56] BVerfGE 32, 54 (69 ff.).

Natürlich kann man dafür plädieren, dass in all diesen Fällen der Wortlaut stärker beachtet und der ursprüngliche Sinn wieder stärker in den Vordergrund gerückt wird. Ob dem gefolgt wird, entscheidet sich aber am Gewicht der Gründe, die dafür vorgebracht werden, und damit selber erst wieder in der Argumentation.

(2) Ein ähnlicher, wenn nicht derselbe Irrtum unterläuft der *entstehungsgeschichtlichen Variante* der Kritik, die der vorherrschenden Methode der Verfassungsanwendung vorwirft, sie ignoriere den Willen des Verfassunggebers, der für die Ermittlung des Sinnes der Verfassung allein maßgeblich sei; gefordert wird dann von hier aus eine Rückkehr zur subjektiven, historischen oder original-intent-Auslegung[57]. Auch dies beruht auf einer Verkennung des Geltungsgrundes und damit des inneren Wesens der Verfassung. Die Verfassung gilt heute nicht, wie noch Carl Schmitt angenommen hatte, weil sie von einer souveränen Gewalt in einem freien und ungebundenen Akt erlassen worden ist, sondern weil sie von der Gesellschaft anerkannt wird, die in einem bestimmten Zeitabschnitt unter ihr lebt (→ S. 287 ff.). Diese sucht darin die Antworten auf die Probleme, die sie hier und heute bewegen, und wenn sie dazu auf die Vorstellungen der Gründergeneration zurückgreift, dann deshalb, weil sie von der Vernünftigkeit und Richtigkeit von deren Entscheidungen überzeugt ist; wo das nicht der Fall ist, müssen die Antworten auf eine andere Weise gefunden werden. Abgesehen davon überschätzt diese Kritik auch die Leistungsfähigkeit der subjektiv-historischen Auslegung. Diese nimmt oft nur die Zufälligkeit einzelner Willensäußerungen im Gesetzgebungsprozess – etwa der Mitglieder des Parlamentarischen Rates in den Verfassungsberatungen – für das Ganze des gesetzgeberischen Willens; sie vermag in vielen Fällen – markant etwa bei der Bestimmung des Schutzumfangs von Art. 2 Abs. 1 GG[58] – keine eindeutigen Ergebnisse zu liefern; und wo sie sie doch einmal zu liefern vermag, ist damit für die eigentliche Arbeit – etwa den Vorgang der Abwägung gegen kollidierende Belange – noch gar nichts gewonnen. Zuletzt schließt sich das Recht dadurch für seine Weiterentwicklung im Hinblick auf neue Problemlagen ab[59].

---

[57] Dafür etwa *Jestaedt*, Grundrechtsentfaltung im Gesetz, S. 332 ff., 339 ff.; *ders.*, Und er bewegt sie doch!, in: FS W. Schmitt Glaeser, 2003, S. 267 ff., sowie in verschiedenen weiteren Veröffentlichungen; *C. Hillgruber*, Verfassungsrecht zwischen normativem Anspruch und politischer Wirklichkeit, VVDStRL 67 (2008), 7 (43 ff.); *ders.* (Fn. 35), in: Depenheuer/Grabenwarter, Verfassungstheorie, § 15, Rn. 16 ff., dort allerdings beschränkt auf die „Verfassungsinterpretation" im Gegensatz zur „Verfassungsanwendung" (→ S. 139 f.).

[58] Vgl. dazu nur *Höfling*, in: Friauf/Höfling, Berliner Kommentar, Art. 2 Rn. 29.

[59] Ebenso knapp wie überzeugend *H. Schulze-Fielitz*, Staatsrechtslehre als Wissenschaft, in: ders., Staatsrechtslehre als Wissenschaft, S. 11 (25 f.).

(3) Andererseits bleiben Argumente aus dem Text und der Entstehungsgeschichte ebenso wie das gesamte übrige klassische Instrumentarium auch für die Grundgesetzanwendung weiter von Bedeutung, weil sie sich im Rechtssystem eingespielt haben und den Vorgang der Rechtsanwendung zu rationalisieren imstande sind. Sie dienen deshalb auch dazu, Rechtssicherheit und Verständigung zwischen den Rechtsanwendern herzustellen. Auch die Verfassungsanwendung wird daher nicht auf sie verzichten wollen. Die dem Grundgesetz insgesamt *angemessene Methode kann damit aber immer nur eine komplexe sein*, die die Ressourcen und das Potential des klassischen Instrumentariums nutzt, gleichzeitig aber auch der strukturellen Offenheit der Verfassung Rechnung trägt und die für die Bewältigung der Regelungsprobleme einer modernen Gesellschaft erforderliche Beweglichkeit und Lernfähigkeit gewährleistet[60]. In diesem Sinne muss sie sich für die ganze Vielfalt legitimitätssichernder Faktoren und Richtigkeitsmaßstäbe öffnen, also gerade auch solcher, die über die klassische Legalität als Einhaltung der gesetzlichen Vorgaben hinausweisen. Zu diesen gehören etwa Akzeptanz und Akzeptabilität, es gehören dazu Problemangemessenheit und Zukunftstauglichkeit, und es gehört dazu eine hinreichende Anschlussfähigkeit an die realen Gegebenheiten, alles Elemente, die sich in einem klassischen Methodenprogramm nur schwer abbilden lassen[61]. Zuletzt und entscheidend muss sie sich auch öffnen für die je vorhandenen Ordnungs- und Gerechtigkeitsvorstellungen der Gesellschaft, die in ihrer Anwendung notwendig mit- und weiterverarbeitet werden.

Gerade diese Komplexität im Verbund mit ihrer Beweglichkeit hat der vorherrschenden Methode in einer generalisierenden und radikalisierenden Variante der Kritik den Vorwurf eingetragenen, sie sei letztlich überhaupt keine Methode; stattdessen verberge sich dahinter nur eine „Umbildung des Verfassungsgesetzes" oder ein „Abschied von der Dogmatik", der bloß dazu diene, den richterlichen Dezisionismus zu verhüllen[62]. Das Problem dieser Kritik ist, dass sie keine überzeugende Alternative zu präsentieren imstande ist; wo sie es – etwa in Gestalt einer Rückbesinnung auf den Savignyischen Methodenkanon – versucht hat, darf dies als überholt gelten, so dass sie heute meist ganz darauf verzichtet[63]. Sie richtet sich damit erneut weniger gegen die konkrete Art und Weise der Anwendung der

[60] So zutreffend *Bryde*, Verfassungsentwicklung, S. 258.

[61] Zu dieser Vielfalt der Richtigkeitsmaßstäbe instruktiv *W. Hoffmann-Riem*, Methoden einer anwendungsorientierten Verwaltungsrechtswissenschaft, in: E. Schmidt-Aßmann/W. Hofmann-Riem (Hrsg.), Methoden der Verwaltungsrechtswissenschaft, 2004, S. 9 (47 ff.).

[62] In der Reihenfolge der Zitate: *Forsthoff* (Fn. 6), in: FS C. Schmitt, S. 35 ff.; *Schlink* (Fn. 6), JZ 2007, 157 ff.

[63] Die Rückbesinnung auf Savigny bei *Forsthoff* a.a.O.; dagegen schon *Böckenförde*, Staat, Verfassung, Demokratie, S. 56 ff.; zu dessen eigenem Vorschlag der Deutung der

Verfassung als vielmehr gegen das dahinter stehende Verfassungsverständnis, von dem sie ihren Ausgang nimmt. In Bezug auf die Anwendung lässt sich dann nur noch sagen, sie sei insgesamt falsch, dogmatisch nicht nachvollziehbar oder methodisch ganz unvertretbar. Man steht dann nur irgendwann vor dem Problem, dass die vielen falschen Entscheidungen und Ableitungen, die auf diese Weise zustande gekommen sind, die Rechtswirklichkeit nachhaltiger und sichtbarer prägen als die vielen richtigen Ableitungen und Entscheidungen, die man selbst stattdessen vorgenommen hätte. Im politischen und juristischen Betrieb ist diese Kritik, die das vorherrschende, in den maßgeblichen Institutionen fest verankerte Verfassungsverständnis seit seiner Herausbildung wie ein Hintergrundrauschen beständig begleitet, jedenfalls völlig folgenlos geblieben; ganz offenbar prallt sie an den Eigengesetzlichkeiten dieses Betriebes ab, der einfach weitermacht wie bisher.

II. Die Elemente der Anwendung

Die Anwendung der Verfassung stellt sich damit insgesamt als eine soziale Praxis aufeinander verweisender Kommunikationen dar, in der die der Verfassung zugeschriebenen Ordnungsvorstellungen in ihrer Bedeutung für den Einzelfall sichtbar gemacht werden sollen. Als solche kann sie Stabilität und Struktur nicht von außen oder durch eine Kritik erhalten, die ihre bisherigen Hervorbringungen ignoriert und gleichsam in einer imaginären Stunde Null der Verfassungsanwendung noch einmal ganz von vorn beginnen will. Wie jede soziale Praxis erhält sie vielmehr Stabilität und Struktur wesentlich aus sich selbst heraus und hier vor allem durch die Verengung von Handlungsspielräumen, die sie durch Vorfestlegungen, Einübung von Routinen oder allseitigen Erwartungsdruck bewirkt hat (→ S. 302 ff.). Die Vorgaben, die daraus resultieren, können einmal formaler oder methodischer Art sein. Sie enthalten dann generalisierte und bereits an anderen Fällen erprobte Arbeitsanweisungen für die Behandlung künftiger Fälle; das Spektrum reicht von einzelnen Argumentationsregeln bis zu ausgearbeiteten Prüfprogrammen oder einer ganzen Dogmatik. Es können aber auch materielle oder inhaltliche Vorgaben im Sinne der ideellen und dirigierenden Verfassungsschichten sein, mit denen die Verfassung im Verlauf ihrer Anwendung angereichert worden ist und die ihrerseits zugleich Orientierung für künftige Anreicherungen bereitstellen. Zusammen formen sie ein in sich bewegliches Ensemble von „Elementen", die die praktische Arbeit mit der Verfassung heute wesentlich vorstrukturieren[64].

Verfassung als „Rahmenordnung" bereits oben → S. 68 ff.; der Verzicht auf die Alternative bei *Schlink* a.a.O.

[64] *Müller/Christensen*, Juristische Methodik, Rn. 300 f., 304 ff., dort allerdings mit

Leitbildorientierung

Zu den zentralen Elementen dieser Arbeit gehören danach vor allem die hier so genannten Leitbilder, in denen die ideellen Sinngehalte kondensiert sind und ihre konkrete Gestalt angenommen haben. Als normativ verfestigte Hintergrundvorstellungen zu Grundbegriffen, Prinzipien und Sätzen der Verfassung, die eine bestimmte Vorstellung davon zum Ausdruck bringen, wie ihre einzelnen Institute richtiger- und vernünftigerweise beschaffen sein sollten, sind sie der Ort, an dem die Verschränkung mit den Gerechtigkeits- und Angemessenheitsüberzeugungen der Gesellschaft, den vorhandenen moralischen Intuitionen oder auch den großen Entwürfen der politischen Theorie stattfindet; zugleich fließen über sie – in milde idealisierter Form – die Vorgegebenheiten des Realbereichs, also des in den Blick genommenen Wirklichkeitsausschnitts und der vorgefundenen Sachstrukturen, in die Verfassungsanwendung ein (→ S. 90ff.). Von hier aus steuern sie diese Anwendung, deren Ergebnisse in vielen Fällen überhaupt nur von ihnen aus erklärt werden können.

Wie das konkret vonstatten geht und was dabei mit und aus der Verfassung gemacht wird, illustriert als ein nach wie vor besonders lehrreiches Beispiel die quoten- und zuletzt auch summenmäßige Begrenzung der staatlichen Parteienfinanzierung, die das Bundesverfassungsgericht – wenn auch erst nach einigem Hin und Her – aus dem Satz „Die Parteien wirken bei der politischen Willensbildung des Volkes mit" (Art. 21 Abs. 1 S. 1 GG) herausgelesen hat[65]. Dieser Satz ist als solcher völlig unbestimmt; er lässt aus sich heraus nicht einmal erkennen, ob die „Mitwirkung" hier lediglich im Sinne einer gegebenen Tatsache beschrieben wird, ob den Parteien ein Recht darauf zuerkannt wird oder ob ihnen weitergehend sogar ein entsprechender Auftrag erteilt wird. Ebenso ist unklar, wie diese „Mitwirkung" konkret aussehen soll und was gerade die Rolle der Parteien dabei ist. Mit keinem Mittel induktiver oder deduktiver Logik lässt sich dem Satz deshalb die weitergehende Aussage entnehmen, dass der staatliche Anteil an der Finanzierung der Parteien in irgendeiner Weise beschränkt ist, schon gar nicht im Sinne eines bestimmten Prozentsatzes oder eines irgendwie bezifferten Gesamtvolumens[66]. Verständlich wird dies erst von einer an den Text herangetragenen und zu seiner Ausfüllung mit ihm verbundenen Vorstellung der Parteien, die diese als „frei gebildete, im gesellschaftlich-politischen Bereich wurzelnde Gruppen" versteht und sie von hier aus als „Mittler", „Zwischenglieder" oder „Transmissionsriemen" irgendwo zwischen Gesellschaft und Staat ansiedelt[67]. Von hier aus lässt sich dann sagen,

---

anderer, nämlich gerade gegen die vorherrschende Praxis gewendeter Hierarchisierung der einzelnen Elemente (→ S. 158ff.).

[65] BVerfGE 85, 264 (283ff.); zum langen Weg dahin siehe nur BVerfGE 8, 51 (63); 20, 56 (96ff.); 24, 300 (334ff.); 52, 63 (81ff.).

[66] So bereits zu einer anderen Hervorbringung dieser Judikatur *Forsthoff*, Der Staat der Industriegesellschaft, S. 136f.

[67] Zitat aus BVerfGE 85, 264 (287).

dass die Parteien sich weiterhin „um die finanzielle Unterstützung ihrer Aktivitäten durch ihre Mitglieder und ihnen nahestehende Bürger" bemühen müssen und nicht vollständig „vom Staat abhängig werden" dürfen[68]. Dies hat das Bundesverfassungsgericht in der Tat ausgesprochen, und alles Weitere ist dann nur noch Kleinarbeit, bei der über die konkreten Prozentsätze oder Festbeträge gefeilscht wird (→ S. 137). Es ist aber wesentlich diese Vorstellung – eben das hier so genannte Leitbild –, mit der der Verfassung solche Aussagen und Bedeutungsgehalte erst abgewonnen werden können. Ein nicht weniger instruktives Beispiel aus jüngerer Zeit ist etwa die Entscheidung zu den Hartz-IV-Regelsätzen für Kinder, die vom Bundesverfassungsgericht im Ergebnis nicht deshalb beanstandet wurden, weil sie zu niedrig, sondern weil sie überhaupt nicht berechnet waren[69]. Der Gesetzgeber war vielmehr umgekehrt von dem für die Reform eingeplanten Finanzvolumen ausgegangen und hatte dies einfach auf die voraussichtliche Zahl der bezugsberechtigten Kinder umgelegt. Dem hielt das Gericht seinerseits den Spiegel einer guten Gesetzgebung vor, die sich nicht an den Kompromisszwängen des politischen Betriebs, sondern an der Sache orientiert und den vorhandenen Bedarf für ein Leben erst einmal nachvollziehbar ermittelt, und gerade dies hat es dem Gesetzgeber aufgetragen. In der Verfassung steht von alledem kein Wort. Diese regelt in Bezug auf die Gesetzgebung nur das äußere Verfahren als ein Gerippe technischer Regeln, und es ist erst die Interpretation, die ihm die innere Substanz hinzufügt, nämlich eine leitbildartige Vorstellung davon, was Gesetzgebung in Bezug auf die je auf dem Spiel stehenden Rechtsgüter überhaupt leisten soll (→ S. 269 ff.). Aber die Entscheidungen müssen keineswegs immer so spektakulär sein. Im Gegenteil kann man beobachten, dass sich das Muster mittlerweile verselbständigt hat und sich entsprechend der flächendeckenden Ausbreitung der Leitbilder heute in allen Bereichen des Verfassungslebens feststellen lässt (→ S. 91 ff.).

Leitbilder vs. Prinzipien

Leitbilder geben in diesem Sinne bei den je anstehenden Problemen und Fragen die Richtung an, in der mögliche Lösungen gesucht werden können. Mit ihrem „überschießenden Deutungsgehalt" fügen sie so ein „kreatives Moment" in die Rechtsanwendung ein, mit dem sie diese nun auch inhaltlich dirigieren und vorstrukturieren[70]. Darin unterscheiden sie sich zu-

---

[68] BVerfGE 85, 264 (287, 289).

[69] BVerfGE 125, 175 (220 ff.); eher verunklarend nunmehr BVerfG, NVwZ 2012, 1024 (1026): Anforderungen „beziehen sich nicht auf das Verfahren der Gesetzgebung, sondern auf dessen Ergebnisse".

[70] Diese Eigenschaften von Leitbildern bei *S. Baer*, Schlüsselbegriffe, Typen und Leitbilder als Erkenntnismittel und ihr Verhältnis zur Rechtsdogmatik, in: E. Schmidt-Aßmann/W. Hoffmann-Riem (Hrsg.), Methoden der Verwaltungsrechtswissenschaft, 2004, S. 223 (232, dort auch die Zitate); der dort geleisteten Pionierarbeit verdanke ich wesentliche Erkenntnisse. Generell ist die Verwaltungsrechtswissenschaft, was Leistungsfähigkeit und das Steuerungspotential solcher Kategorien anbelangt, hier schon weiter, vgl. etwa – ebenfalls zu Leitbildern – *Franzius*, Modalitäten und Wirkungsfaktoren der Steuerung durch Recht, in: Hoffmann-Riem/Schmidt-Aßmann/Voßkuhle, Grundlagen des Verwaltungsrechts I, § 4 Rn. 23 ff.

gleich von den „Werten“ oder „Prinzipien“, mit denen sie ansonsten durchaus Berührungspunkte aufweisen. Wie die Werte und zumindest in ihrer ursprünglichen Formulierung auch die Prinzipien nehmen die Leitbilder eine gesellschaftliche Vorstellung des Guten, Richtigen und Angemessenen in sich auf, die durch sie in das Recht hinübergetragen und als solche in dessen Anwendung mitverhandelt werden (→ S. 96 ff.). Beide stehen damit für die Verschränkung von Recht und Moral sowie von Recht und Wirklichkeit, und folgerichtig können sie oft in ein und demselben Rechtsbegriff zusammenkommen. So kann man etwa von der Demokratie des Grundgesetzes sagen, sie sei sowohl „Wert“ und „Prinzip“ als auch verfassungsrechtliches „Leitbild“ für die Rechtsanwendung. Während die Bezeichnung als Wert oder Prinzip in diesem Zusammenhang aber nur besagt, dass es sich bei der Demokratie um etwas Wichtiges oder Fundamentales handelt, das gerade deshalb bewahrt, verteidigt oder gegebenenfalls optimiert werden muss, gibt das Leitbild an, was mit Demokratie in der Sache eigentlich gemeint ist. Auch in solchen Fällen ist das Leitbild daher mit dem Wert oder Prinzip nicht identisch, sondern steht im Grunde hinter ihnen; es ist das, was dem Prinzip oder dem Wert erst Farbe und Kontur – eben ein „Bild“ – vermittelt[71]. Vereinfachend lässt sich der Unterschied zwischen ihnen auch so formulieren, dass sich die Werte und Prinzipien mit ihrem jeweiligen „Gewicht“ in die Rechtsanwendung einbringen, die Leitbilder dagegen mit ihrem „Inhalt“[72]. Speziell für Abwägungen sind die Werte und Prinzipien damit das, was in der Waagschale liegt, während die Leitbilder angeben, wohin das Pendel am Ende ausschlagen soll. Insofern bilden sie wie das klassische Vorverständnis das „Dahinter“ der Rechtsanwendung, das aber in seiner Verschränkung mit dem Text und im Vorgang seiner beständigen Anwendung nun selber zu Recht geronnen ist und den Inhalt der Verfassung heute wesentlich mitbestimmt.

Arbeitsregeln, Prüfroutinen, Dogmatik

Umgeben werden diese inhaltlichen Ausformungen von einem seinerseits offenen System von Arbeitsanweisungen, Prüfroutinen und Entscheidungsregeln, die sich ebenfalls in der bisherigen Anwendung der Verfassung herausgebildet haben und diese nun wesentlich mitbestimmen[73]. Es

---

[71] Vgl. erneut *Baer*, a.a.O., S. 234 ff.

[72] „Dimension des Gewichts“ als Merkmal von Prinzipien: *Dworkin*, Bürgerrechte ernstgenommen, S. 61 f.

[73] Die Formulierung vom „offenen System“ bei *H.-P. Schneider*, Verfassungsgerichtsbarkeit und Gewaltenteilung, NJW 1980, 2103; *Voßkuhle*, in: von Mangoldt/Klein/Starck, GG, Art. 93 Rn. 42.

sind dies im Wesentlichen die bekannten dogmatischen Instrumente, wie sie in den Lehrbüchern des Faches hinlänglich vermittelt werden: mit dem Anspruch auf Wissenschaftlichkeit fundierte Anwendungshilfen für die Lösung praktischer Fragen[74]. Sie lassen sich je nach dem Grad ihrer Allgemeinheit und Direktivität für den Einzelfall zu verschiedenen Gruppen oder Kategorien zusammenziehen, die zugleich eine Art Stufenmodell der Verfassungsanwendung ergeben.

(1) Auf der obersten Stufe stehen *universelle Argumentformen* oder Argumentationsregeln ohne gegenständlichen Anwendungsbereich, die in beliebigen Zusammenhängen relevant werden können. Zu ihnen gehören neben den bereits mehrfach angesprochenen klassischen *Kanones der Gesetzesauslegung* vor allem die bekannten *Topoi* der Verfassungsinterpretation: zunächst als allgemeinster Gesichtspunkt die Sachgerechtigkeit einer Lösung in Bezug auf das anstehende Problem; daraus abgeleitet etwa der Gesichtspunkt der Verstärkung der Geltungskraft, der auf eine möglichst effektive Auslegung mit Blick auf die zu ordnende Wirklichkeit zielt; der Maßstab integrierender Wirkung, der nach der Befriedungswirkung und Akzeptabilität des gefundenen Ergebnisses fragt; bereits spezifischer demgegenüber dann das Prinzip der Einheit der Verfassung, nach dem Verfassungsnormen so zu interpretieren sind, dass Wertungswidersprüche innerhalb der Verfassung vermieden werden; zuletzt als Leitlinie für Abwägungen das Prinzip praktischer Konkordanz, das dazu auffordert, die kollidierenden Rechtsgüter einander so zuzuordnen, dass möglichst beide optimal zur Geltung gelangen[75]. Für sie alle gilt, dass die Weite ihres Anwendungsbereichs in umgekehrtem Verhältnis zu ihrer Problemlösungskapazität steht; universell einsetzbar, bleibt in vielen Fällen doch offen, was aus ihnen im Einzelfall folgen soll.

(2) Darin unterscheiden sie sich von solchen Anwendungsprogrammen, die auch den Inhalt der zu treffenden Entscheidung stärker vorstrukturieren, dies aber mit einer entsprechenden thematischen Begrenztheit erkau-

---

[74] In Anlehnung an die schönen Definitionen bei *Jestaedt*, Die Verfassung hinter der Verfassung, S. 30; *Morlok*, Was heißt und zu welchem Ende studiert man Verfassungstheorie?, S. 39 f.

[75] Immer noch mustergültige Zusammenstellung bei *Hesse*, Grundzüge des Verfassungsrechts, Rn. 66 ff. Einzelne dieser Gesichtspunkte ziehen immer wieder Kritik auf sich, vgl. etwa zum Prinzip der Einheit der Verfassung *Müller/Christensen*, Juristische Methodik, Rn. 383 ff.; ausführlich zuvor bereits *Müller*, Die Einheit der Verfassung, insbes. S. 92 ff. Zum Prinzip praktischer Konkordanz, in dem oft so etwas wie die Summe des Ganzen gesehen wird, *A. Fischer-Lescano*, Kritik der praktischen Konkordanz, KJ 2008, 166 ff.; die Alternative sollen hier „ausdifferenzierte Techniken zur Sicherung gesellschaftlicher Autonomieräume sein", von denen man dann allerdings gerne gewusst hätte, wie sie konkret aussehen sollen.

fen. Sie bilden innerhalb dieses Systems die unteren Stufen, auf denen die konkret-praktische Bewältigung der Probleme im Vordergrund steht. Dies ist traditionell der Ort *verschiedener Einzeldogmatiken*, innerhalb derer man wiederum solche mit höherer Allgemeinheit von spezifischeren oder bereichsbezogenen unterscheiden kann.

Eine Dogmatik von höherer Allgemeinheit ist etwa die grundrechtliche Funktionenlehre, also die Unterscheidung von Abwehrrecht, Schutzpflicht, Teilhaberecht und Verfahrensgarantie; einen Unterfall davon bildet wiederum das bislang dreistufige Prüfprogramm von Schutzbereich-Eingriff-Schranke für das Abwehrrecht. Zu den spezifischeren Dogmatiken gehören etwa die Dreistufenlehre zu Art. 12, das Unterscheidungsmodell von Inhalts- und Schrankenbestimmung einerseits und Enteignung andererseits bei Art. 14 oder der Topoikatalog für die Abwägung von Meinungsfreiheit und Persönlichkeitsschutz (Vermutung für die Zulässigkeit der freien Rede, Unzulässigkeit der Schmähkritik, Recht zum Gegenschlag etc.); aus neuerer Zeit wäre etwa die Skalierung von Informationseingriffen nach bestimmten Schwereindikatoren zu nennen (Persönlichkeitsrelevanz, Heimlichkeit, Streubreite, Einschüchterungseffekt etc.)[76]. Abgerundet wird dieses Ensemble heute meist durch Argumente aus der Rechtsvergleichung, über die zusätzlich auch Einflüsse aus dem Recht der Europäischen Union oder der EMRK verarbeitet werden können (→ S. 161 ff.).

Zusammen ergeben all diese dogmatischen Instrumente dann eine Art Formular, das gewisse Voreinträge und eine allgemeine Struktur für das Abarbeiten eines Problems enthält, aber jeweils noch um die im Einzelfall relevanten Erwägungen ergänzt werden muss.

Normative Bezugspunkte

Dogmatik in diesem Sinne und unter Einschluss des gesamten Arsenals an eingespielten Argumentformen ist unverzichtbares Hilfsmittel für die Anwendung der Verfassung und Grundbedingung für die Akzeptabilität der Ergebnisse. Sie vermag aber diese Ergebnisse gerade in zentralen Fragen nicht mehr aus sich heraus zu legitimieren. Sie bedarf vielmehr eines normativen Bezugspunktes, der den Einsatz ihrer Instrumente überhaupt trägt und ihm die Richtung weist; ohne einen solchen Bezugspunkt bleibt sie inhaltlich leer und orientierungslos[77]. Bereits bei Savigny war die An-

---

[76] Vgl. etwa BVerfGE 115, 320 (347 ff.) – Rasterfahndung; dort die wohl vollständigste Zusammenstellung.

[77] Die präzise Herausarbeitung dieser wechselseitigen Abhängigkeit mit all ihren Implikationen ist das zentrale Verdienst von *Jestaedt*, Die Verfassung hinter der Verfassung, S. 21 ff., der den Wertungshintergrund ganz allgemein im Begriff der „Verfassungstheorie" zusammenfasst: als den „Ort, an dem die für die Verfassungsrechtswissenschaft insgesamt unentbehrlichen ‚großen Erzählungen', die leitenden kollektiven Deutungsmuster, geformt und verbreitet werden", ebda., S. 55. Nicht folgen kann ich

wendung der von ihm stilbildend vorgestellten Grundelemente der Auslegung – wenngleich noch unter Fehlen des teleologischen – in diesem Sinne eingebettet in die „Anschauung des historisch-dogmatischen Ganzen", aus dem jedes einzelne Element „allein Licht erhalten kann"[78]. Auch die Begriffsjurisprudenz hatte im Übrigen diesen Zusammenhang klar gesehen[79]. Für die Anwendung der Verfassung liegt der entsprechende Bezugspunkt in den Voranmahmen und Hintergrundvorstellungen darüber, was die Verfassung und ihre einzelnen Institute in einem tieferen Sinne bedeuten.

(1) Dies können *inhaltliche Voranmahmen sein, wie sie hier unter den Begriff des Leitbildes gefasst* sind und in ihrer permanenten Anwendung selber zu Verfassungsrecht erstarken.

So steht etwa hinter dem dreistufigen Prüfprogramm von Schutzbereich-Eingriff-Schranke für die Feststellung einer Grundrechtsverletzung ersichtlich die Vorstellung der prinzipiellen Rechtfertigungsbedürftigkeit staatlicher Freiheitsbeschränkungen, die dann eben in diesem Prüfprogramm Schritt für Schritt abgearbeitet wird (→ S. 221 ff.). Auch in den speziellen Abwägungsregeln, wie sie das Bundesverfassungsgericht für einzelne Grundrechte entwickelt hat, lässt sich unschwer die Wirkung solcher Leitbilder erkennen: bei der Beurteilung von Eigentumsbeeinträchtigungen etwa die Vorstellung eines „gerechten Ausgleichs" mit den berechtigten Belangen der Allgemeinheit je nach dem Grad ihrer Angewiesenheit auf das Eigentumsgut[80]; bei der Austarierung von Meinungsfreiheit und Persönlichkeitsschutz die Vorstellung einer prinzipiellen Gleichordnung beider Seiten, die sich sowohl von dem amerikanischen Modell einer prinzipiellen Vorordnung der Meinungsfreiheit als auch von dem französischen einer prinzipiellen Vorordnung des Persönlichkeitsschutzes markant unterscheidet[81].

---

ihm allerdings in der konkreten Zuordnung beider Seiten: Nicht die so verstandene Verfassungstheorie ist „Korrollar-, Ancilliär- oder Zuliefererdisziplin für die Verfassungsdogmatik" (S. 20), sondern es steht gerade umgekehrt die Dogmatik in einer dienenden Funktion zu ihr, und beide können dann auch nicht voneinander isoliert werden, sondern hängen integral miteinander zusammen (→ S. 4 f.). Gerade diese wechselseitige Isolierung der Verfassungstheorie als „Beobachterdisziplin" und der Dogmatik als „Teilnehmerdisziplin" ist aber das eigentliche sachliche Anliegen der Schrift, vgl. S. 40 ff., 45 ff.; sie muss dann in der Folge auch durch verschiedene „methodologische Kopplungen" wieder aufgefangen werden, vgl. S. 73 ff.

[78] *F. C. Savigny*, System des heutigen römischen Rechts, Bd. 1, 1840, S. 215; zum Grund aller einzelnen „Rechtsregeln" in einem „organischen System" aller „Rechtsinstitute" ebda., S. 9 f.

[79] Richtig *K.-H. Ladeur*, Die rechtswissenschaftliche Methodendiskussion und die Bewältigung des gesellschaftlichen Wandels, RabelsZ 64 (2000), 60 (63).

[80] BVerfGE 100, 226 (240); zu der Abstufung nach dem Sozialbezug BVerfGE 50, 290 (340 f.).

[81] Vgl. dazu etwa *D. Grimm*, Die Meinungsfreiheit in der Rechtsprechung des Bundesverfassungsgerichts, NJW 1995, 1697 (1701 f.); zu Unrecht nimmt *Herdegen* (Fn. 48), JZ 2004, 873 (876) für die Rechtsprechung des Bundesverfassungsgerichts bereits eine Annäherung an das amerikanische Modell an.

(2) Der normative Bezugspunkt kann aber auch ganz allgemein *in den vorausgesetzten Vorstellungen über den Sinn der Verfassung insgesamt* liegen, also in dem jeweils vorherrschenden Verfassungsverständnis, einer Verfassungstheorie oder eben dem allgemeinen Begriff der Verfassung. So verhält es sich etwa bei den oben angeführten Topoi der Verfassungsinterpretation. Wenn dazu etwa die „Einheit der Verfassung“ oder der „Maßstab integrierender Wirkung“ gerechnet werden, so steht dahinter ja ersichtlich die Idee, dass die Verfassung genau dies bewirken soll, nämlich in sich als Einheit erscheinen und zur Herstellung und Erhaltung politisch-sozialer Einheit beitragen soll, und ähnlich liegt auch dem „Prinzip praktischer Konkordanz“ die Idee eines gerade in der Verfassung zum Ausdruck kommenden harmonisierenden Ausgleichs aller Gegensätze zugrunde[82]. Die Anwendung der einzelnen dogmatischen Instrumente wird so durch ihren Wertungshintergrund wesentlich mitbestimmt, ohne den sie allesamt unverständlich sind, und dieser Wertungshintergrund ist letztlich nichts anderes als das, was eine Gesellschaft von ihrer Verfassung und deren einzelnen Instituten erwartet.

Verschiebungen

In der Praxis lässt sich beobachten, dass die vorausgesetzten Ordnungsvorstellungen und Leitbilder verstärkt nach außen sichtbar gemacht werden und sich mehr und mehr über die klassischen dogmatischen Elemente schieben. Dass geht nicht so weit, dass bereits von einem „Abschied von der Dogmatik“ gesprochen werden könnte[83]; dem steht schon die schiere Menge der vorhandenen und nach wie vor fleißig verwendeten dogmatische Elemente entgegen. Zudem erfüllen die normativ verfestigten Leitbilder als „dirigierende Verfassungsschicht“[84] und Speicher für richtige, d. h. im Rahmen der geltenden Rechtsordnung vernünftig begründbare Lösungen selber bereits traditionelle Funktionen von Dogmatik. Richtig ist allerdings, dass sich die Art des Zugriffs dadurch verändert. Ganz in den Vordergrund tritt nun das Fort- und Ausbuchstabieren der Leitbilder selbst, so dass diese in vielen Fällen bereits als das eigentlich Bestimmende der Verfassungsanwendung erscheint. Sichtbar wird dies in der Ausbildung eines eigenständigen „Maßstäbeteils“ in den Urteilen des Bundesverfassungsgerichts, in dem abstrakt-generell und im Stil eines Lehrbuchs die Vorgaben für die nachfolgende Falllösung entfaltet werden; mittler-

---

[82] Siehe oben Fn. 75.

[83] So der Titel des Aufsatzes von *Schlink* (Fn. 6), JZ 2007, 157 ff.

[84] *P. Lerche*, Stil und Methode der verfassungsrechtlichen Entscheidungspraxis, in: FS 50 Jahre BVerfG, Bd. 1, S. 333 (343 f.).

weile auch äußerlich zu einem eigenen Gliederungsabschnitt verselbständigt, zeigt er schon durch sein Vorhandensein an, dass die Entscheidung des einzelnen Falles in die zweite Reihe verdrängt wird, damit im Zweifel auch weniger wichtig ist[85]. Wichtig ist vor allem die Demonstration der grundlegenden Prämissen, die über den Einzelfall hinausweisen und so ihren Anlass überdauern. Ob man dem durch eine Rückbesinnung auf ältere Bestände der Dogmatik und eine spezifisch-juristische Rationalität entkommen kann, wie es häufig vorgeschlagen wird (→ S. 143 ff.), ist demgegenüber alles andere als sicher. Möglicherweise ist es ja gerade deren fortschreitende Verfeinerung und Ausdifferenzierung, die uns das Problem mit eingebrockt hat, weil es dadurch möglich geworden ist, auch entgegengesetzte Entscheidungsergebnisse dogmatisch konsistent zu begründen[86]. Auch dies macht dann einen Rückgriff auf den Wertungshintergrund der Dogmatik notwendig, und zwar einschließlich der politischen und gerechtigkeitsorientierten Überzeugungen, die sie tragen[87]. Die tieferen Gründe für diese Verschiebung könnten aber in dem Zerfall klassischer Glaubensgewissheiten liegen, wie sie die pluralisierten und fragmentierten Gesellschaften von heute kennzeichnen. Es steigt dann ein Bedürfnis für die wenigen Orte symbolischer Selbstvergewisserung und Selbstrepräsentation, in denen die verbliebenen Gemeinsamkeiten im milden Licht der Idealisierung sichtbar gemacht werden. Die Entscheidungen des Bundesverfassungsgerichts könnten ein solcher Ort sein, und das Gericht müsste dann gerade deshalb zu den Mitteln der Idealisierung greifen, um diese überhaupt noch begründen zu können[88]. So oder so steigt das Bedürfnis für die Absicherung in höherstufigen Gerechtigkeits- und Angemessenheitsvorstellungen, wie sie gerade durch die Leitbilder bereitgestellt werden. Zusammengenommen hat all dies dazu geführt, dass die Anwendung der Verfassung heute wesentlich als eine leitbildorientierte Verfassungsanwendung beschrieben werden kann.

Leistungsfähigkeit

Die Verfassung wird auf diese Weise wesentlich von den inneren, ihr im Laufe der Zeit zugeschriebenen Sinngehalten her angewendet, um die sich

---

[85] S. vor allem O. *Lepsius*, Die maßstabsetzende Gewalt, in: Jestaedt/Lepsius/Möllers/Schönberger, Das entgrenzte Gericht, S. 159 ff.; dazu noch → S. 175 f.

[86] So die berechtigte Vermutung von *Schulze-Fielitz* (Fn. 59). in: ders., Staatsrechtslehre als Wissenschaft, S. 11 (21 f.).

[87] Schulze-Fielitz, a.a.O.

[88] So *H. Rossen-Stadtfeld*, Verfassungsgericht und gesellschaftliche Integration, in: Schuppert/Bumke, Bundesverfassungsgericht und gesellschaftlicher Grundkonsens, S. 169 (193 ff.).

die traditionellen Erkenntnismittel wie die Auslegung nach dem Wortsinn, der Systematik oder der Entstehungsgeschichte gleichsam herumgruppieren. Darin liegen die Vorteile wie die Risiken des ganzen Verfahrens begründet.

(1) Zu den *Vorteilen* wird man es rechnen müssen, dass auf diese Weise die sinnverbürgenden Prämissen in jeder einzelnen Anwendung sichtbar gemacht werden und auf diese Weise immer von neuem in den politischen Prozess eingespeist werden. Insofern sich in diesen Prämissen die grundlegenden Gerechtigkeits- und Ordnungsvorstellungen der Bürger verkörpern, trägt diese Form der Anwendung zur alltäglichen Erneuerung des Konsenses dieser Bürger bei, hält ihn lebendig und hebt ihn kraft seiner Verdichtung zu normativ-anspruchsvollen Leitbildern zugleich über das Einigsein in so hochabstrakten wie dürren Grundaussagen hinaus. Es geht dann eben nicht nur darum, dass Demokratie und Parteien sein sollen, sondern um eine bestimmte Qualität von Demokratie und Parteien, nicht nur um Sozialstaatlichkeit im Sinne eines bloßen Etiketts, sondern um einen Sozialstaat mit einem bestimmten inhaltlichen Anspruch und Leistungsniveau, um Freiheit nicht als formale Kategorie, sondern um eine effektive und innerlich mit Leben gefüllte Freiheit (→ S. 234 ff., 248 ff., 261 ff.). Andererseits bleiben diese sinnverbürgenden Prämissen trotz ihrer inhaltlichen Anreicherung immer noch so allgemein, dass sie auf dieser Ebene, das heißt losgelöst und unabhängig von dem jeweils zur Beurteilung anstehenden Einzelfall, relativ stabil gehalten werden können. Auf diese Weise wird gleichsam ein Maßstab und Beobachtungspunkt bereitgestellt, von dem aus bestimmte Veränderungen oder auch Degenerationserscheinungen des politischen Prozesses oder der gesellschaftlichen Wirklichkeit reflektiert werden können[89].

(2) Die *Nachteile* treten hingegen bei der Entscheidung des Einzelfalls ein, und zwar in verschiedener Hinsicht. Dient die Anwendung der Verfassung vor allem dazu, die Richtigkeit und Bedeutung der grundlegenden Prämissen zu demonstrieren, wird diese zu einer Sache von untergeordneter Wichtigkeit; in den großen Linien, die nun vor allem noch zählen, kommt es darauf letztlich nicht weiter an. Zudem hat das Verfahren mit dem, was man sonst unter Rechtsanwendung versteht, wenig gemein und kann sich insbesondere von den Worten des Textes oder den Absichten seiner Urheber jederzeit lösen; beides wird in der Praxis meist nur dort herangezogen, wo es für die Produktion der Entscheidung sinnvoll erscheint (→ S. 137 ff., 143 ff.). Zusammen führt dies dazu, dass die Ergeb-

---

[89] *Rossen-Stadtfeld* (Fn. 88), in: Schuppert/Bumke, Bundesverfassungsgericht und gesellschaftlicher Grundkonsens, S. 169 (194 f.).

nisse immer stärker situativ und immer schwerer vorhersehbar werden. Hier liegt der Grund für die beständige Kritik an dieser Praxis, die vor allem von der Schule Carl Schmitts in den fünfziger und sechziger Jahren des letzten Jahrhunderts artikuliert wurde und seitdem nicht verstummt ist[90]. Schließlich bildet die Arbeit mit den zu Leitbildern verdichteten ideellen Sinngehalten auch ein Einfallstor für die problematische Kleinarbeitung der Verfassung, in deren Verlauf aus ihren an sich ganz abstrakten Sätzen immer detailliertere Vorgaben abgeleitet werden (→ S. 148 f.). Sollen die Leitbilder vermittels ihrer Anwendung in ihrer übergreifenden Bedeutung am einzelnen Fall aktualisiert und sichtbar gemacht werden, müssen sich aus ihnen eben auch hinreichend konkrete Rechtsfolgen ableiten lassen, die jedermann erkennen lassen, dass es hier wirklich um etwas geht. Namentlich das Bundesverfassungsgericht hat daraus in der Vergangenheit ganze Gesetzgebungsprogramme von einer geradezu beängstigenden Detailfreudigkeit entwickelt[91].

So misslich dies alles ist, so wenig ist freilich auch hier an den tieferen Ursachen zu ändern. Unübersichtliche, orientierungslose und von Zukunftsängsten geplagte Gesellschaften wie die unsere neigen eben dazu, die Antwort auf immer mehr Fragen der politischen, sozialen oder technologischen Entwicklung in solchen ideal formulierten Sinngehalten und Prinzipien zu suchen, in denen man sich noch einig weiß. Die Menschenwürdegarantie ist deshalb zu einer allgegenwärtigen Heils- und Schlichtungsformel in die Gesellschaft tief berührenden Auseinandersetzungen – von der Präimplantationsdiagnostik über die Sozialhilfe bis zum zulässigen Ausmaß von Gewaltdarstellungen im Fernsehen – aufgestiegen, von den rechtsstaatlichen Gewährleistungen erhofft man sich Orientierung bei der letztlich doch politisch vorzunehmenden Gewichtung von Freiheit und Sicherheit bei der Bekämpfung des internationalen Terrorismus, und vom Demokratieprinzip des Grundgesetzes wird eine Antwort auf die Frage erwartet, wohin es mit Deutschland in Europa gehen soll. In gewisser Weise liegt in alldem der Preis, der zu entrichten ist, wenn eine Gesellschaft ihre zentralen Ordnungsvorstellungen im Medium der Verfassung verhandelt.

Rationalisierungspotentiale

Für die Zukunft wird es deshalb allenfalls darum gehen können, den Nutzen der Arbeit mit diesen Elementen für die Gesellschaft so gut es geht zu erhalten und den dafür zu entrichtenden Preis zu minimieren. Dafür wäre nach Möglichkeiten und Wegen zu suchen, das Verfahren weiter zu rationalisieren, also interpretationsleitende Strukturen einzuziehen, die Er-

---

[90] Vgl. etwa *Forsthoff* (Fn. 6), in: FS C. Schmitt, S. 35 ff.; *Böckenförde*, Staat, Verfassung, Demokratie, S. 53 ff.; *Schlink* (Fn. 6), JZ 2007, 157 ff.

[91] Siehe zuletzt etwa BVerfGE 128, 326 (378 ff.) – Sicherungsverwahrung; klassisch: BVerfGE 88, 203 (251 ff.) – Schwangerschaftsabbruch.

gebnisse wieder ein Stück berechenbarer und vorhersehbarer zu machen und – vor allem – die vielfach beklagte Usurpation des politischen Prozesses durch eine zu engmaschige Verfassungsrechtsprechung zumindest einzudämmen.

(1) Viel wäre dafür erreicht, *wenn es gelänge, die verschiedenen Elemente einander klarer zuzuordnen* und feste Hierarchien zwischen ihnen zu bilden. Gerade dies ist das erklärte Anliegen der „Strukturierenden Rechtslehre" Friedrich Müllers und seiner Schüler, die die mit Abstand differenzierteste und am weitesten ausgebaute Anlage einer speziell auf die Verfassung zugeschnittenen Methodik bietet. Gegenüber den einseitig bloß auf den Wortlaut oder die Entstehungsgeschichte bezogenen und schon deshalb unterkomplexen Lösungsvorschlägen nimmt sie den gesamten Fundus des Normerschließungsprogramms in den Blick, dessen einzelne Bestandteile zunächst vorbildlich herausgearbeitet und in ihrer Eigenart, gelegentlich auch in ihrer Fragwürdigkeit herausgearbeitet werden. Den Ausweg aus interpretatorischer Beliebigkeit soll demgegenüber die These weisen, dass dieser Fundus in sich stärker strukturiert und seine einzelnen Elemente in eine grundsätzliche Rangordnung gebracht werden können[92].

Eine Sonderstellung soll danach zunächst dem Wortlaut, also dem Normtext, zukommen: Er bildet, weil mit Verbindlichkeit erlassen, die Grundlage der weiteren „Rechtsarbeit" und hat in diesem Sinne „Geltung" (→ S. 300ff.); diese entfaltet sich ihrerseits üblicherweise in einer Indizwirkung, ausnahmsweise, nämlich bei präzisen, technischen und speziellen Normen, auch als Bestimmungswirkung und durchweg als Grenzwirkung[93]. Von hier aus stehen an der Spitze der Pyramide sodann die methodologischen Elemente im engeren Sinn, zu denen neben dem klassischen Vierer-Kanon aus grammatischer, genetisch-historischer, systematischer und teleologischer Auslegung auch zusätzliche Interpretationsfiguren wie die Analogie oder die Prinzipien der Verfassungsinterpretation rechnen; innerhalb dieser Elemente gehen die Teilergebnisse der grammatischen und systematischen Interpretation denen der anderen vor[94]. Ihnen folgen sodann – in dieser Reihenfolge – Konkretisierungselemente aus Normbereich und Fallbereich, dogmatische Elemente, lösungstechnische Elemente (ein bestimmter Prüfungsaufbau, eine eingespielte Darstellungsgliederung etc.), Theorie-Elemente (rechts-, staats- und verfassungstheoretische Hintergrundannahmen) sowie schließlich verfassungs- und rechtspolitische Elemente[95]; abgerundet und unterfangen werden sie durch die Verarbeitung der Einflüsse des Europarechts etwa im Rahmen der unionsrechtskonformen Auslegung[96].

---

[92] Im Einzelnen *Müller/Christensen*, Juristische Methodik, Rn. 304ff.
[93] Ebda., Rn. 304ff.
[94] Ebda., Rn. 350ff.
[95] Ebda., Rn. 397ff.
[96] Ebda., Rn. 428a.

Das ist alles in allem ein instruktiver Vorschlag, der sich von allen Radikallösungen – eines Zurück zum Wortlaut, zum Willen des Verfassunggebers – wohltuend durch seine höhere Komplexität abhebt. Bei näherem Hinsehen ist er indessen ähnlichen Einwänden ausgesetzt, wie sie schon gegen jene erhoben werden können (→ S. 143 ff.). Das betrifft zum einen die Frage, wie realistisch die behaupteten Rationalitätsgewinne sind. Sie wären es letztlich nur dann, wenn die angenommenen Vorrangverhältnisse zwischen den verschiedenen Elementen als absolute formuliert werden könnten und die nächste Stufe erst betreten werden dürfte, wenn die Ergebnisse auf der je vorhergehenden nicht eindeutig waren. Ein solch absoluter Vorrang hingegen wird soweit ersichtlich auch in der Strukturierenden Rechtslehre nirgends behauptet; im Gegenteil stellt die von ihr durchgängig betriebene Kritik an der – im klassischen Methodenprogramm unreflektiert vorausgesetzten – Verbindlichkeit sprachlicher Bedeutung die Leistungsfähigkeit des von ihr selbst in den Vordergrund gestellten Wortlautarguments in Frage[97]. Gerade bei der Anwendung der zentralen Bestimmungen der Verfassung spielt der Wortlaut dementsprechend nur eine untergeordnete Rolle, so dass sich die Praxis davon in vielen Fällen auch längst gelöst hat (→ S. 144). Lassen sich die Vorrangverhältnisse demgegenüber nur als relative ausweisen, können Argumente auf den höheren Stufen jederzeit durch – bessere, gewichtigere oder vielleicht auch nur rhetorisch besser verkleidete – Argumente der unteren Stufen überspielt werden. Überhaupt und ganz unabhängig von ihrer Steuerungskraft lassen sich Vorränge dieser oder einer anderen Art nicht einseitig dekretieren oder einfach in eine bestimmte Rechtspraxis implantieren, mögen die Gründe dafür auch noch so gut sein. Sie setzen vielmehr einen Konsens innerhalb dieser Rechtspraxis und der jeweiligen Rechtsgemeinschaft voraus, wie ihn die juristische Methodenlehre seit der Formulierung ihres Basisprogramms durch Savigny im Jahre 1840 nicht hat erzielen können[98]; es gehört dann schon einiges an Zuversicht dazu, den Durchbruch nun ausgerechnet im Verfassungsrecht zu erwarten. Der Haupteinwand gegen diese Art der Strukturierung ergibt sich allerdings auch hier aus der Frage, ob sie nicht doch zu sehr in den klassischen legalistischen Bahnen bleibt und damit die Eigenart eines Verfahrens verfehlt, das die Anwendung der Verfassung als Selbstvergewisserung einer politischen Kultur und dementsprechend wesentlich von ihren inneren, zu bestimmten Leitbildern

---

[97] Zu dieser Sprachkritik ebda., Rn. 204 ff., 209 ff., 219 ff., 235 ff., vor allem nunmehr Rn. 351a ff.

[98] Vgl. nur *K. Engisch*, Einführung in das juristische Denken, S. 146 ff. Bei Savigny selbst bleibt bereits die Reihenfolge innerhalb der klassischen Kanones unklar, vgl. *ders.*, System des heutigen römischen Rechts, Bd. I, 1840, S. 215.

verdichteten Sinngehalten her betreibt[99]. Dafür müsste dann an zentraler Stelle gerade eben auf diese Leitbilder und Sinngehalte zurückgegriffen werden, die nun ihrerseits als konsentierte, zu Recht geronnene Deutungsmuster für die Bearbeitung künftiger Fälle bereitliegen[100].

(2) Der Irrtum dieser und ähnlicher Vorschläge ist es, die Rationalisierung gleichsam von außen an eine bestehende und eingespielte Praxis heranzutragen, als eine Fundamentalkritik, die im Ergebnis nicht mehr und nicht weniger verlangt als den vollständigen Bruch mit allem, was vorher war. Diese kann dann zwar scharf und schneidend artikuliert werden, bleibt aber im Ergebnis ohne jeden Effekt. Rationalisierungspotentiale können *vielmehr nur innerhalb dieser Praxis erschlossen und gewonnen werden:* mit ihr, nicht gegen sie – und von den Akteuren, die sie maßgeblich tragen[101]. In den dadurch vorgegebenen Abmessungen bleibt davon im Wesentlichen der Appell zurück, etwa die „Signal- und Grenzfunktion" des Wortlauts wieder stärker zu beachten und die Anbindung an das klassische Methodenprogramm nicht zu vernachlässigen[102]. Leitbilder dürfen danach die Arbeit mit dem Text nicht vollständig ersetzen, sondern ergänzen und unterstützen sie, wo der Text angesichts seiner fragmentarischen und offenen Struktur eine Antwort nicht geben kann. Darüber hinaus lässt sich – als Gebot der Methodenehrlichkeit – speziell für die Leitbilder fordern, den Vorgang ihrer Konstruktion und Ausformulierung durchsichtig und nach außen erkennbar werden zu lassen, also explizit zu machen, was ohnehin geschieht. Dafür wären etwa die Zusammenhänge mit dem Normtext konstruktiv auszuweisen, Übernahmen aus der politischen Theorie und der Sozialphilosophie zu belegen, allgemeine Gerechtigkeitsüberzeugungen durch Gründe zu rechtfertigen und Realannahmen als solche zu kennzeichnen, statt auf diffuse Argumentationsfiguren wie eine „Gesamtschau" oder ein nicht näher aufgefächertes „vorverfassungsmäßiges Gesamtbild" auszuweichen[103]. In der Rechtsprechungspraxis des Bundesverfassungsgerichts finden sich insoweit ebensowohl Bei-

[99] *F. Windisch*, Jurisprudenz und Ethik, 2010, S. 437 ff., ordnet die strukturierende Rechtslehre zwischen „Legalismus" (Rechtsanwendung als Erkenntnis eines vorgegebenen Inhalts) und „Anti-Legalismus" (Rechtsanwendung als Erzeugung neuen Rechts) ein. Das trifft meines Erachtens für die theoretische Beschreibung des Programms zu, nicht aber für seine praktische Durchführung in den dazu vorgestellten Elementen; diese scheint sich mir doch eher an legalistischen Positionen zu orientieren.

[100] Kennzeichnend für die Strukturierende Rechtslehre ist in diesem Sinne gerade die Ablehnung aller darauf bezogenen Theorieelemente wie Prinzipienabwägungen, Werte, Gerechtigkeitsargumente, innere Leitideen etc., vgl. *Müller/Christensen*, Juristische Methodik, Rn. 64 ff., 140 f., 142 ff., 389 f.

[101] Näheres in AöR 134 (2009), 157 (185 ff.), daraus auch die folgenden Erwägungen.

[102] *Müller/Christensen*, Juristische Methodik, Rn. 4.

[103] Solche Wendungen etwa in BVerfGE 39, 1 (45) und BVerfGE 2, 380 (403).

spiele, wie man es machen, als auch solche, wie man es besser nicht machen soll[104]. Vor allem aber wäre innerhalb der gegenwärtigen Praxis auch wieder ein vernünftiger Sinn für die begrenzte Direktivkraft solcher Leitbilder zu entwickeln, die ihrerseits nur wieder eine Folge der begrenzten Direktivkraft der Verfassung insgesamt ist.

Das zielt vor allem auf das Risiko der Überdehnung der Verfassung zu einer politischen Totalitätsordnung, die auf alle politischen Fragen eine verfassungsrechtliche Antwort weiß und so die Räume autonomer politischer Gestaltung verkürzt. Dagegen wäre in sachlich-inhaltlicher Hinsicht an die Allgemeinheit, Offenheit und Kompromisshaftigkeit gerade der grundlegenden Verfassungsnormen zu erinnern, die oft nur ganz allgemeine Orientierungspunkte setzen wollen, aber bewusst Raum für eine Vielfalt von Ausfüllungs- und Konkretisierungsmöglichkeiten lassen. In erster Linie handelt es sich aber um ein Problem, das nicht aus der Verfassung selbst, sondern aus dem Vorhandensein einer starken Verfassungsgerichtsbarkeit resultiert. Die Lösung muss dann ebenfalls wesentlich auf der institutionellen Ebene und hier in einer sachgerechten Zuordnung der verschiedenen Akteure des Verfassungsprozesses gesucht werden (→ S. 189 ff.).

III. Einflüsse von Europäisierung und Internationalisierung

Innerhalb des durch diese Elemente gekennzeichneten Systems müssen heute vermehrt auch Einflüsse und Anstöße von außen verarbeitet werden, wie sie von den internationalen und vor allem den europäischen Rechtsebenen ausgehen. Verantwortlich dafür sind teils rechtliche, teils faktische Zwänge: rechtliche etwa in Gestalt des Vorrangs des Unionsrechts oder der völkerrechtlichen Bindung an die Europäische Menschenrechtskonvention, faktische aus dem Einfluss der europäischen Gerichte, von denen insbesondere der EGMR zeitlich immer erst nach dem Bundesverfassungsgericht entscheidet und damit jedenfalls im praktischen Ergebnis das letzte Wort hat; das macht es dann gerade für das Bundesverfassungsgericht sinnvoll, dessen Einschätzung zu antizipieren (→ S. 187 ff.). Daneben kommen mehr oder weniger freiwillige Anleihen aus der angenommenen Europa- und Völkerrechtsfreundlichkeit des Grundgesetzes in Betracht. Europäisierung und Internationalisierung wirken sich damit zwangsläufig auch auf die Art und Weise der Anwendung der Verfassung aus.

---

[104] Als durchaus vorbildlich – insbesondere was die Verarbeitung des Realbereichs anbelangt – kann etwa das Diätenurteil in Bezug auf das Leitbild des Parlamentsabgeordneten gelten, vgl. BVerfGE 40, 296 (312 ff.); darauf bezieht sich auch die Studie von *H.-J. Cremer*, Anwendungsorientierte Verfassungsauslegung, 2000, dort insbesondere S. 265 ff.

Dogmatisches Instrumentarium

Allerdings wird man auch hier zunächst gut daran tun, sich das Gefühl für die Proportionen des Problems zu bewahren. Tatsächlich führt die Notwendigkeit der Verarbeitung der entsprechenden Impulse im überkommenen System der Verfassungsanwendung zwar zu einigen Irritationen, verändert es aber nicht grundsätzlich; eher lässt sie die eine oder andere bereits jetzt erkennbare Entwicklungslinie nur noch schärfer hervortreten. Das verdeutlicht bereits der Blick auf das dogmatische Instrumentarium, über das die Verarbeitung vonstattengeht. Geordnet nach der Wirkungsintensität und der jeweiligen Bindung des nationalen Rechtsanwenders umfasst es:

(1) im Anwendungsbereich des Unionsrechts das Verfahren der unionsrechtskonformen Auslegung, nach dem bei mehreren möglichen Auslegungen zur Wahrung des Vorrangs des Unionsrechts grundsätzlich das Auslegungsergebnis zu wählen ist, das dem Unionsrecht entspricht oder ihm am nächsten kommt[105];

(2) sodann mit einem wenigstens noch stark appellativen Gehalt, aber ohne wirkliche Verbindlichkeit den Grundsatz der europa- und völkerrechtsfreundlichen Auslegung, der immerhin noch zu einer verstärkten Rücksichtnahme auf die Aussagen des europäischen oder internationalen Rechts und die darauf bezogenen Entscheidungen der jeweiligen Gerichte anhält[106];

(3) schließlich als ein eher informierender Rundumblick die Einbeziehung von Argumenten aus der Rechts- und Verfassungsvergleichung[107].

Von diesen Instrumenten hat die unionsrechtskonforme Auslegung ihr Haupteinsatzgebiet im einfachen Recht, aus dem fast alle behandelten Beispiele stammen[108]; im Verfassungsrecht gibt es demgegenüber nur ganz wenige Anwendungsfälle wie die in diesem Zusammenhang üblicherweise – oft aber auch einzig – genannte Übertragung der Deutschengrundrechte auf EU-Ausländer (→ S. 124). Auch die europa- und völkerrechtsfreundliche Auslegung findet aufs Ganze gesehen, das heißt in Relation zur Gesamtheit der Normen und der darauf bezogenen Auslegungsvorgänge,

---

[105] Umfassend *Müller/Christensen*, Juristische Methodik, Rn. 428a ff.

[106] Zur Europarechtsfreundlichkeit bzw. der europarechtsfreundlichen Auslegung BVerfGE 123, 267 (347, 354); zur Völkerrechtsfreundlichkeit – bezogen auf die EMRK – BVerfGE 111, 307 (318 ff.), dort aber gerade auch gegen eine „schematische“ Übernahme (323 ff.).

[107] Dazu markant *Häberle*, Europäische Verfassungslehre, S. 250 ff.; speziell zur Verfassungsvergleichung C. *Schönberger*, Verfassungsvergleichung heute, VRÜ 43 (2010), 6 ff.

[108] Vgl. die Darstellung bei *Müller/Christensen*, Juristische Methodik, Rn. 428 f.

innerhalb des Grundgesetzes doch eher selten statt, und wo es geschieht, dienen die entsprechenden Argumente nicht selten nur dazu, ein bereits anderweitig gewonnenes oder zu gewinnendes Auslegungsergebnis zusätzlich abzustützen. Dasselbe gilt für die allgemeine Einbeziehung der Rechts- und Verfassungsvergleichung, die noch weit davon entfernt ist, sich wirklich zu einer gängigen oder gar den anderen gleichwertigen „fünften Auslegungsmethode" neben dem klassischen Viererkanon zu entwickeln[109]. Von einer weiträumigen oder gar flächendeckenden Prägung der Verfassungsanwendung durch solche Elemente kann dementsprechend keine Rede sein.

Praktische Folgen

Wo andererseits eine solche Prägung bereits heute zu erkennen ist, also in einzelnen klar definierten Sachbereichen, dürften sich in Bezug auf das eingespielte Verfahren der Verfassungsanwendung langfristig vor allem drei Veränderungen feststellen lassen. Erstens erhöht die Verarbeitung von Impulsen der außer- oder überstaatlichen Rechtsebenen mit einiger Sicherheit nicht die Rationalität des Verfahrens, sondern nur weiter dessen ohnehin schon vorhandene Beweglichkeit: Es eröffnen sich neue Möglichkeiten innovativen Argumentierens, neue Optionen von Befolgung und Nichtbefolgung sowie – für die Gerichte – zwischen Kontinuität und Diskontinuität; die Bindung an eigene Präjudizien lässt demgegenüber tendenziell nach[110]. Zweitens geht die Bedeutung des Textes noch weiter zurück, weil und soweit nun häufig auch eine Angleichung an die möglicherweise ganz anders formulierten, aber inhaltlich in etwa gleichgelagerten Texte der je anderen Rechtsebenen zu erfolgen hat. Das Wortlautargument wird dadurch im Ergebnis noch stärker entwertet, als es das jetzt schon ist; stattdessen werden, wie im Grundrechtsbereich bereits jetzt zu beobachten, die einzelnen Normen wieder ganz zurückgeführt auf den prinzipiellen, geistigen oder auch moralischen Gehalt, der ihnen zugrunde liegt. Drittens und damit zusammenhängend dürfte auch die vorherrschende Leitbildorientierung, also die Erschließung der Normen von der ihnen zugrundeliegenden oder unterlegten Ordnungsidee her, künftig noch zunehmen, weil in den Vorgängen der Europäisierung und Internationalisierung nicht nur einzelne Rechtsnormen aufeinanderprallen, sondern auch

[109] So insgesamt auch die Einschätzung von *M. Nettesheim*, Europäischer Verfassungsverbund?, in: FS J. Isensee, 2007, S. 733 (739f., 744); die Formulierung von der „fünften" Auslegungsmethode bei *Häberle*, Europäische Verfassungslehre, S. 250ff.

[110] Anschaulich etwa am Beispiel der Sicherungsverwahrung, s. dazu BVerfGE 109, 133 einerseits und 128, 326 andererseits; zur neuen Innovativität zusammenfassend *Würtenberger* (Fn. 4), in: FS A. Hollerbach, S. 223 (228).

das in ihnen jeweils wirksame Rechtsdenken, das sich typischerweise zu solchen Leitbildern verdichtet[111].

In diesem Sinne wird man auch in den – in ihrer Gesamtheit nach wie vor nicht sehr zahlreichen, aber durchaus vorkommenden – Rechtsprechungskonflikten zwischen dem Bundesverfassungsgericht und den europäischen Gerichten häufig nur das Wirken unterschiedlicher Leitbilder erkennen können: Wenn etwa der EGMR in der unendlichen Geschichte der Caroline-von-Monaco-Fälle eine Entscheidung des Bundesverfassungsgerichts, das die Veröffentlichung von Fotoaufnahmen aus der Privatsphäre mit einem legitimen Unterhaltungsbedürfnis der Öffentlichkeit zugelassen hat, mit der Begründung korrigiert, es gehe hier nicht um Fragen von allgemeinem Interesse, die eine Verletzung der Privatsphäre allein rechtfertigen könne, so liegt dem ganz offensichtlich ein anderes, stärker vom französischen Verständnis inspiriertes Leitbild der Zuordnung von Persönlichkeitsrecht und Pressefreiheit zugrunde, das dann auf das hiesige Leitbild hinüberwirkt und gegebenenfalls zu dessen Anpassung zwingt[112]. Und auch in anderen Fällen dürfte sich bei genauerer Betrachtung oft herausstellen, dass statt unterschiedlicher Dogmatiken letztlich unterschiedliche Zugänge zum Recht aufeinanderprallen, wie sie für die je betroffenen Sachbereiche in teils impliziten, teils expliziten Leitbildern Gestalt angenommen haben können[113]. Das Problem sind dann vorschnelle Übereinstimmungs- und Konvergenzannahmen, wie sie aus der äußerlichen Übereinstimmung der Sachgehalte namentlich im Grundrechtsbereich leicht getroffen sind[114]. Aber auch das zeigt, dass es insgesamt eben sehr stark um den Austausch unterschiedlicher und gegebenenfalls bereits in eigenen Interpretations- und Geltungsgeschichten verfestigter Ordnungsvorstellungen geht. Positiv lässt sich dieser Austausch als produktive Irritation der je eigenen Ordnungsvorstellungen lesen, die diese vor Erstarrung, nationaler Engstirnigkeit oder irgendeiner anderen Form von Provinzialismus bewahrt. Negativ gewendet könnte die Folge aber auch ein Verschleifen der in den einzelnen Rechtskulturen angelegten Unterschiede sein, die auch die Verfassung als Folie zur Verhandlung der je eigenen Ordnungsvorstellungen einer politischen Gemeinschaft ein Stück entwertet. Möglicherweise würde diese sich dann andere Folien suchen, von denen aber vorderhand nicht sicher ist, ob sie sich finden lassen und wo sie liegen könnten.

IV. Zusammenfassung

In dieser spezifischen Form der Anwendung vollendet sich so das Wesen der Verfassung als ein Zusammenhang aufeinander verweisender Kom-

---

[111] Vgl. *Wahl*, Herausforderungen und Antworten, S. 101 f.

[112] Siehe zunächst BVerfGE 101, 361 (379 ff.) – Caroline II; daraufhin dann EGMR, Urteil v. 24.06. 2004, Individualbeschwerde Nr. 59320/00, Caroline von Hannover/Deutschland = NJW 2004, 2674; zu den gegensätzlichen Leitbildern etwa *C. Teichmann*, Abschied von der absoluten Person der Zeitgeschichte, NJW 2007, 1917 (1920).

[113] Vgl. *Häberle*, Europäische Verfassungslehre, S. 255 f.

[114] *Schönberger* (Fn. 107), VRÜ 43 (2010), 6 (24 f.).

munikationen, die nur in dem vorhanden ist, was in Bezug auf sie getan, gedacht und in Worte gefasst ist[115]. Methodologisch und von ihrem Ausgangspunkt her stellt sie sich als eine Sonderform der Arbeit mit Texten dar, nämlich einer in Schriftform vorliegenden Verfassung, der eine besondere Verbindlichkeit zugeschrieben wird[116]. An ihrem Text setzt die Anwendung der Verfassung an, auf ihn nimmt sie Bezug, und zu ihm kehrt alle Anwendung am Ende zurück. Der Text fungiert insoweit allerdings nur als „Durchzugsgebiet konkurrierender Interpretationen", innerhalb dessen der Streit um seine Bedeutung ausgetragen wird[117]. Für die Verfassung wirkt sich dabei in besonderer Weise aus, dass sie zum Fluchtpunkt der politischen Ordnungsideen und Gerechtigkeitsvorstellungen der Bürger geworden ist, so dass sie nun mit diesen weitgehend identifiziert wird. So wie sich im Medium der Verfassung die Gesellschaft selbst beschrieben sieht, werden dann auch in deren Anwendung ihre politischen, moralischen und rechtlichen Leitbilder und Geltungsansprüche verhandelt und verschränken sich darin[118]. Die Anwendung der Verfassung erscheint dadurch wesentlich als eine „Selbstexplikation der in der empirischen politischen Kultur vorhandenen Vorstellungen über die Ordnungsgrundlagen der Gesellschaft", in der sich die von allen geteilten Vorstellungen und Anschauungen ebenso spiegeln wie vorübergehende oder beständige Konfliktlinien[119].

Dem entspricht es, dass sich in der Geschichte dieser Anwendung oft auch entscheidende Wegmarkierungen der politischen Geschichte spiegeln. Viele wichtige Urteile des Bundesverfassungsgerichts stehen deshalb zugleich für die schwierigen Lernprozesse einer demokratischen Gesellschaft: das Urteil zur Beendigung aller Beamtenverhältnisse nach 1945 für den symbolischen Bruch mit dem Nationalsozialismus sowie der Vorstellung einer unpolitischen Verwaltung; das Urteil zum Grundlagenvertrag mit der ehemaligen DDR als Ausdruck tiefgreifender Meinungsverschiedenheiten über Außenpolitik und nationale Identität; das Mitbestimmungsurteil als Ausdruck der Wandlungen im Verhältnis von Kapital und Arbeit; das Kruzifix- oder das Kopftuchurteil als Sinnbild der Herausforderungen durch die neue religiöse Vielfalt; das Maastricht- und das Lissabonurteil als Teil einer gesellschaftlichen Selbstverständigung über Grund und Grenzen der europäischen Integration; später dann etwa der Wunsiedel-Beschluss mit der Bil-

---

115 Erneut in Anlehnung an *M. Stolleis*, Staatsbild und Staatswirklichkeit in Westdeutschland, Zeitschrift der Savigny-Stiftung für Rechtsgeschichte GA 124 (2007), 223 (245).

116 Das Konzept von Rechtsarbeit als Textarbeit ist ebenfalls in der Strukturierenden Rechtslehre entfaltet, vgl. *Müller/Christensen/Sokolowski*, Rechtstext und Textarbeit, dort insbesondere S. 37ff.

117 *Müller/Christensen/Sokolowski*, ebda., S. 19ff.

118 *Vorländer* (Fn. 33), in: ders., Integration durch Verfassung, S. 9 (23).

119 *Vorländer*, a.a.O.

ligung eines antinationalsozialistischen Sonderrechts als erneuter Rekurs auf den Gründungsmythos der Bundesrepublik[120].

Auf diese Weise erscheint die Anwendung der Verfassung zugleich als Dialog mit der eigenen Vergangenheit: ein von Generation zu Generation fortgesponnener Interpretations- und Erzählungszusammenhang, innerhalb dessen sich die Gesellschaft immer von neuem der sie tragenden normativen Grundlagen vergewissert[121]. Das schließt ein, dass die je geschichtlich-aktuelle Interpretations- und Deutungsgemeinschaft die Verfassung in ihren Überlieferungszusammenhang einrückt und von hier aus zu verstehen versucht. Zugleich legt sie sie sich aber für ihre Situation neu zurecht und sucht in ihr Antworten auf die Fragen, die sie hier und jetzt bewegen. In dieser Erkenntnis liegt der ganze Kern der heutigen Verfassungsanwendung.

[120] Beendigung der Beamtenverhältnisse: BVerfGE 3, 58 ff.; siehe dazu näher *N. Frei*, Vergangenheitspolitik, 1996, S. 69 ff., 93 ff. Grundlagenvertrag: BVerfGE 36, 1; umfassend ausgearbeitet bei *K. J. Grigoleit*, Bundesverfassungsgericht und deutsche Frage, 2004, S. 167 ff., 255 ff. Mitbestimmung: BVerfGE 50, 290 ff.; zugleich in seiner eigenartigen Unentschiedenheit als Zeichen der Verunsicherung über die künftig einzuschlagende Richtung. Kruzifix bzw. Kopftuch: BVerfGE 85, 94 ff.; 108, 282 ff. Maastricht und Lissabon: BVerfGE 89, 155 ff.; 123, 267 ff. Wunsiedel: BVerfGE 124, 300 ff.

[121] Für die amerikanische Verfassung hat *B. Ackerman*, Constitutional Politics/Constitutional Law, Yale Law Journal 89 (1989), 453 (477), diesen Zusammenhang einmal wie folgt formuliert: „The constitution is best understood as an historically rooted tradition of theory and practice – an evolving language of politics through which Americans have learned to talk to one another in the century-long struggle over the national identity". Heute und im europäischen Rahmen wäre dies um die Selbstvergewisserung nach außen im Dialog mit anderen Rechts- und Verfassungsordnungen zu ergänzen.

§ 6

Die Konstrukteure der Verfassung

Die Anwendung der Verfassung stellt sich damit wie jede Rechtsanwendung als eine sprachliche und soziale Praxis dar, in der die Verfassung als rechtliche Ordnung in der Arbeit mit dem vorhandenen Textbestand erst hergestellt wird[1]. Von der Anwendung eines normalen Fachrechts unterscheidet sie sich allerdings neben ihren Themen und ihrer Eigenart zuletzt auch durch ihre Träger. Von den Themen her werden in ihr die politischen Gerechtigkeitsvorstellungen der Gesellschaft verhandelt, also die Grundprinzipien, in denen die Bürger über ihre unterschiedlichen Glaubens- und Welthaltungen hinweg einig sind. Von der Eigenart her nimmt sie die Züge einer freieren Argumentation an, die sich in Vorgängen der Abwägung wie in der Konstruktion sinngebender Leitbilder weit zu gesellschaftlichen Vorverständnissen, moralischer Argumentation, politischer Theorie und allgemeinen Angemessenheitserwägungen öffnet (→ S. 133 ff.). Von den Trägern her führt dies folgerichtig in einem weiteren Schritt zu einer allgemeinen Öffnung und Pluralisierung, mit der die Beschränkung auf ein engeres Fachpublikum überwunden wird. Hier hat heute jeder Zutritt[2], vom Verfassungsgericht bis hinunter zum normalen Bürger, so wie es in der geläufigen Rede von der „offenen Gesellschaft der Verfassungsinterpreten" sinnfällig zum Ausdruck gebracht ist[3]. Das ist anfangs hart kritisiert, gelegentlich auch milde belächelt worden: als Auslieferung der Verfassung an das Auf und Ab der Stimmungen, letztlich als Spät- und Nebenfolge einer vergangenen Demokratisierungseuphorie, die irgendwann ebenso von der Bildfläche verschwinden werde wie diese[4]. Heute gilt es als im Großen und Ganzen zutreffende Beschreibung der Situation[5], die sich

---

[1] S. erneut *Müller/Christensen/Sokolowski*, Rechtstext und Textarbeit, S. 31 f.

[2] Eine Formulierung von *Forsthoff*, Der Staat der Industriegesellschaft, S. 69.

[3] Jetzt in *ders.*, Verfassung als öffentlicher Prozess, 1978, S. 155 ff. S. zuvor bereits *Ehmke*, Beiträge zur Verfassungstheorie und Verfassungspolitik, S. 345: Interpretation im Konsens „aller ‚Vernünftig- und Gerecht-Denkenden'".

[4] Vgl. *Böckenförde*, Staat, Verfassung, Demokratie, S. 66 ff.

[5] S. nur die zustimmende Zitierung bei so unterschiedlichen Autoren wie *B.-O. Bryde*, Programmatik und Normativität der Grundrechte, in: Merten/Papier, HGR I, § 17 Rn. 64, einerseits und *Hillgruber*, Verfassungsinterpretation, in: Depenheuer/Grabenwarter, Verfassungstheorie, § 15 Rn. 51 ff., andererseits.

so oder ähnlich auch in anderen politischen Ordnungen findet, deren Verfassung über die reine Juristenverfassung hinausgewachsen ist[6]. Wo immer das der Fall ist, wird auch die Arbeit mit und an dieser Verfassung der Sache nach ein gesamtgesellschaftlicher Vorgang. Erhebliche Unklarheiten herrschen aber nach wie vor über die Verteilung der Rollen und die sie bestimmenden Gründe.

Von einem normativistischen Standpunkt aus würde man dazu erneut auf den Text der Verfassung verweisen, der möglicherweise im Verbund mit den Vorstellungen der Gründer den einzelnen Akteuren diese Rollen ein für allemal autoritativ zuteilt[7]. Auch das trifft aber ganz offensichtlich nur in einem sehr allgemeinen Sinne zu. Natürlich wird niemand widersprechen, wenn man sagt, dass die Verfassungsorgane nur in den Bahnen tätig werden dürfen, die ihnen durch die Verfassung vorgezeichnet sind, natürlich sind Gesetzgeber, Verwaltung und Gerichte inhaltlich an die Vorgaben gebunden, die sich aus der Verfassung ergeben, und natürlich entscheidet das Bundesverfassungsgericht nur im Rahmen der Zuständigkeiten, die ihm durch die Verfassung oder ergänzend durch das zu ihr ergangene Ausführungsgesetz zugewiesen sind. Über die tatsächliche Gewichts- und Einflussverteilung sagt das alles aber noch vergleichsweise wenig aus. Eine Gesellschaft von Verfassungsinterpreten kann ihre Verfassungsbindungen mehr oder weniger ausgreifend formulieren, die politischen Institutionen können sie sich mehr oder weniger zu eigen machen, ein Verfassungsgericht kann seine Zuständigkeiten sowohl in extensiver als auch in zurückhaltender Weise ausnutzen, und je nachdem, wie sie dies tun, stecken sie damit auch ihre Position und Einflusssphären im Verhältnis zu den anderen Beteiligten ab.

Die Verfassung legt die verschiedenen Rollen damit nur an der Oberfläche fest, während sie unterhalb dieser davon abhängen, was die Beteiligten daraus machen. Jeder von ihnen kann dazu in den Kommunikationen über Verfassung Geltungsansprüche erheben, die von den anderen in den jeweiligen Anschlusskommunikationen akzeptiert oder zurückgewiesen werden können; werden sie akzeptiert, bestimmt dies den Einfluss und das Gewicht in den künftigen Kommunikationen erst einmal und möglicherweise auch für längere Zeit mit. Über ihre Eigenschaft als Konstrukteure der Verfassung erscheinen die Beteiligten dadurch auch als Konstrukteure ihrer eigenen Rollen. In letzter Instanz folgen diese wiederum dem allgemeinen Verständnis und dem Begriff der Verfassung, werden also maßgeblich davon bestimmt, welche Bedeutung eine politische Gemeinschaft ihrem Verfassungstext überhaupt zuschreibt oder zuzuschreiben bereit

[6] Vgl. für die amerikanische Verfassungsrechtswissenschaft die Deutung von Interpretation als Summe verschiedener „constitutional dialogues“ bei *L. Fisher*, Constitutional Dialogues: Interpretation as Political Process, 1988.

[7] In diese Richtung für das BVerfG etwa *K. Schlaich*, Die Verfassungsgerichtsbarkeit im Gefüge der Staatsfunktionen, VVDStRL 39 (1981), 99 (103ff.).

ist[8]. Wie diese Bedeutung sind auch sie dann wesentlich das Resultat einer gesellschaftlichen Selbstverständigung: also von Selbstdefinitionen und Selbstzuschreibungen, nicht selten auch von Selbstermächtigungen, wie sie ihrerseits für das Wesen von Verfassung als Summe der über sie geführten Kommunikationen typisch sind.

I. Verfassungsgericht

Dass dies gerade auf Verfassungsgerichte zutrifft, zeigt ihre Geschichte[9]. Der bedeutsamste Terraingewinn der Verfassungsgerichtsbarkeit überhaupt, die Inanspruchnahme des richterlichen Prüfungsrechts durch den Supreme Court der Vereinigten Staaten in der Sache Marbury vs. Madison, geht letztlich auf eine Selbstermächtigung zurück, die von den anderen Macht- und Entscheidungsträgern erst akzeptiert werden musste[10]. Im Unterschied dazu ist das Bundesverfassungsgericht bereits durch das Grundgesetz und das zu seiner Ausführung erlassene Bundesverfassungsgerichtsgesetz mit einer Fülle von Zuständigkeiten ausgestattet, die von der Normenkontrolle über den Organstreit und diverse föderative Streitigkeiten bis hin zur Verfassungsbeschwerde und zum Parteiverbot reichen; das richterliche Prüfungsrecht ist darin wie selbstverständlich eingeschlossen. Das ist alles in allem eine imposante Liste. Von der heutigen Rolle und Bedeutung des Bundesverfassungsgerichts vermittelt sie aber nicht einmal annähernd eine Vorstellung. Diese spiegelt sich etwa in den regelmäßigen Spitzenwerten, die das Bundesverfassungsgericht in allen Umfragen über das sog. Institutionenvertrauen genießt und die allenfalls noch von der Polizei und dem Bundespräsidenten erreicht werden[11]; sie

---

[8] Auch das ist am klarsten für das BVerfG aufbereitet, markant etwa *Böckenförde*, Staat, Nation, Europa, S. 168; ferner *C. Möllers*, Legalität, Legitimität und Legitimation des Bundesverfassungsgerichts, in: Jestaedt/Lepsius/Möllers/Schönberger, Das entgrenzte Gericht, S. 281 (312).

[9] Instruktiv: *D. Herrmann*, Akte der Selbstautorisierung als Grundstock institutioneller Macht von Verfassungsgerichten, in: Vorländer, Deutungsmacht, S. 141 ff.: dort am Beispiel des US-Supreme Court, des französischen Conseil Constitutionel und des deutschen BVerfG.

[10] Vgl. dazu *W. Heun*, Die Geburt der Verfassungsgerichtsbarkeit, Der Staat 42 (2003), 267 ff.

[11] Die Grundfrage lautet dabei regelmäßig „Welchen öffentlichen Institutionen vertrauen Sie?"; die Zustimmungsraten für das Bundesverfassungsgericht liegen dabei durchweg über 80%, diejenigen für parlamentarische Institutionen oder die politischen Parteien dagegen nur um 20%, vgl. etwa *H. Vorländer/A. Brodocz*, Das Vertrauen in das Bundesverfassungsgericht, in: Vorländer, Deutungsmacht, S. 259 (261 ff., 272 ff.); *O. Niedermayer*, Bürger und Politik, 2. Aufl. 2005, S. 61 ff., insbesondere S. 72;

Lenz, RW 16, 149 (155)

zeigt sich andeutungsweise in der medialen Aufmerksamkeit, die jede zentrale Entscheidung aus Karlsruhe begleitet und sich mit jedem Tag steigert, mit dem man ihr näher kommt; für das Verhältnis zur Wissenschaft kommt sie zum Ausdruck in dem bekannten Satz Rudolfs Smends, das Grundgesetz gelte nunmehr praktisch so, wie das Bundesverfassungsgericht es auslege, und die Literatur kommentiere es in diesem Sinne[12]. All dies findet seine Erklärung weniger in den abstrakten Zuständigkeiten des Bundesverfassungsgerichts als vielmehr in der offensiven Art und Weise, mit der es sie von Anfang an in Anspruch genommen hat. Es hat damit zugleich den Grund für die im Laufe der Zeit immer weiter angestiegene Bedeutung der Verfassung gelegt, von der es nun selber an hervorragender Stelle profitiert.

Funktion

In einem ganz allgemeinen Sinne korreliert die Bedeutung eines Verfassungsgerichts zunächst mit dem normativen Anspruch, der einer Verfassung zuerkannt oder zugeschrieben wird. Verfassungsgerichte stellen die „organisatorische Ausformung" oder zumindest eine besonders markante Form der institutionellen Absicherung dieses Anspruchs dar, den sie gegen seine mögliche Abschwächung oder Missachtung stabilisieren sollen[13]. Die Funktion der Verfassungsgerichte kann dann von einem rein juristisch-technischen Verständnis der Verfassung aus einfach darin gesehen werden, den Vorrang der Verfassung im Stufenbau der Rechtsordnung zu sichern[14]. Sie kann aber eben auch von einem gehaltvolleren Verfassungsbegriff aus mit den weiteren Funktionen der Verfassung verbunden werden und dann für das Bundesverfassungsgericht dahin beschrieben werden, es schütze die Bürgerfreiheit vor staatlicher und gesellschaftlicher Übermacht, legitimiere die staatlichen Entscheidungen, aktualisiere das Grundgesetz als rechtliche Grundordnung etc.[15] So oder so erhöhen Verfassungsgerichte die Chancen für die Beachtung der jeweiligen Verfassung, und dies gerade mit dem normativen Anspruch, der für sie charak-

---

regelmäßige Erhebung jetzt durch den GPRA-Vertrauensindex, abrufbar unter www.prreport.de.

[12] *Smend*, Staatsrechtliche Abhandlungen, S. 582.

[13] *Grimm*, Die Zukunft der Verfassung, S. 305 f.

[14] So *H. Kelsen*, Wesen und Entwicklung der Staatsgerichtsbarkeit, VVDStRL 5 (1929), 30 (36 ff.); ähnlich etwa *E. Friesenhahn*, Aufgabe und Funktion des Bundesverfassungsgerichts, APuZ B6/65, 3 (15); *U. Scheuner*, Probleme und Verantwortungen der Verfassungsgerichtsbarkeit in der Bundesrepublik, DVBl. 1952, 293 (294); aus jüngerer Zeit Schlaich (Fn. 7), VVDStRL 39 (1981), 99 (104).

[15] *H. Schulze-Fielitz*, Wirkung und Befolgung verfassungsgerichtlicher Entscheidungen, in: FS 50 Jahre Bundesverfassungsgericht, Bd. 1, S. 385 (412).

teristisch ist. Zwar verfügen Verfassungsgerichte nicht über einen eigenen Durchsetzungs- und Vollzugsapparat. Sie lösen daher auch nicht das Grunddilemma jeder Verfassung, dass die Durchsetzung in der Hand derer liegt, an die sich ihre Regeln adressieren. Sie können es aber entschärfen, indem sie in Streitfällen den Inhalt der Verfassung mit der aus ihrer Einrichtung resultierenden Autorität festlegen, Verfassungsabweichungen dadurch als solche kenntlich machen und so den Preis für den Verfassungsbruch in die Höhe schrauben[16]: Der unterlegenen Partei wird der angesichts der Offenheit der meisten Verfassungsnormen ansonsten leicht mögliche Einwand abgeschnitten, auch sie stehe mit ihrem Verhalten noch auf dem Boden der Verfassung. Aus dieser Einflussmöglichkeit resultiert auch die Befugnis zu „letztverbindlicher" oder „authentischer" Interpretation der Verfassung, die den Verfassungsgerichten typischerweise zuerkannt wird und ihre markanteste Formulierung in dem berühmten Satz von Chief Justice Ch. E. Hughes: „We are under the constitution; but the constitution is what the judges say it is" gefunden hat[17]. Das ist insoweit übertrieben oder missverständlich, als darin der komplexe Vorgang der Verfassungsanwendung mit seiner breiten Palette von Akteuren reduziert erscheint auf eine einmalige – und womöglich ganz freie – Dezision eines Verfassungsgerichts. Es bringt aber die faktische Bindungswirkung auf den Punkt, die verfassungsgerichtliche Interpretationen für die unmittelbar an einem Streitfall Beteiligten oder sonst davon Betroffenen entfalten: Ignorieren kann diese nur, wer insgesamt aus dem Verfassungskonsens ausbricht, der die Verfassung letzten Endes trägt[18]. Verfassungsgerichte tragen auf diese Weise maßgeblich zur Stabilisierung der sozialen Praxis bei, der sie selber ihre Existenz verdanken (→ S. 302 ff.).

Selbstermächtigungen

Der Aufstieg der Verfassung zur materialen Grundordnung für Staat und Gesellschaft bedeutet vor diesem Hintergrund auch einen Aufstieg der

---

[16] Vgl. *Grimm*, Die Zukunft der Verfassung, S. 15, 21.

[17] Zitiert nach *D.J. Danielski* u.a. (eds.), The Autobiographical Notes of Charles Evans Hughes, 1973, S. 144. Zur Befugnis letztverbindlicher bzw. authentischer Interpretation *Böckenförde*, Staat, Nation, Europa, S. 167; eine einfachrechtliche Absicherung erfolgt heute durch die Regelung des § 31 BVerfGG, nach der den Entscheidungen des Bundesverfassungsgerichts Gesetzeskraft zukommt.

[18] Man kann dann darüber diskutieren, auf welche Erwägungen sich diese Bindungswirkung erstreckt, für wen sie alles gilt, wie lange sie andauert, ob sie bei einer Änderung der tatsächlichen Verhältnisse wieder entfällt etc. In der Literatur werden all diese Fragen meist als Auslegungsprobleme zu § 31 BVerfGG behandelt, und für den Alltag der Rechtsordnung kommt man damit auch voll und ganz aus. § 31 BVerfGG enthält aber die Antwort nicht, sondern setzt sie voraus.

Verfassungsgerichtsbarkeit als derjenigen Institution, die zu ihrer Anwendung primär berufen ist. Insofern das Bundesverfassungsgericht diesen Aufstieg selbst maßgeblich mit vorangetrieben hat, hat es sich dadurch auch seine eigene heutige Bedeutung wesentlich selbst geschaffen. Die Geschichte dieses Aufstiegs wird deshalb in der Bundesrepublik traditionell anhand einiger verfassungsgerichtlicher „Schlüsselentscheidungen“ erzählt, mit denen das Bundesverfassungsgericht den normativen Anspruch der Verfassung Schritt für Schritt ausgeweitet hat[19].

Die Hauptrolle wird dabei aus der Rückschau – den Zeitgenossen mag dies noch gar nicht bewusst gewesen sein – dem Lüth-Urteil zugemessen, in dem das Gericht die Grundrechte von subjektiven Abwehrrechten gegen den Staat zu einer objektiven, das gesamte Rechtsleben durchdringenden Wertordnung erhoben hat; es gilt in diesem Narrativ in einer dafür nicht untypischen Reduktion als zentrale Grundlegung des heutigen materialen Verfassungsverständnisses überhaupt, gleichsam der symbolische Fluchtpunkt des Ganzen[20]. Um diesen herum werden, wenn auch meist in einigem Abstand, noch eine Reihe weiterer wichtiger Entscheidungen angeführt, mit denen das Bundesverfassungsgericht nicht nur das Verfassungsleben, sondern oft auch das bundesrepublikanische Gemeinwesen insgesamt geprägt hat (→ S. 165 f.): das Urteil zur Beendigung aller Beamtenverhältnisse nach 1945, mit dem das Grundgesetz symbolisch als das „ganz Andere“ zum Nationalsozialismus in Szene gesetzt wurde, die Entscheidungen in den Parteiverbotsverfahren, mit denen das Gericht die „freiheitliche demokratische Grundordnung“ als eine wertgebundene Ordnung etabliert hat, das Elfes-Urteil, das die Forderung nach Verhältnismäßigkeit aller den Bürger irgendwie belastenden Maßnahmen formulierte[21]. Aber um diese Leuchttürme, zu denen die Erzählung immer wieder zurückkehrt, lagern sich eine Reihe weiterer, unauffälliger Entscheidungen an, die nicht weniger folgenreich waren, aber in ihrer ganzen Tragweite gar nicht mehr registriert werden. Zu ihnen gehört vor allem die schon früh vorgenommene Erstreckung der Bindung des Gleichheitssatzes auf den Ge-

---

[19] Begriffe wie Schlüsselentscheidungen, Weichenstellungen etc. fallen dementsprechend häufig, wo der Aufstieg der Verfassung behandelt wird, vgl. nur *Schulze-Fielitz* (Fn. 15), in: FS 50 Jahre BVerfG I, S. 385 (395 ff.); die Erzählung in solchen Schlüsselentscheidungen etwa bei *C. Schönberger*, Anmerkungen zu Karlsruhe, S. 9 (29 ff.), *M. Jestaedt*, Phänomen Bundesverfassungsgericht, S. 77 (92 ff.), *O. Lepsius*, Die maßstabsetzende Gewalt, S. 159 (182 ff.), jeweils in: Jestaedt/Lepsius/Möllers/Schönberger, Das entgrenzte Gericht; den Blick auf neuere Entscheidungen lenkend *Möllers* (Fn. 8), ebda., S. 389 ff.

[20] BVerfGE 7, 198. Dem ist folgerichtig – freilich mit 50jähriger Verspätung – ein eigener Band gewidmet: T. Henne/A. Riedlinger (Hrsg.), Das Lüth-Urteil aus (rechts-)historischer Sicht, 2005; zur Bedeutung als „Weichenstellung“ darin insbes. der Beitrag von *R. Wahl*, Lüth und die Folgen, S. 371 ff.

[21] Beamtenverhältnisse: BVerfGE 3, 58; seinerzeit Anlass für einen Sturm der Empörung in der Rechtswissenschaft, vgl. *U. Wesel*, Der Gang nach Karlsruhe, 2004, S. 140 ff., der auch ansonsten anschaulich über die Verschränkung von Rechtsprechungsgeschichte und politischer Geschichte informiert. Parteiverbote: BVerfGE 2, 1 – SRP; 5, 85 – KPD. Elfes: BVerfGE 6, 32.

setzgeber, die dann als eine verfassungsrechtliche auch vom Bundesverfassungsgericht überprüft werden kann. Heute wird davon gar nicht mehr gesprochen, weil man sich daran so gewöhnt hat, dass niemand sich mehr vorstellen kann, wie es je hat anders sein können[22].

(1) Mit solchen Entscheidungen hat das Bundesverfassungsgericht einerseits die materiellen Verfassungsbindungen in immer weitere Bereiche des politisch-sozialen Lebens ausgedehnt, andererseits und parallel dazu aber eben auch seine eigenen Kontroll- und Mitsprachebefugnisse. Man kann insofern von einer *Selbstermächtigung durch Verfassungskonkretisierung* sprechen, die sich auch in dem Anspruch niederschlägt, mit dem das Gericht seine eigenen Entscheidungen ausstattet. Für das amerikanische Verfassungsrecht ist dazu kürzlich darauf aufmerksam gemacht worden, dass ein Verfassungsgericht innerhalb der ihm zugewiesenen Kompetenzen sowohl „minimalistisch" als auch „maximalistisch" agieren kann, und zwar zum einen im Hinblick auf die Begründungstiefe einer Entscheidung, zum anderen im Hinblick auf ihre Reichweite[23]. Maximalistisch handelt ein Verfassungsgericht, wenn es seine Entscheidungen breit und umfassend begründet und die Entscheidungen auch für künftige Fälle maßgeblich sein sollen, minimalistisch, wenn es seine Entscheidungen nur knapp und oberflächlich begründet und die Entscheidung sich auf den ihm vorgelegten Fall beschränkt. Das Bundesverfassungsgericht hat hier von Anfang an maximalistisch agiert, wie sich auch daran ablesen lässt, dass die Entscheidungen im Laufe der Zeit immer länger geworden sind[24]. Mit alledem ist es ihm jedenfalls gelungen, das „bescheidene Gründungsstatut eines prekären Staatswesens", als das das Grundgesetz ursprünglich nur gedacht war, zu charismatisieren mit der Folge, dass es nun selbst im Lichte dieses Charismas erstrahlt[25].

(2) Begleitet und abgestützt wurde diese Selbstermächtigung durch Verfassungskonkretisierung bereits in der Frühphase des Gerichts durch eine *protokollarische und institutionelle Selbstermächtigung* in der sogenannten Status-Denkschrift, mit der das Gericht, ohne dafür über eine tragfähige Grundlage in der Verfassung zu verfügen, für sich den beson-

---

[22] Zur Erstreckung des Gleichheitssatzes auf die Rechtssetzungsgleichheit BVerfGE 1, 14 (52); s. dagegen noch *R. Thoma*, Ungleichheit und Gleichheit im Bonner Grundgesetz, DVBl. 1951, 457ff. Letzte Kritik und Erinnerung an die Ursprünge dann bei *Forsthoff*, Der Staat der Industriegesellschaft, S. 134ff.

[23] S. im Einzelnen *C. Sunstein*, One Case at a Time, 1999, S. 10ff.

[24] Vgl. *A. Brodocz*, Judikativer Minimalismus, KJ 2008, 178ff.

[25] *Schönberger* (Fn. 19), in: Jestaedt/Lepsius/Möllers/Schönberger, Das entgrenzte Gericht, S. 9 (65).

deren Status eines Verfassungsorgans reklamierte[26]: durchaus auch ein Akt der Selbstüberhöhung, dessen Folgen bis heute unter anderem darin zu besichtigen sind, dass bei allen zeremoniellen Staatsakten und öffentlichen Feierstunden der Präsident des Gerichts wie selbstverständlich neben dem Bundespräsidenten und dem Bundeskanzler sitzt[27].

Konstrukteur statt „Hüter"

In der Folge kommt dem Bundesverfassungsgericht heute eine weithin unbestrittene Führungsrolle in der Herstellung der Verfassung zu, die in seiner geläufigen Kennzeichnung als „Hüter der Verfassung" eher verschleiert als erhellt wird[28]. Die Vorstellung des „Hütens" ist einseitig zu sehr auf die Sicherung und Bewahrung eines vorhandenen Bestandes bezogen, während das Bundesverfassungsgericht ganz wesentlich auch Verfassungsrecht „macht", also auch Konstrukteur der Verfassung ist[29]. Das ist die notwendige Konsequenz des Umstands, dass die einzelnen Aussagen und Sätze der Verfassung in ihrer deshalb auch als Konkretisierung bezeichneten Anwendung mit weiteren Sinngehalten angereichert werden, die sie aus sich heraus nicht haben (→ S. 140ff.).

(1) Die Rolle der Verfassungsgerichte ist deshalb *schon früh als Teilhabe an der Verfassungsgesetzgebung beschrieben worden*, wobei nur die Konsequenzen umstritten waren, die aus diesem Befund zu ziehen waren. Während sich für Carl Schmitt daraus ein zentraler Einwand gegen die Institution der Verfassungsgerichtsbarkeit überhaupt ergab, hielt Hans Kelsen auf der Grundlage seiner Lehre vom Stufenbau der Rechtsordnung die Rechtserzeugung für einen integralen Bestandteil jeder richterlichen Rechtsanwendung, für die dann in Bezug auf die Verfassung keine andere Institution besser gerüstet sei als eine eigens dafür eingerichtete Verfas-

[26] Unter Federführung von Gerhard Leibholz im Jahre 1952, abgedruckt in JöR 6 (1957), 109ff.

[27] *Schönberger* (Fn. 19), in: Jestaedt/Lepsius/Möllers/Schönberger, Das entgrenzte Gericht, S. 9 (26); das Ziel der Denkschrift lag in diesem Sinne auch darin, „dem Volk die repräsentative Stellung des Bundesverfassungsgerichts auch bildhaft einzuprägen", JöR 6 (1957), 109 (145f.); näher zu den Umständen *Herrmann* (Fn. 9), in: Vorländer, Deutungsmacht, S. 141 (144ff.).

[28] Stilbildend die Kontroverse zwischen Carl Schmitt und Hans Kelsen in der Weimarer Republik, vgl. *C. Schmitt*, Der Hüter der Verfassung, erstmals 1931, zuvor bereits *ders.* in verschiedenen Aufsätzen, u.a. AöR 55 (1929), 161ff., einerseits; *H. Kelsen*, Wer soll der Hüter der Verfassung sein, erstmals 1930/1931. Zu den vielfältigen, bis auf Platon rückführbaren Implikationen der „Hüter"-Metapher *Lembcke*, Hüter der Verfassung, S. 1ff.

[29] Richtig die Fragestellung bei *C. Walter*, AöR 125 (2000), 517ff.: „BVerfG: Hüter oder Wandler der Verfassung?".

sungsgerichtsbarkeit[30]. Heute lässt sich dementsprechend allenfalls darüber streiten, ob diese Art von richterlicher Rechtserzeugung mit der Bezeichnung als „Gesetzgebung" und mit der ihres Produktes als „Gesetz" richtig getroffen ist[31]. Das ist letztlich eine terminologische Frage, die man so oder so beantworten kann; die Antwort hängt wesentlich davon ab, ob man einen in irgendeiner Weise spezifischen oder eher unspezifischen Begriff des Gesetzes zugrunde legt. Kein Einwand ist es jedenfalls zu sagen, die Ausführungen des Gerichts gestalteten nichts und bestünden zum größten Teil nicht aus Anweisungen, sondern aus Herleitungen[32]: Angesichts der immer detaillierteren Arbeitsprogramme für den Gesetzgeber, zu denen sich das Bundesverfassungsgericht mit einer im Laufe der Jahre offenbar mehr und mehr zunehmenden Tendenz versteigt, trifft das ersichtlich nicht zu[33].

(2) Gleichwohl erscheint es im Interesse der Schärfung des analytischen Instrumentariums sinnvoller, die Rechtserzeugung durch das Bundesverfassungsgericht – ähnlich wie die anderer Obergerichte – zu *einer eigenen Kategorie des „Rechtsprechungsrechts" zusammenzufassen*, das gerade vom Bundesverfassungsgericht mittlerweile zu einem sehr eigenständigen Rechts- und Textformat ausgebaut ist[34]. Ebenso wie bei anderen Obergerichten zeichnet sich dieses zunächst dadurch aus, dass die zentralen Erwägungen und Begründungslinien in den vielen Entscheidungen vorangestellten „Leitsätzen" zusammengezogen sind; in keiner Prozessordnung so vorgesehen, demonstrieren sie die über den einzelnen Fall hinausweisende Bedeutung der Entscheidung. Im Unterschied zu anderen Obergerichten ist das Bundesverfassungsgericht zudem im Laufe der Zeit immer häufiger dazu übergegangen, die abstrakt-generellen Vorgaben für die Entscheidung des je zu lösenden Problems in einem eigenen „Maßstäbeteil" – meist dem Abschnitt mit der Gliederungsziffer C.I. – zu entfalten,

---

[30] Siehe die Nachweise in Fn. 28.

[31] Die Bezeichnungen etwa bei *Böckenförde*, Staat, Nation, Europa, S. 167; skeptisch unter dem Blickwinkel eines Vergleichs mit parlamentarischen Gesetzen *Möllers* (Fn. 8), in: Jestaedt/Lepsius/Möllers/Schönberger, Das entgrenzte Gericht, S. 281 (324); zur ebenfalls durchaus unklaren Bedeutung von § 31 Abs. 2 BVerfGG, der den Entscheidungen des Bundesverfassungsgerichts Gesetzeskraft zuerkennt, siehe *Schlaich/Korioth*, Das Bundesverfassungsgericht, Rn. 495 ff. Als „specialised legislative chambers" erscheinen Verfassungsgerichte bei *Stone Sweet*, Governing with Judges, S. 61 ff.

[32] So aber *Möllers*, a.a.O., S. 380.

[33] Vgl. als schon klassisches Beispiel BVerfGE 88, 203 (281 ff.); aus neuerer Zeit etwa BVerfGE 128, 326 (378 ff.) – Sicherungsverwahrung.

[34] So grundlegend *M. Albers*, Höchstrichterliche Rechtsfindung und Auslegung gerichtlicher Entscheidungen, VVDStRL 71 (2012), 257 (286 f.); daran angelehnt auch die folgenden Überlegungen.

dem dann ein unmittelbar auf den Fall bezogener „Subsumtionsteil" nachfolgt[35]. Auch wenn diese Aufteilung nicht überstrapaziert werden darf – sie beherrscht die Entscheidungspraxis keineswegs durchgängig, und auch wo sie vorkommt, finden sich immer wieder auch eingewobene Maßstäbe[36] –, dokumentiert sie doch den Anspruch des Gerichts, das Verfassungsrecht in seiner Anwendung überhaupt erst zu bilden und es zu den inhaltlich anspruchsvollen Leitbildern zu verdichten, aus denen dann konkrete Rechtsfolgen erst abgeleitet werden können. In diesem Sinne werden die Maßstäbe nun ihrerseits zum „Anfang von Deutungs- und Rezeptionsprozessen" durch Ministerialverwaltungen, Untergerichte, Fachöffentlichkeit oder Medien in den anderweitigen Kontexten der Verfassungsanwendung[37]: Gegenstand einer oft kunstvollen Exegese, die zwar nach anderen Methoden funktioniert als die Exegese des Verfassungstextes, die entsprechenden Passagen vom Rang her aber nicht anders und oft sogar mit noch größerer Ehrfurcht behandelt als diesen.

Man mag daher an der Aufteilung in einen Maßstabs- und Subsumtionsteil vieles kritikwürdig finden[38]. Aber das Bundesverfassungsgericht entscheidet wie letztlich alle Obergerichte zwar auch den Fall, aber eben nicht nur den Fall. Es ist daher schwer zu sehen, wie sich allein aus dem Umstand, dass das Gericht dasjenige, was über ihn hinausweist, in einem eigenen Abschnitt zusammenfasst, ein grundsätzlicher Einwand ergeben soll. Im Gegenteil könnte man ja auch von einer geglückten Systematisierungsleistung sprechen, wenn nun die Sinngehalte des Verfassungsrechts, die den Inhalt von Verfassung heute notwendig mitbestimmen, in einem ihrer Bedeutung angemessenen Bezugsrahmen entfaltet werden. Vieles an der Kritik dürfte sich denn auch weniger gegen die äußere Verselbständigung dieser Teile als vielmehr dagegen richten, dass solche Sinngehalte überhaupt entfaltet werden.

---

[35] Die Erkenntnis und die Bedeutung dieses Umstands verdankt sich wesentlich *Lepsius* (Fn. 19), in: Jestaedt/Lepsius/Möllers/Schönberger, Das entgrenzte Gericht, S. 159 (168 ff.), dort zugleich als Schärfung und Ausarbeitung der Ergebnisse früherer Arbeiten, vgl. etwa bereits *ders.*, Was kann die deutsche Staatsrechtslehre von der amerikanischen Rechtswissenschaft lernen?, in: Schulze-Fielitz, Staatsrechtslehre als Wissenschaft, S. 319 (356). Die daraus abgeleitete Apostrophierung des Bundesverfassungsgerichts als „maßstabsetzende Gewalt" bedürfte allerdings der Relativierung, weil sie eine Souveränität unterstellt, die das Gericht so nicht hat; dazu noch im weiteren Verlauf dieses Abschnittes.

[36] *Albers* (Fn. 34), VVDStRL 71 (2012), 257 (276 f.).

[37] *Albers* (Fn. 34), VVDStRL 71 (2012), 257 (278 f.).

[38] Dies der durchgängige Tenor bei *Lepsius* (Fn. 19), in: Jestaedt/Lepsius/Möllers/Schönberger, Das entgrenzte Gericht, S. 159 ff., der Kern zusammengefasst auf S. 172: Ausdruck einer „unhistorischen und unpolitischen, ahistorischen wie akontextuellen Verfassungsinterpretation".

Politischer Akteur

Die öffentliche Wahrnehmung des Bundesverfassungsgerichts wird dabei maßgeblich bestimmt vom Verständnis der Verfassung als einer politischen Gerechtigkeitsordnung, in der die grundlegenden Leit- und Ordnungsideen der Gesellschaft aufbewahrt sind. Unter diesen Bedingungen wird das verfassungsgerichtliche Verfahren zwangsläufig zu einem Forum, auf dem sich eine Gesellschaft dieser Vorstellungen vergewissern und zugleich den Streit darüber austragen kann, was sie praktisch, das heißt bei ihrer Anwendung auf konkrete Fälle bedeuten. Für das Bundesverfassungsgericht bedeutet dies ganz allgemein, dass es näher an die Gesellschaft heranrückt, stärker in die politischen und sozialen Kontroversen der Gegenwart involviert wird.

(1) Dieser Wandel hat bereits in den siebziger und achtziger Jahren des letzten Jahrhunderts *zu verschiedenen anspruchsvollen Theorien der Verfassungsgerichtsbarkeit Anlass* gegeben, deren gemeinsamer Ausgangspunkt die Einordnung in das seinerzeit vieldiskutierte, hierzulande meist mit dem Namen Ernst Fraenkels verbundene Gesellschaftsmodell des Pluralismus war.

Auf dieser Grundlage hat namentlich Peter Häberle das Bundesverfassungsgericht als „politische Kraft“ und „gesellschaftliches Gericht“ beschrieben, das eine „spezifische gesamthänderische Verantwortung in der Garantie und Fortschreibung der *Verfassung als Gesellschaftsvertrag*“ hat und als „Regulator“ die gesellschaftlichen Prozesse mitsteuert, wobei es sich seinerseits an den Diskursen der „offenen Gesellschaft der Verfassungsinterpreten“ zu orientieren hat[39]. Im Ergebnis und in der Formulierung ähnlich hat Ingwer Ebsen das Bundesverfassungsgericht zu einem „Element gesellschaftlicher Selbstregulierung“ erhoben, dies aber stärker mit einer Analyse der realen Entscheidungsbedingungen sowie der konkreten Entscheidungspraxis verknüpft. Die Entscheidungsbedingungen sieht Ebsen – im Ausgang noch wenig aufregend – wesentlich dadurch gekennzeichnet, dass die Verfassung die Entscheidung konkreter Streitfälle nur in ganz geringem Umfang determinieren könne; folgerichtig müsse dann auch die Verfassungsgerichtsbarkeit als relativ autonome, weitgehend außerhalb von rechtlichen Maßstäben agierende Steuerungsinstanz begriffen werden[40]. Von hier aus wird die Aufgabe der

---

[39] *Häberle*, Verfassungsgerichtsbarkeit zwischen Politik und Rechtswissenschaft, S. 57ff., 68, 72; Hervorhebungen im Original. Dies kann dann, einem gängigen Motiv der damaligen Pluralismusdiskussion folgend, kritisch gegen die „Herrschaft der Verbände“ gewendet werden, denen gegenüber das Bundesverfassungsgericht in eine treuhänderische Verantwortung für das Gemeinwohl gerückt wird; in diese Richtung geht etwa der ebenfalls in diesen Zusammenhang gehörende Ansatz von *H. H. von Arnim*, vgl. *ders.*, Gemeinwohl und Gruppeninteressen, 1977, zur Rolle des Bundesverfassungsgerichts dort S. 265ff.

[40] *I. Ebsen*, Das Bundesverfassungsgericht als Element gesellschaftlicher Selbstregulierung, 1985, S. 48ff., 69ff.

Verfassungsgerichtsbarkeit vor allem darin gesehen, die Verfassung als „sozialen Kompromiss" immer neu festzulegen, was in der tatsächlichen Entscheidungspraxis zu einer allgemeinen „Tendenz zur Bevorzugung ‚mittlerer Linien'" führe[41]. In der amerikanischen Verfassungsdiskussion finden sich neuerdings sogar Versuche, das verfassungsgerichtliche Verfahren insgesamt als einen von mehreren Orten demokratischer Deliberation zu profilieren[42].

Gegen all dies wird man schlecht einwenden können, ein solches Konzept von Verfassungsgerichtsbarkeit gehe über deren rechtliche Kompetenzen hinaus und sei auch politisch nicht wünschenswert[43]; darum geht es hier gar nicht. Eher schon ließe sich solchen Theorien entgegenhalten, dass sie ein zu stark harmonisierendes Bild der Institution zeichnen[44]. Dass aber das Bundesverfassungsgericht als „gerichtsförmig institutionalisierter Teil des politischen Prozesses"[45] mit seinen Entscheidungen so dicht am Puls des gesellschaftlich-politischen Lebens liegt wie kein Gericht vor und neben ihm, wird vernünftigerweise niemand bestreiten, der sich nur den geringsten Blick für die Realitäten bewahrt hat[46].

(2) Auch *äußerlich tritt das Bundesverfassungsgericht als politischer Akteur auf* und wird als solcher wahrgenommen. Bereits die Auswahl der Richter ist über das Erfordernis einer Zweidrittel-Mehrheit in Bundestag und Bundesrat (§§ 5 ff. BVerfGG) ein politischer Kreationsakt und wird in der Praxis maßgeblich durch Gesichtspunkte des Parteienproporzes bestimmt, der im Ergebnis für eine leidlich pluralistische Zusammensetzung der Richterbank sorgt. In der Sphäre der politischen Auseinandersetzung ist die Drohung mit dem Bundesverfassungsgericht ein Argument, mit dem gegnerische Positionen geschwächt und eigene durchgesetzt werden können; es kann sogar helfen, Abstimmungen zu gewinnen. Das Verfahren selbst wird mit steigender Brisanz nach allen Regeln des Medienbetriebs inszeniert und dem Publikum nahegebracht: mit ausgreifender Vor- und Nachberichterstattung, Annäherung der mündlichen Verhandlung an eine parlamentarische Anhörung, Spekulationen über den möglichen Aus-

---

[41] Ebda., S. 218 ff. (zum normativen Konzept), 275 ff. (zur tatsächlichen Entscheidungspraxis), die Zitate auf S. 348, 351.

[42] In diesem Sinne *J. Ferejohn/P. Pasquino*, The Counter-Majoritarian Opportunity, Paper August 2010, abrufbar unter http://www.law.uchicago.edu/files/file/Ferejohn.pdf.

[43] So aber *Schlaich/Korioth*, Das Bundesverfassungsgericht, Rn. 36.

[44] In dieser Richtung etwa die Einwände von *U. Haltern*, Verantwortung als Mythos, JöR 45 (1997), 31 (76 ff.), unter Hinweis auf die Nähe zur Smendschen Integrationslehre.

[45] *G. Roellecke*, Aufgabe und Stellung in der Gerichtsbarkeit, in: Isensee/Kirchhof, HStR III, § 68 Rn. 4.

[46] Zeitlos gültig *H. Schulze-Fielitz*, Das Bundesverfassungsgericht in der Krise des Zeitgeists, AöR 122 (1997), 1 ff.

gang, namentlicher Vorstellung der Richter, auf die es ankommt, Liveübertragung der Entscheidung im öffentlichen Rundfunk, Einschaltung von Experten, die dem Unkundigen vermitteln, worum es geht. Das Urteil selbst gleicht sich durch die Offenlegung des Abstimmungsergebnisses im Senat und die Möglichkeit von Sondervoten den Regeln des gesellschaftlichen und politischen Diskurses an, indem es zeigt, dass die Sache auch hätte anders ausgehen können. Und wenn, wie jüngst in den Fällen der Vorratsdatenspeicherung oder des Euro-Rettungsschirms, eine Verfassungsbeschwerde von über 35.000 Beschwerdeführern eingelegt wird, erinnert das nicht von ungefähr an eine Massenpetition, die für sich spricht[47].

Tutor und Präzeptor

Indem das Bundesverfassungsgericht so an die gesellschaftlichen Kommunikationen und Deliberationen heranrückt, gewinnen auch seine Beiträge eine Qualität, die im klassischen Bild der Verfassungsgerichtsbarkeit nicht vorgesehen war. Auch dafür liefert wiederum die veränderte Bedeutung, die der Verfassung ihrerseits zugeschrieben wird, die notwendige Erklärung. Solange eine Verfassung nur als ungefährer rechtlicher Rahmen und rechtsförmige Begrenzung staatlichen Handelns begriffen wird, fungiert auch ein Verfassungsgericht im Wesentlichen nur als eine Art Filter, mit dem etwa ein ihm vorgelegtes Gesetz oder eine sonstige Maßnahme daraufhin überprüft werden, ob sie die je fallbezogenen verfassungsrechtlichen Vorgaben passieren können[48]. Im Falle der Kassation wird das Verfassungsgericht dann in der Tat nur als der „negative Gesetzgeber" tätig, als den Hans Kelsen es zu Weimarer Zeiten beschrieben hat[49]. In dem Maße, in dem die Verfassung inhaltlich-erfüllte Ordnung und identitätsstiftende Wertgrundlage des Gemeinwesens wird, verlagert sich diese Funktion stärker zu positiver Orientierung und Sinnvermittlung hin, mit der in das Tagesgeschehen noch einmal eine grundsätzliche und prinzipielle Ebene eingeführt wird[50].

So lenken etwa die letzten Urteile des Bundesverfassungsgerichts zur europäischen Integration, von denen man im Übrigen halten mag, was man will, das Augenmerk noch einmal auf die am Grund des Ganzen liegende Frage, wie man sich

---

[47] Vgl. BVerfGE 125, 260 (279).

[48] Vgl. *Robertson*, The Judge as Political Theorist, S. 38.

[49] *H. Kelsen*, Wesen und Entwicklung der Staatsgerichtsbarkeit, VVDStRL 5 (1929), 31 (87).

[50] Vgl. *Rosanvallon*, Demokratische Legitimität, S. 180f.; hierzulande für einen Teilaspekt etwa *H. Rossen-Stadtfeld*, Verfassungsgericht und gesellschaftliche Integration, in: Schuppert/Bumke, Bundesverfassungsgericht und gesellschaftlicher Grundkonsens, S. 169 (195).

eine funktionierende Demokratie in etwa vorzustellen hat, was davon unter den Funktionsbedingungen jener Integration noch übrig bleiben oder was ein Parlament dazu beitragen kann, und sie tun dies weniger durch die letztlich nur geringen praktischen Entscheidungsfolgen als vielmehr durch eine weit ins Allgemeine ausgreifende Begründung[51]. Ähnlich lässt sich auch die schon mehrfach angeführte Entscheidung des Bundesverfassungsgerichts zu den Regelsätzen bei Hartz IV, deren konkrete Festsetzung aufgehoben wurde, weil sie nicht in einem transparenten und sachgerechten Verfahren realitätsgerecht und nachvollziehbar ermittelt worden sind, als Aufforderung an die politischen Organe lesen, noch einmal darüber nachzudenken, wozu Gesetzgebung da sein und wie sie dementsprechend vonstatten gehen soll[52]. Auch im Ton sind die Entscheidungen oft stark aufgeladen; der „Maßstäbeteil" ist ohnehin grundsätzlichen Erwägungen vorbehalten und liest sich wie ein Lehrbuch; politische Theorie ist reichlich vorhanden; hier und da fühlt man sich an Einführungen in allgemeine Staatsbürgerkunde erinnert[53].

In solchen Situationen agiert das Gericht im Ergebnis wie ein Tutor und manchmal auch Präzeptor, der in periodischen Abständen die grundlegenden Wertorientierungen und Ordnungsvorstellungen der Verfassung in die gesellschaftlichen und politischen Deliberationen einspeist[54]. Die Folgen liegen auf der Hand. Wird die Verfassung als gute und gerechte Ordnung des Gemeinwesens angesehen, in der die grundlegenden Gerechtigkeitsvorstellungen der Bürger aufbewahrt sind, ist es das Bundesverfassungsgericht, das den daraus resultierenden Anspruch immer von neuem in die Wirklichkeit transportiert und mit ihr vermittelt. Es erscheint dadurch als authentische Verkörperung, wenn nicht Personifizierung dieses Anspruchs, und zwar umso mehr, je offensiver es dabei tätig wird. Ihm wächst dadurch die Rolle einer moralischen Autorität zu, so wie es in seiner leicht spöttischen Charakterisierung als „Vernunft- und Gerechtigkeitshof" angedeutet ist und sich in der zunehmenden Angleichung verfassungsrechtlicher und moralischer Argumentation spiegelt (→ S. 133 ff.)[55]. Das erklärt vieles von dem Glanz, der heute auf das Gericht

---

[51] Vgl. BVerfGE 123, 267 (339 ff.); BVerfG, 2 BvR 1390/12 v. 12. 09. 2012 – Euro-Rettungsschirm. Gerade die Lissabon-Entscheidung ist wegen dieser überschießenden Begründung stark kritisiert worden, vgl. nur *M. Jestaedt*, Warum in die Ferne schweifen, wenn der Maßstab liegt so nah?, Der Staat 48 (2009), 497 (499 ff.) m. w. N.

[52] BVerfGE 125, 175.

[53] S. insbesondere zur Rhetorik *K. Sobota*, Argumente und stilistische Überzeugungsmittel in Entscheidungen des Bundesverfassungsgerichts, in: Rhetorik, Bd. 15: Juristische Rhetorik, 1996, S. 115 ff.

[54] Begriff des Tutors bei *Habermas*, Faktizität und Geltung, S. 340.

[55] Die Charakterisierung bei *R. Dreier*, Zur Problematik und Situation der Verfassungsinterpretation, in: Dreier/Schwegmann, Probleme der Verfassungsinterpretation, S. 13 (39). Zur – keineswegs auf die Verhältnisse hierzulande beschränkten – moralischen Führungsrolle des Gerichts *Robertson*, The Judge as Political Theorist, S. 37 :

fällt: Dort ist dann der Ort, wo Ideale gepflegt werden können, während für die Niederungen der Ebene die anderen zuständig sind[56].

Auch ein Gericht

Man kann darüber streiten, ob eine Institution dieser Art mit der Bezeichnung als „Gericht" noch richtig getroffen ist. Rechtlich und durch ihren Namen ist sie sicher als solches konstruiert[57]. Funktionell ist sie darüber längst hinausgewachsen und hat sich zu einem eigenständigen Macht- und Einflussfaktor entwickelt, der sich in das herkömmliche Schema der Gewaltenteilung nicht ohne weiteres einordnen lässt[58]. Ob das Bundesverfassungsgericht deshalb gleich an der obersten Staatsleitung teilhat, „Funktionen der Regierung und der Gesetzgebung" wahrnimmt oder manche Urteile den Charakter „hochpolitischer Regierungsakte" haben, wie es in seiner Status-Denkschrift selbst gemeint hat, steht auf einem anderen Blatt und tut hier nichts zur Sache; ebenso wenig kommt es darauf an, was der seinerseits unklare Begriff des „Verfassungsorgans" in diesem Zusammenhang besagen soll[59]. Jedenfalls zeigen solche Begriffe – ebenso wie die Diskussion überhaupt –, dass das Bundesverfassungsgericht immer zugleich mehr und anderes ist als ein Gericht: bestenfalls eben *auch* ein Gericht. Andererseits bezieht es seine heutige Legitimität und Autorität ganz wesentlich daraus, dass es weiterhin als ein solches angesehen wird. Ihm werden daher all die Eigenschaften zugesprochen, die Gerichten üblicherweise zugesprochen werden: neutrale Streitentscheidung, unabhängige Sachkunde, Orientierung an den objektiven Maßstäben von Recht und Gerechtigkeit. Demgegenüber steht politisches Entscheiden tendenziell für Interessenorientierung, Parteilichkeit und Machtstreben, allesamt Eigenschaften, die im Bewusstsein breiter Bevölkerungskreise eher negativ konnotiert sind: „Judges argue, politicians bargain". Von daher lebt das Gericht wesentlich davon, dass es sich durch seine Formen und Verfahren als außerhalb des politischen Betriebs stehend inszeniert und diese Insze-

---

„the court may act as a moral leader, attempting to infuse the whole of society, or at least those aspects that are regulated by law, with a positive value orientation."

[56] Folgerichtig rangieren alle diejenigen, die sich in diesen Niederungen tummeln – Parlamente, Regierung, politische Parteien –, in allen entsprechenden Umfragen regelmäßig weit hinter dem Bundesverfassungsgericht, vgl. die Nachweise oben Fn. 11.

[57] Dafür deshalb *Schlaich/Korioth*, Das Bundesverfassungsgericht, Rn. 35 m. w. N. zum Streitstand.

[58] *Robertson*, The Judge as Political Theorist, S. 348; Versuch der Einordnung demgegenüber bei *C. Möllers*, Dogmatik der grundgesetzlichen Gewaltengliederung, AöR 132 (2007), 493 (531 ff.).

[59] Siehe die Nachweise in Fn. 26.

nierung von den Bürgern auch geglaubt wird[60]. Insofern beruht auch seine Rolle zu einem nicht unerheblichen Teil auf einer Projektion, wenn nicht überhaupt auf einer Imagination: Die Bürger sehen in ihrem Verfassungsgericht das, was sie darin sehen wollen, und das bestimmt dann wiederum die Stellung des Bundesverfassungsgerichts im Verhältnis zu den anderen Akteuren des politischen Prozesses wesentlich mit.

Hier ist durchaus viel Irrationales im Spiel. Ähnliches lässt sich über den Umstand sagen, dass sich die Wahrnehmung des Bundesverfassungsgerichts, so wie sie hier beschrieben worden ist, wesentlich auf die großen, bedeutsamen und öffentlichkeitswirksamen Entscheidungen bezieht, die aber die tägliche Arbeit der Richter gar nicht bestimmen. Diese wird vielmehr geprägt durch die mehrere Tausend Verfassungsbeschwerden, die jährlich beim Gericht eingereicht werden und es real in einem „Grau in Grau der Kammerbeschlüsse"[61] versinken lassen. Von diesen sind dann wiederum gerade einmal 2% erfolgreich[62]. In jeder Tombola ist die Trefferquote höher[63]. Gleichwohl spielt die Verfassungsbeschwerde nach allgemeiner Einschätzung eine zentrale Rolle für das Ansehen des Gerichts[64]. Es gründet so ganz wesentlich auf der statistisch durch nichts gerechtfertigten Hoffnung, dass, wenn sonst nichts mehr hilft, man immer noch vor „Karlsruhe" ziehen kann, das dann die Wertungen der Verfassung gegen eine als ungerecht empfundene Gerichtsentscheidung, eine Verwaltungsmaßnahme oder ein Gesetz mobilisiert.

Legitimität

So unbestritten die starke Stellung des Bundesverfassungsgerichts sowohl für die Verwirklichung der Verfassung als auch für den politischen Prozess insgesamt ist, so wenig Einigkeit herrscht andererseits über ihre Bewertung. Das Problem wird meist unter dem Gesichtspunkt demokratischer Legitimation diskutiert, von dem aus verschiedene Einwände gegen eine solche Stellung formuliert werden können[65].

(1) In seiner einfachsten Variante, die in der amerikanischen Verfassungsdiskussion als das „*countermajoritarian argument*" bekanntgeworden ist, lautet der Einwand, eine starke Verfassungsgerichtsbarkeit sei un-

---

[60] Kluge Analyse dieser Zwitterstellung bei *Schönberger* (Fn. 19), in: Jestaedt/Lepsius/Möllers/Schönberger, Das entgrenzte Gericht, S. 9 (50 ff.).

[61] *Schönberger*, ebda., S. 64.

[62] Vgl. die Jahresstatistik des Bundesverfassungsgerichts, regelmäßig veröffentlicht unter www.bundesverfassungsgericht.de/organisation; Erfolgsquote 2010: 1,71% (103 von 6021).

[63] Eine Bemerkung von *G. Roelleke*, Das Ansehen des Bundesverfassungsgerichts und die Verfassung, in: Piazolo, Das Bundesverfassungsgericht, S. 33 (39).

[64] Siehe nur *J. Limbach*, „Im Namen des Volkes", 1999, S. 151 ff.: Die Verfassungsbeschwerde hat das Bundesverfassungsgericht zum „Bürgergericht" gemacht.

[65] Über die Vielfalt der möglichen Legitimationsstrategien und ihre Kritik informiert vorzüglich *Möllers* (Fn. 8), in: Jestaedt/Lepsius/Möllers/Schönberger, Das entgrenzte Gericht, S. 281 (328 ff.).

vereinbar mit dem die Demokratie beherrschenden Prinzip der Mehrheitsherrschaft: Eine Bank von acht oder mehr Richtern könne sich nicht über die Beschlüsse einer parlamentarischen und damit unmittelbar vom Volk legitimierten Mehrheit hinwegsetzen[66]. In dieser Form ist der Einwand hierzulande vor allem in den siebziger Jahren des letzten Jahrhunderts vertreten worden, als eine überwiegend noch konservativ zusammengesetzte Richterschaft verschiedene zentrale Reformvorhaben der damaligen sozialliberalen Koalition – die Ostverträge, die Fristenlösung, die Unternehmensmitbestimmung, die Wehrdienstnovelle – ausbremste[67]; später wurde er gegen das zweite Schwangerschaftsabbruchurteil mobilisiert, mit dem das Bundesverfassungsgericht eine in parteiübergreifendem Konsens beschlossene Liberalisierung des Schwangerschaftsabbruchs für in dieser Form verfassungswidrig erklärte[68]. Mit dem Abflauen der ideologischen Gegensätze hat der Einwand an Bedeutung verloren. Er wird aber auch im Übrigen in dieser schlichten Form durch die verbreitete Einsicht widerlegt, dass auch demokratische Gesellschaften eines Korrektivs bedürfen, das vor der ansonsten jederzeit möglichen „Tyrannei der Mehrheit" schützt. Verfassungsgerichte erfüllen in diesem Sinne zahlreiche Funktionen, die gerade als Sicherung oder sogar Verstärkung von Demokratie gelten können: Sie sichern die Rechte von Minderheiten, die in der Demokratie irgendwann zur Mehrheit werden können; sie sichern die Grundrechte vor dem übermäßigen Zugriff des Staates; nicht zuletzt können sie – durch Sicherung der parlamentarischen Kontrolle der Regierung, Gewährleistung eines chancengleichen Parteienwettbewerbs, Ermöglichung der Artikulation von Außenseiterstandpunkten – Verstopfungen des demokratischen Prozesses aufbrechen, die diese ansonsten blockieren könnten[69].

(2) An dieser Stelle setzen allerdings verschiedene *verfeinerte Varianten des Arguments* an, die weniger leicht zu entkräften sind. So wird etwa geltend gemacht, dass eine entwickelte und gefestigte demokratische Kul-

---

[66] Klassische Formulierung des Problems bei *A. M. Bickel*, The Least Dangerous Branch, 1962; aus neuerer Zeit grundsätzlich *Stone Sweet*, Governing with Judges, S. 31 ff., 61 ff.

[67] Siehe die Beiträge in W. Däubler/G. Küsel (Hrsg.), Verfassungsgericht und Politik, 1979, dort vor allem *F.-W. Dopatka*, Zur Bedeutung des Bundesverfassungsgerichts in der politischen und gesellschaftlichen Entwicklung der Bundesrepublik 1951 bis 1978, S. 31 (44 ff.).

[68] BVerfGE 88, 203.

[69] So die international vieldiskutierte „representation-reinforcement theory" von *J. H. Ely*, Democracy and Distrust, 1980, insbes. S. 73 ff., dort verbunden mit einer primären Aufgabenzuweisung an die Verfassungsgerichte, S. 100: „unblocking stoppages in the democratic process is what judicial review ought preeminently to be about".

tur des entsprechenden Schutzes gar nicht mehr bedürfe, zumindest nicht desjenigen durch ein Verfassungsgericht: Individuelle Rechte oder die Positionen von Gruppen seien in einer solchen Kultur kaum je als solche streitig, sondern immer nur in einzelnen konkreten Anwendungsfragen. In solchen Fällen ersetze aber der Spruch eines Verfassungsgerichts meist lediglich die eine Sicht des Rechteschutzes durch irgendeine andere[70]. Ferner kann darauf verwiesen werden, dass diese spezifischen Funktionen nur einen Bruchteil der Aktivitäten eines Verfassungsgerichts ausmachen; insbesondere das, was hier als positive Sinngebung und Orientierung beschrieben ist, ist davon gar nicht erfasst[71]. Auch in solchen Verfeinerungen und Präzisierungen bleibt der Einwand aber der tragenden Prämisse des „countermajoritarian argument" verhaftet und bezieht seine Plausibilität maßgeblich aus einer traditionellen Vorstellung von Demokratie, bei der Legitimität vorrangig über die Wahl von Parlamenten und Regierungen und die sich dort vollziehende Bildung eines für die Allgemeinheit repräsentativen Mehrheitswillens vermittelt wird. Das könnte am Ende aber doch eine zu schlichte Vorstellung sein, die mit der Vermehrung der Entscheidungsebenen, der Differenzierung der Entscheidungsinstitutionen, der Verschränkung verschiedener Diskursarenen und dem Nebeneinander verschiedener Teilöffentlichkeiten, wie sie die Massendemokratien von heute kennzeichnet, in der Realität zunehmend ihren Halt verliert.

(3) Dementsprechend argumentieren *neuere Demokratietheorien* von einer komplexeren Vorstellung von Legitimität aus, die dann auch diese Seite der Verfassungsgerichtsbarkeit zu integrieren imstande ist[72]. In den individualisierten, pluralisierten und fragmentierten Gesellschaften der Moderne, so die These, differenziert sich danach auch der Gemeinwille stärker aus und verteilt sich auf verschiedene Orte, verschiedene Zeitebenen und verschiedene Institutionen, mit denen sich auch das Verständnis von Repräsentativität verbreitert. In diesem Sinne trügen auch Verfassungsgerichte „zu einer Differenzierung der Repräsentationsformen bei, die der einzige Schlüssel zu einem adäquateren Ausdruck des Gemeinwillens" sei. Konkret komme ihnen die Aufgabe zu, gegen die Kurzfristigkeit und den Pragmatismus, von dem politisches Entscheiden heute typischer-

---

[70] So *J. Waldron*, The Core of the case against judicial review, The Yale Law Journal 115 (2006), 1346ff.

[71] Vgl. *Möllers* (Fn. 8), in: Jestaedt/Lepsius/Möllers/Schönberger, Das entgrenzte Gericht, S. 281 (335ff.), dort unter Hinweis auf die verfassungsgerichtliche Festschreibung eines bestimmten Demokratieverständnisses.

[72] Für den amerikanischen Verfassungsdiskurs *C. Eisgruber*, Constitutional Self-Government, 2007, S. 46ff., 79ff.; *S. Holmes*, Passions and Constraint, 1995, S. 134ff.; für den französischen *Rosanvallon*, Demokratische Legitimität, S. 169ff.; vor allem darauf beziehen sich die folgenden Erwägungen.

weise gekennzeichnet sei, die Dinge noch einmal aus einem grundsätzlichen Blickwinkel zu beleuchten und damit eine eigenständige Reflexivität in den politischen Prozess einzuziehen. Insoweit fungierten sie in diesem Prozess als ein „aktiver sinngebender Dritter". Zugleich verlangsamten sie ihn und führten durch die stete Erinnerung an die gemeinsamen Grundprinzipien „so etwas wie eine Bedenkzeit ein"[73].

In solchen Funktionszuweisungen könnte sich eine den heutigen Bedingungen von Demokratie angemessene Beschreibung von Verfassungsgerichtsbarkeit andeuten. Der wunde Punkt dieser ihrerseits stark idealisierenden und harmonisierenden Sicht liegt nur darin, dass Verfassungsgerichte typischerweise nicht nur Denkanstöße liefern, sondern die ihnen vorgelegten Fragen durch Urteil verbindlich entscheiden. Zwar sind auch solche Schlussworte oft keineswegs so endgültig, wie sie gemeint sein mögen: Aus ihnen können neue Auslegungsstreitigkeiten entstehen, die dann auf andere Weise gelöst werden; die der Entscheidung zugrunde liegenden tatsächlichen Verhältnisse oder vorherrschenden Anschauungen können sich ändern; nicht zuletzt kann das Gericht auch seine eigene Rechtsprechung korrigieren. Aber zumindest auf Zeit kann der Prozess erst einmal stillgestellt werden. Statt nur als „Tutor" kann ein Verfassungsgericht dann auch selbst als der „Regent" erscheinen, der die Sache anstelle des für unmündig gehaltenen Volkes oder seiner für unfähig gehaltenen Vertreter selbst in die Hand nimmt[74]. Gerade das Bundesverfassungsgericht ist dieser Gefahr nicht selten erlegen und erliegt ihr in letzter Zeit zunehmend häufiger[75]. Eine Grenze ist vor allem dann überschritten, wenn das Gericht nicht nur die Verfassungswidrigkeit eines Gesetzes feststellt, sondern dem Gesetzgeber die zu schaffende Neuregelung gleich mitliefert[76].

Autorität

Die Autorität, die das Bundesverfassungsgericht heute in alldem genießt, kommt ihm aber im letzten Grund nur zu, weil und soweit sie ihm von den anderen Beteiligten der Arbeit mit und an der Verfassung eingeräumt wird. Darin liegt die schlichte Folge des Umstands, dass das Bundesverfassungsgericht seine Entscheidungen selber nicht durchsetzen kann. Sie können deshalb nur wirken über die Anerkennung, die sie bei den anderen Beteiligten – Gesetzgeber, Trägern der Exekutive, Fachgerichten, gesellschaftlichen Akteuren – finden: Von ihnen müssen sie verstanden und in ihre eigenen Handlungs- und Entscheidungsprämissen integriert werden. Nur wenn und soweit dies der Fall ist, lässt sich an der starken These fest-

---

[73] *Rosanvallon*, Demokratische Legitimität, S. 173ff.; die Zitate auf S. 178f., 181.

[74] *Habermas*, Faktizität und Geltung, S. 340.

[75] Siehe zuletzt etwa *H. Schulze-Fielitz*, Schattenseiten des Grundgesetzes, in: Dreier, Macht und Ohnmacht des Grundgesetzes, S. 9 (21ff.).

[76] Als Beispiel aus jüngerer Zeit etwa das Urteil zur Sicherungsverwahrung, BVerfGE 128, 326 (378ff.).

halten, dass das Grundgesetz heute praktisch so gilt, wie das Bundesverfassungsgericht es anwendet[77].

(1) Diese Folgebereitschaft wird heute dadurch erleichtert, *dass sie in verschiedener Weise generalisiert und objektiviert ist*: Sie speist sich weniger aus der einzelnen Entscheidung als aus dem hohen Ansehen, das das Gericht insgesamt genießt[78]; dieses verstetigt sich zudem dadurch, dass es bei aller Kritik an bestimmten Entscheidungen durch einzelne Beteiligte immer genügend andere gibt, die es dem Bundesverfassungsgericht zubilligen. Auf diese Weise hat sich im Lauf der Jahrzehnte eine institutionalisierte Anerkennungsstruktur herausgebildet, die das Bundesverfassungsgericht sehr weitgehend trägt[79]. Von ihr aus können dann immer wieder auch einzelne „Ausreißer" – Urteile, die aus diesen oder jenen Gründen besondere Kritik auf sich ziehen – eingefangen werden, und ebenso mag sich daraus der merkwürdige Umstand erklären, dass die meisten Entscheidungen des Bundesverfassungsgerichts nach einer verbreiteten Wahrnehmung immer nur Sieger hinterlassen[80].

(2) Gleichwohl *bleibt die Anerkennung, wie die verschiedenen „Krisen" des Bundesverfassungsgerichts gezeigt haben, prekär* und muss immer aufs Neue gesichert werden[81]. Das Bundesverfassungsgericht reagiert darauf, indem es, wie man aus Berichten ehemaliger Richter weiß und sich auch sonst gut vorstellen kann, im Vorfeld einer Entscheidung die möglichen Alternativen darauf befragt, ob und inwieweit sie diese Anerkennung finden können[82]. Die antizipierte Zustimmung möglichst vieler wird so zum

---

[77] Vgl. oben Fn. 19; die Zusammenführung bei *Schulze-Fielitz* (Fn. 46), AöR 122 (1997), 1 (2).

[78] Richtig *M. Albers*, Das Bundesverfassungsgericht als Hüter seines selbstbestimmten Entscheidungsprogramms, KritV 1998, 193 (204).

[79] Zu den vielfältigen dabei wirksamen Mechanismen *A. Brodocz*, Die Macht der Judikative, 2009, S. 98 ff., 216 ff.

[80] Vgl. *Lembcke*, Hüter der Verfassung, S. 167 ff., dort auch eine sorgfältige Analyse zu der vielschichtigen Struktur und den Gründen der Anerkennung.

[81] Zu solchen in periodischen Abständen wiederkehrenden Akzeptanzkrisen etwa *R. Häußler*, Der Konflikt zwischen Bundesverfassungsgericht und politischer Führung, 1994; *Lembcke*, Hüter der Verfassung, S. 175 ff.; für neuere Konflikte *Schulze-Fielitz* (Fn. 46), AöR 122 (1997), 1 (2 ff.); *B. Schlink*, Abschied von der Dogmatik, JZ 2007, 157 f. Bekannte Stichworte sind etwa: der Streit um die Wiederbewaffnung, das Urteil zum Grundlagenvertrag, das Kruzifix-Urteil, die „Soldaten sind Mörder"-Rechtsprechung, aktuell etwa das Lissabon-Urteil; möglicherweise steht auch der hartnäckige und bis heute anhaltende Widerstand des OVG Münster gegen die Übernahme der Rechtsprechung des Bundesverfassungsgerichts zum Versammlungsrecht für ein solches Beispiel, vgl. zunächst OVG Münster, NJW 2001, 2113 und 2114.

[82] Vgl. *E. Benda*, Zur gesellschaftlichen Akzeptanz verwaltungs- und verfassungsgerichtlicher Entscheidungen, DÖV 1983, 305 (306 f.); *J. Limbach*, „Im Namen des Volkes", 1999, 176 ff.

informellen Kriterium für die Herstellung der Entscheidung. Entscheidungen, denen niemand zustimmt, kommen deshalb praktisch nicht vor, so wie das Gericht auch Kritik an seinen Entscheidungen sorgfältig registriert und in nachfolgenden Entscheidungen durchaus berücksichtigen kann.

In seiner Rechtsprechungspraxis hat das Bundesverfassungsgericht darüber hinaus verschiedene verfassungsprozessuale Figuren ausgebildet, die sich als Elemente einer spezifisch politischen Rücksichtnahme deuten lassen: etwa in der Zubilligung von Prognose-, Einschätzungs- und Gestaltungsspielräumen für den Gesetzgeber oder der Relativierung der Rechtsfolge bei Verfassungsverstößen[83]. Schließlich wirbt das Gericht auch selbst für seine Entscheidungen, indem es sie durch eine aktive Öffentlichkeitsarbeit in die Gesellschaft hinein kommuniziert; das Spektrum der Möglichkeiten reicht hier von der strategischen Platzierung mündlicher Verhandlungstermine über die auf unterschiedliche Adressatenkreise zugeschnittenen Formen der Verbreitung der Entscheidungen bis hin zu deren erläuternder Kommentierung durch die beteiligten Richter selbst.

Zusammen belegt all dies aber nur, wie wenig gefestigt die Autorität des Bundesverfassungsgerichts und wie viel es auch selber unternehmen muss, um sie in die Zeit hinein zu behaupten. Sie ist zuletzt immer nur entlehnte oder geliehene Autorität, und es gibt keinerlei Gewähr, dass sie von Dauer sein wird.

Neue Rivalen

Heute ist diese Autorität zusätzlich dadurch herausgefordert, dass dem Gericht auf der europäischen Ebene in Gestalt des EuGH und des EGMR machtvolle Gegenspieler erwachsen sind, gegen die es sich behaupten und im Verhältnis zu denen es seine Rolle erst noch finden muss. Diese entscheiden zwar aufgrund je eigener und formell verselbständigter Maßstäbe, aber doch häufig über ähnliche oder gar identische Fragen; sie können ihrerseits – wie der EGMR – Entscheidungen des Bundesverfassungsgerichts überprüfen oder – wie der EuGH – den Spielraum verengen, innerhalb dessen das Bundesverfassungsgericht überhaupt noch entscheiden kann; und sie folgen dabei zuletzt ähnlichen Selbstermächtigungsstrategien wie dieses: der EuGH über den von ihm selbst formulierten und aus dem „Geist der Verträge“ abgeleiteten Vorrang des Gemeinschaftsrechts[84]; der EGMR durch die Deutung der EMRK als „living instrument“, mit der er die ursprünglich nur als völkerrechtlichen Mindeststandard konzipier-

[83] *Möllers*, Staat als Argument, S. 188f.

[84] EuGH, Slg. 1964, 1253 (1269ff.); zur Funktion als Selbstermächtigung *Wahl*, Herausforderungen und Antworten, S. 96.

te Konvention nach und nach zu einem immer dichteren Netz verbindlicher und instruierender Vorgaben verwoben hat[85]. Im Ergebnis gelten beide von einem funktionellen Begriff aus mittlerweile selber als „Verfassungsgerichte", die mit dem Bundesverfassungsgericht nun auch dort konkurrieren, wo es lange Zeit eine Alleinstellung hatte[86]:

(1) Zum einen durchbrechen sie die Befugnis des Bundesverfassungsgerichts zu „letztverbindlicher" oder „authentischer" Interpretation der Verfassung, indem sie rechtliche oder faktische Präjudizien schaffen, die dieses in seiner eigenen Entscheidungspraxis berücksichtigen und in der Auslegung der Verfassung verarbeiten muss. Insofern wirken sie heute selber indirekt an der Konkretisierung der Verfassung mit (→ S. 211 ff.).

(2) Zum anderen kommen durchaus auch jetzt schon Entscheidungen vor, die im Ansatz ähnliche publizistische Aufmerksamkeit auf sich ziehen wie diejenigen des Bundesverfassungsgerichts, auch wenn sie sich anders als diese vom Stil her ausschließlich an ein Expertenpublikum richten und gerade hierzulande häufig eher als Störung, wenn nicht überhaupt als unstatthafte Einmischung empfunden werden.

In der langen Kette der Entscheidungen des EGMR zur Frage der Sicherungsverwahrung in der Bundesrepublik kommt beides zusammen, die öffentliche Aufmerksamkeit wie die Abwehr- und Ausweichreaktionen, die sie bis heute auslösen; ebenso wird deutlich, wie auch das Bundesverfassungsgericht, das die hiesige Praxis zuvor im Großen und Ganzen noch abgesegnet hatte, hier zwischen notwendiger Anpassung und Bewahrung von Eigenständigkeit changieren, wenn nicht taktieren muss[87]. Auch vor dem EuGH, der lange Zeit eher geräuschlos oder jedenfalls von der breiten Öffentlichkeit unbemerkt agierte, kennt man mittlerweile den spektakulären Fall mit beachtlichem Medienecho: wenn etwa als mögliche Antwort auf eine zunehmend globalisierte Sicherheitsarchitektur die Weitergabe von Fluggastdaten gegenüber den USA beschränkt wird, die Patentierung eines Verfahrens zur Erzeugung embryonaler Stammzellen für unvereinbar mit der Menschenwürde erklärt wird etc.[88]

---

[85] Vgl. *J. Frowein*, Die Herausbildung europäischer Verfassungsprinzipien, in: FS W. Maihofer, 1988, S. 149 ff.; *E. Pache*, Die Europäische Menschenrechtskonvention und die deutsche Rechtsordnung, EuR 2004, 393 (395).

[86] Zu diesem funktionellen Begriff *Häberle*, Europäische Verfassungslehre, S. 478 ff.; *F. C. Mayer*, Verfassungsgerichtsbarkeit, in: von Bogdandy/Bast, Europäisches Verfassungsrecht, S. 559 ff.; *S. Oeter*, Rechtsprechungskonkurrenz zwischen nationalen Verfassungsgerichten, Europäischem Gerichtshof und Europäischem Gerichtshof für Menschenrechte, VVDStRL 66 (2007), 361 (362 f.).

[87] Siehe zur Sicherungsverwahrung etwa EGMR, NJW 2010, 2495 ff. im Gegensatz zu BVerfGE 109, 133; danach BVerfGE 128, 326.

[88] S. EuGH, Slg 2006, I-4722 – Fluggastdatenabfrage; EuGRZ 2011, 576 ff. – Patentierung embryonaler Stammzellen; als weiteres Beispiele s. die Entscheidung in der Rechtssache Kadi, Slg. 2008, I-6351.

Langfristig könnte sich dies auch auf die Autorität auswirken, die das Bundesverfassungsgericht selbst hierzulande unter den Bürgern noch genießt: In dem Maße, in dem es sich seine Rolle mit anderen europäischen Gerichten teilen muss und seine Entscheidungen an Bedeutung verlieren, scheidet es auch als Projektion ihrer Angemessenheits- und Gerechtigkeitserwartungen aus. Vor allem leidet auch sein Nimbus als ultimative Instanz in allen Verfassungsfragen, von dem es in der Vergangenheit vielleicht mehr gezehrt hat als von allen anderen legitimitätssichernden Faktoren: Je häufiger es zu Rechtsprechungskonflikten kommt, das Bundesverfassungsgericht von den europäischen Gerichten korrigiert wird oder es seine eigene Rechtsprechung mit Rücksicht auf sie korrigieren muss, desto offensichtlicher wird, dass eine bestimmte Interpretation oder Konkretisierung des Grundgesetzes nicht allein deshalb richtig sein muss, weil sie vom Bundesverfassungsgericht stammt[89]. Man mag das, wenn man will, für ein Unglück halten. Es könnte aber auch lediglich der passende Anlass sein, die überzogenen Erwartungen, die sich auf das Gericht heute vielfach richten, auf irdisches Maß zurückzuschrauben und durch eine realistischere Einschätzung dessen zu ersetzen, was es tatsächlich tut.

II. Weitere Beteiligte

Die dominante Stellung des Bundesverfassungsgerichts im Vorgang der Verwirklichung und Bildung der Verfassung beruht damit wesentlich auf einer entsprechenden Rollenzuschreibung, die bei allem, was ihr an Irrationalem anhaften mag, ihrerseits dazu beiträgt, die Bedeutung der Verfassung für den politisch-gesellschaftlichen Prozess zu stärken. Andererseits dürfen dadurch die Rollen der anderen Beteiligten in diesem Vorgang weder ausgeblendet noch überspielt werden. Im Gegenteil kann unter einer Verfassung, die materiale Grundordnung für Staat und Gesellschaft geworden ist, auch deren Konkretisierung und Konstruktion immer nur eine Sache der gesamten Gesellschaft sein, so wie es in der eingangs angesprochenen These von der offenen Gesellschaft der Verfassungsinterpreten zusammengefasst ist (→ S. 167 ff.). Das folgt bereits daraus, dass einerseits von einem solchen Verfassungsverständnis aus die Frage nach der politisch richtigen Entscheidung eines bestimmten Problems immer auch die Frage nach der besten Verwirklichung bestimmter Verfassungswerte einschließt (→ S. 57 ff.). Andererseits ist in einer von der Verfassung selbst als freiheitlich, demokratisch und gewaltengeteilt konstituierten Ordnung

[89] *Schlink* (Fn. 81), JZ 2007, 157 (158).

die Entscheidung solcher Fragen primär dem politischen Prozess und den je zur Entscheidung berufenen Organen zugewiesen. Im Ergebnis kann es dann gar nicht anders sein, als dass auch die Kompetenzen zur darin automatisch mitlaufenden Verfassungskonkretisierung entsprechend aufgeteilt sind[90]. Gesichert werden müssen sie dementsprechend vor allem im Verhältnis zum Bundesverfassungsgericht, das mit der zunehmenden Verfeinerung der dogmatischen Instrumente theoretisch jede noch so abstrakte Norm der Verfassung auf konkrete Einzelaussagen herunterbrechen kann und so die Möglichkeit hat, jeden Konflikt, mit dem es auch nur am Rande befasst ist, autoritativ durch Verfassungsinterpretation zu entscheiden. Verhindert werden soll dies traditionell durch verschiedene Leitformeln und Leitbegriffe, deren gemeinsamer Nenner die Sorge vor dem „verfassungsgerichtlichen Jurisdiktionsstaat" als besondere Erscheinungsform eines „gouvernement des juges" ist[91]. Im Verhältnis zur Gesetzgebung geht es dann um die Abwehr des „Super-" oder „Ersatzgesetzgebers", im Verhältnis zu den Gerichten um die der „Superrevisionsinstanz", im Verhältnis zur Wissenschaft um die eines „Bundesverfassungsgerichtspositivismus"[92]; die allgemeinste Formulierung findet sich in der Forderung nach „judicial self-restraint", die sich auch das Bundesverfassungsgericht selbst verschiedentlich zu eigen gemacht hat[93]. Sie runden sich ihrerseits zu einem übergreifenden Leitbild angemessener Aufgabenzuordnung, das in seinen verschiedenen Auffächerungen heute zum Inhalt der Verfassung dazugerechnet werden kann, sich von anderen Leitbildern jedoch dadurch unterscheidet, dass es sich auf die Anwendung und Konkretisierung der Verfassung selber bezieht. Wie alle anderen Leitbilder kann es aber flexibel gehandhabt werden und eröffnet so auch den beteiligten Akteuren Räume, innerhalb derer sie ihre eigenen Rollen bei der Anwendung, Verwirklichung und Herstellung der Verfassung mitgestalten.

---

[90] *Bryde*, Verfassungsentwicklung, S. 301.

[91] Zu dieser Sorge und dem, was zu ihr Anlass gibt, markant *Böckenförde*, Staat, Verfassung, Demokratie, S. 191 ff.; ferner etwa *W. Brohm*, Die Funktion des BVerfG, NJW 2001, 1 ff.; *Voßkuhle*, in: von Mangoldt/Klein/Starck, GG, Art. 93 Rn. 35; differenzierte Auseinandersetzung mit dieser Formel und ihrer durchaus schillernden Bedeutung etwa bei *Schuppert/Bumke*, Die Konstitutionalisierung der Rechtsordnung, S. 79 f.

[92] Eine Begriffsschöpfung von *B. Schlink*, Die Entthronung der Staatsrechtswissenschaft durch die Verfassungsgerichtsbarkeit, Der Staat 28 (1989), 161 ff.

[93] Prominent BVerfGE 36, 1 (14); aus der Literatur nur *Schlaich/Korioth*, Das Bundesverfassungsgericht, Rn. 505 m. w. N.

1. Politik

Die mit, nach oder möglicherweise sogar vor dem Bundesverfassungsgericht zentrale Konkretisierungskompetenz kommt dabei den politischen Institutionen zu; zwischen ihnen und dem Bundesverfassungsgericht finden dementsprechend die wesentlichen Positionsbestimmungen statt, die nicht selten auch Positionskämpfe sind.

Beiträge

Die in jeder Hinsicht herausgehobenen Einfluss- und Mitgestaltungsmöglichkeiten dieser Institutionen ergeben sich daraus, dass sie es sind, an die sich die Regelungen und Aufträge der Verfassung primär richten. Die Politik handelt damit in besonderer Weise „unter" der Verfassung, wie es für den Teilbereich der Gesetzgebung in Art. 20 Abs. 3 GG nochmals ausdrücklich klargestellt wird. Andererseits formt und gestaltet sie sie in diesem Handeln auch aus, und zwar umso stärker, je weiter eben auch die entsprechenden Verfassungsbindungen reichen und sie sich in deren Kraftfeld bewegt. Mit einer gewissen Vereinfachung lassen sich drei Modi der Ausgestaltung unterscheiden, mit der jenseits oder besser unterhalb der Ebene der förmlichen Verfassungsänderung der Inhalt von Verfassung mitkonstruiert wird.

(1) Der erste Modus ist die *aktive Entfaltung*; sein zentrales Anwendungsfeld und zugleich die primäre Erscheinungsform ist die Gesetzgebung. Über sie wird die Verfassung als positive Ordnung überhaupt erst lebbar, lassen sich die aus ihr resultierenden Bindungen handhaben, können die von ihr eröffneten Möglichkeitsräume genutzt werden.

Klassisches Beispiel ist die Gesetzgebung zum Wahlrecht, die entlang der höchst punktuellen Vorgaben des Art. 38 GG die Wahl als politischen Vorgang überhaupt erst einrichtet und deshalb seit jeher zur „materiellen Verfassung" dazugezählt wird[94]. Letztlich lässt sich aber von jedem Gesetz sagen, es stelle „im Grunde eine Interpretation der Verfassung dar, sei es, dass es sich für mit der Verfassung im Einklang hält, sei es, dass es sich als von der Verfassung gefordert versteht"[95]. Mit der Entdeckung, Ausformulierung und Vermehrung der programmatisch-dirigierenden Elemente innerhalb der Verfassung steigt dabei der Anteil der Gesetze, die sich in diesem Sinne als von der Verfassung gefordert verstehen, indem sie diese Elemente umsetzen, dabei die zur Verfügung stehenden und von der Verfassung eröffneten Gestaltungsspielräume einerseits ausnutzend, sie andererseits aber eben für die Zukunft auch verengend. Vor allem die Entfaltung der Grundrechte erfolgt in diesem Sinne heute wesentlich „im Gesetz", so wie sich in der Folge auch

---

[94] Vgl. *Stern*, Staatsrecht I, S. 73.

[95] *Ehmke*, Beiträge zur Verfassungstheorie und Verfassungspolitik, S. 342.

ihr Inhalt „in einfachgesetzlichem Gewande“ darbietet[96]. Für den Sozialstaat versteht sich sowieso von selbst, dass er überhaupt erst und nur durch seine gesetzliche Ausgestaltung Wirklichkeit gewinnt[97].

(2) Der zweite Modus ist die Ausgestaltung oder Anreicherung durch *schlichte Praxis*, also dadurch, dass die politischen Organe und Institutionen sich in den von der Verfassung vorgezeichneten Regeln und Bahnen bewegen, diese selber damit aber eben auch inhaltlich prägen. Sie wird in Rechtsprechung und Literatur überwiegend unter der Überschrift der „Staatspraxis“ behandelt, die dann meist nur darauf befragt wird, inwieweit sie als Hilfskriterium für die von anderen Beteiligten zu leistende Auslegungsarbeit herangezogen werden und in der Folge etwa ein sonstiges Auslegungsergebnis beiseite schieben kann[98]. Aber es geht darüber hinausweisend um die Verdichtung, Anreicherung und spezifische Färbung, die Verfassungsnormen einfach dadurch erhalten, dass sie und wie sie ausgeübt werden: als „tätige Interpretation der Verfassung“ durch die jeweils Handelnden[99].

Als instruktives Beispiel mag man die Amtsführung eines jeweiligen Bundespräsidenten nehmen, die sich auf das Verständnis des verfassungsrechtlichen Amtes selbst auswirkt (protokollarische Rolle, Repräsentationsfunktion, Integrationswirkung, Gegenspieler zu anderen politischen Organen etc.) und je nach der Persönlichkeit des Präsidenten oft noch über dessen Amtszeit hinaus fortwirkt[100].

(3) Der dritte Modus schließlich ist die Ausgestaltung durch *mitlaufende Kontrolle*, wie sie immer dann stattfindet, wenn einzelne politische Institutionen – die Ministerialverwaltung bei der Begutachtung eines Ge-

---

[96] Nach den Titeln der Habilitationsschriften von *Jestaedt*, Grundrechtsentfaltung im Gesetz, und *M. Gellermann*, Grundrechte in einfachgesetzlichem Gewande, 2000, der instruktiv drei verschiedene Kategorien grundrechtlicher Ausgestaltung unterscheidet: die normative Konstituierung bei stark normgeprägten Grundrechten, die normative Konturierung, die sich auf die nähere Umschreibung und gegebenenfalls auch Begrenzung des Schutzgegenstandes bezieht, und die normative Konkretisierung, die sich auf die Umsetzung grundrechtlicher Leistungsaufträge an den Staat bezieht, ebda., S. 90 ff., 177 ff., 230 ff. Dass der Gesetzgeber dabei in Bindung an die Grundrechte handelt und sich daraus Probleme für deren Selbstand ergeben, versteht sich von selbst, vgl. dazu die umfassende Kritik von *M. Cornils*, Die Ausgestaltung der Grundrechte, 2005, S. 20 ff.; sie interessieren hier aber nur unter dem Gesichtspunkt, wer darüber letztverbindlich entscheidet, wem also im Verhältnis zu den anderen Beteiligten die maßgebliche Konkretisierungskompetenz zukommt.

[97] *Heinig*, Der Sozialstaat im Dienst der Freiheit, S. 461 f.

[98] Vgl. BVerfGE 91, 148 (172); in diesem Sinne exemplarisch behandelt etwa bei *S. Müller-Franken*, Staatspraxis und Verfassungsauslegung, in: FS J. Isensee, 2007, S. 229 ff.

[99] Eine Formulierung von *Müller-Franken* (Fn. 98), in: FS J. Isensee, 2007, S. 229 (232 f.).

[100] Das Beispiel bei *C. Tomuschat*, Verfassungsgewohnheitsrecht?, 1972, S. 75 f., 135.

setzentwurfs, der Bundestag bei der Anmeldung von Zweifeln über die Verfassungsmäßigkeit eines Regierungshandelns, der Bundespräsident in Ausübung des von ihm in Anspruch genommenen formellen oder materiellen Prüfungsrechts – die Akte oder das Verhalten anderer Institutionen auf ihre Verfassungsmäßigkeit überprüfen. Wird dann der betreffende Akt zurückgenommen, etwa der Gesetzentwurf aus dem Verkehr gezogen oder das Gesetzgebungsverfahren nicht weitergeführt, hat die zur Prüfung berufene oder sonst eingeschaltete Stelle ihre Inhaltsbestimmung von Verfassung vorerst und zumindest solange durchgesetzt, bis sie durch die gegenläufige Inhaltsbestimmung einer anderen Stelle ersetzt wird.

Konkurrenzprobleme

In sämtlichen Formen und Varianten ergeben sich notwendig Konkurrenzprobleme mit den entsprechenden Konkretisierungskompetenzen des Bundesverfassungsgerichts, deren Bewältigung faktisch dem Muster von Selbstermächtigungen einerseits und Selbstentmachtungen andererseits folgt, wie es die Verfassungsanwendung als eine sprachliche und soziale Praxis konstituiert. Die Situation stellt sich freilich unterschiedlich dar, je nachdem welche der einzelnen Formen und Varianten betroffen ist.

(1) Keine nennenswerten Reibungen gibt es im Modus der *mitlaufenden Kontrolle*: Setzt hier, wie zuletzt beschrieben, das kontrollierende Organ seine Inhaltsbestimmung der Verfassung durch, kommt das Bundesverfassungsgericht in der Regel gar nicht mehr ins Spiel; allerdings wird diese Inhaltsbestimmung, wenn sie durchschlagskräftig sein soll, ihrerseits an frühere Inhaltsbestimmungen des Bundesverfassungsgerichts anknüpfen, die dann nur auf die neue Konstellation übertragen werden.

(2) Ähnlich stellt sich die Situation im zweiten Modus dar, also der Konkretisierung durch *schlichte Praxis*: Diese kann vom Bundesverfassungsgericht gegebenenfalls korrigiert und für mit der Verfassung unvereinbar erklärt werden, aber eben auch nur dort, wo es überhaupt die Gelegenheit zum Eingreifen bekommt. In vielen Fragen wird das aber gar nicht der Fall sein; insbesondere die Innenbeziehungen der Staatsorgane – etwa die Zuordnung von Richtlinienkompetenz, Ressortverantwortung und Kollegialprinzip innerhalb des Kabinetts (Art. 65 GG) – oder die vielfältigen Formen der Bund-Länder-Kooperation sind seinem Zugriff weitgehend entzogen, weil sich hier aus Gründen, die in den Gesetzmäßigkeiten des politischen Betriebs liegen, in der Regel niemand finden wird, der einen Konflikt vor das Bundesverfassungsgericht tragen würde. Im Extremfall können dadurch, wie es gerade bei der Ausübung der Richtlinienkompetenz unter den Bedingungen heutiger Koalitionsregierungen zu

beobachten ist, Verfassungsnormen praktisch derogiert werden, aber auch darin liegt eben am Ende noch eine Form der Verfassungskonkretisierung.

Im Gegensatz dazu wird das Bundesverfassungsgericht dort relativ häufig bemüht, wo der klassische demokratische Konflikt von Mehrheit und Minderheit in Rede steht: also etwa bei der Sicherung und Verteidigung der Rechte der parlamentarischen Opposition, beim Einsatz regierungsamtlicher Öffentlichkeitsarbeit zur Unterstützung des Wahlkampfs der die Regierung tragenden Parteien, beim Ausschluss oder der gleichheitswidrigen Benachteiligung kleinerer Parteien bei der Parteienfinanzierung[101]. Die dazu ergangenen Entscheidungen sind aber bei aller Umstrittenheit im Einzelfall unter Legitimations- und Zuordnungsgesichtspunkten völlig unproblematisch, weil das Bundesverfassungsgericht hier in den Funktionen der Demokratiesicherung und des Minderheitenschutzes tätig wird, die nach allen einschlägigen Theorien und den sonst dazu angestellten Überlegungen eine prinzipiell aktivere Rolle der Verfassungsgerichtsbarkeit erfordern (→ S. 182ff.).

(3) Die schwierigsten Konkurrenzprobleme stellen sich vor diesem Hintergrund im Modus *der aktiven Entfaltung*, also im Verhältnis von Bundesverfassungsgericht und Gesetzgeber. Gerade hier findet dementsprechend die eigentliche Debatte über den verfassungsgerichtlichen Jurisdiktionsstaat statt, hinter der sich, soweit sie von den Beteiligten selbst geführt wird, oft nur die bereits bekannten Positionskämpfe verbergen. Die Zahl der Konflikte ist dabei theoretisch unbegrenzt, weil sich insbesondere über die Verfassungsbeschwerde und die konkrete Normenkontrolle vielfältige Angriffsmöglichkeiten gegen Gesetze eröffnen; angesichts einer durchweg klagefreudigen politischen Kultur der Bundesrepublik dürfte es deshalb eher unwahrscheinlich sein, dass ein Gesetz, das unter einem bestimmten Blickwinkel verfassungsrechtlich kritisierbar ist, nicht zu irgendeinem Zeitpunkt vor dem Bundesverfassungsgericht landet[102]. Praktisch kann das Bundesverfassungsgericht aber nicht die gesamte Gesetzesproduktion kontrollieren; dazu fehlen ihm die personellen und zeitlichen Kapazitäten, der organisatorische Unterbau und zuletzt auch der

---

[101] Zur Sicherung der parlamentarischen Oppositionsrechte etwa BVerfGE 124, 161 – Kleine Anfrage; s. ferner die verschiedenen Entscheidungen zur Sicherung der Rechte von Untersuchungsausschüssen, BVerfGE 67, 100; 113, 113; 124, 78. Zur Beschränkung regierungsamtlicher Öffentlichkeitsarbeit: BVerfGE 44, 125. Zur Einbeziehung kleinerer Parteien in die staatliche Parteienfinanzierung: BVerfGE 24, 300; 111, 382; 121, 108 (zu Wählervereinigungen). Da der Ausschluss der Kleingruppierungen hier auf gesetzlicher Grundlage erfolgte, ergeben sich insoweit Überschneidungen zur dritten Fallgruppe, der aktiven Entfaltung der Verfassung durch Gesetz; s. dazu sogleich im Text.

[102] *Bryde*, Verfassungsentwicklung, S. 200.

Wille[103]. Sein Eingreifen bleibt daher notwendig punktuell und auf einige exemplarische Fälle beschränkt, während es im Übrigen vor allem durch die von ihm entwickelten Maßstäbe und Leitlinien wirkt. Über die tatsächliche Gewichts- und Einflussverteilung im Vorgang der Verfassungskonkretisierung sagt das aber noch wenig aus, ebenso wie dafür nicht viel gewonnen ist, wenn dem Gesetzgeber in diesem Vorgang die „Vorhand", dem Bundesverfassungsgericht dagegen der „Vorrang" zugesprochen[104], der Gesetzgeber als „Erstinterpret", die Rechtsprechung als „Zweitinterpret" der Verfassung bezeichnet wird etc.[105] Die entscheidende Frage ist jeweils, was dazwischen geschieht und wie die Akteure die dadurch eröffneten Handlungsoptionen nutzen. Der insgesamt vorherrschende Eindruck ist, dass das Bundesverfassungsgericht das Netz der verfassungsrechtlichen Maßstäbe und Leitlinien in den letzten Jahren und Jahrzehnten zunehmend enger gezogen und die Kontrolldichte flächendeckend zugenommen hat[106].

Dies betrifft einerseits die materiellen Anforderungen, die das Bundesverfassungsgericht sukzessive intensiviert hat; stellvertretend dafür stehen die Effektivierung der Schutzpflichten durch das – mittlerweile als solches gar nicht mehr benötigte – „Untermaßverbot" oder die konsequente Justitiabilisierung des Gleichheitssatzes im Übergang von „alter" zu „neuer" Formel[107]. Schrittweise erhöht worden sind andererseits aber auch die Anforderungen an das Gesetzgebungsverfahren, und zwar durch Gebote der Schätzgenauigkeit, der sorgfältigen Ermittlung der Bezugsgrößen oder der Folgerichtigkeit, zuletzt sogar durch die Forderung nach einem „normativen Gesamtkonzept"[108]; der Satz „Der Gesetzgeber schuldet nur das Gesetz", den man noch bis in die achtziger Jahre des letzten

---

[103] *Bryde*, a.a.O.

[104] So bereits *Ehmke*, Beiträge zur Verfassungstheorie und Verfassungspolitik, S. 342.

[105] *P. Kirchhof*, in: P. Badura/R. Scholz (Hrsg.), Verfassungsgerichtsbarkeit und Gesetzgebung, 1998, S. 5 (16).

[106] Siehe etwa *Schulze-Fielitz* (Fn. 46), AöR 122 (1997), 1 (23 f.); *ders.*, Schattenseiten des Grundgesetzes, in: Dreier, Macht und Ohnmacht des Grundgesetzes, S. 9 (21 ff.).

[107] Das Untermaßverbot aus BVerfGE 88, 203 (254); dass man mittlerweile auch ohne dieses auskommt und aus den Grundrechten ganz konkrete Vorgaben ableiten kann, zeigen BVerfGE 114, 1 (33 ff.); 114, 73 (97 ff.). Zu den verstärkten Bindungen durch den Gleichheitssatz grundlegend BVerfGE 88, 87 (96). Gerade für den Gleichheitssatz ging man insoweit lange davon aus, dass dem Gesetzgeber hier ein ganz breiter Spielraum verbleibe und er durch verfassungsgerichtliche Vorgaben nur schwach präjudiziert werde, vgl. in diesem Sinne etwa noch *Bryde*, Verfassungsentwicklung, S. 305.

[108] Siehe nur BVerfGE 121, 317 (362 ff.) – Rauchverbot in Gaststätten; 122, 210 (231 ff.) – Pendlerpauschale; 125, 175 (225 ff.) – Hartz-IV-Sätze; die Forderung nach einem normativen Gesamtkonzept nunmehr in BVerfGE 128, 326 (378 ff.) – Sicherungsverwahrung.

Jahrhunderts unbefangen vertreten konnte, gilt deshalb längst nicht mehr[109]. Durch die Drohung mit dem „Gang nach Karlsruhe", die Überinterpretation verfassungsgerichtlicher Entscheidungen sowie durch die häufige Anrufung des Gerichts insgesamt signalisieren die Beteiligten des Gesetzgebungsverfahrens demgegenüber selbst, dass sie die Deutungsmacht des Bundesverfassungsgerichts auch insoweit anerkennen[110].

Ursachen und Bewältigungsversuche

Die Gründe für diese Verdichtung wird man unschwer in der Notwendigkeit erkennen können, die Bedeutung der Verfassung als Projektion der grundlegenden Gerechtigkeits- und Ordnungsvorstellungen einer Gesellschaft im politischen Prozess präsent zu halten. Die Vorstellung, dass sie gerade für die großen Fragen Orientierung und Richtungsweisung bereithält, lässt sich auf Dauer nur aufrechterhalten, wenn sie in periodischen Abständen als handlungsleitende Direktive für die Entscheidung konkreter Fälle auch aktiviert wird, und dies möglichst noch mit Sanktionen für den Fall der Nichtbeachtung (→ S. 156f.). Ungeachtet dessen bleibt freilich der Anteil der vom Bundesverfassungsgericht tatsächlich aufgehobenen oder beanstandeten Gesetze gemessen an der Gesamtproduktion marginal, und auch Parlament und Regierung verstehen ihre Tätigkeit keineswegs flächendeckend als Verfassungsvollzug[111]. In einem rein quantitativen Sinne geht die Rede vom „verfassungsgerichtlichen Jurisdiktionsstaat" also ins Leere. Ihre Funktion besteht auch weniger in der Beschreibung eines mittlerweile erreichten Zustandes als vielmehr darin, einen Sinn für die angemessene Aufgabenverteilung zwischen Gesetzgeber und Bundesverfassungsgericht und eine entsprechende Sensibilität für Grenzüberschreitungen wachzuhalten; gerade so wird sie im politischen Raum – ob nun in dieser oder einer anderen Formulierung (das Bundesverfassungsgericht habe seine Kompetenzen überdehnt, es betreibe unzulässigerweise Politik etc.) – auch genutzt. In dieselbe Richtung zielen einige andere Konzepte, die aber stärker in das Verfassungsrecht hineinragen, möglicherweise auch bereits selbst zu Verfassungsrecht geworden sind, ohne dass sich ihr juristischer Gehalt schon immer präzise benennen lässt. In diesem Sin-

---

109 In leicht abgewandelter Form etwa bei *Schlaich* (Fn. 7), VVDStRL 39 (1981), 99 (109). Zum neuen Problem siehe nunmehr die Referate von *B. Grzeszick* und *G. Lienbacher*, Rationalitätsanforderungen an die parlamentarische Rechtsetzung im demokratischen Rechtsstaat, VVDStRL 71 (2012), 49ff. und 7ff.

110 Vgl. *Brodocz*, Die Macht der Judikative, S. 217f.

111 *Schuppert/Bumke*, Konstitutionalisierung der Rechtsordnung, mit dem Beispiel des Umbaus des Sozialstaates. Zu den tatsächlichen Zahlenverhältnissen zwischen insgesamt erlassenen, überprüften und tatsächlich beanstandeten Gesetzen *K. von Beyme*, Der Gesetzgeber, 1997, S. 301ff.

ne sollen sie vor allem Handreichungen für den praktischen Umgang mit der von allen Beteiligten intuitiv vorausgesetzten, im konkreten Fall aber eben oft umstrittenen und nur schwer zu erkennenden Grenzlinie liefern.

Das älteste, bis heute aber immer wieder aufgenommene dieser Konzepte will sie von den Begriffen „Recht" einerseits und „Politik" andererseits her bestimmen: Das Bundesverfassungsgericht soll danach für das Recht und nur für das Recht zuständig sein, während die Politik die Sache der dazu gewählten Institutionen ist[112]. Daraus ergibt sich freilich schon deshalb keine eindeutige Zuordnung, weil die Verfassung gerade Recht und Politik miteinander verkoppelt; das ist auch der Grund dafür, dass sich in der Anwendung der Verfassung juristische und politisch-moralische Argumentation notwendig verschränken (→ S. 133 ff.)[113]. Dieselbe Schwäche weist das Konzept des „judicial self-restraint" auf, insofern es ebenfalls den Verzicht des Gerichts darauf bezeichnen soll, „Politik zu treiben"[114]; es spricht für sich, dass sich das Gericht zu ihm ausgerechnet in einer Entscheidung bekannt hat, die bis heute als typischer Fall einer unzulässigen Grenzüberschreitung angesehen wird[115]. Als deutlich instruktiver gelten demgegenüber Konzepte, die die vom Gericht geforderte Selbstbeschränkung materiell-rechtlich aus dem jeweils einschlägigen Normprogramm oder funktionell-rechtlich aus Gesichtspunkten einer sachgerechten Kompetenzverteilung gewinnen wollen; gefragt wird dann etwa, welches Organ innerhalb des arbeitsteiligen Gefüges der Verfassung von seinem Profil her der jeweils zu treffenden Entscheidung strukturell am nächsten steht, für sie am besten gerüstet ist oder sie sachlich auszufüllen imstande ist[116]. Von hier aus lässt sich etwa die Zurückhaltung des Bundesverfassungsgerichts bei der Kontrolle von Tatsachenfeststellungen und Prognosen, wie sie sich traditionell in verschiedenen nach Sachbereichen und Eingriffsintensitäten abgestuften Skalierungen entfaltet, plausibel rekonstruieren: Für deren sachgerechte Beurteilung fehlen dem Bundesverfassungsgericht in vielen Fällen sowohl die erforderlichen Fachkenntnisse als auch die Aufklärungsmöglichkeiten[117].

---

[112] Die klassischen Beiträge stammen aus der Weimarer Zeit, vgl. *H. Triepel*, Staatsrecht und Politik, 1927; Versuch der Wiederbelebung etwa bei *W. Hassemer*, Politik aus Karlsruhe, JZ 2008, 1 (4 ff.), dort vom Begriff des Rechts bzw. der Rechtsprechung aus.

[113] Allgemein zur Unmöglichkeit der Trennung *H. Simon*, Verfassungsgerichtsbarkeit, in: Benda/Maihofer/Vogel, Handbuch des Verfassungsrechts, § 34 Rn. 46. Versuch einer Differenzierung und zugleich Zuordnung von Recht und Politik nunmehr bei *Jestaedt* (Fn. 19), in: Jestaedt/Lepsius/Möllers/Schönberger, Das entgrenzte Gericht, S. 77 (103 f.); *Möllers* (Fn. 8), ebda., S. 281 (309 ff.), dort auch unter Hinweis auf die Schwierigkeiten, den Grad der Politisierung eines Gerichts zu messen, S. 313 ff.

[114] BVerfGE 36, 1 (14).

[115] Siehe zuletzt etwa noch *Hassemer* (Fn. 112), JZ 2008, 1 (6).

[116] In diesem Sinne etwa *G. F. Schuppert*, Funktionell-rechtliche Grenzen der Verfassungsinterpretation, 1980, S. 4 ff.; *H.-P. Schneider*, Verfassungsgerichtsbarkeit und Gewaltenteilung, NJW 1980, 2103; *K. Hesse*, Funktionelle Grenzen der Verfassungsgerichtsbarkeit, in: FS H. Huber, 1981, S. 261 ff.; *Rinken*, in: AK-GG III, Vor Art. 93 Rn. 98 ff. Für den materiell-rechtlichen Ansatz demgegenüber etwa *K. Korinek*, Die Verfassungsgerichtsbarkeit im Gefüge der Staatsfunktionen, VVDStRL 39 (1981), 7 (40 ff.); tendenziell auch *Schlaich/Korioth*, Das Bundesverfassungsgericht, Rn. 525 ff.

[117] Grundlegend für die Skalierung BVerfGE 50, 290 (332); gegen einen Prognose-

Allerdings muss man sehen, dass auch die Direktivkraft solcher Formeln und Skalierungen begrenzt geblieben ist; gerade in der jüngeren Rechtsprechung des Bundesverfassungsgerichts wirken sie ebenso wie die rituelle Beschwörung des grundsätzlichen „Gestaltungsspielraums", der „Gestaltungsfreiheit" oder der „Gestaltungsverantwortung" des Gesetzgebers häufig wie rhetorisches Beiwerk, das im Zweifelsfall doch jederzeit den Rückgriff auf die Vollkontrolle bis hin zur Formulierung eines detaillierten Gesetzgebungsprogramms ermöglicht[118]. In der Praxis bleibt von all diesen Konzepten ein „offenes System" unterschiedlicher Argumentationsmuster, Rechtsfiguren und Entscheidungsregeln zurück, das ebenso flexibel wie einzelfallbezogen gehandhabt wird[119].

Leitbilder angemessener Zuordnung

In sämtlichen Abgrenzungs- und Zuordnungsversuchen kommt allerdings, so unzulänglich sie in ihrer konkreten Gestalt auch sein mögen, ein intuitives Wissen davon zum Ausdruck, wie eine sach- und funktionsgerechte Aufgabenverteilung zwischen Bundesverfassungsgericht und Gesetzgeber bei der Konkretisierung der Verfassung ungefähr auszusehen hätte. Dieses Wissen ist, wie die regelmäßige Verwendung der entsprechenden Formeln in den verfassungsrechtlichen Diskursen bezeugt, offenbar allen Beteiligten gemeinsam, es speist sich aus einer übergreifenden Vorstellung, wozu die Verfassung da sein und welchen Sinn sie für das politisch-gesellschaftliche Leben erfüllen soll[120], und es lässt sich zu einem Modell arbeitsteiliger Verfassungskonkretisierung zusammenziehen, von dem aus Bundesverfassungsgericht und Gesetzgeber mit ihren je eigenen Beiträgen in einem „labilen Gleichgewicht" gehalten werden[121]. Dem Bundesverfassungsgericht weist es die Zuständigkeit für die langfristig wirkende nor-

---

spielraum, wenn die Unsicherheiten empirisch ausgeräumt werden können, BVerfGE 106, 62 (151); für die Maßgeblichkeit materieller Kriterien demgegenüber *W. Heun*, Funktionell-rechtliche Schranken der Verfassungsgerichtsbarkeit, 1992, S. 37 ff.

118 Die Formulierungen etwa in BVerfGE 71, 66 (77); 73, 301 (315); 77, 84 (104); 81, 156 (205); 120, 210 (230), oft auch noch mit Zusätzen wie „weiter" oder „besonders weiter" Spielraum etc.; die Verbindung mit einem detaillierten Gesetzgebungsprogramm etwa in BVerfGE 128, 326 (378 ff.) – Sicherungsverwahrung.

119 *Schneider* (Fn. 116), NJW 1980, 2103; *Voßkuhle*, in: von Mangoldt/Klein/Starck, GG, Art. 93 Rn. 42.

120 Zu diesem Zusammenhang grundlegend bereits Ehmke, der gemeinhin als Urheber des funktionell-rechtlichen Ansatzes gilt, s. *ders.*, Beiträge zur Verfassungstheorie und Verfassungspolitik, S. 343 ff.

121 Die Formulierung bei *P. Badura*, Die Verfassung im Ganzen der Rechtsordnung, in: Isensee/Kirchhof, HStR VII (2. Aufl.), § 163 Rn. 35; *F. Ossenbühl*, Bundesverfassungsgericht und Gesetzgebung, in: FS 50 Jahre Bundesverfassungsgericht, Bd. 1, S. 33 (37).

mative Orientierung der Gesellschaft zu, dem Gesetzgeber für die Bewältigung der Alltagsprobleme einer Rechtsordnung, dem Bundesverfassungsgericht für die großen Linien und die Einführung grundsätzlicher Gesichtspunkte, dem Gesetzgeber für die praktische Regelung und die Arbeit am Detail, dem Bundesverfassungsgericht für die Formulierung elementarer Gemeinwohl- und Rechtfertigungsanforderungen, dem Gesetzgeber für die Setzung von Prioritäten und die Auswahl der zur Verfügung stehenden Handlungsoptionen; oberste, immer erneut in Erinnerung zu rufende Richtschnur kann nur sein, dass die primäre Verantwortung für die Gestaltung und Fortentwicklung des Gemeinwesens dem Gesetzgeber obliegt. Das schließt ein, dass die Verfassung als Verhaltensprogramm und die Verfassung als Kontrollprogramm hier auseinanderfallen; auch soweit der Gesetzgeber verfassungsrechtliche Vorgaben entfaltet, Verfassungsaufträgen nachkommt, Grundrechte einander zuordnet oder sich sonst im Umfeld programmatisch-dirigierender Verfassungsbestimmungen bewegt, bleibt ihm ein Spielraum eigenverantwortlicher Gestaltung, der der Überprüfung durch das Bundesverfassungsgericht entzogen ist[122]. Es ist dann unmöglich, die konkrete Grenze genauer zu bestimmen, so wie es in der Praxis immer wieder auch zu Grenzverletzungen und Übergriffen kommen mag: Solche sind gleichsam unvermeidlich, wenn es darum geht, die sinnvollen Impulse, die Verfassungsgerichte zum demokratischen Prozess beisteuern können, gegen dessen justizielle Überwältigung zu sichern.

Die Einsicht in das Faktum befreit natürlich nicht von der Notwendigkeit, beständig weiter an der Vermeidung solcher Unfälle zu arbeiten und ihre Zahl möglichst gering zu halten. Gerade dazu dient die beständige Kritik am „verfassungsgerichtlichen Jurisdiktionsstaat", an „Politik aus Karlsruhe" oder dem Bundesverfassungsgericht als „Ersatzgesetzgeber", die selber integraler Bestandteil der Praxis der Verfassungsanwendung ist. Geht man davon aus, dass sich die Unfälle in den letzten Jahren häufen und die paternalistischen Tendenzen in der Verfassungsrechtsprechung bedenklich zugenommen haben, wäre darüber hinaus zu überlegen, ob die verschiedenen konzeptionellen Ansätze für die Zuordnung von Verfassungsgericht und Gesetzgeber zu einer allgemeinen Vorrangregel weiterentwickelt werden müssten, die sicherstellt, dass die konkreten Lösungen im politischen Prozess selbst gefunden werden und der Auftrag zur Problemlösung deshalb, wo immer das möglich ist, an ihn zurückgegeben werden muss. Zur praktischen Handhabung ließe sich daraus ein *Gebot der Rückverweisung an den politischen Prozess* formulieren, demgegenüber das „Durchentscheiden" durch besondere sachliche Gründe zu rechtfertigen wäre, und zwar umso mehr, je konkreter die

---

[122] *Bryde*, Verfassungsentwicklung, S. 306ff.; *K. Hesse*, in: Die verfassungsgerichtliche Kontrolle der Wahrnehmung grundrechtlicher Schutzpflichten des Gesetzgebers, FS E.G. Mahrenholz, 1994, S. 541 (542ff.).

deduzierten Rechtsfolgen ausfallen[123]. In der jüngeren Rechtsprechung des Bundesverfassungsgerichts erscheint das durchaus anschlussfähig, weil sich dort neben den vielbeklagten paternalistischen Tendenzen durchaus auch Signale für eine solche Prozeduralisierung finden[124]. Die Zurückhaltung hört aber wiederum dort auf, wo es um die Sicherung der Rahmenbedingungen des politischen Prozesses selber geht; hier kann und muss sich der verfassungsgerichtliche Zugriff – durchaus im Sinne eines „judicial activism" – intensivieren (→ S. 182 ff.).

2. Justiz

Ähnliche Spannungslagen und die mit ihnen verbundenen Positionskämpfe kennzeichnen auch das Verhältnis des Bundesverfassungsgerichts zu den Fachgerichten. Auch diese gestalten heute die Normen der Verfassung in wesentlichem Umfang mit, indem sie sie in die einfache Rechtsordnung implantieren und angeben, was aus ihnen *im konkreten Fall folgt*; dabei bestimmen und konstruieren sie zwangsläufig den Sinn dieser Normen mit.

Beiträge

Mit dem allgemeinen Aufstieg der Verfassung zur normativen Basisschicht der Rechtsordnung ist auch ihre Bedeutung für die tägliche Arbeit der Gerichte gestiegen mit der Folge, dass sie dort heute ebenfalls „allgegenwärtig" ist[125]. Für die Verwaltungsgerichte versteht sich das, wie es im geflügelten Wort vom Verwaltungsrecht als „konkretisiertem Verfassungsrecht" zum Ausdruck kommt, seit jeher von selbst; die Rechtsbeziehungen zwischen Staat und Bürger, aber auch die Binnenbeziehungen innerhalb des Staates, über die sie zu entscheiden haben, haben regelmäßig auch eine verfassungsrechtliche Dimension[126]. Es gilt aber ebenso für die Sozial-, Finanz- und Strafgerichte und spätestens mit der im Lüth-Urteil entwi-

---

[123] Wie in *U. Volkmann*, Leitbildorientierte Verfassungsanwendung, AöR 134 (2009), 157 (193); *Schulze-Fielitz* (Fn. 75), in: Dreier, Macht und Ohnmacht des Grundgesetzes, S. 9 (23).

[124] *W. Hassemer*, Erscheinungsformen des modernen Rechts, 2007, S. 169 ff. Beispiele sind etwa der Schlichtungsvorschlag im LER-Verfahren, BVerfGE 104, 305 ff.; die Aufforderung zur Maßstabsentwicklung im Rahmen des Länderfinanzausgleichs, BVerfGE 101, 158 ff.; aus neuerer Zeit etwa die Aufforderung zur Neuberechnung der Regelsätze bei Hartz IV, BVerfGE 125, 175 ff.

[125] Vgl. *Schlaich/Korioth*, Das Bundesverfassungsgericht, Rn. 19.

[126] Die Redewendung im Aufsatz von *F. Werner*, Verwaltungsrecht als konkretisiertes Verfassungsrecht, DVBl. 1959, 527 ff.; heute werden daran im Interesse der Sicherung der Eigenständigkeit des Verwaltungsrechts verschiedene Relativierungen angebracht, vgl. etwa *C. Möllers*, Methoden, in: Hoffmann-Riem/Schmidt-Aßmann/Voßkuhle, Grundlagen des Verwaltungsrechts I, § 3 Rn. 13 f.

ckelten Lehre von der Ausstrahlung der Grundrechte auf das Privatrecht auch für die Zivilgerichte, und die Formel von der nur „mittelbaren" Drittwirkung der Grundrechte, wie sie zur Kennzeichnung dieser Ausstrahlungswirkung verwendet wird, darf nicht darüber hinwegtäuschen, dass sie als Gerichte die Grundrechte wie letztlich das gesamte Verfassungsrecht „unmittelbar" anzuwenden haben[127]. In diesem Sinne ist heute jedes Gericht zur Verfassungsinterpretation befugt und berufen, wie das Bundesverfassungsgericht schon früh festgestellt hat[128]. Wo das einfache Recht – wie etwa in der Abwägung von Meinungsfreiheit und Ehrenschutz – keine oder nur generalklauselartige Maßstäbe bereithält, erscheint die Rechtsanwendung durch die Fachgerichte sogar ausschließlich als Verfassungsanwendung; wo der Gesetzgeber verfassungsrechtliche Maßstäbe ausgestaltet und einen Bereich einfach „durchnormiert" hat, läuft die Verfassung im Hintergrund als Kontrollprogramm immer mit, das gegebenenfalls auch aktiviert werden kann. Jeder Richter, jeder Staatsanwalt und jeder Rechtsanwalt muss deshalb in seiner Ausbildung auch das Verfassungsrecht gelernt haben; es gehört zu dem, was man in der Praxis einfach „können" muss. Für die Argumentation im Prozess wie im Urteil selbst bedeutet das, dass sie tendenziell über den Einzelfall hinausweist und sich zu grundsätzlichen, die gesamte Gesellschaft betreffenden Gesichtspunkten verschiebt[129].

Ein Verwaltungsgericht, das über den Fall der Lehrerin mit dem islamischen Kopftuch zu entscheiden hat, kann es sich nicht in der kleinen Welt des Beamtenrechts bequem machen, sondern muss sich auch mit der ungleich größeren Frage auseinandersetzen, welcher Platz der Religion im öffentlichen Raum zugebilligt werden soll. Man kann dies von einem anderen Erkenntnisinteresse aus als spezifische Form der „Politisierung des Rechtssystems" bezeichnen[130]. Aber es geht dabei nicht nur um die Suche nach einer politisch sinnvollen Lösung, obwohl es sicherlich *auch* darum geht, sondern zugleich um die Frage, was „die Verfassung dazu sagt", und mit diesem Inhalt wird die betreffende Entscheidung dann auch – in der Fachöffentlichkeit, in den Medien, im allgemeinen Publikum – rezipiert.

Fachgerichte als Verfassungsgerichte

Die Fachgerichte können mit solchen Entscheidungen die Verfassung in der Gesellschaft ähnlich präsent halten wie das Bundesverfassungsgericht, und noch häufiger tun sie es dort, wo es von der Öffentlichkeit gar nicht

---

[127] Vgl. *J. Berkemann*, Das Bundesverfassungsgericht und „seine" Fachgerichtsbarkeiten, DVBl. 1996, 1028 (1030).

[128] BVerfGE 3, 225 (231).

[129] In Anlehnung an *Möllers* (Fn. 8), in: Jestaedt/Lepsius/Möllers/Schönberger, Das entgrenzte Gericht, S. 281 (326 f.).

[130] So *Möllers*, a.a.O.

registriert wird: in den kleinen, normalen und völlig unspektakulären Fällen, wie sie zum Alltag einer Rechtsordnung gehören. Auch die Art und Weise ihrer Konkretisierung des Verfassungsrechts ist von der des Bundesverfassungsgerichts nicht prinzipiell verschieden. Insbesondere die Höchstgerichte, die als Revisionsgerichte ebenfalls fallübergreifende Funktionen der Rechtsprechungsvereinheitlichung erfüllen, erzeugen mit ihren Entscheidungen ähnlich wie das Bundesverfassungsgericht ein eigenständiges „Rechtsprechungsrecht" mit einem spezifischen Textformat, das dort, wo es sich auf die Verfassung bezieht, eben Verfassungsrecht ist[131]. Sie machen also letztlich nichts anderes als das Bundesverfassungsgericht auch, und es ist das Bundesverfassungsgericht selbst, das sie – oft, wie im Falle der Zivilgerichtsbarkeit, gegen erheblichen Widerstand – dazu angehalten hat. Andererseits gewinnt dadurch auch das Konkurrenzproblem eine neue Qualität, die institutionell noch durch die Zulassung der Urteilsverfassungsbeschwerde verschärft wird.

Dagegen hilft es auch nur bedingt, dass die jeweiligen Zugriffsrichtungen – beim Verfassungsgericht ausschließlich vom Verfassungsrecht her, bei den Fachgerichten zumindest primär vom einfachen Recht her – unterschiedlich sind. Im Gegenteil stellt jede Verletzung oder fehlerhafte Anwendung des einfachen Rechts zugleich auch einen Verfassungsverstoß dar, nämlich gegen die in Art. 20 Abs. 3 GG angeordnete Bindung des Richters an Recht und Gesetz, zu dessen Überprüfung sich das Bundesverfassungsgericht im Elfes-Urteil selbst in den Stand gesetzt hat[132]. In der Theorie eröffnen sich ihm damit auch hier unbegrenzte Zugriffsmöglichkeiten, die praktisch aber wiederum durch die im Vergleich zu den Fachgerichten ganz geringen Arbeitskapazitäten begrenzt sind (→ S. 194 f.).

Leitbilder angemessener Zuordnung

Die Zuordnung und Abgrenzung der wechselseitigen Konkretisierungskompetenzen zwischen den Akteuren kann damit erneut nur in der Praxis der Verfassungsanwendung und in diesem Rahmen eben auch nur von ihnen selbst gesteuert werden. Als traditionelle, teils vom Bundesverfassungsgericht selbst entwickelte, teils von ihm aufgegriffene, untereinander aber jeweils durchaus austauschbare Leitformeln dienen dabei: die Beschränkung der Aufhebungskompetenz des Bundesverfassungsgerichts

---

[131] Zu diesem Rechtsprechungsrecht *Albers* (Fn. 34), VVDStRL 71 (2012), 257 (268) → S. 174 ff.

[132] BVerfGE 6, 32 (36 ff.); zu diesen Folgen statt vieler etwa *Voßkuhle*, in: von Mangoldt/Klein/Starck, GG, Art. 93 Rn. 55. Weitere Zugriffs- und Kontrollmöglichkeiten eröffnen sich über Art. 3 Abs. 1 GG, über das Rechtsstaatsprinzip, über die Erwägung, dass jedes Fehlurteil einen Grundrechtseingriff darstellt, der als solcher nicht gerechtfertigt ist etc., vgl. zusammenfassend *K. Rennert*, Die Verfassungswidrigkeit „falscher" Gerichtsentscheidungen, NJW 1991, 12 ff.

auf die Verletzung „spezifischen Verfassungsrechts"; die Abstufung der Kontrolldichte nach der Intensität und Gewichtigkeit der Rechtsbeeinträchtigung; der ständig wiederholte Satz, das Bundesverfassungsgericht sei „keine Superrevisionsinstanz"[133]. Man hat sie oft als „Leerformeln", wenn nicht gar als „Arkanum des Gerichts" bezeichnet, was insofern richtig ist, als sich aus ihnen keine feste Grenze ergibt, sie in hohem Maße variabel gehandhabt werden können und die Möglichkeit der Vollkontrolle immer mitgedacht ist[134]. Aber durch ihre ständige Wiederholung entfalten sie „persuasive Kraft", mit der sie im Sinne eines normativen Leitbilds zumindest die Richtung anzeigen, in der eine angemessene Aufgabenverteilung zu suchen wäre[135]. Sie liegt, ohne dass sich dies auch hier präziser benennen lässt, in einer letztlich arbeitsteiligen Verwirklichung der Verfassung, die das Bundesverfassungsgericht tendenziell in die Rolle eines „Grundsatzforums" verweist, die Fachgerichte aber umso stärker aktiviert und einbindet, je weiter man in der Falllösung nach unten absteigt[136]. Auch dort wird aber, wie man sehen muss, Verfassungsrecht gemacht, nämlich in seiner konkreten Auswirkung auf den Bürger; diesen interessieren im Zweifel weniger die abstrakten Maßstäbe, die das Bundesverfassungsgericht zu Art. 5 Abs. 1 GG entwickelt hat, als vielmehr die Frage, was man konkret sagen darf und was nicht[137]. Und der Einbau der Verfassung in die verschiedenen Fachrechte kann eben auch immer nur „von unten", also durch die jeweiligen Fachgerichte erfolgen, weil nur so deren Integrität und dogmatische Konsistenz gewahrt werden können[138].

Aushandlungsvorgänge

Im Prinzip sind diese Zusammenhänge auch allen Beteiligten klar. Gleichwohl muss die sich daraus ergebende Linie von Fall zu Fall neu definiert und kann jederzeit sowohl in die eine als auch in die andere Richtung verschoben werden. Wechselseitige Übergriffe – des Bundesverfassungsgerichts auf die Integrität und Eigenständigkeit des jeweiligen Fachrechts, der Fachgerichte auf die abstrakten Maßstäbe der Verfassung – sind des-

---

[133] Grundlegend BVerfGE 18, 85 (92 f.); daraus die sog. Hecksche Formel (nach dem damaligen Berichterstatter am BVerfG).

[134] Die Zitate bei *R. Zuck*, Das Recht der Verfassungsbeschwerde, 3. Aufl. 2006, Rn. 580; *Böckenförde*, Staat, Verfassung, Demokratie, S. 169.

[135] *G. Robbers*, Für ein neues Verhältnis zwischen Bundesverfassungsgericht und Fachgerichtsbarkeit, NJW 1998, 935 (936).

[136] Die Formulierung vom Grundsatzforum in Anlehnung an *R. Dworkin*, A Matter of Principle, 1985, S. 33 ff.

[137] *Bryde*, Verfassungsentwicklung, S. 321.

[138] So bereits *H. Zacher*, Die Selektion der Verfassungsbeschwerden, in: Festgabe BVerfG, Bd. I, 1976, S. 396 (399).

halb keine pathologischen Fälle oder Krisenerscheinungen, sondern gehören in gewissem Umfang dazu, ebenso dass diese dann von der je anderen Seite kritisiert, zurückgewiesen oder nur murrend hingenommen werden. Auch Auflehnung gegen das Bundesverfassungsgericht kommt immer wieder vor und muss dann innerhalb dieser Praxis verarbeitet werden[139]. Sie stellt aber, solange sie nicht zum Regelfall wird, nicht diese Praxis in Frage, sondern ist meist nur der Versuch, eine abweichende Konkretisierung der Verfassung gegen die aktuell vorherrschende des Bundesverfassungsgerichts durchzusetzen[140].

Ebenso wie im Verhältnis zur Gesetzgebung ließe sich auch hier über Weiterentwicklungen nachdenken, und wo dies geschieht, geschieht es überwiegend mit dem Ziel, die Eigenständigkeit der Fachgerichte im Umgang mit der Verfassung zu stärken und die Kontrolle des Bundesverfassungsgerichts zurückzudrängen. Das ist typisch für die Situation in der Bundesrepublik, in der sich, wenn von Verfassung die Rede ist, aller Augen zuerst und automatisch nur auf das Bundesverfassungsgericht richten. Ein nachdenkenswerter Vorschlag zielt dann etwa darauf, die bisherigen, aber eben nur schwach instruktiven Formeln der Kompetenzabschichtung durch ein neues Leitbild des „Kooperationsverhältnisses“ zu ersetzen, wie es auch das Verhältnis des Bundesverfassungsgerichts zu den europäischen Gerichten kennzeichnet. Das Bundesverfassungsgericht soll hier im Ergebnis statt als mehr oder weniger autoritärer „Hüter“ nur noch als eine Art „Moderator“ fungieren, der sich nur um die großen Linien und darum kümmert, dass der Prozess weiter in Gang bleibt[141]. Seine Plausibilität bezieht dieser Vorschlag aus der Selbstverständlichkeit, mit der auch die Fachgerichte mittlerweile mit dem Verfassungsrecht hantieren und es in ihre Entscheidungen einbauen. Erzieherische Einwirkungen des Bundesverfassungsgerichts ihnen gegenüber werden deshalb immer weniger benötigt, zumal sie häufig ohnehin nur dazu führen, dass eine vertretbare Interpretation der Verfassung durch eine andere ersetzt wird. Ob dieses Leitbild allerdings die Kompetenzabschichtung präziser zu steuern vermag als die bisher verwendeten Formeln, die letztlich allesamt auch bereits in eine ähnliche Richtung zielen, steht dahin. Einen nachhaltigeren Effekt würde nur die – ebenfalls verschiedentlich empfohlene – Abschaffung der Urteilsverfassungsbeschwer-

---

[139] Eine Häufung entsprechender Fälle in den letzten Jahren konstatiert *Schlink* (Fn. 81), JZ 2007, 157f.; ähnlich in der Tendenz – steigende Konflikthaftigkeit – *S. Korioth*, Bundesverfassungsgericht und Rechtsprechung, in: FS 50 Jahre Bundesverfassungsgericht I, S. 55ff. Es handelt sich allerdings kaum um ein neues Phänomen; angemessene Relativierungen zudem bei *P. Kunig*, Verfassungsrecht und einfaches Recht, VVDStRL 61 (2002), 34 (54ff.), und *G. Hermes*, ebda., 119 (147).

[140] Erfolgreich in diesem Sinne BFH, NJW 1999, 3798f., mit der Ablehnung des von BVerfGE 93, 121 (138) formulierten Halbteilungsgrundsatzes im Steuerrecht; dessen Verabschiedung dann in BVerfGE 115, 97 (114). Zurückgewiesen – jedenfalls zunächst – hat das Bundesverfassungsgericht demgegenüber den Versuch des OVG Münster, eine restriktivere Linie im Umgang mit rechtsextremistischen Versammlungen durchzusetzen, NJW 2001, 2114f., und dagegen BVerfG, NJW 2001, 2069ff.; eine mögliche Reaktion aber nunmehr in BVerfGE 124, 300 (321f.).

[141] *Robbers* (Fn. 135), NJW 1998, 935 (938f.).

de entfalten, mit der der Konflikt zumindest als institutionelles und verfahrensrechtliches Problem mit einem Schlag aus der Welt wäre[142]. Die weiteren Folgen sind freilich unkalkulierbar; insbesondere kann niemand vorhersagen, ob die Fachgerichte sich auch dann noch so intensiv mit der Verfassung beschäftigen würden, wenn sie nicht mehr fürchten müssten, vom Bundesverfassungsgericht andernfalls gerüffelt zu werden.

3. Wissenschaft

Neben den institutionalisierten Akteuren und um sie herum beteiligen sich an der Konstruktion der Verfassung noch eine Reihe weiterer Akteure, die sich im weitesten Sinne der Gesellschaft im Sinne einer allgemeinen Sphäre des Öffentlichen zurechnen lassen. Zu ihnen gehört an prominenter Stelle die Wissenschaft, die gegenüber dem breiten Publikum dadurch herausgehoben ist, dass sie im Unterschied zu diesem über eine besondere Expertise verfügt. Speziell gilt dies für die Verfassungsrechtswissenschaft, aber auch Sozialphilosophen, Politologen, Ökonomen oder Theologen sind mittlerweile beteiligt, ohne dass dies noch als das Kuriosum empfunden wird, als das es vor langer Zeit einmal galt[143].

Beiträge

Zur Arbeit mit der Verfassung steuert Wissenschaft, wie es der Name schon sagt, vor allem Wissen bei: als Theorie, System, Dogmatik oder auch Kritik[144]. In diesem Sinne kann insbesondere die Verfassungsrechtswissenschaft die Beiträge der anderen Akteure – namentlich des Bundesverfassungsgerichts – analysieren, bewerten und kritisieren, wie es etwa in den längst zu einer eigenen Literaturgattung avancierten Entscheidungsrezensionen geschieht[145]. Sie kann in Auseinandersetzung mit der Verfassungsrechtsprechung eine in sich konsistente Methodik der Verfassungsanwendung erarbeiten, wie es beispielhaft in der Strukturierenden Rechtslehre Friedrich Müllers und seiner Schüler vorexerziert ist (→ S. 158 ff.). Sie kann eine eigene Theorie der Verfassung entwickeln oder die gegenwärtige Praxis der Verfassungsanwendung in einer Verfassungstheorie rekonstruieren, sei es aus spezifisch verfassungsrechtlicher Perspektive in der Deu-

---

142 Zum Für und Wider des Vorschlags *Voßkuhle*, in: von Mangoldt/Klein/Starck, GG, Art. 93 Rn. 166; *Kunig* (Fn. 139), VVDStRL 61 (2002), 34 (63); *Korioth* (Fn. 139), in: FS 50 Jahre Bundesverfassungsgericht, Bd. 1, S. 55 (79 f.); stattdessen für ein freies Annahmeverfahren *Hermes* (Fn. 139), VVDStRL 61 (2002), 119 (150).

143 *Forsthoff*, Der Staat der Industriegesellschaft, S. 69.

144 Vgl. zur speziellen Bedeutung von Expertise: *A. Somek*, Rechtliches Wissen, 2006, S. 32 ff.

145 Zu dieser Gattung *P. Häberle*, Kommentierte Verfassungsrechtsprechung, 1979.

tung von Verfassung als „Gegenseitigkeitsordnung“ oder als neue Trias von „Vielfalt, Sicherheit und Solidarität“, sei es aus eher sozialphilosophischer Perspektive als Programm eines „liberalen Kommunitarismus“[146] oder als „Diskurstheorie des demokratischen Rechtsstaats“[147]. Sie kann aber auch Verfassungsrecht in seinen einzelnen Bestandteilen „vor-“ oder „vorausdenken“, indem sie eigene Auslegungs- und Konkretisierungsoptionen entwickelt[148]. Dies geschieht vor allem in verfassungsrechtlichen Qualifikationsschriften, die vielfach eben dadurch als solche erscheinen, dass sie dem Grundgesetz neue Gehalte abgewinnen, die dort vorher noch niemandem aufgefallen waren[149].

Kommunikations- und Einflusskanäle

Mit den anderen Akteuren aus der gesellschaftlichen Sphäre teilt die Wissenschaft allerdings das Problem, dass sie keinen unmittelbaren Zugang zu den Orten hat, an denen die authentische oder verbindliche Konkretisierung von Verfassung stattfindet. Ein solcher mag ihr hier und da durchaus eröffnet sein, etwa wenn Wissenschaftler als Sachverständige oder Gutachter im Gesetzgebungsverfahren eingeschaltet werden, als Prozessbevollmächtigte im Verfahren vor dem Bundesverfassungsgericht auftreten oder selber zu Verfassungsrichtern werden, aber wo das geschieht, ist es die Ausnahme und nicht die Regel. Typischerweise beschränkt sich die Rolle der Wissenschaft deshalb darauf, Vorschläge zu unterbreiten, die dann von den institutionalisierten Beteiligten – der Verfassungsgerichtsbarkeit und der Politik – aufgenommen werden müssen. In der Praxis hat dies zu einer starken Fixierung auf das Bundesverfassungsgericht geführt, die in der Wissenschaft selber unter Stichworten wie „Rechtsprechungsabhängigkeit“, „Entthronung“ oder „Bundesverfassungsgerichtspositivismus“ fortlaufend thematisiert wird[150]. Vorgehalten wird der eigenen Wissenschaft dann etwa, sie kanonisiere die Entscheidungen des Bundesverfassungsgerichts, entwickele keine eigenen Standpunkte mehr und verhalte sich insgesamt stark affirmativ, weil sie selber vom hohen Ansehen

[146] In dieser Reihenfolge: *Haverkate*, Verfassungslehre, insbes. S. 48 ff. und 155 ff. und 247 ff.; *Denninger*, Menschenrechte, S. 13 ff.; *Brugger*, Liberalismus, Pluralismus, Kommunitarismus, S. 253 ff.

[147] *Habermas*, Faktizität und Geltung, insbes. S. 109 ff., 166 ff.

[148] In Anlehnung an *P. Lerche*, Rechtswissenschaft und Verfassungsgerichtsbarkeit, BayVBl 2002, 649 (650).

[149] *B.-O. Bryde*, Integration durch Verfassungsgerichtsbarkeit und ihre Grenzen, in: Vorländer, Integration durch Verfassung, S. 329 (337).

[150] Stilbildend *Schlink* (Fn. 92), Der Staat 28 (1989), 161 ff.; daran anknüpfend etwa *M. Jestaedt*, Verfassungsgerichtspositivismus, in: O. Depenheuer u. a. (Hrsg.), Nomos und Ethos, 2002, S. 183 ff.

der Verfassungsgerichtsbarkeit im Verhältnis zu ihren Nachbarwissenschaften profitiere[151]. Ob das so zutrifft, ist allerdings in dieser Diskussion selbst wieder umstritten; es finden sich auch zahlreiche Stimmen, die den Befund relativieren, wenn sie nicht sogar die Wissenschaft in der Führungsrolle sehen[152].

Mit den Mitteln der Statistik ist die Frage nicht zu entscheiden. Man findet einerseits berühmte Beispiele für den Einfluss der Verfassungsrechtswissenschaft auf verfassungsgerichtliche Entscheidungen: die Auslegung der Menschenwürdegarantie unter Rückgriff auf die Vorarbeiten von Günter Dürig, die Übernahme der Leibholzschen Parteienstaatsdoktrin durch das Bundesverfassungsgericht in dessen Frühphase oder das maßgeblich von Rudolf Smend geprägte Verständnis der Grundrechte als Wertordnung, das für das Verfassungsrecht insgesamt bestimmend geworden ist. Überhaupt ist der Stil des Bundesverfassungsgerichts sowohl im nationalen als auch im internationalen Vergleich ausgesprochen wissenschaftslastig, was sich daraus erklärt, dass es mindestens zur Hälfte ein „Professorengericht" ist[153]. Man findet andererseits aber auch Belege für das Gegenteil, nämlich von wissenschaftlichen Debatten, die sich im wechselseitigen Austausch von Leitsätzen und einzelnen Formulierungen aus Verfassungsgerichtsurteilen erschöpfen[154]. Um die Entscheidung, was richtig ist, geht es aber in diesen Diskursen gar nicht. Es geht um die Selbstbeschreibung der eigenen Rolle, also um das tatsächlich vorherrschende Selbstverständnis der Wissenschaft, um die Kritik dieses Selbstverständnisses und in alledem auch um den Versuch, dieses Selbstverständnis zu verändern oder zu verschieben: in Richtung auf schwächere oder stärkere Abhängigkeit vom Bundesverfassungsgericht, auf mehr oder weniger Praxisrelevanz, auf mehr oder weniger Theorieorientierung. Aus der Beobachterperspektive ist das nichts anderes als die Suche nach der angemessenen Rolle im Prozess der arbeitsteiligen Verwirklichung der Verfassung, wie sie auch für alle anderen Akteure kennzeichnend ist.

4. Gesellschaft und politische Öffentlichkeit

Schließlich wirken auch das Verhalten, die Einstellungen und die Kommunikationen der Bürger auf den Inhalt der Verfassung ein, so wie überhaupt das grundlegende Verständnis der Verfassung sich erst in diesen Kommunikationen formt und die Verfassung selbst darin Gestalt annimmt. Diese Einwirkung bleibt notwendig diffus und schwer zu fassen,

---

[151] Vgl. *U. Haltern*, Die Rule of Law zwischen Theorie und Praxis, Der Staat 40 (2001), 243 (256); *Möllers* (Fn. 8), in: Jestaedt/Lepsius/Möllers/Schönberger, Das entgrenzte Gericht, S. 281 (382); zur Rolle als Hauptprofiteur neben dem Bundesverfassungsgericht *Jestaedt* (Fn. 19), ebda., S. 77 (128).

[152] In diese Richtung etwa *Lerche* (Fn. 148), BayVBl 2002, 649 ff.

[153] Zu dieser Wissenschaftslastigkeit *Jestaedt* (Fn. 19), in: Jestaedt/Lepsius/Möllers/Schönberger, Das entgrenzte Gericht, S. 77 (124 ff.).

[154] So schon *H.-P. Schneider*, Richter oder Schlichter, APuZ, B 16/99, 9 (18).

oft auch gar nicht klar zu benennen; sie äußert sich nicht wie bei den anderen Beteiligten in mehr oder weniger klugen Interpretationen oder Interpretationsvorschlägen, die man im Zweifel irgendwo – in der Entscheidungssammlung des Bundesverfassungsgerichts oder eines sonstigen Gerichts, in einer amtlichen Gesetzesbegründung oder dem Aufsatz eines Wissenschaftlers – einfach nachlesen kann. Für eine Verfassung, die als politische Gerechtigkeitsordnung den Grundkonsens einer Gesellschaft fundieren will, ist die Einbindung der Bürger aber der zentrale Punkt, an dem am Ende alles hängt. Normativ muss unter einer solchen Verfassung der institutionelle und juristische Diskurs über sie an den allgemeinen gesellschaftlichen Diskurs angeschlossen bleiben; nicht zuletzt liegt darin eine Forderung pluralistischer Demokratie[155]. Und nur weil der juristische und institutionelle Diskurs in dieser Weise an den allgemeinen gesellschaftlichen Diskurs angeschlossen ist und bleibt, kann die Verfassung faktisch diese Funktion erfüllen, also überhaupt als politische Gerechtigkeitsordnung im beschriebenen Sinne wahrgenommen werden.

Beiträge

Die Einflussformen selbst sind dabei so vielgestaltig wie die Gesellschaft insgesamt, so dass man sie überhaupt immer nur in einzelnen Bereichen oder Lebensbezügen sichtbar machen kann.

Eine Gesellschaft kann religiös sein oder eher nicht; sie kann die Religion eher als private oder als eher öffentliche Angelegenheit behandeln; verschiedene religiöse Gemeinschaften können Geltungsansprüche einer Religion im öffentlichen Raum einklagen; ein Schüler kann für das Recht, in der Schule beten zu dürfen, vor die Verwaltungsgerichte und gegebenenfalls bis vor das Bundesverfassungsgericht ziehen; die politische Öffentlichkeit kann über den Umgang mit dem islamischen Kopftuch diskutieren oder sich über das Kruzifix-Urteil des Bundesverfassungsgerichts empören. All dies ist offensichtlich auf die Verfassung in diesem thematischen Bereich von Einfluss; es prägt die konkrete Handhabung der Glaubens- und Religionsfreiheit, wirkt sich auf das Verständnis der religiösen und weltanschaulichen Neutralität des Staates aus oder leitet den verfassungsrechtlichen Umgang mit religiösen Symbolen an. Es lässt sich aber nur schwer auf einen auch nur einigermaßen klaren Begriff bringen oder systematisieren.

Am ehesten wird man, weil auf genügend hoher Abstraktionsebene angesiedelt, die Mitgestaltung der Verfassung durch die Bürger über so allgemeine Konzepte wie Kultur, Lebenswelt, Diskurs, öffentliche Meinung etc. erfassen können. Unterhalb dessen könnte eine Differenzierung dann in etwa wie folgt ansetzen:

---

[155] *Bryde* (Fn. 5), in: Merten/Papier, HGR I, § 17 Rn. 64.

(1) Zum einen geht es allgemein um das, was man „gelebte Verfassung“ oder auch einfach „Sozialkultur“ nennen kann, also um *die lebensweltlich-kulturelle Grundierung der Verfassung*, eine bestimmte Art und Weise des Freiheitsgebrauchs, eine vorherrschende Sozialmoral, die geschichtlichen Traditionen, aber auch die gemeinsamen Rechtsüberzeugungen der Bürger: der ganze stille Sinnkosmos, der eine Gesellschaft zugleich umgreift und innerlich zusammenhält[156].

(2) Zum anderen geht es um die unmittelbar auf den Text bezogene oder an ihn anknüpfende „Deutungskultur“ von Medien, Eliten und gesellschaftlichen Gruppen, also um die *explizite Diskussion, Aufbereitung und Verarbeitung der Verfassung oder* einzelner ihrer Inhalte durch eine politisch-fungierende Öffentlichkeit; in einem weitesten Sinne zählen dazu alle Verhandlungen, in denen das Verfassungsargument in irgendeiner Weise eine Rolle spielt oder im Hintergrund steht[157].

(3) Thematisch ist diese Mitwirkung an der Bildung und Ausformung von Verfassungsrecht allerdings *insofern beschränkt, als sie in der Regel nie das Ganze der Verfassung erfasst*; sie bezieht sich in den allermeisten Fällen nur auf ihre grundlegenden und zentralen Normen, also etwa auf die Grundrechte, das Demokratie-, Rechtsstaats- oder Sozialstaatsprinzip, während ein Bereich wie die Finanzverfassung hier schon ganz außen vor bleibt. Auch die spezifisch juristischen Dimensionen der Verfassung bleiben weitgehend ausgeblendet; den Bürgern ist wichtig, dass Gleichheit vor dem Gesetz herrscht, aber die Unterschiede zwischen „alter“ und „neuer Formel“ kümmern sie in der Regel nicht[158]. Andererseits besteht kein Grund, ihren Einfluss in diesen Bereichen zu unterschätzen. Dass etwa die verfassungsrechtliche Rolle von Religion im öffentlichen Raum hierzulande völlig anders beurteilt wird als etwa in den Vereinigten Staaten, die verfassungsrechtliche Zuordnung von Meinungsfreiheit und Privatsphärenschutz hierzulande anders vorgenommen wird als in Frankreich, die verfassungsrechtliche Zulässigkeit des Schwangerschaftsabbruchs hierzulande anders behandelt wird als in katholischen Ländern wie Polen oder Irland, hat seinen Grund ja ganz offensichtlich weniger in unterschiedlichen Texten der Verfassung als vielmehr in völlig unter-

---

[156] „Gelebte Verfassung“: *H.-P. Schneider*, Direkte Anwendung und indirekte Wirkungen von Verfassungsnormen, in: R. Bernhardt/ U. Beyerlin (Hrsg.), Deutsche Landesreferate zum Öffentlichen Recht und Völkerrecht, 1982, S. 23 (44); „Sozialkultur“: *H. Vorländer*, Integration durch Verfassung?, in: ders., Integration durch Verfassung, S. 9 (22).

[157] „Deutungskultur“: *Vorländer* a.a.O.; das Konzept der politischen Öffentlichkeit vor allem bei *Habermas*, Faktizität und Geltung, S. 349 ff., 600 ff.; *G. Frankenberg*, Die Verfassung der Republik, 1996, S. 41 ff.

[158] Das Beispiel bei *Bryde* (Fn. 5), in: Merten/Papier, HGR I, § 17 Rn. 67.

schiedlichen Traditionen und einer völlig unterschiedlichen gesellschaftlichen Einschätzung der jeweiligen Problemlagen, und diese wirkt dann zwangsläufig auch auf die Verfassung hinüber.

Abgrenzungen und Zuordnungen

Unter diesen Bedingungen könnte sich auch das wie bei allen anderen Akteuren der Verfassungskonkretisierung besonders neuralgische Verhältnis zum Bundesverfassungsgericht anders darstellen, als es üblicherweise gesehen wird. Dieses wird an der Oberfläche sicher geprägt von dem durch alle verschiedenen Krisen hindurch ungebrochenen Vertrauen, das die Bürger „ihrem" Verfassungsgericht entgegenzubringen bereit sind und das dieses zu einer nicht nur juristischen, sondern zunehmend auch politischen Autorität hat heranwachsen lassen (→ S. 176ff.). Es kann daher den gesamten Vorgang theoretisch auch usurpieren.

In der amerikanischen Verfassungsdiskussion, wo die entsprechende Rolle des Supreme Court wesentlich kritischer beäugt wird, wird gerade wegen dieser Gefahr die Forderung erhoben, den Einfluss des Gerichts gegenüber dem politischen Prozess stärker zurückzudrängen – sei es, indem sich das Gericht selber in einem „judikativen Minimalismus" übt, um Räume für demokratische Deliberation freizulassen oder zu eröffnen[159]; sei es, indem die Bürger selbst dem Verfassungsgericht, letztlich aber allen Gerichten, die Zuständigkeit für die Verfassungsinterpretation entreißen und sie ganz zu ihrer eigenen Sache machen[160].

Dabei wird allerdings weitgehend ausgeblendet, dass Verfassungsgerichte wegen ihrer prinzipiellen Akzeptanzverwiesenheit auf einer unterliegenden Ebene von den je vorhandenen Sozial- und Deutungskulturen ihrer Gesellschaft auch abhängig sind, also von dem, was man vereinfachend auch das Verfassungsbewusstsein der Bürger nennen kann[161]. Es ist deshalb zwischenzeitlich zu Recht darauf aufmerksam gemacht worden, dass die Fälle, in denen Verfassungsgerichte wirklich gegen die vorhandenen gesellschaftlichen Grundeinstellungen oder sogar gegen eine bestimmte öffentliche Meinung entscheiden, eher selten sind; selbst wo es solche Entscheidungen gibt, nähern sich die gerichtliche Entscheidungspraxis und das Verfassungsbewusstsein der Bürger einander auf lange Sicht wieder

---

[159] So *C. Sunstein* (Fn. 23) S. 24ff.; hierzulande in die Diskussion gebracht durch *A. Brodocz*, Judikativer Minimalismus, KJ 2008, 178ff., s. bereits → S. 173.

[160] So *M. Tushnet*, Taking the Constitution Away from the Courts, 1999, dort insbesondere S. 154ff., 177ff.

[161] Vgl. *O. Depenheuer*, Auf dem Weg in die Unfehlbarkeit, in: FS M. Kriele, 1997, S. 485, der dann dieses Verfassungsbewusstsein gegen einzelne als problematisch empfundene Entscheidungen stärker zu mobilisieren versucht.

an[162]. Die Verhältnisse sind dann aber offensichtlich komplizierter und lassen sich mit dem vereinfachenden Bild eines „Oben“ und „Unten“ nicht angemessen erfassen. Unter einer Verfassung, deren abstrakte Bestimmungen und Sätze die verbliebenen Gerechtigkeits- und Angemessenheitsüberzeugungen der Gesellschaft verkörpern und damit aufgeladen sind, schlagen sich diese Überzeugungen notwendigerweise auch in Verfassungsrechtsprechung nieder, auch wenn dies nur in so dunklen Kategorien wie einer generellen Zeitgeistabhängigkeit mehr erahnt als beschrieben werden kann.

III. Europäische Akteure

In das Geflecht derer, die heute über Verfassung mitreden, mischen sich darüber hinaus vermehrt die Institutionen und Organe der verschiedenen europäischen Ebenen. Gegenüber den unmittelbar Beteiligten befinden sich diese allerdings insofern in einer Sonderstellung, als sie von außen kommen und nicht selber unter der Verfassung leben, auf die sich ihre Handlungen oder Beiträge auswirken. Diese werden deshalb oft als Irritationen oder Störungen empfunden, die dann innerhalb des Systems nach dessen eigenen Regeln verarbeitet werden müssen und nicht selten eine intuitive Abwehrreaktion auslösen. Einfluss entfalten sie, wo sie ihn entfalten, dementsprechend immer nur indirekt und vermittelt über das Wirken anderer Akteure. Ihr Rollenprofil ist damit aber noch weniger bestimmt und insgesamt noch beweglicher als das dieser anderen Akteure, im Verhältnis zu denen es von Fall zu Fall neu auszutarieren und auch auszuverhandeln ist. Dafür bedarf es wesentlich wechselseitiger Kommunikation, und zwar gerade auch dort, wo rechtliche oder faktische Bindungswirkungen, Berücksichtigungspflichten oder Anpassungszwänge bestehen. Die entsprechende Notwendigkeit zeigt sich wiederum vor allem im Verhältnis zum Bundesverfassungsgericht, dem einerseits die Schlüsselrolle im Vorgang dieser Vermittlung zukommt, dessen Autorität andererseits durch den Auftritt der europäischen Akteure auch am meisten herausgefordert ist (→ S. 187ff.).

---

[162] Vgl. *B. Friedman*, The Will oft he People, 2009; ergänzend und differenzierend *Ferejohn/P. Pasquino* (Fn. 42); ähnliche Beobachtungen für die Bundesrepublik, aber aus der Außenperspektive bereits bei *G. Vanberg*, The Politics of Constitutional Review in Germany, 2005, S. 49ff.

Beiträge

In dem Umfang, in dem heute bereits von einer Europäisierung der Verfassung gesprochen werden kann, ist offensichtlich, dass dies auch auf das Wirken der verschiedenen europäischen Akteure zurückzuführen ist (→ S. 122 ff.). Auch diese nehmen damit auf den Inhalt der Verfassung Einfluss, und dies möglicherweise in einem künftig weiter steigenden Maße. Die Rechtssetzungs- oder – wie sie nach dem Vertrag von Lissabon nun auch offiziell genannt werden können – die Gesetzgebungsorgane der EU etwa setzen über den Hebel des Vorrangs des Unionsrechts mit ihren Rechtsakten auch bindende Vorgaben für die Interpretation der nationalen Verfassungen. Daneben wird man heute vor allem die europäischen Gerichte, also den EuGH und den EGMR, zumindest in einem erweiterten Sinne zu deren Mitkonstrukteuren rechnen können: Formell werden ihre Entscheidungen hierzulande als „Auslegungshilfen" für das Grundgesetz herangezogen, wenn und soweit diese in einer bestimmten Frage thematisch einschlägig sind[163]; zugleich entfalten sie mit ihnen eine normative Leit- und Orientierungsfunktion[164]. Informell nehmen sie Einfluss durch regelmäßige Konsultationen mit dem Bundesverfassungsgericht und persönlichen Austausch unter den Richtern. Insofern bestimmen auch sie heute durchaus über den Inhalt der Verfassung mit. Sie tun dies aber eben, ohne im eigentlichen Sinne dazuzugehören: Die europäischen Gerichte unterliegen selbst keiner unmittelbaren Bindung an das Grundgesetz, und ihre Beiträge sind in aller Regel auch nicht intentional auf dessen Auslegung gerichtet; ihr Blick richtet sich erst einmal auf die von ihnen anzuwendenden Rechtstexte, und ob das Ergebnis auf der Ebene des Grundgesetzes oder anderswo berücksichtigt wird, kann ihnen selbst gleichgültig sein, solange es nur überhaupt berücksichtigt wird. Wirkung auf die Verfassung entfalten ihre Beiträge dementsprechend nur dort, wo sie von den dafür zuständigen Institutionen – dem Bundesverfassungsgericht, den Fachgerichten oder dem Gesetzgeber – in der von diesen zu leistenden Konkretisierungsarbeit rezipiert werden. Das „letzte Wort" darüber behält sich das Bundesverfassungsgericht sogar ausdrücklich vor[165].

---

[163] BVerfGE 111, 307 (317) – Görgülü, st. Rspr.; s. bereits → S. 162 ff.

[164] *H.-J. Papier*, Umsetzung und Wirkung der Entscheidungen des Europäischen Gerichtshofs für Menschenrechte, EuGRZ 2006, 1; *Voßkuhle*, in: von Mangoldt/Klein/Starck, GG, Art. 93 Rn. 88, jeweils bezogen auf die EMRK.

[165] Vgl. für das Verhältnis zur EMRK BVerfGE 111, 307 (323 ff.); zusammenfassend *M. Knauff*, Das Verhältnis zwischen Bundesverfassungsgericht, Europäischem Gerichtshof und Europäischem Gerichtshof für Menschenrechte, DVBl. 2010, 533 (541).

Leitbilder angemessener Zuordnung

In der Entscheidungspraxis wirkt sich dieser Vorbehalt aber nur begrenzt aus und weicht aufs Ganze gesehen der Suche nach einer angemessenen Zuordnung, für die aus der Sicht des Bundesverfassungsgerichts der Leitbegriff des „Kooperationsverhältnisses“ maßgeblich ist[166]. In diesem Rahmen werden dann doch immer wieder Impulse der europäischen Gerichte in die Auslegung des Grundgesetzes eingearbeitet und in dieses integriert, so wie umgekehrt auch Impulse des Bundesverfassungsgerichts durchaus in der Rechtsprechung der europäischen Gerichte verarbeitet werden; zu diesem Zweck werden immer wieder auch wechselseitige strategische Botschaften in die jeweiligen Entscheidungen eingewebt[167]. Ähnlich wie von einem „Verfassungsverbund“ spricht man deshalb auch bereits von einem „Rechtsprechungsverbund“ oder neuerdings sogar „Verfassungsgerichtsverbund“, in dem die Entscheidungen der einzelnen Gerichte ineinandergreifen und sich perspektivisch zu einem gemeineuropäischen Verfassungsrecht zusammenfügen sollen[168]. Bei einer realistischen und rein quantitativen Betrachtung sämtlicher Interpretationsvorgänge sowie der Rechtsprechungsbereiche, in denen eine Verzahnung tatsächlich festgestellt werden kann, erscheint das nach wie vor stark überzeichnet (→ S. 125 ff.). Wie bei allen solchen Begriffen ist es aber auch hier so, dass er schon durch die Häufigkeit seiner Verwendung zusehends die allgemeine Wahrnehmung bestimmt, und zwar sowohl die Fremdwahrnehmung von außen als auch die Selbstwahrnehmung durch die betroffenen Gerichte in deren eigener Rechtsprechung. Er wird dann selber zu einem Leitbild oder allgemeinen Ordnungsrahmen, der es den Beteiligten ermöglicht, ihre eigene Rolle zu finden und zu behaupten, etwa auftauchende Rollenkonflikte zu moderieren und sich in ihnen zugleich zu positionieren.

Flexible Positionierungen

Der Begriff des Rechtsprechungsverbundes mit den europäischen Gerichten erfüllt in diesem Sinne eine Verständigungs-, Deutungs- und Orientierungsfunktion, die einerseits die vorhandenen Verschränkungen und das wechselseitige Ergänzungsverhältnis der beteiligten Gerichte zum Aus-

---

166 Siehe erneut BVerfGE 89, 155 (175).

167 Dazu *Albers* (Fn. 34), VVDStRL 71 (2012), 257 (287 ff.).

168 Der „Rechtsprechungsverbund“ bei *Albers*, a.a.O.; der „Verfassungsgerichtsverbund“ bei *A. Voßkuhle*, Der europäische Verfassungsgerichtsverbund, NVwZ 2010, 1 ff.

druck bringt, andererseits die konkrete Rollenverteilung beweglich hält und in hohem Maße den Akteuren selbst überlässt[169].

(1) Das zentrale Kennzeichen des Verbundes wird in diesem Sinne übereinstimmend gerade darin gesehen, dass er *nicht hierarchisch strukturiert* ist und ohne feststehende Vorrangverhältnisse auskommt; es gibt kein Oben und Unten, sondern stattdessen ein Neben-, Mit- oder auch Gegeneinander von Akteuren, die in einzelnen Fällen auf unterschiedlicher, in anderen Fällen aber auch wieder auf gleicher Höhe stehen können und dadurch auch ihre eigenen Rollen und Einflusssphären wesentlich selbst gestalten können[170]. In diesem Sinne kann dann der von den europäischen Gerichten behauptete und durchgesetzte Vorrang des Unionsrechts auf die vom Bundesverfassungsgericht für sich in Anspruch genommene Letztentscheidungskompetenz treffen, ohne dass dies ein prinzipielles Problem wäre; es ist gerade das, was innerhalb des Verbundes Einheit *und* Differenz, Zusammenwirken *und* Abgrenzung, Dialog *und* Konfrontation ermöglicht.

Ebenso kann auch kurzfristig zwischen einer mehr kooperativen und einer mehr konfrontativen Strategie gewechselt werden: Es können einzelne Entscheidungen „harte Ansagen“ an die andere Ebene enthalten, von denen dann gleich in der nächsten Entscheidung wieder „zurückgerudert“ wird; man kann sogar ein ausdrückliches Lob für die jeweils andere Seite einstreuen, mit dem sich dann wieder gewisse strategische Erwartungen verbinden[171].

(2) Im vorliegenden Zusammenhang kommt der Rede vom europäischen Rechtsprechungs- oder sogar Verfassungsgerichtsverbund daneben eine nicht zu unterschätzende *symbolische Bedeutung* zu. Mit ihm wird die bisher recht exklusiv auf die Bundesrepublik beschränkte „offene Gesellschaft der Verfassungsinterpreten“ transzendiert, und zwar durch Akteure, die von außen kommen, aber doch auf deren bisherige Binnenstruktur Einfluss nehmen[172]. Sie irritieren damit auch das dort eingespielte Rollengefüge, brechen mögliche Charismatisierungen auf und machen

---

169 Zu dieser generellen Funktion von Leitbildern, Schlüsselbegriffen etc. *A. Voßkuhle*, Neue Verwaltunsgsrechtswissenschaft, in: Hoffmann-Riem/Schmidt-Aßmann/Voßkuhle, Grundlagen des Verwaltungsrechts, I, § 1 Rn. 40 f.; die Übertragung auf den „Rechtsprechungsverbund“ in Abgrenzung zu älteren Konzepten wie „Rechtsprechungsnetzwerk“ oder „Gemeinschaft der Gerichte“ *Albers* (Fn. 34), VVDStRL 71 (2012), 257 (287 ff.).

170 Zu diesem nichthierarchischen, offenen Grundzug des Verbundbegriffs *Albers* (Fn. 34), VVDStRL 71 (2012), 257 (287 ff.); *Mayer* (Fn. 86), in: von Bogdandy/Bast, Europäisches Verfassungsrecht, S. 560 (596), dort noch bezogen auf das Konzept des „Mehrebenensystems“; *Voßkuhle* (Fn. 168), NVwZ 2010, 1 (3).

171 *Albers* (Fn. 34), VVDStRL 71 (2012), 257 (289 ff.).

172 S. zu dieser Ausweitung des Konzepts *Häberle*, Europäische Verfassungslehre, S. 246 ff.

ihrerseits – mit offenem Ausgang – neue Selbstermächtigungs- oder Selbstbehauptungsstrategien erforderlich, wie sie sich anschaulich gerade am Beispiel des Bundesverfassungsgerichts zeigen. Andererseits kann die Mitkonstruktion der nationalen Verfassungsräume durch die europäischen Gerichte immer nur vermittelt über die nationalen Gerichte erfolgen, die sich dadurch eine Art Wächter- oder Türöffnerrolle vorbehalten. Aus dieser heraus können sie dann gegenüber den europäischen Gerichten beständig auf Wahrung ihrer grundsätzlichen Verfassungsidentität pochen, wie sie in den Unionsverträgen nunmehr ausdrücklich festgeschrieben ist (vgl. Art. 3 Abs. 2 EUV). Die Einwirkung auf den Inhalt der nationalen Verfassungen kann so immer nur dialogisch und in Vorgängen wechselseitigen Lernens erfolgen, so wie es der Rollenverteilung unter einer Verfassung, die sich selber als soziale und sprachliche Praxis darstellt, immer schon entspricht.

IV. Zusammenfassung

Die Interpretation, Anwendung und Entfaltung der Verfassung stellt sich damit als ein arbeitsteiliger Vorgang dar, an dem viele mitwirken: ganz vorn nach wie vor das Bundesverfassungsgericht, das weithin als oberste Autorität in Verfassungsfragen akzeptiert wird und die Verfassung kraft dieser Autorität laufend fortentwickelt, daneben und in je spezifischen Rollen der Gesetzgeber, der sie teils entlang der verfassungsgerichtlichen Vorgaben, teils selbständig und autonom ausgestaltet, ferner die Gerichte und die Verwaltungen, die ihre abstrakten Sätze und Prinzipien auf die Alltagsprobleme der Bürger herunterbrechen, schließlich die Bürger selbst, die als Träger verfassungsrechtlicher Freiheit Verfassung täglich leben und aktualisieren. Zusammen stellen sie in dieser Anwendung die Verfassung erst her, und zwar sowohl in ihren einzelnen Normen, die darin erst mit Sinn gefüllt werden, als auch in dem, was die Verfassung als Ganzes heute bedeutet. Lässt man dabei die Akteure der europäischen Ebenen zunächst außen vor, so sind sie alle in einem tieferen Sinne auch die Träger der Verfassung; die Verfassung in ihrer heutigen Gestalt wäre nicht da, wenn es sie nicht gäbe, und sie wäre unvollständig, wenn auch nur einer aus dem Kreis herausfiele. Als solche formieren sie sich zu einer Verfassungsgemeinschaft in einem dreifachen Sinne[173]: erstens als Erfahrungsgemeinschaft, die sich auf der Eigenart einer bewährten und geübten

---

[173] Das Folgende nach *Vorländer* (Fn. 156), in: ders., Integration durch Verfassung, S. 9 (21 f.).

Verfassungspraxis ausgebildet hat; zweitens als Vorstellungsgemeinschaft, die ihre zentralen politischen Angemessenheits- und Gerechtigkeitsvorstellungen mit ihrer Verfassung identifiziert; drittens schließlich als Anwendungsgemeinschaft, in der diese Vorstellungen teils konsensual, teils kontrovers verhandelt werden. Diese Gemeinschaft ist in mehrfacher Hinsicht beweglich und instabil. Ihre Grundprinzipien, in denen sie sich einig weiß, sind hochabstrakt und für die Entscheidung konkreter Streitfälle kaum instruktiv. Die konkrete Anwendung dieser Prinzipien kann sie in existenzielle Konflikte führen, wie der Streit um die Zulässigkeit des Schwangerschaftsabbruchs oder das Kreuz in der Schule gezeigt haben. Die Rollen in ihr stehen nicht fest, sondern müssen selbst immer wieder von neuem und oft ebenfalls kontrovers ausverhandelt werden. Schließlich gibt es – Ewigkeitsgarantie hin oder her – keine Gewähr, dass sie auf Dauer besteht. Insofern hält die durch die Verfassung begründete Gemeinschaftlichkeit keinen Vergleich mit der starken Gemeinschaftlichkeit früherer Tage aus (→ S. 56f.). Aber sie ist die einzige, die heute noch verblieben ist, und wenn, wie es heute zu beobachten ist, dabei zunehmend auch die Einflüsse der inter- und supranationalen Rechtsebenen – des Unionsrechts oder der Europäischen Menschenrechtskonvention – zu verarbeiten sind, deutet sich darin schon ihre mögliche Auflösung und Überführung in einen größeren Zusammenhang an.

§ 7
Die Substanz der Verfassung

Für jede Verfassung, die in dieser Weise von einer ganzen Gesellschaft als politische Gerechtigkeitsordnung verstanden und angewandt wird, stellt sich zu irgendeinem Zeitpunkt die Frage, welche ihrer Normen in besonderer Weise als Ausdruck ihrer grundlegenden Gerechtigkeitskonzeption angesehen werden können, sie vielleicht sogar ausmachen, und welche es nicht oder nur in einem geringeren Maße sind. Die ihr unmittelbar zugehörigen Normen bilden dann das, was man das Grundlegende, den inneren Kern oder die Substanz der Verfassung nennen kann; es umfasst alles, was nicht wegfallen kann, ohne dass man aufhören müsste, noch weiter von *„dem* Grundgesetz" oder *„unserem* Grundgesetz" zu sprechen. Zur näheren Umgrenzung dieser Substanz bieten sich die geläufigen Konzepte der *Einheit* und der *Identität* der Verfassung an; Substanz kann danach der Inhalt der Verfassung genannt werden, der ihre Identität bestimmt und sie als Einheit konstituiert. Beides sind allerdings durchaus schillernde Begriffe, deren normativer Status undeutlich ist, und dies ungeachtet der floskelhaften Verwendung, zu der sie es mittlerweile gebracht haben:

(1) Bei der „Einheit" geht es um die Frage, ob sämtliche Normen in der Verfassung ungeachtet ihrer inhaltlichen Verschiedenheiten und der Vielfalt ihrer Gegenstände zu *einer* Verfassung gehören und ob sie dann in ihrer Anwendung je für sich oder in ihrem notwendigen Zusammenhang zu lesen sind. Bis heute nehmen das Bundesverfassungsgericht und weite Teile der Wissenschaft eine solche Einheit an, und zwar im Sinne einer Grund- und Tiefenstruktur, auf die sämtliche Einzelaussagen der Verfassung zurückgeführt werden können; daraus soll sich dann auch eine entsprechende Vorgabe für die Interpretation ergeben[1]. Die Kritik sieht darin

---

[1] Grundlegend bereits BVerfGE 1, 14 (32): „Eine einzelne Verfassungsbestimmung kann nicht isoliert betrachtet und allein aus sich heraus ausgelegt werden. Sie steht in einem Sinnzusammenhang mit den übrigen Vorschriften der Verfassung, die eine innere Einheit darstellt. Aus dem Gesamtinhalt der Verfassung ergeben sich gewisse verfassungsrechtliche Grundsätze und Grundentscheidungen, denen die einzelnen Verfassungsbestimmungen untergeordnet sind", seitdem in dieser oder jener Variation st. Rspr.; vom „Sinngefüge" spricht BVerfGE 62, 253 (267). Die „Einheit der Verfassung" in diesem Sinne ist nicht zu verwechseln mit der „Einheit des Staates", die von der Verfassung nach der Smendschen Integrationslehre im Sinne einer „aufgegebenen" Einheit

eine unangemessene Vereinfachung, wenn nicht überhaupt einen bösen „Holismus“; so wie die Welt sich heute in unübersichtliche Funktionssysteme aufgelöst habe, sagt man dann etwa, differenziere sich auch die Verfassung in verschiedene voneinander separierte Teilverfassungen aus, in denen längst nur noch die Spezialisten zu Hause seien[2]. In dieser Fassung trifft die Kritik allerdings die postulierte Einheit kaum, weil diese von vornherein auf einer anderen Ebene liegt: Sie bezieht sich nicht auf das, was die Verfassung ist, sondern trifft eine Aussage darüber, wie und als was man sie behandeln will.

(2) Ähnliches lässt sich über die „Identität“ der Verfassung sagen, also zur Frage, wie es kommt, dass wir trotz aller Änderungen, die das Grundgesetz seit seinem Inkrafttreten erfahren hat, diesbezüglich immer noch von *derselben* Verfassung sprechen[3]. Auch das verweist zunächst auf eine Grund- und Tiefenstruktur der Verfassung, von der angenommen wird, dass sie die Änderungen überdauert und zusammen wichtiger ist als diese. Tatsächlich ist aber auch und gerade diese Grund- und Tiefenstruktur von den Veränderungen nicht ausgenommen, sondern steht mitten in ihnen, weil die Begriffe, auf denen sie sich aufbaut: Menschenwürde, Grundrechte, Demokratie, Rechts-, Sozial- und Bundesstaatlichkeit, heute vermehrt die Europa- und Völkerrechtsfreundlichkeit, in besonderem Maße offene, der Deutung und dem Wandel zugängliche Begriffe sind (→ S. 88 f.). Verändert hat sich deshalb im Laufe der Zeit die Bedeutung dieser Begriffe, die heute fast sämtlich anspruchsvoller bestimmt werden als früher, und verändert hat sich letztlich das gesamte Verfassungsverständnis, in das sie hineingestellt sind und von dem aus sie bestimmt werden. Man hat deshalb, als das ganze Ausmaß der Entwicklung erstmals offenbar wurde, von einer „Umbildung des Verfassungsgesetzes“ gesprochen, und wäre dies nur als Beschreibung eines Tatbestands gemeint gewesen, hätte es dagegen gar nicht viel zu erinnern gegeben[4]. „Identität“ kann unter diesen

---

ermöglicht werden soll, vgl. dazu → S. 51 f.; manche Polemik gegen die erstere dürfte sich daraus erklären, dass man sie unreflektiert mit der letzteren gleichsetzt.

[2] So etwa *T. Vesting/S. Korioth*, Einführung, in: Vesting/Korioth, Der Eigenwert des Verfassungsrechts, S. 1 (3 f.); *T. Vesting*, Ende der Verfassung?, ebda., S. 71 ff.; aus methodischen Gründen kritisch *Müller*, Die Einheit der Verfassung, S. 85 ff.; *Müller/Christensen*, Juristische Methodik, Rn. 383 ff. Die Kritik des „Holismus“ bei *R. Christensen/A. Fischer-Lescano*, Das Ganze des Rechts, 2007, S. 69 ff., dort vor allem für die Grundrechtsdogmatik.

[3] Vgl. *G. Roellecke*, Identität und Variabilität der Verfassung, in: Depenheuer/Grabenwarter, Verfassungstheorie, § 13 Rn. 16 ff.; das Grundkonzept vor allem bei *P. Kirchhof*, Identität der Verfassung, in: Isensee/Kirchhof, HStR II, § 21, dort Rn. 64 ff.

[4] *E. Forsthoff*, Die Umbildung des Verfassungsgesetzes, in: FS C. Schmitt, 1989, S. 35 ff.; als die Fundamentalkritik, als die es gedacht war, war es hingegen ein veritabler „Skandal“, *H. Hofmann*, Vom Wesen der Verfassung, JöR 51 (2003), 1 (11 Fn. 50).

Bedingungen allenfalls Anschlussfähigkeit im System bedeuten, und zwar in dem Sinne, dass jede Anwendung der Verfassung in ein Kontinuum vorhergehender Anwendungen eingeordnet wird, als deren Fortsetzung sie erscheint[5].

Ebenso wie die Annahme einer Einheit der Verfassung immer auf der Abstraktion von gegebener Uneinheitlichkeit beruht, beruht damit auch die Annahme ihrer Identität immer auf der Abstraktion von gegebener Nichtidentität[6]. Beides, die Einheit wie die Identität, sind so gesehen keine Eigenschaften, die der Verfassung von sich aus zukommen, sie sind vielmehr erneut Vorstellungen, die in sie hineinprojiziert werden und durch die man anschließend auf sie blickt: mögliche *Sichtweisen* von Verfassung, die sich im Laufe ihrer Anwendung herausgebildet haben und nun zu dem Bild hinzugehören, das man sich von ihr macht[7]. Ebenso ist dann aber auch die inhaltliche Verkörperung dieser Einheit und Identität, also die tragende Substanz der Verfassung selbst, das Resultat entsprechender Projektionen und Zuschreibungen; sie besteht eben und setzt sich wesentlich zusammen aus den ideellen Sinngehalten, dirigierenden Zwischenschichten und Anreicherungen, mit denen ihre äußeren Elemente und Begriffe aufgefüllt werden. In ihnen nimmt die Verfassung als Gerechtigkeitsordnung erst ihre volle Gestalt an, von ihnen aus wird sie, ob einem das immer bewusst ist oder nicht, gelesen, und gerade sie müssen deshalb sichtbar gemacht werden, um die Verfassung angemessen zu verstehen.

I. Grundrechte

Zu den tragenden Bestandteilen in diesem Sinne gehört an vorderster Stelle das Grundrechtssystem: als Ausdruck der die gesamte Verfassung beherrschenden Grundentscheidung für Freiheit und Gleichheit, wie sie für jede angemessene Konzeption politischer Gerechtigkeit heute zentral ist. Zentral ist sie dementsprechend auch für das Grundgesetz, das von den Bürgern wesentlich als „Grundrechtsverfassung" wahrgenommen wird, so wie auch das Bundesverfassungsgericht wesentlich als „Grundrechts-

---

[5] Die treffende Kurzformel bei *Roellecke* (Fn. 3), in: Depenheuer/Grabenwarter, Verfassungstheorie, § 13 Rn. 16: „Identität als Ermöglichung von Variabilität"

[6] In Anlehnung an eine Formulierung von *G. Radbruch*, Rechtsphilosophie, 8. Aufl. 1973, S. 68.

[7] Treffend spricht insoweit *T. Vesting*, Ende der Verfassung?, in: Vesting/Korioth, Der Eigenwert des Verfassungsrechts, S. 71 (81), von der Einheit „im Modus eines ‚als ob'", im Sinne eines „kollektiv geteilten Glaubens" an diese Einheit.

gericht" wahrgenommen wird[8]. Gerade hier werden dementsprechend die normativen Ordnungsvorstellungen der Gesellschaft mitverhandelt, die das gesamte System dann im Sinne einer Tiefenschicht auch prägen. Die Folge ist ein grundlegender Wandel in der Interpretation der Grundrechte, der in seiner ganzen Dramatik nur deshalb auf vergleichsweise wenig Widerstand stößt, weil er mit jenen Vorstellungen weitgehend konform verläuft.

Das ist deshalb erhellend, weil gerade dieser Bereich von den ansonsten recht häufigen Textänderungen weitgehend ausgenommen blieb[9]. Unterhalb der Textebene ist aber kaum etwas so geblieben, wie es ursprünglich einmal gedacht sein mag: Aus der Menschenwürdegarantie als einer „nicht interpretierten These"[10] hat man ein unmittelbar und in den verschiedensten Lebenszusammenhängen einschlägiges Grundrecht gemacht, aus dem Recht auf freie Entfaltung der Persönlichkeit in Art. 2 Abs. 1 GG ein Grundrecht auf Verhältnismäßigkeit aller staatlichen Maßnahmen, aus den dürren Worten des allgemeinen Gleichheitssatzes des Art. 3 Abs. 1 GG ein umfassendes Kontrollprogramm für den Gesetzgeber auf Einhaltung von Gerechtigkeits- und Folgerichtigkeitsgeboten, aus den textlich voneinander abgegrenzten Einzelgewährleistungen des Art. 4 Abs. 1 und 2 GG ein Generalgrundrecht auf glaubens- und gewissensgeleitetes Verhalten in allen Lebenslagen, aus den Medienfreiheiten des Art. 5 Abs. 1 GG ein hochkomplexes Modell gesetzgeberischer Ausgestaltung und Gewährleistung, um sich nur gerade auf die ersten fünf Artikel zu beschränken[11]. Darüber spannt sich ein dogmatischer Rahmen, der die Grundrechte aus ihrer Beschränkung auf die Abwehrfunktion gelöst, um weitere Dimensionen – objektiv-rechtliche, verfahrensrechtliche, leistungsrechtliche etc. – angereichert, den Gesetzesvorbehalt ausgedehnt, den Eingriffsbegriff flexibilisiert, die Kategorie der Ausgestaltung hinzugefügt und dies alles in immer weiteren Ziselierungen entfaltet hat[12].

Keine dieser Veränderungen kommt aber aus dem Nichts. Sie alle sind vielmehr die Folge entscheidender „Weichenstellungen im Grundsätzlichen"[13],

---

[8] Zu letzterem etwa *C. Schönberger*, Anmerkungen zu Karlsruhe, in: Jestaedt/Lepsius/Möllers/Schönberger, Das entgrenzte Gericht, S. 9 (27).

[9] Die Eingriffe sind hier praktisch an einer Hand abzuzählen und betrafen mit dem Telekommunikationsgeheimnis (Art. 10 GG), der Garantie der Unverletzlichkeit der Wohnung (Art. 13 GG) oder dem Asylrecht (vormals Art. 16, jetzt Art. 16a GG) Gewährleistungen, die nicht im Zentrum der Grundrechtsideen stehen, wie ihre meist nur knappe und kursorische Behandlung in den Lehrbüchern des Faches bezeugt, vgl. etwa *Pieroth/Schlink*, StR II, Rn. 825 ff., 944 ff. und 1055 ff.

[10] So die viel zitierte Wendung von *Theodor Heuss*, JöR 1 (1951), 49.

[11] Zu Art. 2 Abs. 1 GG: BVerfGE 6, 32 – Elfes.; zu Art. 3 GG zuletzt BVerfGE 122, 210 – Pendlerpauschale; zu Art. 4 GG: BVerfGE 24, 236 (245) – Lumpensammler; zu Art. 5 GG die Rundfunkurteile seit BVerfGE 12, 205.

[12] Umfassender Überblick etwa bei *Dreier*, in: ders., GG, Vorb. vor Art. 1, Rn. 82 ff.; s. zuvor schon *ders.*, Dimensionen der Grundrechte, 1993.

[13] *M. Morlok*, Reflexionsdefizite in der deutschen Staatsrechtslehre, in: Schulze-Fielitz, Staatsrechtslehre als Wissenschaft, S. 49 (56 f.).

die das Beziehungsverhältnis zwischen dem Einzelnen und der staatlichen Gemeinschaft betreffen, und dass man sie sich über die Breite gesehen eher selten bewusst macht, heißt nicht, dass es sie nicht gäbe. Im Gegenteil können sie – als Leitbilder oder Ordnungsideen der Grundrechtsanwendung insgesamt – in einem tieferen Sinne zur Substanz der Verfassung gerechnet werden, als es für diese oder jene Einzelausprägung oder dogmatische Konstruktion gilt.

Moralischer Grund

Mit der Voranstellung der Grundrechte und ihrer konsequenten Erhebung zu rechtlicher Verbindlichkeit in Art. 1 Abs. 3 nimmt das Grundgesetz die moralische Vorstellung eines Systems gleicher Rechte in sich auf und überführt sie in geltendes Verfassungsrecht[14]. Es schlägt damit eine Brücke zu einer basalen Konzeption politischer Gerechtigkeit, die ihm vorausliegt, in seiner Anwendung aber bis heute beständig präsent gehalten wird; diese bildet letztlich immer noch den Schlüssel zum Verständnis des Ganzen.

(1) Der ursprüngliche Ausgangs- und Bezugspunkt dieser Konzeption war der *Begriff der Menschenrechte*, in dem man sie lange wie in einem klassischen Begriff versammelt sah: als ein Bündel von Ansprüchen, die dem Menschen unabhängig von staatlicher Anerkennung, von Geburt an oder „von Natur aus“ zukommen und die andere, insbesondere eine staatliche Ordnung, gegen sich gelten lassen sollen[15]. Als solche sind sie noch keine Rechte im Rechtssinne, sondern müssen erst zu Recht transformiert und durch Recht garantiert werden. Sie bezeichnen in diesem Sinne folgerichtig keine juristische, sondern eine moralische Kategorie, nämlich eine Legitimitätsanforderung an staatliche Herrschaft, wie sie vor allem von den verschiedenen Lehren des Gesellschaftsvertrages seit John Locke formuliert worden ist. Neuere Versionen des Kontraktualismus wie die Gerechtigkeitstheorie von John Rawls knüpfen daran an, nehmen dabei aber durchaus erhebliche Umstellungen in der Theoriearchitektur vor[16]. Teils wird die Begründung auch wie von der neueren Diskursethik in Anknüpfung an die Transzendentalpragmatik Kants, teils in bestimmten anthro-

---

[14] Ebenso knapp wie präzise: *Dreier*, Recht – Staat – Vernunft, S. 36f.; ausführlicher etwa *R. Alexy*, Die Institutionalisierung der Menschenrechte im demokratischen Verfassungsstaat, in: Gosepath/Lohmann, Philosophie der Menschenrechte, S. 244 (254ff.).

[15] Beispielhaft die „Déclaration des Droits de l'Homme et du Citoyen“ von 1789: „Les hommes naissent et demeurent libres et égaux en droits (...)“ (Art. 1); „Le but de toute association politique est la conservation des droits naturels de l'homme (...)“ (Art. 2).

[16] *Rawls*, A Theory of Justice, dt. Eine Theorie der Gerechtigkeit, dort S. 140ff.

pologischen Vorgegebenheiten oder utilitaristischen bzw. interessenbasierten Ansätzen gesucht[17]. Die Grundfrage ist stets, ob die Vorstellung eines Systems gleicher Rechte einer rationalen – und damit universell gültigen – Rechtfertigung fähig ist oder ob sie nur in solchen Kontexten Gültigkeit beanspruchen kann, in denen die zugrunde liegenden Wertüberzeugungen immer schon geteilt werden[18]. Unter dem Grundgesetz und für dessen Anwendung muss dieser Frage nicht mehr nachgegangen werden, weil dieses die darin zum Ausdruck kommende Gerechtigkeitskonzeption in das positive Recht überführt hat (→ S. 41 f.). Es gestaltet sie dadurch in verschiedener Hinsicht aus, konkretisiert sie und geht dabei in vieler Hinsicht über den abstrakten moralischen Kern hinaus, für den sie aus sich heraus nur steht. So oder so ist das System gleicher Rechte nun Bestandteil des Rechtssystems geworden, wo es fortan nach dessen eigenen Rationalitäten bearbeitet wird.

(2) Der ursprüngliche *Zusammenhang wird dadurch aber nicht gegenstandslos*. Er bleibt vielmehr bestehen und wirkt bis heute in die praktische Anwendung der Grundrechte hinüber. Dies geschieht vor allem dadurch, dass die grundrechtliche Freiheit und Gleichheit in ihrem Ausgangspunkt nach wie vor als „vorrechtlich", „vorstaatlich" oder „dem Staat vorausliegend" begriffen werden, so wie es bis heute hinter der primären Deutung der Grundrechte als Abwehrrechte gegen staatliche Eingriffe steht und zu den Grundannahmen einer liberal-rechtsstaatlichen Grundrechtstheorie gehört[19]. Möglicherweise handelt es sich dabei um eine Fiktion, wenn nicht überhaupt um einen Glaubenssatz, weil sich angesichts der Unterschiedlichkeit der Begründungsansätze über das Vorhandensein eines solchen vorstaatlichen Freiheitsraumes oder zumindest seine konkrete Reichweite gar nichts Gesichertes sagen lässt. Auch Fiktionen dieser Art können allerdings ihren guten Sinn machen. Im Falle der Grundrechte bilden sie die Grundlage für eine prinzipielle Verteilung der Rechtfertigungslast in der Weise, dass sich nicht der Einzelne für den Gebrauch seiner Freiheit, sondern umgekehrt der Staat für den Versuch ihrer Beschränkung rechtfertigen muss, und es ist diese Rechtfertigungslast, die bis heu-

[17] Der transzendentalpragmatische Ansatz etwa bei *K. O. Apel*, Die Transformation der Philosophie, 1973; speziell zur Rekonstruktion eines Systems der Rechte in dieser Linie *Habermas*, Faktizität und Geltung, S. 109 ff.; eine neuere Begründung aus anthropologischen Vorgegebenheiten etwa bei *Mahlmann*, Elemente einer ethischen Grundrechtstheorie, S. 262 ff.; der interessenbasierte Ansatz bei *N. Hoerster*, Ethik und Interesse, 2003.

[18] Vgl. *R. Alexy*, Begriff und Geltung des Rechts, 1994, S. 108.

[19] Immer noch grundlegend *Böckenförde*, Staat, Verfassung, Demokratie, S. 119 f.

te im klassischen Prüfprogramm für das Abwehrrecht – Schutzbereich, Eingriff, Schranke – abgearbeitet wird[20].

(3) Auch im Übrigen können die Grundrechte jedoch *ihre moralische oder wenn man will naturrechtliche Herkunft nicht abstreifen.* Im Text selbst ist sie – neben und vor dem Bekenntnis zu den unveräußerlichen Menschenrechten als Grundlage des Friedens und der Gerechtigkeit in der Welt – dadurch hervorgehoben, dass in einem verfassungsgeschichtlich durchaus beispiellosen Vorgang der gesamte Grundrechtskatalog unter das Leitprinzip der Menschenwürde gestellt ist, also unter einen zur Entfaltung aufgegebenen Schlüsselbegriff der moralphilosophischen Diskussion. In der konkreten Anwendung zeigen sich die Folgen darin, dass diese sich, ob man das nun will oder nicht, unweigerlich einem moralischen Diskurs annähert und alle aus solchen Diskursen bekannten Argumentformen – von der Güterabwägung über den Verhältnismäßigkeitsgrundsatz bis hin zu Argumenten der Folgengewichtung oder der schiefen Ebene – darin zum Tragen kommen (→ S. 133 f.). Zusammengefasst ist all dies in ihrer Charakterisierung als „Wertsystem“, „Wertordnung“ oder „wertgebundene Ordnung“, die genau diese moralisch-ethische Qualität zum Ausdruck bringt.

Sinnmittelpunkt

Als Grundnorm und gedankliches Zentrum des Grundrechtssystems erscheint in dieser grundlegenden Konzeption das fundamentale Recht eines jeden auf gleiche Beachtung und Respekt, das heute als die Leitidee des modernen Verfassungsstaates überhaupt angesehen werden kann[21]. In diesem Sinne schließt es ein Dreifaches ein: erstens die prinzipielle Personeigenschaft und -qualität des Menschen, das heißt einen Anspruch darauf, als Person behandelt und respektiert zu werden; zweitens als Grundelement personaler Autonomie das Recht auf ein selbstbestimmtes Leben, das heißt darauf, dieses Leben nach den eigenen Vorstellungen und Entwürfen führen zu dürfen; drittens eine Basisvorstellung prinzipieller Gleichheit, insofern dieses Recht allen Personen in gleicher Weise zusteht[22]. Mit diesem Inhalt bezeichnet das Recht auf gleiche Beachtung und

---

[20] Zu dieser Struktur als „systematisches Abarbeiten von Begründungslasten“ *Dreier*, in: ders., GG, Vorbemerkung vor Art. 1 Rn. 120, Zum damit zusammenhängenden sog. rechtsstaatlichen Verteilungsprinzip → S. 261 f.

[21] „Equal concern and respect“: *Dworkin*, Bürgerrechte ernstgenommen, S. 298 ff.; zur Rolle *T. Gutmann*, Struktur und Funktion der Menschenwürde als Rechtsbegriff, 2010, S. 10 f.

[22] Die philosophischen Grundlagen der ersten Komponente etwa in der Hegelschen Deutung des Rechts als Summe von Anerkennungsverhältnissen, vgl. *ders.*, Grundlini-

Respekt eine normative Grundausstattung des Menschen, die dem Verfassungsstaat moralisch, nämlich als Ausdruck einer übergreifenden Gerechtigkeitskonzeption, vorgegeben ist und die er seinerseits in Form von Grundrechten positiv-rechtlich zu entfalten hat.

Diese Entfaltung erfolgt in den speziellen Freiheits- und Gleichheitsrechten des Grundgesetzes: in den Garantien der Selbstverwirklichung und der persönlichen Integrität (Art. 2, 10, 13 GG etc.), in den verschiedenen Gleichheitssätzen (Art. 3, 33 II, 38 I 1 GG etc.), den Rechten der Glaubens- und Gewissensfreiheit (Art. 4 GG etc.), den Freiheiten der Kommunikation und der demokratischen Mitwirkung im Gemeinwesen (Art. 5, 8, 9, 21 GG etc.), zuletzt in den Freiheiten wirtschaftlicher Betätigung (Art. 9, 12, 14 GG etc.), die das Recht auf gleiche Beachtung und Respekt allesamt in verschiedene Richtungen spezifizieren und dabei auch in charakteristischer Weise ausweiten. Ihnen allen liegt aber dieses Recht als ein gemeinsamer Kern zugrunde: den Freiheitsrechten als Grundlage sachlich näher bestimmter Autonomiesphären, den Gleichheitsrechten in Gestalt eines grundlegenden Anspruchs darauf, „als Gleicher" behandelt zu werden[23].

Wie in einem Konzentrat zusammengefasst ist das Recht auf gleiche Beachtung und Respekt nunmehr in der Garantie der Menschenwürde, die in allen ihren Deutungen – von der gängigen Objektformel bis hin zu neueren Deutungen als „Recht auf Rechte" oder als wechselseitiges Anerkennungsversprechen – exakt die drei Komponenten zum Ausdruck bringt, die hier als Inhalt dieses Rechts vorgestellt worden sind[24]. Gerade darin bildet sie nunmehr das geistig-normative Fundament des Grundrechtssystems, das heute alle seine einzelnen Bestimmungen durchdringt, so dass diese nunmehr ihrerseits nur noch als bereichsweise „Konkretisierungen des Prinzips der Menschenwürde" erscheinen[25]. Man kann darüber strei-

---

en der Philosophie des Rechts, § 36: „Das Rechtsgebot ist daher: *sei eine Person und respektiere die anderen als Personen*"; die Prinzipien von Freiheit und Gleichheit als „Gesetze, ... nach denen allein eine Staatserrichtung, reinen Vernunftprinzipien des äußeren Menschenrechts überhaupt gemäß" ist, bei *Kant*, Über den Gemeinspruch, in: *ders.*, Schriften zur Anthropologie, Geschichtsphilosophie, Politik und Pädagogik I, Theorie-Werkausgabe, Band 11, S. 145 ff.

[23] Grundlegend *S. Huster*, Rechte und Ziele, 1993, S. 41 ff.; *ders.*, in: Friauf/Höfling, Berliner Kommentar, Art. 3 Rn. 18, 38; in der Sache ebenso unter bes. Betonung der Menschenwürde *Dürig*, in: Maunz/Dürig, GG, Erstbearbeitung, Art. 3 I Rn. 1 ff.; *P. Kirchhof*, Allgemeiner Gleichheitssatz, in: Isensee/Kirchhof, HStR VIII, § 181 Rn. 51 ff.

[24] Die Objektformel etwa in BVerfGE 6, 32 (36, 41); 30, 1 (26); 96, 375 (399); die Grundlagen bei *Dürig*, in: Maunz/Dürig, GG, Erstbearbeitung, Art. 1 Rn. 28 ff.; die Deutung als „Recht auf Rechte" bei *C. Enders*, Die Menschenwürde in der Verfassungsordnung, 1997, S. 501 ff.; als wechselseitiges Anerkennungsversprechen bei *H. Hofmann*, Die versprochene Menschenwürde, AöR 118 (1993), 353 (364 ff.). Rekonstruktion der Menschenwürde aus dem Dworkinschen Recht auf gleiche Beachtung und Respekt bei *T. Gutmann*, Struktur und Funktion der Menschenwürde als Rechtsbegriff, 2010, S. 4 f., 10 f.

[25] So die Formulierung aus BVerfGE 93, 266 (293); andere Formulierungen sind die

ten, ob das so wirklich für alle Grundrechte (Wissenschaftsfreiheit? Koalitionsfreiheit? Petitionsrecht?) gesagt werden kann. Aber gerade in dieser vereinfachenden Zusammenziehung erfüllt die Menschenwürdegarantie eine wichtige symbolische Funktion: Zum einen ist darin ein Versprechen ausgedrückt, dass es einen Grundbestand an individuellen Rechten geben soll, der absolut geschützt und nicht verhandelbar ist. Gerade dies leistet das Dogma von der Unantastbarkeit, und zwar unabhängig davon, ob es sich, wenn es wirklich einmal hart auf hart kommt, immer durchhalten lässt[26]. Zum anderen wird die Menschenwürdegarantie auf diese Weise zum normativen Bezugspunkt einer Staatsbegründung, die den Staat nicht aus sich heraus, als Selbstzweck oder Schicksal, sondern vom Einzelnen und seinen Interessen her rechtfertigt, so wie es den Grundannahmen liberaler Staatstheorie entspricht und ursprünglich in Art. 1 des Verfassungsentwurfs von Herrenchiemsee („Der Staat ist um des Menschen willen da, nicht der Mensch um des Staates willen") auch ausgesprochen war. Gerade darin verweist es auch auf den inneren Geltungssinn der Grundrechtsordnung insgesamt.

Leitbilder

Verstanden und gedeutet wird dieses System gleicher Rechte allerdings nicht von einem einseitigen normativen Individualismus aus, sondern wesentlich als ein Zusammenhang wechselseitiger Anerkennung und Verantwortung, so wie es in der Grundstruktur des Rechts auf gleiche Beachtung und Respekt und dessen Zusammenziehung in der Menschenwürdegarantie an sich auch angelegt ist[27]. In der Folge nimmt es einige spezifische Elemente der Gegenseitigkeit, der Rücksichtnahme oder der Gemein-

---

vom „oberste(n) Wert", der „das ganze grundrechtliche Wertsystem beherrscht", vgl. etwa BVerfGE 30, 173 (193).

[26] Die Probleme sind in der Entscheidung zum Luftsicherheitsgesetz deutlich geworden, vgl. BVerfGE 115, 118, und dazu die Kritik von *C. Hillgruber*, Der Staat des Grundgesetzes – nur „bedingt abwehrbereit"?, JZ 2007, 209 (214 ff.); *J. Isensee*, Würde des Menschen, in: Merten/Papier, HGR IV, § 87 Rn. 107. Darin wird nebenbei auch die Grundfrage ausgetragen, ob die Grundrechte eher in einem utilitaristischen oder einem prinzipiell deontologischen Sinne zu verstehen sind.

[27] Vgl. erneut *Hofmann* (Fn. 24), AöR 118 (1993), 353 (364 ff.). Dass durch ihre Aufnahme in die Verfassung gerade diese Seite im Einklang mit dem internationalen Menschenrechtsdiskurs hervorgehoben werden sollte, zeigt eindrucksvoll *Rensmann*, Wertordnung und Verfassung, S. 33 ff. Die Zuordnung zu einem „normativen Individualismus" demgegenüber bei *D. von der Pfordten*, s. etwa *ders.*, Normativer Individualismus und das Recht, JZ 2005, 1069 ff., der dafür freilich alle in die gegenteilige Richtung deutenden Interpretationsansätze – wie etwa die bekannte Menschenbildformel, s. dazu sogleich im Text – als unrichtig, irreführend oder eben nichtnormativ zurückweisen muss, ebda., 1071 ff.

schaftsbezogenheit in sich auf, die sich in anderen liberalen Verfassungen so nicht oder in einer wiederum je eigenen Gewichtung finden. Für das Grundgesetz als Ganzes ist deshalb schon früh die Auffassung vertreten worden, es sei weder einem reinen „Individualismus“ noch einem reinen „Kollektivismus“ zuzuschlagen, sondern verfolge vom Anfang seines Textes an eine „mittlere Linie“, die in Ermangelung eines besseren Begriffs als „Personalismus“ bezeichnet wurde[28]. Die Grundrechte selbst erschienen in dieser angedachten Vermittlung als eine „der Sozialverträglichkeit verpflichtete Gegenseitigkeitsordnung“[29], die später ebenso wie die Verfassung insgesamt aus einem umfassenden Gedanken der „Gegenseitigkeit“ heraus verstanden wurde[30]. Die Tendenz, die in solchen und ähnlichen Formulierungen anklingt, hat das Bundesverfassungsgericht in seiner berühmten Menschenbildformel zusammengefasst, die in vielfältigen Variationen seine Rechtsprechung bis heute durchzieht: Das Menschenbild des Grundgesetzes sei „nicht das eines isolierten souveränen Individuums“; das Grundgesetz habe „vielmehr die Spannung Individuum – Gemeinschaft im Sinne der Gemeinschaftsbezogenheit und Gemeinschaftsgebundenheit der Person entschieden, ohne deren Eigenwert anzutasten“[31]. Man hat dies oft als eine bloße Floskel hinzustellen versucht, die auf die praktische Anwendung der Verfassung gar keinen Einfluss habe, wenn nicht überhaupt als eine Beigabe aus dem juristischen Poesiealbum[32]. Sie ist es nicht. Richtig ist zwar, dass es durchaus Grundrechte gibt, in deren Auslegung sie kaum Spuren hinterlässt[33]. Ebenso

---

[28] So *H. Peters*, Die freie Entfaltung der Persönlichkeit als Verfassungsziel, in: FS R. Laun, 1953, S. 669 (671); ihm folgend *Dürig*, in: Maunz/Dürig, GG, Erstbearbeitung, Art. 1 Abs. I Rn. 46f.; in der Sache ebenso *E. Denninger*, Rechtsperson und Solidarität, 1967, S. 212ff.

[29] *H. Bethge*, Zur Problematik von Grundrechtskollisionen, 1977, S. 256ff.

[30] So – allerdings insoweit vereinzelt geblieben – *Haverkate*, Verfassungslehre, S. 192ff.; umfassend – und zu Unrecht heute kaum mehr rezipiert – *D. Suhr*, Entfaltung der Menschen durch die Menschen, 1976.

[31] BVerfGE 4, 7 (15), seitdem in der Sache st. Rspr., s. aus jüngerer Zeit etwa BVerfGE 109, 133 (151). Heute muss die Formel nur noch als eine kurze Reminiszenz angesprochen werden und jeder weiß, was gemeint ist, vgl. BVerfGE 121, 69 (92f.). Nähere Entfaltung bei *P. Häberle*, Das Menschenbild im Verfassungsstaat, 2008, insbes. S. 47ff.

[32] Eingehend *U. Becker*, Das „Menschenbild des Grundgesetzes“ in der Rechtsprechung des Bundesverfassungsgerichts, 1996; der Vorwurf der Trivialität etwa auch bei *Huster*, Die ethische Neutralität des Staates, S. 293ff.; ähnlich skeptisch *P. M. Huber*, Das Menschenbild im Grundgesetz, Jura 1998, 505ff. Fundamentalkritik aus entgegengesetzter Richtung bei *H. Ridder*, Die soziale Ordnung des Grundgesetzes, 1975, S. 154f.: „Vergewaltigung des Menschen“.

[33] Darauf weist *C. Bumke* hin, Der gesellschaftliche Grundkonsens im Spiegel der Rechtsprechung des Bundesverfassungsgerichts, in: Schuppert/Bumke, Bundesverfassungsgericht und gesellschaftlicher Grundkonsens, S. 197 (201ff.), der deshalb vorschlägt, das einheitliche „Menschenbild“ durch drei stärker differenzierende „Bürger-

wird man sagen können, dass sie viel zu abstrakt ist, um die Anwendung einzelner Grundrechte verlässlich zu steuern. Auch dort ist das Leitbild aber grundsätzlich wirksam.

Hier wird es in der Regel nur ergänzt um verschiedene bereichsbezogene Leitbilder, die es gleichsam auf die Ebene des je einzelnen Grundrechts herunterbrechen und für diese dann auch eine höhere Direktivkraft entfalten: für die Meinungs- oder Versammlungsfreiheit in Gestalt der Einbindung in einen größeren Zusammenhang gesellschaftlicher Meinungs- und Willensbildung, aus der dann etwa auf einen Vorrang politisch motivierter gegenüber wirtschaftlich motivierten Meinungsäußerungen geschlossen werden kann[34], für die Berufsfreiheit in der Deutung als Ausdruck der Persönlichkeitsentfaltung sowie „Beitrag zur gesellschaftlichen Gesamtleistung", die dann unter anderem die Ausklammerung sozialschädlicher Verhaltensweisen aus dem Schutzbereich gestattet[35], für die Eigentumsgarantie in der annähernden Gleichgewichtigkeit von Privatnützigkeit und Sozialbindung, die zu entsprechenden Abstufungen der Schutzintensität je nach dem unterschiedlichen Sozialbezug des Eigentumsobjekts führt[36].

Auch auf einer allgemeinen Ebene ist die Formel aber nicht folgenlos, sondern bildet regelmäßig – etwa im Falle der vorbehaltlos gewährleisteten Grundrechte – einen Legitimationstitel für die prinzipielle Beschränkbarkeit oder konkrete Beschränkung individueller Freiheit[37]. Vor allem bringt sie gerade auf dieser allgemeinen Ebene eine Grundorientierung zum Ausdruck, die die Grundrechtsanwendung gerade dort prägt, wo es weniger sichtbar ist, oft auch gar nicht als Folge dieser Grundorientierung wahrgenommen wird: in den Tiefenschichten dieser Rechtsanwendung, in denen sich die normativen Ordnungsvorstellungen einer Gesellschaft vermischen mit den dogmatischen Strukturen und Argumentationsfiguren, mit deren Hilfe im einzelnen Fall das konkrete Ergebnis gefunden wird.

Die Unterschiede treten besonders im Vergleich zur amerikanischen Verfassung hervor, deren Praxis durch eine viel stärker individualistische Ausrichtung gekennzeichnet ist. Während deshalb in den USA selbst die „hate speech" noch als zulässige Meinungsäußerung durchgeht, findet die Meinungsfreiheit in der Bun-

---

bilder" zu ersetzen. Gerade für die von ihm als Beleg angeführte Glaubens- oder die Kunstfreiheit ist diese Einschätzung jedoch fraglich; hier hat das BVerfG die Formel herangezogen, um die prinzipielle Einschränkbarkeit auch dieser Grundrechte zu begründen, s. dazu sogleich im Text.

[34] Vgl. BVerfGE 25, 256 (264).

[35] BVerfGE 7, 377 (397); ferner BVerfGE 4, 7 (12); 10, 89 (99); 53, 1 (13); zur – im Einzelnen durchaus umstrittenen – Ausklammerung sozial- oder gemeinschaftsschädlicher Verhaltensweisen BVerwGE 22, 286 (289); 96, 293 (297).

[36] S. zusammenfassend nur *Wieland*, in: Dreier, GG, Art. 14 Rn. 27ff.; zur Abstufung des Schutzumfangs nach dem jeweiligen Sozialbezug BVerfGE 50, 290 (340f.), st. Rspr.

[37] S. nur BVerfGE 32, 98 (107f.); zu dieser zentralen Funktion *Huster*, Die ethische Neutralität des Staates, S. 293f.

desrepublik ihre Grenzen im Verbot der sogenannten Schmähkritik und entzündet sich an jeder Zulassung extremer oder auch nur besonders zuspitzender Formulierungen im politischen Meinungskampf („Soldaten sind Mörder“) eine heftige Debatte[38]. Und dass etwa, wie in den USA geschehen, sich bekennende Nationalsozialisten das Recht erstreiten, mit Hakenkreuzen durch eine überwiegend von Überlebenden des Holocaust bewohnte Wohngegend zu ziehen, wäre hierzulande schlicht nicht vorstellbar[39]. Die Gründe dafür liegen nicht in unterschiedlichen Formulierungen des Textes, sondern darin, dass dieser von einem anderen – moralischen, weltanschaulichen, ideologischen – Grundverständnis aus gelesen wird: Während das amerikanische Modell das Prinzip der Freiheit ganz in den Vordergrund stellt, es gelegentlich auch verabsolutiert, ist das deutsche eher durch die Momente des Ausgleichs, der Sozialverträglichkeit oder eben auch der Gemeinschaftlichkeit geprägt[40]. Im Rechtsvergleich hat man die amerikanische Verfassung deshalb als eine „Verfassung der Freiheit“, das Grundgesetz hingegen als eine „Verfassung der Würde“ beschrieben[41]. Das mag ebenso verkürzend, unzulänglich oder unbeholfen sein wie die Zusammenziehung der gemeinschaftsbezogenen Momente in der Menschenbildformel des Bundesverfassungsgerichts. Solche Abbreviaturen sind aber wichtig, weil sie gerade in ihrer Unvollkommenheit eine Grundorientierung benennen, die ohne sie noch viel schwerer zu greifen wäre. Diese Grundorientierungen verschwinden auch nicht, wenn man auf ihre Benennung verzichtete. Sie wären vielmehr genauso vorhanden, nur eben nicht sichtbar gemacht.

Beweglichkeit

Die darin zum Ausdruck kommende Vermittlung von normativem Individualismus und Gemeinschaftsbezogenheit bildet die zentrale Konstante der in den Grundrechten gesehenen Gerechtigkeitskonzeption. Sie führt allerdings auch zu einer erhöhten Beweglichkeit, weil sie die konkrete Art und Weise dieser Vermittlung jenseits einiger ungefährer Leitlinien nicht vorgibt. Man kann dann zwar allgemein formulieren, dass die individualistische Grundorientierung zuerst kommt oder die Freiheit des Einzelnen auf einer prinzipiellen Ebene den Vorrang vor den Anliegen der Gemeinschaft hat. In der angedachten Vermittlung kann es sich aber immer nur um einen prima-facie-Vorrang handeln, der in jedem Einzelfall durch

---

[38] Siehe BVerfGE 93, 266 (289ff.) einerseits und *M. Kiesel*, Liquidierung des Ehrenschutzes durch das BVerfG, NVwZ 1992, 1129ff.; *M. Kriele*, Ehrenschutz und Meinungsfreiheit, NJW 1994, 1897ff.; *F. Ossenbühl*, Medienfreiheit und Persönlichkeitsschutz, in: Bitburger Gespräche, Jahrbuch 1999/1, 73ff.; zum Vergleich der Beurteilung der Hassrede im deutschen und amerikanischen Recht *W. Brugger*, Verbot oder Schutz der Hassrede, AöR 128 (2003), 372ff.

[39] S. den Nichtannahmebeschluss des Supreme Court in der Sache Smith vs. Collin, 439 U.S. 916 (1978).

[40] *D. Kommers*, Kann das deutsche Verfassungsrechtsdenken Vorbild für die Vereinigten Staaten sein?, Der Staat 37 (1998), 335ff.

[41] *D. Kommers* (Fn. 40), Der Staat 37 (1998), 335 (338ff.).

bessere Gründe überspielt werden kann[42]. Eine Frage wie die, ob die Tatbestände der Grundrechte insgesamt eher weit oder eher eng auszulegen sind, ist deshalb auf dieser abstrakten Ebene gar nicht entscheidbar, jedenfalls nicht, wenn man sie nicht nur konstruktiv als technische Zuordnung der maßgeblichen Gesichtspunkte zu den jeweiligen Prüfebenen, sondern normativ im Sinne einer Entscheidung für mehr oder weniger Freiheit versteht[43]. Im Gegenteil lässt die in das Grundrechtssystem eingebaute Polarität innerhalb der Grenzen zulässiger Textinterpretation – die aber gerade hier nicht überschätzt werden sollten – Spielräume für unterschiedliche Lösungen[44].

(1) Unter diesen Bedingungen ist es eine durchaus *realistische Folge, dass sich die Debattenverläufe in der Zeit immer wieder verschieben können.* In welche Richtung das Pendel dann jeweils ausschlägt, wird, auch wenn es so kaum jemand zugeben mag, im Hintergrund eben auch davon abhängen, ob der Gebrauch einer Freiheit von seinen gesellschaftlichen Folgen her eher als sinnvoll oder eher als problematisch angesehen wird.

In der Auslegung der Glaubens- und Religionsfreiheit lassen sich diese Verläufe anschaulich studieren: Was hier an Standards für eine möglichst großzügige Handhabung entwickelt wurde, stammt allesamt aus der Zeit einer relativ homogenen, weitgehend von christlichen Vorstellungen geprägten Gesellschaft; mit der religiösen Pluralisierung und einer daraus resultierenden zunehmenden Konfliktträchtigkeit des Grundrechtsgebrauchs häufen sich dann zwangsläufig die Forderungen nach einem Rückbau dieser Standards[45]. Auch die Vorgänge der gesellschaftlichen Individualisierung oder der weitgehenden Ökonomisierung aller Lebensbereiche wirken, je nachdem wie bedrohlich sie eingeschätzt werden, mit innerer Folgerichtigkeit auf die Interpretation der Grundrechte zurück, wie beispielhaft die bis heute nicht verstummte und gerade in den letzten Jahren verstärkt wieder aufgeflammte Kritik an der Ausweitung – manche sagen Überdehnung – des Rechts auf freie Entfaltung der Persönlichkeit aus Art. 2 Abs. 1 GG auf die allgemeine Handlungsfreiheit zeigt[46].

---

[42] S. näher *Alexy*, Theorie der Grundrechte, S. 273 ff.

[43] Zu dieser Unterscheidung erneut *Alexy*, Theorie der Grundrechte, S. 278 ff.

[44] Für eine tendenziell engere Auslegung mit beachtlichen Gründen zuletzt *W. Hofmann-Riem*, Enge oder weite Gewährleistungsgehalte der Grundrechte, in: M. Bäuerle, Haben wir wirklich Recht?, S. 53 ff.; dagegen die harsche Kritik bei *W. Kahl*, Vom weiten zum engen Gewährleistungsgehalt, Der Staat 43 (2004), 167 ff., dazu dann die Antikritik bei *W. Hofmann-Riem*, Grundrechtsanwendung unter Rationalitätsanspruch, ebda., 203 ff.

[45] S. etwa *K.-H. Kästner*, Hypertrophie des Grundrechts der Religionsfreiheit?, JZ 1998, 974 ff.; *F. Schoch*, Die Grundrechtsdogmatik vor den Herausforderungen einer multikonfessionellen Gesellschaft, in: FS A. Hollerbach, 2001, S. 149 ff.

[46] Die Grundsatzkritik im Minderheitsvotum *Grimm*, BVerfGE 80, 137 (164 ff.) – Reiten im Walde; neuerdings etwa *Hoffmann-Riem*, in: Bäuerle u. a. (Fn. 44), Haben wir wirklich Recht?, S. 53 (66 ff.); ders., (Fn. 44) Der Staat 43 (2004), 203 (214 f.).

(2) Zum zweiten führt das Offenhalten der Grundentscheidung *in der Tendenz dazu, sämtliche Probleme auf die Abwägungsebene* – im klassischen Prüfprogramm für das Abwehrrecht also auf die Ebene der verfassungsrechtlichen Rechtfertigung eines Eingriffs – zu verlagern, wo sie dann als eine Sache des Einzelfalls und mit entsprechender Flexibilität bearbeitet werden können. Gerade in dieser Flexibilität liegt dementsprechend der Hauptgrund dafür, dass speziell die Grundrechtsdogmatik in periodischen Abständen in die Kritik oder überhaupt als Beliebigkeit in Verruf gerät[47]. Man kann dann zwar versuchen, durch neue interne Differenzierungen – wie etwa die Trennung zwischen dem Sach- und Lebensbereich eines Grundrechts und die genauere Herausarbeitung seines konkreten Gewährleistungsgehalts – in begrenztem Umfang Abhilfe zu schaffen[48]. Ganz aus der Welt ist das Problem allerdings nicht.

Grundsätzlich entschärft wäre es vielmehr erst dann, wenn man nach dem amerikanischen Vorbild der „preferred freedoms" verführe und dann einzelnen Freiheiten wie der Meinungsfreiheit des ersten Verfassungszusatzes einen automatischen Vorrang vor anderen einräumte[49]. Das Ergebnis wäre in diesem Fall weitaus klarer vorhersehbar als nach dem variablen Topoikatalog aus grundsätzlicher Vermutung für die freie Rede, Verbot der Schmähkritik, Grad des öffentlichen Interesses etc., mit dem das Bundesverfassungsgericht bei der Abwägung von Meinungsfreiheit und Ehrenschutz hierzulande arbeitet. Von einer Vorstellung strikter Normativität und Justitiabilität, wie sie aus Art. 1 Abs. 3 GG spricht, hätte diese Lösung möglicherweise sogar näher gelegen. Mit der angestrebten Vermittlung zwischen normativem Individualismus und Gemeinschaftsbezogenheit geht sie aber nicht zusammen. Man hätte dann zwar das Problem der Beweglichkeit nicht, stattdessen aber auch eine andere, nämlich deutlich individualistischere und stärker formalisierte Verfassung, wie sie in der Tat dem amerikanischen Grundrechtskonstitutionalismus entspricht[50]. Wo ein System gleicher Rechte demgegenüber durch eine prinzipielle Polarität verschiedener Elemente gekennzeichnet ist, wird der Konflikt notwendig in jedem Einzelfall neu ausgetragen. Es muss dann zwar jedes grundrechtliche Problem prinzipiell entscheidbar sein. Aber es kann in den aller-

---

[47] Siehe etwa *E.-W. Böckenförde*, Schutzbereich, Eingriff, verfassungsimmanente Schranken, Der Staat 42 (2003), 165: Grundrechtsdogmatik drohe in „multiple Vielfalt" auseinanderzulaufen; noch weitergehend *B. Schlink*, Abschied von der Dogmatik, JZ 2007, 157 ff., mit fast ausnahmslos Beispielen aus dem Grundrechtsbereich; speziell gegen die Abwägung schon *ders.*, Abwägung im Verfassungsrecht; neuerdings *Ladeur*, Kritik der Abwägung in der Grundrechtsdogmatik.

[48] In diese Richtung etwa die Bemühungen von *Böckenförde* a.a.O.; *Hoffmann-Riem* (Fn. 44), in: Bäuerle u.a., Haben wir wirklich Recht?, S. 53 ff.; die Fundamentalkritik dieses Vorschlags bei *Kahl* (Fn. 44), Der Staat 43 (2004), 167 ff. sowie *ders.*, Entwicklungslinien der Grundrechtsdogmatik, AöR 131 (2006), 579 (599 ff.), der dabei m.E. aber die Bedeutung der Konstruktionsfrage völlig überzeichnet.

[49] Zu dieser – mittlerweile ausdrücklich kaum mehr verwendeten – Figur *W. Brugger*, Einführung in das öffentliche Recht der USA, 2001, S. 157 ff.

[50] Vgl. *Rensmann*, Wertordnung und Verfassung, S. 33 ff.

meisten Fällen eben so oder so entschieden werden. Die maximale Justitiabilität des Gesamtsystems wird so erkauft mit einer unsicheren Direktivität im Einzelfall.

Ableitungen

Die Verankerung in einer durch diese Elemente beschriebenen übergreifenden Gerechtigkeitskonzeption bildet auf der anderen Seite auch den Ausgangspunkt für eine schrittweise Geltungserweiterung und Vertiefung der Grundrechte, mit der sie ganz allgemein zu Maßstäben für das gesamte staatliche und gesellschaftliche Leben geworden sind. Zusammengefasst wird diese Bedeutung heute meist in einem Verständnis der Grundrechte als Grundsatznormen, Verfassungsdirektiven, Gestaltungsaufträge oder Prinzipien sowie ganz allgemein in der Rede von den objektiv-rechtlichen Grundrechtsgehalten, die dann zu verschiedenen neueren „Grundrechtsfunktionen" – mittelbare Drittwirkung, Organisations- und Verfahrensgarantien, Leistungs- und Teilhaberechte, staatliche Schutzpflichten – aufgefächert werden; anschaulich und mit Blick auf den dadurch primär verpflichteten Staat wird auch von einer „Erweiterungs-" bzw. „Entfaltungsbedeutung" gesprochen, die zu der klassischen „Achtungsbedeutung" hinzutritt[51]. Das alles ist so richtig wie instruktiv und für praktische Arbeit mit den Grundrechten unverzichtbar. Es verengt den Blick allerdings auf die technische Seite des Vorgangs, die den Ausgangspunkt der Entwicklung ganz in Vergessenheit geraten lässt.

(1) Dieser liegt eben darin, dass die Grundrechte als Festschreibung eines moralischen Systems gleicher Rechte *Ausdruck einer grundlegenden Gerechtigkeitskonzeption* sind und sich als solche nicht auf ihre klassische Bedeutung als Garantie einer von staatlicher Beeinflussung unbehelligten gesellschaftlichen Sphäre begrenzen lassen. Das Bundesverfassungsgericht hat dies im Lüth-Urteil, mit dem die Erzählung von den neueren Grundrechtsfunktionen trotz früherer Vorläufer heute meist beginnt, so formuliert, dass „das Grundgesetz, das keine wertneutrale Ordnung sein will (...), in seinem Grundrechtsabschnitt auch eine objektive Wertordnung aufgerichtet hat und dass gerade hierin eine prinzipielle Verstärkung der Geltungskraft der Grundrechte zum Ausdruck kommt"; dieses „Wertsystem" mit der menschlichen Würde in ihrem Mittelpunkt müsse „als verfassungsrechtliche Grundentscheidung für alle Bereiche des Rechts

[51] So *Dreier*, in: ders., GG, Vorbemerkung vor Art. 1 Rn. 94; die Rede von den „objektiv-rechtlichen Gehalten" oder den Grundrechten als „Elementen objektiver Ordnung" etwa in BVerfGE 53, 30 (57); 57, 295 (320); 80, 81 (92f.); umfassende Behandlung unter dem Begriff der „Grundsatznormen" bei *Böckenförde*, Staat, Verfassung, Demokratie, S. 159ff.

gelten“ [52]. Dagegen ist wegen der Verwendung des Wertbegriffs die Kritik erhoben worden, die die Deutung der Verfassung als Wertordnung insgesamt auf sich gezogen hat (→ S. 96 ff.). Gerade diese Verwendung bringt aber etwas Richtiges zum Ausdruck, nämlich dass die Grundrechte für die gesamte Gesellschaft bzw. das „Gemeinschaftsleben“, wie der entsprechende Abschnitt in der Weimarer Reichsverfassung überschrieben war, *wichtig sind*, und dies gerade wegen ihres überschießenden Gehalts einer moralisch-ethischen Konzeption.

(2) Sie müssen dann *zwangsläufig verstärkt, intensiviert und in alle Richtungen hin entfaltet werden*, so wie es mit den im Einzelnen entwickelten neueren Grundrechtsfunktionen für die je von ihnen erfassten Regelungsbereiche auch geschieht. Es ist deshalb bezeichnend, dass sich über die exakte dogmatische Begründung dieser Funktionen und ihre zutreffende Abgrenzung voneinander bis heute keine Einigkeit hat erzielen lassen, während die Richtung als solche sich mehrheitlich durchgesetzt hat[53]. Diese ist, wenn man es ebenso vereinfachend wie systematisierend erfassen will, insgesamt durch die im Lüth-Urteil angesprochene „prinzipielle Verstärkung der Geltungskraft der Grundrechte“ sowohl in der Vertikal- als auch in der Horizontaldimension gekennzeichnet.

(a) Die *Vertikaldimension* betrifft das Verhältnis von Staat und Bürger, innerhalb dessen zwei wesentliche Entwicklungen unterschieden werden können. Zum einen ist, was oft gar nicht gesehen oder mit der programmatischen, wertsetzenden Bedeutung der Grundrechte nicht in Verbindung gebracht wird, das Gewicht der Grundrechte in Abwägungsvorgängen dadurch verstärkt worden, dass jede Einschränkung dem besonderen Wert des je betroffenen Grundrechts Rechnung tragen muss; gerade darauf beruht letztlich auch die Aktivierung des Verhältnismäßigkeitsgrundsatzes[54]. Auf diese Weise entfaltet die neue Geltungsschicht auch Bedeutung für die klassische Abwehrfunktion der Grundrechte. Zum anderen verpflichtet sie den Staat zur aktiven Realisierung und Förderung des Grundrechtsprogramms, also dazu, den für die Wahrnehmung der Grundrechte erforderlichen rechtlichen Rahmen bereitzustellen, ein Mindestmaß an tatsächlichen Voraussetzungen für den Grundrechtsgebrauch zu schaffen oder Gefahren abzuwehren, die den grundrechtlichen Schutz-

---

[52] BVerfGE 7, 198 (205).

[53] Richtig *Herdegen*, in: Maunz/Dürig, GG, Art. 1 III Rn. 12: „Von einer klaren und allgemein anerkannten Ableitung und systematischen Ordnung sind die um die objektiven Gehalte gewebten Konstrukte noch weit entfernt“; ebenso *J. F. Lindner*, Theorie der Grundrechtsdogmatik, 2005, S. 14.

[54] Richtig *B.-O. Bryde*, Programmatik und Normativität der Grundrechte, in: Merten/Papier, HGR I, § 17 Rn. 35 ff.; *Rensmann*, Wertordnung und Verfassung, S. 121 ff.

gütern von Seiten Dritter drohen; Ziel ist die gleichmäßige Förderung des Freiheitsgebrauchs aller im Sinne einer umfassenden staatlichen Gewährleistungsverantwortung.

(b) In der *Horizontaldimension* entfalten die Grundrechte dagegen nun auch Wirkung im gesellschaftlichen Bereich und für das Verhältnis der Bürger untereinander, und zwar teils als Folge der grundrechtlichen Imprägnierung der einfachen Rechtsordnung durch den grundrechtsausgestaltenden Gesetzgeber, teils auch unabhängig von dieser[55]. Als Chiffre dafür steht ungeachtet ihrer immer noch unklaren dogmatischen Herleitung die Lehre von der mittelbaren Drittwirkung der Grundrechte, bei der man heute nur noch darüber streiten kann, ob die Bezeichnung „mittelbar" die Sache noch trifft. Gerade hier wird dann offenbar, wie sehr die Grundrechte zu einer materialen Grundordnung für Staat und Gesellschaft insgesamt geworden sind und als moralische Basisprinzipien des Zusammenlebens fungieren.

Verschiebungen

Insgesamt und von diesem Ausgangspunkt her akzentuieren die neueren Grundrechtsfunktionen wenn auch nicht in allen ihren Teilen, so doch in ihrer Grundtendenz das Element der Gemeinschaftlichkeit innerhalb der übergreifenden Gerechtigkeitskonzeption, von der aus die Grundrechte interpretiert werden. Zusammengenommen stehen sie dafür, dass grundrechtliche Freiheit und Gleichheit, um wirksam zu werden, eingebunden sein müssen in einen gemeinschaftlichen Bezugsrahmen, der sich aus staatlichen Vorleistungen und einer den Prinzipien des gerechten und schonendsten Ausgleichs verpflichteten Zuordnung der verschiedenen Freiheiten zusammensetzt. Stellvertretend zum Ausdruck gebracht wird dies erneut durch die aus der Menschenwürdegarantie des Art. 1 Abs. 1 GG in Verbindung mit dem Sozialstaatsprinzip abgeleitete Verpflichtung zur Sicherung des Existenzminimums, für das die staatliche Gemeinschaft nun einzustehen und auf das jeder einzelne Bürger einen grundrechtlichen Anspruch hat[56]; es ist gleichsam das soziale Recht schlechthin, und dies, obwohl dem Grundrechtsteil ursprünglich eine starke Skepsis

---

[55] Exemplarisch dafür etwa die Einschleusung des Leitbilds eines gerechten Interessenausgleichs in private Vertragsbeziehungen durch die Bürgschaftsentscheidung, BVerfGE 89, 214 (232 ff.).

[56] BVerwGE 1, 159 (161 f.); markant zuletzt BVerfGE, NVwZ 2012, 1024 (1025): „Art. 1 GG begründet diesen Ausspruch als Menschenrecht." Grundlegend dazu – gerade in der Verbindung mit einer moralischen Konzeption – *A. von Arnauld*, Das Existenzminimum, in: ders./A. Musil, Strukturfragen des Sozialverfassungsrechts, S. 251 (264 ff.).

gegen soziale Rechte jeder Art nachgesagt wurde[57]. Um die Grundstruktur eines nach wie vor auch auf die Abwehr von Eingriffen bezogenen Rechts auf gleiche Beachtung und Respekt rankt sich so eine Schutz- und Förderdimension, die sicherstellen soll, dass es innerhalb der sozialen und politischen Gemeinschaft, in der man lebt, auch Realität gewinnt, und diese Gemeinschaft dafür auch in die Verantwortung nimmt.

Historisch liegt darin die Reaktion auf das Ungenügen einer formal-individualistischen Gerechtigkeitskonzeption, nach der eine gerechte Verteilung der Grundgüter einer Gesellschaft schon dadurch erreicht werden sollte, dass alle von ihren Freiheiten Gebrauch machen. Diese Hoffnung hat sich als trügerisch erwiesen[58]. Stattdessen bedarf die Herstellung eines gerechten Interessenausgleichs in vielen Fällen staatlicher Korrektur und Intervention, der Bereitstellung einer Infrastruktur sozialer und ökonomischer Entfaltung, der Abwehr gesellschaftlicher Übermacht oder der Eindämmung der oft unabsehbaren Risiken des technologischen Fortschritts, wie es in der Folge zu einer entsprechenden Veränderung des staatlichen Aufgabenprogramms geführt hat. Gerade diese Veränderung des Realbereichs wird durch die neueren Grundrechtsfunktionen aufgefangen. Diese erweisen sich damit als das lernende und „eigentlich dynamische Element der Rechtsordnung, welches dafür sorgt, dass diese mit dem Wandel der Verhältnisse Schritt hält"[59]. Zugleich zeigt sich darin die Materialisierung des Gerechtigkeitsproblems, wenn die Grundrechte über die negatorische Funktion der Staatsabwehr hinaus nun auch zu positiv anzustrebenden Zielwerten der politischen Gemeinschaft insgesamt werden.

Freiheitsbegriffe

Das in den Grundrechten enthaltene System gleicher Rechte gewinnt infolge dieser Anreicherung zwangsläufig an Tiefe und Komplexität[60]. Als Vereinigung der polaren Elemente von Individualismus und Gemein-

---

[57] Angesichts dessen kann man die Frage durchaus dahinstehen lassen, ob aus jedem einzelnen Grundrecht ein entsprechender Leistungsanspruch abgeleitet werden kann, s. dazu *W. Cremer*, Freiheitsgrundrechte, 2003, S. 360 ff., mit umfassender Argumentation; jedenfalls die Basisausstattung jedes Menschen ist nun grundrechtlich abgesichert.

[58] In seiner Bedeutung für die Grundrechtsordnung und die Verfassung insgesamt mustergültig nachgezeichnet bei *Grimm*, Die Zukunft der Verfassung, S. 24 f., 96 ff., 227 ff., 410 ff.

[59] *Grimm*, Die Zukunft der Verfassung, S. 234. In dieser Lernfähigkeit sieht auch *T. Vesting*, Von der liberalen Grundrechtstheorie zum Grundrechtspluralismus in: C. Grabenwarter u. a. (Hrsg.), Allgemeinheit der Grundrechte und Vielfalt der Gesellschaft, 1994, S. 9 (15 ff.), den eigentlichen Sinn der Erweiterung des Grundrechtsprogramms.

[60] Richtig deshalb *W. Kahl*, Grundrechte, in: Depenheuer/Grabenwarter, Verfassungstheorie, § 24 Rn. 30: Jede Grundrechtstheorie, die heute als angemessen gelten will, muss deshalb diese Komplexität, also die Vielfalt der Grundrechtsdimensionen, abbilden.

schaftlichkeit nimmt es darüber hinaus zwangsläufig verschiedene Spannungen in sich auf, ohne sie jenseits einiger wiederum ganz allgemeiner Vorrangregeln immer eindeutig aufzulösen. Sie zeigen sich anschaulich in dem zugrunde gelegten Freiheitsbegriff, der seit jeher in verschiedenen und heute ebenfalls schon klassisch zu nennenden Antinomien entfaltet wird[61].

(1) Eine erste betrifft die bereits angesprochene Unterscheidung von *natürlicher und rechtlicher Freiheit*. Die natürliche Freiheit bezeichnet die als vorstaatlich oder dem Staat vorausliegend begriffene Freiheit der klassischen Menschenrechtsidee, die dann durch die Grundrechte in ein Konzept rechtlicher Freiheit überführt worden ist (→ S. 221 ff.). Mit der zunehmenden Abhängigkeit der Freiheitswahrnehmung von staatlicher Vorleistung und Flankierung wird der fiktive Charakter dieser Sichtweise aber zusehends offenbar; es gibt eben unter diesen Bedingungen immer weniger natürliche und immer mehr rechtlich vermittelte und konditionierte Freiheit[62]. Es ist deshalb durchaus diskutabel, wenn neuerdings darüber nachgedacht wird, die Vielfalt der einzelnen Grundrechtsfunktionen von einem neuen Leitbild der „Gewährleistung" oder des „Gewährleistungsstaates" zusammenzuführen, um so von *einem* Begriff aus den Zugriff auf das gesamte nach aktuellem Grundrechtsverständnis in einer Grundrechtsnorm enthaltene Programm zu ermöglichen[63]. Das gibt allerdings den bislang als konstitutiv angesehenen Zusammenhang zu einer Vorstellung natürlicher Freiheit endgültig preis und hat wegen der damit verbundenen Risiken bereits heftige Kritik auf sich gezogen[64].

---

[61] Statt wie hier als Antinomien des Freiheitsbegriffs werden die auftretenden Spannungen im Schrifttum vielfach als Gemengelage verschiedener Grundrechtstheorien dargestellt; die bis heute fortwirkende Darstellung bei *Böckenförde*, Staat, Verfassung, Demokratie, S. 115 ff., der zwischen einer liberalen (bürgerlich-rechtsstaatlichen) Grundrechtstheorie, einer institutionellen Grundrechtstheorie, der Wertetheorie der Grundrechte, der demokratisch-funktionalen und der sozialstaatlichen Grundrechtstheorie unterscheidet. Zur Beschreibung der technischen Seite, d. h. der verschiedenen Rechtswirkungen der Grundrechte, wird demgegenüber immer noch auf die Statuslehre *G. Jellineks* zurückgegriffen, *ders.*, System der subjektiven öffentlichen Rechte, S. 81 ff., so etwa von *Pieroth/Schlink*, StR II, Rn. 75 ff. Grundlegend sind danach der „status negativus" (= der Zustand, in dem der Einzelne seine Freiheit vom Staat hat), der „status positivus" (= der Zustand, aus dem heraus der Einzelne etwas vom Staat verlangen kann) und der „status activus" (= die staatsbürgerlichen Aktivrechte); später sind teils noch weitere Status hinzukomponiert worden.

[62] *Grimm*, Die Zukunft der Verfassung, S. 416.

[63] So der Vorschlag von *Hoffmann-Riem* (Fn. 44), in: Bäuerle, Haben wir wirklich Recht?, S. 53 (59 ff.); *ders.* (Fn. 44), Der Staat 43 (2004), 203 (226 f.).

[64] S. *W. Höfling*, Kopernikanische Wende rückwärts?, in: FS W. Rüfner, 2003, S. 329 (330 f., 334 ff.): Die Grundrechte denaturierten hier zur „gestaltungsoffenen Variablen eines staatlichen Gewährleistungssystems". Fundamentalkritik bei *Kahl* (Fn. 44), Der

(2) Ähnliche Verschiebungen lassen sich innerhalb der zweiten Antinomie feststellen, die durch die Begriffe der *formalen und der realen Freiheit* bezeichnet wird. Formale Freiheit besteht, wenn der Freiheitsträger die abstrakte Möglichkeit hat, zwischen verschiedenen Optionen zu wählen. Zur realen Freiheit erstarkt sie erst dann, wenn diese Möglichkeiten auch tatsächlich ergriffen werden können, also auch die äußeren Voraussetzungen dafür (eine bestimmte materielle Grundausstattung, ausreichende organisatorische Möglichkeiten, eine angemessene Verhandlungsstärke in Vertragsbeziehungen etc.) gegeben sind[65]. Gerade diesem Konzept haben sich die Grundrechte über ihre Schutz- und Förderdimension im Laufe der Zeit stark angenähert, nachdem sie ursprünglich noch rein formal verstanden worden waren. Beide Seiten können allerdings auch in Spannung zueinander geraten, weil die Aktualisierung dieser Schutz- und Förderdimension zugunsten der einen häufig Eingriffe in die formale Freiheit der anderen erforderlich macht[66].

(3) Noch offensichtlicher treten solche Spannungen innerhalb einer dritten Antinomie auf, die durch die Begriffe der *negativen und der positiven Freiheit* bezeichnet wird[67]. Als negative bedeutet Freiheit ausschließlich die Abwesenheit von Zwang und äußerer Fremdbestimmung, der dann auf der anderen Seite ein formales, offenes Belieben ihres jeweiligen Trägers – die „Willkür" im Sinne Kants – entspricht. Freiheit ist insoweit wesentlich „Freiheit von" und als solche inhaltlich unbestimmt. Demgegenüber fungiert im Konzept der positiven Freiheit wesentlich als Mittel

---

Staat 43 (2004), 167 ff.; zum Zusammenhang mit dem neuen Leitbild des Gewährleistungsstaates *R. Martins*, Grundrechtsdogmatik im Gewährleistungsstaat, DÖV 2007, 456 ff.

[65] Oft wird in diesem Sinne auch von der „capacité" im Unterschied zur „liberté" gesprochen, vgl. *D. Murswiek*, Grundrechte als Teilhaberechte, in: Isensee/Kirchhof, HStR IX, § 192 Rn. 28 ff.

[66] Deutlich etwa, wenn zum Schutz der Nichtraucher Rauchverbote aufgestellt werden, zum Schutz vor Kriminalität in das Recht auf informationelle Selbstbestimmung eingegriffen wird, zur Finanzierung von Sozialleistungen Abgabelasten auferlegt werden etc. Umstritten ist dann folgerichtig das Rangverhältnis zwischen Schutzpflicht und Abwehrrecht als Verkörperung der formalen Freiheit; für prinzipielle Gleichrangigkeit *J. Isensee*, Abwehrrechte und Schutzpflicht, in: Isensee/Kirchhof, HStR IX, § 191 Rn. 297.

[67] Zurückgehend auf *Kant*, Die Metaphysik der Sitten, in: ders., Theorie-Werkausgabe, Band 8, S. 318; aus neuerer Zeit maßgeblich: *I. Berlin*, Two Concepts of Liberty, 1958, dt. Fassung jetzt in: *ders.*, Freiheit. Vier Versuche, 1995, S. 201 ff. Die Begriffsverwendung ist allerdings nicht einheitlich; häufig wird der hier so genannte Gegensatz von positiver und negativer Freiheit auch für die Bezeichnung des Gegensatzes von privater (vor allem wirtschaftlicher) und politischer (auf Mitwirkung im demokratischen Gemeinwesen bezogener) Freiheit verwendet; s. dazu noch → S. 242 f. Oder man spricht statt von negativer und positiver von formaler und materialer Freiheit etc., vgl. *Enders*, in: Friauf/Höfling, Berliner Kommentar, Vorbemerkung vor Art. 1, Rn. 43 ff.

zur Erreichung bestimmter Ziele und ist in diesem Sinne eingebunden in einen übergreifenden Ordnungszusammenhang, auf den sie inhaltlich hingeordnet wird. Freiheit wandelt sich dadurch tendenziell zu einer „Freiheit um zu“[68]. Elemente eines solchen positiven Freiheitsverständnisses finden sich in der Entwicklung der Grundrechte zu materialen Zielwerten der Gesellschaft, während die Idee der negativen Freiheit in der klassischen Funktion der Staatsabwehr repräsentiert ist[69].

(4) Die vierte und letzte Antinomie wird schließlich durch die Begriffe der *subjektiven und der objektiven Freiheit* bestimmt. Während die subjektive Freiheit die Freiheit in der Hand des einzelnen Trägers, also als individuelles Recht, meint, zielt ein Konzept der objektiven Freiheit auf die Freiheitlichkeit eines gemeinschaftlichen Lebenszusammenhangs oder die Freiheitlichkeit der politischen Ordnung insgesamt[70]. In der Auslegung der Grundrechte kommt ein solches Konzept in der Rede von den objektiv-rechtlichen Gehalten (→ S. 231 ff.) zum Ausdruck. Im Endeffekt schützen die Grundrechte dadurch ganze Sozialbereiche, die dann vom Gesetzgeber näher ausgestaltet und aktualisiert werden müssen: die Lebensform der Ehe, eine freiheitliche Eigentumsordnung, ein freies Presse- und Rundfunkwesen, einen freien und offenen Prozess der politischen Meinungs- und Willensbildung. Ebenso wie in all den Begriffspaaren zuvor verkörpert damit auch hier der erste Begriff das individualistische Moment, die Vorstellung von Freiheit als Reich individueller Willkür und des Privatinteresses, während der zweite für ein Moment gemeinschaftlicher Einhegung und Einbindung steht. Durch diese Einhegung und Einbindung wird die Freiheit andererseits auch inhaltlich vorgeformt und vorgeprägt, und zwar in einer Weise, die zu der gleichzeitig angestrebten individualistischen Grundorientierung immer wieder in Konflikt geraten kann.

In hochkonzentrierter Form begegnet dieser Konflikt erneut in der Menschenwürdegarantie, in deren Auslegung nach wie vor heftig darum gestritten wird, ob sie auch die individuelle Entscheidung zu einem würdelosen Verhalten einschließt oder ein materiales Ideal einer sich ihrer Würde bewussten geistig-sittlichen Person formuliert, das der einzelne in seinem Verhalten treffen, aber auch verfehlen kann[71]. Von dem zugrunde gelegten Freiheitsbegriff aus hängt die Antwort wiederum davon ab, ob man einer stärker individualistischen (= natürlichen, formalen,

---

[68] Vgl. *Böckenförde*, Recht, Staat, Freiheit, S. 44 ff., dort gleichbedeutend verwendet mit den Begriffen der subjektiven und der objektiven Freiheit.

[69] So die bekannte Formulierung des Lüth-Urteils, BVerfGE 7, 198 (204 f.).

[70] Die Grundlagen bei *Hegel*, Grundlinien der Philosophie des Rechts, § 4: das Rechtssystem als „Reich der verwirklichten Freiheit“, s. ferner § 25 f., 27 f., 29.

[71] So etwa das Bundesverwaltungsgericht in seiner ersten Peep-Show-Entscheidung, BVerwGE 64, 274 (276 f.); zustimmend *W. Frotscher/ U. Kramer*, Wirtschafts-

negativen, subjektiven) oder einer stärker gemeinschaftsbezogenen (= rechtlichen, realen, positiven, objektiven) Orientierung den Vorzug zu geben bereit ist. Insofern verweisen alle diese Spannungen zuletzt zurück auf das eigentliche Grundproblem der Freiheit insgesamt: Freiheit einerseits umfassend und andererseits so einzurichten, dass soziale und politische Gemeinschaft noch möglich ist.

Zur Kritik

Zusammengenommen erscheinen die Grundrechte in dieser Komplexität als ein auf beständige Realisierung angelegtes, der Fort- und Weiterbildung zugängliches Programm, in dem das Verständnis der Verfassung als politische Gerechtigkeitsordnung und Gewebe der über sie geführten Kommunikationen in besonderer Weise sichtbar wird. Gerade die Grundrechtsdogmatik ist dementsprechend neben dem Rekurs auf den Wertbegriff (→ S. 96 ff.) oder der Verfassungsinterpretation (→ S. 143 ff.) einer der Orte, an dem der Streit über dieses Verständnis in besonderer Weise ausgetragen wird[72].

(1) *Beklagt werden hier dementsprechend* und gleichsam stellvertretend für das Ganze: die Entwertung bzw. „Invisibilisierung" des Verfassungstextes durch Rückgriff auf eine hinter ihm stehende Substanz[73]; dessen Ablösung vom Willen seiner Urheber[74]; die Abkehr von der klassischen juristischen Methode und die Hinwendung zu einem ganzheitlich-geisteswissenschaftlichen Vorgang schöpferischer Konkretisierung[75]; das unkontrollierte Eindringen der subjektiven Wertüberzeugungen des jeweiligen Interpreten; die Überdehnung der Grundrechte zu einem umfassenden Programm zur Grundrechtspolitik, über das dann das Bundesverfassungsgericht wacht; mit all dem zusammenhängend folgerichtig ein Anwachsen der Entscheidungsmacht des Bundesverfassungsgerichts und der allmähliche Übergang in den „verfassungsgerichtlichen Jurisdiktionsstaat"[76]. Der Ausweg wird demgegenüber in einer erneuten Abkopplung der Grundrechte von allen weitergehenden ethisch-moralischen Gehalten gesehen; stattdessen sollen sie wieder zurückgeführt werden auf ein klas-

---

verfassungs- und Wirtschaftsverwaltungsrecht, 5. Aufl. 2008, Rn. 302 ff.; die Kritik etwa bei *Dreier*, in: ders., GG, Art. 1 Rn. 151 f.

[72] Exemplarisch *Enders*, in: Friauf/Höfling, Berliner Kommentar, Vorbemerkung vor Art. 1 Rn. 142: Die Grundrechte werden „hiermit zu Anhaltspunkten einer nur bedingt verfassungstextlich gebundenen Gerechtigkeitsordnung, die zwar ihren Ausgang beim Verfassungstext nimmt, aber diesen in der ihr eigenen überschießenden (moralisierenden) Tendenz nicht als Grenze akzeptieren kann".

[73] *Schmitt Glaeser*, Vorverständnis als Methode, S. 215 ff.

[74] So vor allem *Jestaedt*, Grundrechtsentfaltung im Gesetz, S. 42 ff., 72 ff., 328 ff.

[75] Klassisch *Forsthoff* (Fn. 4), in: FS C. Schmitt, S. 35 ff.

[76] Zu diesen letzten Punkten – als immer noch brillanteste Bündelung der Kritik – *Böckenförde*, Staat, Verfassung, Demokratie, S. 159 ff.

sisches juristisches Entscheidungsprogramm, das nach strengen Maßstäben der Rationalität gehandhabt wird und dort endet, wo diese enden. Was man sich darunter konkret vorzustellen hätte, hinge dann davon ab, wo die Kritik ihren Schwerpunkt legt. Legt sie ihn auf die Abwägung, weil diese sich objektiver Beurteilung entziehe, müsste die Lösung konsequent darin gesehen werden, die Prüfung der Verhältnismäßigkeit nach der Stufe der Erforderlichkeit abzubrechen und Eingriffe in die grundrechtlichen Schutzbereiche ansonsten bis zur Grenze der Wesensgehaltsgarantie zuzulassen[77]. Legt sie ihn demgegenüber auf die Anreicherung der Grundrechte mit neuen Funktionen, also auf die objektiv-rechtlichen Gehalte oder allgemein eben ihre Schutz- und Förderdimension, geht die Forderung notwendig auf einen Rückbau aller dieser Elemente. Zurück zum Abwehrrecht!, lautet dann die Devise, unter der sich diese Richtung der Kritik versammelt[78].

(2) *All das kann man natürlich so wollen. Die Frage ist nur, ob es wirklich attraktiv ist.* Die Kosten müssten jedenfalls benannt werden und fallen auf verschiedenen Ebenen an. International verlöre die Bundesrepublik den Anschluss an eine Entwicklung, die sie – speziell in Gestalt des Bundesverfassungsgerichts – selbst mit angestoßen hat. Entgegen manchen anderslautenden Stellungnahmen in der Literatur handelt es sich bei der Deutung der Grundrechte als Wertordnung, der Entdeckung und Entfaltung ihrer objektiv-rechtlichen Gehalte, ihrer Anreicherung um eine Schutz- und Förderdimension nämlich keineswegs um einen deut-

---

[77] Dafür *Schlink*, Abwägung im Verfassungsrecht; tendenziell auch *Enders*, in: Friauf/Höfling, Berliner Kommentar, Vorbemerkung vor Art. 1 Rn. 135 ff.; aus einer deziert liberalen Perspektive *Ladeur*, Kritik der Abwägung in der Grundrechtsdogmatik, S. 31 ff., 43 ff., 54 ff.; s. dazu bereits → S. 135 f.

[78] Grundlegend erneut *Böckenförde*, Staat, Verfassung, Demokratie, S. 140 ff., 191 ff.; *Poscher*, Grundrechte als Abwehrrechte, S. 153 ff., 227 ff.; *J. F. Lindner*, Theorie der Grundrechtsdogmatik, 2005, S. 427 ff., 435 ff.; *Ladeur*, Kritik der Abwägung in der Grundrechtsdogmatik, der insbesondere in den Schutzpflichten „nichts anderes" sehen kann „als die Anmaßung des *Staates*, einen die private Selbstorganisation übergreifenden ‚Entwurf' des Gemeinwohls zur Geltung bringen zu können", ebda., S. 43. Von einer solchen Fundamentalkritik zu unterscheiden sind die – konstruktiven – Varianten, die die neueren Grundrechtsfunktionen über eine zeitgemäße Fortschreibung des Eingriffs- und Schrankendenkens erschließen, also in die Konzeption des Abwehrrechts integrieren wollen, s. etwa *D. Murswiek*, Die staatliche Verantwortung für die Risiken der Technik, 1985, S. 88 ff., 102 ff.; *G. Lübbe-Wolff*, Die Grundrechte als Eingriffsabwehrrechte, 1988, S. 69 ff.; speziell zur – von ihm als Scheinproblem angesehenen – Drittwirkung der Grundrechte *J. Schwabe*, Die sogenannte Drittwirkung der Grundrechte, 1971. Ansätze in diese Richtung ferner bei *B. Schlink*, Freiheit durch Eingriffsabwehr, EuGRZ 1984, 457 ff., und *Poscher*, Grundrechte als Abwehrrechte, S. 153 ff., 387 ff., die dies freilich wieder mit dem Anliegen einer starken Beschränkung der neueren Grundrechtsfunktionen verbinden.

schen Sonderweg, sondern um die Einordnung in einen weltweiten Vorgang der Neukonzeptionierung des Grundrechtsdenkens, in dessen Verlauf das Grundgesetz selber zum einflussreichen Vorbild für andere Verfassungen geworden ist und vor allem in Transformationsstaaten – von den Diktaturen des ehemaligen Ostblocks bis hin zum neuen Südafrika – vielfältige Impulse gesetzt hat[79]. Für die innerstaatliche Ebene wäre zu sehen, dass die Grundrechte durch einen solchen Reduktionismus gegenüber ihrer heutigen Bedeutung stark entwertet wären. Beschränkte man sie wieder auf die sogenannte „klassische" Funktion der Staatsabwehr, richteten sie sich nur noch gegen die aus heutiger Sicht eher geringfügigen Freiheitsgefahren ihrer Ursprungszeit, während sie sich zu den wesentlich einschneidenderen Freiheitsbedrohungen durch private und gesellschaftliche Übermacht, die Risiken des technologischen Fortschritts oder die Verkürzung der zu ihrer Wahrnehmung notwendigen Infrastruktur gar nicht mehr verhielten[80]. Vom Zentrum rückten die Grundrechte damit an den Rand der Rechtsordnung. In letzter Konsequenz entfiele oder verringerte sich aber auch der Freiheitsschutz gegenüber dem eingreifenden Staat, wenn gleichzeitig oder zusätzlich auf das für jede angemessene Grundrechtsdogmatik heute konstitutive Element der Abwägung verzichtet würde: Letztlich sind praktisch alle wichtigen Einschränkungen des staatlichen Zugriffsrechts – vom Apotheken-Urteil bis zur Disziplinierung der neueren Informationseingriffe – immer auf dieser Ebene, nämlich bei der Prüfung der Angemessenheit der jeweiligen Maßnahme, vorgenommen worden[81]. Welche Folgen all dies für die Wahrnehmung der Verfassung durch die Bürger hätte, kann man sich unschwer vorstellen.

---

[79] Überzeugend nachgezeichnet bei *Rensmann*, Wertordnung und Verfassung, S. 9 ff., 68 ff., 147 ff.; eindrucksvoll dort etwa der Nachweis der wörtlichen Übernahme der zentralen Passage des Lüth-Urteils durch das südafrikanische Verfassungsgericht, ebda., S. 267; ferner *Bryde* (Fn. 54), in: Merten/Papier, HGR I, § 17 Rn. 8 ff.; zusammenfassend und wie hier *Kahl* (Fn. 60), in: Depenheuer/Grabenwarter, Verfassungstheorie, § 24 Rn. 39; unzutreffend insoweit *R. Wahl*, Die objektiv-rechtliche Dimension der Grundrechte im internationalen Vergleich, in: Merten/Papier, HGR I, § 19 Rn. 31 ff., 39 ff., 52 ff.

[80] In Anlehnung an *Grimm*, Die Zukunft der Verfassung, S. 237, dort auch mit dem Nachweis, dass es sich bei der Eingriffsabwehr keineswegs um die „klassische" Funktion der Grundrechte handelt, ebda., S. 224 ff.

[81] Vgl. BVerfGE 7, 377 (404 ff.); zu den Informationseingriffen s. beispielhaft BVerfGE 125, 260 (318 ff.) – Vorratsdatenspeicherung; BVerfGE 120, 274 (318 ff.) – Online-Durchsuchung; BVerfGE 115, 320 (345 ff.) – Rasterfahndung.

II. Demokratie

Zusammen mit den Grundrechten wird die Substanz der Verfassung sodann wesentlich durch die Grundentscheidung für die Herrschaftsform der Demokratie bestimmt, wie sie nach heutigen Vorstellungen zu einer guten und gerechten politischen Ordnung einfach dazugehört. Sie ist dann aber ihrerseits wesentlich auch ein Produkt dieser Vorstellungen, von denen sie inhaltlich geprägt und mitgeformt wird, so wie es insgesamt für die Substanz der Verfassung als eine in sich bewegliche und kommunikative Struktur charakteristisch ist. Gerade hier kontrastiert dies freilich mit der verbreiteten Warnung, dem Grundgesetz dürfe keine bestimmte Demokratietheorie untergeschoben werden, eine Warnung, die sich bemerkenswerterweise auch dort findet, wo das demokratische Prinzip mehr oder weniger deutlich von einer solchen Theorie aus gelesen wird[82]. Tatsächlich normiert das Grundgesetz Demokratie lediglich im Sinne eines Grundsatzes (Art. 20 Abs. 1, 2 GG) und verschiedener Ausführungsbestimmungen, die ihrerseits als Konkretisierung des Grundsatzes begriffen werden können (Art. 21, 38 ff., 76 ff. GG etc.). Aus diesen können dann durch Abstraktion einige weitere Merkmale gewonnen werden, die zusammen den äußeren Rahmen der grundgesetzlichen Demokratie ausmachen: die prinzipielle Zeitbegrenzung demokratischer Herrschaft, die Geltung der Mehrheitsregel, die Entscheidung für ein Mehrparteiensystem, die Festlegung auf eine grundsätzlich repräsentative (statt präsidiale, plebiszitäre, unmittelbare) Demokratie, einzelne Eckpunkte des demokratischen Verfahrens und anderes mehr. Indessen ergeben die äußeren Elemente noch keinen Begriff von der Sache selbst und vermitteln keine Vorstellung davon, was die einzelnen Teile innerlich zusammenhält. Dafür muss dann doch auf die normativen Hintergrundvorstellungen zurückgegriffen werden, die in jeder praktischen Anwendung des Demokratieprinzips aufeinanderprallen und dieses als Bestandteil der inneren Verfassungssubstanz notwendig mitbestimmen.

Moralischer Grund

Die Entscheidung, dass Demokratie sein soll, ist Ausdruck einer klassischen Forderung politischer Gerechtigkeit, dass jeder einzelne nur solchen

---

[82] Vgl. *Hesse*, Grundzüge des Verfassungsrechts, Rn. 127 f. einerseits und Rn. 130 ff., 140 ff. andererseits; die Warnung als solche etwa auch bei *Ipsen*, Staatsrecht I, Rn. 62; speziell mit Bezug zur Verfassungsgerichtsbarkeit *C. Möllers*, Legalität, Legitimität und Legitimation des Bundesverfassungsgerichts, in: Jestaedt/Lepsius/Möllers/Schönberger, Das entgrenzte Gericht, S. 281 (336 ff.).

Regelungen unterworfen sein soll, denen er selbst zugestimmt hat oder an deren Zustandekommen er in gleicher Weise wie alle anderen beteiligt war[83]. Ebenso wie die Grundrechte nimmt damit auch das Demokratieprinzip seinen Ausgang vom fundamentalen Recht eines jeden auf gleiche Beachtung und Respekt als der Leitidee des modernen Verfassungsstaates überhaupt (→ S. 223 ff.). In diesem Sinne hat mittlerweile auch das Bundesverfassungsgericht den Anspruch des Bürgers „auf freie und gleiche Teilhabe an der öffentlichen Gewalt" in der Würde des Menschen verankert, in der dieses Recht programmatisch zusammengezogen ist[84]. Als spezifische Organisationsform eines politischen Verbandes erweist sich die Demokratie, so wie sie auch vom Grundgesetz konstituiert wird, damit als ein Zusammenhang wechselseitiger Anerkennung: Bürger erkennen sich als Freie und Gleiche an und setzen sich wechselseitig zu Koautoren ihrer Rechtsordnung ein.

(1) Dadurch wird – als *eine weitere Antinomie des Freiheitsbegriffs*, die zu den bereits behandelten (→ S. 234 ff.) hinzutritt – zunächst das Konzept der privaten um ein Konzept der politischen Freiheit erweitert[85]. Die *private Freiheit* (gelegentlich auch persönliche Freiheit, grundrechtliche Freiheit, Freiheit des Bourgeois etc.) bezeichnet die Möglichkeit, den je eigenen Lebensplan unabhängig von äußeren Hindernissen entwerfen und verfolgen zu können, also etwa eine bestimmte Religion anzunehmen oder sich gegen sie zu entscheiden, eine Familie zu gründen oder sich allein durchs Leben zu schlagen, nach Reichtum zu streben oder sein Glück in der Entsagung zu finden etc.; sie ist mit der Bezeichnung einer „Freiheit vom Staat" oder vom Gemeinwesen auf eine immer noch treffende Kurzformel gebracht. Die *politische Freiheit* (gelegentlich auch öffentliche Freiheit, demokratische Freiheit, Freiheit des Citoyen etc.) betrifft demgegen-

---

[83] Die klassische Formulierung bei *I. Kant*, Zum ewigen Frieden, in: ders., Schriften zur Anthropologie, Geschichtsphilosophie, Politik und Pädagogik I, Theorie-Werkausgabe, Bd. 11, S. 195 (204): Freiheit als „die Befugnis, keinen äußeren Gesetzen zu gehorchen, als zu denen ich meine Beistimmung habe geben können".

[84] BVerfGE 123, 267 (341) – Lissabon; so zuvor in der Literatur etwa *B.-O. Bryde*, Die bundesrepublikanische Volksdemokratie als Irrweg der Demokratietheorie, Staatswissenschaften und Staatspraxis 5 (1994), 305 (321 f.); *P. M. Huber*, Die Vorgaben des Grundgesetzes für kommunale Bürgerbegehren und Bürgerentscheide, AöR 126 (2001), 165 (178); *P. Häberle*, Die Menschenwürde als Grundlage der staatlichen Gemeinschaft, in: Isensee/Kirchhof HStR II, § 22 Rn. 67; *C. Möllers*, Gewaltengliederung, 2005, S. 29 f.

[85] Zu diesen Konzepten *C. Starck*, Grundrechtliche und demokratische Freiheitsidee, in: Isensee/Kirchhof, HStR III, § 33 Rn. 14 ff., 29 ff. Statt von Freiheit wird gerade in diesem Zusammenhang auch oft von Autonomie und dann im Sinne einer Gegenüberstellung von „privater" und „öffentlicher Autonomie" gesprochen, vgl. etwa *Habermas*, Faktizität und Geltung, S. 112 ff.; zu den weiteren in diesem Zusammenhang verwendeten Begriffen s. sogleich im Text.

über das Recht zur Mitwirkung an der politischen Willensbildung im Gemeinwesen und ist in diesem Sinne eine „Freiheit zum Staat“. Je nach den möglichen Ebenen und Arenen des politischen Prozesses entfaltet sie sich in den demokratischen Grundrechten der Meinungs-, Informations-, Medien-, Versammlungs- und Vereinigungsfreiheit (Art. 5 Abs. 1, 8, 9 GG), im Recht, politische Parteien zu gründen, ihnen beizutreten und in ihnen zu wirken (Art. 21 Abs. 1 GG), im freien Zugang zu öffentlichen Ämtern (Art. 33 Abs. 2 GG), schließlich im Recht, in periodischen Abständen die Volksvertretung zu wählen (Art. 38 Abs. 1 S. 1 GG)[86]. Zusammen runden sich diese verschiedenen Einzelgewährleistungen zu einem umfassenden Recht auf Teilhabe an der Bildung des Staatswillens, durch die auch die äußeren Bindungen des eigenen Handelns zuletzt als selbstgegeben erscheinen.

(2) *Auf dieses Recht ist auch die demokratische Gleichheit bezogen* und damit eine Gleichheit gerade in der Möglichkeit jener Teilhabe. Als solche ist sie einerseits keine „substantielle“ Gleichheit, die an vorpolitische Homogenitäten wie Religion, Kultur, Nation oder Sprache anknüpft, sondern wesentlich eine rechtliche, also durch das Recht eines Staates jeweils erst einzurichtende und zu sichernde Gleichheit[87]. Zum anderen ist sie gerade wegen ihres alleinigen Bezuges auf die Möglichkeit politischer Teilhabe eine strikt formale und egalitäre Gleichheit, die anders als der allgemeine Gleichheitssatz keinerlei Differenzierung nach Stand, Vermögen, Zensus, intellektuellen Fähigkeiten etc. zugänglich ist, so wie es in dem klassischen Grundsatz „one man, one vote“ ausgedrückt ist[88]. In diesem Sinne lässt sich zusammenfassend sagen, dass Demokratie die Herrschaft Freier und Gleicher ist[89].

Sinnmittelpunkt

Man kann insoweit von einer menschenrechtlichen oder individualistischen Begründung des Demokratieprinzips sprechen, in der auch seine spezifisch moralische Qualität ausgedrückt ist. Allerdings herrschen bis heute

---

[86] Insofern alle diese Möglichkeiten auch grundrechtlich bzw. durch grundrechtsgleiche Rechte gewährleistet sind, empfiehlt es sich nicht, nur die private Freiheit als „grundrechtliche“ zu bezeichnen, wie es sich gleichwohl eingebürgert hat, s. *Starck* (Fn. 85), in: Isensee/Kirchhof, HStR III, § 33 Rn. 2 und passim; letztlich umfasst eben grundrechtliche Freiheit die beiden Seiten immer schon mit.

[87] Anders aber *Schmitt*, Verfassungslehre, S. 226 f.; in diesem Sinne ist der Kreis derer, die dazugehören, durch rechtliche Regelungen – etwa im Staatsangehörigkeitsrecht – bestimmbar, vgl. BVerfGE 83, 37 (52).

[88] Zu diesem egalitären Grundzug s. nur BVerfGE 8, 51 (68 f.).

[89] Statt vieler nur *Dreier*, in: ders., GG, Art. 20 (Demokratie) Rn. 67.

erhebliche Unklarheiten sowohl über diesen Ausgangspunkt als auch über die Folgerungen, die aus ihm zu ziehen sind.

(1) Speziell gegen die menschenrechtliche Komponente der Herleitung, also *gegen die Anerkennung eines im Kern moralischen Anspruchs auf Demokratie*, wird geltend gemacht, Demokratie könne nicht in jeder beliebigen politischen Ordnung oder Kultur eingerichtet werden, sondern sei auf bestimmte entgegenkommende Voraussetzungen soziokultureller, politisch-struktureller und ethisch-bewusstseinsmäßiger Art angewiesen, ohne die sie auf Dauer nicht bestehen könne[90]. Daran ist viel Richtiges. Indessen betrifft das nur die äußeren Realisierungsbedingungen des Anspruchs, sagt aber nichts gegen diesen selbst; es gilt letztlich in dieser oder jener Form für jeden moralischen Anspruch. Erkennt man demgegenüber ein individuelles Recht auf gleiche Beachtung und Respekt als Kern dieses Anspruchs an, ist nicht zu begründen, wieso es sich auf den privaten Bereich beschränken soll[91].

(2) Grundsätzlich bestritten wird daneben aber auch die *Begründung des Demokratieprinzips vom Einzelnen und seinen Interessen her*, der eine kollektivistische Begründung entgegengestellt wird[92]. Statt auf das fundamentale Recht des Einzelnen auf gleiche Beachtung und Respekt wird Demokratie dann zurückgeführt auf den Willen eines als Einheit gedachten und präformierten „Volkes“, so wie es in dem Satz des Art. 20 Abs. 2 S. 1 GG, dass alle Staatsgewalt vom „Volke“ ausgeht, auch angelegt erscheint[93]. In einer reinen und unverstellten Fassung fiele das allerdings hinter die unhintergehbare Einsicht des neuzeitlichen Staatsdenkens zurück, dass

---

[90] So *E.-W. Böckenförde*, Ist Demokratie eine notwendige Forderung der Menschenrechte?, in: Gosepath/Lohmann, Philosophie der Menschenrechte, S. 233 (236 ff.).

[91] Richtig *Alexy* (Fn. 14), in: Gosepath/Lohmann, Philosophie der Menschenrechte, S. 244 (261 f.): Andernfalls gebe es für den Einzelnen womöglich nur eine private Selbstbestimmung im Rahmen gänzlich fremdbestimmter Gesetze.

[92] Die Gegensätze anschaulich aufbereitet bei *S. Unger*, Das Verfassungsprinzip der Demokratie, 2008, S. 56 ff., 75 ff. („holistisch-monistisches vs. individualistisch-pluralistisches“ Demokratieverständnis); ähnlich auch *T. Groß*, Das Kollegialprinzip in der Verwaltungsorganisation, 1999, S. 163 ff.; *H.-H. Trute*, Die demokratische Legitimation der Verwaltung, in: Hoffmann-Riem/Schmidt-Aßmann/Voßkuhle, Grundlagen des Verwaltungsrechts I, § 6 Rn. 17 ff. („monistisch vs. pluralistisch“).

[93] Besonders prägnant wie stets *E.-W. Böckenförde*, Demokratie als Verfassungsprinzip, in: Isensee/Kirchhof, HStR II , § 24 Rn. 10 ff., 26 ff.; ferner *M. Jestaedt*, Demokratieprinzip und Kondominialverwaltung, 1993; *Schmidt-Aßmann*, Das allgemeine Verwaltungsrecht als Ordnungsidee, Kap. 2 Rn. 79 ff.; *H.-D. Horn*, Demokratie, in: Depenheuer/Grabenwarter, Verfassungstheorie, § 22 Rn. 9 ff., 23 ff., 46 ff. Aus der Rspr. des Bundesverfassungsgerichts werden dieser Lesart vor allem die Entscheidungen zum Ausländerwahlrecht zugeschlagen, vgl. BVerfGE 83, 37 und 83, 60, ferner die Entscheidungen zum Personalvertretungsrecht, vgl. BVerfGE 93, 37 (70 ff.).

letzter Legitimations- und Bezugspunkt staatlichen Handelns nicht irgendein Kollektiv oder irgendeine Gemeinschaft ist, sondern der Einzelne und seine Freiheit. Jedenfalls bleibt ohne diesen Bezugspunkt völlig unklar, wie Demokratie als immerhin eine Form politischer Herrschaft überhaupt normativ gerechtfertigt werden kann[94]. In einer gemäßigten oder vermittelnden Fassung könnte „Volk“ demgegenüber auch einfach eine Kurzformel für die Verbindung von Menschen oder besser Bürgern sein und wäre dann mit einem individualistischen oder menschenrechtlichen Ausgangspunkt ohne weiteres verträglich[95].

(3) *Tatsächlich wird denn auch dieser Ausgangspunkt von den Vertretern der kollektivistischen Begründung durchaus gesehen* und in seiner Bedeutung anerkannt[96]. Von daher dürfte es gute Gründe für die Annahme geben, dass der Gegensatz überzeichnet wird und die beiden Lesarten keineswegs so unversöhnlich nebeneinander stehen, wie es oft behauptet wird. Die Hartnäckigkeit, mit der gleichwohl an ihm festgehalten wird, dürfte sich weitgehend aus den praktischen Folgerungen erklären, die aus den je unterschiedlichen Ausgangspunkten abgeleitet werden, aber keineswegs zwangsläufig mit ihnen verbunden sind.

(a) Die erste dieser Folgerungen betrifft die *Möglichkeiten der Realisierung von Demokratie jenseits und oberhalb des Staates.* Der kollektivistischen Lesart wird insoweit vorgeworfen, sie kenne nur die Legitimation durch das als Einheit gedachte Staatsvolk und müsse deshalb einem Gebilde wie der Europäischen Union schon die Demokratiefähigkeit absprechen, weil es hier an einem solchen – also einem europäischen Volk – fehle[97]; damit könne sie auf eine der zentralen demokratischen Herausforderungen unserer Zeit keine adäquate Antwort geben[98]. Indessen wird so formaljuristisch heute kaum noch argumentiert; stattdessen nehmen auch die Vertreter dieser Lesart „Volk“ als eine zusammenfassende Chiffre, unter der dann die eigentlichen Sachprobleme europäischer Demokratie – die

---

[94] *Horn* (Fn. 93), in: Depenheuer/Grabenwarter, Verfassungstheorie, § 22 Rn. 55 ff., sucht diese Rechtfertigung in der „Anerkennung einer weiteren Disposition der menschlichen Natur“: Diese sei nicht nur durch den Willen zur „Freiheit gegen die Bestimmung durch andere“, sondern auch durch den Willen „zur Herrschaft über andere“ gekennzeichnet, also durch eine „Neigung, über andere nach eigenem Gutdünken zu bestimmen“. Eine solche Neigung mag es geben, vielleicht nur bei einigen – den Führernaturen? – stärker ausgeprägt als bei anderen. Was es aber nicht gibt, ist irgendein Grund, sie normativ auszuzeichnen oder darin eine Rechtfertigung für irgendetwas zu sehen; die Folgen möchte man sich sonst lieber nicht ausmalen.

[95] Die Bezeichnung vom Volk als „Kurzformel für Menschen“ bei *Bryde* (Fn. 84), Staatswissenschaften und Staatspraxis 5 (1994), 305 (322).

[96] Stellvertretend erneut *Böckenförde* (Fn. 93), in: Isensee/Kirchhof, HStR II, § 24 Rn. 35 ff.: „individualistisch-liberale Wurzel und Komponente der Demokratie“.

[97] Vgl. *G. Lübbe-Wolff*, Europäisches und nationales Verfassungsrecht, VVDStRL 60 (2001), 246 (249 ff.).

[98] *Bryde* (Fn. 84), Staatswissenschaften und Staatspraxis 5 (1994), 305 (306 ff.).

Notwendigkeit einer gemeinsamen Sprache als Grundlage demokratischer Selbstverständigung, das Fehlen oder Vorhandensein einer europäischen politischen Öffentlichkeit, die Anforderungen an die demokratische Qualität politischer Entscheidungen und das Ausmaß an demokratischer Responsivität – verhandelt werden. All dies sind letztlich keine anderen Fragen, als sie sich auch von einem menschenrechtlichen oder individualistischen Ausgangspunkt aus stellen.

(b) Eine zweite Folgerung betrifft die *Möglichkeiten der Binnendifferenzierung demokratischer Legitimation* innerhalb des Staates angesichts einer sich zunehmend pluralisierenden Verwaltungsorganisation. Die kollektivistische Lesart argumentiert hier von einer linearen Vorstellung demokratischer Legitimation, die vom Staatsvolk über die von ihm gewählten Parlamente bis hinunter zur ausführenden Verwaltung verläuft und sich mehr oder weniger stark am Vorbild der hierarchischen Ministerialbürokratie orientiert; von hier aus erscheinen alternative Formen der Verantwortungsteilung mit Privaten oder der Betroffenenpartizipation – vom Mitspracherecht der Personalvertretungen im öffentlichen Dienst bis hin zur funktionalen Selbstverwaltung und Public-Private-Partnership – leicht als begründungsbedürftige und im Zweifel unzulässige Ausnahmen[99]. Indessen muss man auch hier sehen, dass dieses ursprünglich recht starre „Ketten-" bzw. „Säulenmodell" der Legitimation unter dem Eindruck anhaltender Kritik und des rasanten Formenwandels staatlicher Aufgabenerledigung mittlerweile erheblich flexibilisiert und faktisch durch ein Modell höherer Variabilität ersetzt worden ist, und dies unter grundsätzlicher Beibehaltung der ursprünglichen Prämissen[100]. Umgekehrt kann auch die individualistische und menschenrechtliche Lesart des Volksbegriffs durchaus auf der Vorstellung eines parlamentarischen Zentrums des politischen Prozesses beharren und die dadurch vermittelte Legitimation anderen Formen der Legitimation normativ vorordnen. Beide Lesarten nähern sich damit einander an, und was an Differenzen verbleibt, dürfte wiederum weniger den unterschiedlichen Ausgangspunkten geschuldet sein.

(c) Der Hauptgrund der fortbestehenden Differenz dürfte deshalb in einer dritten Folgerung zu sehen sein, die *das personale Substrat der Demokratie* betrifft, also die Frage, wer in ihr zu politischer Entscheidung und insbesondere zur Ausübung des Wahlrechts berufen ist. Für die kollektivistische Lesart ist dies unproblematisch nur das (Staats-)„Volk" als Summe der Staatsangehörigen unter Ausschluss der hier lebenden Ausländer, während die individualistische Lesart von ihrem menschenrechtlichen Ausgangspunkt her tendenziell auf eine Inklusion aller von staatlicher Herrschaft Betroffenen zielen müsste. Eine solche lässt sich aber dem Grundgesetz nicht entnehmen, das qualifiziertere Formen politischer Beteiligung – wie die als Deutschengrundrecht ausgestaltete Versammlungs- oder Vereinigungsfreiheit (vgl. Art. 8 Abs. 1, 9 Abs. 1 GG), den Zutritt zu politischen

---

[99] Das Modell mit seinen verschiedenen Legitimationsketten in Reinform bei *Böckenförde* (Fn. 93), in: Isensee/Kirchhof, HStR II, § 24 Rn. 11 ff.

[100] Vgl. die grade deshalb von anderer Seite stark kritisierte Lippeverbandsentscheidung, BVerfGE 107, 59 (91 ff.); zu weiteren und letztlich in die Zukunft weisenden Flexibilisierungen *E. Pache* und *T. Groß*, Verantwortung und Effizienz in der Mehrebenenverwaltung, VVDStRL 66 (2007), 106 (136 ff.) und 152 (171); *Trute* (Fn. 92), in: Hoffmann-Riem/Schmidt-Aßmann/Voßkuhle, Grundlagen des Verwaltungsrechts, Bd. I, § 6 Rn. 15 ff.

Parteien (Art. 21 Abs. 1 GG) und in der Folge auch das Wahlrecht zum Bundestag (Art. 38 Abs. 1 S. 1 GG) – von der Zugehörigkeit zum Staatsverband abhängig macht[101]. Ein grundlegender Einwand gegen den individualistischen oder menschenrechtlichen Ansatz ergibt sich jedoch auch daraus nicht. Zum einen bedürfen formelle Verfahren wie die politische Wahl notwendig bestimmter formeller Kriterien, die festlegen, wer daran in welcher Weise und an welchem Ort teilnehmen darf und wer nicht. Zum zweiten lässt sich auch von einem solchen Ansatz aus die Teilnahmeberechtigung von der Einbindung in ein umfassenderes Verhältnis von Rechten und Pflichten abhängig machen, wie es traditionell durch die Staatsangehörigkeit als ein mehrseitiges Verantwortungsverhältnis begründet worden ist. Wer dementsprechend nur vorübergehend hier lebt und sich den gesetzten Regeln durch Wegzug leicht entziehen kann, muss demnach auch nicht zwingend am Zustandekommen dieser Regeln beteiligt werden. Ein Problem ergibt sich für den individualistischen Ansatz dementsprechend erst dort, wo – wie in einem Einwanderungsland üblich – Menschen auch ohne formelle Staatsangehörigkeit auf Dauer in einer politischen Ordnung leben oder als zweite oder dritte Generation der Zugewanderten in diese einfach hineingeboren werden. Von einem bestimmten Punkt an muss man dann einfach zugeben, dass die positiv-rechtliche Ausgestaltung des Beteiligungsrechts hinter dem eigenen moralischen bzw. menschenrechtlichen Anspruch zurückbleibt. Dieser wirkt aber seinerseits als ein permanenter Stachel, der langfristig auf eine Ausdehnung der Beteiligungsrechte hinwirkt, sei es über Erleichterungen der Einbürgerung, sei es über Vorstufen wie die Einräumung des Kommunalwahlrechts, wie sie mittlerweile zumindest für EU-Ausländer erfolgt ist (Art. 28 Abs. 2 S. 3 GG). Um diese drängenden Fragen kommen andererseits auch diejenigen nicht herum, die auf der Vorstellung eines als Einheit gedachten „Volkes" als Urgrund der Demokratie beharren. Auch sie werden irgendwann einsehen müssen, dass eine sich demokratisch nennende Ordnung, die sich mit Fremden auf Dauer einrichtet, von ihnen Steuern kassiert und sie der Polizeigewalt unterwirft, ohne sie an den politischen Entscheidungen zu beteiligen, von irgendeinem Zeitpunkt an aufhört, dem eigenen Anspruch zu genügen[102]. Gerade dies macht aber deutlich, dass letzter Bezugspunkt der Demokratie der Einzelne und sein Recht auf gleiche Beachtung und Respekt sind.

Leitbilder

Mit der Begründung von Demokratie aus dem fundamentalen Recht des Einzelnen auf gleiche Beachtung und Respekt ist allerdings noch nicht die weitere Frage beantwortet, wie man sich die konkrete Zuordnung der Bürger im politischen Prozess vorzustellen hat. Dafür kann erneut zwischen stärker individualistischen und stärker gemeinschaftlichen Zuordnungen unterschieden werden, wie sie in der politischen Theorie seit jeher als

---

[101] Für den Beitritt zu politischen Parteien folgt das aus der Rolle der Parteienfreiheit als Spezialfall der Vereinigungsfreiheit, vgl. *Morlok*, in: Dreier, GG, Art. 21 Rn. 51; s. im Übrigen – mit freilich eben zu starker, begriffsjuristischer Argumentation aus dem Volksbegriff heraus – BVerfGE 83, 37 (50ff.).

[102] *C. Möllers*, Demokratie – Zumutungen und Versprechen, 2009, S. 25.

mögliche Grundmodelle oder überhaupt Begriffe von Demokratie behandelt werden[103].

(1) *Nach einem formal-individualistischen Begriff*, wie er hierzulande etwa in der Weimarer Republik vorherrschend war, ist Demokratie in erster Linie ein Ensemble von Institutionen: also einer gewählten Vertretung, regelmäßiger Wahlen, gewisser Mechanismen gegenseitiger Kontrolle, aber auch einer basalen Struktur von Freiheit und rechtlicher Gleichheit. Sind solche Institutionen im konkreten Fall vorhanden und werden sie im Großen und Ganzen klaglos hingenommen, verdient die entsprechende Ordnung dann immer schon das Prädikat „demokratisch“, ohne dass es auf irgendwelche weiteren Voraussetzungen ankommt. Ein solcher Begriff von Demokratie ist formalistisch, weil er Demokratie im Wesentlichen auf ein bloßes Abstimmungsverfahren reduziert[104]. Er ist individualistisch, weil er die Einzelnen ganz bei sich, das heißt in ihrer privaten Freiheit, belässt und keine weiteren normativen Anforderungen an sie stellt; er begründet dementsprechend auch keine Gemeinsamkeit zwischen ihnen[105].

(2) Gerade hier besteht dementsprechend der entscheidende Unterschied zu *einem substantiellen oder gemeinschaftlichen Begriff* von Demokratie. Nach diesem erscheint Demokratie in ihrem eigentlichen Kern oder auch in ihrem „Ethos“[106] als ein gemeinsames Unternehmen von Bürgern, das diese in einem Vorgang demokratischer Selbstverständigung zu einer politischen Einheit verbindet, sie mit ihren individuellen Beiträgen,

---

[103] Gängige Zweiteilungen der Demokratie sind: liberale/republikanische Demokratie, vgl. *Habermas*, Faktizität und Geltung, S. 324 ff. (mit dem von ihm selbst als vermittelnd gedachten Konzept einer „deliberativen“ Demokratie); schwache/starke Demokratie, *B. Barber*, Strong Democracy, 1984, dt. Starke Demokratie, 1994; elitistische/partizipatorische Demokratie, vgl. *M. G. Schmidt*, Demokratietheorien, 2010, S. 164 ff., 236 ff. (mit freilich einer Fülle weiterer Theorievorschläge); statistische/gemeinschaftliche Demokratie, *Dworkin*, Freedom's Law, S. 19 f.; *ders.*, Freiheit, Selbstregierung und der Wille des Volkes, in: Gosepath/Lohmann, Philosophie der Menschenrechte, S. 292 ff.; output-/inputorientierte Demokratie, *F. W. Scharpf*, Demokratietheorie zwischen Utopie und Anpassung, 1972, S. 21 ff. Alle diese Gegensatzpaare kreisen in dieser oder jener Weise um denselben Grundgegensatz, beleuchten ihn aber aus unterschiedlicher Perspektive oder setzen andere Akzente; hier eine zugegebenermaßen vereinfachende Zusammenführung.

[104] Demokratie als „Form“ und „Methode“ der Entscheidungsfindung: *Kelsen*, Vom Wesen und Wert der Demokratie, jetzt in: ders., Verteidigung der Demokratie, S. 153 (223 ff.); ähnlich etwa die Demokratiekonzeption *Webers*, Wirtschaft und Gesellschaft, S. 167 ff.: Demokratie als Verfahren der Führerauslese und Ämterpatronage.

[105] Diese Orientierung auf die private Freiheit kennzeichnet vor allem die ökonomische Demokratietheorie oder die neueren Rational-Choice-Ansätze; der klassische Text ist *J. A. Schumpeter*, Kapitalismus, Sozialismus und Demokratie, 7. Aufl. 1993, S. 427 ff.

[106] Der Begriff bei *R. Forst*, Kontexte der Gerechtigkeit, 1996, S. 143 ff.

Vorstellungen und Wünschen einbezieht und auf ein bestimmtes Ziel – das Gemeinwohl, den gerechten Interessenausgleich, die bestmögliche Lösung etc. – ausgerichtet ist. Statt bloß als äußere Form und Methode gilt der demokratische Prozess dann tendenziell als „Reflexionsform" eines ideellen Lebenszusammenhanges, so wie es – mit manchen Abweichungen und nicht selten auch Übersteigerungen – in einigen neueren Demokratietheorien wie der „deliberativen Demokratie" oder dem die Kommunitarismus-Liberalismus-Debatte aufgreifenden Republikanismus ausgearbeitet ist[107]; die Idee ist, dass sich Bürger über die zwischen ihnen bestehenden Interessen- und Meinungsverschiedenheiten hinweg in der demokratischen Teilhabe als politische Gemeinschaft begreifen und konstituieren können.

(3) In diesem Richtungsstreit hat sich das Bundesverfassungsgericht unter Verwahrung gegen einzelne Vereinseitigungen schon früh für die substantielle oder gemeinschaftliche Konzeption entschieden und sie auch dem Grundgesetz unterlegt. Nach ihrem nun auch ausdrücklich so genannten „Leitbild" erscheint die *Demokratie des Grundgesetzes danach als diejenige Ordnung, in der „die Menschen selbst ihre Entwicklung durch Gemeinschaftsentscheidungen" gestalten*, „jedes Glied der Gemeinschaft freier Mitgestalter bei den Gemeinschaftsentscheidungen ist" und die „Möglichkeit der freien Auseinandersetzung zwischen allen realen und geistigen Kräften" auf die „annähernd gleichmäßige Förderung des Wohles aller Bürger" abzielt[108]. Ebenso ist einem rein formalen Verständnis von Demokratie eine Absage erteilt; stattdessen „lebt" und verwirklicht sich Demokratie wesentlich im „Raum einer politischen Öffentlichkeit", in dem sich die unterschiedlichen Vorstellungen der Bürger über die Gestaltung und Entwicklung ihres Gemeinwesens „diskursiv entfalten" können[109]. Nimmt man dies mit dem menschenrechtlich-individualistischen Ausgangspunkt des Demokratieprinzips zusammen, so wird darin eine ähnliche Synthese von normativem Individualismus und Gemeinschaftsbezogenheit sichtbar, wie sie schon die ideelle Ausfüllung des Grund-

---

[107] Das Modell der deliberativen Demokratie etwa bei *Habermas*, Faktizität und Geltung, S. 349ff., dort auch die Kennzeichung als „Reflexionsform"; *S. Benhabib*, Democracy and Difference, 1996, S. 67ff.; *J. Elster* (Hrsg.), Deliberative Democracy, 1998; für den neueren Republikanismus stehen etwa *Barber* (Fn. 103) oder *P. Pettit*, Republicanism, 2004.

[108] BVerfGE 5, 85 (196, 197f.) – KPD-Urteil. Zuletzt hat das Bundesverfassungsgericht diese gemeinschaftliche Komponente probeweise auch im Republikprinzip untergebracht, BVerfGE 123, 39 (69): die Wahl als „Sache des ganzen Volkes und gemeinschaftliche Angelegenheit aller Bürger".

[109] Die Absage an das formale Demokratieverständnis mit Zitaten in BVerfGE 123, 267 (358f.) – Lissabon.

rechtssystems kennzeichnete. Ausgangspunkt ist und bleibt der Einzelne mit seinem jeweiligen Würde- und Achtungsanspruch, aber die Einrichtung demokratischer Verfahren zielt eben gerade darauf, dass Bürger aus ihrer Vereinzelung heraustreten und sich in Vorgängen demokratischer Beteiligung positiv aufeinander beziehen können.

Ableitungen

Die Demokratie des Grundgesetzes erscheint von hier aus nicht als ein bloß statistisches Neben- oder auch Gegeneinander von Mehrheit und Minderheit, sondern als eine spezifische Art und Weise der Zuordnung und Verbindung von Bürgern. Diese Zuordnung erfolgt auf verschiedenen Ebenen und in verschiedenen Zusammenhängen, die ihrerseits in verschiedener Weise aufeinander aufbauen[110].

(1) Zugrunde liegt danach zunächst der bereits angesprochene *Zusammenhang wechselseitiger Anerkennung*, in dem Bürger einander als Freie und Gleiche begegnen und sich zu Koautoren ihrer Rechtsordnung einsetzen (→ S. 241 f.). Daraus können dann seinerseits bestimmte Basisprinzipien abgeleitet werden, von denen im Grundgesetz selber mit keinem einzigen Wort die Rede ist, die aber zu einer solchen Vorstellung von Demokratie selbstverständlich dazugehören, etwa solche der Chancengleichheit, des Minderheitenschutzes und eines Mindestmaßes an demokratischer Toleranz: Jeder Seite muss danach grundsätzlich die Möglichkeit erhalten bleiben, mit ihren Auffassungen zur Mehrheit werden zu können, so wie auch das Recht zur Bildung und Ausübung von Opposition gewährleistet ist. Umgekehrt darf kein Beteiligter für seine Ziele universale Wahrheit und Richtigkeit reklamieren, sondern jeder muss zumindest vom Ausgangspunkt her anerkennen, dass auch die Ziele und das Verhalten der anderen gleichwertig sein können[111].

(2) Zum zweiten zielt Demokratie auf eine bestimmte Art und Weise des Zusammenwirkens der Bürger, die sich als *Interaktions- oder Kooperationszusammenhang* bezeichnen lässt und etwa dann angesprochen ist, wenn Demokratie als Prozess der „Selbstregierung" oder „Selbstgesetzgebung" des Volkes charakterisiert wird[112]. Was dies konkret bedeutet, zeigt

---

[110] Die Einzelheiten können hier nicht ausgeführt werden; ich muss dazu auf *meine* Kommentierung in: Friauf/Höfling, Berliner Kommentar, Art. 20 (Demokratie), verweisen, s. dort insbes. Rn. 14 ff.

[111] Vgl. (für die politischen Parteien) BVerfGE 5, 85 (224); hier liegt der berechtigte Kern von Hans Kelsens Aussage, dass die Demokratie die Staatsform ist, die „den politischen Willen jedermanns gleich ein(schätzt)", vgl. *Kelsen* (Fn. 104), in: ders., Verteidigung der Demokratie, S. 153 (226).

[112] Vgl. *Böckenförde* (Fn. 93), in: Isensee/Kirchhof, HStR II, § 24 Rn. 35 ff.

sich insbesondere, wenn man die Rolle einer politisch interessierten Öffentlichkeit und der gesellschaftlichen Meinungs- und Willensbildung jenseits des eigentlichen Wahlaktes in den Blick nimmt. Von einem formal-individualistischen Demokratiebegriff aus ist eine solche Willensbildung weder erforderlich noch auch nur sinnvoll, möglicherweise sogar dysfunktional[113]; es genügt vollauf die punktuelle Ermächtigung der politischen Führung durch den Wahlakt, damit von Demokratie die Rede sein kann. Die Notwendigkeit von Grundrechten wie der Meinungs-, Medien- und Versammlungsfreiheit muss darum nicht geleugnet werden und kann sogar als zwingend erscheinen, um die Demokratie von der Diktatur abzugrenzen. Aber solche Grundrechte enthalten insoweit nur Angebote, die nicht genutzt werden müssen; werden sie es nicht, ist das für die Qualität von Demokratie ohne Belang. Für einen substantiell-gemeinschaftlichen Begriff sind sie demgegenüber „schlechthin konstituierend"[114]; Meinungs-, Presse-, Rundfunk- und Versammlungsfreiheit, aber auch Vereinigungsfreiheit und selbst das Petitionsrecht bilden geradezu den Unterbau, auf dem der parlamentarische Betrieb überhaupt aufsetzen muss. Die verschiedenen Einzelgewährleistungen ordnen sich so ihrerseits unter dem Leitbild eines offenen Prozesses gesellschaftlicher Meinungs- und Willensbildung, über den sich eine politische Öffentlichkeit formiert und an den – noch einmal vermittelt durch die politischen Parteien als „Mittler", „Zwischenglieder" oder „Transmissionsriemen"[115] – die Willensbildung in den staatlichen Organen anzuschließen hat (zu einzelnen praktischen Folgen → S. 148 f.)[116].

(3) Drittens und wiederum darauf aufbauend zielt die Demokratie des Grundgesetzes schließlich auf einen *Zusammenhang wechselseitiger Verantwortung*, wie es in der klassischen Formulierung zum Ausdruck kommt, Demokratie sei nicht nur die Regierung „des Volkes" und „durch"

---

[113] Vgl. etwa die abschätzigen Bemerkungen bei *J. A. Schumpeter*, Kapitalismus, Sozialismus und Demokratie, 7. Aufl. 1993, S. 416 f.

[114] So BVerfGE 7, 198 (208) für die Meinungsfreiheit, übertragen etwa auf die Versammlungsfreiheit durch BVerfGE 69, 315 (344 ff.).

[115] Die Bezeichnung als „Zwischenglieder" und „Mittler" z. B. in BVerfGE 44, 125 (145); der „Transmissionsriemen" bei *D. Grimm*, Die politischen Parteien in: Benda/Maihofer/Vogel, Handbuch des Verfassungsrechts, § 14 Rn. 16.

[116] Nachgezeichnet etwa in BVerfGE 20, 56 (97 f.); 40, 125 (139 f.). Anschaulich wird insofern auch von einem Stufenmodell der Willensbildung gesprochen, vgl. etwa *T. Vesting*, Zur Entwicklung einer „Informationsordnung", in: FS 50 Jahre Bundesverfassungsgericht, Bd. 2, S. 219 (229 f.). Zu den Möglichkeiten von Einwirkungen in der umgekehrten Richtung – also von den Staatsorganen zum Volk hin – als „vielfältige und tagtägliche Wechselwirkung" s. wiederum BVerfGE 44, 125 (139 f.); 85, 264 (285).

das Volk, sondern auch „für" das Volk[117]. Für die staatlichen Entscheidungsträger äußert sich diese Verantwortung in einer prinzipiellen Verpflichtung auf das Wohl aller und den angemessenen Ausgleich der verschiedenen Interessen[118], für die Bürger in einer rechtlichen Verpflichtung zur Respektierung der demokratisch zustande gekommenen Entscheidungen sowie einer moralischen Verpflichtung zur Demokratie, für andere herausgehobene gesellschaftliche Akteure wie den Rundfunk oder die politischen Parteien in einer besonderen Indienstnahme für den demokratischen Prozess, aus der sich dann auch rechtliche Verpflichtungen ableiten können[119].

(4) In alledem wirkt die Demokratie zuletzt als eine wesentliche „*Grundlage der politischen Integration*"[120]: einerseits durch die von ihr eingerichteten Prozesse, in denen sich Bürger über die Grundlagen ihres Zusammenlebens verständigen, andererseits als eine Ordnung, mit der sich diese Bürger über ihre unterschiedlichen Einstellungen oder Welthaltungen hinweg identifizieren können und auch sollen. Sie nimmt dadurch eine Vorstellung guten und gerechten Lebens innerhalb einer politischen Gemeinschaft in sich auf, wie sie für eine als Gerechtigkeitsordnung verstandene und gedeutete Verfassung kennzeichnend ist: als der „Entscheidungs- und Verantwortungszusammenhang ..., vermittels dessen sich das Volk nach der Idee der Selbstbestimmung aller in Freiheit und unter der Anforderung der Gerechtigkeit seine Ordnung, insbesondere seine positive Rechtsordnung als verbindliche Sollensordnung setzt"[121]. Zusammenfassend ist auch dies in der – meist unter das Etikett von der „freiheitlichen demokratischen Grundordnung" gebrachten – Deutung von Demokratie als „Wert" oder „Wertordnung" (→ S. 96ff.) ausgedrückt.

Zur Kritik

Es sind allerdings gerade solche Anreicherungen mit einer Vorstellung guten und gerechten Lebens in einer politischen Gemeinschaft, mit der sich

---

[117] Nach der klassischen Definition von Abraham Lincoln in der Rede von Gettysburg.

[118] Vgl. etwa BVerfGE 44, 125 (141f.). Neuerdings wird die Gemeinwohlbindung häufig im Republikprinzip verortet, vgl. *M. Anderheiden*, Gemeinwohl in Republik und Union, 2006, S. 218ff. mit umfassender Diskussion.

[119] Siehe etwa die Konzeption der Rundfunkfreiheit als „dienende Freiheit" in BVerfGE 57, 295 (320). Für die Parteien zeigt sich diese Indienstnahme in der Deutung ihres Wirkens als „Auftrag", vgl. BVerfGE 91, 276 (284); ferner § 1 I 1 PartG: Mitwirkung an der politischen Willensbildung als eine den Parteien „verbürgte", ihnen aber auch „obliegende" Aufgabe.

[120] BVerfGE 123, 39 (68) in Bezug auf die Wahl der Volksvertretung.

[121] BVerfGE 44, 125 (142).

eine solche Konzeption von Demokratie auch angreifbar macht. Darin tritt exemplarisch die Schwäche anspruchsvoller Leitbilder zutage, die letztlich immer viel zu schön sind, um je wahr sein zu können (→ S. 90f.).

(1) Man kann deshalb relativ leicht gegen eine solche Vorstellung *einwenden, dass sie in den realen Verhältnissen keine Stütze* findet, sich diese von ihr möglicherweise sogar immer weiter entfernen: Um die effektiven Mitwirkungsmöglichkeiten des Einzelnen ist es keineswegs so gut bestellt, wie die Theorie suggeriert; soziale Ungleichheiten und Asymmetrien ermöglichen insbesondere wirtschaftlichen Akteuren eine privilegierte Einwirkung auf den politischen Prozess; statt von einer deliberativen Gesprächskultur wird dieser von machttaktischen Kalkülen und Phänomenen massenmedialer Emotionalisierung und Skandalisierung beherrscht; langfristige Probleme werden im Interesse der Wählerstimmenmaximierung systematisch auf die Zukunft verschoben; überhaupt wenden sich immer mehr Bürger in einer zunehmenden Parteien- und Politikverdrossenheit von der Demokratie ab, weil sie das Gefühl haben, dass sich durch ihre Wahlentscheidung ohnehin nichts ändere, sie mit ihren Interessen im politischen System nicht repräsentiert seien, die Politik den Entscheidungen der internationalen Finanzmärkte hilflos ausgeliefert sei etc.[122]. Vor diesem Hintergrund könnte ein inhaltlich anspruchsvolles Konzept von Demokratie zunehmend nur noch ein „schöner Schein" sein, der die Realität entweder ideologisch verhüllt oder sie im Gegenteil ständig weiter delegitimiert, weil damit ein Anspruch formuliert ist, vor dem diese nur scheitern kann; damit werden am Ende Politik- und Demokratieverdrossenheit nur weiter gefördert[123].

(2) Allerdings liegt der Sinn eines anspruchsvollen Begriffs von Demokratie als gemeinsames Unternehmen von Bürgern auch nicht in einer realistischen Abbildung der bestehenden Verhältnisse oder auch nur einer größtmöglichen Annäherung an diese. Es geht *vielmehr darum, die Erwartungen zu bündeln, die eine politische Gemeinschaft an ihre Regierungsform hat und zu einem normativen Leitbild zu verdichten.* Als solches ist es von vornherein darauf angelegt, nie voll realisiert zu sein; im Gegenteil liefert es eine Folie, von der aus Gegensätze zur Wirklichkeit dargestellt, Herausforderungen thematisiert und Fehlentwicklungen korrigiert werden können. Es gibt dann auch nicht nur einfach Demokratie

---

[122] Vgl. zu diesen und anderen Defiziten gemessen am normativen Maßstab *B.-O. Bryde*, Wie viel Zukunft hat die Demokratie?, KJ-Beiheft 1/2009, 40ff.

[123] Die Rede vom „schönen Schein" etwa bei *H. H. von Arnim*, Der schöne Schein der Demokratie, 2000, ferner *ders.* in verschiedenen Veröffentlichungen, z. B. Das System, 2001; Volksparteien ohne Volk, 2009. Die Warnung vor zu hohen Erwartungen an die Demokratie bei *Möllers* (Fn. 102), S. 9.

und Nicht-Demokratie, sondern stattdessen immer mehr oder weniger, bessere und schlechtere Demokratie[124], und das Leitbild selbst formuliert insoweit einen fortgesetzten Arbeitsauftrag, einen Auftrag zur Optimierung von Demokratie, über den dann wiederum in Vorgängen demokratischer Selbstverständigung zu verhandeln ist. Demgegenüber hat jeder vermeintlich realistischere Demokratiebegriff das umgekehrte Problem, die schlechteren Verhältnisse zum Maßstab zu erheben, der sich so noch jedem Verfall demokratischen Lebens und jeder Degenerationserscheinung anzupassen hat.

Beispielhaft zeigt sich diese Wirkung in den Vorgängen der Europäisierung und Internationalisierung, in denen man unschwer die auf lange Sicht wichtigsten Herausforderungen, vielleicht auch Gefährdungen der Demokratie wird erkennen können. Beide führen auf je unterschiedliche Weise dazu, dass die Kapazität des einzelnen Staates zu politischer Steuerung und damit auch die Menge dessen abnimmt, was innerhalb des Staates auf traditionelle Weise demokratisch entschieden werden kann; stattdessen wandern die Entscheidungszuständigkeiten tendenziell auf überstaatliche Entscheidungsträger wie eben die Europäische Union ab. Die demokratische Qualität der dort getroffenen Entscheidungen hält aber, wie man bei aller Vorsicht und ohne sich zu weit auf dieses verminte Gelände zu begeben sagen kann, mit derjenigen in den Mitgliedstaaten unter verschiedenen Gesichtspunkten – Transparenz und Klarheit der Entscheidungsstrukturen, Beobachtung und Kontrolle durch eine politische Öffentlichkeit, Sicherung der erforderlichen Responsivität über politische Parteien und andere intermediäre Instanzen etc. – nicht Schritt. Vom Standpunkt des Demokratieprinzips lässt sich darauf in unterschiedlicher Weise reagieren: Entweder man senkt die normativen Anforderungen ab, indem man dieses etwa von vornherein nur noch auf die nach Abwanderung der Entscheidungszuständigkeiten noch verbliebene Verfügungsmasse bezieht oder das derzeitige Legitimationsniveau der Europäischen Union für voll und ganz ausreichend hält, um gegebenenfalls noch weitere Integrationsschritte zu ermöglichen[125]. Oder man hält zumindest der Idee nach an den normativen Anforderungen fest und versucht davon so viel wie möglich in die neuen Verhältnisse hinüberzuretten, sei es, indem man nach Möglichkeiten sucht, die demokratische Performanz der Union zu verbessern, sei es, indem man aus dem Demokratieprinzip Dämme gegen die Übertragung weiterer Zuständigkeiten an die Union zu errichten und traditionelle Reservate demokratischer Selbstbestimmung im Staat zu erhalten versucht. Dies ist bekanntlich der Weg, der – bei ganz unterschiedlicher Schwerpunktsetzung und durchaus tiefgreifenden Kontroversen über die daraus zu ziehenden Folgerungen – hierzulande mehrheitlich be-

[124] *Bryde* (Fn. 122), KJ-Beiheft 1/2009, 40 (41).

[125] Für diese Richtung etwa *W. Kluth*, Die demokratische Legitimation der Europäischen Union, 1995; *C. D. Classen*, Europäische Integration und demokratische Legitimation, AöR 119 (1994), 238 (254); *A. Randelzhofer*, Zum behaupteten Demokratiedefizit der Europäischen Union, in: P. Hommelhoff/P. Kirchhof (Hrsg.), Der Staatenverbund der Europäischen Union, 1994, S. 39ff.

schritten wird[126]. Was immer davon im Einzelnen zu halten ist, zeigt es im Ergebnis doch, dass die meisten unter Demokratie intuitiv mehr verstehen als einen bloß formalen Legitimations- und Zurechnungsmodus; von einem solchen reichte ja das, was die Union nach dem gängigen Zwei-Säulen-Modell der Legitimation – einer über die nationalen Parlamente der Mitgliedsstaaten und die Regierungsvertreter im Rat vermittelten Legitimation und einer ergänzenden autonomen Legitimation durch das von den Unionsbürgern direkt gewählte Europäische Parlament – an demokratischer Struktur aufweist, voll und ganz aus, ohne dass darüber noch groß nachzudenken wäre. Verständlich werden die gesamten Debatten erst, wenn man unter Demokratie doch irgendeine Art eines gemeinsamen Unternehmens von Bürgern versteht, wie es für einen anspruchsvolleren Demokratiebegriff kennzeichnend ist.

(3) Zugleich *werden eben auf diese Weise die jeweiligen Debatten mit der Verfassung verzahnt*, nämlich gerade mit Blick auf die Verfassung und in deren beständiger Aneignung durch die politisch Verantwortlichen und die Bürger geführt. Die Verfassung wird damit an dieser Stelle erneut zum Medium, in dem eine Gesellschaft sich selbst beschreibt und die Grundprobleme ihrer politischen Ordnung verhandelt (→ S. 164ff.); im speziellen Fall bildet sie den Ausgangspunkt einer Verständigung darüber, wie eine demokratische Ordnung sinnvoller- und richtigerweise beschaffen sein sollte und wie sie etwa unter den Bedingungen von Europäisierung und Internationalisierung weiterzudenken wäre. In den entsprechenden Kommunikationen kann sich das vorausgesetzte Verständnis von Demokratie auch wieder wandeln, so wie sich die Demokratie selbst auch in der Praxis ihrer Anwendung beständig wandeln und sich unter ihrem Dach unterschiedliche Kulturen und Stile von Politik – eine Konsens- oder Konkordanzdemokratie, eine Konflikt- oder Wettbewerbsdemokratie – entwickeln können. Gerade dies ist es, was gemeinhin als „Offenheit", „Entwicklungsfähigkeit" oder „Weite" der grundgesetzlichen Demokratie bezeichnet wird und ihre ideelle Substanz heute maßgeblich mitbestimmt[127].

---

[126] Maßgeblich BVerfGE 89, 155 (182ff.) – Maastricht; 123, 267 (339ff.) – Lissabon – die Kennzeichnung einzelner Vorbehaltsbereiche ebda., 359ff. Die gesamte Debatte kann hier nicht wiedergegeben werden; einen brauchbaren Überblick über die unterschiedlichen Positionen gibt *Schmidt*, Demokratietheorien, S. 399ff. m.w.N.

[127] Die Formulierungen etwa bei *W. von Simson*, Das demokratische Prinzip im Grundgesetz, VVDStRL 29 (1971), 4 (73); *R. Rhinow*, Grundprobleme der schweizerischen Demokratie, ZSR n.F. 103 II (1984), 116 (133f.); *Hesse*, Grundzüge des Verfassungsrechts, Rn. 129.

III. Sozialer Rechtsstaat

Dieselben Prinzipien politischer Gerechtigkeit, die hinter den Grundrechten und dem Demokratieprinzip stehen und sie inhaltlich bestimmen, begegnen wieder in der Grundentscheidung für den sozialen Rechtsstaat. Sie bildet so die dritte Säule der Substanz der Verfassung, und dies, obwohl sie im Text selbst nur ganz beiläufig angesprochen ist: Vom „sozialen Rechtsstaat" oder, wenn man noch genauer sein will, von den „Grundsätzen des sozialen Rechtsstaats" ist überhaupt nur in Art. 28 Abs. 1 S. 1 GG als Homogenitätsanforderung an die verfassungsmäßige Ordnung in den einzelnen Ländern die Rede, während der Rechtsstaat als eigenständiges Prinzip für das Grundgesetz selbst sonst überhaupt nicht mehr genannt wird; der Sozialstaat taucht immerhin noch in adjektivischer Formulierung in der Grundsatznorm des Art. 20 Abs. 1 GG auf. Das hat die Interpretation allerdings nicht daran gehindert, sowohl die Rechts- als auch die Sozialstaatlichkeit in eine übergreifende Gerechtigkeitskonzeption einzubinden und ihren Sinn gerade von hier aus in verschiedene Richtungen zu entfalten. Die Rechtsstaatlichkeit hat das Bundesverfassungsgericht in diesem Sinne schon früh zu den die einzelnen Sätze der geschriebenen Verfassung „verbindenden, innerlich zusammenhaltenden allgemeinen Grundsätzen und Leitideen" gerechnet, denen dann über ihre ausdrücklich gewährleisteten Teilelemente hinaus – die Verfassungsbindung des Gesetzgebers, den Grundsatz der Gesetzmäßigkeit der Verwaltung (jeweils Art. 20 Abs. 3 GG), den Rechtsschutz durch unabhängige Gerichte (Art. 19 Abs. 4, Art. 97 GG), das Verbot rückwirkender Strafgesetze (Art. 103 Abs. 2 GG) etc. – weitere Gehalte abgewonnen werden können[128]. Dieser Vorgang wird rückblickend üblicherweise als Übergang vom formellen (Rechtsstaat als äußerer Gesetzesstaat, d.h. in der Form des Rechts handelnder und rechtlich gebundener Staat) zum materiellen Rechtsstaat (Rechtsstaat als auf bestimme inhaltliche Prinzipien – Menschenwürde, Grundrechte, Verhältnismäßigkeit, materielle Gerechtigkeit etc. – verpflichteter Staat) beschrieben, sein Ergebnis schon früh in der Formulierung zusammengefasst, der Rechtsstaat des Grundgesetzes sei nunmehr der „auf Verwirklichung und Sicherung der Gerechtigkeit zielende Staat"[129]. Ebenso ist die Sozialstaatlichkeit, wenn auch anfangs gegen erheblichen Widerstand, nach und nach zu einem umfassenden Auftrag an den Staat ausgebaut worden, für eine gerechte Sozialordnung zu

---

[128] BVerfGE 2, 380 (Ls. 2–4; 403).

[129] *O. Bachof*, Begriff und Wesen des sozialen Rechtsstaates, VVDStRL 12 (1954), 37 (39); die Gegenposition bei *E. Forsthoff*, Begriff und Wesen des sozialen Rechtsstaates, ebda., 8ff.

sorgen[130]. Beide sind damit auf dieselbe Leitidee ausgerichtet, was auch ihre häufige Zusammenziehung zum „sozialen Rechtsstaat“ erklärt.

Moralischer Grund

Gemeinsamer Ausgangspunkt des Rechtsstaats- und des Sozialstaatsprinzips ist erneut das Recht auf gleiche Beachtung und Respekt, wie es in der Menschenwürdegarantie zeichenhaft zusammengezogen ist. Zusammen sind sie insofern Ausdruck einer einheitlichen moralischen Konzeption, die von ihnen nur in unterschiedliche Richtungen oder zu je unterschiedlichen Seiten hin entfaltet wird[131]: im Falle des Rechtsstaats durch die umfassende Bindung an das Recht als ein *Formelement*, im Falle des Sozialstaats durch Aufstellung inhaltlicher Vorgaben für staatliches Handeln als ein *Zielelement*. Im Einzelnen:

(1) *Grundgedanke des Rechtsstaats* ist die Idee der Rechtlichkeit überhaupt, die Vorstellung, dass nicht Menschen und Willkür, sondern das Recht herrschen soll, wie sie sich als Bestandteil einer gemeineuropäischen Verfassungsüberlieferung ausweisen lässt[132]. Das „Recht“ ist darin aber gerade nicht beliebiges, inhaltlich austauschbares und jederzeit wieder änderbares Konvolut unzusammenhängender Einzelsätze, sondern ein hinreichend stabiler, verlässlicher Ordnungs- und Orientierungsrahmen, der den für alles gesellschaftliche Zusammenleben konstitutiven Status als Rechtsperson begründet, Freiheit auf der Basis prinzipieller Gleichheit einrichtet und ihren Gebrauch für jedermann überhaupt erst ermöglicht:

---

[130] So eine ständig wiederkehrende Formulierung der Rechtsprechung, vgl. BVerfGE 94, 241 (263); 97, 169 (185) m.w.N.

[131] Zur Radizierung des Rechtsstaatsprinzips in der Menschenwürdegarantie, der individuellen Autonomie oder dem hier so genannten Recht auf gleiche Beachtung und Respekt statt vieler *A. von Arnauld*, Rechtsstaat, in: Depenheuer/Grabenwarter, Verfassungstheorie, §21 Rn. 28ff.; *E. Schmidt-Aßmann*, Der Rechtsstaat, in: Isensee/Kirchhof, HStR II, §26 Rn. 30; hinsichtlich des Sozialstaatsprinzips statt vieler nur *Heinig*, Der Sozialstaat im Dienst der Freiheit, S. 150. Demgegenüber herrscht in Bezug auf eine Verknüpfung mit „Gerechtigkeit“ oft Skepsis vor, vgl. etwa für den Rechtsstaatsbegriff *von Arnauld*, a.a.O., für den Sozialstaatsbegriff *Sommermann*, in: von Mangoldt/Klein/Starck, GG, Art. 20 Rn. 104, und zwar wegen der vermeintlichen Inhaltslosigkeit des Gerechtigkeitsbegriffs, der dann eben auch als zu wenig instruktiv angesehen wird.

[132] „Rechtlichkeit“: *K. v. Schlieffen*, Art. Rechtsstaat (J), in: Evangelisches Staatslexikon, 2006, Sp. 1926ff.; ferner *dies. bzw. Sobota*, Das Prinzip Rechtsstaat, 1997, S. 529. Vom „nomokratischen Prinzip“ als Kern einer gemeineuropäischen Rechtsstaatsidee sprechen *S. Martini*, Die Pluralität von Rule-of-Law-Konzepten in Europa und das Prinzip einer europäischen Rule-of-Law, in: M. Kötter/G.F. Schuppert (Hrsg.), Normative Pluralität ordnen, 2009, S. 303 (322) und *von Arnauld* (Fn. 131), in: Depenheuer/Grabenwarter, Verfassungstheorie, §21 Rn. 17ff., dort jeweils auch in Verbindung zur europäischen Verfassungstradition.

durchaus ein „Reich der verwirklichten Freiheit“, wie es in Hegels emphatisch-anspruchsvoller Bestimmung hieß[133]. Auf diese innere Zweckbestimmung sind alle Teilelemente des Rechtsstaats bezogen, und von ihr aus empfangen sie ihre inhaltliche Legitimation: die Garantie eines Grundbestandes an individuellen Rechten, das Willkürverbot wie die Forderung nach klaren und hinreichend bestimmten Eingriffsgrundlagen, die allgemeine Einsehbarkeit und Zugänglichkeit des Rechts, der Schutz des Vertrauens in die Beständigkeit der Rechtsordnung, die Abhängigkeit der Strafbarkeit von einem individuellen Schuldvorwurf, der Anspruch auf Justizgewährung ebenso wie die Begründung einer Haftung für staatliches Unrecht – also alles das, was in einem allgemeinen Sinne dem Rechtsstaatsprinzip als zugehörig angesehen wird[134].

Erst aus diesem Zusammenhang wird auch erklärlich, warum dem Rechtsstaatsprinzip fortlaufend neue Gehalte – eine immer feiner ausgearbeitete Dogmatik des Vertrauensschutzes, das allgemeine Gebot eines fairen Verfahren, die Forderung nach innerer Widerspruchsfreiheit der Rechtsordnung, ein allgemeines Gebot der „Normenwahrheit“ – abgewonnen und vor allem: warum sie ihm zugerechnet werden können[135]. Immer geht es darum, im Recht eine Ordnung bereitzustellen, in der der Einzelne mit seinem Recht auf gleiche Beachtung und Respekt – seiner Würde – verlässlich aufgehoben ist. Auch der Rechtsstaat beruht damit auf der ebenso fundamentalen wie symbolischen Setzung der Anerkennung als Person, die der Idee nach niemandem vorenthalten werden soll. Selbst der „Feind“ in der Ausnahmelage – der Terrorist, der mit der Verbreitung von Angst die bestehende Ordnung erschüttern will, der Wahnsinnige, der mit dem Einsatz von Nuklearwaffen droht – soll deshalb nicht außerhalb des Rechts gestellt sein, sondern nach rechtlichen Regeln und in rechtlich geordneten Verfahren bekämpft werden, wie sie in dem Leitprinzip einer umfassenden Herrschaft des Rechts angelegt sind.[136]

---

[133] *Hegel*, Grundlinien der Philosophie des Rechts, § 4.

[134] Knapp zusammengefasst ist dieser Zusammenhang in BVerfGE 95, 96 (130): Das Rechtsstaatsprinzip „*fundiert* den Gebrauch der Freiheitsrechte, *indem* es Rechtssicherheit gewährt, die Staatsgewalt an das Gesetz bindet und Vertrauen schützt“ (Hervorhebung nur hier).

[135] Zur Dogmatik des Vertrauensschutzes vgl. die Entwicklung von BVerfGE 2, 380 bis BVerfGE 95, 64; 105, 17; 122, 374 etc. („echte“ und „unechte“ Rückwirkung, „tatbestandliche Rückanknüpfung“ etc.). Die Forderung nach Widerspruchsfreiheit der Gesamtrechtsordnung erstmals in BVerfGE 98, 106 (118 f.), das Gebot der „Normenwahrheit“ erstmals in BVerfGE 107, 218 (256). Nicht durchgesetzt hat sich folglich die Grundthese von *P. Kunig*, Das Rechtsstaatsprinzip, 1986, es gebe überhaupt kein eigenständiges Rechtsstaatsprinzip, auf das zur Schließung von Lücken zurückgegriffen werden könne und müsse; s. dagegen etwa *Schmidt-Aßmann* (Fn. 131), in: Isensee/Kirchhof, HStR II, § 26 Rn. 8 f.; *Schulze-Fielitz*, in: Dreier, GG, Art. 20 Rn. 45; die Gegenposition umfassend entfaltet bei *Sobota* (Fn. 132), S. 399 ff.

[136] *von Arnauld* (Fn. 131), in: Depenheuer/Grabenwarter, Verfassungstheorie, § 21

(2) *Grundgedanke des Sozialstaats* oder eben des „sozialen“ Staates, wie er sich durch alle konkurrierenden Deutungen und Legitimationsversuche aufweisen lässt, ist die Forderung nach aktiver staatlicher Intervention zur Gewährleistung realer Freiheit und Gleichheit. Ebenso wie die Ausweitung des grundrechtlichen Normprogramms auf eine Schutz- und Förderdimension verdankt sich der Sozialstaat damit der Erkenntnis, dass Freiheit und Gleichheit sich nicht als Folge marktförmiger Selbststeuerung der Gesellschaft automatisch einstellen, sondern sie vielmehr – aus dem Gedanken der Gerechtigkeit heraus – ausgleichend erst hergestellt und gesichert werden müssen, indem man etwa materielle Voraussetzungen für den Gebrauch der Freiheit schafft, eine ausreichende Teilhabe an den gesellschaftlichen Grundgütern (Arbeit, Bildung, Gesundheitsversorgung, demokratische Mitsprache, Einkommen und Vermögen etc.) garantiert und soziale Ungleichheiten abmildert[137]. Erst dadurch wird der Einzelne in seinem Recht auf gleiche Beachtung und Respekt wirklich anerkannt, dieses Recht selbst zu einem wirklichen, nicht nur auf dem Papier stehenden, sondern in die Lebensverhältnisse hinein entfalteten Recht[138]. Dieser innere Bezugspunkt legitimiert, stimuliert und dirigiert die gesamte Palette an Aktivitäten, die der soziale Staat in Konkretisierung des zunächst nur ganz allgemein bleibenden Postulats sozialer Gerechtigkeit entfaltet: die Absicherung des Existenzminimums im Sinne einer sozialen Grundsicherung, die Bereitstellung eines Sozialversicherungssystems gegen die Wechselfälle des Lebens, Einschränkungen der Privatautonomie zugunsten wirtschaftlich unterlegener Marktteilnehmer, Maßnahmen der Wirtschafts- und allgemeinen Wohlstandsförderung, eine aktive, auf chancengleichen Zugang aller zielende Bildungspolitik, eine progressive Besteuerung zur Verringerung von Einkommens- und Vermögensunterschieden, zuletzt zunehmend den Schutz vor gesellschaftlicher Diskriminierung, ohne dass aber alle diese Aktivitäten in einem mehr als nur ganz allgemeinen Sinne von der Verfassung wirklich gefordert werden. Die Liste ließe sich daher beliebig verlängern, ebenso wie als Resultat einer entsprechenden Verständigung über den Sinn des

---

Rn. 32; die markante Gegenposition bei O. *Depenheuer*, Selbstbehauptung des Rechtsstaats, 2008, S. 35 ff.

[137] Lose angelehnt an *Böckenförde*, Staat, Verfassung, Demokratie, S. 148 f.; zum Begriff der Grundgüter *Rawls*, Eine Theorie der Gerechtigkeit, S. 112 f., wo er allerdings für eine normative Fundierung des Sozialstaatsprinzips zu eng gefasst ist; er erfasst dort im Wesentlichen nur Rechte und Freiheiten, Chancen, Einkommen und Vermögen sowie die „Selbstachtung“.

[138] In Anlehnung an die bekannte Formulierung von *L. von Stein*, Geschichte der sozialen Bewegung in Frankreich von 1789 bis auf unsere Tage, Bd. 1, 1850, S. 45.

Prinzips auch einzelne Kandidaten wieder von ihr gestrichen werden könnten[139].

Gegenüber diesem ebenso umfassenden wie offenen Bezugspunkt greift es zu kurz, den Sozialstaat einseitig nur auf die Funktion der Sicherung der individuellen Freiheit und der Freiheitsvoraussetzungen zu reduzieren, wie es jüngst – in einer allerdings bemerkenswerten argumentativen Dichte und Geschlossenheit – versucht worden ist[140]. Damit wird ersichtlich nur ein – zweifellos wichtiger, aber eben nicht der einzige – Teil der Aktivitäten abgedeckt, die herkömmlich dem Sozialstaat zugerechnet werden, und dies auch dann, wenn man den Freiheitsbegriff seinerseits umfassender, im Sinne einer weit ausgreifenden Vorstellung von Autonomie versteht[141]. Die Leerstellen werden ganz offensichtlich, wenn man etwa an die sozialstaatlich ganz unproblematische und sicher in einem Kern auch gebotene Pflegebehandlung von Demenzkranken denkt; diese trägt ohne weiteres ihrem Recht auf gleiche Beachtung und Respekt in der für sie charakteristischen Lage Rechnung, zielt aber ganz sicher nicht auf die Förderung irgendwelcher in dieser Lage ganz irrealen Autonomievorstellungen. Überhaupt werden für den Menschen so fundamentale Güter wie etwa Gesundheit in ihrer Bedeutung völlig verkannt, wenn man sie nur als Freiheitsvoraussetzung sieht; sie sind dem Einzelnen um ihrer selbst willen wichtig, aber nicht, damit er später noch einmal seinen Glauben ausüben, sich als Künstler versuchen oder an Wahlen teilnehmen kann, und gerade deshalb nimmt sich der Sozialstaat ihrer an[142]. Ebenso wird in dieser Sicht ausgeblendet, dass ein Schwerpunkt des Sozialstaats eben nicht nur bei der Freiheit, sondern auch bei der Gleichheit liegt, so wie es in dem hier so genannten Recht auf *gleiche* Beachtung und Respekt auch angelegt ist[143]. Dieses kann aber, wenn man nicht der amerikanischen Ideologie vom Tellerwäscher folgen will, nicht nur durch die Vorenthaltungen von Voraussetzungen des Freiheitsgebrauchs verletzt sein, sondern auch durch eine aus sich heraus ungerechte Spreizung der Einkommens- und Vermögensverhältnisse, eine zunehmend auseinanderklaffende Schere zwischen Arm und Reich, weshalb die Eindämmung sozialer Ungleichheit seit jeher zu den zumindest im Ansatz konsentierten Grundanliegen des Sozialstaats gehört[144]. Wenn es andererseits der Sinn einer einseitig freiheitsfunktionalen Ableitung des Sozialstaatsprinzips sein sollte, solche Anliegen künftig zu

---

139 Eine entsprechende Liste etwa bei *Stern*, Staatsrecht I, S. 893 ff.; der dort ebenfalls noch genannte Umweltschutz – ebda., S. 908 f. – ist mittlerweile aus dem Sozialstaatsprinzip herausgenommen und in den Rang eines eigenen Staatsziels (Art. 20a GG) erhoben worden. Untergrenze ist allerdings die – in sich sonst ebenfalls durchaus variable – Verpflichtung zur Sicherung des Existenzminimums (→ S. 233 f.).

140 *Heinig*, Der Sozialstaat im Dienst der Freiheit, S. 171 ff.; in der Sache ähnlich etwa *Sommermann*, in: von Mangoldt/Klein/Starck, GG, Art. 20 Rn. 107 ff.

141 So *Heinig*, Der Sozialstaat im Dienst der Freiheit, S. 211 ff.

142 Dieser grundlegende Einwand bei *S. Huster*, Soziale Gesundheitsgerechtigkeit, 2011, S. 11; dem wird m. E. die ihn antizipierende Erwiderung von *Heinig*, Der Sozialstaat im Dienst der Freiheit, S. 220 Fn. 360, nicht wirklich gerecht.

143 Grundlegend zur eigenständigen Bedeutung von Gleichheit in einer Gerechtigkeitstheorie *S. Gosepath*, Gleiche Gerechtigkeit, 2004, S. 108 ff.

144 Vgl. etwa die Angabe der „wichtigsten Ziele" des Sozialstaats bei *H. F. Zacher*, Das soziale Staatsziel, in: Isensee/Kirchhof, HStR II, § 28 Rn. 25, zu denen eben auch

illegalisieren oder in den Bereich des verfassungsrechtlich Fragwürdigen zu verdrängen, so würde damit gerade die normative Offenheit des Sozialstaatsprinzips verkannt, über dessen konkrete Ausgestaltung die Staatsbürger in Vorgängen demokratischer Selbstverständigung vornehmlich selbst entscheiden müssen; sie konturieren auf diese Weise den normativen Sinn des Sozialstaatsprinzips immer mit.

Leitbilder

Ebenso wie die Grundrechte und das Demokratieprinzip sind damit auch das Rechtsstaats- und das Sozialstaatsprinzip aus einem einseitigen normativen Individualismus herausgelöst und mit der Idee einer gemeinschaftlichen Verantwortlichkeit vermittelt worden, und zwar je für sich wie auch gerade in ihrer Zusammenziehung zum „sozialen Rechtsstaat".

(1) Für das *Sozialstaatsprinzip* ist das evident; in der Bedeutung, die ihm heute im praktischen Ergebnis beigemessen wird, verdankt es sich gerade dem Unbehagen an einer liberal-individualistischen Gerechtigkeitskonzeption, in der das Freiheitsprinzip absolut gesetzt war, jeder für sein eigenes Wohl verantwortlich war und sich allgemeiner Wohlstand ebenso wie eine gerechte Sozialordnung automatisch aus dem allgemeinen Gebrauch der Freiheitsrechte ergaben. Die Verantwortung für Wohlstand und soziale Gerechtigkeit war damit gleichsam privatisiert, ebenso wie auch individuelle Not als Frage persönlichen Verschuldens erschien und damit ebenfalls privatisiert war[145]. Demgegenüber aktiviert und akzentuiert der Sozialstaat die Idee einer gemeinschaftlichen Verantwortung, indem er auf die Notwendigkeit staatlicher Vorleistungen für den individuellen Freiheitsgebrauch verweist, dem Staat die Bereitstellung der erforderlichen Infrastruktur überträgt und ihn von hier aus zur aktiven Sozialgestaltung in einem umfassenden Sinne verpflichtet, und dies nun im Rang einer verfassungsrechtlichen Grundentscheidung[146].

(2) In der Folge kann auch der *Rechtsstaat* nicht mehr einseitig als Staat der Nichtintervention begriffen oder auf ein Verteilungsprinzip reduziert werden, nach dem die Freiheit des Einzelnen prinzipiell unbegrenzt ist, während die Befugnis des Staates zu Eingriffen in diese Sphäre prinzipiell begrenzt ist[147]. Von einer solchen Sicht aus müsste der Rechtsstaat zwangsläufig in einen Gegensatz zum Sozialstaat geraten, wie er in der Tat an-

---

„mehr Gleichheit durch den Abbau von Wohlstandsdifferenzen" gehört; zustimmend zitiert etwa bei *Sommermann*, in: von Mangoldt/Klein/Starck, GG, Art. 20 Rn. 105.

[145] *Grimm*, Recht und Staat der bürgerlichen Gesellschaft, S. 138 f.

[146] Zu dieser verfassungsrechtlichen Verpflichtung zu sozialer Aktivität BVerfGE 1, 97 (105).

[147] So das – bis heute oft zustimmend zitierte – sog. rechtsstaatliche Verteilungsprinzip von *Schmitt*, Verfassungslehre, S. 126.

fänglich behauptet worden ist[148]. Bei Annahme einer gleichzeitigen Verpflichtung zu aktiver Sozialgestaltung kann das nicht richtig sein. Es passt aber auch nicht zur eigentlichen Grundidee des Rechtsstaats selbst, dem Prinzip einer umfassenden Herrschaft des Rechts: Hier hat das Recht notwendigerweise die Aufgabe, die Lebensverhältnisse einander zuzuordnen, und ist alle Freiheit rechtlich geordnete, im Interesse der gleichen Freiheit aller eingehegte und begrenzte Freiheit. Unter diesen Bedingungen beschränkt sich die Bedeutung des angenommen Verteilungsprinzips im Wesentlichen darauf, die Zuweisung der Rechtfertigungs- und Begründungslast auf den eingreifenden Staat bei Abarbeitung des grundrechtlichen Prüfprogramms rhetorisch abzustützen, ebenso wie diese durch die – letztlich ähnlich naive – Behauptung einer „natürlichen", „vorrechtlichen" oder „vorstaatlichen" Freiheit rhetorisch abgestützt wird (→ S. 222f.). Irgendeine inhaltliche Begrenzung der Staatstätigkeit, wie sie dem liberal-individualistischen Verständnis des Rechtsstaats im frühen 19. Jahrhundert einmal vorgeschwebt haben mag, lässt sich daraus aber nicht entnehmen[149]. Im Gegenteil umgreift der Rechtsstaat heute die gesamte sozial gestaltende Tätigkeit des Staates, die er auf die Formelemente der Rechtlichkeit verpflichtet und in diesem Sinne disziplinierend, formend und mäßigend begleitet. Eben dies ist in der Zusammenziehung zum „sozialen Rechtsstaat" ausgedrückt.

(3) Von beiden zusammen lässt sich dann sagen, sie seien *jeweils der Herstellung eines materiell gerechten Rechtszustandes verpflichtet*[150].

Natürlich erledigen sich durch diese Harmonisierung nicht die internen Polaritäten zwischen einer individualistischen Grundorientierung und der Idee einer wechselseitigen gemeinschaftlichen Verantwortung, innerhalb derer die Gewichte sowohl in die eine wie in die andere Richtung verschoben werden können. Geschehen kann dies in der Weise, dass die jeweiligen Pole nach wie vor einem der beiden Ausgangsbegriffe – die individualistische Grundorientierung dann typischerweise dem Rechtsstaat, die Idee gemeinschaftlicher Verantwortung typischerweise dem Sozialstaat – zugeschlagen und beide dann erneut gegeneinander ausgespielt werden: das sozialstaatliche Hilfeversprechen gegen das „Chacun pour soi, Dieu pour nous tous" des frühliberalen Rechtsstaats, heute meist das rechtsstaatliche Freiheitsversprechen gegen sozialstaatliche Bevormundung und Überwältigung. Oder man trägt die Debatte in einen der beiden Begriffe hinein, indem man etwa den Sozialstaat allein auf die Funktion der Freiheitssicherung zu redu-

[148] *Forsthoff* (Fn. 129), VVDStRL 12 (1954), 3 (8ff.).

[149] Kritisch auch K. *Sobota*, Das Prinzip Rechtsstaat, 1997, S. 29ff.; *Schulze-Fielitz*, in: Dreier, GG, Art. 20 (Rechtsstaat), Rn. 38; die Grundlagen bereits bei *K. Hesse*, Der Rechtsstaat im Verfassungssystem des Grundgesetzes, in: FS R. Smend, 1962, S. 71ff.; *ders.*, Grundzüge des Verfassungsrechts, Rn. 191ff.

[150] Vgl. *Zacher* (Fn. 144), in: Isensee/Kirchhof, HStR II, § 28 Rn. 110f.; für den Rechtsstaat auch *Böckenförde*, Recht, Staat, Freiheit, S. 164.

zieren und so in einem streng liberalen Geist zu erneuern versucht (→ S. 260), ihn vom Modell eines fürsorglichen oder vorsorgenden auf das Modell eines „aktivierenden“ Sozialstaats umbauen will etc.[151]. Aber neben solchen weiterhin auszutragenden Polaritäten bleiben auch die vielfältigen Komplementaritäten, die sie zusammen als Ausdruck einer einheitlichen, Individualismus und Gemeinschaftlichkeit verbindenden Gerechtigkeitskonzeption erscheinen lassen.

Auswirkungen

In der Sache wird die Verfassung an dieser Stelle und durch eine solche Inhaltsbestimmung mit den Realitäten heutiger Staatlichkeit vermittelt. Diese ist wesentlich dadurch gekennzeichnet, dass der Staat aus der bloßen Reservefunktion für die Sicherheit und Ordnung, die ihm im liberalen Paradigma einst zukam, allmählich hineingerückt ist in eine Globalverantwortung für die Herstellung erwünschter Lagen aller Art, in der kein Thema aus sich heraus ausgespart wäre[152]. Parallel dazu hat sich eine Veränderung in der Art und Weise des Zugriffs vollzogen, die für das Verwaltungsrecht als Übergang auf eine großflächiger ansetzende Steuerungsperspektive beschrieben wird; ihre einzelnen Elemente sind ein Übergang von ordnungsrechtlicher zu service- und dienstleistungsorientierter Aufgabenerledigung, von imperativer zu nichtimperativer Steuerung, von symptombezogener Gefahrenabwehr zu flächendeckender Risikovorsorge, um nur einige zu nennen[153]. All dies ist in den programmatischen Dimensionen des sozialen Rechtsstaats wenn auch nicht in allen Einzelheiten, so doch vom gedanklichen Ansatz her bereits eingefangen. Wie sehr dies aber ein voluntativer Akt war, ein Akt letztlich erfolgreicher Kommunikation über den Inhalt der Verfassung, lässt sich daran ersehen, dass man den Begriff des Sozialen auch ganz unentfaltet hätte lassen, den Sozial- und Vorsorgestaat als eine Sache des Verwaltungsrechts behandeln können, so wie es in den ersten Diskussionen über seine mögliche Deutung auch vorgeschlagen worden ist[154]. Stattdessen hat man die damit verbundene Aufgabenzuweisung auf die Ebene der Verfassung hochgezont und

---

[151] Zu diesem neuen Leitbild des „aktivierenden Sozialstaats“ im Zeichen eines „Fördern und Forderns“ etwa *A. Giddens*, Der dritte Weg, 2. Aufl. 1999; zu den Auswirkungen auf die Rechtsgestalt des Sozialstaats *T. Kingreen*, Rechtliche Gehalte sozialpolitischer Schlüsselbegriffe, in: Aktivierung und Prävention, Schriftenreihe des Deutschen Sozialrechtsverbandes e.V., Bd. 52, 2004, S. 7 (23 ff.).

[152] *Grimm*, Die Zukunft der Verfassung, S. 166 ff., 410 ff.

[153] Die Entwicklung ist umfassend eingefangen in Hoffmann-Riem/Schmidt-Aßmann/Voßkuhle, Grundlagen des Verwaltungsrechts, s. dort vor allem den einführenden Beitrag von *A. Voßkuhle*, Neue Verwaltungsrechtswissenschaft, § 1 Rn. 16 ff.

[154] S. erneut *Forsthoff* (Fn. 129), VVDStRL 12 (1954), 3 (8 ff.); für die ursprünglich verbreitete Skepsis s. noch *W. Grewe*, Das bundesstaatliche System des Grundgesetzes, DRZ 1949, 349 (351): „substanzloser Blankettbegriff“.

damit das heutige Verständnis der Verfassung als materiale Gerechtigkeitsordnung für Staat und Gesellschaft wesentlich mit vorbereitet, woraus sich auch der anfänglich heftige Widerstand gegen diese Deutung erklärt. Das Ergebnis ist, dass alle Debatten über den Aus-, Um- oder Abbau des Sozialstaats immer zugleich auch Verfassungsdebatten sind, nämlich Debatten darüber, wie die verfassungsrechtliche Grundentscheidung für den Sozialstaat am besten zu verstehen und auszufüllen ist. Ebenso sind Debatten über die nachlassende Steuerungskraft des Rechts oder Verluste der Rechtsbindung im ebenfalls zu beobachtenden Formenwandel staatlicher Aufgabenerledigung immer zugleich auch Rechtsstaatsdebatten, bei denen es darum geht, wie die Grundelemente der Rechtsstaatlichkeit in diesem Formenwandel gesichert oder gegebenenfalls auch angepasst werden müssen. Das bedeutet nicht, dass alle diese Debatten durch die Verfassung bereits präjudiziert wären. Im Gegenteil ist ihre direktive Kraft an dieser Stelle eher begrenzt, wie es speziell für das Sozialstaatsprinzip in den geläufigen Redeweisen zum Ausdruck kommt, es garantiere nur einen elementaren Mindestbestand an sozialer Sicherung, lasse dem Gesetzgeber weiten Handlungsspielraum, wirke nur als Ermessens- oder Auslegungsrichtlinie etc.[155] Aber die Verfassung als die Ordnungsstruktur, die sich in den Kommunikationen über sie entwickelt hat, gibt in allen diesen Debatten Richtungen an, in denen mögliche Lösungen zu suchen sind; zugleich bildet sie einen Spiegel, in dem Gegensätze zur gesellschaftlichen Wirklichkeit sichtbar gemacht werden können. Dass sie sich in diesen Debatten dann auch selbst verändern und als Generationenprojekt fortgeschrieben werden kann, versteht sich von selbst.

IV. Kompetenz- und Funktionenordnung

Den mit Abstand größten Raum innerhalb der Verfassung nehmen die Vorschriften über die Organisation des Staates ein; grob geschätzt machen sie mehr als vier Fünftel der gesamten Textmenge aus. Zum einen geht es dabei um die Zuordnung der Verbandskompetenzen, also die Verteilung der Gesetzgebungs-, Verwaltungs- und Finanzierungszuständigkeiten auf den Bund und die Länder, wie sie als Problem durch die Grundentscheidung für die *Bundesstaatlichkeit* (Art. 20 Abs. 1 GG) aufgeworfen wird. Auf der Ebene des Bundes selbst geht es sodann um die Ordnung

---

[155] Vgl. statt vieler *Schulze-Fielitz*, in: Dreier, GG, Art. 20 (Sozialstaat) Rn. 31 ff.; *Sommermann*, in: von Mangoldt/Klein/Starck, GG, Art. 20 Rn. 115 ff.

und Verteilung der Organkompetenzen, also um die Frage, welchem der verschiedenen Organe und Handlungsträger – Parlament, Regierung, Gerichte, Verwaltung etc. – welche Funktionen und Aufgaben zugewiesen werden; als beherrschender Grundsatz wird hier neben der organisatorischen Ausformung von Demokratie meist die *Gewaltenteilung* angegeben[156]. Beide, die Bundesstaatlichkeit wie die Gewaltenteilung, werden deshalb üblicherweise zur identitätsbestimmenden Substanz der Verfassung hinzugezählt, wobei sie ihrerseits häufig noch dadurch miteinander in Zusammenhang gebracht werden, dass auch die Bundesstaatlichkeit ein Element – vertikaler – Gewaltenteilung bilden soll (→ S. 274 f.)[157]. Die gerade für die angenommene Einheit der Verfassung zentrale Frage ist indessen, ob sie es auch in einem tieferen, auf die allgemeineren Leit- und Ordnungsideen der Verfassung bezogenen Sinne sind. Gerade für einen spezifisch staatsorganisationsrechtlichen Gehalt wie das bundesstaatliche Prinzip ist insoweit in der Nachfolge von Carl Schmitts Konzept der Verfassung als Entscheidung (→ S. 27 f.) die Auffassung vertreten worden, es könne nicht als Bestandteil einer materialen Gerechtigkeitskonzeption ausgewiesen werden, sondern verdanke sich einer souveränen und freien, letztlich also beliebigen politischen Setzung, hier der besonderen und letztlich auf ganz andere Gründe zurückzuführenden Tradition deutscher Staatlichkeit[158]. Das trifft in dieser Allgemeinheit nicht zu[159]. Im Gegenteil hat die Praxis der Verfassungsanwendung auch die Kompetenz- und Funktionenverteilung zumindest in den sie bestimmenden Grundzügen nach und nach in die Gesamtkonzeption der Verfassung als eine gute und gerechte Ordnung des Gemeinwesens eingebunden, so dass sie nun ebenfalls wesentlich von dieser aus gedeutet und erschlossen wird. Allerdings zeigen sich gerade an dieser Stelle auch die Grenzen, auf die eine solche Einfügung stößt, ebenso wie die Irritationen, die entstehen, wenn und soweit sie nicht gelingt.

Moralischer Grund

Ganz überwiegend wird heute auch die Kompetenz- und Funktionenverteilung von der Vorstellung beherrscht, dass sie in der Verfassungsordnung des Grundgesetzes nicht Selbstzweck ist, sondern ihr eine dienende Funktion für die Verwirklichung der inhaltlichen Zwecke dieser Ordnung zu-

---

[156] Klassisch *Hesse*, Grundzüge des Verfassungsrechts, Rn. 475.

[157] Zu dieser geläufigen Charakterisierung statt vieler *U. Di Fabio*, Gewaltenteilung, in: Isensee/Kirchhof, HStR II, § 27 Rn. 11 ff.

[158] *H.J. Wolff*, Rechtsgrundsätze und verfassungsrechtliche Grundentscheidungen als Rechtsquellen, in: GS W. Jellinek, 1955, S. 33 ff.

[159] Vgl. bereits *Osterkamp*, Juristische Gerechtigkeit, S. 187 ff.

kommt. Oberster normativer Bezugspunkt ist damit erneut die Sorge für die angemessene Entfaltung des Rechts auf gleiche Beachtung und Respekt, so wie es in der Menschenwürdegarantie zusammengezogen ist[160]. Allerdings bleibt der Zusammenhang zunächst ganz allgemein und muss deshalb über verschiedene Zwischenkonzepte – Ordnungsbegriffe höherer und mittlerer Abstraktionsebene – gleichsam von oben nach unten vermittelt werden, um sich überhaupt in irgendeiner Weise auszuwirken. Dazu dienen gerade die weiteren identitätsbestimmenden Grundentscheidungen wie Demokratie, sozialer Rechtsstaat oder eben hier auch Gewaltenteilung oder Bundesstaat, die die verstreuten Einzelbestimmungen unter bestimmte gemeinsame Gesichtspunkte zusammenfassen, die sie verbindenden geistigen Gehalte sichtbar machen und so zugleich die Linie zur Menschenwürde ziehen. Ganz offensichtlich ist dieser Zusammenhang dementsprechend dort, wo es um die Ermöglichung und Einrichtung von *Demokratie* geht, die ebenfalls zentral auf sie bezogen ist. Ähnlich liegt es bei denjenigen Bestimmungen, die als Ausdruck des Prinzips der *Gewaltenteilung* verstanden werden können, wenngleich sich die Lage hier differenzierter darstellt, als die Vorstellung oft meint. Zunächst ist die Gewaltenteilung entgegen einer vor allem in den Lehrbüchern verbreiteten Auffassung im Grundgesetz selbst nicht unmittelbar geregelt, sondern auch in Art. 20 Abs. 2 S. 2 GG, wo sie dann typischerweise verortet wird, bestenfalls angedeutet oder vorausgesetzt[161]; man kann deshalb auch sagen, sie wird als Resultat konstruktiver Arbeit mit dem Text erst zu einem übergreifenden Ordnungsprinzip ausgeformt. Ebenso ist dann aber auch die Zuordnung der einzelnen Kompetenz- und Organisationsbestimmungen zu diesem Ordnungsprinzip ein konstruktiver Akt, eine Unterlegung von Sinn, auf die man theoretisch auch verzichten könnte[162]. Unklarheiten bestehen sodann in der Frage, wie man sich den Zusammenhang zu den sonstigen Ordnungsideen der Verfassung und der Menschenwürde als ihrem tragenden Fundament näher vorzustellen hat.

(1) Die klassische Lesart sucht diesen Zusammenhang im Anschluss an die ursprüngliche Begründung der Gewaltenteilung bei Locke und Montesquieu seit jeher in dem Gedanken der *Machtbegrenzung um des Schutzes der individuellen Freiheit willen.* Der Sinn des Prinzips entfaltet sich

---

[160] In diesem Sinne zutreffend *Hain*, Die Grundsätze des Grundgesetzes, S. 353 f.; *Unruh*, Der Verfassungsbegriff des Grundgesetzes, S. 474, 562 ff.

[161] Richtig *Hesse*, Grundzüge des Verfassungsrechts, Rn. 477 ff.; *Schmidt-Aßmann* (Fn. 131), in: Isensee/Kirchhof, HStR II, § 26 Rn. 47; anders etwa die Darstellung bei *Degenhart*, Staatsrecht I, Rn. 280; *Ipsen*, Staatsrecht I, Rn. 753 ff.

[162] In diese Richtung geht der neuere Vorschlag von *M. Cornils*, Gewaltenteilung, in: Depenheuer/Grabenwarter, Verfassungstheorie, § 20, dort insbesondere Rn. 61 ff., s. dazu noch unten im Text.

danach in einer grundsätzlichen Trennung der einzelnen Gewalten: Diese werden in ein System der „checks and balances“ gebracht, in dem sie sich wechselseitig hemmen und kontrollieren, um so einer Rückkehr der Tyrannis entgegenzuwirken[163]. Von hier aus wird die Gewaltenteilung häufig auch dem Rechtsstaatsprinzip zugeordnet, dessen Grundanliegen dann ebenfalls darin gesehen wird, den Staat gegenüber dem Individuum um dessen Freiheit willen auf Distanz zu rücken[164]. Allerdings dürfte die Reduktion auf ein Subprinzip des Rechtsstaats der Eigenart und Eigenständigkeit der Gewaltenteilung kaum gerecht werden, so wie sie auch zu der darin mindestens ebenso sehr angelegten Idee einer umfassenden Herrschaft des Rechts nur geringe Bezüge aufweist[165]. Vor allem kann eine solche Deutung, wie sie durchaus noch die ältere Rechtsprechung des Bundesverfassungsgerichts beherrscht, ihre Herkunft aus den vorkonstitutionellen und vordemokratischen Verhältnissen vor der Französischen Revolution nicht abstreifen[166]. Sie passt daher nur bedingt oder allenfalls teilweise zu den Verhältnissen einer demokratischen Herrschaft, unter denen es auch darum gehen muss, diese Herrschaft überhaupt erst zu organisieren und zu effektivieren.

(2) Dem wird in einer neueren Lesart der Gewaltenteilung dadurch Rechnung getragen, dass neben den Gedanken der gegenseitigen Hemmung und Begrenzung mindestens gleichberechtigt der Gedanke einer positiven Zuordnung der verschiedenen Gewalten gerückt wird, der im Ergebnis auf die *sachgerechte Erfüllung der staatlichen Aufgaben* zielt[167]. Dem hat sich mittlerweile auch die Rechtsprechung des Bundesverfassungsgerichts angeschlossen[168]. Der konkrete Schwerpunkt kann dabei entweder mit einer wiederum älteren Variante auf die Verwirklichung der Gesamtheit der Verfassungsziele oder inhaltlich präziser auf die Verwirk-

---

[163] S. *J. Locke*, Two Treatises of Government, 1690, dt. Zwei Abhandlungen über die Regierung, 1967, II § 143; *C. de Montesquieu*, De l'Esprit des Lois, 1748, dt. Vom Geist der Gesetze, 1965, XI; aufgegriffen und bis in die Einzelheiten rezipiert von den amerikanischen Verfassungsvätern.

[164] S. etwa *Schulze-Fielitz*, in: Dreier, GG, Art. 20 (Rechtsstaat), Rn. 66 ff. m. w. N., freilich auch bereits mit angemessenen Differenzierungen.

[165] So zutreffend *von Arnauld* (Fn. 131), in: Depenheuer/Grabenwarter, Verfassungstheorie, § 21 Rn. 25 ff.

[166] Vgl. *Möllers*, Die drei Gewalten, S. 44 f.; *Cornils* (Fn. 162), in: Depenheuer/Grabenwarter, Verfassungstheorie, § 20 Rn. 8 ff.; aus der älteren Rechtsprechung s. BVerfGE 3, 225 (247); 9, 267 (279).

[167] Grundlegend erneut *Hesse*, Grundzüge des Verfassungsrechts, Rn. 481 ff.; zustimmend etwa *Schmidt-Aßmann* (Fn. 131), in: Isensee/Kirchhof, HStR II, § 26 Rn. 49 f.; speziell auf das demokratische Prinzip abhebend *C. Möllers*, Gewaltengliederung, 2005, S. 40 ff.; *ders.*, Die drei Gewalten, S. 75 ff.

[168] Vgl. BVerfGE 68, 1 (86); 95, 1 (15); 98, 218 (251 f.).

lichung der Prinzipien individueller und demokratischer Selbstbestimmung gelegt werden, wie es von einer neueren, sich selbst als „legitimationstheoretische Rekonstruktion“ der Gewaltenteilung bezeichnenden Variante nahegelegt wird[169]. Hier wird der Konnex mit dem Recht des Einzelnen auf gleiche Beachtung und Respekt unmittelbar greifbar. Auch in der älteren Variante wird aber der Grundsatz der Gewaltenteilung und mit ihm die konkrete Kompetenz- und Funktionenordnung mit dem der Verfassung allgemein zugrundegelegten Gerüst moralischer Prinzipien oder in älterer Terminologie ihren zentralen „Wertentscheidungen“ verzahnt, so wie es ihrem generellen Verständnis als gute und gerechte Ordnung des Gemeinwesens entspricht. Der ausschließliche Sinn dieser Kompetenz- und Funktionenordnung liegt dann aber eben in einem angemessenen Beitrag zu der Verwirklichung jener Prinzipien.

Dieser Funktionszuweisung entkommt man letztlich nur, wenn man die Gewaltenteilung entgegen fast jeder bisherigen Deutung aller materialen Gehalte entkleidet und sie auf ein rein formales Prinzip reduziert, wie es kürzlich in einer wiederum bemerkenswerten Klarheit der Argumentation vorgeschlagen worden ist. Der Inhalt dieses Prinzips soll sich danach in den erklärtermaßen „wenig gehaltvolle(n)“ Forderungen nach einer Pluralität von Gewaltträgern und einer strikten Zuständigkeitsordnung für die Rechtserzeugung erschöpfen[170]. Darüber lässt sich natürlich wie über so vieles im Verfassungsrecht reden. Man wird dann nur erklären müssen, ob diese Pluralität und Zuständigkeitsordnung um der Erfüllung bestimmter materieller Ziele willen gewählt sind oder ob sie nach dem Vorbild der Reichsverfassung von 1870/71 bloß machtpolitischen und damit letztlich beliebigen Gesichtspunkten folgen. Hält man dafür, dass es um die Verwirklichung bestimmter materieller Ziele geht, können diese auch anderswo gefunden und müssen nicht über das zusätzliche Scharnier des Gewaltenteilungsgrundsatzes eingeführt werden[171]. Dessen Sinn liegt aber in seinen anspruchsvolleren Deutungen gleich welcher Provenienz darin, die nun einmal so und nicht anders vorgenommene Verteilung der Zuständigkeiten und Funktionen in einen übergreifenden Bezugsrahmen einzubinden und so die Frage nach ihrem Warum zu beantworten. Diese Frage wird nicht hinfällig, wenn man auf einen solchen Bezugsrahmen verzichtet, es sei denn, man wollte sich zu der Behauptung versteigen, die Kompetenzen seien nun einmal da, weil sie da sind. Das wird nicht jeden überzeugen.

---

[169] So *Möllers*, Gewaltengliederung (Fn. 167), S. 27 ff.; knapper und prägnanter *ders.*, Die drei Gewalten, S. 57 ff.; für die ältere Variante demgegenüber *Hesse*, Grundzüge des Verfassungsrechts, Rn. 481 ff.

[170] *Cornils* (Fn. 162), in: Depenheuer/Grabenwarter, Verfassungstheorie, § 20 Rn. 61 ff.

[171] Ansätze in diese Richtung bei *Cornils* (Fn. 162), in: Depenheuer/Grabenwarter, Verfassungstheorie, § 20 Rn. 65 f.

Leitbilder

Aus der so vorgenommenen Einbindung in die allgemeine Gerechtigkeitskonzeption der Verfassung hat die Praxis ihrer Anwendung nach und nach weitere Anforderungen abgeleitet, die sich heute zum allgemeinen Leitbild einer guten und sachgerechten Funktionenordnung runden. Wie die meisten Leitbilder weist auch dieses stark idealisierte Züge auf, und vielleicht stärker noch als jene wird es durch die zahlreichen – teils in der Verfassung selbst angelegten, teils im politischen Betrieb zu beobachtenden – Durchbrechungen offensichtlich nicht groß irritiert[172]. Das Bundesverfassungsgericht hat es einmal in der Formulierung zusammengefasst, die staatlichen Entscheidungen sollten „möglichst richtig, das heißt von den Organen getroffen werden, die dafür nach ihrer Organisation, Zusammensetzung, Funktion und Verfahrensweise über die besten Voraussetzungen verfügen"[173]. Das ist in der Literatur teils als zu blass, teils deshalb kritisiert worden, weil es keinen objektiven Maßstab dafür gebe, was überhaupt „richtig" sein soll[174]. Indessen lassen sich aus dem tradierten Bild staatlicher Aufgabenverteilung und -erfüllung einerseits und den besonderen Legitimationserfordernissen einer demokratischen, um das individuelle Recht auf gleiche Beachtung und Respekt zentrierten Ordnung andererseits durchaus Grundtypen elementarer Funktionszuweisungen einschließlich der grundsätzlichen Rangverhältnisse zwischen ihnen bilden, die dann eben auch weiteren Anreicherungen mit Gesichtspunkten der Angemessenheit und Sachgerechtigkeit zugänglich sind.

(1) Auf der *Ebene der Aufgabenverteilung* wird man vor allem dem Parlament aufgrund seiner Kreation durch die in der Wahl versammelte Staatsbürgerschaft, der Eigenart seines Verfahrens und seiner öffentlichen Wahrnehmung unschwer bestimmte Qualitäten zuschreiben können, die es für den demokratischen Prozess automatisch in eine gewisse Führungsrolle rücken: die Kompetenz der Verfügung über die Gesamtrechtsordnung und zur Erzeugung allgemeiner zukunftsbezogener Rechtssätze, die Möglichkeit der Abbildung der demokratischen Deliberation der Staatsbürger auf der öffentlichen Bühne und in den prinzipiell öffentlichen Debatten, die für jedes demokratische Entscheiden zentrale Darstellung von Alternativen[175]. Von dieser Führungsrolle aus kann dem Parlament die

---

[172] Typisch dafür sind – bezogen auf das Gewaltenteilungsprinzip – Formulierungen wie die, das Prinzip sei nirgends rein verwirklicht, es gebe seit jeher gewisse Überschneidungen und Durchbrechungen etc., vgl. nur BVerfGE 3, 225 (247); 30, 1 (27f.).

[173] BVerfGE 68, 1 (86); 95, 1 (15).

[174] S. einerseits *Möllers*, Die drei Gewalten, S. 45, andererseits *Cornils* (Fn. 162), in: Depenheuer/Grabenwarter, Verfassungstheorie, § 20 Rn. 36ff.

[175] Weitgehend in Anlehnung an *Möllers*, Die drei Gewalten, S. 95ff.; kritisch wie-

allgemeine Aufgabe zugewiesen werden, „Hüter des Gemeinwohls“ gegenüber Gruppeninteressen zu sein[176], wird es für verpflichtet angesehen, die für das Gemeinwesen „wesentlichen“ Entscheidungen selbst zu treffen[177], kommt ihm im weiteren Ausbau der Europäischen Union eine besondere „Integrationsverantwortung“ zu, kraft derer es die Rechtssetzung der europäischen Organe so zu begleiten hat, dass sie sich nicht als Fremdgesetzgebung darstellt[178]. Im Ergebnis dürfte das Parlament damit der wesentliche Gewinner der Aufgabenverschiebung sein, während es für die typologisch wesentlich schwerer zu fassende Exekutive – um eine positive Definition der Verwaltung ist man ja bis heute verlegen – im Wesentlichen nur noch darum geht, tradierte „Kernbereiche“ gegen den Zugriff des Parlaments zu behaupten[179].

Auch hier ist der stark kontrafaktische Zug unübersehbar, mit dem die Verfassungsgemeinschaft ihre Grundvorstellungen einer guten und gerechten Ordnung gegen deren alltäglich zu beobachtende Erosion in Stellung zu bringen versucht: Allenthalben wird ja konstatiert, diagnostiziert oder vielleicht auch nur behauptet, dass das parlamentarische Gesetz die ihm zugewiesene Steuerungsrolle längst verloren habe, dass im Verfahren der Gesetzgebung faktisch die Ministerialbürokratie mit ihrem überlegenen Fachwissen das Feld beherrsche, dass überhaupt der gesamte politische Prozess von Tendenzen der Entformalisierung und Entparlamentarisierung geprägt sei, dass dazu noch die europäische Integration von den Exekutiven dominiert werde, deren Entscheidungen die Parlamente regelmäßig in eine bloße Ratifikationslage versetzten etc. Gleichwohl bleiben die Erwartungen, die sich mit den anspruchsvollen Leitbildern verbinden, grundsätzlich aufrechterhalten, als ob sich die Entwicklung dadurch wenn schon nicht eingrenzen, so doch zumindest in ihrer Bedeutung wie in ihren möglichen Folgen diskutieren ließe.

(2) Neben diese anspruchsvollen Leitbilder einer angemessenen Aufgabenverteilung sind darüber hinaus im Laufe der Zeit zunehmend entsprechende Leitbilder *angemessener Aufgabenerfüllung* getreten, die ihrerseits einer allgemeinen Vorstellung guten Entscheidens folgen. Als primärer Adressat ist dabei in den letzten Jahren erneut der Gesetzgeber in den

---

derum *Cornils* (Fn. 162), in: Depenheuer/Grabenwarter, Verfassungstheorie, § 20 Rn. 43: „ziemlich schablonenhaft“.

[176] BVerfGE 33, 125 (158 f.).

[177] Vgl. etwa BVerfGE 86, 90 (106); die Grundlagen bereits bei *D. Jesch*, Gesetz und Verwaltung, 2. Aufl. 1968, S. 26 ff., 204 ff.

[178] BVerfGE 123, 267 (351 ff.).

[179] Diese sog. Kernbereichslehre exemplarisch zusammengefasst in BVerfGE 95, 1 (15); zu ihrer spezifischen Wendung gegen den Zugriff des Parlaments auf Kompetenzen der Exekutive *Stern*, Staatsrecht II, S. 542 f.; *Schmidt-Aßmann* (Fn. 131), in: Isensee/Kirchhof, HStR II, § 26 Rn. 56 ff.

Blickpunkt gerückt, von dem man noch vor dreißig Jahren ohne großen Widerspruch sagen konnte, er schulde nichts als das Gesetz[180].

Heute schuldet er von Verfassungs wegen unter anderem: die Ausschöpfung der ihm zur Verfügung stehenden Erkenntnisquellen, eine ausreichende und nachvollziehbare Begründung, die innere Konsistenz, Widerspruchsfreiheit und Folgerichtigkeit seiner Regelungen, eine transparente, realitätsgerechte und nachvollziehbare Ermittlung der maßgeblichen finanziellen Parameter, bei schwerwiegenden Grundrechtsverletzungen ein schlüssig zu verfolgendes normatives Gesamtkonzept, nach Erlass des Gesetzes die Beobachtung seiner Folgen und gegebenenfalls seine Korrektur[181]. Dagegen mag wiederum gefragt werden, wie sich das mit den Notwendigkeiten kooperativen Aushandelns (in koalitionären Zirkeln, zwischen Regierungsmehrheit und Opposition, zwischen Bundestag und entgegenstehender Bundesratsmehrheit etc.) verträgt, von denen der Vorgang der Rechtsproduktion heute gekennzeichnet ist. Aber es geht auch hier gerade darum, gegen die Eigenlogiken dieser Praxis an den normativen Sinn der Gesetzgebung zu erinnern, der gerade in der Sicherung und Bewahrung der fundamentalen Rechte der Bürger auf gleiche Beachtung und Respekt liegt. Praktisch alle Anforderungen, die hier bestehen, sind deshalb in Zusammenhang mit der Grundrechtssicherung und der Grundrechtsausgestaltung entwickelt worden, und es ist bezeichnend, dass eine der zentralen Entscheidungen in diesem Zusammenhang, die Entscheidung zur Berechnung der Regelsätze bei Hartz IV, gerade den unmittelbar aus Art. 1 Abs. 1 GG abgeleiteten Anspruch des Einzelnen auf ein menschenwürdiges Dasein betraf[182].

Insbesondere: Bundesstaat

Die mit Abstand größten Schwierigkeiten bereitet bis heute die Integration des bundesstaatlichen Prinzips in das allgemeine Gerechtigkeitsprogramm der Verfassung. Die Folge ist eine innere wie äußere Auszehrung des Prinzips, die ihren Grund gerade in der letztlich ungelösten Sinnfrage hat. Nach seiner knappsten wie allgemeinsten Bestimmung, die aber bis heute den sachlichen Kern des vorherrschenden Verständnisses vollkommen trifft, ist ein Bundesstaat ein Staat, der aus Staaten besteht, in dem

---

180 *K. Schlaich*, Die Verfassungsgerichtsbarkeit im Gefüge der Staatsfunktionen, VVDStRL 39 (1981), 99 (109); s. dazu in anderem Zusammenhang bereits → S. 195 f.

181 Die Pflicht zur Ausschöpfung der Erkenntnisquellen bereits in BVerfGE 65, 1 (55 f.); 95, 1 (23); die Forderung nach ausreichender Begründung etwa in BVerfGE 72, 330 (405); zur inneren Konsistenz und Folgerichtigkeit BVerfGE 121, 317 (357 ff.); 122, 210 (231 ff.); das normative Gesamtkonzept in BVerfGE 128, 326 (378 ff.) – Sicherungsverwahrung; zur schätzgenauen Entwicklung der Bezugsgrößen BVerfGE 125, 175 (226 ff.) – Hartz-IV-Sätze. Zusammenfassend und – überwiegend kritisch – aus der Literatur *P. Dann*, Verfassungsgerichtliche Kontrolle gesetzgeberischer Rationalität, Der Staat 49 (2010), 630 ff.; ferner die Referate von *G. Lienbacher* und *B. Grzeszick*, Rationalitätsanforderungen an die parlamentarische Rechtsetzung im demokratischen Rechtstaat, VVDStRL 71 (2011), 7 ff. und 49 ff.

182 BVerfGE 125, 175.

also auch die einzelnen Glieder nicht bloß Selbstverwaltungseinheiten, Provinzen, Départements etc. sind, sondern selber die Qualität eines Staates haben[183]. Allerdings dürfte bereits dies eine Unterstellung sein, die nur um den Preis einer Relativierung oder Verkürzung des sonst vorherrschenden Staatsbegriffs – wie etwa des Verzichts auf das Merkmal der Souveränität – zu haben ist und wesentlich eine symbolische Funktion erfüllt[184]. In der Sache entspricht ihr aufgrund verschiedener, zusammenfassend meist auf den Begriff der Unitarisierung gebrachter Entwicklungen immer weniger eine Realität: Der offenbar übermächtige Drang nach einheitlichen Lebensverhältnissen im Bundesgebiet hat sich längst über die Idee bundesstaatlicher Vielfalt geschoben; die Länder haben im Zuge einer weitgehenden Verlagerung der Gesetzgebungskompetenzen auf den Bund und der Notwendigkeit enger Koordination in den verbliebenen Bereichen – Schule, Kultur, Gefahrenabwehr – die Spielräume zu autonomer politischer Gestaltung weitgehend verloren; der Schwerpunkt ihres Wirkens liegt mittlerweile nur noch in der Verwaltung, nämlich bei der Ausführung der Bundesgesetze; im Übrigen treten sie als wahrnehmbare politische Akteure nur noch durch ihre Beteiligung an der Bundesgesetzgebung über das Bundesorgan des Bundesrates in Erscheinung[185]. Die Begründung des bundesstaatlichen Prinzips ist dadurch heute weit unsicherer als bei allen anderen Prinzipien und Grundentscheidungen der Verfassung[186]. Von der theoretischen Ausgangslage stehen dafür mehrere Argumente im Sinne von je eigenständigen Legitimationsmodellen zur Verfügung, die ihrerseits in einer je unterschiedlichen Nähe zum Anspruch der Verfassung stehen, gute und gerechte Ordnung des Gemeinwesens zu sein[187].

---

[183] Vgl. *M. Jestaedt*, Bundesstaat als Verfassungsprinzip, in: Isensee/Kirchhof, HStR II, § 29 Rn. 9; aus der Rechtsprechung etwa BVerfGE 36, 342 (360f.).

[184] Vgl. im einzelnen *Möllers*, Staat als Argument, S. 350ff.; bezeichnend sind deshalb etwa Formulierungen wie die von der „Staatlichkeit besonderer Art", so *W. Graf Vitzthum*, Die Bedeutung gliedstaatlichen Verfassungsrechts in der Gegenwart, VVDStRL 46 (1988), 7 (54); ähnlich *J. Isensee*, Idee und Gestalt des Föderalismus im Grundgesetz, in: Isensee/Kirchhof, HStR VI, § 126 Rn. 68. Gegen die Annahme einer eigenen Staatlichkeit der Länder unter anderem *Hesse*, Grundzüge des Verfassungsrechts, Rn. 217 Fn. 1.

[185] Die Entwicklung ist vielfältig beschrieben, maßgeblich bereits *K. Hesse*, Der unitarische Bundesstaat, 1962; Böckenförde, Staat, Nation, Europa, S. 183ff.: Übergang vom „Selbstbestimmungsföderalismus" zum „Beteiligungsföderalismus"; *F. Ossenbühl*, Föderalismus nach 40 Jahren Grundgesetz, DVBl. 1989, 1230ff.

[186] So grundsätzlich auch *Isensee* (Fn. 184), in: Isensee/Kirchhof, HStR VI, § 126 Rn. 2; *Jestaedt* (Fn. 183), ebda., § 29 Rn. 30f.; gegen den Charakter als Prinzip überhaupt *E. Sarčević*, Das Bundesstaatsprinzip, 2000, S. 133ff.

[187] Zu diesen Legitimationsmodellen immer noch instruktiv *G. Kisker*, Ideologische

(1) Das *Argument der Tradition* rechtfertigt den Bundesstaat im Wesentlichen aus seinem Davor: Bundesstaatlichkeit soll danach sein, weil dadurch der historischen Entwicklung deutscher Staatlichkeit Rechnung getragen wird[188]. Mit der Idee der Verfassung als Gerechtigkeitsordnung steht das nur insofern in Zusammenhang, als in der Aufnahme dieser Tradition eben auch die allgemeinen Ordnungs- und Gerechtigkeitsüberzeugungen der Bürger repräsentiert sein könnten. Für die Bundesrepublik trägt dieses Argument indessen nur noch begrenzt, weil es sich bei den einzelnen Ländern im Wesentlichen um auf dem Reißbrett der Besatzungsmächte entstandene Kunstprodukte ohne historisches Vorbild handelt; ein die politischen Verhältnisse über Jahrhunderte hinweg bestimmender Faktor wie Preußen existiert überhaupt nicht mehr. Dasselbe gilt im Ergebnis für das *Argument kultureller Autonomie*, nach dem mit der Entscheidung für eine bundesstaatliche Ordnung bestimmte regionale und landsmannschaftliche Besonderheiten (wie solcher der Basken, der Katalanen, der Korsen) geschützt und bewahrt werden sollen; solche Besonderheiten haben sich hierzulande im Laufe der Zeit entweder abgeschliffen oder spielen für die konkrete territoriale Gliederung keine Rolle.

(2) Für alle anderen Argumente gilt demgegenüber, dass sie eher den Charakter von Hilfserwägungen oder rein funktionalen Erwägungen bekommen, gerade darum aber stärker mit den die Verfassung allgemein fundierenden moralischen Prinzipien verknüpft sind. Das nach wie vor gängigste von ihnen ist das *Argument der Gewaltenteilung*, so wie es bereits in den Federalist Papers klassisch ausbuchstabiert ist: Ebenso wie die horizontale Verteilung der Staatsgewalt auf verschiedene Organe und Funktionsträger soll auch ihre vertikale Aufteilung auf verschiedene staatliche Ebenen der Rückkehr der Tyrannei entgegenwirken, Machtmissbrauch vorbeugen, Minderheiten schützen und so individuelle Freiheit sichern[189]. Auch bei der Schaffung des Grundgesetzes, die noch ganz im Zeichen der gerade überwundenen Gewalt- und Schreckensherrschaft des NS-Regimes stand, spielte dieses Argument eine zentrale Rolle. Mit zunehmendem zeitlichen Abstand von den Ereignissen, der seither erreichten politischen und wirtschaftlichen Stabilität sowie einer ergänzenden Überwachung durch die europäischen Institutionen (vgl. Art. 7 EUV) hat allerdings seine Plausibilität stark abgenommen, so wie überhaupt schwer zu sehen ist, welcher Art die Gefährdungen für die individuelle

---

Voraussetzungen und theoretische Rechtfertigung der bundesstaatlichen Ordnung in der Bundesrepublik Deutschland, in: Probleme des Föderalismus, 1985, S. 23 ff.

[188] Vgl. bereits oben *Wolff* (Fn. 158), GS W. Jellinek, S. 33 (48 ff.).

[189] *A. Hamilton/J. Madison/J. Jay*, The Federalist Papers, 1777/78, insbes. Nr. 31 und 51.

Freiheit sein sollen, die durch einen weiteren Mechanismus der Gewaltenteilung – zusätzlich zu Parteienkonkurrenz, dem Wächteramt einer freien Presse oder einer politischen Öffentlichkeit – noch abzuwehren wären; im europäischen Rechtsvergleich lebt es sich jedenfalls in Einheitsstaaten wie Frankreich nicht von vornherein unfreier als in Bundesstaaten wie Deutschland oder Österreich.

(3) Dementsprechend sucht das *Argument der Demokratie* die Legitimität des Bundesstaats aus den Leistungen zu begründen, die er für eine wiederum anspruchsvoller verstandene demokratische Ordnung erbringt[190]. In den Ländern, heißt es dann etwa, eröffneten sich erweiterte und sachnahe Partizipationsmöglichkeiten für die Bürger; die föderale Gliederung lockere die innere Struktur der Parteien auf und biete dem politischen Nachwuchs eine Bühne; die notwendige Rücksichtnahme auf die periodischen Wahlen in den Ländern fördere auch die demokratische Responsivität der Bundesorgane; über wechselnde Regierungsbeteiligungen in Bund und Ländern werde schließlich auch die Opposition in das demokratische System eingebaut. Indessen steht und fällt das Argument mit den real bestehenden Entscheidungszuständigkeiten der Länder; gibt es für die Parlamente dort nicht viel zu regeln, machen auch die Wahlen zu ihnen wenig Sinn. Zudem wird jeder mögliche Förderungseffekt für die Demokratie konterkariert durch die in der vorletzten Föderalismusreform zwar zurückgeschraubten, aber immer noch völlig überdimensionierten Beteiligungsrechte des Bundesrates an der Bundesgesetzgebung, die jede noch so klare Wahlentscheidung auf der Bundesebene am Ende in eine informelle große Koalition münden lassen: vielleicht das größte institutionelle Problem demokratischer Politik in der Bundesrepublik überhaupt[191].

(4) Als wesentliches Argument für den Bundesstaat bleibt damit heute im Wesentlichen das *Argument sachgerechter Aufgabenerledigung*, das in seiner klassischen Variante auf die Vorzüge dezentraler, ortsnaher Problemlösung oder im neueren Konzept eines kompetitiven Föderalismus (Wettbewerbsföderalismus, Konkurrenzföderalismus etc.) auf die leistungsfördernden Effekte eines Wettbewerbs zwischen den Bundesländern vertraut[192]. Indessen haben die Länder gerade in den ihnen noch verbliebenen zentralen Zuständigkeiten wie dem Schulbereich oder der inneren Sicherheit den Nachweis höherer Leistungsfähigkeit bislang nicht wirklich

---

[190] In diesem Sinne vor allem *Hesse*, Grundzüge des Verfassungsrechts, Rn. 223 ff.

[191] *Möllers*, Demokratie (Fn. 102), S. 85.

[192] S. *H.-P. Bull*, Finanzausgleich im Wettbewerbsstaat, DÖV 1999, 269 ff.; *H. Bauer*, Entwicklungstendenzen und Perspektiven des Föderalismus in der Bundesrepublik Deutschland, DÖV 2002, 837 ff.

erbringen können, und die auf den ersten Blick möglicherweise attraktive Idee eines kompetitiven Föderalismus stößt sich schon im konzeptionellen Ausgangspunkt daran, dass man den Bundesstaat, dem alten Gedanken des Bundes entsprechend, bislang eher dem Prinzip der Solidarität verpflichtet sah; man kann deshalb nicht einfach an dem jeden Wettbewerb innerlich erst antreibenden Grundmotiv festhalten, dass der Schwächere notfalls auf der Strecke bleibt[193].

Kaum eines der Argumente hält damit einer realistischen Überprüfung stand, so dass die gerade in der Staatsrechtslehre verbreitete Feststellung, der Bundesstaat habe sich alles in allem „bewährt", vielleicht doch eher der Gewöhnung geschuldet ist als begründbarer Überzeugung[194]. Letztlich könnte bereits die Vielfalt der Argumente und ihr unklares Verhältnis zueinander ein Indiz dafür sein, dass der eigentliche Grund der Bundesstaatlichkeit heute unklar geworden ist, sich vielleicht sogar im Laufe der Zeit ganz verloren hat; die Legitimation trägt die Züge eines Patchworks, aus dem sich jeder die ihm passenden Bruchstücke heraussuchen kann, die dann überdies im Laufe der Zeit wechseln können.

Die Folgen dieser Orientierungslosigkeit liegen offen zutage. In keinen Bereich der Verfassung ist so häufig eingegriffen worden wie in diesen, kein Bereich ist häufiger Gegenstand durchgreifender Reformbemühungen geworden, und in keinem Bereich war den Reformanstrengungen so wenig durchschlagender Erfolg beschieden wie in diesem: die bundesstaatliche Ordnung als Dauerbaustelle des politischen Systems. Auch über das maßgebliche und in die Interpretation der Einzelbestimmungen immer wieder hineinwirkende Leitbild hat sich über die Jahre hinweg keine Einigkeit, geschweige denn Kontinuität erzielen lassen; die Spannbreite reicht von latent einheitsstaatlichen Vorstellungen der Frühphase (der „unitarische" Bundesstaat) über eine allgemeine Idee arbeitsteiliger Zusammenarbeit in den sechziger und siebziger Jahren des letzten Jahrhunderts (der „kooperative" Bundesstaat) bis hin zu Vorschlägen einer stärkeren Entflechtung und Wettbewerbsorientierung ab den neunziger Jahren (der „kompetitive" Bundesstaat), was sich hier in einer unterschiedlich großzügigen Auslegung der Kompetenzbestimmungen, dort in einem unterschiedlich großzügigen Umgang mit Phänomenen der sog. Mischverwaltung niedergeschlagen hat[195]. In alledem mag man ein Indiz dafür sehen, dass die Stabilität einer Verfassung selbst in ihren substanziellen Re-

---

193 Vgl. BVerfGE 72, 330 (419); 101, 158 (220f.).

194 Referiert bei *Bauer*, in: Dreier, GG, Art. 20 (Bundesstaat) Rn. 21 m. w. N.

195 Vgl. einerseits BVerfGE 32, 145 (156); 39, 96 (120): „grundgesetzliches Verbot der sog. Mischverwaltung"; dieses wurde dann von BVerfGE 63, 1 (40) zu einem „Grundsatz eigenverantwortlicher Aufgabenwahrnehmung" aufgeweicht, bevor dann die neuere Rechtsprechung unter Rückgriff auf die frühere Formel wieder auf eine deutlich restriktivere Linie umschwenkte, vgl. BVerfGE 108, 169 (182); in der Sache auch BVerfGE 119, 331 (365f.). Zur Auslegung der Kompetenzbestimmungen *C. Calliess*, Die Justiziabilität des Art. 72 Abs. 2 GG vor dem Hintergrund von kooperativem und kompetitivem Föderalismus, DÖV 1997, 889ff.

gelungsschichten wesentlich davon abhängt, ob die darin entworfene Lösung für die Grundlagenprobleme einer politischen Ordnung überzeugt oder nicht.

V. Öffnung nach außen

Abgerundet und zugleich überlagert werden diese Bestandteile einer inneren Verfassungssubstanz heute durch eine prinzipielle Transzendierung der nationalen Perspektive, wie sie im Text selbst an verschiedener Stelle zum Ausdruck gebracht ist: in der Präambel durch die Bekundung des Willens, „als gleichberechtigtes Glied in einem vereinten Europa dem Frieden der Welt zu dienen", in Art. 1 Abs. 2 GG durch das Bekenntnis zur Idee universaler Menschenrechte „als Grundlage jeder menschlichen Gemeinschaft, des Friedens und der Gerechtigkeit in der Welt", im mittlerweile einhellig so gedeuteten Verfassungsauftrag des Art. 23 GG zur Mitwirkung in der Europäischen Union zwecks „Verwirklichung eines vereinten Europas", in der Ermächtigung zur Übertragung von Hoheitsrechten auf zwischenstaatliche Einrichtungen und zur Eingliederung in ein System gegenseitiger kollektiver Sicherheit nach Art. 24 GG, in der Aussage des Art. 25 GG, dass die allgemeinen Regeln des Völkerrechts zugleich Bestandteil des Bundesrechts mit Vorrang vor den Gesetzen sind. Zusammen und in der Bedeutung, die die Interpretation ihnen mittlerweile zugemessen hat, runden sich diese verstreuten Einzelaussagen zu einem Grundprinzip der Öffnung nach außen, das heute die Identität der Verfassung wesentlich mitbestimmt, auch wenn es an einem einheitlichen Begriff noch fehlt und es bislang eher nur in seinen verschiedenen Einzelaspekten zur Sprache gebracht wird. Man redet dann etwa von einem insgesamt gewandelten „Souveränitätsverständnis", von der „Europa- oder Völkerrechtsfreundlichkeit" des Grundgesetzes, von der Veränderung der Staatsvorstellung hin zu „offener Staatlichkeit", zum „kooperationsoffenen Verfassungsstaat" oder gar zur „Überstaatlichkeit", um die allgemeine Intuition in verschiedenen Kontexten oder auf verschiedenen Anwendungsebenen zur Geltung zu bringen[196]. Für den Staat geht es insoweit darum, die mit der Eingliederung in überstaatliche Zusammenhänge ver-

[196] Souveränitätsverständnis: BVerfGE 123, 267 (346); Völkerrechtsfreundlichkeit u. a.: BVerfGE 111, 307 (317); 128, 326 (365); Europarechtsfreundlichkeit: BVerfGE 123, 267 (347); offene Staatlichkeit: u. a. *Pernice*, in: Dreier, GG, Art. 23 Rn. 5; ferner etwa *U. Di Fabio*, Der Verfassungsstaat in der Weltgesellschaft, 2001, S. 31 ff. („offene Verfassungsstaatlichkeit"); kooperationsoffener Verfassungsstaat: *S. Hobe*, Der kooperationsoffene Verfassungsstaat, Der Staat 37 (1998), 521 ff.; *ders.*, Der offene Verfassungsstaat zwischen Souveränität und Interdependenz, 1998; Überstaatlichkeit: *F. Schorkopf*, Grundgesetz und Überstaatlichkeit, 2007.

bundenen Verluste an Souveränität verfassungsrechtlich zu rechtfertigen, abzusichern oder auch erst einzufordern. Für die Verfassung selbst geht es demgegenüber darum, den Diskurs über sie zu den entsprechenden Diskursen der europäischen und internationalen Ebenen in Beziehung zu setzen, Impulse aus den dort anzutreffenden Rechts- und Verfassungsordnungen aufzunehmen sowie selber in diese auszusenden und in alledem auch ihre spezifische Gerechtigkeitskonzeption mit den dort anzutreffenden Gerechtigkeitskonzeptionen enger zu verbinden.

Moralischer Grund

Ihre letzte und eigentliche Legitimation findet diese Verbindung darin, dass alle beteiligten Rechts- und Verfassungsordnungen auf demselben moralischen Grund beruhen, so wie es für die Europäische Union durch die Zusammenfassung der gemeinsamen Werte in Art. 2 EUV nun auch ausdrücklich festgehalten ist. Die Gerechtigkeitskonzeption des Grundgesetzes fügt sich darin bruchlos ein, weil sie in ihrem Ausgangspunkt eine universale Konzeption ist, die in ihm selber nur auf eine besondere Weise entfaltet ist: in einer charakteristischen institutionellen Gestalt, inmitten einer gewachsenen rechtskulturellen Tradition, mit den ideellen Anreicherungen, die sie im Lauf ihrer Anwendung erhalten hat. Mit ihrem Sinnmittelpunkt, dem fundamentalen Recht auf gleiche Beachtung und Respekt, schließt sie aber immer schon die ganze Menschheit ein und ist insofern auf Öffnung, Verbindung und Verbreiterung aus sich heraus angelegt. Ein Abgrenzungs- oder Alleinstellungsmerkmal enthält sie dementsprechend nur gegenüber solchen Konzeptionen, die ihr diametral entgegengesetzt sind, wie es für die Bundesrepublik bis zum Fall des Eisernen Vorhangs im Verhältnis zur damaligen DDR kennzeichnend war; hier begründete und beschrieb sie politische Identität auch und gerade *gegen* eine andere Ordnung. Wo dies nicht der Fall ist, treten dagegen automatisch die Gemeinsamkeiten und das Verbindende in den Vordergrund. Aus diesem Grund ist dem Grundgesetz die Eingliederung in einen Zusammenhang, der sich wie die Europäische Union genau dieser Konzeption verpflichtet hat, von Anfang an als Zielbestimmung eingeschrieben, ebenso wie sich von hier aus auch der Beitritt zu den europäischen oder internationalen Menschenrechtspakten von selbst versteht. Dazu kommen gerade im Falle der Europäischen Union die vielen faktischen Zwänge, die eine solche Eingliederung heute unabweisbar machen: die Verluste an staatlicher Steuerungs- und Handlungsfähigkeit, die wachsende Verflechtung der Märkte, die neue Dominanz transnationaler Finanzakteure, die dann allesamt eben nur noch dadurch aufgefangen werden können, dass sich die Einzelstaaten zu größeren Einheiten zusammenschließen in der Hoffnung, dadurch zumindest einen Teil der verlorenen Gestaltungsmöglichkeiten zurückzugewinnen. Aber möglich ist das eben nur, weil und soweit sie auf derselben Wertgrundlage beruhen, und je offensichtlicher dies der Fall ist, desto eher wird ein solcher Zusammenschluss auch unter einem moralischen Gesichtspunkt zwingend[197]. Im Fall der Bundesrepublik kommt noch die bis heute nachwirkende, sie nach wie vor tief prägende Erfahrung von zwei Weltkriegen dazu, die zu einem wiederum moralisch stark aufgeladenen Friedensgebot im Grundgesetz geführt hat; auch dies trägt dazu bei, dass Öffnung nach außen, europäische Integration und internationale Zusammenarbeit die Qualität einer auch inneren Verpflichtung erhalten, wie sie in allen Debatten über diese Fragen immer wieder zutage tritt.

Es ist das Gewicht dieser Verpflichtung, das dazu führt, dass die Möglichkeit eines Austritts aus der Europäischen Union, wie sie nun durch Art. 50 EUV ausdrücklich eröffnet ist, hierzulande – anders als in Großbritannien – gar nicht öffentlich diskutiert wird, als rührte man damit an ein Tabu. Juristen verweisen hier gerne darauf, dass Art. 23 GG nicht nur als Ermächtigung, sondern ausdrücklich als Staatszielbestimmung und rechtsverbindlicher Auftrag gefasst ist, so dass ein solcher Austritt ohne nochmalige Änderung der Verfassung wahrscheinlich gar nicht möglich wäre[198]. Aber Art. 23 GG könnte diese Wirkung gar nicht entfalten, wenn er nicht Ausdruck einer von allen Verantwortlichen tief empfundenen Verpflichtung wäre, die heute zur Staatsräson der Bundesrepublik einfach dazugehört[199]. Im Falle der Europäischen Menschenrechtskonvention führt diese dazu, dass immer wieder einzelne Urteile des EGMR, die für sich durchaus als Übergriffe in ein eingespieltes System des Grundrechtsschutzes empfunden werden könnten, trotz allen Murrens in den Instanzen bis hinauf zum Bundesverfassungsgericht zuletzt immer hingenommen werden: Man weiß, wie es um die Menschenrechte in anderen Konventionsstaaten wie Russland oder der Türkei immer noch bestellt ist, welche gar nicht zu unterschätzende Bedeutung die Rechtsprechung des EGMR hier hat und welche fatale Signalwirkung es hätte, wenn sich ausgerechnet die Bundesrepublik über sie offen hinwegsetzte.

Leitbilder

Die Folge dieser Eingliederung besteht in einer grundsätzlichen Öffnung für Einflüsse von außen, durch die ihrerseits verschiedene traditionelle

---

[197] Entsprechend wird eben auch die Forderung nach einer europäischen Verfassung vielfach moralisch begründet, vgl. nur *Habermas*, Die Verfassung Europas, S. 39ff.

[198] Vgl. nur *Jarass*, in: Jarass/Pieroth, GG, Art. 23 Rn. 4; *Streinz*, in: Sachs, GG, Art. 23 Rn. 10.

[199] Charakteristisch Formulierungen wie in BVerfGE 123, 267 (346): „Überwindung des zerstörerischen europäischen Staatenantagonismus", „überragende politische Ziele der Bundesrepublik" etc.

Konzepte und Ordnungsideen der Verfassung aufgebrochen werden. Diese runden sich ihrerseits zu einem allgemeinen Leitbild der Offenheit, das schließlich auch die Art und Weise des Umgangs mit der Verfassung selbst ergreift.

(1) Die erste und bekannteste dieser Öffnungen betrifft das *Konzept der Staatlichkeit*, die immer weniger an älteren Vorstellungen des souveränen, sich selbst genügenden Nationalstaats und immer stärker am Bild des Mitgliedstaates, des in internationale Ordnungszusammenhänge eingebundenen Staates oder ganz allgemein des in seiner Souveränität vielfältig beschränkten Staates orientiert wird[200].

Bekanntlich ist umstritten, ob die Souveränität als solche oder wenigstens ein Minimum an Souveränität zu den von Art. 79 Abs. 3 GG absolut geschützten Bestandteilen der Verfassung gehört, die nur im Wege einer völligen Verfassungsneuschöpfung aufgegeben werden dürfen[201]. Das kann und muss an dieser Stelle nicht entschieden werden. Es spricht immerhin für sich, dass die entsprechende Integrationsgrenze erstmals zu dem Zeitpunkt formuliert wurde, als mit dem Vertrag von Maastricht die Möglichkeit der Eingliederung der Bundesrepublik in einen europäischen Bundesstaat unter Preisgabe ihrer Souveränität plötzlich real erschien[202]; zuvor war die Sache offenbar kaum jemandem aufgefallen. Das könnte ein Indiz dafür sein, dass sich auch an dieser Stelle politische Kommunikation und Kommunikation über Verfassung ineinander verschränken und dass in der Folge selbst die vermeintlich änderungsfesten Kerne inhaltlichen Anreicherungen zugänglich sind, die dann bei entsprechender Notwendigkeit auch wieder zurückgenommen werden können, möglicherweise vom Bundesverfassungsgericht in einer neuerlichen Volte auch einfach nur dahin bagatellisiert werden, so sei das alles gar nicht gemeint gewesen. Auch die Gegner weiterer Integrationsschritte sollten sich deshalb nicht vorschnell in Sicherheit wiegen, zumal sich der Verlust von Souveränität nicht übergangslos von heute auf morgen, sondern aller Erfahrung nach in Gestalt immer weiterer, für sich allein aber möglicherweise gar nicht weiter bedeutsamer Kompetenzübertragungen, also als ein Vorgang schleichender Auszehrung, voll-

---

[200] Von „Mitgliedstaaten“ spricht durchgängig das Europarecht, vgl. nur Art. 4 EUV; weitere Wendungen sind die vom „offenen“, „kooperationsoffenen“ Verfassungsstaat etc. (Fn. 196).

[201] Dafür BVerfGE 123, 267 (343); aus der Literatur statt vieler – weil besonders prononciert – nur *C. Hillgruber*, Der Nationalstaat in der überstaatlichen Verflechtung, in: Isensee/Kirchhof, HStR II, § 32 Rn. 40 f.; dagegen etwa *Bryde*, in: von Münch/Kunig, GG, Art. 79 Rn. 49a; *Maurer*, Staatsrecht I, § 4 Rn. 21 f.

[202] Grundlegend insoweit *P. Kirchhof* in verschiedenen Veröffentlichungen, s. u. a. *ders.*, Brauchen wir ein neues Grundgesetz?, 1992, S. 37 ff.; Europäische Einigung und der Verfassungsstaat der Bundesrepublik Deutschland, in: J. Isensee (Hrsg.), Europa als politische Idee und als rechtliche Form, 1993, S. 63 ff., zuvor möglicherweise bereits *T. Schilling*, Die deutsche Verfassung und die europäische Einigung, AöR 116 (1991), 32 (54 f.); ferner etwa *P. M. Huber*, Maastricht – ein Staatsstreich?, 1993, S. 22 f.

zieht; hier wird niemand den exakten Punkt benennen können, von dem an Souveränität in Nicht-Souveränität umschlägt[203].

(2) Eine zweite Öffnung betrifft das *Konzept politischer Gemeinschaft*, das nun von der Verfassung selbst aus tendenziell inklusiver wird. Sinnfällig dafür ist der Umstand, dass die Anzahl der Rechte, die ausschließlich den eigenen Staatsangehörigen zukommen, im Laufe der Zeit immer kleiner geworden ist.

Der Anspruch auf Gewährleistung des Existenzminimums ist nun auch ausdrücklich als ein allgemeines Menschenrecht anerkannt; im Grundrechtsbereich ist die Beschränkung des Schutzbereichs einiger Grundrechte auf Deutsche schon seit langem durch den stattdessen praktizierten Rückgriff auf Art. 2 Abs. 1 GG relativiert und für Unionsbürger mittlerweile völlig gegenstandslos; das kommunale Wahlrecht, vom Bundesverfassungsgericht noch 1990 strikt auf das „deutsche Volk" begrenzt, ist mittlerweile durch Art. 28 Abs. 2 S. 3 GG auch den in den jeweiligen Gemeinden ansässigen Unionsbürgern eingeräumt[204]. So bleibt als letzte Bastion eines um die Nationalität zentrierten Gemeinschaftsverständnisses im Wesentlichen nur das Wahlrecht auf Bundes- und Landesebene, aber auch hier wird in der Verfassungsrechtswissenschaft bereits über Lockerungen und Ausweitungen diskutiert[205].

(3) In alledem verändert sich aber auch das *Bild der Verfassung selbst*, die ebenfalls für die Einflüsse der anderen Rechtsebenen geöffnet, europäisiert und internationalisiert wird, so wie es mit den Begriffen ihrer Europa- und Völkerrechtsfreundlichkeit, ihrer Integrations- oder Kooperationsoffenheit ausgedrückt ist. In der Folge kann sich auch ihr konkreter Inhalt verändern, sei es eben aufgrund ausdrücklicher Textänderungen wie der Einführung des Kommunalwahlrechts für Unionsbürger, sei es in Gestalt von Neu- oder Uminterpretationen wie etwa im Falle der sachlichen Erstreckung der Deutschengrundrechte auf diese (→ S. 122 ff.). Damit verändert sich aber zwangsläufig auch der Stil der Verfassungsanwendung, also die Art und Weise, in der über Verfassung kommuniziert wird:

---

[203] Eine differenziertere Liste von Kriterien präsentiert *S. Haack*, Verlust der Staatlichkeit, 2007, zur Anwendung auf Europa dort S. 151 ff. Das Bundesverfassungsgericht hat zuletzt im Lissabon-Urteil immerhin versucht, einzelne nicht übertragbare Vorbehaltsbereiche zu benennen, vgl. BVerfGE 123, 267 (359 ff.), allerdings maßgeblich bezogen auf das Demokratieprinzip. Um die dort ebenfalls genannte – und eher weich gezeichnete – Budgethoheit könnte es freilich ebenfalls bald geschehen sein; vor dem Vertrag von Maastricht hätte man ja vielleicht noch die Währungshoheit unproblematisch dazugezählt.

[204] S. demgegenüber noch BVerfGE 83, 37 ff., 60 ff. Zur Anerkennung des Anspruchs auf das Existenzminimum als Menschenrecht nunmehr BVerfG, NVwZ 2012, 1024.

[205] S. dazu mit je eigenen Lösungsansätzen die Referate von *C. Walter* und *K. F. Gärditz*, Der Bürgerstatus im Licht von Migration und europäischer Integration, VVDStRL 72 (2012), i. E.

Auch hier machen sich die Importe der anderen Rechtsordnungen bemerkbar, schieben sich die mit ihnen je verbundenen rechtskulturellen Deutungs- und Argumentationsmuster in die hiesigen Deutungs- und Argumentationsmuster hinein[206]. Auf die Verfassung selbst bezogen bedeutet Offenheit so gesehen und in ihrem eigentlichen Kern auch ihre Fähigkeit zur Selbsttransformation.

Ableitungen

Die Fähigkeit zur Selbsttransformation der Verfassung geht allerdings nicht bis zur Selbstaufgabe oder Selbstauflösung, sondern ist sowohl in zeitlicher als auch in sachlicher Hinsicht begrenzt. In zeitlicher Hinsicht können sich die entsprechenden Veränderungen nicht übergangslos von heute auf morgen vollziehen, sondern in einem langsamen und behutsamen, oft auch inkrementellen Prozess wechselseitiger Anpassung, in dem es nie gleich um das Ganze geht. In sachlicher Hinsicht stehen alle Veränderungen unter dem Vorbehalt, dass sie ihrerseits mit der bestehenden, die Einheit und Identität konstituierenden Substanz der Verfassung verträglich sind, und zwar in der Gestalt, in der sie historisch gewachsen und in den bisherigen Kommunikationen über Verfassung ausgeformt worden ist. Deshalb hat das Bundesverfassungsgericht die innerstaatliche Geltung des Europarechts von Anfang an an bestimmte Bedingungen geknüpft, wie sie nun in Art. 23 Abs. 1 GG kodifiziert und weitergedacht worden sind, deshalb reserviert es für sich neuerdings ausdrücklich eine Prüfungskompetenz, ob „der unantastbare Kerngehalt der Verfassungsidentität des Grundgesetzes“ im Fortgang der Europäischen Union gewahrt ist[207], deshalb will es die Gewährleistungen der Europäischen Menschenrechtskonvention und der Entscheidungen des EGMR nur „im Rahmen methodisch vertretbarer Gesetzesauslegung“ und keineswegs „schematisch“ berücksichtigen, und deshalb verzichtet das Grundgesetz – in Wahrheit sein wichtigster Anwender – nicht „auf die in dem letzten Wort der deutschen Verfassung liegende Souveränität“, auch wenn dieses faktisch längst woanders gesprochen werden mag[208]. Der Sinn dieser Rhetorik wäre völlig missverstanden, wenn man darin nur den Versuch einseitig-nationaler Abschottung sehen wollte, die Errichtung einer Wagenburg, in die niemand eindringen darf[209]. Es geht vielmehr darum, die

---

[206] Vgl. die zutreffende Beobachtung von *Wahl*, Herausforderungen und Antworten, S. 101 f.
[207] BVerfGE 123, 267 (354).
[208] BVerfGE 111, 307 (323, 318).
[209] In diese Richtung geht allerdings die oft heftige Kritik, vgl. exemplarisch *D.*

allfälligen Anpassungsprozesse zu verlangsamen und durch Aufbau einer eigenen Vetoposition zugleich sicherzustellen, dass sie auch in die andere Richtung – zum Unionsrecht, zur EMRK, zu den europäischen Gerichten – und insoweit dialogisch, in Vorgängen wechselseitiger Rezeption und wechselseitigen Lernens erfolgen[210]. Ebenso wenig liegt der Sinn darin, lediglich eine Übereinstimmung in den äußersten und allgemeinsten Prinzipien der jeweiligen Rechtsordnung sicherzustellen. Eine solche ist längst gegeben und es gibt niemanden, der sie ernsthaft in Frage stellt. Es geht vielmehr darum, den Dialog und die wechselseitige Rezeption auch auf die Anreicherungen zu erstrecken, die diese Prinzipien in der bisherigen Praxis ihrer Anwendung, also in den vielfältigen Kommunikationen einer gerade darin gewachsenen Verfassungsgemeinschaft erhalten haben: die spezifische Zuordnung von normativem Individualismus und Gemeinschaftsbindungen in den Grundrechten des Grundgesetzes, ihre daraus resultierende Schutz- und Förderdimension, ein bestimmtes Demokratieverständnis, ein in der Verfassung zentriertes Modell von Sozialstaatlichkeit, möglicherweise auch die verbliebenen Reste einer föderalen Substanz, schließlich und weitergehend überhaupt die zu einzelnen Teilfragen und Teilbereichen entwickelten Auslegungen. Das Wesen des gesamten Vorgangs liegt damit in einem Abgleich unterschiedlicher Explikationen *derselben* Gerechtigkeitsauffassung.

Eine nicht unwesentliche Folge ist es, dass diese dadurch von ihrer positivrechtlichen Einkleidung wieder stärker auf ihren eigentlichen moralischen Grund zurückgeführt wird, weil darin die einzige Basis für eine gelingende Verständigung liegt: Treten verschiedene Rechtsordnungen in einen Dialog miteinander, kann die Sprache, in der sie miteinander kommunizieren, nicht mehr die einer bestimmten positiven Rechtsordnung sein[211]. Sichtbar wird diese Entwicklung derzeit vor allem im Grundrechtsbereich, in dem sich bisherige national geprägte Auslegungsstandards und allgemeine menschenrechtliche Argumentation immer mehr verschränken. Internationalität bedeutet so gesehen auch eine Verstärkung des Gewichts moralischer oder moralphilosophischer Argumente in juristischen Diskursen.

Halberstam/C. Möllers, The German Constitutional Court Says „Ja zu Deutschland!“, German Law Journal 10 (2009), 1241 ff.

[210] Grundsätzlich richtig deshalb BVerfGE 128, 326 (369): Das vielzitierte „letzte Wort“ der deutschen Verfassung steht dem Dialog der Gerichte „nicht entgegen, sondern ist dessen normative Grundlage“.

[211] Richtig beobachtet von *C. Möllers*, Globalisierte Jurisprudenz, ARSP Beiheft 2001, 41 (49 ff.).

VI. Zusammenfassung

In alledem erhält die Verfassung den Charakter einer grundlegenden moralischen Konvention, in der die gesellschaftlichen Ordnungs- und Gerechtigkeitsvorstellungen aufbewahrt und aus der heraus sie selber in verschiedene Richtungen hin weiterentwickelt werden. Diese Konvention kreist um die normative Leitidee eines fundamentalen Rechts auf gleiche Beachtung und Respekt, wie es in der Menschenwürdegarantie zusammengezogen ist; sie nimmt hier sowie in den Grundrechten ein Element wechselseitiger Anerkennung, gemeinschaftlicher Verantwortung und gemeinschaftlicher Bindung auf, so wie es in der Formel vom Menschenbild des Grundgesetzes ausgedrückt ist; sie verdichtet sich in der Deutung des demokratischen Prinzips zu einer Vorstellung von Demokratie als gemeinsames Unternehmen einander als Freie und Gleiche anerkennender Bürger, bindet das staatliche Handeln in der Entscheidung für den Rechtsstaat an das Formelement des Rechts, in der Entscheidung für den Sozialstaat an das Ziel der Herstellung einer gerechten Sozialordnung und richtet gerade um der Verwirklichung dieser Ordnungsideen willen Organe, Formen und Verfahren ein, die ihrerseits der Vorstellung einer angemessenen und sachgerechten Aufgabenerledigung verpflichtet sind. Zugleich drücken diese Prinzipien und Ordnungsvorstellungen das aus, was man allgemein die *Gerechtigkeit der Verfassung* nennen kann, und zwar nicht im Sinne einer Groß- oder Leerformel, die mit allem und jedem aufgeladen werden kann, sondern als Chiffre für ein genau so und nicht anders bestimmtes Zuordnungsverhältnis von Individuum und Gemeinschaft[212]. „Substanz“ heißt sie deshalb, weil alle Einzelaussagen der Verfassung auf sie zurückgeführt und von ihr aus überhaupt erst begriffen werden; gerade darin erweisen sich dann ihre Einheit und ihre Identität. Natürlich ist bei Lichte besehen jedermann klar, dass diese Substanz nicht in jeder Einzelanwendung der Verfassung unmittelbar präsent ist, dass es innerhalb der Verfassung zahlreiche Normen und Einzelbestimmungen gibt, die zu ihr in einer allenfalls theoretischen oder möglicherweise sogar überhaupt keinen Beziehung stehen, und dass es sich bei der Einheit und Identität der Verfassung in hohem Maße um Fiktionen handelt, die zu dekonstruieren ein Leichtes ist. Aber sie bestehen eben auch in nichts anderem als einer generalisierten Bereitschaft der Interpreten, alle Einzelbestimmungen und Einzelaussagen der Verfassung im Falle des Falles auf eine solche Substanz zurückzuführen. Es ist dann nicht verwunderlich, wenn man in den letzten Jahren und Jahrzehnten verstärkt versucht hat, sie unter bestimm-

[212] Vgl. *Heinig*, Der Sozialstaat im Dienst der individuellen Freiheit, S. 147.

te einheitliche Gesichtspunkte zu bringen und so das alte Desiderat einer spezifischen Verfassungstheorie des Grundgesetzes zu erfüllen, sei es in der Deutung der Verfassung als „Gegenseitigkeitsordnung", sei es unter einer neuen Trias von „Vielfalt, Sicherheit und Solidarität", sei es im Sinne ihrer Rekonstruktion aus der „Diskurstheorie des demokratischen Rechtsstaats" oder dem Programm eines „liberalen Kommunitarismus"[213]. Darüber ließe sich im Einzelnen vieles sagen. Alle diese Versuche geben aber derselben Grundintuition Ausdruck, dass es eine die einzelnen Teile der Verfassung inhaltlich verbindende ideelle Substanz gibt und dass man diese Substanz auch benennen kann.

---

[213] Verfassung als Gegenseitigkeitsordnung: *Haverkate*, Verfassungslehre; Vielfalt, Sicherheit und Solidarität: *Denninger*, Menschenrechte und Grundgesetz, S. 13 ff.; Diskurstheorie des demokratischen Rechtsstaats: *Habermas*, Faktizität und Geltung, S. 109 ff., 166 ff.; liberaler Kommunitarismus: *Brugger*, Liberalismus, Pluralismus, Kommunitarismus, S. 253 ff.

§ 8

Die Normativität der Verfassung

Die offene Flanke einer Verfassung, die in dieser Weise und selbst in ihrer Substanz zu den gesellschaftlichen Überzeugungen hin durchlässig ist, ist zweifellos ihre Normativität. Damit wird in einer klassischen, meist auf Philipp Heck zurückgeführten Formulierung ganz allgemein das Vermögen des Rechts bezeichnet, die Lebensverhältnisse zu regeln[1]. Oft wird statt von Normativität auch von Geltung, Verbindlichkeit oder Wirksamkeit der Verfassung gesprochen, als seien dies nur unterschiedliche Bezeichnungen für dieselbe Sache[2]. Darin könnte jedoch bereits die Quelle für eine Reihe von Missverständnissen oder Fehlvorstellungen liegen, die über das Wesen von Normativität in Umlauf sind und letztlich alle um jene offene Flanke kreisen.

(1) Die erste dieser Fehlvorstellungen betrifft den Gegenstand von Normativität, die oft nur einseitig oder unreflektiert auf den Text der Verfassung bezogen wird. Wird die Verfassung wie hier als Prozess, nämlich als Resultat und Summe der über sie geführten Kommunikationen begriffen, kann das nicht richtig sein. Die Verfassung als Norm ist dann mit dem Text nicht identisch, sondern das, was in diesen Kommunikationen daraus gemacht wird: also der Text ergänzt um das ungeschriebene Verfassungsrecht, um Leitbilder und andere ideelle Sinngehalte, um das Rechtsprechungsrecht des Bundesverfassungsgerichts und anderer Gerichte, um seine Ausfüllung durch die politische Praxis oder durch die Bürger selbst. Normativ kann unter diesen Voraussetzungen nicht der Text als solcher sein, sondern eben nur „das, was wir mit ihm machen"[3].

(2) Eine zweite, unmittelbar damit zusammenhängende Fehlvorstellung betrifft den Vorgang der Erzeugung von Normativität. Normativität wird danach rein statisch begriffen, als etwas immer schon Vorhandenes, das jeder Anwendung der Verfassung unverrückbar vorausliegt und sich dem Anwender von oben her gleichsam aufzwingt. Auch das kollidiert

---

[1] Vgl. *Morlok*, Was heißt und zu welchem Zweck studiert man Verfassungstheorie?, S. 137.

[2] Ganz klar in diesem Sinne etwa *Böckenförde*, Staat, Verfassung, Demokratie, S. 68: „Normativität der Verfassung meint ihre Geltung."

[3] *Busse*, Juristische Semantik, S. 231 f.

mit der Offenheit, Beweglichkeit und Lernfähigkeit der Verfassung, die heute unbestritten zu ihren tragenden Eigenschaften gehören. Es kann deshalb die vielfältigen Wandlungen nicht erklären, die die Verfassung als Folge dieser Offenheit durchlaufen hat und bis heute durchläuft. Von einem statischen Verständnis von Normativität aus können alle diese Wandlungen nur als „Unfälle“ erscheinen, als Fälle gerade eines Versagens von Normativität[4]; bestenfalls sind sie Beleg für eine allgemeine Unfähigkeit des Rechts, „staatliche Machtverteilung tatsächlich zu beherrschen“, zu der die Rechtswissenschaft nur schweigen kann[5]. Der Ausweg könnte aber auch darin gesehen werden, Normativität anders und eben dynamischer zu verstehen; sie wäre dann nicht etwas immer schon Vorhandenes, sondern das Resultat einer sozialen und sprachlichen Praxis oder sogar selbst diese Praxis[6]. Statt dass nun aber dieser Ausweg gesucht und angenommen, die überkommene Vorstellung von Normativität also als unterkomplex erkannt und verworfen wird, lässt sich beobachten, dass man im Gegenteil nur umso stärker an ihr festhält und sie ihrerseits als Maßstab an die so gedeutete und gehandhabte Verfassung anlegt. Ergebnis ist die Annahme, eine Verfassung dieser Art habe überhaupt keine Normativität. Das widerspricht jeder Alltagserfahrung und ignoriert, dass die Verfassung sowohl von den Gerichten als auch von den politischen Akteuren als auch von der Gesellschaft insgesamt als bindende Richtschnur des Zusammenlebens behandelt und ihr von allen Seiten ein hohes Maß an Verbindlichkeit, also an steuerndem und dirigierendem Vermögen zugeschrieben wird. Eine Verfassung, die dies geschafft hat, hat ganz offensichtlich normative Kraft, und wahrscheinlich sogar eine weitaus höhere als die meisten ihrer historischen Vorläufer. Nur ist diese eben von anderer Art und muss anders begründet werden als es üblicherweise geschieht.

(3) Die dritte und letzte Fehlvorstellung schließlich betrifft die einzelnen Dimensionen der Normativität, d. h. die Art und Weise, in der sie sich konkret entfaltet und die Verfassung ihre Wirkungen hervorbringt. Sie wurde lange nur einseitig vom Rechtscharakter der Verfassung her bestimmt, auf den sich auch heute noch viele Behandlungen des Themas beschränken[7]. Charakterisiert ist sie danach im Wesentlichen durch ihren Vorrang gegenüber dem einfachen Recht einerseits und ihre Rolle als lei-

---

[4] *C. Hillgruber*, Verfassungsrecht zwischen normativem Anspruch und politischer Wirklichkeit, VVDStRL 67 (2008), 7 (20 ff.).

[5] *Jellinek*, Verfassungsänderung und Verfassungswandlung, S. 72.

[6] *Müller/Christensen*, Juristische Methodik, Rn. 225 ff.: Normativität als „strukturierter Vorgang“; Ansätze zu einer prozeduralen Theorie von Normativität auch bei *D. Burchardt*, Grenzen verfassungsgerichtlicher Erkenntnis, 2004, S. 274 ff.

[7] Vgl. die entsprechende Kritik bei *Obermeyer*, Integrationsfunktion der Verfassung und Verfassungsnormativität, S. 30 ff., 39 ff., 113 ff.

tende Prämisse für die Entscheidung anstehender Streitfälle andererseits. Indessen lässt sich schon darüber streiten, ob das Recht an sich in der Beschränkung auf die bloße Streitentscheidung zureichend erfasst ist. Erst recht passt diese Beschränkung nicht für eine Verfassung, die einen darüber hinausgehenden moralischen und politischen Anspruch erhebt; deren Wirkungen greifen zwangsläufig in andere Sphären und Schichten aus, die sich dem einfachen Bild von rechtlicher Regel und zwangsweiser Durchsetzung nicht fügen. All dies bedingt ein erweitertes Konzept von Normativität, wie es seinerseits dem erweiterten Verständnis von Verfassung als Projektion der Gerechtigkeits- und Ordnungsvorstellungen der Gesellschaft angemessen ist.

I. Erzeugung von Normativität

Das Grundgesetz selbst leistet allerdings den verschiedenen Fehlvorstellungen dadurch Vorschub, dass es selber seine Geltung als rechtliche Geltung an verschiedenen Stellen ausdrücklich anordnet und einfordert. In diesem Sinne bestimmt etwa Art. 1 Abs. 3 GG, dass die nachfolgenden Grundrechte Gesetzgebung, vollziehende Gewalt und Rechtsprechung als unmittelbar geltendes Recht binden, und Art. 20 Abs. 3 GG erstreckt diese Bindung explizit über den Begriff der „verfassungsmäßigen Ordnung", implizit über die Begriffe von „Gesetz und Recht" auf die Verfassung insgesamt. Ergänzend will das Grundgesetz in Art. 79 Abs. 3 auch noch die Gewalt, die es ändert, an seine eigenen elementaren Grundprinzipien binden. Indessen gibt es keine Norm, die sich selber garantieren kann. Erst recht gelingt das nicht einer Norm wie der Verfassung, die ohne jene „Befugnis zu zwingen" auskommen muss, die ansonsten für das Recht und seine Befolgung als konstitutiv angesehen wird[8]. Diese bleibt vielmehr abhängig von dem allgemeinen Verfassungskonsens oder von dem, was im vorliegenden Zusammenhang der „Wille zur Verfassung" genannt worden ist, also der grundsätzlichen Anerkennung der Verfassung als höchste Norm, verbunden mit der Bereitschaft, ihre Regeln auch dann einzuhalten, wenn es im konkreten Fall den eigenen Interessen zuwiderlaufen sollte[9]. Normativität verdankt sich unter dieser Prämisse aber einer paradoxen und aus sich heraus prekären Konstruktion; sie besteht und kann allenfalls rekonstruiert werden aus einer wechselseitigen Unterstellung von Verbindlichkeit, die sich als Folge dieser Anerkennung und sie

---

[8] *Kant*, Die Metaphysik der Sitten, in: ders., Theorie-Werkausgabe, Band 8, S. 338.
[9] Der „Wille zur Verfassung" bei *Hesse*, Die normative Kraft der Verfassung, S. 12ff.

selber verstärkend in langjähriger gemeinsamer Praxis ausbildet. Diese muss freilich ihrerseits eingebettet sein in eine begünstigende und ermöglichende Struktur aus halbwegs intakter Staatlichkeit, politischer Institutionenbildung, geschickter Verteilung von Kontrollkompetenzen oder auch entgegenkommenden kulturellen Dispositionen, die je für sich die Entstehung normativer Bindungen unterstützen und zusammen das ergeben, was kürzlich mit Recht als die „komplexe verfassungsstaatliche Konstellation“ bezeichnet und entfaltet worden ist[10].

Vergangenheit

Ihre Verbindlichkeit kann die Verfassung dementsprechend nicht einfach aus dem Kreationsakt einer verfassunggebenden Gewalt beziehen, die mit der erstmaligen Inkraftsetzung der Verfassung zugleich den gültigen Befehl für ihre künftige Anwendung erteilt hätte. Auch das gehört zu den vielen Fehlvorstellungen, die über das Wesen und den Grund von Normativität bis heute in Umlauf sind. Sie geht zurück auf den revolutionären Ursprung der modernen Verfassungsidee, mit der sich das Volk selbst zum Schöpfer und Urgrund allen Rechts erhob.

Ihre erste theoretische Fundierung erhielt diese Erhebung durch den Abbé Sieyès, der daraus in seiner berühmten Flugschrift „Qu’est-ce que le Tiers État“ die bis heute nachwirkende Unterscheidung zwischen dem „pouvoir constituant“ und den „pouvoirs constitués“ entwickelte. Der „pouvoir constituant“ ist die unwiderstehliche Macht, die, auf der obersten Souveränität des Volkes gegründet, die Verfassung schafft und wirksam werden lässt; kraft dieser Macht begründet und entwirft das Volk in der Verfassung seine politische Ordnung autonom und neu. Alle staatliche Gewalt soll fortan nur noch im Rahmen der Verfassung wirksam werden; sämtliche Organe sind – als „pouvoirs constitués“ – durch die Verfassung eingesetzt, in ihren Befugnissen durch sie begrenzt und in der Ausübung dieser Befugnisse an sie gebunden[11]. Die verfassunggebende Gewalt selbst dagegen, der „pouvoir constituant“, unterliegt keinen solchen Bindungen und ist niemandem Rechenschaft schuldig; sie hat die Verfassung in die Welt gesetzt, steht aber selbst außerhalb und über der Verfassung.

Die Verfassung ihrerseits erscheint damit als ein außerordentlicher Urakt der Rechtssetzung, die Antwort auf das ewige Rätsel des Anfangs, und hier liegt der Grund dafür, dass auch die Gewalt, die sie geschaffen hat, bis heute von einer Aura aus Schicksal und Geheimnis umgeben ist: als Gründung des Rechts aus mythischer Tiefe, mit der sich aus dem Alten das

---

[10] Grundlegend: *R. Wahl*, Die Rolle staatlicher Verfassungen angesichts der Europäisierung und der Internationalisierung, in: Vesting/Korioth, Der Eigenwert des Verfassungsrechts, S. 355 (366 ff.).

[11] *E. Sieyès*, Was ist der Dritte Stand, in: Abhandlungen über die Privilegien, S. 110 ff.

Neue, aus dem Chaos die Ordnung erzeugt[12]. Von hier aus mochte es naheliegen, in der souveränen Entscheidung jener Gewalt zugleich den maßgeblichen, ja einzigen Geltungsgrund der Verfassung zu sehen, wie es am reinsten in der Verfassungslehre Carl Schmitts formuliert ist: „Die Verfassung," heißt es dort in seiner letzten und äußersten Zuspitzung, „gilt kraft des existierenden politischen Willens desjenigen, der sie gibt."[13] Was zählt und die Verfassung in die Zeit hinein trägt, ist dann allein die Kraft dieser Entscheidung, während es auf alle Fragen einer inhaltlichen Legitimität, auf eine ethische Rechtfertigung oder eine Rechtfertigung im Sinne des klassischen Naturrechts nicht mehr ankommt[14]. Gegen dieses Konzept sind allerdings drei durchschlagende Einwände erhoben worden, die es jedenfalls für eine angemessene Begründung von Normativität untauglich machen. In Bezug auf die Verklärung der „Entscheidung" bei Schmitt hat schon Hermann Heller darauf hingewiesen, dass zu einer solchen Entscheidung, soll sie verbindlich werden, notwendig das Moment der Befolgung und Billigung durch denjenigen hinzutreten muss, der ihr unterworfen ist[15]. Sodann ist völlig unklar, wie die Bindung auch über den revolutionären Urknall hinaus erhalten bleibt und gesichert werden kann. Schließlich fragt der bekannte und in der Geschichte erstmals von Thomas Jefferson formulierte Generationeneinwand, mit welcher Berechtigung eine bestimmte Gruppe von Menschen ihren Willen den ihnen zeitlich Nachfolgenden überhaupt aufzwingt: „Why should any generation be bound by the decisions of its predecessors"?[16] All dies lässt fraglich er-

---

[12] Vgl. die Charakterisierungen bei *Böckenförde*, Staat, Verfassung, Demokratie, S. 90ff.: „Grenzbegriff des Verfassungsrechts", ein „Fall ‚politischer Theologie'", Übertragung „bestimmte(r) Attribute Gottes ... auf das Volk"; ferner – in kritischer Absicht – *Isensee*, Das Volk als Grund der Verfassung, passim: „Mythos".

[13] *Schmitt*, Verfassungslehre, S. 22. Zum Rätsel des Anfangs etwa *K.-H. Ladeur*, Mythos als Verfassung, in: O. Depenheuer (Hrsg.,) Mythos als Schicksal, 2009, S. 163 (166).

[14] Vgl. *Schmitt*, Verfassungslehre, S. 87. Insoweit anders *Sieyès* (Fn. 11), für den die Vorstellung der verfassunggebenden Gewalt des Volkes – bei ihm: „nation" – naturrechtlich begründet war; auch diese selbst stand daher unter den Bindungen des Naturrechts, s. S. 109ff.

[15] *H. Heller*, Staatslehre, 6. Auflage 1983, S. 277. Für Schmitt selbst stellt sich das Problem so nicht, weil auf der Grundlage seines dezisionistischen Verfassungsbegriffs die Verfassung für ihn ohnehin nicht in dem „Verfassungsgesetz", letztlich also der geschriebenen Verfassung, besteht, sondern in der vorausliegenden Gesamtentscheidung über die politische Ordnung (→ S. 27f., 86f.). Für deren Geltung reicht dann der politische Wille ihres Schöpfers voll und ganz aus; sie ist letztlich nichts anderes als dieser Wille.

[16] *J. Elster*, in: ders./R. Slagstad (Hrsg.), Constutionalism and Democracy, S. 1 (6). Die klassische Begründung bei *T. Jefferson*, etwa im Brief an J. Cartwright, 1824, abgedr. in: The Writings of Thomas Jefferson, Memorial Edition 1903–04,Vol. 16, S. 48: „Can one generation bind another, and all others, in succession forever? I think not.

scheinen, ob die Antwort auf die Frage nach dem Grund der Normativität weiter in den Tiefen des „Es war einmal“ gesucht werden kann.

Gegenwart

Aus der verfassunggebenden Gewalt des Volkes lässt sich die Normativität der Verfassung daher nur dann begründen, wenn diese gleichsam auf Dauer gestellt wird: als das, was die Verfassung durchgängig trägt und in Geltung hält[17]. Dieser Ausweg wird in der neueren Theorie der verfassunggebenden Gewalt dadurch gesucht und begangen, dass diese nun doch um Gesichtspunkte einer inhaltlichen Legitimität im Sinne der Richtigkeit und Vernünftigkeit der in der Verfassung enthaltenen Entscheidungen ergänzt wird[18]. Sie verschaffen der Verfassung im Volk eine Zustimmung, die über den Zeitpunkt der Gründung hinaus wirkt und von da an gleichsam immer mitläuft. Die verfassunggebende Gewalt ihrerseits wird dadurch ebenfalls zu einer permanenten Einrichtung; sie hat sich nicht im Akt der Verfassunggebung verbraucht, sondern bildet in Gestalt jener Zustimmung das die Verfassung auch heute noch tragende geistige Fundament[19]. Von hier aus lässt sich auch erklären, warum die Verfassung nicht nur in dem bindet, was sie einmal war, sondern auch mit allem, was aus ihr geworden ist. So gesehen enthält die Rede von der verfassunggebenden Gewalt allerdings nur eine weitere Umschreibung für den allgemeinen Verfassungskonsens oder eben den Willen zur Verfassung, den sie zugleich umfängt und normativ fundiert. Es bleibt dann aber das weitere Folgeproblem, wie man verhindert, dass diese Gewalt nach Belieben wieder über die Verfassung disponiert und auf sie zugreift. Ein solcher Zugriff ist möglich im Wege der förmlichen Aufhebung oder Änderung der Verfassung, möglicherweise auch im Wege der demokratischen Gesetzgebung als Äußerung der Volkssouveränität, möglicherweise aber auch im

---

The Creator has made the earth for the living, not the dead. Rights and powers can only belong to persons, not to things, not to mere matter, unendowed with will. The dead are not even things. ... A generation may bind itself as long as its majority continues in life; when that has disappeared, another majority is in place, holds all the rights and powers their predecessors once held, and may change their laws and institutions to suit themselves. Nothing, then, is unchangeable but the inherent and unalienable rights of man ...“

[17] So dann am Ende auch wieder *Schmitt*, Verfassungslehre, S. 91 ff.

[18] Vgl. etwa *Böckenförde*, Staat, Verfassung, Demokratie, S. 90 f.; *Isensee*, Das Volk als Grund der Verfassung, S. 74 ff.; *Stern*, Staatsrecht I, S. 148 f.; zsfd. *Winterhoff*, Verfassung – Verfassunggebung – Verfassungsänderung, S. 143 ff.

[19] Sie kann dann gegebenenfalls auch im Sinne einer Volksabstimmung eingefordert werden, wie es das BVerfG im Prozess der europäischen Integration nun versuchsweise hat anklingen lassen, vgl. BVerfGE 123, 267 (332 f.) und → S. 328 f., 337 ff.

Wege der informellen Fortbildung der Verfassung durch die „offene Gesellschaft der Verfassungsinterpreten", hinter der ja ebenfalls das Volk als Träger der verfassunggebenden Gewalt steht. Von der ursprünglichen Idee dieser Gewalt her müsste dieser Zugriff an sich unbegrenzt sein; das darf er aber nicht, wenn die Verfassung als normatives Regelwerk, als verbindliche Grundlage einer politischen Ordnung einen Sinn machen soll. Entkommen lässt sich dem letztlich nur dadurch, dass sämtliche insoweit bestehenden Begrenzungen – angefangen von den Regelungen der Art. 79 und Art. 146 GG über die vielfältigen Schranken des demokratischen Gesetzgebers bis hin zu den Grenzen der Verfassungsfortbildung durch Interpretation – ihrerseits allesamt auch als (Selbst-)Begrenzungen der verfassunggebenden Gewalt formuliert und als solche erneuert werden müssen. Theoretisch ist das, wie verschiedene Versuche in diese Richtung gezeigt haben, durchaus möglich[20]. Mit der mythenumwobenen Allmacht dieser Gewalt ist es dann aber vorbei. Vor allem muss fortan das gesamte Problem der Normativität, also die Frage, wie die Verfassung Bindungen erzeugt, wie diese Bindungen in die Zeit hinein wirksam werden und wer wen wodurch bindet, als ein Bündel interner Konflikte innerhalb der verfassunggebenden Gewalt und damit unter ein und demselben Leitbegriff diskutiert werden. Das Konzept der verfassunggebenden Gewalt dürfte damit aber endgültig mehr zu tragen bekommen, als es aushalten kann; es verstellt den Blick für die notwendigen Differenzierungen eher als dass es sie selbst ermöglicht und bleibt damit auch in solchen Weiterungen unergiebig.

Setzung

Schließlich überschätzt eine Begründung der Normativität der Verfassung aus der Idee einer verfassunggebenden Gewalt auch die Rolle, die die Normsetzung als solche dafür hat, und zwar sowohl in historischer als auch in heutiger Sicht. Tatsächlich lässt das, was mit verfassunggebender Gewalt bezeichnet ist, schon bei seinem ersten Auftritt 1948/49 wenig von dem Idealbild erkennen, dass man davon gezeichnet hat. Bei nüchterner Betrachtung ist das Grundgesetz ja nicht aus einer bewussten, kraftvollen Entscheidung hervorgegangen, sondern zwischen verschiedenen Beteiligten mühsam ausgehandelt, ihnen teils unter bestimmten historischen Zwängen auch aufgedrängt worden: das „Produkt einer Lage" mehr als ein freier Akt der Setzung, wie gerade aus der Schule Carl Schmitts ver-

---

[20] S. etwa *Böckenförde*, Staat, Verfassung, Demokratie, S. 100ff.; *H.-P. Schneider*, Die verfassunggebende Gewalt, in: Isensee/Kirchhof, HStR VII (2. Aufl.), § 158 Rn. 24ff., 29ff.

schiedentlich betont wurde[21]. Von der feierlichen Beschwörung der verfassunggebenden Gewalt in der Präambel („... hat sich das Deutsche Volk kraft seiner verfassunggebenden Gewalt dieses Grundgesetz gegeben") darf man sich deshalb nicht blenden lassen[22]. Heute tritt diese Gewalt öffentlich nurmehr in der Minderform eines verfassungsändernden Gesetzgebers in Erscheinung, der selber nur noch in den von der Verfassung vorgegebenen Bahnen agiert, als „pouvoir constituant constitué" eine eigenartige Mischung zwischen verfasster und verfassunggebender Gewalt darstellt[23]. Von der Ausgestaltung im Grundgesetz her ist dessen Betätigung praktisch ganz dem normalen Gesetzgebungsverfahren angeglichen, von dem sie nur durch das Erfordernis einer qualifizierten Mehrheit abgehoben ist. Eine wirkliche Hürde liegt darin aber nicht; im Gegenteil gehört, wie häufig kritisiert worden ist, die Organisation der entsprechenden Mehrheiten im faktischen Zweikammersystem von Bundestag und Bundesrat heute fast zum Normalfall des politischen Betriebs und ist ganz in die Routinen der entsprechenden Koppelungsgeschäfte eingebettet[24].

Was dann auf diese Weise hervorgebracht wird, hat aus sich heraus von vornherein keine Aussicht auf Dauer und Verbindlichkeit mehr, wie jedermann leicht daran ablesen kann, dass einmal erfolgte Änderungen oft schon kurz darauf wieder Gegenstand weiterer Diskussionen und Reparaturarbeiten werden[25]. Die Fähigkeit zur großen Gestaltung hat dieser verfassungsändernde Gesetzgeber, wie zuletzt in den Föderalismusreformen der Jahre 2006 und 2009 zu sehen, lange verloren; sieht man vom historischen Kraftakt der Einfügung der Notstandsverfassung, möglicherweise auch noch der ersten Reform der Finanzverfassung von 1968 ab, beschränken sich seine Eingriffe weitgehend auf einzelne punktuelle Korrekturen, die hauptsächlich den notorisch nachbesserungsbedürftigen Bereich der bundesstaatlichen Kompetenzverteilung betreffen (→ S. 66 f.). Vor allem kommt ihm auf

---

[21] *Forsthoff*, Der Staat der Industriegesellschaft, S. 61 ff.

[22] S. zum Realitätsgehalt der Präambel *Schneider* (Fn. 20), in: Isensee/Kirchhof, HStR VII (2. Aufl.), § 158 Rn. 37; *H. Meyer*, Das ramponierte Grundgesetz, KritV 76 (1993), 399 (424 f.): „fromme Lüge". Erklären lassen sich die Worte der Präambel allenfalls damit, sie enthielten gar keinen Bericht, sondern formulierten einen grundsätzlichen Anspruch auf Legitimation, so *J. Isensee*, Verfassung als „politisches Recht" in: Isensee/Kirchhof, HStR VII, (2. Aufl.), § 166 Rn. 7, 35; *Dreier*, in: ders., GG, Präambel Rn. 72. Darüber lässt sich reden; es ändert aber an dem Sachverhalt nichts.

[23] Die Formulierung etwa bei *Dreier*, Gilt das Grundgesetz ewig?, S. 41.

[24] Vgl. *Grimm*, Die Verfassung und die Politik, S. 143. Überblick über alternative Verfahren, die die Schwelle zur Verfassungsänderung erhöhen, bei *J. Masing*, Zwischen Kontinuität und Diskontinuität, Der Staat 44 (2005), 1 (4 ff.).

[25] Beispielhaft mag man die beständige Diskussion um die Gemeinschaftsaufgaben (Art. 91a ff. GG) oder sonstige Formen der Mischfinanzierung nennen, die schon kurz nach ihrer Einführung ins Gerede gerieten; bei der letzten Beschränkung der Bund-Länder-Kooperation im Bildungsbereich durch Art. 91b hat es nur wenige Wochen gedauert, bis aus der Politik wieder eine Reform der Reform gefordert wurde, vgl. *Heun*, in: Dreier, GG, Art. 91b Rn. 3.

seinem Gebiet keine Exklusivität mehr zu. Vielmehr stellt auch die als Konkretisierung begriffene Interpretation der Verfassung von ihrer Natur her selbst eine schöpferische Anreicherung und Fortbildung des Verfassungsrechts dar, ist also ebenfalls ein Stück Verfassunggebung, wie es von den Kritikern des Verfahrens klar gesehen worden ist (→ S. 139ff.)[26]. Man könnte sogar weitergehend sagen, dass diese Form der informellen Verfassungsänderung die förmliche Verfassungsänderung durch Eingriffe in den Text heute in ihrer praktischen Bedeutung weit hinter sich gelassen hat, und das trotz oder vielleicht auch gerade wegen der Häufigkeit, mit der solche Eingriffe stattfanden. In wichtigen Bereichen setzen sie aber heute keine neuen Akzente, sondern vollziehen nur den Anschluss an eine tatsächliche oder rechtliche Entwicklung nach: Die Aufnahme des Umweltschutzes als Staatsziel (Art. 20a GG) etwa hatte und hat angesichts des ohnehin bestehenden Allparteienkonsenses in dieser Frage in seinem Kern nur symbolische Bedeutung; der Europaartikel in seiner derzeitigen Gestalt (Art. 23 Abs. 1 GG) kodifiziert nur vieles von dem, was das Bundesverfassungsgericht ohnehin schon als Schranke der Integration formuliert hatte; und wenn heute verschiedentlich darüber nachgedacht wird, das Recht auf informationelle Selbstbestimmung in die Verfassung hineinzuschreiben, tut man gerade so, als ob es nicht längst dort stünde. Vor allem die grundlegende Veränderung des Geltungsanspruchs der Verfassung hin zu einer materialen Grundordnung für Staat und Gesellschaft, wie sie mit dem Lüth-Urteil eingeleitet wurde, vollzog sich weitgehend unterhalb der Ebene der Textänderung, obwohl sie für die Verfassung insgesamt folgenreicher war als alle Textänderungen zusammen.

Man kann es auch so formulieren, dass der verfassungsändernde Gesetzgeber heute lediglich und immer nur an einzelnen Stellschrauben dreht, während die großen Linien von der je aktuellen Verfassungsgemeinschaft selber in beständiger Vergegenwärtigung und Aneignung der Verfassung vorgegeben werden. Auch Bindung funktioniert deshalb nicht aus der Vorstellung einer der Verfassung gleichsam inhärenten Normativität, sondern ist immer nur als Selbstbindung innerhalb dieser Verfassungsgemeinschaft möglich; sie kann nicht anders begründet werden und ist gar nicht anders denkbar als eben als eine beständige Praxis.

Ursprungslegenden

Für das Grundgesetz selbst hat die Erinnerung an die verfassunggebende Gewalt, wie sie in der Präambel heraufbeschworen ist, dementsprechend nur eine sinnbildlich-metaphorische Funktion, die die Geltungsbehauptung unterfüttern und abstützen soll. Sie kann diese aber nicht selbständig begründen und schon gar nicht allein tragen[27]. Auch das lässt sich schon

---

[26] Im vorliegenden Zusammenhang *Masing* (Fn. 24), Der Staat 44 (2005), 1 [12ff.).

[27] Richtig m.E. *P. Kirchhof*, Die Identität der Verfassung, in: Isensee/Kirchhof, HStR II, § 21 Rn. 22, der deshalb auch zutreffend von einem „Sprachbild" spricht. Grundlegend anders insoweit *D. Murswiek*, Die verfassunggebende Gewalt nach dem

daran erkennen, dass der heutige Verbindlichkeitsanspruch des Grundgesetzes weit über denjenigen hinausgewachsen ist, der ihm bei seiner Entstehung noch zugemessen war. An das provisorische Gründungsstatut eines provisorischen Staates, als das es ursprünglich gedacht war, erinnert heute gar nichts mehr außer dem Namen; stattdessen ist es zu einer materialen Grundordnung herangewachsen, die in alle staatlichen und gesellschaftlichen Lebensbereiche ausgreift. Auch in zeitlicher Perspektive kann seine Verbindlichkeit daher nicht aus dem Einst oder einem Davor, sondern nur im Hier und Jetzt begründet werden. Dafür hat die Erinnerung an den ursprünglichen Gründungsakt durchaus noch ihre Bedeutung. Aber diese Bedeutung ist eben von anderer Art als es in der Rede von der verfassunggebenden Gewalt zum Ausdruck kommt. Sie gehört in die Bereiche des Psychologischen und des kulturellen Gedächtnisses, im Sinne der geistig- bewusstseinsmäßigen Faktoren, die Normativität als Selbstbindung einer politischen Gemeinschaft befördern und einrichten[28]. Hier entspricht sie der eines Narrativs, mit dem sich eine solche Gemeinschaft an ihren Anfang zurückbindet, so wie sich einst auch die antiken Imperien und die römische Republik an die „Überzeugung von der Heiligkeit der Gründung" zurückbanden, die sie dann in Erinnerungen und Ritualen immer wieder erneuerten und weitertransportierten[29]. Auch Verfassungen bewahren in diesem Sinne die Erinnerung an den Gründungsakt auf, bilden ihre eigenen Ursprungs- und Gründungslegenden aus, von deren Suggestiv- und Strahlkraft sie noch lange danach zu profitieren vermögen[30].

Für die amerikanische Verfassung ist dies die Geschichte von der Erringung der Unabhängigkeit und der Befreiung vom englischen Mutterland, von charismatischen Gründervätern und dem Aufbruch zu neuen Ufern, die sie schon zu ihrer

---

Grundgesetz für die Bundesrepublik Deutschland, 1978, dessen Grundthese dahin geht, das Grundgesetz habe – unter anderem in der Präambel – die Lehre von der verfassunggebenden Gewalt positiviert; in diese Richtung nunmehr auch BVerfGE 123, 267 (331 f.); *Dreier*, in: ders., GG, Art. 146 Rn. 21; dazu noch → S. 337 ff.

[28] Das Konzept bei *J. Assmann*, Das kulturelle Gedächtnis, 1992, dort insbes. S. 29 ff.; speziell zum „Mythos vom ‚historischen Sinn'" als Mechanismus zur Stabilisierung einer sozialen Gruppe S. 66 ff.

[29] So für die römische Republik *H. Arendt*, Zwischen Vergangenheit und Zukunft, 1994, S. 188. Den Hinweis auf Hannah Arendt in diesem Zusammenhang verdanke ich der vorzüglichen Darstellung von *H. Vorländer*, Gründung und Geltung, in: Melville/Vorländer, Geltungsgeschichten, S. 243 (244 ff.). Zur Bedeutung von Narrativen für Verfassungen: *T. Vesting*, Ende der Verfassung?, in: Vesting/Korioth, Der Eigenwert des Verfassungsrechts, S. 71 (82, 88 ff.).

[30] *H. Vorländer* (Fn. 29), in: Melville/Vorländer, Geltungsgeschichten, S. 243 (244 f.).

Zeit zu einer eigenen „Bibel" der Nation haben werden lassen[31]. Für die Bundesrepublik ist es die Befreiung vom Nationalsozialismus, verklärt zum Mythos von der Stunde Null, von Katharsis und Neuanfang, aus dem nun auch das Grundgesetz entstanden ist oder vielmehr bis heute begriffen wird. Gegenüber dem Nationalsozialismus präsentiert es sich dann als das ganz Andere, als vollständiger Gegenentwurf und Lehre aus dunkler Zeit, und wie lebendig diese Erzählung ist, mag man daran ablesen, dass sie in Urteilen des Bundesverfassungsgerichts bis in die heutige Zeit immer wieder beschworen wird[32]. Insofern zehrt auch das Grundgesetz durchaus von der Autorität des „Einen-neuen-Anfang-Setzens", die sich mit ihm als eine feste Vorstellung verbindet, so wie heute die jungen Demokratien des früheren Ostblocks von der Erinnerung an das Ende der Diktatur zehren[33]. Aber sie tun dies nicht im Sinne einer rechtlichen Geltungsstabilisierung, sondern in Vorgängen symbolischer Vergegenwärtigung, als Erinnerung an ein Erbe oder Vermächtnis, das es als bleibende Errungenschaft zu bewahren gilt.

Solche Erinnerungen haben dann ihrerseits für die Normativität der Verfassung eine akzidentielle, unterstützende Funktion. Andererseits kann sich keine Verfassung darauf auf ewig verlassen. Dafür ist vielmehr entscheidend, ob es ihr gelingt, eine eigene Praxis ihrer Geltung auszubilden, mit der die Gründungsgeltung nun auch in permanente Geltung transferiert wird[34].

Anerkennung

Für diese Übersetzung der Gründungsgeltung in permanente Geltung bildet die Anerkennung der Verfassung durch die Bürger den heute einverständlich als solchen gesehenen Ausgangspunkt. Die bloß formal-gewohnheitsmäßige Anerkennung im Sinne äußerer Regelhaftigkeit, stillschweigender Hinnahme oder auch nur eines Mangels an Auflehnung reicht dafür aber als Kategorie nicht aus. Als solche bildet sie vielmehr die grundsätzliche Voraussetzung jeder Rechtsgeltung überhaupt, auf die selbst Diktaturen nicht vollständig verzichten können, so wie es die Anerkennungstheorie in ihren verschiedenen Varianten seit jeher betont und später – in einer noch einmal spezifischen Prägung – Hart gegen Kelsen herausgearbeitet hat[35]. Für eine Rechtsnorm mit den spezifischen Eigen-

---

[31] S. etwa *T. Paine*, Rights of Man, 1791, Chapter IV, Part 1: „political bible of the state".

[32] BVerfGE 124, 300 (325 ff.).

[33] Diese Autorität erneut bei *H. Arendt*, Über die Revolution, 4. Aufl. 1994, S. 255 f.

[34] *Vorländer* (Fn. 29), in: Melville/Vorländer, Geltungsgeschichten, S. 243 (252 ff.).

[35] *H. L. A. Hart*, Der Begriff des Rechts, 1973, S. 128 f., 152 ff. Für Kelsen konnte demgegenüber auf der Grundlage seiner kategorialen Unterscheidung von Sein und Sollen der Geltungsgrund einer Norm nicht in einem Faktum liegen, sondern wieder nur in einer weiteren, höheren Norm; für die Verfassung konnte dies dann nur eine fiktive „Grundnorm" sein, nach der man sich so verhalten soll, wie es die Verfassung

schaften der Verfassung muss aber aus einer Reihe von Gründen mehr und anderes hinzukommen[36]. Zum einen stellt die Verfassung in Ermangelung eines spezifischen Durchsetzungsapparates höhere motivationale Anforderungen an diejenigen, die durch sie gebunden sind. Dies betrifft vor allem die Inhaber politischer Macht, denen Rechtsbindungen tendenziell lästig sind, weil sie sie in der Verfolgung ihrer Ziele auch hindern können. Es bedarf daher eines starken Gegengewichts, das die Einhaltung der Verfassung auch in diesem Fall sichert und von ihrer je aktuellen Zustimmung unabhängig macht[37]. Zum zweiten erhebt die Verfassung heute selber einen qualifizierten moralischen Anspruch, der nur aufrechtzuerhalten ist, wenn sich die Bürger mit ihm in einem weitergehenden Sinne identifizieren, er von diesen Bürgern also mit- und weitergetragen wird. Zum Dritten schließlich lebt die Verfassung als Prozess und kommunikatives Gewebe wesentlich von ihrer beständigen Aneignung, Vergegenwärtigung und Ausbuchstabierung in der jeweiligen Verfassungspraxis, ohne die sie nicht wäre, was sie heute ist. All dies bedingt eine stärkere „Verankerung des Verfassungsdenkens" in der Verfassungsgemeinschaft, als sie im Begriff der Anerkennung oder auch dem des Verfassungskonsenses zum Ausdruck kommt[38]. Entscheidend ist vielmehr eine grundsätzliche Verschränkung der Verfassung mit den in der Gesellschaft real vorhandenen politischen Ordnungs- und Gerechtigkeitsvorstellungen, also der Umstand, dass die Gesellschaft diese nun mit ihrer Verfassung identifiziert und in ihren Text hineinprojiziert, so dass sie darin nun symbolisch verkörpert erscheinen[39].

Ohne die Kraft dieser Projektion bleibt die Verfassung das „Blatt Papier", das gegen die tatsächlichen Machtverhältnisse auf verlorenem Posten steht. Insofern

---

und die auf ihrer Grundlage erlassenen Normen vorschreiben, s. *ders.*, Reine Rechtslehre, S. 196 ff. Auch Kelsen musste allerdings einräumen, dass von der Geltung einer Rechtsordnung letztlich nur dann die Rede sein könne, wenn „ihre Normen *im großen und ganzen* wirksam sind, das heißt tatsächlich befolgt werden", ebda., S. 219. Was diese Konzession für sein Theoriegebäude bedeutet, ist seit jeher umstr., vgl. *H. Dreier*, Rechtslehre, Staatssoziologie und Demokratietheorie bei Hans Kelsen, 2. Aufl. 1990, S. 91 ff. m. w. N.

[36] Grundlegend bereits *Hofmann*, Legitimität und Rechtsgeltung, S. 71 ff., insbes. S. 75 f.

[37] *Wahl* (Fn. 10), in: Vesting/Korioth, Der Eigenwert des Verfassungsrechts, S. 355 (366).

[38] Die schöne Formulierung, die die Sache auf den Punkt bringt, bei *Wahl* (Fn. 10), in: Vesting/Korioth, Der Eigenwert des Verfassungsrechts, S. 355 (367).

[39] *Vorländer* (Fn. 29), in: Melville/Vorländer, Geltungsgeschichten, S. 243 (253); s. auch bereits *Hesse*, Die normative Kraft der Verfassung, S. 13 f.: Wesentlichste Voraussetzung der normativen Kraft einer Verfassung ist, dass sie „die geistige Situation ihrer Zeit in sich aufnimmt".

trifft es den Sachverhalt eben auch nicht, wenn man sagt, die Verfassung werde lediglich von einem allgemeinen gesellschaftlichen Basiskonsens getragen. Vielmehr verkörpert sie in ihren zentralen Aussagen selber diesen Konsens, indem sie auf ganz abstrakter Ebene die Prinzipien und Wertbestände zusammenfasst, in denen eine pluralisierte und fragmentierte Gesellschaft heute einig sein kann. Zusammenfassend ist es damit gerade ihre Lesart als politische Gerechtigkeitsordnung, aus der sie ihre Normativität im Ausgang bezieht. Beides bedingt einander wechselseitig in einer paradoxen Konstruktion: Die Verfassung ist heute im gesellschaftlichen Bewusstsein verankert, weil sie die politische Gerechtigkeitsordnung dieser Gesellschaft geworden ist. Und nur weil und soweit sie diese Verankerung gefunden hat, kann sie eben auch weiterhin als eine solche Gerechtigkeitsordnung Verbindlichkeit beanspruchen.

Geltungsressourcen

Die Normativität der Verfassung beruht insofern wesentlich auf einer gemeinsamen Zuschreibung von Verbindlichkeit, die ihrerseits auf der gemeinsamen Vorstellung beruht, dass die Verfassung gute, gerechte und vernünftige Ordnung des Gemeinwesens ist. Sie ist dafür aber angewiesen auf bestimmte basale Voraussetzungen und Ressourcen, die eine solche Vorstellung begünstigen oder überhaupt erst ermöglichen[40]. Diese lassen sich mit dem nötigen Willen zur Systematisierung zu drei größeren Gruppen zusammenziehen:

(1) Eine erste Gruppe bilden die *intrinsischen Voraussetzungen*; sie betreffen die Eigenschaften, die die Verfassung von sich aus mitbringen muss, um Ansehen und Autorität zu gewinnen. Zu ihnen zählt an vorderster Stelle und gleichsam als Selbstverständlichkeit ein bestimmter Grad an inhaltlicher Rationalität, also der Umstand, dass die Verfassung – etwa in der Verteilung der politischen Macht, der Anordnung der Institutionen, den Verfahren der Willensbildung – der Gesellschaft, für die sie bestimmt ist, und ihren jeweiligen Problemen sachlich angemessen ist. Ebenfalls eine Rolle spielt der Stil, in dem eine Verfassung formuliert ist; schlichte und einprägsame Formulierungen wie „Die Würde des Menschen ist unantastbar" oder „Eigentum verpflichtet" können die Identifi-

---

[40] *D. Grimm*, Verfassungsbilanz, in: Vesting/Korioth, Der Eigenwert des Verfassungsrechts, S. 379 (384). In der Sache bestehen hier Berührungspunkte mit der von *H. Krüger* begründeten Lehre von den sog. Verfassungsvoraussetzungen, s. *ders.*, Verfassungsvoraussetzungen und Verfassungserwartungen, in: FS für U. Scheuner, 1973, S. 285 ff., daran anknüpfend etwa *J. Isensee*, Grundrechtsvoraussetzungen und Verfassungserwartungen an die Grundrechtsausübung, in: Isensee/Kirchhof, HStR IX, § 190 Rn. 49 ff. Unterschiede bestehen vor allem im Inhalt und der Gewichtung; als zentrale, alle anderen überragende Verfassungsvoraussetzung gilt in dieser Darstellung etwa die Existenz des Staates, vgl. *Isensee* a.a.O. Rn. 57, während die hier so genannten intrinsischen Voraussetzungen – s. dazu sogleich im Text – gar nicht dazugehören.

kation mit der Verfassung erleichtern, gespreizte und technokratische sie erschweren[41].

Allerdings können durchaus auch Verfassungen eine hohe Anerkennung finden, die über solche Eigenschaften nicht oder nur in eingeschränkten Maße verfügen. Das Paradebeispiel schlechthin ist die amerikanische Verfassung: Das Verfahren etwa, das sie für die Wahl des Präsidenten einrichtet, ist in der Sache völlig antiquiert, fehleranfällig und irrational, und die vielen Elogen auf ihren Stil erscheinen aus heutiger Sicht kaum mehr nachvollziehbar[42]. Gleichwohl gehört sie zu den Verfassungen, die sich bis heute einer fast kultischen Verehrung erfreuen. Umgekehrt helfen manchmal auch die besten Absichten und Formulierungen nicht, eine Verfassung vor dem Sturz in das öffentliche Desinteresse zu bewahren. Das verkennen bis heute manche politische Verantwortliche in den Bundesländern, die meinen, die Attraktivität ihrer jeweiligen Verfassungen nehme zu, wenn man sie nur hübscher und moderner verpacke; weder der hessischen noch der rheinland-pfälzischen noch einer sonstigen Landesverfassung dürfte dies im Ergebnis viel helfen. Die Geltungsvoraussetzungen einer Verfassung liegen danach offensichtlich auch oft im Unbewusst-Gefühlsmäßigen, von wo aus sie weiter gar nicht erschlossen werden können. Wichtiger von den Eigenschaften, die die Verfassung von sich aus mitbringen muss, dürfte dementsprechend eher ein richtiges Verhältnis von sprachlicher Offenheit einerseits und sprachlicher Präzision andererseits sein. Während auf der Ebene der Kompetenzverteilung und der politischen Verfahren präzise Vorgaben durchaus die Normativität erhöhen können, trifft auf der Ebene der grundlegenden Prinzipien, letztlich also dort, wo sich die Sache entscheidet, das Gegenteil zu. Entscheidend und eine wiederum paradoxe Voraussetzung von Normativität ist hier vielmehr, dass die Verfassung für unterschiedliche Deutungen offen bleibt und sich möglichst viele darin wiederfinden können[43]. Gerade deshalb konnte die Verfassung der Vereinigten Staaten mit nur wenigen Textänderungen sowohl einer Sklavenhaltergesellschaft als auch einer Gesellschaft von Freien und Gleichen als normative Grundlage ihres Zusammenhalts dienen.

(2) Eine davon zu unterscheidende zweite Gruppe bilden die *externen Ressourcen*; sie ergeben sich nicht aus der Verfassung selbst, sondern betreffen den Zustand der politischen Bezugseinheit, in dem sie zur Anwendung kommt[44]. Das Spektrum reicht hier von allgemeinen soziokulturellen Voraussetzungen (gesellschaftlichen Mentalitäten, dem allgemeinen Bildungsniveau, einem vorhandenen Zusammengehörigkeitsgefühl) über

---

[41] Zu diesem Zusammenhang etwa *A. Voßkuhle*, Verfassungsstil und Verfassungsfunktion, AöR 119 (1994), 35 (48). Im Windschatten dieser unmittelbar den Ton treffenden Bestimmungen segeln dann auch jene weit zahlreicheren mit, auf die dies nicht zutrifft; diese werden, wenn man Umfragen über das Ansehen der Verfassung anstellt, meist einfach ausgeblendet, als gäbe es sie gar nicht.

[42] Zutreffende Charakterisierung bei *Bryde*, Verfassungsentwicklung, S. 88.

[43] S. erneut *Voßkuhle* (Fn. 41), AöR 119 (1994), 35 (52 ff.).

[44] Grundlegend *Wahl* (Fn. 10), in: Vesting/Korioth, Der Eigenwert des Verfassungsrechts, S. 355 (362 ff., 366 ff.).

einige elementare Rahmenbedingungen von Staatlichkeit (eine handlungsfähige Regierung, funktionierende Institutionen, eine gewisse Infrastruktur etc.) bis hin zu einem notwendigen Maß an wirtschaftlicher Stabilität und Prosperität. Im Einzelnen sind das sehr unterschiedliche Faktoren, und das gemeinsame Kennzeichen liegt allenfalls darin, dass sich über ihre wirkliche Bedeutung für die normative Kraft einer Verfassung Genaues nicht sagen lässt; umstritten ist insbesondere, welche Rolle einem bereits vorhandenen Zusammengehörigkeitsgefühl zukommt[45]. Insofern wird sich Einigkeit allenfalls in der negativen Hinsicht erzielen lassen, dass es für die Anerkennung einer Verfassung schädlich ist, wenn ein bestimmtes Maß an gesellschaftlicher Desintegration, sozialen Verwerfungen oder auch politischer Instabilität überschritten wird[46]. In der Bundesrepublik mochte darüber hinausgehend die nachwirkende Beschädigung jeder Nationalidee durch das NS-Regime oder bis 1990 die Sondersituation der Teilung dazu beigetragen haben, dass sich diese Anerkennung zu einem „Verfassungspatriotismus" steigerte und die Verfassung hierzulande eine Hochschätzung genießt, der international wenig Vergleichbares an die Seite zu stellen ist[47]. Allerdings kann eben auch die Verfassung selber ihren Teil zu solchen an sich externen Voraussetzungen beitragen, indem sie etwa funktionierende politische Institutionen einrichtet oder ihrerseits zum Orientierungspunkt gesellschaftlicher Integration wird; sie wirkt also durchaus auf diese zurück, ohne dass sich das Mischungsverhältnis je wirklich bestimmen lassen wird.

(3) Die möglicherweise größte Bedeutung dürfte angesichts dessen der dritten Gruppe von Geltungsressourcen zukommen, die auf eine hinreichende *Verankerung der Verfassung im Symbolhaushalt der Gesellschaft* verweisen; dieser umfasst die vielfältigen Prozesse ihres Darstellens und Sichtbarmachens als politische Gerechtigkeitsordnung[48]. Dies kann durch Verfassungsfeste und -jubiläen geschehen, die die Erinnerung an den ursprünglichen Gründungsakt wachhalten und sich – wie im Fall der Ver-

---

[45] Vgl. speziell für die Bundesrepublik *Grimm*, Die Verfassung und die Politik, S. 107 ff. Zwei äußerste Pole bilden die Verfassung Belgiens und die Verfassung der Schweiz: Während in Belgien die Verfassung angesichts des Dauerkonflikts von Flamen und Wallonen ihre Integrationsleistung schon lange nicht mehr erbringen kann, ist die Schweiz ein Beispiel, wie eine staatliche Gemeinschaft auf der Basis einer gemeinsamen Verfassung und eines vorhandenen Zusammengehörigkeitsgefühls auch über sprachlich-kulturelle Grenzen zu politischer Gemeinsamkeit finden kann.

[46] *Wahl* (Fn. 10), in: Vesting/Korioth, Der Eigenwert des Verfassungsrechts, S. 355 (368); allgemein bereits *Huster*, Die ethische Neutralität des Staates, S. 428.

[47] S. erneut *Grimm*, Die Verfassung und die Politik, S. 107 ff.

[48] Zu diesen symbolischen Ressourcen: *Vorländer* (Fn. 29), in: Melville/Vorländer, Geltungsgeschichten, S. 243 (252 ff., 255 ff.); s. noch → S. 309.

fassung der Vereinigten Staaten – zu einem regelrechten Verfassungskult auswachsen können[49]. Es kann und muss aber vor allem dadurch geschehen, dass die Verfassung immer von neuem Leben und Wirklichkeit gewinnt, also interpretatorisch und diskursiv vergegenwärtigt wird[50].

Jedes spektakuläre Verfahren vor dem Bundesverfassungsgericht hat in diesem Sinne auch eine Funktion symbolischer Repräsentanz, insofern jedermann daran sehen und erkennen kann, dass Verfassung für das politisch-gesellschaftliche Geschehen hierzulande eine Rolle spielt, überhaupt von Belang ist. Das Gleiche leisten, wenn auch auf völlig anderer Ebene, Verfassungsroutinen, und zwar ganz gleichgültig, wie sie konkret aussehen und ob sie aus heutiger Sicht logisch oder unlogisch sind: Dass der deutsche Bundeskanzler regelmäßig auf Vorschlag des Bundespräsidenten vom Bundestag, der amerikanische Präsident immer von genau derselben Zahl von Wahlmännern gewählt wird und das jeder weiß und sich darauf verlassen kann, verankert die Verfassung ebenfalls im normativen Bewusstsein der Gesellschaft, untermauert ihre Verbindlichkeit auf dieser symbolischen Ebene, ebenso wie dies die schlichte Dauer oder eine eingespielte, bei beliebigen Anlässen hervorzuholende Verfassungsrhetorik – „die beste Verfassung, die wir je hatten" – tun. Insofern mag man sagen, dass der Verfassung eben auch deshalb von allen Beteiligten Verbindlichkeit unterstellt wird, weil diese Verbindlichkeit in der Praxis ihrer eigenen Anwendung permanent symbolisch repräsentiert und bestätigt wird. Auf diese Weise trägt und stabilisiert sich die Verfassung in dieser Praxis auch ein Stück selbst.

Text als Geltungssymbol

Gegenstand dieser wechselseitigen Unterstellung von Verbindlichkeit ist zunächst nur der Text als die äußere Form, in der die Verfassung erscheint. Dagegen bezieht sie sich nicht, jedenfalls nicht ohne weiteres auf die ideelle Substanz der Verfassung im Sinne dessen, was aus diesem Text im Verlauf seiner Anwendung gemacht worden ist und laufend weiter gemacht wird. Ein sinnvoller Vorschlag geht deshalb dahin, deutlicher als bisher zwischen „Geltung" und „Normativität" der Verfassung und letztlich allen Rechts zu unterscheiden[51].

(1) *Geltung* kommt im Sinne einer einverständlichen Unterstellung allein dem Text zu: Er und nur er bildet das Eingangsdatum jeder Arbeit mit und an der Verfassung, auf das sich sämtliche Interpreten beziehen müssen, wenn sie mit ihren Beiträgen gehört werden wollen. *Normativität* soll dagegen für den strukturierten Vorgang stehen, in dem aus dem fragmentarischen Text unter Heranziehung von Elementen des Lebens- und Real-

[49] Zu diesem in den USA nach dem ersten Weltkrieg einsetzenden Verfassungskult *M. Kammen*, A Machine that would go for of itself, 1987, S. 219.

[50] *Vorländer* (Fn. 29), in: Melville/Vorländer, Geltungsgeschichten, S. 243 (255).

[51] Grundlegend *Müller/Christensen*, Juristische Methodik, Rn. 16ff., 225ff.

bereichs oder auch des geistigen und traditionsbildenden Hintergrunds die für die Entscheidung des Falles maßgebliche Rechtsnorm (→ S. 83) erzeugt wird[52]. Das ist hinsichtlich der Sonderstellung des Textes in hohem Maße plausibel. Sie erklärt sich – auf einer wiederum symbolischen Ebene – nicht zuletzt aus seiner Schriftlichkeit, in der man ebenfalls eine von vielen Quellen des Verbindlichkeitsglaubens sehen kann: Im Medium der Schrift oder weitergehend auch dem des Buches entkoppelt sich die Verfassung von den Vorstellungen, Meinungen und Gefühlswelten der Gründergeneration; sie tritt dem Betrachter darin nun als etwas Objektives, die Zeiten Überdauerndes vor Augen, das sie aus den Unbeständigkeiten von mündlicher Überlieferung und „oral history" heraushebt und als aus sich heraus gültig ausweist[53]. Während alles sich verändern kann und fließt, bleibt der Text als Geltungssymbol ewig und unverbrüchlich.

Man kann vor diesem Hintergrund darüber streiten, ob häufige Textänderungen, wie sie das Grundgesetz erfahren hat, die Geltung einer Verfassung beschädigen, weil sie an der Vorstellung dieser Unverbrüchlichkeit nagen: sei es in dem Sinne, dass sie das Ansehen der Verfassung insgesamt, sei es aber auch nur in dem abgeschwächten Sinne, dass sie die Ehrfurcht des Interpreten vor ihrem Text mindern[54]. Andererseits ist es bei einer Verfassung wie der amerikanischen, die nur unter erschwerten Voraussetzungen geändert werden kann und deshalb auch nur ganz selten geändert worden ist, gerade um jene Ehrfurcht durchaus schlechter bestellt; im Gegenteil ist es hier die Schwierigkeit der Textänderung, die dazu führt, dass interpretatorische Lösungen häufig über den Text hinausführen oder sich um ihn gar nicht kümmern. Demgegenüber lässt sich unter dem Grundgesetz beobachten, dass sich insbesondere bei frisch eingefügten und häufig dann auch detaillierter gefassten Vorschriften erste Kommentierungen mangels anderer Anhaltspunkte stark am Wortlaut orientieren (→ S. 142f.). Auf dieser Ebene lässt sich also eine Abschwächung des Verbindlichkeitsglaubens kaum belegen.

(2) *Allerdings geht die Verfassung eben auch in ihrem Text nicht auf*, sondern besteht heute wesentlich aus den Interpretationen und Konkretisierungen, durch die sie im Laufe der Zeit mit inhaltlicher Substanz – in Gestalt ideeller Sinngehalte, dirigierender Leitbilder, ungeschriebenen Verfassungsrechts oder auch dogmatischer Figuren – angereichert worden ist, und gerade diese machen heute den sachlichen Kern der Verfassung

---

[52] *Müller/Christensen*, Juristische Methodik, Rn. 225ff.

[53] *C. Möllers*, Verfassunggebende Gewalt – Verfassung – Konstitutionalisierung, in: von Bogdandy/Bast, Europäisches Verfassungsrecht, S. 227 (233); *Vorländer* (Fn. 29), in: Melville/Vorländer, Geltungsgeschichten, S. 243 (254); allgemein zur Rolle von Medien als Möglichkeitsbedingungen („pre-adaptive advances") von Recht *T. Vesting*, Rechtstheorie, 2007, Rn. 274ff.; ausführlich zur Rolle der Schrift nun auch *ders.*, Die Medien des Rechts, Bd. 2, 2012.

[54] Diese Befürchtung prominent etwa bei *Grimm*, Die Verfassung und die Politik, S. 126ff.

aus. Entscheidend kommt es dann darauf an, wie auch in Bezug auf diese Substanz Bindung funktionieren und aufgebaut werden kann, wie es also kommt, dass sich nicht jeder Interpret in jeder neuen Anwendung der Verfassung von bisherigen Interpretationen löst und seine eigene an ihre Stelle setzt[55]. Theoretisch wäre das ohne weiteres möglich. Es passiert aber aufs Ganze einer Rechtsordnung gesehen vergleichsweise selten. Selbst das Bundesverfassungsgesetz, dem man solche Souveränität noch am ehesten zutraut, ordnet sich weit häufiger in die eigene Rechtsprechung ein als dass es von ihr abweicht, und wo es dies tut, weist es die Abweichungen häufig nicht als solche aus, als fürchte es sich vor der Entdeckung[56].

Bindung durch Praxis

Bindung in Bezug auf diese innere Substanz lässt sich von daher nur erklären aus den inhärenten Bindestrukturen und den impliziten Regeln, die in die praktische Anwendung der Verfassung durch die jeweilige Verfassungsgemeinschaft eingelassen sind. Dafür lässt sich an Überlegungen anknüpfen, die der amerikanische Neopragmatist Robert Brandom zur Bindungswirkung unseres Sprachverhaltens in mehreren vieldiskutierten Arbeiten angestellt hat[57]. Bei dieser geht es um ein ähnliches Problem wie bei der Bindungswirkung juristischer Interpretationen, nämlich um die Frage, wie einem sprachlichen Ausdruck eine objektive oder zumindest intersubjektiv geteilte Bedeutung zukommen kann, wenn theoretisch je-

---

[55] Dafür ist mit der Kennzeichnung von Normativität als „strukturierter Vorgang" wenig gewonnen, solange die Struktur in erster Linie auf bestimmte Arbeitsregeln im Sinne eines zur Anwendung zu bringenden methodischen Instrumentariums bezogen wird, vgl. *Müller/Christensen*, Juristische Methodik, Rn. 225 ff. Vielmehr muss erklärt werden, warum sich die Beteiligten an solche Regeln halten und was sie dazu motiviert.

[56] S. zu dieser Praxis *H. Schulze-Fielitz*, Wirkung und Befolgung verfassungsgerichtlicher Entscheidungen, in: FS 50 Jahre BVerfG, Bd. 1, S. 385 (393); umfassend *G. Seyfarth*, Die Änderung der Rechtsprechung durch das Bundesverfassungsgericht, 1998, S. 94 ff.

[57] Zu nennen in diesem Zusammenhang vor allem: *Brandom*, Making it Explicit, 1994; dt., Expressive Vernunft; *ders.*, Articulating Reasons, 2000, dt. Begründen und Begreifen, 2001; *ders.*, Pragmatistische Themen in Hegels Idealismus, DZPhil 1999, 355 (377 ff.). Brandoms Thesen werden seit einiger Zeit auch in juristischen Kreisen rezipiert und diskutiert, vgl. *M. Klatt*, Theorie der Wortlautgrenze, 2004, S. 138 ff.; *R. Christensen/M. Sokolowski*, Neo-Pragmatismus: Brandom, in: Buckel/Christensen/Fischer-Lescano, Neue Theorien des Rechts, S. 239 ff.; instruktive Aufbereitung gerade für den hier interessierenden Zusammenhang bei *M. Winkler*, Die normative Kraft des Praktischen, JZ 2009, 821 ff.

der Sprecher im Augenblick des Sprechens über diese Bedeutung auch frei verfügen kann[58].

Brandoms Lösungsvorschlag für dieses Problem ist pragmatistisch in dem Sinne, dass er wie alle pragmatistische Philosophie von einem umfassenden Primat menschlicher Praxis ausgeht[59]. Grundintuition ist, dass es in jeder solchen Praxis – und als ihr Bestandteil – Regeln gibt, die von den Teilnehmern befolgt werden, ohne dass sie als solche ausdrücklich reflektiert oder thematisiert werden. Diese konstituieren auch die Verwendung sprachlicher Ausdrücke und müssen in Zweifelsfällen explizit gemacht werden, wenn einer der Teilnehmer dies verlangt. In einem Spiel des Gebens und Forderns von Gründen („game of giving and asking for reasons") kontrollieren sich auf diese Weise alle Teilnehmer wechselseitig auf Regelbeobachtung und betrachten sich als für ihre Handlungen verantwortlich[60]. Über ihre Erfolge und Misserfolge führen sie dabei gleichsam Buch, indem sie gelungene Verständigungsversuche dem Konto des jeweiligen Sprechers gutschreiben, während fehlgeschlagene mit Punktabzug oder im äußersten Fall auch mit Disqualifikation sanktioniert werden („deontic scorekeeping")[61]. Wie sich auf diese Weise in die Zeit hinein eine Tradition gelungener Verständigung ausbildet, hat Brandom später am Beispiel eines Richters im amerikanischen Case-Law-System deutlich zu machen versucht. Dieser ist zwar an die Entscheidungen früherer Gerichte – hierzulande also an frühere Lesarten und Interpretationen des Gesetzes – nicht förmlich gebunden, weil die Vergangenheit ihn nicht zur Rechenschaft ziehen kann. Die Autorität über ihn wird aber von einer imaginären Zukunft wahrgenommen, in der die von ihm gewählte Lesart ihrerseits Gültigkeit beanspruchen will[62]. Neuorientierungen müssen deshalb gegenüber früheren Lesarten gerechtfertigt und vor einer Zukunft, in der sie selber als vergangene Orientierung

---

[58] Für Brandom stellt sich dieses Problem verschärft, weil er mit der „inferentiellen Semantik" eine Spielart der „Kohärenztheorien" der Bedeutung vertritt, vgl. *Winkler* (Fn. 57), JZ 2009, 821 (822 m. w. N.) Die Bedeutung eines sprachlichen Zeichens wird danach nicht durch die Bezugnahme auf einen Gegenstand bestimmt (so die Korrespondenztheorien), sondern durch seinen Ort innerhalb des gesamten sprachlichen Zeichensystems und sein Verhältnis zu anderen Zeichen; bei Brandom sind dies speziell die Folgerungen (Inferenzen), die aus einer bestimmten Begriffsverwendung gezogen werden können, s. *ders.*, Expressive Vernunft, S. 122 ff. Darüber ist hier nicht zu diskutieren, ebensowenig wie über weiteren Einwände, die sich gegen sein in vieler Hinsicht noch dunkles Werk erheben lassen, s. dazu etwa *J. Habermas*, Wahrheit und Rechtfertigung, 2004, S. 138 ff.; *H. Schnädelbach*, Sozialpragmatischer Idealismus, AZPhil 29 (2004), 163 ff.

[59] Die Grundlagen bei Charles Sanders Peirce, um dessen Rezeption für die Rechtswissenschaft sich *J. Lege* verdient gemacht hat, s. *ders.*, Pragmatismus und Jurisprudenz, 1999, dort insbes. S. 398 ff.

[60] *Brandom*, Expressive Vernunft, S. 241; die Formel selbst geht auf W. Sellars zurück.

[61] *Brandom*, Expressive Vernunft, S. 252 f., 272 ff.

[62] *Brandom* (Fn. 57), DZPhil 47 (1999), 355 (376 ff.), gewonnen aus der Auseinandersetzung mit Hegel. Gerade in dieser Ergänzung um die zeitliche Dimension könnte die entscheidende Weiterentwicklung der Theorie liegen, so *Liptow*, Regel und Interpretation, S. 220 ff.

erscheinen, verteidigt werden. Auf diese Weise lässt sich auch für das Rechtssystem deutlich – in Brandoms Worten: explizit – machen, wie zeit- und generationenübergreifende Bindung entsteht und sich verfestigt. Nebenbei wird dadurch anschaulich, warum Rechtsbehauptungen innerhalb dieses Systems unterschiedliche normative Kraft entfalten, je nachdem wer sie aufgestellt hat[63]: Dass etwa das Bundesverfassungsgericht sich mit seinen Interpretationen häufiger durchsetzt als andere, liegt neben seiner exponierten verfahrensrechtlichen Stellung aus dieser Sicht eben auch an seinen erfolgreichen Beiträgen in der Vergangenheit, die seine Punktezahl im „deontic scorekeeping" erhöht haben, so wie umgekehrt misslungene Verständigungsversuche – ablesbar am Maß der Kritik – diese verringern und notfalls dazu führen, dass auch das Bundesverfassungsgerich wieder „zurückrudern" muss. Auch innerhalb der Wissenschaft sind die Erfolgschancen für Interpretationsvorschläge durchaus unterschiedlich verteilt und richten sich nicht zuletzt danach, wer diese Vorschläge unterbreitet und wo sie veröffentlicht sind.

Der besondere Clou dieses Vorschlags liegt freilich darin, dass die Bindung als solche normativ begründet wird, nämlich aus der Existenz impliziter Regeln und der gelebten Praxis einer Regelbefolgungsgemeinschaft anstatt bloß aus der Faktizität eines „So wird es eben gemacht" bzw. „So war es immer schon"[64]. Menschen können danach nicht anders, als sich an Regeln gebunden zu fühlen. Man kann lange darüber streiten, ob diese Unterscheidung von impliziten Regeln und bloßer Faktizität wirklich gelungen oder letztlich doch gekünstelt ist, wenn nicht überhaupt bloß eine Fiktion[65]. Das ist eine komplizierte Frage, die hier nicht entschieden werden muss; in juristischen Kontexten ist maßgeblich, dass selbst dann, wenn es sich um eine Fiktion handeln sollte, sie ganz offenbar trägt. Hier äußern sich die entsprechenden Bindungen vor allem als Aufforderungen zur Kohärenz und Anschlussfähigkeit[66]: Jede Stellungnahme in juristischen Diskursen muss in ein vorhandenes System akzeptierter Arbeitsregeln, methodischer Programme und inhaltlicher Vorentscheidungen eingefügt werden, um nicht gleich zurückgewiesen zu werden. Vor allem Gerichte stehen unter den internen Zwängen, widerspruchsfrei, möglichst umfassend und in sich stimmig zu argumentieren; tun sie es nicht, fällt es meist gleich auf und wird von anderen Teilnehmern – sonstigen Gerich-

---

[63] Hier sieht *Winkler* (Fn. 57), JZ 2009, 821 (826 f.), sogar einen der wichtigsten Erträge von Brandoms Arbeiten für die Rechtswissenschaft.

[64] *G. Schönrich/U. Baltzer*, Die Geltung von Geltungsgeschichten, in: Melville/Vorländer, Geltungsgeschichten, S. 1 (9, 11 ff.).

[65] Der Grundeinwand bereits in *W. V. O. Quine*, Truth by Convention, erstmals 1935, jetzt in: *ders.*, The Ways of Paradox and other Essays, 1966, S. 77 (105 f.).

[66] Zu einem solchen Konzept von „Kohärenz": *H.-J. Strauch*, Die Bindung des Richters an Recht und Gesetz, KritV 2002, 311 ff., der zudem den Blick auch auf die gerichtliche Alltagspraxis lenkt.

ten, Fachöffentlichkeit, Politik etc. – entsprechend gerügt[67]. Von hier aus erklärt sich auch, warum die Spruchpraxis des Bundesverfassungsgerichts nicht zuletzt eine erhebliche Selbstbindung entfaltet: Jede abrupte Änderung oder Abweichung wird als mangelnde Kohärenz empfunden und schwächt damit die Autorität, auf die das Bundesverfassungsgericht für die Befolgung seiner Entscheidungen mehr als andere angewiesen ist (→ S. 185 ff.)[68].

Selbststabilisierungen

Auch in ihren inneren, über den Text hinausweisenden Sinngehalten lässt sich die Verfassung daher als eine normative Ordnung begreifen. Ihre Normativität ist aber strukturell offener und lässt sich nur noch als eine sich selbst steuernde und stabilisierende soziale Praxis beschreiben[69]. Zu ihrem Testfall wird damit die Frage, wie es um die Stabilität und Kontinuität jener Substanz bestellt ist.

(1) Die Bedeutung dieser Frage erhellt daraus, dass jede Normativität, die mehr sein soll als eine leere Formel, *letztlich irgendeine Art von Maßstäblichkeit voraussetzt*[70]. Die betreffende Norm muss deshalb den Gegenstand, den sie erfasst, selber beeinflussen und steuernd auf ihn einwirken; ansonsten hätte sie aufgehört, Norm zu sein. Wie diese Beeinflussung konkret geschieht, ist dann keine Frage von Normativität als solcher mehr, sondern hängt von den je speziellen Wirkungen ab, die die Norm entfaltet, also davon, ob sie eher die Lenkung des äußeren Verhaltens, die Einrichtung eines Verfahrens, die geistige Sinnvermittlung oder sonst etwas bezweckt; darauf ist im folgenden Abschnitt zurückzukommen. Ebenso geht es nicht um die Effektivität, also darum, ob die bezweckten Wirkungen jeweils auch erreicht, die Normen also eingehalten werden; auch das ist eine komplizierte Frage, die für ein großes und allgemeines Prinzip wie die Menschenwürde offensichtlich ganz anders zu beantworten ist als für eine Vorschrift, die das Mindestalter des Bundespräsidenten festsetzt. Für jede Art von Normativität ist aber Voraussetzung, dass das einmal ermittelte Normprogramm nicht selber beständig von den Veränderungen seines Gegenstandes – im Fall der Verfassung also der politisch-sozialen Wirklichkeit oder des geistigen Klimas der Zeit – beeinflusst wird, in

[67] *Strauch* (Fn. 66), KritV 2002, 311 (318 ff.).

[68] Daraus erklärt sich im Übrigen auch das Bemühen des BVerfG um „Leitsatz-Kontinuität", *Schulze-Fielitz* (Fn. 56), in: FS 50 Jahre BVerfG, Bd. 1, S. 385 (393).

[69] Diese Formulierung bei *Liptow*, Regel und Interpretation, S. 220, dort bezogen auf das Sprachverhalten.

[70] Vgl. nur *D. Grimm*, Verfassung II, in: Grimm/Mohnhaupt, Verfassung, 2002, S. 100 (140).

ständiger Anpassung und Umformung begriffen ist, so dass also am Ende nicht die Norm ihren Gegenstand bestimmte und prägte, sondern umgekehrt dieser Gegenstand die Norm. Gerade das lässt sich für Normen, die in ihrer Anwendung erst selbst instituiert werden, nur an der Wahrung von Stabilität und Kontinuität ablesen.

(2) Ist dies einmal erkannt, lässt sich besser beurteilen, *ob der Standardvorwurf, der gegen das zugrundeliegende Verfassungsverständnis an dieser Stelle bis heute erhoben wird, zutrifft* oder ob er eher nicht zutrifft: dass nämlich eine Verfassung, deren Normativität in dieser Weise dynamisiert werde, selber gar keine Maßstäbe setzen könne; stattdessen öffne sie sich dem Auf und Ab der Tageswertungen, letztlich also den Launen des Zeitgeistes und werde dadurch beliebig[71]. Daran wären nun doch einige Relativierungen anzubringen. Sicher gibt es Sachbereiche wie etwa die bundesstaatliche Ordnung, in denen sich im Laufe der Zeit erhebliche und durchaus zeitgeistbedingte Schwankungen selbst in den maßgeblichen Grundorientierungen feststellen lassen; nicht zufällig ist dies auch der Bereich, in dem die häufigsten Textänderungen zu verzeichnen waren (→ S. 275 f.). Aber es bleiben daneben gerade in Bezug auf die Kernsubstanz der Verfassung genügend andere Ordnungsideen und Leitprinzipien, die sich, einmal zu vollständiger Gestalt ausgeformt, gegen alle solche Veränderungen als weitgehend immun erwiesen haben. Die Grundrechte, das Demokratieprinzip, die Grundgedanken von Rechts- und Sozialstaatlichkeit – all das ist, blickt man auf die gesamte Interpretations- und Geltungsgeschichte zurück, zwar im Laufe der Zeit in verschiedene Richtungen ausgebaut, weiter- und fortentwickelt und oft auch modifiziert worden, in seinem sachlichen Kern aber doch beeindruckend konstant geblieben. Nimmt man, um nur ein Beispiel herauszugreifen, etwa das Leitbild des demokratischen Prozesses als eines gemeinsamen Unternehmens der Bürger, mit lebendiger öffentlicher Meinung, funktionsfähigen intermediären Strukturen und den Parlamenten als Zentren des Geschehens, so lässt sich im Gegenteil beobachten, wie dieses nicht nur ungeachtet der rasanten Veränderungen der politisch-sozialen Wirklichkeit aufrechterhalten, sondern im Gegenteil immer wieder gegen diese in Stellung gebracht wird[72].

---

[71] Markant etwa *Böckenförde*, Staat, Verfassung, Demokratie, S. 51 f., 63 ff.; *T. Würtenberger*, Zeitgeist und Recht, 2. Aufl. 1991, S. 147 ff.; den Sachverhalt registrierend *H. Schulze-Fielitz*, Das Bundesverfassungsgericht in der Krise des Zeitgeists, AöR 122 (1997), 1 (16 ff.).

[72] So die zutreffende Beobachtung von *H. Rossen-Stadtfeld*, Verfassungsgericht und gesellschaftliche Integration, in: Schuppert/Bumke, Bundesverfassungsgericht und gesellschaftlicher Grundkonsens, S. 169 (193 ff.).

Gerade im Prozess der europäischen Integration hält das Bundesverfassungsgericht bis heute an einer fast altehrwürdigen Vorstellung von Demokratie fest, die ungeachtet der schwer zu bremsenden Eigendynamik dieses Prozesses auf stete Einbindung der Bürger, auf parlamentarische Mitsprache und Kontrolle der Exekutiven pocht und daran auf eine fast schon nervtötende Weise immer wieder erinnert[73]. Die Frage wäre dann nur, wie lange das noch so gehen kann. Die zunehmende Kritik, die gerade das Lissabon-Urteil sowohl von Seiten der Wissenschaft als auch aus der Politik auf sich gezogen hat – bis hin zur Drohung mit der Aufkündigung der Folgebereitschaft – könnte ein Indiz dafür sein, dass auch in diesem Punkt alsbald die Grenzen des Beharrungsvermögens erreicht sind. Irgendwann stehen solche traditionellen Konzepte quer zu ihrer Zeit, die Gegenströmungen werden übermächtig, und in der Folge müssen sie bis zur Unkenntlichkeit angepasst werden oder verschwinden einfach. Das wäre allerdings kein Argument gegen die prinzipielle Normativität der Verfassung. Es spiegelt sich darin vielmehr nur die allgemeine Erkenntnis, dass bestimmte Entwicklungen zu groß sind, um sie mit den Mitteln des Rechts aufzuhalten oder wirksam zu begrenzen. Bis es soweit ist, darf man sich aber durchaus damit trösten, dass auch hier die Frage noch keineswegs entschieden ist.

II. Entfaltung von Normativität

Von der Frage, wie sich Normativität begründet und aufbaut, ist die weitere Frage zu unterscheiden, wie sie sich konkret entfaltet. Sie betrifft die Dimensionen von Normativität im Sinne der verschiedenen Wirkungen, die die Verfassung erzeugt. Diese sind zunächst dadurch bestimmt, dass mit Verfassung im Ausgang heute immer die rechtliche Verfassung gemeint ist, die Verfassung also ihrer ersten Natur nach Rechtsnorm ist. Insofern erzeugt sie Wirkungen, wie sie für Rechtsnormen insgesamt typisch sind. Allerdings schließt bereits dies eine ganze Spannbreite unterschiedlicher Wirkungen ein, wie sie den je unterschiedlichen Arten von Rechtsnormen entsprechen: Eine Verhaltensnorm wirkt anders als eine Norm, die eine Berechtigung einräumt, diese wiederum anders als eine Organisations- oder Kompetenznorm; schon die einfachen Dichotomien von „Regeln" und „Prinzipien" oder „Konditional-" und „Finalprogrammen" verweisen ja nicht zuletzt auf unterschiedliche Wirkungen von Recht, wie sie der allgemeinen Rechtstheorie seit jeher geläufig sind[74]. Besonderheiten ergeben sich ferner daraus, dass die Regeln der Verfassung nicht unmittelbar mit Sanktionen bewehrt sind, jedenfalls nicht mit Sanktionen, wie sie die Rechtsordnung sonst für die Fälle der Normverletzung vorhält. Es ist deshalb schon früh bemerkt worden, dass die Wirkungen

---

[73] Namentlich BVerfGE 123, 267 (399ff.) – Lissabon.

[74] Vgl. dazu nur *Röhl/Röhl*, Allgemeine Rechtslehre, § 22ff.

der Verfassung heute wesentlich auch indirekter Natur in dem Sinne sind, dass sie für Staat und Gesellschaft auch ohne Befehl und Zwang und oft sogar nur auf der Ebene des allgemeinen Bewusstseins eintreten[75]. Zu alledem ist die Verfassung in der Beschränkung auf die äußere Rechtsform nicht mehr zutreffend erfasst. Sie hat vielmehr gerade in ihrer inneren und tragenden Substanz andere, weitergehende Funktionen übernommen, mit denen sich auch ihre Wirkungen verbreitern (→ S. 39 ff.)[76]. Diese bilden ihrerseits nur die Kehrseite jener Funktionen, die Art und Weise, wie sich diese in die Wirklichkeit entfalten, so dass sie wesentlich von ihnen aus zu bestimmen und zu erschließen sind.

Hauptwirkungen

Die zentrale und mittlerweile alle anderen überragende Wirkung der Verfassung liegt heute im Bereich geistig-moralischer Sinnvermittlung, nämlich im Transport einer bestimmten Idee über Zweck und Form des Staates, über richtiges Staatshandeln und das politische Zusammenleben im Staat. Auch das folgt wiederum aus ihrer Bedeutung als gute und gerechte Ordnung des Gemeinwesens, wie sie hier zusammenfassend auf den Begriff der Gerechtigkeitsordnung gebracht ist. So wie in die Verfassung die Gerechtigkeits- und Angemessenheitsüberzeugungen der Bürger hineinprojiziert werden, so strahlen diese ihrerseits in der beständigen Anwendung und Weiterverarbeitung der Verfassung auf die gesellschaftliche Befindlichkeit aus, beeinflussen und prägen sie. Die Schwierigkeiten bestehen dann nur darin, die besondere Art und Weise dieser Beeinflussung näher zu beschreiben oder das Phänomen überhaupt nur zu fassen zu bekommen. Darum kreisen seit jeher verschiedene Theorien der Verfassung, die es von je unterschiedlichen Seiten beleuchten.

(1) Die Integrationslehre Rudolf Smends legt den Schwerpunkt wie gesehen (→ S. 51 ff.) auf die *Leistungen der Verfassung für die politische und gesellschaftliche Einheitsbildung*, die man ebenso gut wie als Integrationsfunktion auch als ihre Integrationswirkung adressieren kann; es geht dann wesentlich darum, dass die Verfassung denjenigen Grundkonsens einer Gesellschaft abbildet und sichert, der ihr Zusammenleben erst möglich macht[77].

---

[75] *H.-P. Schneider*, Direkte Anwendung und indirekte Wirkung von Verfassungsnormen, in: R. Bernhardt/U. Beyerlin (Hrsg.), Deutsche Landesreferate zum Öffentlichen Recht und Völkerrecht, 1982, S. 23 ff.; die Bestimmung der indirekten Wirkungen dort auf S. 25 f.

[76] Dazu im vorliegenden Zusammenhang nur *P. Badura*, Arten der Verfassungsrechtsätze in: Isensee/Kirchhof, Bd. VII (1. Aufl.), § 159 Rn. 5.

[77] Vgl. etwa *D. Grimm*, Integration durch Verfassung, Leviathan 32 (2004), 448 ff.

(2) In der Politikwissenschaft wird demgegenüber neuerdings wieder von der *symbolischen Dimension der Verfassung* gesprochen, um diese Seite ihres Wirkens zum Ausdruck zu bringen. Damit ist anders als in der geläufigen Rede vom symbolischen Recht nicht gemeint, dass die Verfassung bloß ein Scheinrecht ist, dessen praktische Auswirkungen gleich Null sind[78]. Im Gegenteil wird durchaus hervorgehoben, dass sie gerade auch ein Instrument rechtlicher Formung und Begrenzung politischer Macht ist. Sie geht darin aber nicht auf, sondern ist darüber hinaus und möglicherweise sogar in ihrem eigentlichen Kern ein Symbol der politischen Gemeinschaft, die sie ihrerseits repräsentiert[79]. Als solches versinnbildlicht sie die „idée directrice des Gemeinwesens, welche diesem einen gemeinsamen identitätsstiftenden Sinn vermittelt"[80]; in ihr bündelt sich die „Vorstellung ... eines gemeinsamen Bandes, das sich artikulieren und in Szene setzen muss"[81]. Ähnlich wie eine Flagge oder Hymne profitiert sie dabei gerade von der Unbestimmtheit des Symbols, das von allen in gleicher Weise als solches genommen wird, von jedem aber für sich anders verstanden und interpretiert werden kann[82]. Allerdings bleibt dadurch auch die Art und Weise dieser Einwirkung am Ende unbestimmt, so wie auch die tatsächlichen Zusammenhänge hier noch wenig erforscht sind, sich vielleicht auch gar nicht erforschen lassen[83].

(3) Auf dieses Unbestimmte zielt, wenngleich vielleicht ungewollt, auch der kulturwissenschaftliche Ansatz Peter Häberles, der die Verfassungslehre als Kulturwissenschaft erneuern will. Ihm geht es in einem breiteren Zugriff um die *kulturelle Dimension der Verfassung* insgesamt, die sich einmal darin zeigt, dass Verfassungen Ausdruck von Kultur sind, also als solche und in ihrem konkreten Inhalt von einer bestimmten – geschichtlichen, politischen, gesellschaftlichen, möglicherweise auch moralischen, religiösen oder literarisch-künstlerischen – Kultur grundiert und geprägt sind. Daneben wirken sie aber auch selber auf diesen kulturellen Gesamtzustand zurück, und dies ausdrücklich auch als „Leitfaden für Nichtjuristen", an dem sich die gesamte Gesellschaft in irgendeiner Weise orien-

---

[78] Dieser Begriff etwa bei *M. Neves*, Symbolische Konstitutionalisierung, 1998.

[79] Die Grundlagen bei *E. S. Corwin*, The Constitution as Instrument and as Symbol, The American Political Science Review 1936, 1071 ff., dort allerdings rein retrospektiv verstanden: Verfassung als „bulwark of a *previously achieved* order of human rights" (1072 f., Hervorhebung nur hier).

[80] *J. Gebhardt*, Die Idee der Verfassung, in: A. Kimmel (Hrsg.), Verfassungen als Fundament und Instrument der Politik, 1995, S. 9 (13)

[81] Vesting (Fn. 29), in: Vesting/Korioth, Der Eigenwert des Verfassungsrechts, S. 81.

[82] Darauf aufmerksam zu machen ist das zentrale Anliegen der Schrift von *Brodocz*, Die symbolische Dimension der Verfassung, s. dort etwa S. 9, 34.

[83] So der berechtigte Hinweis von *Grimm* (Fn. 77), Leviathan 32 (2004), 448 (453 f.).

tiert[84]. Verfassungen sind dann, wie es in einer ständig wiederkehrenden Formulierung heißt, „nicht nur juristischer Text oder normatives ‚Regelwerk‘, sondern auch Ausdruck der kulturellen Selbstdarstellung eines Volkes, Spiegel seines kulturellen Erbes und Fundament seiner Hoffnungen“: als „Ausdruck und Vermittlung von Kultur, Rahmen für kulturelle (Re-)produktion und Rezeption“[85]. Die kulturwissenschaftliche Annäherung besagt damit im hier interessierenden Zusammenhang nichts anderes, als dass Verfassungen eben auch kulturell relevant sind: als Bestandteil der den Menschen umgebenden Welt aus Zeichen und Bedeutungen, die im Einzelnen angibt, was man glauben oder wissen muss, um sich im Einklang mit anderen zu verhalten[86].

(4) Ebenso und dies alles zusammenfassend könnte man zur Beschreibung dieser Wirkungen auch einfach von der *moralischen oder ethischen Dimension der Verfassung* sprechen, so wie man allgemein von der moralischen oder ethischen Geltung einer Rechtsnorm spricht und damit den Umstand bezeichnet, dass diese eben auch als moralische oder ethische Richtschnur des eigenen Verhaltens genommen wird.

Tiefenphänomene

Die Art und Weise dieser Sinnvermittlung hängt ihrerseits mit dem Gegenstand zusammen, auf den sie vor allem bezogen ist. Dies sind die Grundstrukturen und ideellen Tiefenschichten der Verfassung, die zum inneren Kreis des heutigen Verfassungsrechts gehören und im Laufe der Zeit zu inhaltlich anspruchsvollen Leitbildern verdichtet worden sind (→ S. 85 ff.). Sie sind es dementsprechend auch, über die in bestimmten herausgehobenen Momenten – einem spektakulären verfassungsgerichtlichen Verfahren, einer gesetzgeberischen Ausgestaltung der Verfassung oder auch einer gesellschaftlichen Wertedebatte – das Bild einer guten und gerechten Ordnung in den allgemeinen Diskurs eingespeist wird, und zwar

[84] *Häberle*, Verfassungslehre als Kulturwissenschaft, S. 83 f.

[85] S. etwa *Häberle*, Verfassungslehre als Kulturwissenschaft, S. 83; Europäische Verfassungslehre, S. 204, dort leicht abgewandelt.

[86] In Anlehnung an den verhaltensbezogenen Kulturbegriff von *W. H. Goodenough*, Culture, Language and Society, 1981, S. 50 ff. Häberle selbst verwendet den extrem weiten Kulturbegriff *E. B. Tylors*, Die Anfänge der Kultur, 1873, Bd. 1, S. 1: Kultur als „Inbegriff von Wissen, Glauben, Kunst, Moral, Gesetz, Sitte und allen übrigen Fähigkeiten und Gewohnheiten, welche sich der Mensch als Glied der Gesellschaft angeeignet hat“, vgl. *Häberle*, Verfassungslehre als Kulturwissenschaft, S. 2 f. Man könnte noch weitere Kulturbegriffe anführen, etwa Kultur als „Gedächtnis“ (J. Assmann) bzw. „Themenvorrat“ (N. Luhmann), als „Zeichensystem“, als „Gemeinsamkeit von Gruppen“ etc., s. die Nachw. bei *U. Volkmann*, Kultur im Verfassungsstaat, DVBl. 2005, 1061 (1063); sie führen im vorliegenden Zusammenhang nicht weiter.

in jenen ausschnitts- und bereichsweisen Entfaltungen, die sich dem jeweiligen Anlass verdanken: also etwa für die Wirkungen der Grundrechte, die Qualitätsanforderungen an den demokratischen Prozess, die Gemeinwohlverantwortung der Regierenden, den besonderen Auftrag der politischen Parteien, die soziale Verantwortlichkeit der staatlichen Gemeinschaft oder die sachgemäße Aufteilung und Wahrnehmung der Kompetenzen in einer bundesstaatlichen Ordnung, um nur die ganz großen Fragen zu nennen. Zugleich ist diese Art der Einwirkung aber vom je zu entscheidenden Sachverhalt gelöst und gleichsam generalisiert; sie erfolgt auf einer höheren Ebene der Abstraktion und hier eher subkutan, in tiefere Schichten des politischen und gesellschaftlichen Geschehens hinein[87]. Die Verfassung gewinnt dadurch insofern an Steuerungs- und Leistungsfähigkeit hinzu, als sie auf diese Weise selbst zu strukturellen, umfassenderen Veränderungen ihres Gegenstandes Kontakt halten kann.

Gegen die Entleerung von Staatlichkeit in Vorgängen der Internationalisierung und Europäisierung wird dann an traditionelle Konzepte von Staatlichkeit, Demokratie oder Grundrechtssicherung erinnert[88], gegen den immer weiteren Ausbau des Präventionsstaates als Reaktion auf die Bedrohung durch organisierte Kriminalität oder internationalen Terrorismus an eine liberale Tektonik von Freiheit und Sicherheit[89], gegen den Formenwandel staatlicher Aufgabenerledigung an die verfassungsrechtlich gebotene Letztverantwortung für ein bestimmtes Niveau der Aufgabenerfüllung[90], gegen den Trend zur Entformalisierung des Staatshandelns an die Einhaltung verfassungsrechtlicher Publizitäts- und Rationalitätsanforderungen[91], gegen die notorischen Auszehrungserscheinungen des hiesigen Föderalismus an die Grundprinzipien bündischer Solidarität, die Notwendigkeit eigenständiger Aufgabenwahrnehmung oder seine „demokratiestützenden" Effekte[92]; in kleinerem Rahmen ließe sich etwa die verstärkte Aktivierung von Ge-

---

[87] Insoweit wie in VVDStRL 67 (2007), 57 (76f.).

[88] S. die Linie von Solange I und II über die Maastricht- und Lissabon-Entscheidung, BVerfGE 37, 271; 73, 339; 89, 155; 123, 267.

[89] Die Quintessenz des dezidiert-liberalen Kursus des Bundesverfassungsgerichts in diesen Fragen, siehe BVerfGE 109, 279 – Großer Lauschangriff; 113, 348 – Nds. Polizeigesetz; 115, 320 – Rasterfahndung; 115, 118 – Luftsicherheitsgesetz; 120, 274 – Onlinedurchsuchung; 125, 260 – Vorratsdatenspeicherung.

[90] Eingefangen in Konzepten wie „Gewährleistungsverantwortung", „regulierte Selbstregulierung", „Verantwortungsteilung" oder im Gesamtprogramm einer „neuen Verwaltungsrechtswissenschaft", siehe dort zur Notwendigkeit einer solchen Rückbindung an die Verfassung als „Ausdruck einer materialen Wertordnung" *A. Voßkuhle*, Neue Verwaltungsrechtswissenschaft, in: Hoffmann-Riem/Schmidt-Aßmann/Voßkuhle, Grundlagen des Verwaltungsrechts I, § 1 Rn. 28; deutlich auch *ders.*, Die Beteiligung Privater an der Wahrnehmung öffentlicher Aufgaben und staatlicher Verantwortung, VVDStRL 62 (2003), 266 (292ff.); *C. Franzius*, Der „Gewährleistungsstaat", Der Staat 42 (2003), 493 (500ff.).

[91] *Schoch*, in: Isensee/Kirchhof, HStR III, § 37 Rn. 100ff.

[92] Vgl. etwa BVerfGE 119, 331 (363ff.) – Arbeitsgemeinschaften nach § 44b SGB II.

boten der Steuergerechtigkeit, Gleichbehandlung oder Folgerichtigkeit gegen das auch von Spezialisten kaum mehr zu überschauende Chaos der Steuergesetzgebung nennen[93].

Dabei geht es gar nicht darum, was von den jeweiligen Entscheidungen, Interpretationsansätzen oder Lösungsvorschlägen in der Sache zu halten ist; darüber mag man in jedem einzelnen Fall streiten. Es geht vielmehr um die Rolle, die die Verfassung als solche für Kommunikationen in Staat und Gesellschaft hat, und die nähere Art und Weise, mit der sie auf diese einwirkt. Diese entspricht in der Sache der eines beständig mitlaufenden Kommentares, vermittels dessen einerseits mögliche Gegensätze zur gesellschaftlichen Wirklichkeit dargestellt werden können[94]. Andererseits wird darin immer von neuem die Maßstäblichkeit der Verfassung demonstriert, insofern es jeweils auch darum geht, die Entwicklung in eine bestimmte Richtung zu lenken und mögliche Fehlentwicklungen zu korrigieren.

Erscheinungsformen

Der besondere Modus dieser Einwirkung lässt sich am ehesten im Begriff der „Ausstrahlung" zusammenfassen, mit dem das Bundesverfassungsgericht ursprünglich den Einfluss der Grundrechte auf die übrige Rechtsordnung beschrieben hat[95]. Allerdings bleibt diese nicht auf die Rechtsordnung oder das Rechtssystem im engeren Sinne beschränkt, sondern betrifft tendenziell alle Sach- und Lebensbereiche, die zum Normprogramm der Verfassung und ihren einzelnen Aussagen in einer inhaltlichen Beziehung stehen[96]. Sie alle empfangen von der Verfassung Anstöße und „Impulse", Signale und „Anregung", und zwar auch und gerade, soweit präzise verfassungsrechtliche Bindungen fehlen[97]. Dies ist nicht zuletzt die Folge einer ausgreifenden Verfassungsrhetorik, mit der die Präsenz der

---

[93] S. dazu *K. Tipke*, Mehr oder weniger Entscheidungsspielraum für den Steuergesetzgeber?, JZ 2009, 533 ff.

[94] Vgl. *Bryde*, Verfassungsentwicklung, S. 109; *C. Möllers* (Fn. 53), in: von Bogdandy/Bast, Europäisches Verfassungsrecht, S. 227 (233): „ähnlich wie bei einem Kunstwerk".

[95] BVerfGE 7, 198 (207). Von einem „Ausstrahlungsmodell" als zentralem Mechanismus der Verwirklichung der Verfassung sprechen *Schuppert/Bumke*, Die Konstitutionalisierung der Rechtsordnung, S. 34. Die Metapher ist aber überhaupt weit verbreitet und findet sich auch dort, wo man dem erweiterten Verfassungsverständnis ansonsten skeptisch gegenüber steht, vgl. nur *Isensee* (Fn. 22), in: Isensee/Kirchhof, HStR VII (2. Aufl.), § 162 Rn. 42.

[96] *Böckenförde*, Staat, Verfassung, Demokratie, S. 48.

[97] Zitate nach BVerfGE 7, 198 (205): „Richtlinien und Impulse"; *Smend*, Staatsrechtliche Abhandlungen, S. 195: Verfassung als „Anregung und Schranke".

Verfassung in politischen und gesellschaftlichen Kommunikationen im Laufe der Zeit noch einmal erhöht worden ist[98].

(1) *Zu den davon umfassten und ausgelösten Wirkungen* zählen etwa: ein breites Spektrum von Vor- und Nachwirkungen verfassungsgerichtlicher Entscheidungen für die unmittelbar verfassungsgebundenen politischen Akteure, die diese Entscheidungen nicht selten völlig überinterpretieren[99]; erzieherisch-disziplinierende Einwirkungen auf Gesetzgeber, Verwaltung und Gerichte, wie sie wiederum vor allem aus der Möglichkeit der verfassungsgerichtlichen Überprüfbarkeit praktisch aller relevanten Entscheidungen resultieren[100]; im Anwendungsbereich von Programmsätzen, Verfassungsdirektive oder Gesetzgebungsaufträgen die Erzeugung eines bestimmten „Verfassungsklimas", innerhalb dessen programmgemäße politische Initiativen eine höhere Erfolgs- und Durchsetzungschance haben[101]; schließlich die Ausstrahlung der grundlegenden Leitvorstellungen und Ordnungsideen in die gesamte Gesellschaft hinein, mit der die Verfassung als übergreifender Bezugs- und Orientierungspunkt, als gemeinsamer Boden in ihren grundlegenden Meinungsverschiedenheiten fungiert und durch die sich eben auch erklärt, warum zentrale Prinzipien der Verfassung – Menschenwürde, Demokratie, Toleranz, Solidarität etc. – ganz unproblematisch zu Erziehungszielen in den staatlichen Schulen avancieren konnten[102]. Angesprochen ist so letztlich die gesamte Bandbreite der Funktionen, die der Verfassung für die Legitimierung politischer Macht, die Befriedung politischer Konflikte, die allgemeine Kanalisierung und Programmierung des Staatshandelns oder die gesellschaftlich-politische Einheitsbildung zugewiesen werden.

(2) Allerdings *bleiben diese Wirkungen letztlich diffus*, so wie eben auch die Formel von der „Ausstrahlung" in sich selber diffus bleibt. Dies darf

---

[98] Sorgfältige Analyse bei *Schuppert/Bumke*, Die Konstitutionalisierung der Rechtsordnung, S. 74 ff.

[99] Umfassende Analyse bei *E. Luetjohann*, Nicht-normative Wirkungen des Bundesverfassungsgerichts, 1991. Als wesentliche „Wirkungstypen" arbeitet Luetjohann dabei heraus: eine allgemeine und vor allem auf das Ansehen des Gerichts gestützte Maßgeblichkeitswirkung, als zentrale und alle anderen gleichsam überwölbende Kategorie eine Rechtssatz- und Case-law-Wirkung, eine Gütesiegel- und Lähmungswirkung, eine Signalwirkung (aus der Zeichenhaftigkeit der Entscheidung), eine Stichwortwirkung (Bundesverfassungsgericht als Initiator), eine Anpassungswirkung (bezogen vor allem auf das Verhältnis zur Wissenschaft) sowie allgemein systemstabilisierende Wirkungen, ebda., S. 20 ff.

[100] So bereits *E. Friesenhahn*, Verfassungsgerichtsbarkeit, Jura 1982, 505 (520).

[101] *Schneider* (Fn. 75), in: Bernhardt/Beyerlin (Hrsg.), Deutsche Landesreferate zum Öffentlichen Recht und Völkerrecht, 1982, S. 23 (42 f.).

[102] Insofern sind eben auch edukatorische Wirkungen durchaus eingeschlossen, s. im Zusammenhang mit der Veränderung der Verfassungsidee *Denninger*, Menschenrechte und Grundgesetz, S. 50 ff.

jedoch seinerseits nicht dazu verleiten, sie allesamt von der Normativität der Verfassung abzusondern, als lediglich nicht-normative Wirkungen abzutun oder als bloß faktische Folge des Vorhandenseins einer Verfassung zu behandeln[103]. Soweit dies geschieht, liegt dem meist ein verkürzter Normativitätsbegriff zugrunde, der Normativität mit Justitiabilität, verbindlicher Rechtsfolgenbestimmung oder gar zwangsweiser Durchsetzbarkeit gleichsetzt. Auf die zwangsweise Durchsetzbarkeit kann es jedoch schon deshalb nicht ankommen, weil diese der Verfassung generell abgeht. Ebenso wenig kann die Verbindlichkeit, Klarheit oder Eindeutigkeit einer Rechtsfolgenanordnung eine Rolle spielen, weil gerade die das Verfassungsrecht beherrschenden Normtypen – Prinzipien, Staatstrukturbestimmungen, Staatsziele etc. – ebenfalls ohne eine solche auskommen müssen, ohne dass sie deshalb schon allesamt als nicht-normativ zu qualifizieren wären. Auch Justitiabilität im Sinne der Kontrolle durch ein Verfassungsgericht ist entgegen verbreiteter Annahme keine Voraussetzung für Normativität; vielmehr kann umgekehrt nur unter einer allseitig als normativ angesehenen Verfassung sich ein Verfassungsgericht gegen die Inhaber der politischen Macht überhaupt durchsetzen[104]. Vor allem aber entfaltet sich die Verfassung in ihrer Ausstrahlungswirkung auf die gesamte Gesellschaft gerade in ihrer Maßstäblichkeit, also als eine normative Ordnung, weil sie von allen als verbindliche Grundlage des Zusammenlebens genommen wird.

Wo dies nicht der Fall ist, ist es – wie bei der Weimarer Reichsverfassung – bald auch um ihre klassische juristische Verbindlichkeit geschehen. Richtig ist allerdings, dass es zwischen der Justitiabilität einer Verfassung als Folge der Existenz eines Verfassungsgerichts und der Intensität dieser weiteren Ausstrahlung eine gewisse Wechselbeziehung gibt[105]. Von den Möglichkeiten der Bekräftigung und symbolischen Vergegenwärtigung der Verfassung durch ein Verfassungsgericht profitieren letztlich auch alle übrigen Wirkungen der Verfassung. Allerdings geht

---

[103] Die Bezeichnung als „nicht-normative Wirkungen" – bezogen auf die Entscheidungen des Bundesverfassungsgerichts – bei *Luetjohann*, (Fn. 99), der einfach „nicht-normativ" mit „zwanglos" gleichsetzt, vgl. S. 19 ff.; tendenziell wohl auch *Grimm* (Fn. 77), Leviathan 32 (2004), 448: „Normative *und* symbolische Wirkungen der Verfassung" (Hervorhebung nur hier), später dann zurückgenommen auf die „nicht-juristischen Wirkungen". Zur Analyse dieser Tendenz in verschiedenen Verfassungstheorien *Obermeyer*, Integrationsfunktion der Verfassung und Verfassungsnormativität, S. 82 ff., 95 ff., 105 ff., 111 f.

[104] So zutreffend *Bryde*, Verfassungsentwicklung, S. 94, unter Hinweis auf die vollständige Bedeutungslosigkeit eines existierenden Verfassungsgerichts in manchem afrikanischen Einparteienstaat.

[105] So bezogen auf die Integrationswirkung zutreffend *Grimm* (Fn. 77), Leviathan 32 (2004), 448 (454 f.).

auch dadurch ihre Normativität noch nicht in ihrer Justitiabilität auf, und es griffe viel zu kurz, sie nur darauf zu reduzieren[106].

Neuartiger Vorrang

Die Ausstrahlungswirkung kennzeichnet schließlich auch die Stellung der Verfassung innerhalb des Rechtssystems und prägt insbesondere ihr Verhältnis zum einfachen Recht. Insofern ist dieses Verhältnis über das formale Modell der Zuordnung hinausgewachsen, deren Leit- und Schlüsselbegriff der Vorrang der Verfassung war.

(1) Dieser *kennzeichnet ganz allgemein die Eigenschaft der Verfassung als höchste Norm* innerhalb eines Gemeinwesens, von der heute ganz unbestritten ist, dass sie zum gefestigten Bestand der modernen Verfassungsidee gehört (→ S. 11 ff.). Jenseits dieses schmalen Kerns handelt es sich aber um einen durchaus schillernden Begriff, dessen genaue Bedeutung alles andere als klar ist. Seiner historischen Funktion nach richtete er sich vor allem gegen die Vorstellung von der Allmacht des Gesetzgebers einschließlich der einer unbeschränkten Parlamentssouveränität; man hat ihn deshalb zutreffend als „das neue Bewusstsein vom *Nachrang* der Gesetzgebung und der *Begrenzung* des Gesetzgebers" charakterisiert[107]. Rechtstechnisch entfaltete er seine Wirkungen dann in einer allgemeinen Kollisionsregel, nach der die Verfassung alles ihr entgegenstehende Recht bricht und dieses gegebenenfalls von einem Verfassungsgericht für mit der Verfassung unvereinbar erklärt oder sonstwie aufgehoben werden kann.

In diesem Sinne wurde der Vorrang der Verfassung erstmals vom US-Supreme Court in der berühmten Entscheidung Marbury vs. Madison aktiviert, während er in Deutschland erst mit erheblicher Verzögerung erkannt wurde und noch unter der Weimarer Reichsverfassung nicht vollständig durchgesetzt war[108]. Die theoretische Rechtfertigung lieferte die von Hans Kelsen und Adolf Merkl entwickelte Lehre vom Stufenbau der Rechtsordnung, die den Grund dieses Vorrangs darin sah, dass die Verfassung selber den Prozess der Erzeugung von Recht normierte: Als Rechtserzeugungsnorm ging sie dann den auf ihrer Grundlage erlassenen Normen logisch vor[109]. Von hier aus wird der Vorrang meist in der Formulie-

---

[106] Auf die Notwendigkeit eines entsprechend erweiterten Normativitätsverständnisses aufmerksam gemacht zu haben ist das zentrale Verdienst der Arbeit von *Obermeyer*, Integrationsfunktion der Verfassung und Verfassungsnormativität, s. dort insbes. S. 30 ff.

[107] *G. Stourzh*, Vom Widerstandsrecht zur Verfassungsgerichtsbarkeit, 1974, jetzt in: *ders.*, Wege zur Grundrechtsdemokratie, 1989, S. 37 (58); vgl. ferner *Wahl*, Verfassungssaat, Europäisierung, Internationalisierung, S. 126 f.

[108] Immer noch grundlegend: *Wahl*, Verfassungsstaat, Europäisierung, Internationalisierung, S. 121 ff.

[109] *A. Merkl*, Prolegomena einer Theorie des rechtlichen Stufenbaues, in: FS für H. Kelsen, 1931, S. 252 ff.; *Kelsen*, Reine Rechtslehre, S. 228 ff. Versuch der Wiederbele-

rung zusammengefasst, dass keine Norm des einfachen Rechts der Verfassung widersprechen darf, im Gegenteil müssen alle Normen des einfachen Rechts mit der Verfassung in Einklang stehen[110]; schlagwortartig mag man auch von der „Verbindlichkeit, Maßgeblichkeit und Durchsetzbarkeit der Verfassung gegenüber dem einfachen Gesetzesrecht“ sprechen[111]. In diesem Sinne wird der Vorrang der Verfassung für das Grundgesetz in Art. 1 Abs. 3 und 20 Abs. 3 GG ausdrücklich angeordnet und durch die Einrichtung einer Verfassungsgerichtsbarkeit institutionell abgesichert; praktische Konsequenz ist ferner das richterliche Prüfungsrecht, kraft dessen jedes Gericht ein in dem von ihm zu entscheidenden Fall relevantes Gesetz einem Test auf seine Verfassungsmäßigkeit unterziehen kann.

(2) Dabei bleibt *freilich offen, was die Verbindlichkeit und Maßgeblichkeit der Verfassung konkret bedeuten*, das heißt worin sie sich inhaltlich äußern. Dies richtet sich nicht nach Art. 20 Abs. 3 oder 1 Abs. 3 GG, sondern nach dem darin vorausgesetzten Verfassungsverständnis, wie es sich innerhalb einer Verfassungsgemeinschaft als Resultat einer Verständigung über den Sinn von Verfassung herausgebildet hat, und Art. 20 Abs. 3 und Art. 1 Abs. 3 GG bilden dann gleichsam nur das Scharnier, über das dieses Verfassungsverständnis in den Umgang mit dem einfachen Recht einströmen kann. Unter einer Verfassung wie der Reichsverfassung von 1871, die im Wesentlichen nur als Regelung des Verfahrens der Rechtserzeugung begriffen wurde, konnte sich der Vorrang allenfalls auf die Einhaltung dieses Verfahrens beziehen, wenn er denn überhaupt als solcher erkannt wurde[112]. Unter einer Verfassung, die sich darauf beschränkt, die Staatstätigkeit inhaltlich zu begrenzen, indem etwa die Funktion der Grundrechte ganz auf die Staatsabwehr reduziert wird, verbleibt es im Wesentlichen bei der bereits angesprochenen Kollisionsregel. Wird in der Verfassung demgegenüber von der sie tragenden Gemeinschaft wesentlich eine politische Gerechtigkeitsordnung gesehen, die in inhaltlich anspruchsvollen Grundentscheidungen und Leitbildern Gestalt annimmt, äußert sich ihr Einfluss auf das einfache Recht weitergehend in dessen inhaltlicher Programmierung und Durchdringung. Dieses muss dann seinerseits immer auch Ausdruck der verfassungsrechtlichen Grundentscheidungen sein,

---

bung für unsere Zeit: *C. Grabenwarter*, Die Verfassung in der Hierarchie der Rechtsordnung in: Depenheuer/Grabenwarter, Verfassungstheorie, § 11, insbes. Rn. 22 ff., 32 ff.

110 Statt vieler nur *Stern*, Staatsrecht I, S. 105; *Isensee* (Fn. 95) in: Isensee/Kirchhof, HStR VII, (2. Aufl.), § 162 Rn. 38.

111 *Wahl*, Verfassungsstaat, Europäisierung, Internationalisierung, S. 3, im Anschluss an *C. Moench*, Verfassungswidrige Gesetze und Normenkontrolle, 1977, S. 143.

112 Treffend spricht *M. Ruffert*, Vorrang der Verfassung und Eigenständigkeit des Privatrechts, 2001, S. 32 ff., hier von einem lediglich „formellen“ Verständnis des Vorrangs im Gegensatz zu einem „materiellen“ Verständnis, nach dem die Verfassung auch inhaltliche Vorgaben für das Gesetzesrecht enthält.

ihnen auf allen Ebenen seiner Konkretisierung entsprechen[113]. Gerade das ist in der Rede von der Ausstrahlungswirkung bildhaft zusammengefasst.

Dagegen mag man dann einwenden, es sei als bloßes Bild oder Metapher zu unscharf, so dass man es durch eine nach Sachbereichen oder möglicherweise auch Grundrechtsfunktionen differenziertere Konzeption ersetzen müsse[114]. Ebenso mag man auch diese Wirkung lediglich als eine besondere Erscheinungsweise des allgemeinen Vorrangs der Verfassung fassen[115]. Der Begriff wird dann aber zu einer ganz allgemeinen Hülse, die ganz unterschiedliche Phänomene miteinander verklammert und damit vielleicht mehr zu fassen bekommt, als sie am Ende aushalten kann.

Konstitutionalisierungen

Die Ausstrahlungswirkung ist auf diese Weise zum Motor einer allmählichen Überformung der Rechtsordnung geworden, mit der die Verfassung immer tiefer in das einfache Recht eingesickert ist. Welches Ausmaß diese Entwicklung mittlerweile angenommen hat, lässt sich daran ablesen, dass bereits von einer „Konstitutionalisierung der Rechtsordnung“ gesprochen wird: im Sinne eines neuen Leitbegriffs, unter dem sie sowohl verhandelt als auch problematisiert wird[116].

(1) *Als spezielle Mechanismen dieser Konstitutionalisierung*, die zugleich angeben, wie die Ausstrahlungswirkung konkret funktioniert, fungieren die bekannten Leitformeln, Institute und dogmatischen Figuren, wie sie vor allem in der Rechtsprechung des Bundesverfassungsgerichts, einem der treibenden Akteure des gesamten Prozesses, entwickelt und ausgeformt wurden: also etwa die Entdeckung der Kategorie der Ausgestaltungsgesetzgebung, die Inpflichtnahme des Gesetzgebers für den Schutz der Grundrechte durch die grundrechtlichen Schutzpflichten, die Lehre von der mittelbaren Drittwirkung der Grundrechte, die Idee einer verfassungskonformen Auslegung des einfachen Rechts, bereichsspezifische Figuren wie die Wechselwirkungslehre zu Art. 5 Abs. 2 GG, die auf die Einwirkung der Grundrechte auf die sie beschränkenden Gesetze aufmerksam macht; im Hintergrund steht erneut das allgemeinere Verständnis der Verfassung als Programm für eine gerechte Staats- und Gesellschaftsordnung, wie sie manche Reformgesetzgebung angeleitet und be-

---

113 *H. Hofmann*, Das Wesen der Verfassung, JöR n.F. 51 (2003), 1 (12).

114 So die Grundthese von *Ruffert* (Fn. 112), 2001, S. 61 ff.

115 So ebenfalls *Ruffert* (Fn. 112), S. 32 ff.

116 Woher der Begriff stammt und wann er zum ersten Mal aufkam, lässt sich heute nicht mehr feststellen; nach wie vor grundlegend: *Schuppert/Bumke*, Die Konstitutionalisierung der Rechtsordnung, insbes. S. 9 ff., 36 ff.

fördert hat[117]. Die Verfassung wuchs auf diese Weise nach und nach in ihre Funktion als normative Basisschicht der gesamten Rechtsordnung hinein, die diese mit den grundlegenden Wertentscheidungen der Verfassung kompatibilisiert, sie zu einem „wertungsstimmigen Gesamtsystem“ verknüpft und darin zugleich ihre Einheit symbolisiert (→ S. 59f.).

(2) Allerdings sind davon *nicht alle Teilgebiete in gleicher Weise und in gleicher Intensität erfasst.* Zudem verlief die Entwicklung nicht linear, sondern in verschiedenen Wellenbewegungen und Phasen; nicht selten waren und sind erhebliche Widerstände aus den Teilrechtsordnungen zu bewältigen, deren Akteure auf ihrer prinzipiellen Autonomie beharrten und die von ihnen verwaltete Materie gegen den ausgreifenden Regelungsanspruch des Verfassungsrechts in Schutz zu nehmen versuchten.

Verhältnismäßig unproblematisch erfolgte die Unterwerfung im Verwaltungsrecht, das schon relativ früh und in einem seinerzeit als befreiend empfundenen Akt als „konkretisiertes Verfassungsrecht“ begriffen wurde[118]; die bekannten Stichworte sind die Verabschiedung des besonderen Gewaltverhältnisses, die Ausdehnung des Prinzips des Gesetzesvorbehalts und die allmähliche Intensivierung der verwaltungsgerichtlichen Kontrolldichte. Erst neuerdings lässt sich auch hier eine gewisse Gegenbewegung erkennen, die das Verwaltungsrecht aus der Umklammerung durch das Verfassungsrecht zu emanzipieren versucht und umgekehrt die Leistungen der Verwaltungsrechtswissenschaft für die Verfassungsentwicklung betont[119]. Die größten Widerstände waren demgegenüber von Anfang an im Zivilrecht zu bewältigen, wo die Verfassungsbindungen nur zögernd und oft unter erheblichem Unmut akzeptiert wurden, angefangen vom Äußerungs- und Ehrenschutzrecht – mit dem Lüth-Urteil der programmatische Auftakt der ganzen Entwicklung – über das Familienrecht mit der Durchsetzung des Gleichberechtigungsauftrags bis hin etwa zu einem sozialen, vielfältigen Verfassungsbindungen verpflichteten Arbeits- und Mietrecht[120]; für einen in seinen einzelnen Konsequenzen immer noch unbewältigten Konfliktherd stehen hier vor allem die Handelsvertreter-, Bürgschafts- oder Ehevertragsentscheidungen des Bundesverfassungsgerichts, mit denen das Leitbild eines gerechten, an gleicher Verhand-

---

[117] Zu solcher Reformgesetzgebung als ein möglicher Modus von Konstitutionalisierung *Schuppert/Bumke*, Die Konstitutionalisierung der Rechtsordnung, S. 10f.

[118] So der Titel des berühmten Aufsatzes von *F. Werner*, DVBl. 1959, 527ff., gegen das nicht minder berühmte Diktum von *Otto Mayer* „Verfassungsrecht vergeht, Verwaltungsrecht besteht“ aus dem Vorwort zur 3., erstmals in der Weimarer Republik erschienenen Auflage seines Lehrbuchs des Verwaltungsrechts.

[119] Durchaus programmatisch *C. Möllers*, Methoden, in: Hoffmann-Riem/Schmidt-Aßmann/Voßkuhle, Grundlagen des Verwaltungsrechts I, § 3 Rn. 13ff.; *J. Kersten*, Was kann das Verfassungsrecht vom Verwaltungsrecht lernen?, DVBl. 2011, 585ff.

[120] Ausgangspunkt vieler Diskussionen war hier die Zuordnung des Besitzrechts des Mieters zur verfassungsrechtlichen Eigentumsgarantie durch BVerfGE 89, 1; s. dazu etwa die kritischen Besprechungen von *G. Roellecke*, Mietwohnungsbesitz als Eigentum, JZ 1995, 74ff.; *B. Rüthers*, Ein Grundrecht auf Wohnung durch die Hintertür?, NJW 1993, 2587ff.

lungsstärke der Beteiligten orientierten Interessenausgleichs auch in private Vertragsbeziehungen eingeschleust worden ist[121]. Zum derzeitigen Hauptschauplatz scheint unterdessen das Steuerrecht avanciert, das verstärkt unter den Druck einer expansiven Interpretation des Gleichheitssatzes und verfassungsgerichtlicher Systemgerechtigkeits- und Folgerichtigkeitspostulate gerät[122]; hier wiederholt sich offenbar, was aus anderen Rechtsgebieten längst bekannt ist. Zugleich könnten solche Widerstände aber auch ein Anzeichen dafür sein, dass der Prozess als solcher nun weitgehend abgeschlossen ist und in vielen Bereichen bereits an Sättigungsgrenzen stößt[123].

Abschied vom Stufenbau

In der Folge kommt es zu einer gegenseitigen Durchdringung der verschiedenen Rechtsebenen, die die überkommene Lehre vom Stufenbau der Rechtsordnung auflöst und dort nicht mehr abgebildet werden kann. Diese bleibt in der Sache einem Schichtenmodell verhaftet, bei dem die Verfassung oder gegebenenfalls noch eine über ihr stehende fiktive Grundnorm die oberste Lage, das einfache Recht in seinen verschiedenen Erscheinungsformen – Gesetz, Verordnung, Satzung etc. – die unteren Lagen bildet, die jeweiligen Lagen aber strikt getrennt voneinander sind; zu Berührungen kommt es letztlich immer nur im Falle von Normkollisionen, die dann nach der lex-superior-Regel aufgelöst werden. Stattdessen schieben sich aber die verschiedenen Schichten ineinander bzw. das Verfassungsrecht in das einfache Recht hinein. Immer mehr Recht ist deshalb zugleich Verfassungsrecht und einfaches Recht[124]. Unmittelbar anschaulich wird das dort, wo das einfache Recht Bestimmungen der Verfassung wortgleich oder in der Sache identisch wiederholt: etwa § 1 StGB den nulla-poena-sine-lege-Satz des Art. 103 Abs. 2 GG, die Beamtengesetze den Grundsatz der Vergabe öffentlicher Ämter nach Leistung, Eignung und Befähigung aus Art. 33 Abs. 2 GG, die Regelungen der Landespolizeigesetze den verfassungsrechtlichen Verhältnismäßigkeitsgrundsatz[125]. Es gilt jedoch nicht minder dort, wo der Gesetzgeber Verfassungsrecht konkretisierend

---

[121] BVerfGE 81, 242; 89, 214; 103, 89. Versuch der Begrenzung des Vorgangs aus öffentlich-rechtlicher Perspektive bei *Ruffert* (Fn. 112), insbes. S. 287 ff.

[122] S. etwa BVerfGE 122, 210 – Pendlerpauschale; zur daraus entstandenen Kontroverse um die Konstitutionalisierung des Steuerrechts s. einerseits *Tipke* (Fn. 93), JZ 2009, 533 ff., andererseits *M. Droege*, STuW 2011, 105 ff., dort unter der programmatischen Frage: „Wie viel Verfassung braucht der Steuerstaat?".

[123] S. dazu *Schuppert/Bumke*, Die Konstitutionalisierung der Rechtsordnung, S. 63 ff.

[124] *B.-O. Bryde*, Programmatik und Normativität der Grundrechte, in: Merten/Papier, HGR I, § 17 Rn. 53.

[125] Die Beispiele nach *G. Robbers*, Für ein neues Verhältnis zwischen Bundesverfassungsgericht und Fachgerichtsbarkeit, NJW 1998, 935 (937).

ausgestaltet hat, das einfache Gesetzesrecht verfassungskonform ausgelegt wird oder verfassungsrechtliche Sinnprinzipien auch auf der Ebene des einfachen Rechts zur Geltung gebracht werden. Die Verfassung steht damit nicht mehr neben und über der sonstigen Rechtsordnung; stattdessen ist sie deren „immanente Struktur ..., verwirklicht und lebendig wirkend im gesamten Recht“[126]. Man hat die Rechtsordnung insgesamt deshalb zutreffend statt mit dem Bild des Stufenbaus zutreffend „insgesamt eher als ein wachsendes Blatt eines Baumes“ charakterisiert, „in dem die Verfassung die Blattrippen darstellt“.[127] Heute müssen darin zusätzlich die Einflüsse des europäischen Rechts verarbeitet werden, die zu denen der Verfassung noch hinzukommen (→ S. 323 ff.). Die Unterscheidung zwischen Verfassung und einfachem Recht wird dadurch nicht hinfällig; auch verliert die Verfassung dadurch nicht ihre Maßstäblichkeit, wie gelegentlich befürchtet worden ist[128]. Beides, die Unterscheidung wie die Maßstäblichkeit, bezieht sich aber nur noch auf die äußere Form, in der das Recht zur Erscheinung gelangt: Hier können Verfassungsrecht und einfaches Recht als solches identifiziert werden, und hier bleibt die Verfassung Kontroll- und Prüfprogramm für das einfache Recht. Dagegen bezieht sich die Unterscheidung nicht auf den Inhalt, hinsichtlich dessen es eben zu der angesprochenen wechselseitigen Durchdringung kommt.

Auch die sachlichen Probleme liegen dementsprechend allein auf der inhaltlichen Ebene und hier im Wesentlichen darin, den Selbstand und den eigenständigen Problemlösungsauftrag des einfachen Rechts gegen die verbreitete Neigung zu verteidigen, die Lösung aller politischen Probleme in der Verfassung angelegt oder darin vorgezeichnet zu finden; dieses setzt sich dann auf der kompetenziellen Ebene in der Suche nach der angemessenen Balance zwischen Bundesverfassungsgericht und Gesetzgeber oder Bundesverfassungsgericht und Fachgerichtsbarkeit fort (→ S. 190 ff., 200 ff.).

Wirkungen und Wirksamkeit

In welchem Maße die verschiedenen Wirkungen tatsächlich eintreten, ist dann eine Frage der praktischen Wirksamkeit der Verfassung, an der sich ihre Normativität zu bewähren hat. Bei ihr geht es darum, ob die Verfassung in den politischen und gesellschaftlichen Lebenszusammenhängen real verankert ist, also um die mögliche Differenz von rechtlicher und

---

[126] *G. Robbers* (Fn. 125), NJW 1998, 935 (940).

[127] *G. Robbers* (Fn. 125), NJW 1998, 935 (938).

[128] Vor allem von *Wahl*, Verfassungsstaat, Europäisierung, Internationalisierung, S. 123, 142 ff., vor allem dann S. 161 ff., auch der Vorrang der Verfassung wird von hier aus als „ein Konzept der Trennung, nicht des Zusammenwirkens“ eingeordnet, vgl. S. 123.

wirklicher Verfassung, juristischer und faktischer Geltung, „law in the books" und „law in action" oder wie die Gegensatzpaare alle lauten[129].

(1) In diesem Sinne ist die Frage seit jeher *Gegenstand der Rechtssoziologie, der Rechtstatsachenforschung und teils auch der Politikwissenschaft*[130]. Allerdings sind nicht alle hier beschriebenen oder der Verfassung insgesamt zugesprochenen Wirkungen der Erforschung in gleicher Weise zugänglich. Verhältnismäßig einfach stellt sich die Lage allenfalls dort dar, wo es um das geht, was man ganz allgemein die „Rechtlichkeit" der Verfassung nennen kann: also um ihre Rolle als streitentscheidende Leitlinie in konkreten Konflikten, um den Grad äußerer Normbefolgung und Regelkonformität oder um die Möglichkeiten ihrer gerichtlichen Durchsetzung[131]. Insofern wird man etwa sagen können, dass das Grundgesetz gerade im internationalen Vergleich eine Verfassung von außerordentlich hoher Rechtlichkeit ist, bei der das Fehlen eines eigenen Durchsetzungsstabes längst kompensiert wird durch den allgemeinen Willen zur Verfassung und die fast andächtige Verehrung, die die Bürger und auch die Politik dem Bundesverfassungsgericht heute entgegenbringen (→ S. 196 ff.)[132]; tatsächlich kann insbesondere die Rolle des Bundesverfassungsgerichts in diesem Zusammenhang mittlerweile als recht gut erforscht gelten[133]. Ebenso wird man auch die allgemeine Ausstrahlung der

---

[129] Klassisch insoweit *R. Pound*, Law in the Books and Law in Action, in: American Law Review 40 (1910), 12 ff.; die heute übliche Unterscheidung zwischen rechtlicher bzw. juristischer und faktischer bzw. sozialer Geltung etwa bei *Röhl/Röhl*, Allgemeine Rechtslehre, S. 311 ff., 335 ff.; zwischen „Wirkung" und „Wirksamkeit" unterscheidet *Obermeyer*, Integrationsfunktion, S. 33 ff. m. w. N.

[130] Vgl. etwa *A. Diekmann*, Die Befolgung von Gesetzen, 1980, S. 22 ff.; *T. Raiser*, Grundlagen der Rechtssoziologie, 5. Aufl. 2009, S. 258 ff.; *ders.*, Das lebende Recht, 3. Aufl. 1999, S. 261 ff.; *H. Rottleuthner*, Einführung in die Rechtssoziologie, 1987, S. 54 ff. Politikwissenschaftliche Ansätze sind vor allem die – überwiegend allerdings auf Verwaltungshandeln und Politikprogramme bezogene – Implementations- und Evaluationsforschung, grundlegend etwa *R. Mayntz*, Implementation politischer Programme, 1980.

[131] Der Begriff der „Rechtlichkeit" etwa bei *Obermeyer*, Integrationsfunktion, S. 36.

[132] Zum Spitzenplatz der Bundesrepublik in Bezug auf die Justiziabilität der Verfassung – als eben auch „graduelles Konzept" – zutreffend *B.-O. Bryde*, Integration durch Verfassungsgerichtsbarkeit und ihre Grenzen, in: Vorländer, Integration durch Verfassung, S. 329 (335); zur Rolle der Verfassungsgerichtsbarkeit in diesem Zusammenhang knapp und prägnant *Wahl*, Verfassungsstaat, Europäisierung, Internationalisierung, S. 122: Durch sie wird *„der Rechtscharakter* der Verfassung gesteigert" (Hervorhebung nur hier).

[133] Vor allem *T. Gawron/R. Rogowski*, Die Wirkung des Bundesverfassungsgerichts, 2007, unter Anknüpfung an eigene Vorarbeiten, u. a. Effektivität, Implementation und Evaluation, ZfRSoz 1996, 177 ff.; aus juristischer Sicht etwa *H. Schulze-Fielitz*, Wirkung und Befolgung verfassungsgerichtlicher Entscheidungen, in: FS 50 Jahre

Verfassung auf das Rechtssystem und innerhalb des Rechtssystems einigermaßen beurteilen können: Gradmesser ist hier das Maß der tatsächlichen Konstitutionalisierung des Rechtssystems, und von hier aus fallen die der Verfassung zugeschriebene Wirkung und die praktische Wirksamkeit weitgehend zusammen; in vielen Teilbereichen wird sogar bereits eine „verfassungsrechtliche Übersteuerung" beobachtet und dann eben auch als Problem registriert[134].

(2) An ihre *Grenzen stößt empirische Forschung jedoch* dort, wo es um den Bereich der Wertevermittlung, um den Transport der Grundsubstanz der Verfassung geht[135]. Dafür reicht es eben nicht aus, wenn lediglich festgestellt wird, diese oder jene Norm der Verfassung werde befolgt, während eine andere von der Staatspraxis weitgehend entwertet worden sei. Insoweit wird man immer Zonen höherer Normativität und solche geringerer Normativität ausweisen können; zu den letzteren zählen traditionell etwa das Haushaltsrecht oder möglicherweise auch das Recht der Parlamentsauflösung[136], zu den ersteren und wahrscheinlich zahlenmäßig weit stärkeren etwa die Wahlgrundsätze, die Regelung des Gesetzgebungsverfahrens, die Verteilung der Gesetzgebungskompetenzen oder – historisch durchaus keine Selbstverständlichkeit – die Bestimmung der Staatssymbole[137]. Oft ist es allerdings nur eine Frage ausgreifender oder zurückhaltender, letztlich also subjektiver Interpretation der einschlägigen Bestimmungen, in welchem der Bereiche man sich bewegt. Und worauf es ankäme, wäre, ob und inwieweit über solche isolierten Teilfragen hinaus auch ein Stück der Grundsubstanz der Verfassung, also ihrer idealen und richtungsweisenden Gehalte bewahrt und in die Wirklichkeit hinein vermittelt wird. Dafür mag man immerhin die hohen Zustimmungsraten für das

---

Bundesverfassungsgericht, Bd. 1, S. 385 ff., der im Ergebnis eine „bislang insgesamt unumstrittene Befolgung seiner Entscheidungen" konstatiert, ebda., S. 420.

134 *Schuppert/Bumke*, Die Konstitutionalisierung der Rechtsordnung, S. 63 ff.

135 Eine Analyse von „Wertewirkungen" im Rahmen des Evaluationsansatzes immerhin bei *T. Gawron/R. Rogowski*, Die Wirkung des Bundesverfassungsgerichts, 2007, S. 68 ff., allerdings eben nur bezogen auf die Entscheidungspraxis des Bundesverfassungsgerichts.

136 Zum Haushaltsrecht als „Recht minderer Normativität" etwa *W. Höfling*, Haushaltsverfassungsrecht als Recht minderer Normativität?, DVBl. 2006, 934 ff. i.E. auch *M. Droege*, „Notruf nach Karlsruhe" – Die Begrenzung der Staatsverschuldung und das Heraufziehen des Jurisdiktionsstaates im Haushaltsverfassungsrecht, VerwArch 98 (2007), 101 (112); Abhilfe könnte hier demnächst möglicherweise die Schuldenbremse aus Art. 115 Abs. 2 GG schaffen. Zur Rechtsprechung über die Bundestagsauflösung als „Unfall" etwa *C. Hillgruber*, Verfassungsrecht zwischen normativem Anspruch und politischer Wirklichkeit, VVDStRL 67 (2008), 7 (30 ff.).

137 Gerade die Festsetzung von Schwarz-Rot-Gold als Staatsflagge war in der Weimarer Republik bekanntlich außerordentlich umstritten, s. zum berühmten Potsdamer Flaggenstreit *Frotscher/Pieroth*, Verfassungsgeschichte, Rn. 576 ff.

Grundgesetz insgesamt und das Bundesverfassungsgericht als seinen autoritativen Interpreten als Indiz nehmen. Ferner dürfte es gerade die außerordentlich starke Rechtlichkeit der Verfassung sein, die auch in dieser Hinsicht zu ihrem Erfolg beiträgt; gerade auf ihr beruhen, wie man schon seit längerem gesehen hat, Leben und Wirksamkeit der Verfassung entscheidend mit[138]. Aber auch dann bleiben die Zusammenhänge notwendig unbestimmt, und erst recht gibt es keine Gewähr dafür, dass all dies auf Dauer so bleibt.

III. Wechselwirkungen mit europäischem Recht

Die derzeit größte Herausforderung in diesem Bereich resultiert nach verbreiteter Einschätzung wiederum aus der neuen Rivalität mit den verschiedenen Schichten des europäischen Rechts, die ihrerseits in das einfache Recht hinein- oder ausstrahlen und dabei selber mit einem Vorranganspruch auftreten. Im Falle des Rechts der Europäischen Union handelt es sich um einen juristischen Vorrang, der seinerseits zwar aus der Verfassung abgeleitet sein mag, in seinen praktischen Konsequenzen aber nun gerade auch gegenüber der Verfassung besteht (→ S. 73 ff.). Im Falle der Europäischen Menschenrechtskonvention ist es ein weicherer faktischer Vorrang, der sich über die völkerrechtliche Gebundenheit der Bundesrepublik und die Rolle des EGMR als Letztentscheider in einem neuen menschenrechtlichen Instanzenzug geltend macht[139]. Die Folge ist jeweils, dass das nationale Recht heute nicht mehr nur von der Verfassung überformt und innerlich durchdrungen wird, sondern gleicherweise durch das europäische Recht und das in ihm wirksame Rechtsdenken; es ist insofern nicht nur konstitutionalisiert, sondern in einem seinerseits ständig zunehmendem Umfang auch europäisiert, und zwar einschließlich der Verfassung selbst (→ S. 122 ff.)[140]. Dementsprechend lassen sich hier dieselben

---

[138] *K. Hesse*, Verfassungsrechtsprechung im geschichtlichen Wandel, JZ 1995, 265 (266), dort bezogen auf die „förmlichen Elemente" der Verfassung.

[139] Formell gilt die EMRK in der Bundesrepublik nur im Range eines einfachen Bundesgesetzes, vgl. BVerfGE 111, 307 (316 f.) – Görgülü; dem tatsächlichen Rangverhältnis wird das kaum mehr gerecht, vgl. *E. Pache*, Die Europäische Menschenrechtskonvention und die deutsche Rechtsordnung, EuR 2004, 393 (395); *M. Ruffert*, Die Europäische Menschenrechtskonvention und innerstaatliches Recht, EuGRZ 2007, 245 ff.

[140] Europäisierung ist – meist bezogen auf den Einfluss des Unionsrechts – mittlerweile für alle Rechtsgebiete eine gängige These, s. für das Privatrecht etwa K. Riesenhuber (Hrsg.), Die Europäisierung des Privatrechts, 2006; für das Verwaltungsrecht *Schmidt-Aßmann*, Das allgemeine Verwaltungsrecht als Ordnungsidee, S. 29 ff.; für das Strafrecht *H. Sazger*, Die Europäisierung des Strafrechts, 2001.

Widerstände, Gegenbewegungen und Abwehrreaktionen beobachten, wie sie bis heute im Vorgang der Konstitutionalisierung zu beobachten sind, nur dass der Widerstand eben diesmal nicht von den Fachgerichten, sondern wesentlich vom Bundesverfassungsgericht kommt, das nun selber mit den Geltungs- und Durchsetzungsansprüchen einer anderen Rechtsebene konfrontiert ist[141]. Aus alldem wird dann vielfach auf eine Krise der Wirkungen der Verfassung geschlossen, die dann mittel- oder langfristig auch eine Krise ihrer Normativität zur Folge haben müsste. Indessen macht es sich eine solche Sicht erneut zu einfach. Nimmt man die Gesamtheit dieser Wirkungen in den Blick und differenziert nach den verschiedenen Wirkungsfeldern, wird man feststellen, dass zentrale Felder von der Europäisierung unberührt bleiben, dass sich die Wirkungen der Verfassung und die des europäischen Rechts auch wechselseitig ergänzen, dass sich überhaupt Verluste an der einen mit Zugewinnen an anderer Stelle durchaus die Waage halten, so dass man es insgesamt eher mit neuerlichen Wandlungen von Normativität als mit ihrer Krise oder gar ihrem möglichen Ende zu tun hat.

Symbolisch-ethische Dimensionen

Sieht man die zentrale Wirkung der Verfassung, die auch ihre verschiedenen rechtlichen Wirkungen fundiert und trägt, heute im Transport einer grundlegenden Konzeption politischer Gerechtigkeit, also in ihren symbolischen, kulturellen oder ethischen Dimensionen, hält sich die Konkurrenz durch die europäischen Rechtsebenen bislang in Grenzen; die Annahme und Verinnerlichung durch die Bürger, derer es dazu bedürfte, haben trotz immer wieder unternommener Anstrengungen in diese Richtung bislang weder das Recht der Europäischen Union noch die Europäische Menschenrechtskonvention finden können (→ S. 75 ff.).

Den vielleicht ungewollten Beleg liefert die Rechtsprechung der für ihre Anwendung zuständigen Gerichte, bei der schon die jeweiligen Textformate zeigen, dass es ihnen im Unterschied zu derjenigen des Bundesverfassungsgerichts auf eine solche Annahme oder Verinnerlichung, überhaupt auf eine entsprechende Kommunizierung zu den Bürgern hin gar nicht ankommt: Einen immer auch rhetorisch, moralisch oder staatsphilosophisch aufgeladenen „Maßstäbeteil" kennt man dort nicht; stattdessen herrscht durchgängig ein kasuistischer, spröder, oft auch auf das Äußerste verknappter Begründungsstil vor; und wo sich der EuGH oder der EGMR in herausgehobenen Einzelfällen dann doch einmal als sinnstiftende Instanz gerade auch gegen das Bundesverfassungsgericht zu positionieren versuchen, wird dies – wie im Falle des Urteils zur Sicherungsverwahrung – in der

---

141 *Wahl*, Herausforderungen und Antworten, S. 100.

breiten Öffentlichkeit immer noch eher als unstatthafte Störung oder Einmischung empfunden[142].

Schließlich besteht überhaupt zwischen den verschiedenen Ebenen allenfalls ein Verhältnis der Wechselwirkung in dem Sinne, dass nicht nur das europäische Recht in das nationale Recht einschließlich der Verfassung hinein-, sondern auch die Verfassung ihrerseits in das europäische Recht und damit etwa auch in die Rechtsordnung anderer Mitgliedsstaaten der Europäischen Union ausstrahlt (→ S. 79f., 281f.).

Abschwächung des Verbindlichkeitsglaubens?

Andererseits schließt all dies Rückwirkungen auf die allgemeine Normativität der Verfassung in ihrer bisherigen Form nicht notwendig aus. Wird diese, wie es hier vorgestellt ist, wesentlich als eine sich selbst steuernde und stabilisierende soziale Praxis begriffen, könnte es durchaus sein, dass sie durch die neue Lage, wie sie mit der Europäisierung nun einmal geschaffen ist, auch irritiert, möglicherweise sogar nachhaltig gestört wird, auch ohne dass für sie auf europäischer Ebene schon ein entsprechendes Substitut bereitstünde: Für die Suche nach den rechtsverbindlichen Maßstäben politisch-gesellschaftlichen Lebens kann man sich heute in vielen Bereichen eben nicht mehr mit dem Blick in die nationale Verfassung zufriedengeben, sondern muss sich immer auch in den europäischen Rechtstexten und Kontexten rückversichern. Darunter könnte auch die Überzeugung von der Verbindlichkeit und vor allem Maßgeblichkeit der Verfassung leiden, von der jene Praxis überhaupt erst getragen wird und die die Voraussetzung dafür bildet, dass sich Bürger mit ihrer Verfassung identifizieren. In dieselbe Richtung führt es, wenn man die wesentliche Ressource dieses Verbindlichkeitsglaubens in einer historisch einmaligen „verfassungsstaatlichen Konstellation" sieht, also in bestimmten politischen oder kulturellen Mentalitäten, wie sie sich innerhalb einer staatlichen Ordnung herausgebildet haben; gerade diese wird in den Prozessen der Europäisierung oder auch Internationalisierung schrittweise transzendiert[143]. Indessen ist auch hier zu sehen, dass die so bestimmte Normativität der Verfassung durch deren Einbindung in einen gesamteuropäischen Rechtsrahmen nicht nur und auch nicht notwendig geschwächt, sondern

---

[142] Der Maßstäbeteil bei *O. Lepsius*, Die maßstabsetzende Gewalt, in: Jestaedt/Lepsius/Möllers/Schönberger, Das entgrenzte Gericht, S. 161 (167ff.), s. → S. 175f.; zur begrenzten Rolle des EuGH in diesem Zusammenhang *A. von Bogdandy*, Zweierlei Verfassungsrecht, Der Staat 39 (2000), 163 (164).

[143] Diese tendenziell pessimistische Sicht etwa bei *Wahl* (Fn. 10), in: Vesting/Korioth, Der Eigenwert der Verfassung, S. 355 (362ff., 369ff.); *Grimm*, Die Zukunft der Verfassung II, S. 92ff., 190ff.

von einer anderen Seite auch gestärkt wird: Dieser Rahmen basiert selber auf den unhintergehbaren Prämissen des liberalen und demokratischen Verfassungsstaats (→ S. 277 f.), seine Leitideen – Grundrechte, Rechtsstaatlichkeit, Demokratie, wechselseitige Verantwortung – werden darin als etwas ganz Selbstverständliches behandelt, von dem man sich gar nicht vorstellen kann, dass es damit auch anders sein könne, und all dies erhöht naturgemäß auch die Konsenschance der einzelnen Verfassungen, baut seinerseits weitere Geltungsressourcen auf, von denen sie zehren können.

Sichtbarer Ausdruck dieser Verstärkung von Normativität ist es, dass die Europäische Union durch den Vertrag von Lissabon nun auch formell zu einem Garanten liberal-demokratischer Verfasstheit erklärt worden ist, der zu deren Schutz mit einer entsprechenden Sanktionsgewalt ausgestattet ist (Art. 7 EUV)[144]. Aber darin liegt in der Sache nur die letzte und äußerste Verteidigungslinie, wenn alle anderen Mittel versagen; die eigentliche Sicherung setzt weit vorher ein.

Neue Wirkungen

Die Verfassung gewinnt darüber hinaus ihrerseits neue Wirkungen der normativen Steuerung und Begleitung der europäischen Integration hinzu, und dies selbst noch dort, wo sie von interessierten Einzelnen oder Gruppen – marginalisierten politischen Parteien oder Fraktionen des Bundestages, bestimmten Dauerklägern gegen jede neue Kompetenzübertragung, den massenhaften Unterstützern einer entsprechenden Verfassungsbeschwerde – gegen diese mobilisiert wird.

(1) Diese Wirkungen entfalten sich *als direkte und rechtliche* in der Ausbildung eines verfassungsgerichtlichen Kontrollprogramms, das in der Dichte und Feinstruktur, die es mittlerweile erreicht hat, weit über die dürren Vorgaben des Art. 23 Abs. 1 GG hinausgewachsen ist. Die bekannten Schritte auf diesem Wege waren: der Ausbau der Wahlgrundsätze des Art. 38 Abs. 1 S. 1 GG zu einem mittlerweile doch recht allgemeinen Grundrecht auf Demokratie, das mit der Verfassungsbeschwerde eingeklagt werden kann[145]; eine so anspruchsvolle wie idealisierende Bestimmung des demokratischen Prinzips, das für jeden Verlust an innerstaatlicher Demokratie kompensatorische Anstrengungen auf europäischer Ebene verlangt; die Postulierung einer besonderen Integrationsverantwortung der staatlichen Organe, über deren Erfüllung wiederum das Bundesverfassungsgericht wacht; zuletzt etwa die Aufzählung einzelner

---

[144] Vgl. dazu *von Bogdandy* (Fn. 142), Der Staat 39 (2000), 163 (168 f.)

[145] Grundlegend BVerfGE 89, 155 (182); nochmals in verschiedene Richtungen erweitert durch BVerfGE 123, 267 (328 ff.).

Vorbehaltsbereiche, die gegenüber einer Kompetenzübertragung besonders sensibel sind[146].

(2) Die gemeinten Wirkungen entfalten sich aber wiederum wesentlich *als indirekte oder ideelle*, die zwar durch die rechtlichen Wirkungen vermittelt werden und auf ihnen aufsetzen, aber gerade auch neben und unabhängig von ihnen bestehen. Sie ergeben sich dementsprechend nicht oder doch nur bedingt aus dem skizzierten Kontrollprogramm, sondern aus den weiteren, oft auch ganz unbestimmten und auf ihre Wirklichkeitsnähe gar nicht überprüfbaren Vorstellungen, die sich ihm im Verlauf seiner Anwendung angeheftet haben. Mit ihnen transportiert die Verfassung erneut eine allgemeine Idee oder ein Bild davon, wie eine Union der Staaten oder auch der Völker Europas richtigerweise beschaffen und eine sinnvolle Mitwirkung der Bundesrepublik daran aussehen könnte. Zugleich fungiert sie damit als ein im Hintergrund beständig mitlaufender Kommentar, von dem aus der derzeitige Stand der Integration beurteilt, ihr weiterer Fortgang diskutiert oder auch mögliche Fehlentwicklungen thematisiert werden können (→ S. 76ff.).

Wenn etwa für die Rechtssetzung der Union ein Mangel an Transparenz beklagt, das Fehlen einer europäischen Öffentlichkeit moniert oder umgekehrt mehr Responsivität eingefordert wird, wie es in der Endlosschleife der Debatten um ihr mögliches Demokratiedefizit gerade hierzulande beständig geschieht, dann entstammen diese Forderungen ja ganz offensichtlich nicht einem bereits eingespielten Verständnis europäischer Demokratie, auch wenn sie seit dem Vertrag von Lissabon heute auch auf die Art. 9–12 EUV gestützt werden könnten[147]. Sie entstammen vielmehr einer in der Praxis hiesiger Verfassungsanwendung allmählich ausgeformten Vorstellung von Demokratie, für die solche Kriterien geradezu essentiell sind und von denen aus dementsprechend immer nur zu diskutieren ist, welche Abstriche daran durch die besonderen Funktionserfordernisse einer supranationalen Gemeinschaft zu machen wären[148]. Ebensowenig ist damit ein ge-

---

[146] S. zu alldem im einzelnen BVerfGE 123, 267 (338ff.), wobei sämtliche Punkte naturgemäß wiederum hoch umstritten sind. Sicher ist nur, dass sie sich ständig neu zu bewähren haben; die in der derzeitigen Wirtschaftskrise diskutierte Einrichtung einer europäischen Wirtschaftsregierung – in welcher Form auch immer – bildet bereits den nächsten, sicher aber nicht den letzten Anwendungsfall.

[147] Richtig *P.-M. Huber*, Der Beitrag des Europäischen Parlaments zur demokratischen Legitimation der EU, in: K. Hofmann/K. Naumann, Europäische Demokratie in guter Verfassung?, 2010, S. 33 (36f.).

[148] Vgl. etwa *G. Lübbe-Wolff*, Europäisches und nationales Verfassungsrecht, VVDStRL 60 (2001), 246 (248ff.). Insofern lässt sich entgegen einer geläufigen These auch nicht von einer grundsätzlichen Modifikation des Demokratieprinzips allein durch die Tatsache der Übertragung von Hoheitsrechten auf die Union sprechen, wie es häufig geschieht, s. etwa *Peters*, Elemente einer Theorie der Verfassung Europas, S. 211. Das Prinzip als solches bleibt vielmehr intakt; es geht letztlich nur um die Frage, in welchem Maße es in einem veränderten Kontext realisiert werden kann.

richtsfester Prüfrahmen benannt, der in einem möglichen Verfahren vor dem Bundesverfassungsgericht einfach abgearbeitet werden könnte; das Vorhandensein oder Fehlen einer europäischen Öffentlichkeit etwa lässt sich ja nicht messen, geschweige denn irgendwie beweisen[149]. Die Wirkungen entfalten sich vielmehr wesentlich im Vorfeld und außerhalb eines solchen Verfahrens, und die entfernte Möglichkeit eines solchen oder auch die Drohung damit ist allenfalls das Vehikel, über das die entsprechenden Vorstellungen in die Debatten eingeschleust werden oder man ihnen Nachdruck verleihen kann. In ihrem Kern entfalten sie sich aber wesentlich als Anstöße und Impulse für einen Vorgang gesellschaftlicher Kommunikation, in dem die europäische Integration und die mit ihr zusammenhängenden Probleme noch einmal auf einer ganz grundsätzlichen Ebene reflektiert werden können. Ebenso dürfte entgegen einem verbreiteten – und als solchem durchaus gewollten – Eindruck auch die derzeit verstärkt zu vernehmende Rede von den Grenzen oder gar dem Ende des Grundgesetzes sowie die vorsorgliche Mobilisierung des Art. 146 GG (→ S. 337 ff.) für diesen Fall nicht der Markierung eines absoluten Endpunktes der Integration dienen, also jenes Punktes, über den hinaus es nicht gehen dürfe, das Grundgesetz weitere Kompetenzübertragungen nicht mehr abdecke, stattdessen der Weg der Verfassungsneugebung beschritten werden müsse etc.[150]: Dass das Bundesverfassungsgericht dereinst eine grundlegende, von allen europäischen Staaten einvernehmlich beschlossene und von einer breiten parlamentarischen Mehrheit getragene Revision der Unionsverträge, wenn sie denn kommen sollte, tatsächlich kassiert, ist allenfalls theoretisch vorstellbar; politisch wie praktisch wären damit die Grenzen seiner Legitimation erreicht[151]. Stattdessen geht es auch hier um die indirekte, subkutane und letztlich diffuse Beeinflussung des politischen Diskurses, um zu verhindern, dass genau diese Situation eintritt. Zugleich lässt sich beobachten, wie auf diese Weise auch das ungelöste Problem der Finalität der Europäischen Union auf die Tagesordnung gesetzt wird, also die Frage, wohin es mit dieser Union am Ende gehen soll[152]. Mit welchem Ausgang und mit welchem Effekt ist dann aber wieder völlig offen.

IV. Zusammenfassung

Bei der Normativität der Verfassung handelt es sich nach alldem um ein ebenso voraussetzungsvolles wie vielschichtiges Konzept, das zugleich

---

149 S. nur die unterschiedlichen Einschätzungen bei *Grimm*, Die Zukunft der Verfassung II, S. 147 ff.; *ders.*, Braucht Europa eine Verfassung?, 1995, einerseits; andererseits etwa *I. Pernice*, in: Dreier, GG, Art. 23 Rn. 55.

150 S. dazu zuletzt *M. Nettesheim*, Wo „endet" das Grundgesetz?, Der Staat 51 (2012), 313 ff., mit einer Zusammenstellung der entsprechenden Stellungnahmen und Signale. Die vorsorgliche Mobilisierung von Art. 146 GG in BVerfGE 123, 267 (332).

151 Zutreffend *C. Möllers*, Legalität, Legitimität und Legitimation des Bundesverfassungsgerichts, in: Jestaedt/Lepsius/Möllers/Schönberger, Das entgrenzte Gericht, S. 281 (405).

152 Zu dieser Finalität *U. Haltern*, Finalität, in: von Bogdandy/Bast, Europäisches Verfassungsrecht, S. 279 ff.

notorisch prekär ist. Die Verfassung hat nicht von sich aus Normativität, sondern sie wird ihr gegeben, und zwar von denen, die sie anwenden und unter ihr leben. Dies geschieht in einer permanenten, sich selbst steuernden und bis zu einem gewissen Grade auch sich selbst stabilisierenden Praxis, in der ihre Normen erst mit Sinn gefüllt, darin aber zugleich auch in ihrer Geltung und Verbindlichkeit immer neu verhandelt werden. Das Nachdenken darüber führt dann, wie man schon bei der Auslotung des Begriffs der verfassunggebenden Gewalt gesehen hat, notwendig in Grenzbereiche des Rechtsdenkens überhaupt, und man kann den Sinn solcher Bestimmungen wie der Ewigkeitsgarantie des Art. 79 Abs. 3 oder auch des Art. 146 GG mit guten Gründen darin sehen, mit einem solchen Nachdenken erst gar nicht anzufangen oder es zumindest an einem bestimmten Punkten abzubrechen. Wer sich gleichwohl darauf einlässt, wird freilich schnell feststellen, wie beweglich und in sich ungesichert das Ganze ist, dass es sich einer bestimmten geglückten Konstellation verdankt, die sich unter bestimmten begünstigenden Bedingungen herausgebildet hat, aber keineswegs für immer bestehen muss. Darin zeigt sich das ganze Risiko einer Verfassung, die sich in den über sie geführten Kommunikationen und über diese Kommunikationen erst herstellt: Diese können zu einem stärkeren Denken von der Verfassung her innerhalb einer politischen Gemeinschaft hinführen, sie können aber unter anderen Voraussetzungen und bei veränderten äußeren Bedingungen gegebenenfalls auch wieder von ihm wegführen. In den letzten Jahren ist es Mode geworden, die Vorgänge der Europäisierung und Internationalisierung als Anzeichen dafür zu nehmen, dass das Denken von der Verfassung her langfristig schwächer wird, sich die öffentliche Wahrnehmung des Politischen wieder von der Verfassung entfernt, so wie es sich einst von älteren Konzepten wie der Religion, der Nation oder dem Staat entfernt und der Verfassung zugewandt hat. Andererseits zeigen sich hier auch die Beharrungskräfte einer Praxis, die sich in diesen Vorgängen immer wieder selbst zum Thema macht: sei es, indem sie die Verfassung für die entsprechenden Entwicklungen teils aufschließt, teils auch dagegen in Stellung bringt; sei es, indem sie aus sich heraus bereits normative Vorkehrungen für den Fall ihrer Ablösung zu treffen versucht; oder sei es dadurch, dass sie das Eintreten dieses äußersten Falles gerade dadurch zu verhindern versucht, dass sie neuerdings fortwährend von ihm spricht[153].

---

[153] S. zu alldem nur die Andeutungen in BVerfGE 123, 267 (343): „Ob diese Bindung (sc. an die Staatsstrukturpinzipien des Art. 20, die Menschenwürde etc., U. V.) schon wegen der Universalität von Würde, Freiheit und Gleichheit sogar für die verfassungsgebende Gewalt gilt, also für den Fall, dass das deutsche Volk in freier Selbstbestimmung, aber in einer Legalitätskontinuität zur Herrschaftsordnung des Grundgesetzes sich eine neue Verfassung gibt (...), kann offen bleiben.“

§ 9

Das Ende der Verfassung?

Eine sprachliche und soziale Praxis wie die Verfassung kann danach, wie die abschließenden Überlegungen zur Normativität gezeigt haben, zuletzt sogar dadurch stabilisiert werden, dass sie ihr eigenes Ende thematisiert und es gleichsam als Möglichkeit in den Raum stellt. Andererseits kann auch dies sie nicht davor bewahren, tatsächlich an irgendeinem Punkt an ihr Ende zu kommen, aufgehoben oder abgelöst zu werden oder sich sonstwie zu erledigen. Insoweit muss die allgemeine Normativität der Verfassung von der Frage ihres weiteren Fortbestandes gedanklich unterschieden werden, auch wenn zwischen beiden ganz offensichtlich vielfältige Zusammenhänge bestehen. Normativität kommt einer Verfassung typischerweise eben auch deshalb zu, weil alle Beteiligten unproblematisch von ihrem weiteren Fortbestand ausgehen – und sich deshalb an sie halten – oder umgekehrt gerade die Sorge um diesen Fortbestand die Wertschätzung für sie erhöht: Man weiß, was man verliert, wenn man sie aufgibt, ohne immer schon erkennen zu können, ob das, was an ihre Stelle treten würde, den Verlust wirklich aufwiegt.

(1) Dessen ungeachtet beziehen sich die beiden Begriffe und die Probleme, die mit ihnen verknüpft sind, in ihrem jeweiligen Ausgangspunkt auf ganz unterschiedliche Situationen. Die Normativität der Verfassung bewährt sich und hat sich zu bewähren in der Normallage, also dem Alltag einer Regelbefolgungsgemeinschaft, die sich unter der einverständlichen Unterstellung der Verbindlichkeit ihrer Regeln den aus deren Anwendung resultierenden Streitfällen zuwendet; diese bleiben dann als solche zugleich notwendig Einzelfälle. Demgegenüber zielt die Frage nach dem Fortbestand von vornherein auf den äußersten Fall, die Ausnahmelage, in der die Existenz der Ordnung als Ganzes auf dem Spiel steht; das Gebiet, das damit betreten ist, wird mit Begriffen wie Vernichtung, Beseitigung oder Aufhebung der Verfassung beschrieben, die das Singuläre des Vorgangs deutlich machen[1]. Klassische Beispiele sind dementsprechend die

[1] Die Begriffe der Verfassungsvernichtung und Verfassungsbeseitigung bei *Schmitt*, Verfassungslehre, S. 99ff., dort in Verbindung mit einer Reihe weiterer Begriffe wie Verfassungsdurchbrechung, Verfassungssuspension, Hochverrat etc.

Revolution oder ein Staatsstreich, in denen eine bestehende Ordnung gestürzt und durch eine inhaltlich ganz andere ersetzt wird.

(2) Unterhalb dieser Alles-oder-Nichts-Ebene ist indessen durchaus nicht klar, wann ein Fall der Beendigung der Verfassung wirklich angenommen werden kann. Die Schwierigkeiten zeigen sich exemplarisch im Fall der Verfassungsablösung nach Art. 146 GG, von dem bis heute niemand präzise angeben kann, was er eigentlich regelt und ob das, was am Ende als Produkt dieser Ablösung entsteht, wirklich eine ganz neue Verfassung ist oder doch nur eine besondere Form der Fortsetzung der bisherigen (→ S. 339 ff.)[2]. Die Gründe liegen erneut zu einem guten Teil darin, dass die Frage nach der Beendigung einer Verfassung immer nur von dem je vorausgesetzten Verständnis von Verfassung aus entschieden werden kann, über dieses Verständnis aber keine Einigkeit besteht oder es nicht hinreichend reflektiert wird: Man muss erst wissen, was mit „der Verfassung" gemeint ist und was „die Verfassung" alles einschließt, bevor man beurteilen kann, ob und wodurch sie gegebenenfalls endet.

(3) Als Grundlinie dafür kann formuliert werden, dass die Frage umso klarer beantwortet werden kann, je einfacher der verwendete Verfassungsbegriff ist. Wird unter Verfassung schlicht die formelle Verfassung im Sinne der Verfassungsurkunde verstanden, wird man ihre Beendigung im Wesentlichen mit ihrer förmlichen Außerkraftsetzung gleichsetzen können. In einem Konzept der Verfassung als „Entscheidung" über die Staatsform (Republik, Demokratie, Diktatur etc.) liegt dagegen eine Beendigung unproblematisch vor, wenn durch andere Kräfte eine Veränderung dieser Staatsform herbeigeführt wird[3]. Unter einem Verfassungsbegriff, der formelle und materielle Elemente kombiniert, die Verfassung nicht auf ihren textlichen Ausdruck reduziert, sie mit der geistigen Befindlichkeit ihrer Zeit, also den in der Gesellschaft je vorherrschenden Ordnungs- und Gerechtigkeitsüberzeugungen verknüpft oder sie noch weitergehend als die Summe der über sie geführten Kommunikationen bestimmt, fallen solche einfachen Antworten aus. Verfassungen dieser Art haben notwendig eine komplexere, beweglichere und offenere Struktur, und entsprechend komplex stellen sich auch die Verhältnisse bezüglich ihrer Beendigung dar. Hinzu kommt, dass gerade sie regelmäßig auch Vorkehrungen gegen diese Beendigung treffen oder in der Praxis ihrer Anwendung normative Bindungen entstehen, die gerade die Beendigung

---

[2] Zu dieser zentralen Unklarheit präzise *Haack*, Verlust der Staatlichkeit, S. 445; zu den besonderen Problemen des Art. 146 GG vorerst nur *Dreier*, Gilt das Grundgesetz ewig?, S. 78: „eine der am heftigsten umstrittenen Normen des Grundgesetzes überhaupt".

[3] Vgl. *Schmitt*, Verfassungslehre, S. 20 ff. einerseits und 99 ff. andererseits.

verhindern sollen. Auch sie müssen deshalb in den Blick genommen werden, wenn man die möglichen Beendigungstatbestände darauf befragen will, ob und inwieweit sie tatsächlich das Ende der Verfassung bewirken können und wie realistisch die Aussicht darauf ist.

I. Beendigung durch Diskontinuität

Von einem in diesem Sinne erweiterten Verfassungsverständnis aus lässt sich zunächst von einer Beendigung dann sprechen, wenn an die Stelle der damit bezeichneten Grundordnung eine neue gesetzt wird, die mit der bisherigen in keiner Kontinuität mehr steht. In der Literatur wird in diesen Fällen üblicherweise von einer neuen Verfassunggebung als einer Betätigung der verfassunggebenden Gewalt (→ S. 288 ff.) gesprochen, die dann von der bloßen Verfassungsänderung als einer kontinuitätswahrenden Fortschreibung der bisherigen Verfassung unterschieden wird[4]. Allerdings ist damit die Frage, wann Kontinuität und wann Diskontinuität angenommen werden kann, nicht schon beantwortet, sondern nur in einer veränderten Begrifflichkeit neu gestellt. Von der theoretischen Ausgangslage her kommen für eine mögliche Diskontinuität im Wesentlichen drei Anknüpfungspunkte in Betracht: der Geltungsgrund der Verfassung, der Text der Verfassung und die Substanz der Verfassung.

(1) Wird der *Geltungsgrund der Verfassung* für maßgeblich erklärt, liegt eine neue und damit eine Beendigung der alten Verfassung vor, wenn das Fundament der Verfassung neu gelegt wird, also ein neuer Beschluss über die Verfassung gefasst wird[5]. Das ist indessen ein rein formales Kriterium, das vor allem dann wenig plausibel ist, wenn die auf diesem Wege beschlossene Verfassung mit der bisherigen völlig identisch ist[6]. Wer würde in diesem Fall wirklich von einer „neuen" Verfassung sprechen? Hätte man etwa, wie es seinerzeit in der Tat diskutiert worden ist, das Grundgesetz nach der Wiedervereinigung dem Volk erneut zur Abstimmung vor-

---

[4] Umfassend *Winterhoff*, Verfassung – Verfassunggebung – Verfassungsänderung, dort insbes. S. 183 ff.

[5] In diesem Sinne *J. Isensee*, Schlussbestimmung des Grundgesetzes: Artikel 146, in: Isensee/Kirchhof, HStR VII (2. Aufl.), § 166 Rn. 14. Auch *Winterhoff*, Verfassung – Verfassunggebung – Verfassungsänderung, sieht hierin das zentrale Kriterium für die Unterscheidung von Verfassunggebung und Verfassungsänderung: Durch Verfassunggebung erzeugtes Recht gilt originär aufgrund eines Aktes der Neuschöpfung, das durch Verfassungsänderung erzeugte Recht derivativ kraft der Geltungsanordnung der bestehenden Verfassung, S. 255 ff.; kombiniert wird dies allerdings mit einer Fülle weiterer Kriterien unterschiedlichen Gewichts, S. 317 ff.

[6] So aber in der Tat *Isensee* a.a.O.

gelegt, hinge es möglicherweise nur von der Zufälligkeit der Fragestellung ab, ob das eine oder das andere gegeben wäre[7]. Vor allem wird mit einer solchen Anknüpfung der eigentliche und wirkliche Geltungsgrund der Verfassung prinzipiell verkannt; dieser liegt nicht in der einmaligen Betätigung oder Entscheidung einer ursprünglichen verfassunggebenden Gewalt, sondern in dem dauernden Getragensein durch die gesellschaftlich-politischen Kräfte und die Bürger, in der Verankerung ihrer grundlegenden Ordnungs- und Gerechtigkeitsvorstellungen im Symbolhaushalt einer gerade dadurch konstituierten Verfassungsgemeinschaft (→ S. 295 ff.), und dafür ist deren bloß formelle oder auch rituelle äußere Bestätigung ganz gleichgültig[8].

(2) Ebenso wenig liegt ein Beendigungstatbestand vor, wenn im Verfahren nach Art. 79 Abs. 2 GG lediglich der *Text der Verfassung* geändert wird, ohne sie in ihrer inneren Substanz, also in der zentralen und sie inhaltlich prägenden Leit- und Ordnungsidee anzutasten. Ist das freilich der Fall, ist der Kontinuitätszusammenhang ganz offensichtlich unterbrochen; die bisherige Ordnung ist dann an ihr Ende gekommen, und an ihrer Stelle entsteht eine eigenständige und andere Ordnung, die mit allem, was vorher war, nur noch eine rein formale Verbindung, in Wahrheit aber nichts mehr gemein hat.

Umstritten kann dementsprechend nur der Fall der sog. Totalrevision sein, unter der hierzulande meist eine in Wortlaut und Inhalt grundlegende Umgestaltung des Grundgesetzes verstanden wird, die jedoch innerhalb der Grenzen des Art. 79 Abs. 3 GG erfolgt[9]. Einigermaßen realistische Anwendungsfälle sind derzeit freilich schwer vorstellbar; zu denken wäre allenfalls an eine weitreichende Ergänzung der repräsentativen Demokratie um verschiedene Formen der Volksgesetzgebung oder – letztlich aber schon wieder sehr entfernt – doch noch einmal der große Wurf einer tiefgreifenden Föderalismusreform[10]. Weder allein für sich noch in einer

---

[7] Also keine Beendigung, wenn die Frage auf „Beibehaltung des Grundgesetzes", Beendigung dagegen, wenn sie auf „Geltung des Grundgesetzes als neue Verfassung für ganz Deutschland" o. ä. gelautet hätte.

[8] Richtig *Haack*, Verlust der Staatlichkeit, S. 446 Fn. 239.

[9] Anders der Sprachgebrauch in der Schweiz, weil dort die Totalrevision durch die Bundesverfassung ausdrücklich zugelassen und – abgesehen von zwingenden Bestimmungen des Völkerrechts – keinen materiell-rechtlichen Schranken unterworfen ist (vgl. Art. 192 f. BV); die derzeitige Bundesverfassung von 1999 verdankt sich einer solchen. Zum entsprechenden Begriff und der Unterscheidung zwischen formeller und materieller Totalrevision *U. Häfelin/W. Haller/H. Keller*, Schweizerisches Bundesstaatsrecht, 8. Aufl. 2012, S. 561 ff.

[10] Für weitere zumindest denkmögliche Schritte wie die Eingliederung in einen europäischen Bundesstaat ist demgegenüber bereits wieder streitig, ob sie mit Art. 79 Abs. 3 GG noch zu machen sind; dieser wird derzeit vorsorglich auch gegen eine zu weitreichende Einführung plebiszitärer Elemente mobilisiert, vgl. die Referate von M.

möglichen Kumulation erreichen diese Vorgänge aber eine Qualität, die es rechtfertigen könnte, hier wirklich von einer neuen Verfassunggebung zu sprechen[11].

(3) Maßgeblich kann es dementsprechend nur darauf ankommen, ob durch solche Änderungen zugleich auch die *Substanz der Verfassung* grundlegend verändert oder ganz ausgewechselt wird. Gerade solchen Substanzveränderungen im Wege förmlicher Verfassungsänderungen schiebt aber Art. 79 Abs. 3 GG einen Riegel vor, und dies ungeachtet der durchaus offenen Frage, ob mit ihm die Substanz der Verfassung richtig getroffen ist (→ S. 94f.). Die Verfassung selber versucht auf diese Weise Kontinuität in ihren grundlegenden Ordnungsprinzipien zu gewährleisten, und zuletzt ist es gerade die Kombination aus der Ermöglichung von Verfassungsänderungen einerseits und der Festschreibung eines absolut geschützten, unantastbaren oder sogar ewigen Kerns, die eine vollständig neue Verfassunggebung verhindern soll: Die Ermöglichung von Verfassungsänderungen gestattet ebenso wie die prinzipielle Offenheit für die Interpretation die Anpassung an sozialen Wandel, während die Festschreibung eines änderungsfesten Kerns signalisiert, dass es in aller Fortschreibung und Fortentwicklung der Verfassung Punkte gibt, die nicht zur Disposition stehen[12].

In dieser Signalfunktion, also der *symbolischen* Bekräftigung einer substantiell verbindlichen Ordnungsidee, liegt überhaupt die zentrale Wirkung des Art. 79 Abs. 3 GG. Allerdings kann Art. 79 Abs. 3 GG diese nur entfalten, wenn er seinerseits eingebettet ist in die impliziten Bindestrukturen einer Praxis der Verfassungsanwendung, in der die Normativität der Verfassung nicht als solche in Frage gestellt wird (→ S. 302ff.). Ist dies einmal erkannt, verlieren auch die bis heute anhaltenden Kontroversen um den Sinn einer solchen Vorschrift viel von ihrer Bedeutung. Diese kreisen einmal um deren demokratische Legitimität, also um die Frage, ob man das Volk als Träger der Staatsgewalt (der Souveränität, der verfassunggebenden Gewalt etc.) in seiner Entscheidungsfreiheit sachlich überhaupt beschränken *darf*, zum anderen um das Problem der tatsächlichen Durchsetzbarkeit, also um die Frage, ob man das Volk oder sonst irgendjemanden überhaupt in dieser Weise rechtlich binden *kann*[13]. Das eine ergibt sich aber letztlich aus dem

---

Möstl und *M. Schuler-Harms*, Elemente direkter Demokratie als Entwicklungsperspektive, VVDStRL 72 (2013), i. E.

[11] Wie hier *Stern*, Staatsrecht I, S. 176; a. M. *Bryde*, in: v. Münch/Kunig, Grundgesetz, Art. 79 Rn. 4.

[12] Speziell zu dieser Bedeutung von Verfassungsänderungen als Garanten einer Stabilität im Grundsätzlichen *Winterhoff*, Verfassung – Verfassunggebung – Verfassungsänderung, S. 265ff.; *Dreier*, Gilt das Grundgesetz ewig?, S. 46f.

[13] Der erste Punkt knüpft an den klassischen Einwand von T. Jefferson an (→ S. 289f.); speziell zu Art. 79 Abs. 3 GG etwa C. *Tomuschat*, Verfassungsgewohnheitsrecht?, 1972, S. 108f. Auch die tatsächliche Unmöglichkeit der Bindung ist ein alter Einwand, vgl. bereits W. *Jellinek*, Grenzen der Verfassungsgesetzgebung, 1931, S. 23f.;

anderen: Art. 79 Abs. 3 kann letztlich nur greifen, wenn die prinzipielle Ordnungsidee der Verfassung weithin als einverständliche Grundlage des Zusammenlebens angesehen wird, und solange dies der Fall ist, wird es auch kaum zu jener Situation kommen, vor der Art. 79 Abs. 3 schützen will. Die überschießende *juristische* Wirkung könnte dann allenfalls darin gesehen werden, den Schutz vor Änderungen auch auf die Randzonen dieser Ordnungsidee zu erstrecken, also auf solche Bestandteile, Sinngehalte oder auch interpretatorische Zuschreibungen, die von ihrem eigentlich Kern nicht umfasst sind; gerade darin läge dann das eigentlich Problematische der Bestimmung.

II. Beendigung durch Erledigung

Einen zweiten möglichen Beendigungstatbestand bilden diejenigen Fälle, in denen die Verfassung die politisch-gesellschaftliche Realität nicht mehr erfasst und ihre Wirkung verliert, ohne dass es zu irgendwelchen Eingriffen in den Text kommt. Man kann insofern von einem Obsoletwerden, einer Funktions- bzw. Wirkungslosigkeit oder mit einer neueren Formulierung des Bundesverfassungsgerichts auch von einer „stillschweigenden Ablösung" der Verfassung sprechen, durch die sie nicht anders an ihr Ende käme als durch ihre förmliche Beseitigung, sie wieder zu dem „Blatt Papier" würde, von dem einst Ferdinand Lassalle gesprochen hat[14]. Die Verfassung erledigt sich dann einfach, auch wenn sie formell weiter in Kraft bleiben mag. Geschehen kann dies in zwei Unterformen, bei denen man aber immer genau hinsehen muss, ob und inwieweit sie tatsächlich eine Erledigung in diesem Sinne bewirken.

(1) Die Verfassung kann sich einmal dadurch erledigen, dass sich die *tatsächlichen Verhältnisse* von ihr wegbewegen: Die Grundrechte werden nicht mehr respektiert oder angewandt, der Sozialstaat ist nicht einmal in irgendeiner Form der Basissicherung mehr finanzierbar, die Verfahren der Entscheidungsbildung verlaufen anders als in der Verfassung vorgezeichnet, im extremsten und einfachsten Fall werden die Regelungen der Verfassung von niemandem mehr als verbindlich betrachtet.

(2) Die zweite Fallkonstellation betrifft *förmliche Rechtssetzungsakte außerhalb oder neben der Verfassung*, die von der Verfassung abweichen bzw. ihr widersprechen, so wie sie früher mit dem Begriff der Verfas-

P. *Siegenthaler*, Die materiellen Schranken der Verfassungsrevision als Problem des positiven Rechts, 1970, insbes. S. 185 ff.

[14] *F. Lassalle*, Über Verfassungswesen, in: ders., Reden und Schriften, Bd. 1, 1892, S. 463 (476 ff.); die Formulierung von der stillschweigenden Ablösung in BVerfGE 123, 267 (338).

sungsdurchbrechung belegt wurden[15]. Der Begriff ist allerdings selber mehrdeutig und aus verschiedenen Gründen heute als verfassungsdogmatische Kategorie unbrauchbar[16].

In der Weimarer Republik hatte man vor allem einfache, aber mit verfassungsändernder Mehrheit verabschiedete Gesetze sowie einzelfallbezogene „Maßnahmen" vor Augen, die in der Sache auch die Verfassung inhaltlich abänderten. Von diesen bewirkte dann das Ermächtigungsgesetz vom 24. März 1933 – zusammen mit der Verordnung zum Schutz von Volk und Staat vom 28. Februar 1922, der sog. Reichstagsbrandverordnung – in der Tat eine Beendigung der Weimarer Reichsverfassung[17]. Dieser Form von Verfassungsdurchbrechungen steht jedoch nunmehr das Textänderungsgebot des Art. 79 Abs. 1 GG entgegen. Heute kämen als Fälle solcher Durchbrechungen lediglich Veränderungen des Rechts der Europäischen Union in Betracht, die in der Tat oft auch als materielle Verfassungsänderungen bezeichnet werden (→ S. 124 f.); für sie gilt Art. 79 Abs. 1 GG nicht (vgl. Art. 23 Abs. 1 S. 3 GG).

(3) In beiden Fällen ist die entscheidende Frage allerdings stets, *wann wirklich ein Fall der Beendigung angenommen werden* kann. Dafür reicht es jedenfalls nicht aus, wenn lediglich diese oder jene einzelne Norm oder auch ein einzelner Normenkomplex obsolet wird, wie es immer einmal diskutiert worden ist[18]. Die Entwicklung muss vielmehr eine solche Tragweite erreichen, dass der Ordnungsanspruch der Verfassung insgesamt in Frage gestellt ist. Das einzige halbwegs realistische Szenario, das in diesem Zusammenhang immer wieder genannt wird, wäre der Ausbau der Europäischen Union zu einem echten Bundesstaat, auf den das Bundesverfassungsgericht seine Warnung vor der „stillschweigenden Ablösung" des Grundgesetzes in der Tat bezogen hatte: In einem solchen Ausbau läge, so das Gericht, ein „Identitätswechsel der Bundesrepublik Deutschland", über den nicht die „verfasste Gewalt" der unter dem Grundgesetz handelnden Staatsorgane befinden könne, sondern allein die „verfassunggebende Gewalt" des Volkes im Verfahren nach Art. 146 GG[19]. Daran sind allerdings doch einige Nachfragen angebracht.

Zugrunde liegt dieser Warnung sicherlich das sympathische Anliegen, in die nächsten wichtigen Schritte der europäischen Integration die Bürger stärker ein-

---

[15] Begriffsprägend *E. Jacobi*, Die Diktatur des Reichspräsidenten, VVDStRL 1 (1924), 105 (109).

[16] Zu dieser Mehrdeutigkeit bereits *Bryde*, Verfassungsentwicklung, S. 356 f.; ferner *Dreier*, in: ders., GG, Art. 79 I Rn. 17 ff.

[17] Richtig *Stolleis*, Geschichte des öffentlichen Rechts III, S. 316 ff.; knapp zsfd. *Frotscher/Pieroth*, Verfassungsgeschichte, § 19 Rn. 685 f.

[18] S. statt vieler nur *Hain*, in: v. Mangoldt/Klein/Starck, Art. 79 Rn. 16; *Dreier*, in: ders., GG, Art. 79 I Rn. 42.

[19] BVerfGE 123, 267 (331 f.).

zubinden, über deren Köpfe hinweg hier üblicherweise entschieden wird. Aber zum einen setzte jede Grenzziehung dieser Art eine einigermaßen sichere Beurteilung voraus, von welchem Punkt der Entwicklung an tatsächlich von der Umbildung der Bundesrepublik zum Gliedstaat eines neuen europäischen Bundesstaates gesprochen und dies als „Identitätswechsel" dieser Bundesrepublik angesehen werden könnte. Das ist nur vordergründig ein Problem der Auslegung des Art. 79 Abs. 3 GG, also der reinen und als solche nach wie vor nicht wirklich geklärten (→ S. 279 ff.) Rechtsfrage, ob zu den dort für änderungsfest erklärten Kernbestandteilen des Grundgesetzes auch die Staatlichkeit der Bundesrepublik selbst gehört, auch wenn sich darauf die meisten Erörterungen zum Thema naturgemäß konzentrieren. Es geht vielmehr um die viel grundsätzlichere Frage, ob das, was in diesem Zusammenhang als Indikator für eine solche Umbildung üblicherweise genannt wird, im Verhältnis zu dem bereits jetzt erreichten Stand der Integration die These von einem Identitätswechsel tatsächlich rechtfertigt[20]. Zum zweiten wäre erst noch darzulegen, ob ein solcher Identitätswechsel der Bundesrepublik – also des Staates – wirklich gleichbedeutend wäre mit einer „stillschweigenden Ablösung" auch des Grundgesetzes, und zwar gerade in dem dafür unterstellten Fall, dass es nicht zu einer Entscheidung des Volkes nach Art. 146 GG käme, das Grundgesetz selbst also formal weiter in Kraft bliebe. Für die Verfechter einer Gleichsetzung von Staats- und Verfassungsidentität ist die Antwort freilich klar: Man hätte es dann mit einer ganz neuen, nur eben nicht als solche ausgewiesenen Ordnung zu tun. Auch hier käme es aber wesentlich darauf an, ob und inwieweit dies alles wirklich die Substanz der Verfassung veränderte, und zwar nicht nur in Bezug auf diese oder jene einzelnen Teilelemente, sondern eben als Ganzes und in der sie von innen her tragenden Ordnungsidee[21]. Möglicherweise unterschätzen deshalb alle

---

[20] Bei abstrakter Betrachtung kommen insoweit als Indikatoren in Betracht: (1) die Übertragung weiterer Sachkompetenzen auf die Union, (2) die damit verbundene weitere Auszehrung demokratischer Teilhabe und (3) die Übertragung der Kompetenz-Kompetenz, vgl. im Einzelnen *M. Nettesheim*, Wo „endet" das Grundgesetz?, Der Staat 51 (2012), 313 (317 ff.). Einen einigermaßen greifbaren, weil einigermaßen formalisierten Indikator liefert davon aber allein die Übertragung der Kompetenz-Kompetenz, und wenn man diesen isoliert betrachtet, wird man ja durchaus fragen können, ob die dadurch bewirkte Veränderung im Vergleich zu den viel grundlegenderen Entscheidungen in den Jahrzehnten zuvor – von der Gründung der Europäischen Gemeinschaften bis hin zu den neuen Stufen der Integration durch den Maastricht-Vertrag – wirklich von einer solchen Bedeutung wäre, dass sie einen „Identitätswechsel" der Bundesrepublik bewirken könnte; im Grunde ist alles, was eine solche Behauptung in der Sache stützen könnte, schon längst passiert.

[21] Eine solche Beeinträchtigung wird in der Tat bejaht von *Haack*, Verlust der Staatlichkeit, insbes. S. 327 ff., 385 ff.; *ders.*, Primitive Staatstheorie, Der Staat 51 (2012), 57 (78 ff.). Damit dürfte indessen die formale Komponente der „Staatlichkeit" – wenn man sie angesichts der im Grundgesetz von Anfang an angelegten Internationalität denn überhaupt zur inneren Substanz der Verfassung rechnen müsste – im Verhältnis zu den inhaltlichen Kernbestandteilen (Menschenwürde, Demokratie, Herrschaft der Rechtsidee etc.) verabsolutiert sein. Eine Verfassung, die *diese* Kernelemente nicht mehr gewährleistet (sondern stattdessen eine Gewalt- und Willkürherrschaft etabliert, die Grundrechte des einzelnen negiert etc.), wäre sicher eine im Verhältnis zum Grundgesetz ganz andere Verfassung, aber ob dies auch für das Grundgesetz als Teilverfassung

diese Grenzziehungen die Anpassungs- und Wandlungsfähigkeit einer Praxis der Verfassungsanwendung, die es in dem Vorgang inkrementellen Wachsens, wie es die Entwicklung der Europäischen Union kennzeichnet, bislang noch jedes Mal geschafft hat, den jeweils nächsten Schritt in diese Ordnungsidee zu integrieren, so dass am Ende und in den langfristigen Zeiträumen, in denen solche Entwicklungen allenfalls zu denken wären, auch die Eingliederung der Bundesrepublik in einen europäischen Bundesstaat statt als Beendigung nur als eine jener Transformationen der Verfassung erschiene, von denen diese schon viele durchlaufen hat.

III. Beendigung durch Ablösung nach Art. 146 GG?

Anders stellt sich die Situation möglicherweise dann dar, wenn es im weiteren Fortgang der europäischen Integration – sei es durch eine souveräne Entscheidung der Politik, sei es aufgrund einer entsprechenden Intervention des Bundesverfassungsgerichts – tatsächlich zu einer Entscheidung nach Art. 146 GG käme, also „eine Verfassung in Kraft tritt, die von dem deutschen Volke in freier Entscheidung beschlossen worden ist", wie es dort heißt. Dieser Fall wird üblicherweise als Verfassungsablösung bezeichnet, der dann als Beendigungstatbestand eigener Art angesehen wird, so wie es auch dem Wortlaut der Bestimmung entspricht[22]. Allerdings ist inmitten der vielen Kontroversen, die sich um diese Bestimmung ranken, gerade dies keineswegs so eindeutig, wie es angesichts dieses Wortlautes zunächst scheint[23].

(1) Wie im Falle der revolutionären Umwälzung oder der Totalrevision (→ S. 334 f.) und überhaupt in allen übrigen Fällen lautet die entscheidende Frage auch hier, ob das, was am Ende dieses Prozesses als neue Verfassung entstünde, *einen inhaltlichen Bruch mit der bisherigen Ordnung bedeutete und in welchem Maße ein solcher angenommen werden könnte*[24]. In der Literatur herrscht dazu bekanntlich die Auffassung vor, dass auch die Verfassunggebung nach Art. 146 GG in vollem Umfang den Bindungen des Art. 79 Abs. 3 GG unterliege, womit es sich im Grunde nur um eine Auswechslung des Verfahrens der Verfassungsänderung nach Art. 79

---

eines selber demokratischen und rechtsstaatlichen Grundsätzen verpflichteten vereinten Europas gälte, wird man doch bezweifeln können.

[22] *Isensee* (Fn. 5) in: Isensee/Kirchhof, HStR VII (2. Aufl.), § 166 Rn. 13 ff.; umfassend *Winterhoff*, Verfassung – Verfassunggebung – Verfassungsänderung, S. 303 ff., 328 ff., dort freilich aus nicht recht nachvollziehbaren Gründen beschränkt auf § 146 a. F.

[23] Überblick über die verschiedenen Auffassungen bei *M. Heckel*, Die Legitimation des Grundgesetzes durch das deutsche Volk, in: Isensee/Kirchhof, HStR VIII (1. Aufl.), § 197 Rn. 86 ff.

[24] Richtig *Haack*, Verlust der Staatlichkeit, S. 445 f. mit Fn. 239.

Abs. 2 GG handeln würde[25]. Wieso dann das Produkt dieses Prozesses eine neue – und erst recht: andere – Verfassung sein soll, bleibt hier völlig unerfindlich[26]. Nun kann eine solche Auslegung aus systematischen Erwägungen nicht richtig sein, weil danach der Sinn des Art. 146 GG neben dem regulären Änderungsverfahren des Art. 79 Abs. 2 ebenso wenig zu erkennen wäre wie der Fall, in dem er überhaupt zur Anwendung kommen könnte[27]. Die Debatte darüber zeigt aber das Bestreben einer Verfassungsgemeinschaft, die Bindestrukturen, die sich in den Kommunikationen über Verfassung herausgebildet haben, in die Zeit hinein zu verstetigen, sie dabei auch unabhängig zu stellen von dem Text, auf den sie ursprünglich bezogen wurden. Es ist dasselbe Bestreben, von dem auch das Bundesverfassungsgericht geleitet ist, wenn es im Urteil zum Lissabon-Vertrag die Frage, ob auch für die verfassunggebende Gewalt allgemeine Bindungen schon aus der „Universalität von Würde, Freiheit und Gleichheit" gelten, zwar im Ergebnis offen lässt, sie aber immerhin schon einmal anspricht[28]; es ist dieses Bestreben, das hinter der Auffassung steht, dass vor Aktivierung der verfassunggebenden Gewalt nach Art. 146 GG zunächst das dazu erforderliche Verfahren im Grundgesetz selbst erst einmal näher geregelt werden müsse[29]; und dieses Bestreben ist gleichermaßen dann erkennbar, wenn Art. 146 GG auch ohne formelle Bindung an Art. 79 Abs. 3 GG wesentlich als „Normativitätsbrücke" zu einer neuen Verfassung gesehen wird[30]. Genau darum geht es: um die Herstellung normativer Verbindungen, um Brücken zwischen der bisherigen und einer formell neu beschlossenen Verfassung, um die Bewahrung von Kontinuität und die Entschärfung von Diskontinuität, und ob man das dann als Beendigung, Überleitung oder modifiziertes Fortbestehen bezeichnet, ist ein Streit um Worte und letztlich ganz gleichgültig.

---

[25] Vgl. statt vieler nur *Hesse*, Grundzüge des Verfassungsrechts, Rn. 707; *Isensee* (Fn. 5) in: Isensee/Kirchhof, HStR VII (2. Aufl.), § 166 Rn. 61.

[26] Erneut richtig gesehen bei *Haack*, Verlust der Staatlichkeit, S. 452 ff., gerade er ein weiterer Verfechter dieser Lesart.

[27] Das wird besonders dann deutlich, wenn man auch die souveräne Staatlichkeit der Bundesrepublik zu den von Art. 79 Abs. 3 für unabänderlich erklärten Grundsätzen des Grundgesetzes zählte: Wenn das Verfahren nach Art. 146 GG überhaupt je aktiviert werden sollte, dann nur im Zusammenhang mit der Gründung eines europäischen Bundesstaates und dem Beitritt der Bundesrepublik dazu; gerade dies könnte dann aber nach der restriktiven Auslegung wegen der fortbestehenden Bindung an Art. 79 Abs. 3 GG dort nicht beschlossen werden. Im Ergebnis wie hier *Huber*, in: Sachs, GG, Art. 146 Rn. 10 ff.; *Dreier*, in: ders., GG, Art. 146 Rn. 50.

[28] BVerfGE 123, 267 (343).

[29] *Huber*, in: Sachs, GG, Art. 146 Rn. 15 ff.

[30] So insbesondere *Dreier*, Gilt das Grundgesetz ewig?, S. 92 ff.; in der Sache ähnlich zuvor bereits *E. Wiederin*, Die Verfassunggebung im wiedervereinigten Deutschland, AöR 117 (1992), 410 (416).

(2) Überhaupt leidet die Debatte über etwaige rechtliche Bindungen der Verfassungsablösung nach Art. 146 GG – sei es in Gestalt einer formellen Bindung an die in Art. 79 Abs. 3 GG aufgeführten Grundsätze, sei es in Gestalt einer materiellen Bindung an die normativen Leitideen des Verfassungstaates insgesamt, sei es in Gestalt irgendeiner theoretischen Bindung der verfassunggebenden Gewalt überhaupt – *an einer prinzipiellen Unklarheit über die Eigenart und Wirksamkeit rechtlicher Bindungen* sowie über ihr Verhältnis zu anderen Bindungen: den bestehenden moralischen, sozialen, faktischen und kulturellen Bindungen, den Bindungen aus einem vorhandenen politischen Institutionengefüge, zuletzt den Bindungen aus einer eingelebten Praxis der Verfassungsanwendung, die sich nicht einfach von einem auf den anderen Tag abwerfen lassen[31]. Ließe man sich dazu einmal versuchsweise auf das Gedankenexperiment ein, es würde mit Blick auf die nächste Vertiefung der Europäischen Union das Verfahren nach Art. 146 GG eingeleitet und die „neue" Verfassung dann auch noch vom Volke in feierlicher Abstimmung beschlossen, so dürfte diese in etwa wie folgt aussehen: An der Spitze stünde mit einiger Wahrscheinlichkeit erneut die Menschenwürdegarantie, mit der nun auch die Europäische Grundrechtecharta aufmacht; sie enthielte einen umfangreichen Grundrechtekatalog, der dem des Grundgesetzes inhaltlich nicht nachstünde; die institutionellen Strukturen knüpften mit einigen Modifikationen (einer Ergänzung um plebiszitäre Elemente, einigen neuerlichen Umbauten in der föderalen Ordnung etc.) an die Strukturen an, die vorhanden sind und an die man sich gewöhnt hat; der Interpretation der einzelnen Sätze und Bestimmungen würden sich alsbald die Ordnungsvorstellungen und Leitbilder anheften, die sich in der Anwendung des Grundgesetzes herausgebildet und normativ verfestigt haben. Insgesamt entstünde auf diese Weise eine Ordnung, die in fast allem die Grundzüge der Ordnung trägt, die wir kennen. Die soziale und sprachliche Praxis, die die Verfassung wesentlich ausmacht, könnte sich damit zuletzt als beharrlicher erweisen als der Text, in dem sie symbolisch verkörpert ist.

---

[31] Zutreffend *Häberle*, Europäische Verfassungslehre, S. 237 f.

Schrifttum (Auswahl)

Nachfolgend sind nur die häufiger zitierten selbständigen Veröffentlichungen (Hand- und Lehrbücher, Kommentare, Monographien) aufgeführt; alle anderen, insbesondere Einzelbeiträge und Zeitschriftenaufsätze, werden unmittelbar in den Fußnoten ausgewiesen.

Alexy, Robert, Theorie der Grundrechte, 3. Aufl., Frankfurt am Main 1996

Alexy, Robert, Theorie der juristischen Argumentation, 6. Aufl., Frankfurt am Main 2008

Badura, Peter/Dreier, Horst, Festschrift 50 Jahre Bundesverfassungsgericht, 2 Bde., Tübingen 2001

Bäumlin, Richard, Recht, Staat und Geschichte, Zürich 1961

Benda, Ernst/Maihofer, Werner/Vogel, Hans-Jochen (Hrsg.), Handbuch des Verfassungsrechts, 2 Bände, 2. Aufl., Berlin/New York 1995

Böckenförde, Ernst-Wolfgang, Recht, Staat, Freiheit, Frankfurt am Main 1991

Böckenförde, Ernst-Wolfgang, Staat, Nation, Europa, 2. Aufl. Frankfurt am Main 2000

Böckenförde, Ernst-Wolfgang, Staat, Verfassung, Demokratie, 2. Aufl., Frankfurt am Main 1992

Brandom, Robert, Expressive Vernunft, Frankfurt am Main 2000

Brinkmann, Karl, Verfassungslehre, 2. Aufl., München, Wien 1994

Brugger, Winfried, Liberalismus, Pluralismus, Kommunitarismus, Baden-Baden 1999

Bryde, Brun-Otto, Verfassungsentwicklung, Baden-Baden 1982

Buckel, Sonja/Christensen, Ralph/Fischer-Lescano, Andreas (Hrsg.), Neue Theorien des Rechts, Stuttgart 2006

Busse, Dietrich, Juristische Semantik, 2. Aufl., Berlin 2010

Brodocz, André, Die Macht der Judikative, Wiesbaden 2009

Brodocz, André, Die symbolische Dimension der Verfassung, Wiesbaden 2003

Bydlinski, Franz, Fundamentale Rechtsgrundsätze, Wien u. a. 1988

Calliess, Christian (Hrsg.), Verfassungswandel im europäischen Staaten- und Verfassungsverbund, Tübingen 2007

Degenhart, Christoph, Staatsorganisationsrecht, 28. Aufl., Heidelberg 2012

Denninger, Erhard, Menschenrechte und Grundgesetz, Weinheim 1994

Denninger, Erhard/Hoffmann-Riem, Wolfgang/Schneider, Hans-Peter/Stein, Ekkehart (Hrsg.), Kommentar zum Grundgesetz für die Bundesrepublik Deutschland: Alternativkommentare, 3 Bände, 3. Aufl., Neuwied u. a. 2001

Depenheuer, Otto/Grabenwarter, Christoph (Hrsg.), Verfassungstheorie, Tübingen 2010

Dreier, Horst (Hrsg.), Grundgesetzkommentar, 3 Bände, 2. Aufl., Tübingen 2004ff.
Dreier, Horst (Hrsg.), Macht und Ohnmacht des Grundgesetzes, Berlin 2009
Dreier, Horst, Gilt das Grundgesetz ewig?, Fünf Kapitel zum modernen Verfassungsstaat, München 2009
Dreier, Ralf, Recht, Moral, Ideologie, Frankfurt am Main 1981
Dreier, Ralf, Recht – Staat – Vernunft, Frankfurt am Main 1991
Dreier, Ralf/Schwegmann, Friedrich (Hrsg.) , Probleme der Verfassungsinterpretation, Baden-Baden 1976
Dworkin, Ronald, Freedom's Law, Oxford u.a. 1996
Dworkin, Ronald, Taking Rights Seriously, 1977, dt. Bürgerrechte ernstgenommen, Frankfurt am Main 1984
Ehmke, Horst, Beiträge zur Verfassungstheorie und Verfassungspolitik, Königstein/Ts. 1981
Fischer-Lescano, Andreas/Teubner, Gunther, Regime-Kollisionen, Zur Fragmentierung des globalen Rechts, Frankfurt am Main 2006
Forsthoff, Ernst, Der Staat der Industriegesellschaft, dargestellt am Beispiel der Bundesrepublik Deutschland, München 1971
Frankenberg, Günter, Die Verfassung der Republik, Frankfurt am Main 1997
Franzius, Claudio, Europäisches Verfassungsdenken, Tübingen 2009
Friauf, Karl-Heinrich/Höfling, Wolfram (Hrsg.), Berliner Kommentar zum Grundgesetz, 4 Bände, Berlin, Stand: 36. Ergänzungslieferung 2011
Frotscher, Werner/Pieroth, Bodo, Verfassungsgeschichte, 10. Aufl., München 2011
Gosepath, Stefan/Lohmann, Georg (Hrsg.), Philosophie der Menschenrechte, 2. Aufl., Frankfurt am Main 2002
Grimm, Dieter, Die Verfassung und die Politik, Einsprüche in Störfällen, München 2001
Grimm, Dieter, Die Zukunft der Verfassung, 2. Aufl., Frankfurt am Main 1994
Grimm, Dieter, Die Zukunft der Verfassung II, Berlin 2012
Grimm, Dieter, Recht und Staat der bürgerlichen Gesellschaft, Frankfurt am Main 1987
Haack, Stefan, Verlust der Staatlichkeit, Tübingen 2007
Häberle, Peter, Europäische Verfassungslehre, 7. Aufl., Baden-Baden 2011
Häberle, Peter, Verfassung als öffentlicher Prozess, 3. Aufl., Berlin 1998
Häberle, Peter, Verfassungsgerichtsbarkeit zwischen Politik und Rechtswissenschaft, Königstein/Ts 1980
Häberle, Peter, Verfassungslehre als Kulturwissenschaft, 2. Aufl., Berlin 1998
Habermas, Jürgen, Faktizität und Geltung, 3. Aufl., Frankfurt am Main 2006
Habermas, Jürgen, Zur Verfassung Europas, Berlin 2011
Hain, Karl-Eberhard, Die Grundsätze des Grundgesetzes, Baden-Baden 1999
Haltern, Ulrich, Verfassungsgerichtsbarkeit, Demokratie und Misstrauen, Berlin 1998
Haverkate, Görg, Verfassungslehre: Verfassung als Gegenseitigkeitsordnung, München 1992
Hegel, Georg Wilhelm Friedrich, Grundlinien der Philosophie des Rechts, hrsgg. von Siep, Ludwig, Berlin 1997
Heinig, Hans Michael, Der Sozialstaat im Dienst der Freiheit, Tübingen 2008

Hennis, Wilhelm, Verfassung und Verfassungswirklichkeit, Tübingen 1968
Hesse, Konrad, Die normative Kraft der Verfassung, Tübingen 1959
Hesse, Konrad, Grundzüge des Verfassungsrechts der Bundesrepublik Deutschland, 20. Aufl., Heidelberg 1995
Höffe, Otfried, Politische Gerechtigkeit, 1. Aufl., Frankfurt am Main 1987
Hoffmann-Riem, Wolfgang/Schmidt-Aßmann, Eberhard/Voßkuhle, Andreas (Hrsg.), Grundlagen des Verwaltungsrechts, 3 Bände, 2. Aufl., München 2012.
Hofmann, Hasso, Legitimität und Rechtsgeltung, Berlin 1977
Hofmann, Hasso, Recht – Politik – Verfassung, Frankfurt am Main 1986
Huster, Stefan, Die ethische Neutralität des Staates, Tübingen 2002
Ipsen, Jörn, Staatsrecht – 1. Staatsorganisationsrecht, 23. Aufl., München 2011
Isensee, Josef, Das Volk als Grund der Verfassung, Opladen 1995
Isensee, Josef, Vom Stil der Verfassung, Opladen 1999
Isensee, Josef/Kirchhof, Paul (Hrsg.), Handbuch des Staatsrechts der Bundesrepublik Deutschland, 10 Bände, 3. Aufl., Heidelberg 2003 ff.
Jellinek, Georg, Allgemeine Staatslehre, 3. Aufl., Bad Homburg 1966
Jellinek, Georg, System der subjektiven öffentlichen Rechte, 2. Aufl., Tübingen 1905
Jellinek, Georg, Verfassungsänderung und Verfassungswandlung, Berlin 1906
Jestaedt, Matthias, Die Verfassung hinter der Verfassung, Paderborn 2009
Jestaedt, Matthias, Grundrechtsentfaltung im Gesetz, Tübingen 1999
Jestaedt, Matthias/Lepsius, Oliver/Möllers, Christoph/Schönberger, Christoph, Das entgrenzte Gericht, Berlin 2011
Kägi, Werner, Die Verfassung als rechtliche Grundordnung des Staates, Zürich 1945
Kant, Immanuel, Theorie-Werkausgabe, hrsgg. von Weischedel, Wilhelm, 12 Bände, Frankfurt am Main 1968
Kelsen, Hans, Allgemeine Staatslehre, Berlin 1925
Kelsen, Hans, Reine Rechtslehre, 2. Aufl., Wien 1960
Kelsen, Hans, Verteidigung der Demokratie: Abhandlungen zur Demokratietheorie, hrsgg. von Jestaedt, Matthias/Lepsius, Oliver, Tübingen 2006, S. 153
Kriele, Martin, Theorie der Rechtsgewinnung, 2. Aufl., Berlin 1976
Laband, Paul, Das Staatsrecht des Deutschen Reiches, 4 Bände, Aalen 1964
Ladeur, Karl-Heinz, Kritik der Abwägung in der Grundrechtsdogmatik, Tübingen 2004
Larenz, Karl, Methodenlehre der Rechtswissenschaft, 6. Aufl., Berlin u. a. 1991
Lembcke, Oliver, Hüter der Verfassung, Tübingen 2007
Liptow, Jasper, Regel und Interpretation, Weilerswist 2004
Loewenstein, Karl, Verfassungslehre, 4. Aufl., Tübingen 2000
Mahlmann, Matthias, Elemente einer ethischen Grundrechtstheorie, Baden-Baden 2008
Maihofer, Werner, Ideologie und Recht, Frankfurt am Main 1969
Mastronardi, Philippe, Verfassungslehre, Bern, Stuttgart, Wien, 2007
Maunz, Theodor/Dürig, Günter u. a. (Hrsg.), Kommentar zum Grundgesetz, 7 Bände, München Stand: 64. Ergänzungslieferung 2012
Maurer, Hartmut, Staatsrecht I: Grundlagen – Verfassungsorgane – Staatsfunktionen, 6. Aufl., München 2010

Melville, Gert /Vorländer, Hans (Hrsg.), Geltungsgeschichten, Köln, Weimar, Wien 2002

Merten, Detlef/Papier, Hans-Jürgen (Hrsg.), Handbuch der Grundrechte in Deutschland und Europa, 7 Bände, Heidelberg 2004 ff.

Mohnhaupt, Heinz/Grimm, Dieter, Verfassung, Berlin 2002

Möllers, Christoph, Die drei Gewalten, Weilerswist 2008

Möllers, Christoph, Staat als Argument, 2. Aufl., Tübingen 2011

Morlok, *Martin*, Was heißt und zu welchem Ende studiert man Verfassungstheorie?, Berlin 1988

Müller, Friedrich, Die Einheit der Verfassung, Berlin 1979

Müller, Friedrich/Christensen, Ralph, Juristische Methodik, Band I, Grundlagen Öffentliches Recht, 10. Aufl., Berlin 2009, Band II, Europarecht, 2. Aufl., Berlin 2007

Müller, Friedrich/Christensen, Ralph/Sokolowski, Michael, Rechtstext und Textarbeit, Berlin 1997

Nawiasky, *Hans*, Die Grundgedanken des Grundgesetzes für die Bundesrepublik Deutschland, Stuttgart 1950

Neves, *Marcelo*, Symbolische Konstitutionalisierung, Berlin 1998

Obermeyer, *Sandra*, Integrationsfunktion der Verfassung und Verfassungsnormativität, Berlin 2008

Osterkamp, *Thomas*, Juristische Gerechtigkeit, Tübingen 2004

Pernthaler, *Peter*, Allgemeine Staatslehre und Verfassungslehre, 2. Aufl., Wien, New York 1996

Peters, *Anne*, Elemente einer Theorie der Verfassung Europas, Berlin 2001

Piazolo, Michael (Hrsg.), Das Bundesverfassungsgericht, Mainz 1995

Pieroth, Bodo/Schlink, Bernhard, Grundrechte: Staatsrecht II, 28. Aufl., Heidelberg u. a. 2012

Poscher, *Ralf*, Grundrechte als Abwehrrechte, Tübingen 2003

Preuß, Ulrich K. (Hrsg.), Der Begriff der Verfassung, Frankfurt am Main 1994

Preuß, Ulrich K., Revolution, Fortschritt und Verfassung, Berlin 1990

Rawls, John, A Theory of Justice, Harvard 1999, dt. Eine Theorie der Gerechtigkeit, Frankfurt am Main 2003

Reimer, *Franz*, Verfassungsprinzipien, Berlin 2001

Rensmann, *Thilo*, Wertordnung und Verfassung, Tübingen 2007

Robertson, *David*, The Judge as Political Theorist, Princeton 2010

Röhl, Klaus F./Röhl, Hans Christian, Allgemeine Rechtslehre, 3. Aufl., Köln/ München 2008

Rosanvallon, *Pierre*, Demokratische Legitimität, Hamburg 2010

Rüthers, Bernd/*Fischer*, Christian/*Birk*, Axel, Rechtstheorie, 6. Aufl., München 2011

Schlaich, Klaus/Korioth, Stefan, Das Bundesverfassungsgericht, 8. Aufl., München 2010

Schlink, *Bernhard*, Abwägung im Verfassungsrecht, Berlin 1976

Schmidt-Aßmann, *Eberhard*, Das allgemeine Verwaltungsrecht als Ordnungsidee, 2. Aufl., Berlin u. a. 2006

Schmitt, *Carl*, Verfassungslehre, München 1928

Schmitt Glaeser, *Alexander*, Vorverständnis als Methode, Berlin 2004

Schulze-Fielitz, Helmuth (Hrsg.), Staatsrechtslehre als Wissenschaft, Berlin 2007

Schuppert, Gunnar Folke, Staatswissenschaft, Baden-Baden 2003

Schuppert, Gunnar Folke/Bumke, Christian (Hrsg.), Bundesverfassungsgericht und gesellschaftlicher Grundkonsens, Baden-Baden 2000

Schuppert, Gunnar Folke/Bumke, Christian, Die Konstitutionalisierung der Rechtsordnung, Baden-Baden 2000

Sieckmann, Jan-Reinhard, Regelmodelle und Prinzipienmodelle des Rechtssystems, Baden-Baden 1990

Smend, Rudolf, Staatsrechtliche Abhandlungen und andere Aufsätze, 4. Aufl., Berlin 2010

Sommermann, Karl-Peter, Staatsziele und Staatszielbestimmungen, Tübingen 1997

Stern, Klaus, Das Staatsrecht der Bundesrepublik Deutschland, 5 Bände, München 1977 ff.

Stone Sweet, Alec, Governing with Judges, Oxford 2000

Teubner, Gunter, Verfassungsfragmente, Berlin 2012

Tushnet, Mark, Taking the Constitution away from the Courts, Princeton 1999

Unruh, Peter, Der Verfassungsbegriff des Grundgesetzes, Tübingen 2002

von Bogdandy, Armin/Bast Jürgen (Hrsg.), Europäisches Verfassungsrecht, 2. Aufl., Berlin,Heidelberg 2009

von Mangoldt, Hermann/Klein, Friedrich/Starck, Christian (Hrsg.), Kommentar zum Grundgesetz, 3 Bände, 6. Aufl., München 2010

von Münch, Ingo/Kunig, Philip (Hrsg.), Grundgesetzkommentar, 2 Bände, 6. Aufl., München 2012

Vesting, Thomas/Korioth, Stefan (Hrsg.), Der Eigenwert des Verfassungsrechts, Tübingen 2011

von der Pfordten, Dietmar, Rechtsethik, 2. Aufl., München 2011

Vorländer, Hans (Hrsg.), Die Deutungsmacht der Verfassungsgerichtsbarkeit, Wiesbaden 2006

Vorländer, Hans (Hrsg.), Integration durch Verfassung, Wiesbaden 2002

Vorländer, Hans, Die Verfassung, 3. Aufl., München 2009

Vorländer, Hans, Verfassung und Konsens, München 1981

Wahl, Rainer, Herausforderungen und Antworten: Das öffentliche Recht der letzten fünf Jahrzehnte, Berlin 2006

Wahl, Rainer, Verfassungsstaat, Europäisierung, Internationalisierung, Frankfurt am Main 2003

Weber, Max, Wirtschaft und Gesellschaft, Frankfurt am Main 2010

Weiler, Joseph H., The Constitution of Europe, 1999

Winterhoff, Christian, Verfassung – Verfassungsgebung – Verfassungsänderung, Tübingen 2007

Wolff, Heinrich Amadeus, Ungeschriebenes Verfassungsrecht unter dem Grundgesetz, Tübingen 2000

Sachregister

Die Ziffern hinter den Stichworten beziehen sich auf die Seiten des Buches; wo sich zu den Stichworten längere Ausführungen finden oder die Stichworte sonst im Zentrum der betreffenden Passage stehen, sind die Ziffern kursiv gesetzt.